XSLT, XPath und XQuery

Marco Skulschus

Marcus Wiederstein

Sarah Winterstone

XSLT, XPath und XQuery

Marco Skulschus
Marcus Wiederstein
Sarah Winterstone

Webseite zum Buch:

http://www.comelio-medien.com/buch-katalog/xml/xslt%2C_xpath_und_xquery

© Comelio GmbH

Comelio GmbH
Goethestr. 34
D-13086 Berlin

Fon: +49 (0) 30-8 14 56 22-00
Fax: +49 (0) 30-8 14 56 22-10

www.comelio-medien.com
info@comelio.com

Umschlaggestaltung, Comelio-Grafiken, Layout & Satz: Nadine Kilian

Druck und Bindung: docupoint magdeburg,
                   Otto-von-Guericke-Allee 14
                   39179 Barleben

Printed in Germany

ISBN 978-3-939701-50-7

Inhaltsverzeichnis

1. Grundkonzept der XML-Transformation 29
    1. 1. XSLT und seine Alternativen 29
        1. 1. 1. Kriterien zur Bewertung 30
        1. 1. 2. CSS 32
        1. 1. 3. SAX 34
        1. 1. 4. DOM 35
        1. 1. 5. Vorteile von XSLT 37
    1. 2. Grundstruktur einer XML-Anwendung 41
        1. 2. 1. Modellierung 41
        1. 2. 2. Validierung 43
        1. 2. 3. Transformation 44
    1. 3. Beispiel 47
        1. 3. 1. Verwendete Beispieldateien 47
        1. 3. 2. Einfache Anwendung 48

2. Vorlagentechnik 59
    2. 1. Arbeiten mit Vorlagen 59
        2. 1. 1. Erzeugen von HTML 60
        2. 1. 2. Element: Stylesheet und sein Inhalt 63
        2. 1. 3. Wertübernahme aus XML 66
    2. 2. Vorlagen-Typen 70
        2. 2. 1. Vorlagen-Regeln oder unbenannte Vorlagen 71
        2. 2. 2. Benannte Vorlagen 85
        2. 2. 3. Vorlagen-Modi 99
    2. 3. Attributwerte 106
        2. 3. 1. Attributwertvorlagen 106
        2. 3. 2. Attributwerte zusammensetzen 108

3. Adressierung mit XPath 115
    3. 1. Grundlagen 115
        3. 1. 1. Allgemeine Konzepte 116

3. 1. 2. Knotentypen 120
3. 2. Lokalisierung 128
3. 2. 1. Achsen 129
3. 2. 2. Beispiele zur Achsen-Verwendung 137
3. 2. 3. Abgekürzte Syntax 140
3. 3. Knotentests 140
3. 3. 1. Lokalisierungsschritte 141
3. 3. 2. Arten-Test 142
3. 3. 3. Prädikate 143
3. 4. Funktionen in XPath 145
3. 4. 1. Knotenmengenfunktionen 146
3. 4. 2. String-Funktionen 147
3. 4. 3. Logische Funktionen 147
3. 4. 4. Numerische Funktionen 148
3. 4. 5. Beispiele 148
3. 5. Neuerungen in XPath 2.0 149
3. 5. 1. Kontrollstrukturen und Funktionen 150
3. 5. 2. Sequenzen 151

4.   Kontrollstrukturen 157
4. 1. Fallunterscheidungen 157
4. 1. 1. Einfacher Einsatz von XPath 157
4. 1. 2. Auswahl mit if 164
4. 1. 3. Auswahl mit choose 171
4. 1. 4. Fallunterscheidungen in XPath 2.0 175
4. 2. Wiederholungen 179
4. 2. 1. Ping-Pong-Spiel 179
4. 2. 2. Einsatz von for-each 180
4. 2. 3. Schleifen in XPath 2.0 186

5.   Sortierungen und Gruppierungen 191
5. 1. Sortierungen 191
5. 1. 1. Allgemeine Sortiermöglichkeiten 191
5. 1. 2. Einfache Sortierung 193
5. 1. 3. Mehrfache Sortierung 196
5. 2. Nummerierung 198
5. 2. 1. Allgemeine Möglichkeiten der Nummerierung 198
5. 2. 2. Einfache Nummerierung 200

5. 2. 3. Erweiterte Nummerierung ... 204
5. 3. Gruppierungen ... 207
    5. 3. 1. Gruppierungen für XSLT 1.0 ... 208
    5. 3. 2. Gruppierungen für XSLT 2.0 ... 217

6.   Parameter und Variablen ... 231
    6. 1. Parameter ... 231
      6. 1. 1. Lokale Parameter ... 234
      6. 1. 2. Globale Parameter ... 240
    6. 2. Variablen ... 244
      6. 2. 1. Lokale Variablen ... 245
      6. 2. 2. Globale Variablen ... 250
      6. 2. 3. Temporäre Bäume ... 254

7.   Vorgaben für Ein- und Ausgabeformate ... 263
    7. 1. HTML ... 263
      7. 1. 1. CSS erzeugen ... 263
      7. 1. 2. Kommentar erzeugen ... 266
    7. 2. XML ... 266
      7. 2. 1. Strukturen erzeugen ... 266
      7. 2. 2. Besondere Knoten und Anweisungen ... 271
      7. 2. 3. Strukturen kopieren ... 274
    7. 3. Zeichenformatierungen ... 279
      7. 3. 1. Allgemeine Ausgabeoptionen ... 280
      7. 3. 2. Dezimalformat ... 285
      7. 3. 3. Zeitformatierung ... 287
    7. 4. Verarbeitung von mehreren Dokumenten ... 291
      7. 4. 1. Mehrere Dokumente laden ... 291
      7. 4. 2. Mehrere Dokumente mit XSLT 2.0 erzeugen ... 294

8.   XML und Text ... 305
    8. 1. XML ... 305
      8. 1. 1. Attributorientierte Dokumente ... 305
      8. 1. 2. XML Schema ... 311
    8. 2. Text ... 328
      8. 2. 1. SQL ... 329
      8. 2. 2. CSV-Werte ... 337
      8. 2. 3. Textausgabe ... 341

9.   Dateibasierte Auslagerung 353
     9. 1. XSLT-Dateien einbinden 353
          9. 1. 1. Einfaches Beispiel 354
          9. 1. 2. Prioritätsregeln 355
     9. 2. XSLT-Dateien importieren 358
          9. 2. 1. Standardfall 358
          9. 2. 2. Priorisierung im Importbaum 360
          9. 2. 3. Überschreibung umgehen 361
          9. 2. 4. Eingebaute Vorlagen 366
     9. 3. XML Schema in XSLT 2.0 368

10. Fehlersuche 375
     10. 1. Nachrichten 375
          10. 1. 1. Grundprinzip 375
          10. 1. 2. Sinnvolle Benutzung 377
     10. 2. Testfunktionen 378
          10. 2. 1. Verfügbare Syntax testen 378
          10. 2. 2. Standardverhalten 380

11. Vorlagen und Strukturen 387
     11. 1. Vorlagentypen 387
          11. 1. 1. Grundlagen 388
          11. 1. 2. Konkrete Vorlagen 389
          11. 1. 3. Allgemeine Vorlagen 393
          11. 1. 4. Bedeutung von XPath 401
     1.1 Voraussetzungen auf Strukturseite 407
          11. 1. 5. Benennung 408
          11. 1. 6. Eltern-Kind-Strukturen 420
          11. 1. 7. Attribute vs. Elemente 429

12. Eigene XSLT-Funktionen 439
     12. 1. Benannte Vorlagen in XSLT 1.0 439
          12. 1. 1. Grundlagen 439
          12. 1. 2. Verwendung 443
     12. 2. Komplexer Aufbau von Vorlagen 452
          12. 2. 1. Variantenauswahl über Vorlagennamen 453
          12. 2. 2. Variantenauswahl über Parameter 457
          12. 2. 3. Überladen von Vorlagen 460
          12. 2. 4. Generische Programmierung 467

12. 3. Stylesheet-Funktionen in XSLT 2.0 471

    12. 3. 1. Grundlagen 471

    12. 3. 2. Ersatz von benannten Vorlagen 473

    12. 3. 3. Verkürzungen in XPath/XSLT 2.0 477

13. XML Schema 483

    13. 1. Verwendung 483

        13. 1. 1. Grundlagen 483

        13. 1. 2. Beispiel 485

    13. 2. Mögliche XML Schema-Strukturen 487

        13. 2. 1. Vordefinierte Datentypen 488

        13. 2. 2. Benutzerdefinierte Datentypen 490

        13. 2. 3. Komplexe Datentypen 498

        13. 2. 4. Globale Elemente und Attribute 500

    13. 3. Verwendung eingebundener Strukturen 503

        13. 3. 1. Datentyp-Ausdrücke 503

        13. 3. 2. Attribut-Tests 507

14. XPath- und XQuery-Funktionen 513

    14. 1. Arbeiten mit Zahlen 513

        14. 1. 1. Berechnungen 513

        14. 1. 2. Aggregate 516

    14. 2. Arbeiten mit Zeichenketten 518

        14. 2. 1. Zeichenkettenwerte 519

        14. 2. 2. Unterzeichenketten 522

    14. 3. Arbeiten mit Knoten 526

        14. 3. 1. Knotenfunktionen 526

        14. 3. 2. Sequenzfunktionen 528

        14. 3. 3. Kardinalität von Sequenzen 533

    14. 4. Arbeiten mit der Zeit 536

        14. 4. 1. Zeitbestandteile auslesen 536

        14. 4. 2. Angleichung von Zeitzonen 541

        14. 4. 3. Berechnung von Zeitdauern 542

        14. 4. 4. Kontextfunktionen 546

        14. 4. 5. Formatierung von Zeit 549

15. Einsatz von XSLT 2.0-Funktionen 557

    15. 1. Entitäten 557

        15. 1. 1. Einsatz in XML 558

15. 1. 2. Einsatz in XSLT..560
15. 1. 3. Funktionen für Entitäten...563
15. 2. Arbeiten mit Dateien...565
15. 2. 1. Statischer Dateiname..566
15. 2. 2. Dynamischer Dateiname...569
15. 2. 3. Array-Strukturen als Parameter übergeben...............571
15. 2. 4. Textdateien einlesen...573
15. 3. Schlüssel und Verweise...577
15. 3. 1. Einsatz von XSLT-Funktionen......................................577
15. 3. 2. Einsatz von IDs..582

16. SQL-ähnliche Abfragen von XML..589
16. 1. Bedingungen...589
16. 1. 1. Grundlagen...589
16. 1. 2. Beispiel..590
16. 1. 3. Mehrstufige Gleichheit..592
16. 2. Verknüpfungen...596
16. 2. 1. Innere Verknüpfung..596
16. 2. 2. Äußere Verknüpfung...601
16. 2. 3. Selbstverknüpfung..605
16. 3. Mengen..607
16. 3. 1. Mengen verarbeiten...608
16. 3. 2. Mengentests..612

17. Dynamisches XSLT...619
17. 1. Grundlagen..619
17. 1. 1. Besonderheiten von XSLT..619
17. 1. 2. Besonderheiten von XML-Technologien......................621
17. 2. XSLT erzeugen..629
17. 2. 1. Neu-Erzeugung aus XML Schema...............................629
17. 2. 2. Allgemeiner Programmaufbau...................................637
17. 3. XSLT zusammensetzen..640
17. 3. 1. Grundlagen...640
17. 3. 2. Dateien verbinden..643
17. 3. 3. Datenbank-Einsatz..651

18. Reguläre Ausdrücke..667
18. 1. Einfache Ausdrücke..667
18. 1. 1. Meta-Zeichen...667

18. 1. 2. Flucht-Zeichen..669
18. 1. 3. Unicode-Zeichenklassen (Kategorien)........................670
18. 2. XPath-Unterstützung...673
18. 3. XSLT-Unterstützung..676
18. 3. 1. Grundlagen...676
18. 3. 2. Beispiel..678

19. XQuery..685
19. 1. Grundsyntax und einfache Umwandlungen...........................685
19. 1. 1. Einführung...685
19. 1. 2. FLWOR..687
19. 1. 3. XML-Erzeugung..692
19. 1. 4. Fallunterscheidungen..696
19. 1. 5. Eigene Funktionen...697
19. 2. Anwendungsfälle von XQuery...699
19. 2. 1. Hierarchien und flexible Dokumente.................................699
19. 2. 2. Sequenzen und Reihenfolgen...703
19. 2. 3. Relationale Daten..705
19. 2. 4. Berechnungen...711

20. XSLT in Programmiersprachen..717
20. 1. PHP 5...718
20. 1. 1. Übersicht über die Bibliothek..718
20. 1. 2. Beispiel..720
20. 2. Oracle und PL/SQL..723
20. 2. 1. Übersicht über die Bibliothek..723
20. 2. 2. Beispiel..726
20. 3. C#.NET..729
20. 3. 1. Übersicht über die Bibliothek..729
20. 3. 2. Beispiel..732
20. 4. MS SQL Server und T-SQL...734
20. 4. 1. XSLT-Einsatz..735
20. 4. 2. XQuery...738
20. 5. Java und JAXP...741
20. 5. 1. Übersicht über die Bibliothek..741
20. 5. 2. Beispiel..743

Vorwort

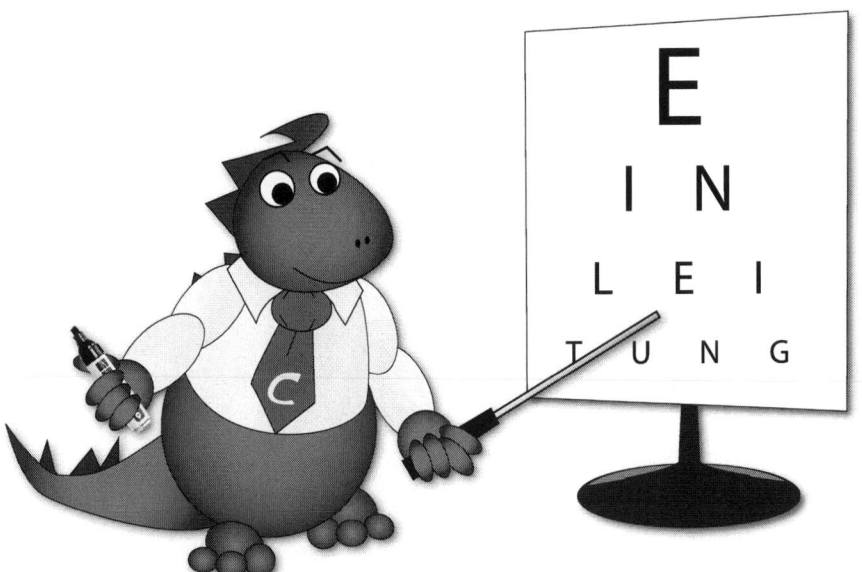

Vorwort

Herzlich willkommen zum ersten Buch einer zweiteiligen Reihe zur Transformation von XML mithilfe von XSLT und XSL-FO, auch bekannt unter der zusammen fassenden Abkürzung XSL (eXtensible Stylesheet Language (for Transformations)). In diesem ersten Band erfahren Sie alles Wesentliche, um mithilfe von XSLT 1.0 und 2.0 Algorithmen zu entwerfen, mit deren Hilfe XML-Dateien in HTML, Text und andere XML-Formate übertragen werden können. Darüber hinaus lernen Sie XPath 1.0 und 2.0 kennen, um in XML-Dokumenten zu navigieren, Knoten zu lokalisieren und Funktionen aus der XPath/XQuery-Bibliothek anzuwenden. Das Buch schließt mit einer Darstellung zu XQuery, einer Alternative zu XSLT, welche den Aspekt der Abfrage und nicht den der Transformation von XML-Daten in den Vordergrund stellt, ab.

Konzeption der Reihe

Die Aufteilung in Bücher und Kapitel lässt sich so begründen, dass nicht jeder Leser beide Werke benötigt und er vielleicht eine Auswahl treffen möchte. Einige möchten möglicherweise auch nach und nach beide Bände kaufen und nicht von vorneherein ein erschreckend umfangreiches Buch in der Hand halten.

- Der erste Band stellt die Syntax von XSLT dar. Es umfasst die Standards von XSLT 1.0 mit dem Titel XSL Transformations (XSLT), Version 1.0, W3C Recommendation 16 November 1999 unter http://www.w3.org/TR/xslt und XPath 1.0 mit dem Titel XML Path Language (XPath), Version 1.0, W3C Recommendation 16 November 1999 unter http://www.w3.org/TR/xpath aus Version 1 und die Standards XSLT 2.0 mit dem Titel XSL Transformations (XSLT), Version 2.0, W3C Working Draft 12 November 2003 unter http://www.w3.org/TR/xslt20/ und XPath 2.0 mit dem Titel XML Path Language (XPath) 2.0, W3C Working Draft 23 July 2004 unter http://www.w3.org/TR/xpath20/. Sie lernen in diesem Band daher alle Techniken kennen, welche zur Erzeugung von HTML, Text und XML und zur Abfrage von XML-Dokumenten mit XPath notwendig ist. Die Grundlagen werden im ersten Teil geschaffen. Der zweite Teil dieses Bandes stellt neben fortgeschrittenen Techniken eine Reihe von Einsatzbeispielen vor. Er kombiniert die einzelnen vorgestellten Standards mit allgemeinen Techniken, die nur die Transformation betreffen, mit Ideen, wie XSLT-Anwendungen aufgebaut werden können, und solchen Techniken wie die Verwendung einer Datenbank, um XML- und sogar XSLT-Daten abzuspeichern und dynamisch für Transformationsabläufe zusammenzusetzen.

- Der zweite Band stellt die Syntax von XSL-FO 1.0 bzw. XSL 1.0 mit dem Titel Extensible Stylesheet Language (XSL), Version 1.0, W3C Recommendation 15 October 2001 unter http://www.w3.org/TR/xsl/ dar. Sie lernen in diesem Band, wie Druckerzeugnisse wie z. B. PDF-Dateien aus XML-Daten erzeugt werden. Dies erfordert einen eigenen Standard mit einer Vielzahl an unterschiedlichen Elementen, um Seitenbereiche, Seitenverläufe, Text- und Absatzformate sowie zusätzliche Dokumenteigenschaften anzugeben wie Inhaltsverzeichnisse.

- Weitere Bände zur XML-Verwendung in Software sind ebenfalls bei Comelio Medien erhältlich. Sie betreffen neben XSLT auch die Umwandlung und Erstellung von XML in Programmiersprachen sowie die Verwendung von XML in Datenbanken.

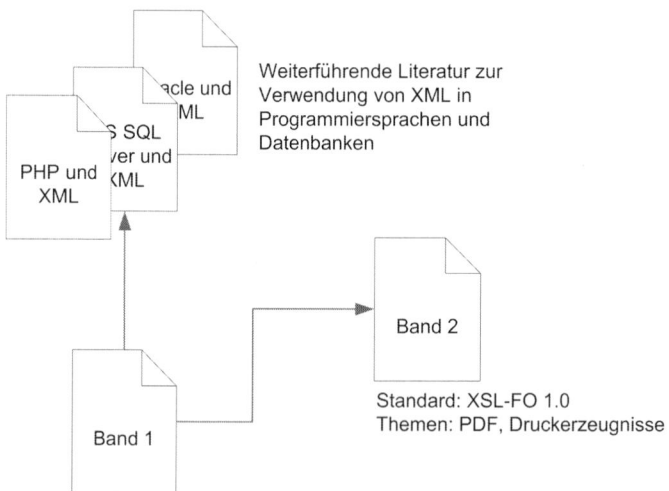

Abbildung v.1: Aufbau der Reihe

Leserkreis

Die zwei Bücher richten sich an Leser, die in jedem Fall bereits grundlegende Kenntnisse über XML und dessen Einsatzbereiche haben. Grundlegende Kenntnisse sollten Antworten auf die folgenden Fragen umfassen:

- Was haben HTML und XML gemeinsam? – Sie stellen beide eine Syntax dar, in der Inhalte über Bezeichner in spitzen Klammern ausgezeichnet werden. Diese Bezeichner können jeweils so genannte Attribute enthalten, die ebenfalls Textwerte nach einem Gleichheitszeichen und innerhalb von Anführungszeichen aufweisen können. Es entstehen verschachtelte Strukturen, die in einem Baum wiedergegeben werden können. Regelungen zur Benennung folgen dem Standard Extensible Markup Language (XML) 1.0 (Third Edition), W3C Recommendation 04 February 2004 unter http://www.w3c. org/TR/2004/REC-xml-20040204/. HTML kann so verwendet werden, dass kein wohlgeformtes XML entsteht.

- Ist HTML auch XML? – HTML kann so verwendet werden, dass wohlgeformtes XML entsteht. XHTML überführt den HTML-Standard in einen XML-Standard durch einige weitere Syntaxregeln, die einzuhalten sind, damit wohlgeformte XML-Dokumente entstehen. In diesem Sinne stellt XHTML eine spezielle Grammatik dar, mit deren Hilfe Webseiten ausgezeichnet werden können, während andere XML-Formate andere Strukturen abbilden, darunter auch eigene, die nicht von einer fremden Organisation entwickelt wurden.

- Was ist die Document Type Definition? – Eine DTD ist ein Regeldokument bzw. eine Ansammlung von Strukturvorgaben/Regeln, deren Syntax im Standard Extensible Markup Language (XML) 1.0 (Third Edition), W3C Recommendation 04 February 2004 unter http://www.w3c.org/TR/2004/REC-xml-20040204/ beschrieben werden. Mit ihrer Hilfe lässt sich angeben, wie die Elemente und Attribute eines XML-Instanzdokumentes heißen, wie sie verschachtelt sind und in welcher Hierarchie und Häufigkeit sie auftreten. Die DTD besitzt selbst keine XML-Struktur.

- Was ist XML Schema? – Ein XML-Schema-Dokument ist ein Regeldokument bzw. eine Ansammlung von Strukturvorgaben/Regeln, deren Syntax im XML Schema Part 1: Structures, W3C Recommendation 2 May 2001 unter http://www.w3c.org/TR/xml-schema-1/ beschrieben werden. Diese Syntax stellt selbst auch wiederum ein XML-Format dar. Sie weist einige Vorteile gegenüber der DTD auf. Zum Beispiel ist es möglich, Datentypen (XML Schema Part 2: Datatypes, W3C Recommendation 02 May 2001 unter http://www.w3c.org/TR/xmlschema-2/) für Elemente anzugeben oder objektorientierte Strukturen für die Angabe von Regelungen zu verwenden. Mit ihrer Hilfe lässt sich angeben, wie die Elemente und Attribute eines XML-Instanzdokumentes heißen, wie sie verschachtelt sind, welche Datentypen ihre Inhalte haben und in welcher Hierarchie und Häufigkeit sie auftreten.

Autoren

Ein solches Werk schreibt man nicht alleine, sondern teilt sich die Arbeit nach Interessen und Schwerpunkten auf. Die Autoren arbeiten in verschiedenen Positionen bei der Comelio GmbH (www.comelio.com) und haben bereits gemeinsam oder alleine verschiedene Bücher zu ihren Werkzeugen veröffentlicht.

- Marco Skulschus arbeitet als Projektleiter und Dozent und beschäftigt sich mit Berichts- und Expertensystemen auf Basis von MS SQL Server und Oracle. Er interessiert sich besonders für Ontologien und Data Mining-Techniken.

- Marcus Wiederstein arbeitet als Projektleiter für Projekte mit Microsoft-Produkten wie MS BizTalk Server, MS Sharepoint Portal Server oder MS Project Server sowie den Business Intelligence-Produkten.

- Sarah Winterstone arbeitet als Entwicklerin bei der Comelio, Inc. in Miami, FL und programmiert kaufmännische Anwendungen mit .NET und setzt dabei vielfältig XML-Technologien ein. Ihr Spezialgebiet ist die Integration von XML in Datenbanken bzw. die Entwicklung von Import-/Export-Schnittstellen auf XML-Basis.

Aufbau des Buchs

Dieses Buch soll Sie durch die vollständige Syntax von XSLT führen und dabei auch einige Anregungen für die konkrete Anwendungsentwicklung mit dieser interessanten und flexiblen Technologie geben.

1. Das erste Kapitel stellt die Funktionsweise und den Einsatzbereich von XSLT dar. Es geht darauf ein, welche verschiedenen Alternativen zu XSLT existieren und zeigt, in welchen Fällen XSLT die bessere Wahl ist.

2. Das zweite Kapitel führt in die verschiedenen Vorlagenarten von XSLT ein. Da XSLT eine vorlagengetriebene Sprache ist, in denen die einzelnen Umwandlungsregeln

in `xsl:template`-Elementen angegeben werden, kann man hier vier verschiedene Arten unterscheiden, die der Reihe nach mit Beispielen vorgestellt werden. Dies umfasst die Vorlagen-Regeln, wobei passende Umwandlungsangaben anhand eines XPath-Ausdrucks ausgewählt werden, die benannten Vorlagen, welche direkt über ihren Namen aufgerufen werden können und mit denen man wiederkehrende Routinen erstellen kann, Attributwervorlagen für die Erzeugung von Attributwerten im Ausgabestrom und schließlich Vorlagenmodi, mit denen man für das gleiche XPath-Muster verschiedene Vorlagen-Regeln erstellen kann.

3. Das dritte Kapitel führt dann umfassend in die XPath-Syntax ein. Mithilfe dieser so genannten Pfadbeschreibungssprache ist es überhaupt erst möglich, Knoten zu filtern und im Dokument zu lokalisieren. Man unterscheidet hierbei relative und absolute Ausdrücke, die in Fallunterscheidungen, bei der Formulierung von Vorlagen-Regeln sowie der Zuweisung von Werten für Parametern und Variablen zum Einsatz kommen. XPath besitzt eine Basis-Syntax, die entlang von Achsen im XML-Eingabestrom Knoten lokalisieren kann, und eine Funktionsbibliothek, die in diesem Kapitel für Version 1.0 vorgestellt wird.

4. Das vierte Kapitel stellt die Möglichkeiten dar, in XSLT Kontrollanweisungen für Fallunterscheidungen und Schleifen zu verwenden. Das Kapitel beginnt mit einer Darstellung, wie XPath für die Knotenauswahl und Filterung verwendet werden kann. Danach zeigt es die beiden Elemente für Kontrollstrukturen `xsl:if` und `xsl:choose` sowie die Anweisung `xsl:for-each` für Wiederholungen.

5. Das fünfte Kapitel stellt die Elemente für Sortierungen, Nummerierungen und Gruppierungen in den Vordergrund. Mit dem `xsl:sort`-Element kann man einstufig und mehrstufig in einer ermittelten Knotenmenge sortieren und die einzelnen Knoten in dieser Sortierung verarbeiten. Für die Nummerierung kommt das `xsl:number`-Element zum Einsatz, in dem nahezu beliebige Optionen für das Zahlenformat bereitstehen. Gruppierungen erklärt das Kapitel schließlich sowohl für die Version 1.0 mithilfe der hier gängigen Methoden und für die Version 2.0 mit dem `xsl:for-each-group`-Element, dessen Einstellungen die Möglichkeiten, die die 1.0-Techniken bieten, noch weit übersteigen.

6. Das sechste Kapitel zeigt, wie man in XSLT Variablen und Parameter verwenden kann, um Werte im Rahmen einer Transformation zwischenzuspeichern oder Werte an Vorlagen zu übergeben. Mit dem Element `xsl:variable` lassen sich globale und temporäre Werte speichern. Das Element `xsl:param` hingegen erlaubt, bei der lokalen Verwendung Vorlagen zu parametrisieren, während ein globaler Einsatz einen so ge-

nannten Stylesheet-Parameter festlegt, mit dem man Werte aus der aufrufenden Umgebung an die Transformation übergeben kann.

7. Das siebte Kapitel behandelt eine Reihe von speziellen Ausgabeanweisungen, mit denen für unterschiedliche Formatierungen und spezielle Einsatzbereiche Vorgaben für den Ausgabestrom getroffen werden können. Manchmal stellen diese Techniken Vereinfachungen von aus Basisfunktionalitäten zusammengesetzten Kombinationen dar. Man lernt hier, wie man mehrere XML-Dateien gleichzeitig verarbeiten und erzeugen kann, oder wie Formatierungsanweisungen global vorgegeben werden können.

8. Das achte Kapitel verlässt den Bereich der HTML-Erzeugung und konzentriert sich dagegen auf die Besonderheiten, die bei der Generierung von XML und Text zu beachten sind. In Beispielen wird hier gezeigt, wie man aus XML Schema dynamisch HTML-Formulare erstellt, XML-Strukturen ändert oder aus XML Text-Dateien wie bspw. CSV erzeugt. Dabei setzt man eine Reihe von anderen Techniken wie Variablen und Parametern aus früheren Kapiteln wieder ein.

9. Das neunte Kapitel erklärt die Elemente, mit denen Stylesheets in Module zerlegt und dann wieder zusammen gesetzt werden können. Hier sind in XSLT zwei Elemente mit feinen Unterschieden verfügbar. Für den so genannten Import verwendet man `xsl:import`, für die Einbindung `xsl:include`. Sie unterscheiden sich in ihrem Verhalten, wie sie lokale Vorlagen überschreiben.

10. Das zehnte Kapitel zeigt in verschiedenen Beispielen, wie man effektiv Fehler suchen und Nachrichten während der Transformation ausgeben kann.

11. Das elfte Kapitel diskutiert Möglichkeiten und Bedingungen, XML-Dateien anhand ihrer Struktur und nicht anhand der Namen von Elementen und Attributen zu verarbeiten. Dies schärft den Blick, besonders dynamische und wiederverwendbare Algorithmen in XSLT zu entwickeln.

12. Das zwölfte Kapitel ergänzt die verschiedenen Vorlagentechniken aus XSLT 1.0 um eine Neuerung in XSLT 2.0, die es erlaub, Stylesheet-Funktionen zu erstellen. Sie können in XPath-Ausdrücken für die Durchführung von Berechnungen oder Ausgaben zum Einsatz kommen und verkürzen die Snytax im Vergleich zu benannten Vorlagen erheblich. Diese Kapitel stellt die 1.0-Vorgehensweise, die benannte Vorlagen einsetzte, mit der 2.0-Technik über `xsl:function` gegenüber.

13. Das dreizehnte Kapitel bindet zusätzlich die XML Schema-Datei ein, welche die umzuwandelnde XML-Datei beschreibt. Durch diese neue 2.0-Technik ist es möglich, eigene in XML Schema erstellte Datenypen zu testen oder abzufragen und dabei eine Reihe von XPath 2.0-Operatoren zu verwenden. So kann man Umwandlungen einrichten, die struktur- und datentypgetrieben sind.

14. Das vierzehnte Kapitel arbeitet die Funktionsbibliothek von XPath 2.0 mit thematisch sortierten Beispielen durch, um so die vielen neuen nützlichen Funktionen und Vereinfachungen gegenüber der Vorgängerversion zu zeigen.

15. Das fünfzehnte Kapitel arbeitet gleichermaßen eine Funktionsbibliothek durch, wobei dies in diesem Fall die in XSLT vorhandenen Funktionen sind, um Entitäten aus DTDs oder Textdateien zu verarbeiten oder Schlüssel zu erzeugen und abzufragen.

16. Das sechzehnte Kapitel behandelt XML-Dateien, die Daten enthält, welche wie in eine relationalen Datenbank aufgebaut sind und daher über entsprechende Abfragetechniken in XSLT oder XPath wieder zusammengeführt werden müssen. In einer Reihe von Beispielen lernt man, wie man innere, äußere und selbstbezügliche Verknüpfungen sowie Mengenuntersuchungen auf solchermaßen aus einer DB abgerufenen Strukturen durchführt.

17. Das siebzehnte Kapitel diskutiert fortgeschrittene Techniken und Möglichkeiten, wie man XSLT dynamisch aus XML Schema oder aufgrund von Annahmen erzeugen oder aus mehreren XSLT-Dateien zusammensetzen kann. Als weitere Möglichkeit geht es darauf ein, wie man eine Datenbank einsetzen kann, um XSLT, XML Schema und XML in Spalten zu speichern und dann bei Bedarf zusammenzusetzen.

18. Das achtzehnte Kapitel zeigt eine neue 2.0-Möglichkeit, in XSLT und XPath reguläre Ausdrücke zu verwenden, um Daten auszuwerten und bedingte Umwandlungen einzurichten.

19. Das neunzehnte Kapitel geht auf eine alternative Syntax ein, mit der XSLT vermieden und abfrageähnliche Transformationen in XQuery, dem SQL für XML, umgesetzt werden können. Das Kapitel umfasst thematisch dabei die Darstellung der Syntax zur Abfrage, die Verwendung von Funktionen, die Formulierung von Variablen und ihre Auswertung sowie die verschiedenen Möglichkeiten, wie man das Ausgabeformat strukturieren kann.

20. Das zwanzigste Kapitel schließlich erklärt, wie man die verschiedenen XSLT-, XPath- und XQuery-Techniken in den Programmiersprachen Java, .NET, PHP sowie in den Datenbanken Oracle mit PL/SQL und in Microsoft SQL Server mit T-SQL nutzen kann. Dies umfasst die Aufgaben, eine Transformation durchzuführen, Parameter an das Stylesheet zu übergeben oder externe Funktionen/Methoden der Sprache in XSLT aufzurufen sowie Abfragen durchzuführen.

Weitere Lern-Ressourcen

Online-Material vom Verlag:

Alle Übungsdateien in XML, XSLT, XSL-FO und entsprechende Ergebnisse finden Sie auf der Verlagsseite www.comelio-medien.com. Um die Ergebnisse von Transformationen in HTML zu testen, brauchen Sie nur einen aktuellen, XSLT-fähigen Internet-Browser, in dem Sie die XML-Dateien öffnen. Alternativ können Sie die sehr weit verbreitete Software von Altova XMLSpy® (Testversion kostenlos erhältlich) von www.altova.com verwenden. Auch das MS Visual Studio erlaubt die Verwendung von XSLT. Alternativ können Sie Ihre Skripte auch in einem beliebigen Text-Editor erstellen und sie lediglich mit einem .NET/Java-XSLT-Prozessor oder der Programmiersprache Ihrer Wahl umwandeln.

Weitere Bücher von Comelio Medien:

- XSL-FO, Marco Skulschus, Jan Kozik, Marcus Wiederstein, ISBN 978-3-939701-17-0

- MS SQL Server 2005 – XML und SOAP-Webservices, Marco Skulschus, Jan Kozik, Alexander Kapitanovskyy, ISBN 978-3-939701-03-3

- PHP und XML, Marco Skulschus, ISBN 978-3-939701-00-2

- Oracle, PL/SQL und XML, Marco Skulschus, ISBN 978-3-939701-10-1

Online-Material vom W3C:

- XSL Transformations (XSLT), Version 1.0, W3C Recommendation 16 November 1999 unter http://www.w3.org/TR/xslt

- XML Path Language (XPath), Version 1.0, W3C Recommendation 16 November 1999 unter http://www.w3.org/TR/xpath

- XSLT 2.0 mit dem Titel XSL Transformations (XSLT) Version 2.0, W3C Recommendation 23 January 2007 unter http://www.w3.org/TR/xslt20/

- XML Path Language (XPath) 2.0, W3C Recommendation 23 January 2007 unter http://www.w3.org/TR/xpath20/

- Extensible Stylesheet Language (XSL), Version 1.0, W3C Recommendation 15 October 2001 unter http://www.w3.org/TR/xsl/

- Extensible Markup Language (XML) 1.0 (Third Edition), W3C Recommendation 04 February 2004 unter http://www.w3c.org/TR/2004/REC-xml-20040204/

- XML Schema Part 1: Structures, W3C Recommendation 02 May 2001 unter http://www.w3c.org/TR/xmlschema-1/

- XML Schema Part 2: Datatypes, W3C Recommendation 02 May 2001 unter http://www.w3c.org/TR/xmlschema-2/

Textgestaltung

Wie in allen Informatik-Büchern, finden Sie auch in diesem verschiedene typografische Hervorhebungen für *wichtige Begriffe* oder `Quelltext` sowie Internetadressen oder `Dateinamen`.

```
Quelltextblöcke haben besondere Formatierungen.
```

Gerade im XML-Bereich ist es mithilfe geeigneter Editoren besonders einfach, korrekte und formschöne Formatierungen / Einrückungen zu erreichen. Wir möchten Sie an dieser Stelle darauf hinweisen, dass die Formschönheit bei der Verwendung von `xsl:attribute` in Quelltexten eine geringere Bedeutung hatte als die korrekte Verwendung dieses Elements. Damit keine ungewünschten Leerzeichen / Absatzmarken in die Ausgabe gelangen, verzichten wir komplett auf zusätzliche Einrückungen, die eigentlich aufgrund des Zeilenumbruchs notwendig wären. Wenn an diesen Stellen also der Quelltext einmal nicht besonders gut formatiert ist, dann ist dies mit Überlegung geschehen.

Kontakt zu Autor und Verlag

Sie erreichen das Sekretariat der Autoren unter der E-Mail-Adresse info@comelio.com. Von dort werden Ihre Emails dann weitergeleitet. Die Webseite des Verlags finden Sie unter der Adresse http://www.comelio-medien.com, während Sie auf der Unternehmenswebseite folgende weitere Informationen finden:

- XML-Artikel: http://www.comelio-medien.com/comelio-blog

- XML-Seminare: http://www.comelio-seminare.com/seminare/titel/xml

Auch in der realen Welt ist der Verlag zu erreichen. Die Hauptzentrale befindet sich in Berlin, Deutschland.

Comelio GmbH, Goethestr. 34, D-13086 Berlin

Grundkonzept
der XML-Transformation

1. Grundkonzept der XML-Transformation

Die Transformation von XML-Daten ist sicherlich eines der Hauptanliegen, wenn in einem Projekt Daten in XML-Strukturen vorgehalten werden. Nur in wenigen Fällen dürfte es so sein, dass Daten, die eigentlich in anderen Formen verarbeitet bzw. transformiert werden, zusätzlich in eine XML-Form überführt werden, um sie dann z. B. aus Gründen der Datensicherung als XML abzuspeichern.

Da wir in diesem Buch natürlich nicht über solche Software-Entwicklungsprojekte schreiben, in denen XML nicht verarbeitet, sondern nur quasi zufällig erzeugt wird, wollen wir diesen Fällen keine weitere Beachtung schenken. Stattdessen fokussieren wir in diesem Kapitel die Grundbausteine, aus denen eine XML-Anwendung sich zusammensetzt und die tatsächlich in den meisten Anwendungen so vorzufinden sind. Teilweise werden sie natürlich noch um andere Bestandteile und Zutaten ergänzt, was entweder andere Programmiersprachen oder Syntaxstrukturen hinsichtlich Modellierung (Ontologien in XML) oder Abfragen oder auch zusätzliche Software wie Entwicklungswerkzeuge, Parser oder Datenbanksysteme sein können.

1. 1. XSLT und seine Alternativen

Mit XSLT besitzt man eine sehr gute und in vielen Fällen auch die beste Möglichkeit, XML zu verarbeiten. Allerdings stellt diese Technologie bei weitem nicht die einzige Option dar, die im Rahmen einer Anwendung zum Einsatz kommen kann. Die Alternativen zu XSLT sollen in diesem Abschnitt vorgestellt werden. Einige von ihnen sind durchaus ernst zu nehmende Konkurrenten, andere dagegen führen ein Nischendasein und sind nicht häufig anzutreffen. Bisweilen kann es sogar sein, dass XSLT nicht notwendigerweise die geeignete Lösung zur Entwicklung und Umsetzung eines Algorithmus ist, weil zusätzliche Anforderungen an die verwendete Technik gestellt werden, die von XSLT noch nicht oder vermutlich niemals erfüllt werden.

1. 1. 1. Kriterien zur Bewertung

Als Leitmotiv für die Bewertung dieser Alternativen sollen drei Kriterien gelten. Mit ihrer Hilfe ist es möglich, wenigstens eine Diskussionsgrundlage zu besitzen, auf deren Basis eine Entscheidung mit guten Gründen für die eine oder andere Alternative bzw. natürlich auch für XSLT getroffen werden kann. Zusätzlich stellen sie in unseren Augen auch besonders wichtige Kriterien dar, die uns selbst in Kundengesprächen immer wieder helfen, herauszufinden, welche der möglichen Techniken tatsächlich die geeignete für ein bestimmtes Problem ist.

Diese drei Kriterien sind:

1. **Wiederverwendbarkeit**: Das Kriterium der Wiederverwendbarkeit bzw. die Möglichkeit, bereits erledigte Arbeit wie z. B. die Entwicklung eines Transformationsalgorithmus auch in anderen Zusammenhängen bzw. mit anderen Systemen oder Programmiersprachen ebenso zu verwenden, besitzt für uns eine besonders große Bedeutung. Dies ist möglicherweise bereits an anderen Stellen deutlich geworden. Da XSLT im Gegensatz zu einigen Alternativen nicht objektorientiert ist, sind einige verfeinerte Techniken von Wiederverwendung nicht gegeben, grundsätzliche dagegen sehr wohl. Da die Entwicklung eines Algorithmus für die Transformation von Daten allerdings teilweise das Kernstück einer Anwendung sein kann, in der XML-Daten nicht nur flüchtig erzeugt und verwendet, sondern ganz bewusst Stück um Stück angereichert, validiert oder aus unterschiedlichen Quellen zusammengefügt werden, kann es regelmäßig geschehen, dass die gleiche Transformation in anderen Zusammenhängen (insbesondere in anderen Programmiersprachen) erneut durchgeführt werden soll. In solchen Fällen ist es natürlich ein großer Vorteil, wenn eine Technik gewählt wurde, die exakt eine solche Anforderung unterstützt.

2. **Komplexität**: XML-Strukturen können sehr einfach aufgebaut sein. Sie können jedoch auch aus unterschiedlichen Gründen sehr komplex werden. Diese Komplexität spiegelt sich dann für gewöhnlich auch in der Transformationslogik wider. Einige Techniken unterstützen die Durchführung von komplexen Transformationen mit Fallunterscheidungen, Vergleichen oder Reaktionen auf bestimmte Datenvorkommnisse oder Strukturerscheinungen im XML-Strom, andere dagegen weisen eine geringe Fähigkeit auf, geeignete Aktivitäten auszuführen. Sollen komplexe Transformationen umgesetzt werden, benötigt man für gewöhnlich auch eine Technik, die überhaupt solche Transformationen abbilden kann.

3. **Lernkosten:** Wie man sehen kann, ist es möglich, über die Technik von XSLT große Bücher oder mehrere kleine Bücher zu verfassen. Andere Alternativen lassen sich auf wenigen Seiten darstellen und in kürzester Zeit vermitteln. Dies hängt natürlich mit der Fähigkeit der entsprechenden Alternative zusammen, komplexe oder weniger komplexe Algorithmen umzusetzen. Allerdings bestimmt diese Komplexität auch, wie hoch die Kosten sind, die entsprechende Technologie zu erlernen. Teilweise kann es an diesem Kriterium liegen, dass in einem konkreten Fall der Verwendung einer Alternative deswegen der Vorzug gegeben wird, weil sie besonders leicht oder in verhältnismäßig kurzer Zeit zu erlernen und sicher einzusetzen ist.

Wie gerade schon kurz angedeutet, lassen sich wie in vielen Fällen eine große Zahl an weiteren Kriterien finden, die ebenfalls im Rahmen der Entscheidungsfindung herangezogen werden können. Zu diesen gehören beispielsweise folgende:

1. **Einsatzkosten:** Wie jede Technik erfordert auch die Durchführung einer XML-Transformation gewisse Kosten, die letztlich auch alle monetär erfasst werden können. Ob es sich dabei um Lizenzkosten für Parser, Server, Entwicklungsumgebungen oder Personalzeit für die Bereitstellung, Administration und Pflege der beschafften Technik handelt, lässt sich letztlich in irgendeiner Form in Geldströmen umsetzen. Dieses Kriterium ist sicherlich ein wichtiges, doch lassen sich bei Auswahl einer bestimmten Alternative auch immer wieder unterschiedliche Unteralternativen für ihren Einsatz finden, die dann jeweils individuelle Kosten für ihren Einsatz bedeuten. Daher sollte dieses Kriterium als zusätzliches gesehen werden, weil es eine tiefer gehende Analyse erfordert.

Im Hinblick auf XSLT darf allerdings kurz gesagt werden, dass sein Einsatz sehr kostengünstig ist, in allen gängigen Programmiersprachen zur Verfügung steht und es auch kostenlose Parser gibt. Diese Kostengünstigkeit gilt allerdings auch für die unterschiedlichen Alternativen, wenn die Programmiersprache, mit der sie umgesetzt werden sollen, bereits genutzt wird.

2. **Herstellerunabhängigkeit:** Neben möglichen Lizenzkosten sollte jeweils bei Verwendung einer Technik überlegt werden, inwieweit man sich mit ihrem Einsatz in die Fänge des Herstellers begibt, der die Technik bereitstellt. Im Rahmen einer einfachen XML-Anwendung, so wie sie hier angenommen wird, existieren prinzipiell keine speziellen Probleme der Herstellerabhängigkeit, denn fast alle Techniken werden vom W3C entwickelt.

Allerdings kann es bei sehr fortgeschrittenen Anwendungen, für die das W3C noch keine Standards verabschiedet hat und für die unterschiedliche Ersatzlösungen existieren, dazu kommen, dass ein Einsatz sehr wohl in eine ungewünschte Abhängigkeit von einem Hersteller mündet. Als typisches Beispiel ist hier die Modellierung und Verarbeitung von Ontologien zu nennen, für die vom W3C zurzeit (Ende 2004) noch keine geeigneten Techniken bereitgestellt werden und XSLT und XQuery noch nicht alle Wünsche erfüllen.

Da allerdings die Hürden oder – besser gesagt die komplexen Fragestellungen – bei Ontologieprojekten viel mehr in der Datenmodellierungsphase liegen, muss man hier ohnehin sehr viel Zeit darauf verwenden, die geeigneten Techniken auszuwählen. Dabei ist die Auswahl der Transformationstechnik wichtig, aber tatsächlich nicht entscheidend für die Anwendung.

3. **Technische Unterstützung**: In Zusammenhang mit den Einsatzkosten und der Herstellerunabhängigkeit kann man als weiteres Kriterium auch die technische Unterstützung anführen, die bei der Auswahl aus der Vielzahl an Alternativen vom Hersteller geleistet wird. Dies ist allerdings ein Kriterium, das weniger auf das Ziel, XML zu transformieren, bezogen ist, sondern mehr ein allgemeines Kriterium zur Bewertung eines Einsatzes einer bestimmten Technologie darstellt und wegen seiner Allgemeinheit nicht notwendigerweise beachtet werden muss.

In den folgenden Absätzen werden wir auf die einzelnen Alternativen und XSLT selbst unter Hervorhebung seiner Vorteile zu sprechen kommen. Wenn Sie sich für eines dieser Themen interessieren, dann sollten Sie entsprechende Fachliteratur für das jeweilige Thema bzw. in der von Ihnen benutzten Programmiersprache einholen.

1. 1. 2. CSS

Die einfachste Möglichkeit für Entwickler, die bereits Erfahrung mit HTML und CSS (Cascading Stylesheets) haben, stellt natürlich die Verarbeitung von XML mithilfe von CSS dar. Auf der technischen Seite sind allerhand Vorkehrungen zu treffen. Zu diesen zählen ein Browser, der am besten mindestens CSS 2 unterstützt, und ein XML-Dokument, das nur die Inhalte besitzt, die tatsächlich auch ausgegeben werden sollen, und dessen Struktur linear verarbeitet werden kann. Zusätzlich kann man sich die Arbeit sehr erleichtern, wenn man sich zwar ausführlich mit der Technik und dem Grundkonzept von CSS (ebenfalls vom W3C) beschäftigt, aber die genaue Syntax weitestgehend außer Acht lässt und sich vielmehr die

Erstellung derselben von einem Webdesignprogramm mit CSS-Unterstützung abnehmen lässt. In Webdesign-Programmen lassen sich CSS-Stile auf eine hervorragende Art und Weise wie Formatvorlagen in einem Textverarbeitungsprogramm über leicht verständliche und intuitive Benutzeroberflächen zusammenstellen, die auch hervorragenden Quelltext erzeugen.

Informationen zu CSS findet man neben unzähligen Darstellungen in Webdesign- und Entwicklerbüchern für Internetanwendungen natürlich insbesondere beim W3C. Hier lässt sich – wie bei allen Standards – auch sehr genau nachvollziehen, was technisch oder theoretisch möglich wäre und was möglicherweise zwar in einigen Webdesignprogrammen angeboten, aber ebenso möglicherweise in diesem und jenen Browsern (noch) nicht funktioniert.

- Cascading Style Sheets, level 1, W3C Recommendation 17 Dec 1996, revised 11 Jan 1999 unter http://www.w3c.org/TR/CSS1

- Cascading Style Sheets, level 2 revision 1, CSS 2.1 Specification, W3C Candidate Recommendation 25 February 2004 unter http://www.w3.org/TR/CSS21/

- CSS3-Diskussionspapiere, Vorschläge etc. unter http://www.w3c.org/Style/CSS/current-work

Grundsätzlich stellt die Darstellung von XML-Daten mithilfe von CSS eine einfache Dekoration und Auszeichnung der in der Datei auffindbaren XML-Tags und Attributen dar. Dabei lassen sich mithilfe von CSS fast überhaupt keine komplexen Abläufe umsetzen. Schon gar nicht ist es möglich, Reihenfolge, Fallunterscheidungen oder Verarbeitungen wie z. B. in Form von Berechnungen durchzuführen. Dies ist nicht von prinzipieller Bedeutung für den Einsatz von CSS, doch zwingt diese Tatsache die Dokumente in eine besonders einfache Form, da sie nur linear von oben nach unten zu verarbeiten sind und »hier und da« typische Formateigenschaften wie Block-, Absatz- und Zeichenformate anzugeben sind. Über die Blockstrukturen von CSS lassen sich dann auch Formate wie Absätze, Blöcke und Rahmen erstellen.

Ein so genannter *Selektor* greift über die allgemeine Syntax Selektor {Eigenschaft: Wert} auf Elemente im XML-Dokument zu und weist ihnen aus den zahlreichen Möglichkeiten der Formatierung geeignete Formate zu. Dabei lassen sich letztendlich allerdings nur dekorative Eigenschaften für die Textgestaltung verwenden und bei Weitem keine anspruchsvollen Transformationen durchführen, wie sie gerade mit dem DOM oder natürlich XSLT möglich sind.

Die geringe Komplexität der Syntax geht verständlicherweise mit einer geringen Komplexität der Transformationsmöglichkeiten einher. Wenn dies gerade sinnvoll ist oder die XML-Dateien derart einfach strukturiert sind und die Daten ohnehin nur in ein lesbares Format ohne XML-Tags und Attribute gebracht werden sollen, kann CSS eine denkbare Alternative sein. Dieser Umstand verringert auch die Lernkosten auf ein Minimum bzw. für Entwickler, die mit HTML/CSS bereits umgehen können, auf die bloße Erkenntnis, dass Element-Selektoren, wie sie für HTML-Tags verwendet werden können, auch für ein XML-Dokument nützlich sind. In CSS 2 sind sogar Attribut-Selektoren nötig, sodass die Dokumente nicht mehr auf Attribute verzichten müssen, sondern auch diese Strukturen aufweisen können. Zusätzlich besteht auch die Möglichkeit, die aus HTML bekannten Klassenselektoren über das Attribut `class` und die Wertzuweisung einer mit einem Punkt zu Beginn ausgezeichneten CSS-Vorlage zu verwenden. Dies erzeugt dann im XML-Dokument die Form `<elementname class="cssvorlage">` und erfordert im CSS-Dokument die Syntax `.Selektor {Eigenschaft: Wert}`. Zu beachten ist an der zuletzt gezeigten allgemeinen Syntax der Punkt vor dem Selektornamen. Er stellt damit einen neuen Bezeichner dar und repräsentiert nicht einen Elementnamen, der als Bezeichner bereits vom XML-Dokument zur Verfügung gestellt wird.

Insgesamt ist die Anwendung von CSS für die XML-Darstellung sehr einfach, kann schnell realisiert werden und erfordert letztendlich nur einen geeigneten Browser, der das Dokument darstellt. Problematisch wird es, wenn doch einmal etwas anspruchsvollere Darstellungen notwendig werden oder aus einem Dokument Daten gefiltert, sortiert bzw. anders verarbeitet werden sollen, als sie nur dekorativ darzustellen. Dann gibt es überhaupt keine Möglichkeit, dieses Ziel mit CSS zu erreichen, und man muss eigentlich notwendigerweise auf XSLT umsteigen, wenn man weiterhin eine schnelle Transformation im Browser durchführen möchte.

1. 1. 3. SAX

SAX (Simple API for XML) zählt zu den berühmten Quasi-Standards, die weniger auf den Rückhalt einer starken Organisation wie das W3C oder die ISO vertrauen dürfen, sondern mehr auf die Popularität ihrer Webseite (http://www.saxproject.org/) hoffen. In sehr vielen Programmiersprachen ist der SAX-Parser implementiert und lässt sich auf unterschiedliche Weise ansprechen und nutzen. In einigen Systemen ist er auch nicht mehr verfügbar, weil mehr auf das DOM und XSLT – also W3C-Standards – gesetzt wird als auf proprietäre Umsetzungen von Quasi-Standards.

Die Verwendung in z. B. PHP ist relativ simpel, wenn auch im Vergleich zu anderen Möglichkeiten der XML-Verarbeitung die Anzahl benötigter Quelltextzeilen bei der Verwendung von SAX etwas umfangreicher ist. Das Kernstück des ereignisorientierten Transformationsprozesses ist eine Fallunterscheidung, in der den öffnenden und geschlossenen Tags, den Attributen und Textknoten geeignete Verarbeitungsanweisungen mit auf den Weg gegeben werden. Der Parser übersetzt dann den gesamten XML-Strom anhand der verschiedenen Fallunterscheidungen für die Ereignisse »Tag offen«, »Tag geschlossen« oder »Textknoten gefunden« in einen Ausgabestrom, der z. B. aus HTML-Tags bestehen kann.

Die Verwendung von SAX hat über die Jahre an Bedeutung verloren, da das Konzept der ereignisorientierten Verarbeitung bei Algorithmen, welche eine Neusortierung oder Filterung von Inhalten benötigen, eher hinderlich ist. Es ist allerdings weiterhin interessant in Fällen, wo es darum geht, XML-Daten vor allen Dingen zu präsentieren und dabei dem Dokumentverlauf zu folgen und nach und nach für die einzelnen XML-Inhalte Formatierungsregeln festzulegen.

1. 1. 4. DOM

Das Document Object Model ist wiederum ein vom W3C entwickelter Standard, der unterschiedliche Schnittstellen für die Bearbeitung von XML-Dateien bietet. Man muss deswegen von Bearbeitung sprechen, weil die verwendbaren Methoden gerade über eine bloße Transformation bzw. eine Umwandlung von einem Eingabe- in einen Ausgabestrom hinausgehen. Vielmehr gibt es auch solche Methoden, die man dafür einsetzen kann, ganz neue XML-Dokumente zu entwickeln, ohne dass die dabei eingesetzten Daten in irgendeiner Form aus einer anderen XML-Quelle stammen müssten.

Nähere Informationen zu diesem Standard erhält man nicht in Büchern zu diesem Standard alleine, sondern nur in Kombination mit einer Programmiersprache. Möchte man also das DOM mit Java verwenden, so benötigt man ein entsprechendes Fachbuch zum Thema XML-Verarbeitung mit Java, in dem die einzelnen Methoden und typischen Programmstrukturen vorgestellt werden. Die offizielle Dokumentation ist in den Fällen interessant, in denen man beispielsweise die in einer Programmiersprache zur Verfügung stehenden Schnittstellen/Klassen des Parsers und ihre jeweiligen Methoden mit den theoretisch verfügbaren vergleichen möchte. Informationen findet man z. B. im Dokument Document Object Model (DOM) Level 3 Core Specification, Version 1.0, W3C Recommendation 07 April 2004 unter http://www.w3.org/TR/DOM-Level-3-Core.

Die Verwendung des DOM ähnelt sich in den unterschiedlichen Programmiersprachen, weil ja gerade das Klassensystem und seine Methoden vom W3C allgemein beschrieben sind, doch ist eine Übertragung eines einmal entwickelten Algorithmus nur möglich, indem er in einer anderen Programmiersprache nachgebildet wird. Letztendlich verhält es sich mit dem DOM-Parser so, als würde man eine neue Funktionsbibliothek/Paket/Klasse oder Ähnliches verwenden. Die Transformation an sich ist direkt mit der Programmiersprache verwoben, wie dies auch bei SAX der Fall ist.

Vorteilhaft sind die sehr hohe Komplexität und die Vielfalt im Einsatz des DOM. Es lassen sich neue Dokumente erzeugen, bestehende verändern und natürlich in andere Formate umwandeln. Dabei mag eine Veränderung auch eine Umwandlung sein, wenn XML nach XML gebracht wird. Da die Syntax sehr umfangreich ist, fügen wir einige kurze Ausschnitte aus einer allgemeinen Syntaxstruktur für die Schnittstelle zur Knoten-/Elementverarbeitung an, damit Sie sehen können, welche Möglichkeiten alleine für die Knotenverarbeitung existieren. Die verfügbaren Methoden wurden aus Platzgründen zusammengestrichen, aber es lässt sich dennoch gut nachvollziehen, wie umfangreich das Angebot ist.

Attribute eines Elements verarbeiten in Form von Auslesen, Setzen, Löschen:

```
interface Element : Node {
    readonly attribute DOMString        tagName;
    DOMString           getAttribute(in DOMString name);
    void                setAttribute(in DOMString name,
                                     in DOMString value)
                                     raises(DOMException);
    void                removeAttribute(in DOMString name)
                                     raises(DOMException);
    Attr                getAttributeNode(in DOMString name);
    Attr                setAttributeNode(in Attr newAttr)
                                     raises(DOMException);
    Attr                removeAttributeNode(in Attr oldAttr)
                                     raises(DOMException);
    NodeList            getElementsByTagName(in DOMString name);
    ...
};
```

Listing 1.1: DOM: allgemeine Syntax

Eine Herausforderung für das Erlernen des DOM – erhöhte Lernkosten im Vergleich zu SAX – stellt die Vielzahl der verfügbaren Methoden und Datentypen dar. Insbesondere die Datentypen, die von Methoden zurückgegeben und von Methoden erwartet werden, erzeugen vorgegebene Programmstrukturen, die man zunächst erlernen muss, um zum gewünschten Ziel zu kommen. Dennoch erweist sich das Erlernen des DOM dann als sehr einfach, wenn man bereits gut mit einer anderen Programmiersprache vertraut ist. Dies erzeugt verständlicherweise niedrigere Lernkosten.

Was die Komplexität anbetrifft, so haben wir bereits erwähnt, dass die Verwendung des DOM wesentlich über die Möglichkeiten von SAX (die Variante CSS kann hier praktisch gar nicht zum Vergleich herangezogen werden) hinausgeht. Zusätzliche Vorteile, die sich auch gegenüber XSLT ergeben, finden sich dann, wenn man während einer längeren Transformation Programmaktivitäten ausführen möchte, die nicht direkt mit der Transformation zusammenhängen, sondern z. B. Informationen aus einer Datenbank abrufen oder ergänzende Protokolltextdateien erstellen sollen. Da die Verarbeitung mithilfe des DOM direkt innerhalb einer anderen Programmiersprache erfolgt, lassen sich naturgemäß alle anderen Bibliotheken der Sprache verwenden.

Gerade in solchen Fällen, in denen in einer Anwendung während einer Transformation noch zusätzliche Aktivitäten gleichzeitig ausgeführt werden sollen, bietet sich der Einsatz des DOM an. Zwar könnte man auch mit XSLT jeweils Teiltransformationen durchführen oder versuchen, Informationen, die zusätzlich aus Datenbankabfragen etc. benötigt werden, von vorneherein zu beschaffen und dem Prozessor als globale Parameter zu übergeben. Oftmals ist dies allerdings umständlich oder wird als Alternative nicht gewählt. XSLT eignet sich – kurz gesagt – insbesondere für solche Programmabläufe, in denen eine Quelle in ein Ziel umgewandelt werden soll und dieser Weg komplett und in einem einzigen Schritt durchgeführt werden soll. Einzelne Teiltransformationen durchzuführen ist zwar technisch eine ebenfalls gangbare Option, wird aber normalerweise nicht unbedingt ausgewählt, sofern nicht gerade andere Vorteile von XSLT höher bewertet werden als diese des DOM.

1. 1. 5. Vorteile von XSLT

Sicherlich erschien bereits das DOM als eine besonders vorteilhafte Art und Weise, XML zu verarbeiten. Dies gilt insbesondere dann, wenn eine leichte Erlernbarkeit ein hohes Gewicht in einer Bewertung erhält. Welche Vorteile sind es dann, die für die Technik XSLT zu bemerken sind?

Auch XSLT offeriert eine sehr hohe Komplexität hinsichtlich von durchzuführenden Transformationen. Dies gilt sowohl für die Syntax selbst als auch für die Raffinesse des Algorithmus. Es lassen sich – wie in diesem Buch gezeigt werden wird – viele syntaktische Strukturen wahlweise nutzen, um zum gleichen Ergebnis zu kommen, sodass für eine Vielzahl an zusätzlichen Eigenschaften des Algorithmus (wie z. B. leichte Wartbarkeit, gute Wiederverwendungsmöglichkeiten innerhalb der betreffenden XSLT-Datei, knapper Quelltext oder natürlich die Wiederverwendung aus mehreren Sprachen gleichzeitig) geeignete Syntaxregeln bereitstehen.

Durch die umfangreiche Syntax entstehen leider hohe Lernkosten. Wenigstens die Dicke der vorliegenden Bücher spiegelt das zugehörige Fachwissen sehr gut wider. Dies übertrifft für gewöhnlich den Umfang der Seitenzahlen (sofern man dies als Bewertungskriterium verwenden will) an Literatur, die SAX, DOM und die Verwendung eines XSLT-Prozessors in einer anderen Programmiersprache darstellen, weil die dazugehörigen Sprachregeln nicht ganz so umfangreich sind wie die von XSLT. Die hohe Komplexität der möglichen Algorithmen übertrifft allerdings für gewöhnlich die damit verbundenen Lernkosten, sodass sich das Erlernen von XSLT stets auszahlt.

Dies gilt insbesondere auch, weil sich mit der Verwendung von XSLT ein Vorteil erschließt, der gegenüber allen anderen Alternativen (nur CSS könnte hier noch in Teilen mithalten, da sie nicht nur im Browser, sondern mittlerweile auch in einigen Textverarbeitungsprogrammen eingesetzt werden können) sehr schnell in kürzerer Entwicklungszeit und hoher Qualität zum Tragen kommt. Der Algorithmus, der für eine Transformation nötig ist, steckt in einer XSLT-Datei und gerade nicht in einer spezifischen Anwendung bzw. innerhalb der Syntax der Programmiersprache, in der die restliche Anwendung geschrieben ist. Man ruft aus dieser Sprache bzw. aus dieser Anwendung einen XSLT-Prozessor auf, übergibt den XML-Eingabestrom, weist den XSLT-Transformationsstrom und gegebenenfalls ergänzende Parameter oder Prozessoreigenschaften zu und erhält das Ergebnis wieder zurück. Der gesamte Vorgang erschöpft sich in einigen Programmiersprachen auf vielleicht gerade einmal zehn bis 20 Quelltextzeilen – und darin enthalten sind bereits Aufrufe für die Textdatei, die mögliche (natürlich praktisch nie auftretende) Fehlermeldungen enthalten soll.

Es lässt sich jetzt immer hervorragend und sehr ausgiebig diskutieren, inwieweit dieser Vorteil alle andere Mühsal, die eventuell mit dem Erlernen von XSLT verbunden sein mag (und mit diesem Buch ad acta gelegt werden kann), aufwiegt. Wir persönlich halten diesen Vorteil für derart wichtig, dass wir bei jedem Projekt versuchen, uns selbst oder die entsprechenden Programmierer davon zu überzeugen, XSLT zu verwenden.

Durch die dateibasierte Auslagerung eröffnet sich erstens die Chance, exakt die gleiche Transformation aus mehreren Programmiersprachen und aus mehreren Anwendungen heraus – auch gleichzeitig – aufzurufen. Damit verbunden sind solche Vorteile wie nur einmalige Aktualisierung der Datei, um in allen Anwendungen, die auf diese Datei zugreifen, die neue Transformation verwenden zu können. So löst man das unangenehme Problem, in Java für die Webseite und in C# für die Windows-Anwendung innerhalb der DOM-Verarbeitung die gleiche Änderung einzuarbeiten.

Zweitens lässt sich die Transformation auch von Sprachunkundigen durchführen. Zwar muss man XSLT beherrschen, doch man kann darauf verzichten, die Sprache zu beherrschen, in der die eigentliche Anwendung geschrieben wurde. Es genügt, XSLT und das gewünschte Zielformat zu kennen, sofern es eine bestimmte Syntax besitzt und nicht nur eine einfache Textdatei ist, um für Kollegen, die ganz andere Sprachen verwenden, eine passende Transformationsdatei zu erstellen. Dabei lassen sich sogar sehr geringe Lernkosten identifizieren, denn im klassischen Fall XML-zu-HTML genügen XSLT- und HTML-Kenntnisse. Man muss also nicht erst Java lernen, um aus einer XML-Datei eine einfache Webseite zu erstellen.

In Kombination mit dem zuvor vorgestellten Vorteil erschließt sich drittens der Vorteil, dass man auch sehr einfach im Team Transformationen für unterschiedliche Zwecke gleichzeitig vorbereiten kann, da nur Informationen über Quelldaten, mögliche Parameter (die eigentlich auch zu den Quelldaten zu zählen sind) und selbstverständlich die benötigten Zieldaten auszutauschen sind. In einer Gruppe von Programmierern kann also gleichzeitig an der eigentlichen Anwendung wie auch an zwei unterschiedlichen Transformationen wie z. B. für Ergebnisse in HTML und PDF gearbeitet werden. Die Software-Integration erfolgt dann ebenfalls viel einfacher als über das Testen und Integrieren von Klassen, da sich innerhalb der aufrufenden Software nur dann Änderungen ergeben, wenn z. B. neue oder andere Parameter an den Prozessor übergeben werden und umfangreiches Testen bereits bei der Erstellung der XSLT-Datei mithilfe des gleichen Prozessors und ohne die restliche Anwendung möglich ist. Dies wird über geeignete Entwicklungsumgebungen oder über die direkte Verwendung des eingesetzten Prozessors gewährleistet.

Zusammenfassend gelangt man zu einer Grafik, die mehr tendenziell ein zusammenfassendes Ergebnis liefert als eine absolute Wahrheit. Es wird – wie schon erwähnt – durchaus der Fall eintreten, dass eine andere Technologie als XSLT die geeignete für die Lösung eines Problems ist. Hierbei sollten dann die beschriebenen Vorteile genutzt werden, um einen gewünschten Algorithmus einzurichten.

Auch wenn es jetzt so scheint, als sei XSLT eine besonders gute Alternative, weil es auf allen drei Kriterienachsen die höchste Wertung erhält, so sind natürlich nicht alle Kriterien als per se sonderlich vorteilhaft zu sehen. Ein einfaches Problem, das nur wenige Prozent einer Anwendung ausmacht (Auslesen und Verarbeiten von Daten, die genauso gut als kommagetrennte Werte, nun aber als XML-Daten bereitgestellt werden), ist möglicherweise gerade nicht mit XSLT zu lösen, bei dem eine umfangreiche Einarbeitung anfällt. Hier ist zwar deutlich zu sehen, dass XSLT auch sehr komplexe Probleme lösen kann und man sich mit einer Technik, die mehr Lernkosten erfordert, zusätzliche Vorteile in der Zukunft verschafft. Allerdings fällt auch auf, dass durch die Auswahl dieser Technologie spezifische Extrakosten entstehen, die möglicherweise nicht zwangsläufig unabdingbar waren.

Zusätzlich muss man natürlich auch zugeben, dass wir uns gerade im XSLT-Universum bewegen und daher aus Gründen der Motivierung das Ergebnis ohnehin schon weitestgehend feststand: XSLT ist die anspruchsvollste Technik und soll bis zum Schluss dieses Buches unsere neue Lieblingstechnologie sein. Ganz persönlich halten wir sie auch für eine sehr gute Technologie, weil wir die Vorteile der dateibasierten Auslagerung des Transformationsalgorithmus sehr hoch schätzen und daher vorsorglich eher dazu raten, sich in diese Technik einzuarbeiten als in eine andere. Andererseits sind uns natürlich auch schon Fälle begegnet, in denen ein objektiver Ratschlag oder das Ergebnis einer Diskussionsrunde schlussendlich darauf hinauslief, sich für DOM oder SAX zu entscheiden.

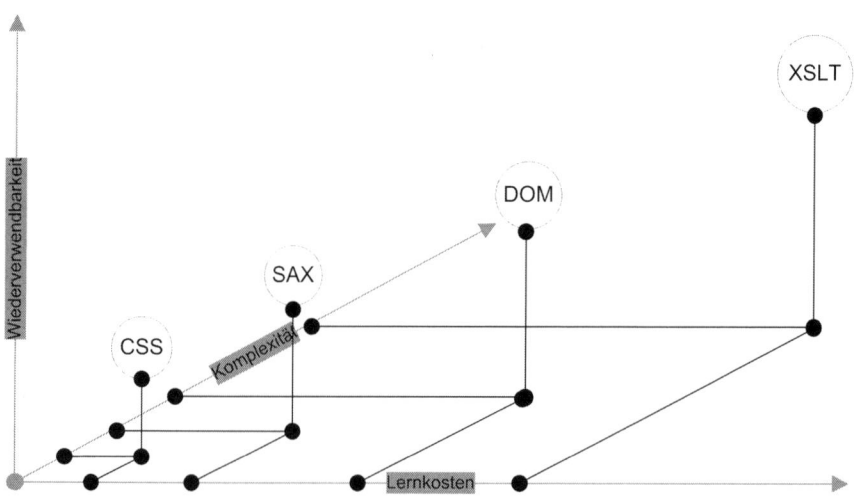

Abbildung 1.1: XSLT und seine Alternativen

1. 2. Grundstruktur einer XML-Anwendung

XML-Neulinge, die sich bisher nur allgemein mit XML und vielleicht noch mit Dokument-modellierung auseinander gesetzt haben, betreten mit XSLT eine ganz neue Welt. Wir spre-chen deshalb von XML-Neulingen, da natürlich die Verarbeitung von XML-Daten ein zent-raler Schwerpunkt im XML-Universum darstellt. In Seminaren oder Projektgruppen, denen wir XML-Kenntnisse vermitteln, ist es manchmal verwirrend, dass im Laufe von wenigen Tagen mehr und mehr Dokumente in der Entwicklungsumgebung zu betreuen sind. Be-schränkt sich die Anzahl der Dokumente am Anfang auf ein einfaches XML-Dokument, so wird dies beim Thema Modellierung um die Syntax von XML Schema und wenigstens ein Schema-Dokument ergänzt. Im Verlauf der Veranstaltung reichen auch diese wenigstens zwei Dokumente nicht mehr als Spielmaterial aus. Die Liste der offenen Dateifenster wird um wenigstens eine Transformationsdatei in XSLT-Syntax ergänzt. Wir sprechen deswegen immer von wenigstens einem zusätzlichen Dokument, da sowohl die Syntax von XML Sche-ma wie auch die XSLT Inklusionstechniken vorsieht, mit deren Hilfe Inhalte aus anderen Dokumenten abgerufen werden können.

Auf die einzelnen Dateien wollen wir hier noch einmal kurz eingehen, da aus ihnen jede XML-Anwendung besteht. Wie schon unsere Vorliebe für die Vorteile hinsichtlich der Ausla-gerung weiter oben deutlich wurde, so wird an dieser Stelle unsere persönliche Wertschät-zung der Dokumentmodellierung deutlich.

1. 2. 1. Modellierung

Grundsätzlich besteht unter Entwicklern allergrößte Übereinkunft, dass für das Gelingen eines beliebig skalierten Projekts die Datenmodellierung eine sehr hohe Bedeutung besitzt. Dennoch hören wir immer wieder gerade bei Datenbanken solche Kommentare wie »Ei-gentlich müsste diese Spalte so heißen wie diese andere, aber das ist in diesem Fall nicht so ...«, »Das ist historisch gewachsen ...«, »Ich habe das auch schon so übernommen, und jetzt kann man natürlich nichts mehr ändern ...«, »Ach nein, diese Tabellen verwende ich gar nicht mehr; ich bin mir sowieso unsicher, was sie speichern und welche Teile der Anwen-dung auf sie zugreifen ...« oder »Sie wissen ja, wie das ist mit diesen redundanten Daten ...«

Sicherlich ist es für einen externen Berater immer sehr einfach, hier und dort Fehler zu ent-decken und gegenüber dem akademisch Korrekten in der Realität Unstimmigkeiten auszu-machen. Die Begründungen lassen sich auch wieder in passender Literatur finden, in denen die Software-Entwicklung mit Gruppensoziologie und Psychologie Hand in Hand geht. Die Gründe und Verhaltensmuster, die zu solchen Unstimmigkeiten und vor allen Dingen nachträglichen hohen Kosten hinsichtlich von Änderungs- und Wartungsarbeiten führen, sind theoretisch gut bekannt und vermutlich jedem Leser aus der eigenen Berufspraxis geläufig. Dies führt dann auch zu solchen ironischen Äußerungen anderer Branchen und Berufsgruppen, die auf die möglichen negativen Konsequenzen eingehen, die sich ergeben, wenn technische Konstruktionen wie Atomkraftwerke und Flugzeuge mit ähnlicher Qualität wie Software geplant und konstruiert werden würden.

Es ist allerdings – und das möchten wir auch genauso spitz formulieren, wie wir es jetzt machen – höchst unverständlich, warum Fehler, die über dreißig Jahren lang in Entwicklungsprojekten mit Datenbanken gemacht wurden, nun in viel auffälligerer Form auch in XML-Projekten wiederholt werden. Dies gilt umso mehr, wenn man sich vor Augen führt, dass XML eine derart neue Technologie ist, dass es wohl nicht übertrieben ist, wenn man Folgendes behauptet: Die Fehler in XML-Anwendungen werden genau heute gelegt. Genau in den Momenten, in denen wir diese Zeilen schreiben und in denen Sie in einigen Monaten diese Zeilen lesen, werden Entwickler alles Mögliche machen – und das sind im XML-Bereich offensichtlich viele Fehler.

Uns begegnen viele Projekte, in denen Daten für eine XML-Anwendung nicht optimal modelliert wurden. Was genau diese so genannte »optimale Modellierung« ist und wie sie sich positiv und bei schlechter Modellierung dementsprechend negativ auf die Transformation und damit die Anwendung auswirken, wird Thema verschiedener Beispiele in diesem Buch sein. Wir möchten nur bereits an dieser Stelle erneut betonen, dass die bloße Einfachheit, die mit XML prinzipiell einhergeht, nicht dazu führen darf, dass in dieser Sekunde die Grundlagen dafür gelegt werden, dass die oben zitierten Äußerungen für die in dieser Sekunde entwickelten Anwendungen ebenfalls gelten. Es ist zwar unwahrscheinlich, dass XML-Anwendungen eine so lange Laufzeit haben wie Anwendungen, die mit Datenbanken arbeiten, doch bei kürzerer Laufzeit mag man sich sogar noch an die Leute oder die Gruppe erinnern, die »damals« die Fehler in die Anwendung einbrachten, mit denen heute zu kämpfen ist oder die wenigstens regelmäßig zu den zitierten Äußerungen führen.

XSLT entfaltet ganz spezielle Vorteile, die indirekt mit der Syntax und direkt mit der Modellierung zusammenhängen. Man wird sich darüber unter Garantie nicht wundern, doch scheint diese Erkenntnis in den wenigstens Projekten wirklich gelebt zu werden. Man spricht über viele technische Details, setzt XML oft für erstaunliche und sehr innovative Lösungsstrategien ein, schafft es aber dennoch nicht, intelligente Bezeichner zu finden, einfache oder gewünschte Zugriffspfade zu gewährleisten, Vereinfachungen für Wartungsarbeiten bereits direkt in den Daten zu begründen oder flexible Dokumentstrukturen zu entwerfen. Das ist auf der einen Seite sehr schade für die Anwendungen, oftmals ein dankbares Feld für uns als Berater. Doch ärgerlich für alle Beteiligten und letztendlich auch für uns – und zwar wenigstens aus berufsethischen Gründen – ist, wenn man erst so spät zu einem Projekt gerufen wird, dass das Kind schon in den Brunnen gefallen ist und Änderungen aus so genannten »politischen Gründen« nicht mehr einfach möglich sind und quasi nur noch kosmetische Korrekturen zulässig sind. Auch hier hat vermutlich jeder genügend eigene Beispiele aus der Berufspraxis, die man zu Hause vielleicht beim Abendessen seufzend erzählt oder organisationsgegeben hinnimmt.

Zu diesem Thema werden wir einige theoretische Untermauerungen und eine Vielzahl an Syntaxbeispielen liefern – in der Hoffnung, gewisse Seufzer nicht mehr so häufig zu hören.

1. 2. 2. Validierung

Mit XML Schema oder der Document Type Definition (beides Techniken vom W3C) lassen sich Regeldokumente erstellen, die die Eingabedaten einer XML-Anwendung beschreiben. Über die Bedeutung dieser Modellierung wollen wir nicht erneut ein Wort verlieren, denn unsere Hochachtung trat sicherlich schon deutlich genug in und zwischen den Zeilen hervor. Sie ermöglichen eine genaue Angabe der inhaltlichen Strukturen und im Falle von XML Schema sogar der textuellen Inhalte in Form von gut entwickelten Datentypen. Die inhaltlichen Strukturen lassen sich in beiden Syntaxalternativen beschreiben, indem Bezeichner für Elemente und Attribute, die Häufigkeit bzw. das Auftreten von Elementen und die Hierarchie- und Reihenfolgebeziehungen angegeben werden.

Ein erster Schritt einer einfachen XML-Anwendung besteht daraus, das eingehende XML-Dokument zu validieren, d. h. darauf zu überprüfen, ob es die Forderungen aus dem Regeldokument erfüllt. Nur solche Dokumente dürfen dann in die Transformation eingehen. Erst in einem zweiten Schritt wird dann die Transformation durchgeführt. Fehler, die dann noch auftreten, können sich eigentlich nicht mehr auf Fehler im Eingabedatenstrom selbst, sondern nur noch auf Fehler im XSLT-Dokument beziehen.

Leider wird standardmäßig von einem XSLT-Prozessor gar kein Regeldokument verlangt, sondern im Normalfall nur XML und XSLT. Man muss diesen Umstand insoweit bedauern, weil dadurch oftmals auch gar kein Schema-Dokument existiert oder – um der Dokumentation genüge zu tun – mithilfe eines Entwicklungswerkzeugs per Knopfdruck ein Regeldokument erzeugt wird. Dieses stellt aber für gewöhnlich nicht das Ergebnis eines Analyse- und Modellierungsprozesses dar, sondern repräsentiert das quasi »nachmodellierte« Ergebnis eines XML-Dokuments, das im schlimmsten Fall nur zu Testzwecken (»Wir nehmen erst einmal dieses ...«, »Nachher können wir immer noch darüber sprechen ...«) erzeugt wurde und »ungefähr« zu den tatsächlich gewünschten und benötigten Datenstrukturen konform ist.

Ob diese Situation anders wäre, wenn die Validierung nicht von einem speziellen Prozessor, sondern per Standardeinstellung vom XSLT-Prozessor durchgeführt werden würde, ist uns unklar. Vielleicht hätte sich die schlechte Verhaltensweise genauso eingeschlichen, sich teilweise weder mit den Techniken der Dokumentmodellierung zu beschäftigen, sondern der Einfachheit von »XML als HTML mit eigenen Tags« blindlings zu vertrauen und ins Verderben zu rennen.

Die gesamte Validierung stellt auf jeden Fall einen eigenen Schritt dar, der zeitlich vor der Transformation liegt. Er ist jedoch optional und wird nicht immer durchgeführt. Er sollte allerdings dafür sorgen, dass nur solche Dokumente in die Transformation eingehen, die auch erwartet werden.

Zusätzlich sorgt er für gewöhnlich motivierend dafür, dass man sich eingehend mit den Techniken der Modellierung, einer geeigneten Syntax und dann auch mit den wirklich vorhandenen oder für die Anwendung bereitzustellenden Datenstrukturen auseinander setzt.

1. 2. 3. Transformation

Das Kernstück einer einfachen XML-Anwendung besteht dann aus der eigentlichen Transformation, für die neben dem XML-Eingabedokument ein XSLT-Dokument erwartet wird. Es ist technisch nicht ganz korrekt, im Zusammenhang mit XML von Dokumenten zu sprechen, denn theoretisch können alle Strukturen, die bisher immer als Dokument bezeichnet wurden, auch in Form von Variablenwerten oder in Form von ausgelesenen Datenbankergebnissen und nicht als tatsächlich auf der Festplatte vorhandene Datei auftreten. Der neutrale Begriff, der zu verwenden wäre, um nicht von vornherein immer an Dateien zu denken, ist »Datenstrom« oder in Kombination mit »Eingabe-« und »Ausgabe-« auch »Eingabestrom« oder »Ausgabestrom«. Da die XSLT-Syntax letztendlich auch ganz gewöhnliche XML-Dokumente erzeugt, könnte man sogar von einem »Transformations(daten)strom« sprechen, denn auch diese Bestandteile lassen sich in einer Datenbank speichern und zur Laufzeit gerade auch ohne Dateizugriff in den Zwischenspeicher laden.

Für die Verwendung von XSLT gibt es noch einige zusätzliche Bestandteile, die teilweise nur für spezielle Prozessoren zugänglich sind oder teilweise auch in der Spezifikation und damit überall verfügbar sind.

Prozessoren bieten eine Vielzahl an Funktionen, die nicht im Standard vorgesehen sind und die teilweise die Entwicklung von Algorithmen sehr vereinfachen. Allerdings erschweren sie einen Umstieg auf einen anderen Prozessor, weil die Funktionen des einen Prozessors nicht die gleichen eines anderen Prozessors sind. Zusätzlich erlauben viele Prozessoren eine eigene Fehlerbehandlung wie z. B. das Zuweisen von Textdateien, in denen die Fehlermeldungen gesammelt werden.

In der XSLT-Syntax sind dann zusätzlich Möglichkeiten für dateibasierte Auslagerung und Wiederverwendung und die Verwendung von lokalen und globalen Parametern gegeben. Während Ersteres bereits sehr mit der Syntax von XSLT zusammenhängt, stellt der Einsatz von globalen Parametern eine nützliche Technik dar, die sich nur über einen Prozessor realisieren lässt. Ihm muss nämlich die aufrufende Anwendung geeignete Werte übergeben. Dadurch lassen sich die die Transformation beeinflussenden oder zu verarbeitenden Werte übernehmen und sehr flexible Transformationen einrichten.

Abbildung 1.2 zeigt den allgemeinen Aufbau einer XML-Anwendung, bestehend aus einem Eingabedokument in XML, das die zu verarbeitenden Werte enthält, einem XML-Schema-Dokument, das die Regeln des Eingabedokuments beschreibt, und schließlich die XSLT-Datei, die die Transformationsanweisungen enthält. Das Ergebnis wird hier ebenfalls als Datei verdeutlicht, obwohl durchaus nicht notwendigerweise eine konkrete Datei auf der Festplatte entstehen muss. Ebenso liegt keine Verpflichtung für die anderen, hier als Datei bezeichneten, Inhalte vor, als Datei zu existieren. Die zu verarbeitenden, modellierenden und die Transformation angebenden Inhalte können auch nur flüchtig in einem Zwischenspeicher vorliegen und z. B. aus einem Datenbankergebnis stammen oder von einer Anwendung dynamisch zusammengesetzt werden.

Auf der senkrechten Achse sind Phasen, Aktivitäten oder Zustände verzeichnet, die innerhalb der Anwendung identifizierbar sind. In diesen Bereichen Modellierung, Datenspeicherung, Prüfung, Transformation und Ausgabe sind unterschiedliche Dokumente vonnöten oder auch mithilfe eines geeigneten Prozessors (Validierung, Transformation) zu kombinieren.

Auf der waagerechten Achse ist direkt über den Dokumenten ihre Hauptaufgabe verzeichnet, während innerhalb jedes Dokumentsymbols die jeweilige Dateiendung steht. Die Anordnung der einzelnen Dokumente korrespondiert mit den identifizierten Bereichen auf der senkrechten Achse.

Beachten muss man vor allen Dingen den grauen Pfeil zwischen dem Transformationsdokument und dem Datendokument.

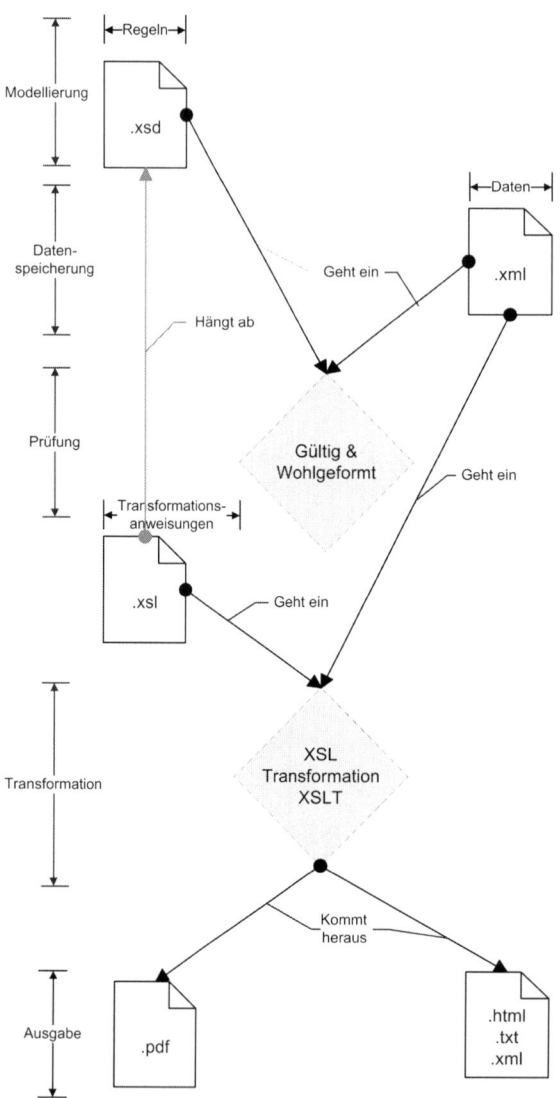

Abbildung 1.2: Grundkonzept einer XML-Anwendung

1. 3. Beispiel

Die gerade vorgestellten Bestandteile sollen nun in Form einer sehr kleinen Beispielanwendung in Kombination vorgestellt werden. Dabei wollen wir noch nicht auf die genaue Syntax eingehen, sondern nur das Zusammenwirken der Komponenten beschreiben und eine
Überleitung zu den nachfolgenden Kapiteln schaffen. Diese stellen dann die XSLT-Syntax
detailliert dar.

1. 3. 1. Verwendete Beispieldateien

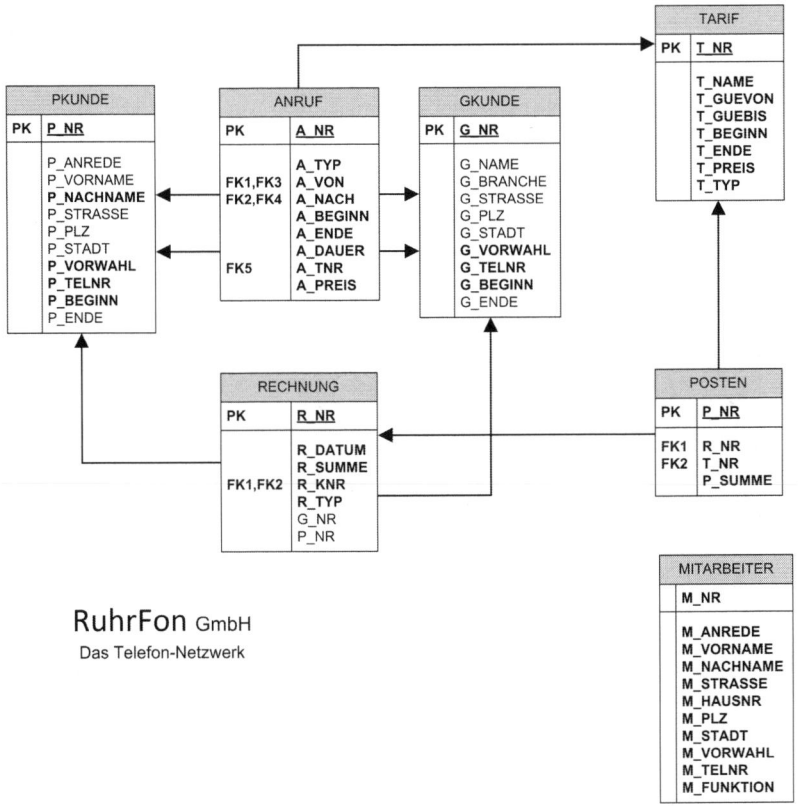

Abbildung 1.3: Datenmodell des Beispiels

Da es – wie man sich leicht vorstellen kann – keine sonderlich beneidenswerte Aufgabe ist, eine Vielzahl an XML-Dokumenten für Beispiele zu erstellen, weil Strukturen und Inhalte überlegt werden wollen, haben wir einen anderen Weg beschritten. Damit die Beispiele möglichst unterschiedlich sind, aber dennoch alle aus dem gleichen Beispieluniversum stammen, haben wir eine Datenbank entwickelt, die der fiktiven Firma RuhrFon GmbH gehört.

Die RuhrFon GmbH hat ihren Sitz im Ruhrgebiet und tritt als Telekommunikationsunternehmen am Markt auf. Jeder kann sich als Kunde dort registrieren, um dann mit sehr günstigen Tarifen innerhalb des Telefonnetzwerkes zu telefonieren. Es ist nicht möglich, die günstigen Tarife außerhalb des vorhandenen Kundenstammes zu verwenden, sodass man tunlichst dafür sorgen sollte, seine Freunde und Bekannten davon zu überzeugen, ebenfalls Kunde der RuhrFon GmbH zu werden, damit man sich kostengünstig anrufen kann.

Aus dieser relationalen Datenbank lässt sich dann mit unterschiedlichen Mitteln eine Vielzahl an XML-Dokumenten erzeugen. Zu diesen gehören Rechnungen, Tariflisten, Mitarbeiterinformationen, Anrufübersichten, Kundenkarten und allerhand statistische Auswertungen zum Nutzungsumfang von bestimmten Tarifen entlang der Zeitachse des Kalenders oder des Tages. Wir hoffen, dass diese Beispiele dann im Gegensatz zu anderen Büchern auch an sich interessant und umfangreich genug sind und dass sie halbwegs realistisch sind.

In der Unterscheidung zwischen Daten- und Dokumentenorientierung lassen sich die in diesem Band verwendeten Dateien eher den datenorientierten Dokumenten zuordnen. Für das Erlernen von XSLT ist dies zunächst egal. Allerdings werden wir im nächsten Band eher dokumentenorientierte Dokumente verwenden, weil sich dies für eine PDF-Erzeugung besonders anbietet.

1. 3. 2. Einfache Anwendung

Um einen allgemeinen und allerersten Eindruck von XSLT und den zusammenspielenden Komponenten aus XML-Instanzdokument, XML-Schema-Dokument mit Modellierungsregeln und natürlich dem XSLT-Transformationsdokument zu gewinnen, stellen wir eine sehr einfache Beispieltransformation vor. Es wird ganz klassisch eine XML- in eine HTML-Datei umgewandelt. Sofern man einen konkreten Parser oder eine Entwicklungsumgebung verwendet, erhält man normalerweise tatsächlich eine handfeste Datei, die man speichern könnte. Öffnet man die XML-Datei mit der verknüpften XSLT-Datei allerdings in einem Browser, so täuscht der Browser vor, eine HTML-Seite anzuzeigen. Wechselt man dagegen in den zugehörigen Quelltext, sieht man, dass der Browser in Wirklichkeit tatsächlich nur eine HTML-Ansicht und keine neue Datei in HTML-Format erzeugt.

Folgende XML-Datei enthält eine Liste mit Mitarbeitern, die bei der RuhrFon GmbH arbeiten. Es gibt in dieser Datei zwei Verknüpfungen zu externen Dateien. Die wichtigste von ihnen ist die Prozessoranweisung, die über das href-Attribut eine XSLT-Datei mit der Endung .xslt aufruft. Die Verknüpfung erfolgt entweder absolut oder relativ. So, wie sich der Link nun in der Datei präsentiert, muss die Datei sich im gleichen Ordner befinden. Möchte man einen absoluten Pfad angeben, wäre dies für die gerade verwendete Datei und für den gerade verwendeten Rechner C:\Dokumente und Einstellungen\ \Buch _ XSLT. Da ich genau in dieser Sekunde auf Geschäftsreise bin, lohnt es sich also, entweder ein Laufwerk zu erstellen, das ich auf einem anderen Rechner ebenfalls einrichte, oder einen relativen Pfad zu verwenden, um nachher die Transformation noch einmal ohne Pfadänderung durchführen zu können. Das zusätzliche type-Attribut könnte Ihnen aus HTML bekannt vorkommen. Es verknüpft dort ein CSS-Dokument mit dem Wert text/css. Im XSLT-Fall dagegen ist der Wert text/xsl.

Mehr Besonderheiten oder gar Ungewöhnlichkeiten sind in dieser Datei nicht zu vermelden. Sie enthält mehrere Mitarbeiter-Elemente, die wiederum ein Name- und ein Funktion-Element mit Kind- und Attributknoten wie im Fall Name oder nur einen Textknoten wie im Fall Funktion besitzen.

```xml
<?xml version="1.0" encoding="UTF-8"?>
<?xml-stylesheet type="text/xsl" href="132 _ 01.xslt"?>
<Mitarbeiterliste xmlns:xsi=
                "http://www.w3.org/2001/XMLSchema-instance"
                xsi:noNamespaceSchemaLocation=
                "132 _ 01.xsd">
  <Mitarbeiter>
    <Name Anrede="Frau">
      <Vorname>Birte</Vorname>
      <Nachname>Sonnenschein</Nachname>
    </Name>
    <Funktion>Buchhaltung</Funktion>
  </Mitarbeiter>
  <Mitarbeiter>
    <Name Anrede="Frau">
      <Vorname>Susanne</Vorname>
      <Nachname>Rollstein</Nachname>
```

```
    </Name>
    <Funktion>Kundenberater</Funktion>
  </Mitarbeiter>
...
```

Listing 1.2: 132 _ 01.xml – Mitarbeiterliste

Sie wird durch die nachfolgende XML-Schema-Datei beschrieben.

```
<?xml version="1.0" encoding="UTF-8"?>
<xs:schema elementFormDefault="qualified"
 xmlns:xs="http://www.w3.org/2001/XMLSchema">
  <xs:element name="Mitarbeiterliste">
    <xs:complexType>
      <xs:sequence>
        <xs:element name="Mitarbeiter"
          type="MitarbeiterType" maxOccurs="unbounded"/>
      </xs:sequence>
    </xs:complexType>
  </xs:element>
  <xs:complexType name="NameType">
    <xs:sequence>
      <xs:element name="Vorname" type="xs:string"/>
      <xs:element name="Nachname" type="xs:string"/>
    </xs:sequence>
    <xs:attribute name="Anrede" use="required">
      <xs:simpleType>
        <xs:restriction base="xs:NMTOKEN">
          <xs:enumeration value="Frau"/>
          <xs:enumeration value="Herr"/>
        </xs:restriction>
      </xs:simpleType>
    </xs:attribute>
  </xs:complexType>
  <xs:complexType name="MitarbeiterType">
    <xs:sequence>
      <xs:element name="Name" type="NameType"/>
      <xs:element name="Funktion">
        <xs:simpleType>
```

```
          <xs:restriction base="xs:string">
            <xs:enumeration value="Buchhaltung"/>
            <xs:enumeration value="Geschäftsführer"/>
            <xs:enumeration value="Kundenberater"/>
            <xs:enumeration value="Marketing"/>
            <xs:enumeration value="Sekretariat"/>
            <xs:enumeration value="Technik"/>
            <xs:enumeration value="Webseite"/>
          </xs:restriction>
        </xs:simpleType>
      </xs:element>
    </xs:sequence>
  </xs:complexType>
</xs:schema>
```

Listing 1.3: 132 _ 01.xsd – Mitarbeiterliste

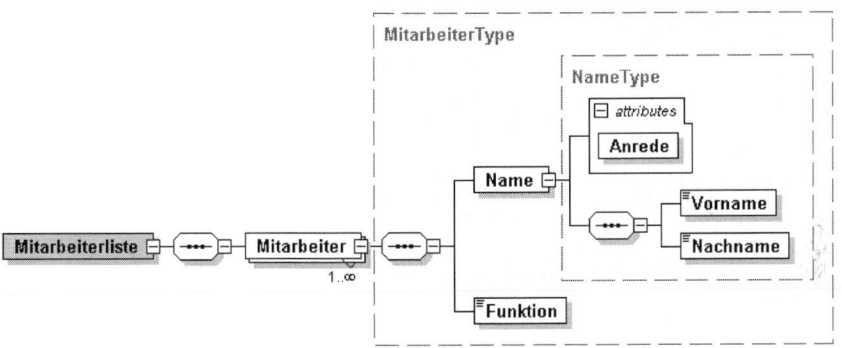

Abbildung 1.4: Dokumentbaum Mitarbeiterliste

Um eine HTML-Datei zu erhalten, lässt sich folgende XSLT einsetzen. Ohne auf die genaue Syntax eingehen zu wollen, erkennt man vielleicht jetzt schon den grundsätzlichen Aufbau einer solchen Datei. Es handelt sich, wie bereits kurz erwähnt, ebenfalls um eine XML-Datei. Sie besteht aus mehreren `template`-Elementen, die unterschiedliche Bezeichner – nämlich `Mitarbeiterliste` und `Name` – aus dem Quelldokument aufrufen. Weiter erkennt man die Verwendung von HTML-Elementen für das Erzeugen des eigentlichen Dokuments und der Listenpunkte. Neben weiteren Elementen aus der XSLT-Syntax sind noch ungewöhnlich kryptische Zeichen zu identifizieren, die möglicherweise an Pfadangaben in einem Dateisystem erinnern. Das sind die für jede Transformation sehr wichtigen XPath-Ausdrücke, die Elemente und Attribute lokalisieren.

```
<?xml version="1.0" encoding="UTF-8"?>
<xsl:stylesheet version="1.0"
 xmlns:xsl="http://www.w3.org/1999/XSL/Transform">
  <xsl:output method="html" version="1.0"
   encoding="ISO-8859-1" indent="yes"/>
  <xsl:template match="/Mitarbeiterliste">
    <html>
      <head>
        <title>
          <xsl:value-of select="local-name(/*)"/>
        </title>
      </head>
      <body>
        <h1>
          <xsl:value-of select="local-name(/*)"/>
        </h1>
        <ul>
          <xsl:for-each select="Mitarbeiter">
            <li>
              <xsl:apply-templates select="Name"/>
              <br/>
              <xsl:text>Funktion: </xsl:text>
              <xsl:value-of select="Funktion"/>
            </li>
          </xsl:for-each>
        </ul>
      </body>
    </html>
  </xsl:template>
  <!-- Vorlage für Element Name -->
  <xsl:template match="Name">
    <xsl:value-of select="@Anrede"/>
    <xsl:text> </xsl:text>
    <xsl:value-of select="Vorname"/>
    <xsl:text> </xsl:text>
```

```
    <xsl:value-of select="Nachname"/>
  </xsl:template>
</xsl:stylesheet>
```

Listing 1.4: 132 _ 01.xslt – Transformation

Man erhält als Ergebnis ein HTML-Dokument, in dem die Mitarbeiterliste tatsächlich auch eine formatierte Liste in HTML ist. Die Inhalte wie Vor- und Nachname werden aus den Elementen und Attributen genommen. Zusätzlich liest man den Namen des Elements Mit-arbeiterliste aus und schreibt diese Zeichenkette in das Zieldokument.

```
<html>
  <head>
    <title>Mitarbeiterliste</title>
  </head>
  <body>
    <h1>Mitarbeiterliste</h1>
    <ul>
      <li>Frau Birte Sonnenschein<br />Funktion:
        Buchhaltung</li>
      <li>Frau Susanne Rollstein<br />Funktion:
        Kundenberater</li>
      <li>Herr Martin Dünn<br />Funktion: Kundenberater</li>
      ...
    </ul>
  </body>
</html>
```

Listing 1.5: 132 _ 01.html – Ergebnisdokument

Die genaue Betrachtung des HTML-Quelltextes ist in diesem Fall genauso wichtig wie bei Webprogrammierung mit (Skript-)Sprachen, da die Browser ja relativ nachsichtig sind, was falsches HTML anbetrifft.

Abbildung 1.5: Ergebnis im Browser

Vorlagentechnik

2. Vorlagentechnik

Eine XSLT-Transformation bzw. ein entsprechendes Dokument setzt sich aus Vorlagen[1] zusammen. Dabei nennt man das Dokument auch sehr häufig *Stylesheet*, obwohl es mit den Cascading Stylesheets und daher mit einer einfachen Darstellung, die über Rahmen, Schriftart und Farben bestimmt wird, rein gar nichts zu tun hat. Die Vorlagen nennt man gemeinhin *Templates*, weil dies auch mit dem zugehörigen `xsl:template`-Element im XSLT-Namensraum übereinstimmt. Diese Vorlagen enthalten die eigentlichen Transformationsanweisungen und sind daher die wesentlichen Elemente eines Transformationsdokuments.

In diesem Kapitel sollen die verschiedenen Techniken, die bei der Verwendung von Vorlagen eingesetzt werden können, vorgestellt werden. Es handelt sich um ein überaus zentrales Thema, das die wesentlichsten Inhalte von XSLT aufzeigt.

2. 1. Arbeiten mit Vorlagen

Wenngleich auch die XSLT-Programmierung nicht in allen Punkten mit der Programmierung in »richtigen« Programmiersprachen übereinstimmt, so lässt sich eine sehr einfache Transformation bereits mit einem einfachen Dokument durchführen, in dem das berühmte »Hallo Welt«-Programm abläuft. Es soll auch dafür genutzt werden, um die Grundbestandteile einer Transformationsdatei zu benennen, bevor die verschiedenen Vorlagentechniken im Detail zur Sprache kommen.

Für alle nachfolgenden Beispiele in diesem wie auch in den nächsten Kapiteln gilt: Auch wenn Sie nicht unbedingt HTML erzeugen, so verwenden wir doch die sehr einfache HTML-Erzeugung für die Umwandlung, weil die meisten Leser ohnehin mit HTML umzugehen wissen und sowohl für Texterzeugung wie auch für XML besondere Elemente existieren, die wir an späterer Stelle erläutern. In diesem Zusammenhang finden Sie dann auch weitergehende Informationen, wie HTML erzeugt werden kann.

---

1   Vgl. XSL Transformations (XSLT) Version 2.0 W3C Recommendation 23 January 2007, Abschnitt 6 Template Rules unter http://www.w3.org/TR/xslt20/#rules.

2. 1. 1. Erzeugen von HTML

Für ein einfaches Beispiel, das die Grundbausteine eines XSLT-Dokumentes erklären und verwenden soll, existiert die nachfolgende XML-Datei, in der innerhalb des Wurzelelements nur noch ein weiteres Element untergebracht ist. Es enthält die Zeichenkette `leer`, was einem nicht sonderlich freundlichen Gruß gleichkommt.

Innerhalb der XML-Datei liegt dann nur eine einzige Besonderheit vor, die sich mit der Transformation auseinander setzt. Dies gilt für die Prozessoranweisung `xml-stylesheet` und die beiden Attribute

- `type`, das mit dem Wert `text/xsl` ein XSLT-Stylesheet aufruft, und

- `href`, das mit einem absoluten oder relativen Pfad die zu verwendende XSLT-Datei benennt.

Diese Prozessoranweisung ist nicht notwendig, wenn außerhalb eines Browsers gearbeitet wird, der die Transformation automatisch startet. Dies gilt vor allen Dingen für die vielen Internetbrowser und mittlerweile auch für Textverarbeitungssoftware, die XSLT-fähig sind. Sie sind auch in der Lage, Text-Transformationen oder natürlich HTML anzuzeigen. In allen anderen Fällen übergibt man die Dateien oder die Zeichenkettenwerte von XML und XSLT direkt dem Parser als Parameter und benötigt daher keine Prozessoranweisungen.

```
<?xml version="1.0" encoding="ISO-8859-1"?>
<?xml-stylesheet type="text/xsl" href="211 _ 01.xsl"?>
<Text xmlns:xsi="http://www.w3.org/2001/XMLSchema-instance"
            xsi:noNamespaceSchemaLocation="211_01.xsd">
  <Gruss>leer</Gruss>
</Text>
```

Listing 2.1: `211 _ 01.xml` – *»Leerer« Gruß*

Dann benötigt man noch die zugehörige Stylesheet-Datei, die auf das `Gruss`-Element keinen Bezug nimmt, sondern in der literalen Ergebnismenge (direkte Ausgabe von Inhalt in Form von HTML-/XMLElementen und Text) auch den Hallo-Welt-Gruß enthält. Für die Transformation ist das XML-Dokument lediglich als Aufrufquelle notwendig, während seine Inhalte unberücksichtigt bleiben. Die ersten Zeilen im xsl-Namensraum sind für alle Transformationsdokumente verpflichtend, da sie hier für die Elemente und Attribute von XSLT den Namensraum benennen und sie daher dem Parser bekannt machen und die Ausgabe-eigenschaften im `xsl:output`-Element festlegen.

Die Attribute des `xsl:stylesheet`-Elements sind

- `version` für die Angabe der XSLT-Version und

- `xmlns` für die Angabe des Namensraums, aus dem die einzelnen Elemente stammen.

Mit dem `output`-Element gibt man genau das an, was der Elementname schon vermuten lässt, nämlich die Ausgabeart. Es besitzt die folgenden Attribute:

- `method` mit den möglichen Werten `html`, `xhtml`, `text` und `xml`, die jeweils unterschiedliche Syntax erzeugen, wobei natürlich die Option `text` für die einfachste Ausgabe sorgt und auch keine weitere Syntaxprüfung erforderlich macht. Da jedoch die anderen beiden Ausgabemodi jeweils Syntaxstrukturen erzeugen, die aus Tags und Textknoten bestehen, ist hier wichtig, welche Syntaxregeln berücksichtigt werden sollen, um ein korrektes XML- oder HTML-Dokument zu generieren. Dies gilt insbesondere für HTML, das in vielen Fällen im Gegensatz zu XHTML ja nicht wohlgeformtes XML ist.

- `encoding` für die Angabe des Zielzeichensatzes. Sollten Sonderzeichen im Browser und/oder im erzeugten Quelltext Probleme in der Darstellung bereiten, dann liegt dies an den Zeichensatzeinstellungen von Prozessor, Eingabedatei, Ausgabedatei oder Transformationsdatei.

- `indent` für die Angabe, ob eingerückt (`yes`) oder nicht eingerückt (`no`) werden soll.

Bei der Nutzung von einem XSLT-Prozessor über die Konsole oder über den Aufruf aus einem eigenen Programm über die API des Prozessors können insbesondere solche Einstellungen wie die Einrückung oder der Zeichensatz wieder überschrieben werden. Hier ist also bei der Fehlersuche besondere Umsicht vonnöten, da Einstellungen sowohl beim Aufruf oder in der XSLT-Datei vorgegeben werden können.

Die eigentliche Ausgabe befindet sich in einem `template`-Containerelement, das zum einen die so genannte literale Ergebnismenge und – allerdings nicht in diesem Beispiel – Inhaltsaufrufe aus dem XML-Datenstrom enthält. Innerhalb der literalen Ergebnismenge, die genauso in den Ausgabestrom geschrieben wird, dürfen beliebige Tags erscheinen, die wiederum auch Textknoten enthalten dürfen. Textausgabe, die keinen Textknoten repräsentiert, ist damit nicht möglich.

 Mit dem Begriff *literale Ergebnismenge* sind die Inhalte eines Transformationsdokuments gemeint, die genauso in den Ausgabestrom geschrieben werden, wie sie im Transformationsdokument erscheinen. Dies sind Elemente und Attribute von HTML oder anderen XML-Formaten sowie Text.

Dieser `template`-Container und seine möglichen Eigenschaften werden Ihnen in diesem Kapitel noch mehrfach begegnen. An dieser Stelle sei nur so viel gesagt, als dass er in seinem `match`-Attribut mit einem XPath-Ausdruck durch die automatische Verarbeitung des XML-Dokuments auf bestimmte aufgefundene Strukturen reagiert. Diese Reaktion besteht aus einem Ausführen der in ihm enthaltenen Anweisungen und – was in diesem Fall häufiger ist – aus der Übertragung der in ihm gespeicherten Inhalte der literalen Ergebnismenge in den Ausgabestrom. Der XPath-Ausdruck »/« findet den Wurzelknoten und erzeugt daher das Grundgerüst für das entstehende HTML-Dokument, weil alles, was im XML-Dokument unterhalb des Wurzelknotens liegt, innerhalb des HTML-Dokuments erscheint, sobald es ausgewählt wird.

```
<?xml version="1.0" encoding="UTF-8"?>
<xsl:stylesheet version="1.0"
 xmlns:xsl="http://www.w3.org/1999/XSL/Transform"
 xmlns:xs="http://www.w3.org/2001/XMLSchema">
  <xsl:output method="html" indent="yes"
   encoding="ISO-8859-1"/>
  <xsl:template match="/">
    <html>
      <head>
        <title>Hallo Welt</title>
      </head>
      <body>Hallo Welt</body>
    </html>
  </xsl:template>
</xsl:stylesheet>
```

Listing 2.2: 211 _ 01.xslt – Transformation

Durch die Transformation erhält man folgendes Ergebnisdokument im HTML-Format. Man sieht also, dass das vorher existierende XML-Dokument für die Ausgabe gar nicht notwendig war, sondern lediglich die Transformation angestoßen hat. Es werden ja noch überhaupt keine Werte aus dem XML-Dokument übernommen, sondern nur ein simples HTML-Dokument erzeugt.

Abbildung 2.1: Ergebnisdokument

2. 1. 2. Element: Stylesheet und sein Inhalt

Das Wurzelelement für jede Transformation ist entweder `xsl:stylesheet` oder `xsl:transform`. Die allgemeine Syntax von `xsl:stylesheet` bzw. dem gleichwertigen `xsl:transform` lautet:[2]

```
<xsl:stylesheet | xsl:transform
  id = id
  extension-element-prefixes = tokens
  exclude-result-prefixes = tokens
  version = number
  xpath-default-namespace = uri
  default-validation = "strict"|"lax"|"preserve"|"strip">
  <!-- Content: (xsl:import*, other-declarations) -->
</xsl:stylesheet | xsl:transform >
```

---

2   Vgl. XSL Transformations (XSLT) Version 2.0 W3C Recommendation 23 January 2007,, Abschnitt 3.6 Stylesheet Element unter http://www.w3.org/TR/xslt20/#stylesheet-element.

Wenn man also mal für ein wenig Abwechslung und Überraschungen sorgen möchte, kann man zwischen den beiden Wurzelelementnamen variieren. Allerdings ist der Name `transform` nicht geläufig und wird normalerweise nicht verwendet. Die Attribute besitzen die folgende Bedeutung:

Attribut	Bedeutung
`id`	Standard-ID-Attribut von XML
`extension-element-prefixes`	Angabe einer Liste von Präfixen für Erweiterungsinstruktionen, die ebenfalls in XSLT verwendet werden sollen und vom Prozessor erkannt werden müssen
`exclude-result-prefixes`	Die angegebene Präfix-Liste dient dazu, die sie beschreibenden Namensräume nicht in das Ergebnisdokument zu kopieren.
`version`	Version von XSLT, 1.0 oder 2.0
`xpath-default-namespace`	Standardnamensraum von XPath-Ausdrücken
`default-validation`	Validierung über XML Schema mit den Standardwerten `strict`, `lax`, `preserve` und `strip` (Standardwert)

Tabelle 2.1: Attribute von `stylesheet` *und* `transform`

Wie in HTML gibt es Attribute in XSLT, die Werte aus einem bestimmten Wertebereich erwarten. Einige Attribute erwarten einen numerischen Wert, der frei oder fest vorgegeben ist. Andere Attribute besitzen einen Wertebereich, der sich aus einer endlichen Menge an Wörtern bestimmt, und wieder andere sind völlig frei zu füllen.

Das Inhaltsmodell besteht – wie in der allgemeinen Syntax angegeben – aus der Struktur `xsl:import*`, `other-declarations`. Dies will in einer Abwandlung der DTD-Syntax, die auch in anderen Standards des W3C so zu finden ist, sagen, dass vor allen anderen Inhalten zunächst ein mögliches `xsl:import`-Element auftreten muss. Es lädt Inhalte aus anderen Dateien in die aufrufende Datei im Sinne einer einfachen dateibasierten Auslagerung und Wiederverwendung. Es ist für diese Besonderheit keine explizite Erklärung im Standard zu finden, doch soll so dem Prozessor vermutlich zunächst die Gelegenheit gegeben werden, erst einmal alle verfügbaren Elemente zu laden, die zusätzlich auch noch aus anderen Dateien übernommen werden sollen. Zusätzlich lässt sich an dieser Formulierung und einer später im Standard auftretenden Definition erkennen, dass alle Kindelemente des `styles-heet`-Elements aus dem `xsl`-Namensraum als Deklarationen zu bezeichnen sind.

> Ein Namensraum stellt eine eindeutige Adresse dar, die optional um ein so genanntes Namensraumpräfix in Form eines Bezeichners ergänzt und durch ihn symbolisiert werden kann. In diesem Namensraum sind dann in ihm vorhandene Elemente und Attribute gegenüber anderen, gleichnamigen Strukturen abgegrenzt. Beispiel: `xmlns:xsl=http://www.w3.org/1999/XSL/Transform`, wobei der Namensraum durch das Standardattribut `xmlns` (XML Namespace) angegeben wird. Das Namensraumpräfix ist dann `xsl`. Es wird vor Element- und Attributnamen gesetzt, wobei letztere per Standard zum Namensraum ihres Elements gehören.

Folgende Deklarationen können als Kindelemente von `stylesheet` erscheinen:

- `xsl:import`: Import von Inhalten aus anderen XSLT-Dokumenten

- `xsl:include`: Inklusion von Inhalten aus anderen XSLT-Dokumenten

- `xsl:attribute-set`: Angabe einer Attributgruppe, die in den Ausgabestrom zu schreiben ist. Eine Attributgruppe hat einen Namen und enthält `xsl:attribute`-Elemente und wird über das Attribut `use-attribute-sets` aus XML-Elementen der literalen Ergebnismenge referenziert.

- `xsl:character-map`: Übersetzungsvorgabe für einzelne Zeichen wie bspw. Sonderzeichen als Ersatz für die Verwendung von herkömmlichen DTD-Entitäten

- `xsl:date-format`: Angabe des allgemeinen Datumsformats

- `xsl:decimal-format`: Angabe des allgemeinen Zahlenformats

- `xsl:function`: in XSLT geschriebene Funktion in einem benutzerdefinierten Namensraum als Ersatz zu XSLT-1.0-Vorlagen gleicher Aufgabe mit der Besonderheit, diese Funktion auch in XPath nutzen zu können.

- `xsl:import-schema`: Schema-Import für die Übernahme von Bezeichnern aus XML Schema in das XSLT-Dokument wie bspw. zur Verwendung von Datentypnamen

- `xsl:key`: Definition eines Schlüssels

- `xsl:namespace-alias`: Alias-Name eines Namensraums

- `xsl:output`: Eigenschaften des Ausgabedatenstroms

- `xsl:param`: Globaler Parameter/Stylesheet-Parameter, der dem Prozessor übergeben werden kann

- `xsl:preserve-space`: Leerzeichenbehandlungsangabe (Leerraum beibehalten)

- `xsl:sort-key`: Sortierschlüssel

- `xsl:strip-space`: Leerzeichenbehandlungsangabe (Leerraum entfernen)

- `xsl:template`: Vorlage

- `xsl:variable`: Globale Variable

Die Kinder des Wurzelelements einer W3C-Syntax bezeichnet man als »Elemente der obersten Ebene« (Top-Level-Elemente).

2. 1. 3. Wertübernahme aus XML

Auszeichnungstags werden bei der Transformation ohne Beanstandung ausgegeben, wie das vorherige Hallo-Welt-Beispiel gezeigt hat. Dies gilt auch für von diesen Tags umklammerten Textknoten[3]. Beides zusammen nennt man – wie schon erwähnt – eine *literale Ergebnismenge*, weil sie Teil des Ausgabestroms wird, also ein Ergebnisbereich ist, aber nicht nur eine eigentliche Transformation erzeugt wird, sondern genauso ausgegeben wird, wie sie als Zeichenkette vorgegeben wurde.

---

3   Vgl. XSL Transformations (XSLT) Version 2.0 W3C Recommendation 23 January 2007,, Abschnitt 11.4.1 Literal Text Nodes unter http://www.w3.org/TR/xslt20/#literal-text-nodes.

Für die Ausgabe von Text außerhalb solcher Tags muss man dagegen das Containerele-
ment `xsl:text`[4] verwenden, das hier nicht zur Debatte steht. Interessant für das nächste
Beispiel ist dagegen, Daten aus Textknoten einer XML-Datei auszulesen und diese in die
Ausgabedatei zu schreiben.

```xml
<?xml version="1.0" encoding="ISO-8859-1"?>
<?xml-stylesheet type="text/xsl" href="213_01.xsl"?>
<Text xmlns:xsi="http://www.w3.org/2001/XMLSchema-
  instance" xsi:noNamespaceSchemaLocation="211_01.xsd">
  <Gruss>Hallo Welt!</Gruss>
</Text>
```

Listing 2.3: 213_01.xml – Textknoten

Folgende XSLT-Datei greift dagegen ausdrücklich auf den `Gruss`-Knoten zu, ermittelt seinen Textknoten und gibt dann diesen Textknoten an bestimmten Stellen zwischen der
literalen Ergebnismenge, nämlich genau zwischen `<body>` und `<title>`, aus. Dabei erzeugt man einen Vorlagenaufruf über `xsl:apply-templates` und eine Vorlage für beide Fälle, da in beiden Fällen auf den gleichen Textknoten zugegriffen wird, die in einem
`<xsl:template>`-Container lagert und mit `xsl:value-of`[5] auf den Wert des Textknotens
zugreift. Die Attribute `select` und `match` stehen für die Auswahl von Knoten.

```xml
<?xml version="1.0" encoding="UTF-8"?>
<xsl:stylesheet version="1.0"
  xmlns:xsl="http://www.w3.org/1999/XSL/Transform"
  xmlns:xs="http://www.w3.org/2001/XMLSchema">
  <xsl:output method="html" indent="yes"
    encoding="ISO-8859-1"/>
  <xsl:template match="/">
    <html>
      <head>
        <title>
          <xsl:apply-templates select="Text/Gruss"/>
        </title>
      </head>
      <body>
```

---

4 Vgl. XSL Transformations (XSLT) Version 2.0 W3C Recommendation 23 January 2007,, Abschnitt 11.4.2 Creating
   Text Nodes using xsl:text unter http://www.w3.org/TR/xslt20/#xsl-text.
5 Vgl. XSL Transformations (XSLT) Version 2.0 W3C Recommendation 23 January 2007,, Abschnitt 11.4.3 Generating
   Text with xsl:value-of unter http://www.w3.org/TR/xslt20/#value-of.

```
            <xsl:apply-templates select="Text/Gruss"/>
         </body>
      </html>
   </xsl:template>
   <xsl:template match="Gruss">
      <xsl:value-of select="."/>
   </xsl:template>
</xsl:stylesheet>
```

Listing 2.4: 213 _ 01.xslt – Transformation mit Wertübernahme

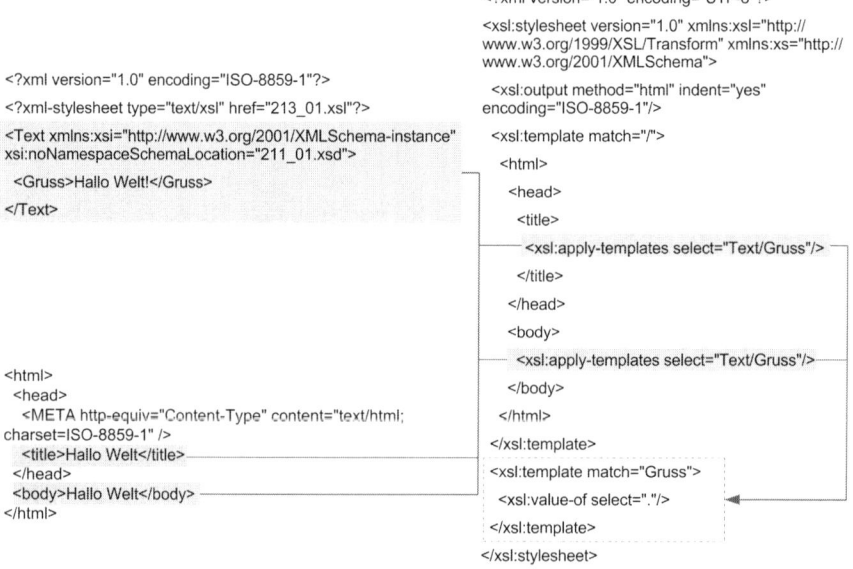

Abbildung 2.2: Grundprinzip der Wertübernahme

Auch in XSLT lassen sich die gleichen Ergebnisse mit ganz unterschiedlichen Formulierungen erreichen. Da für beide Aufrufe die gleiche Vorlage gelten kann, genügt es, für die Inhalte der HTML-Elemente <title> und <body> das Element <xsl:apply-templates/> aufzurufen, das dann automatisch nach einer weiteren Regel sucht. Diese befindet sich dann in der ausgelagerten Vorlage für Text/Gruss. Diese Variante funktioniert über die so genannten eingebauten Prozessor- bzw. Vorlagenregeln, die wir später noch ausführlicher darstellen, weil sie nur mithilfe von XPath sowie einigem mehr an Vorwissen zu XSLT zu verstehen und für die eigene Anwendung einzusetzen sind.

```
<?xml version="1.0" encoding="UTF-8"?>
<xsl:stylesheet version="1.0"
 xmlns:xsl=http://www.w3.org/1999/XSL/Transform
 xmlns:xs="http://www.w3.org/2001/XMLSchema">
  <xsl:output method="html" indent="yes"
  encoding="ISO-8859-1"/>
  <xsl:template match="/">
   <html>
    <head>
     <title>
       <xsl:apply-templates/>
     </title>
    </head>
    <body>
     <xsl:apply-templates/>
    </body>
   </html>
  </xsl:template>
  <xsl:template match="/Text/Gruss">
   <xsl:value-of select="."/>
  </xsl:template>
</xsl:stylesheet>
```

Listing 2.5: 213 _ 02.xslt *– Verkürzte Syntax, Prozessorregeln*

Für ein so kurzes XML-Dokument kann sich auch nur ein sehr einfaches Transformationsdokument ergeben, sodass auch die folgende verkürzte Syntax möglich ist. Diese verkürzte Syntax, auf die wir hier nur an dieser Stelle eingehen, eignet sich dafür, wenn in einer ansonsten aus HTML bestehenden Datei kleine XSLT-Quelltexte eingebaut werden sollen. Der Namensraum von XSLT wird direkt im HTML-Element aufgerufen. Das output-Element wird in dieser Variante zu einem Kindelement des HTML-Elements. Die einzelnen Bereiche, in denen eine Transformation stattfinden soll, bilden dann eigene Vorlagen, die in diesem Fall an genau den Stellen platziert sind, an denen auch HTML bzw. Textwerte erzeugt werden sollen.

```
<?xml version="1.0" encoding="UTF-8"?>
<html version="1.0"
  xmlns:xsl=http://www.w3.org/1999/XSL/Transform
  xmlns:xs="http://www.w3.org/2001/XMLSchema">
  <xsl:output method="html" indent="yes"
   encoding="ISO-8859-1"/>
  <head>
    <title>
      <xsl:template match="/Text/Gruss">
        <xsl:value-of select="."/>
      </xsl:template>
    </title>
  </head>
  <body>
    <xsl:template match="/Text/Gruss">
      <xsl:value-of select="."/>
    </xsl:template>
  </body>
</html>
</xsl:stylesheet>
```

Listing 2.6: 213 _ 03.xslt – Lange Lokalisierungspfade

2.2. Vorlagen-Typen

Es lassen sich für die Verwendung der Grundsubstanz einer jeden Transformation unterschiedliche Anwendungstechniken unterscheiden. Diese Grundsubstanz stellen die Vorlagen dar, die über das `template`-Element gebildet werden. Es ist möglich, gänzlich auf Wiederholungen (im Sinne von Schleifen) zu verzichten und nur auf eine geschickte Anordnung von Vorlagen zu bauen. Genauso gut kann man die Anzahl der Vorlagen auf nur eine einzige reduzieren und versuchen, die gesamte Transformation in nur einer einzigen Vorlage unterzubringen.

In diesem Abschnitt möchten wir die unterschiedlichen Möglichkeiten und Syntaxstrukturen vorstellen, die sich durch die Verwendung der verschiedenen Vorlagen ergeben. Damit beschreiben wir noch nicht die Anwendungsbereiche oder die Vorzüge der einen oder anderen Technik. Dies folgt in einem späteren Teil des Buches. Wichtig ist zunächst, das Handwerkszeug zu lernen, um überhaupt eine Transformation einzurichten.

2. 2. 1. Vorlagen-Regeln oder unbenannte Vorlagen

Für die erste Gruppe von Vorlagen haben wir bisher noch keinen allgemein gültigen Fachausdruck gefunden. Mit dem Begriff *Vorlagen-Regeln* ist relativ gut umschrieben, welcher Arbeitsaufwand auf den Programmierer zukommt. Er hält sich nämlich hinsichtlich der Verwendung von Wiederholungen in Grenzen, da die automatische Verarbeitung entlang der Elemente und Attribute, die vom Prozessor selbstständig durchgeführt wird, ausgenutzt wird, um die Transformation durchzuführen. Man gibt lediglich die Regeln vor, wie dies zu erfolgen hat.

Wir verwenden auch gerne den Begriff *Ping-Pong-Spiel*, der uns allerdings für den Einsatz in einer Überschrift durch anrüchige Fachsprachenferne nicht geheuer ist. Für ein handelsübliches Ping-Pong-Spiel benötigt man zwei Schläger und einen Ball, wobei in unserem Fall die beiden Schläger durch das `match`- und `select`-Attribut des `template`-Elements bereitgestellt werden. Der Ball hingegen ist das ausgewählte Element oder Attribut, das sich im einen wie im anderen Fall in einem XPath-Ausdruck befindet.

Für diesen XPath-Ausdruck gilt, dass das letzte Element oder Attribut, das im ersten Schläger (Ping) zu finden ist, das Element oder Attribut ist, das im zweiten Schläger (Pong) zu finden ist.

Die Vorteile der Vorlagen-Regeln liegen klar auf der Hand: Man erhält einen relativ einfachen Algorithmus, der durch das beständige Fortschreiten des Prozessors entlang der Dokumentstruktur der XML-Eingabedaten angetrieben wird. Dadurch muss man nur noch dafür Sorge tragen, dass überall dort, wo Werte aus dem XML-Datenstrom in den Ausgabestrom übernommen werden sollen, geeignete Vorlagenaufrufe mithilfe der Ping-Technik stehen. Die eigentliche Verarbeitung sitzt dann nach der Pong-Technik innerhalb einer eigenen Vorlage.

→ Grundlagen

Eine Vorlage wird mithilfe des `xsl:template`-Elements[6] angelegt. Die allgemeine Syntax lautet:

```
<!-- Kategorie: Deklaration -->
<xsl:template
```

---

6 Vgl. XSL Transformations (XSLT) Version 2.0 W3C Recommendation 23 January 2007,, Abschnitt 6.1 Defining Templates unter http://www.w3.org/TR/xslt20/#defining-templates.

```
match = pattern
name = qname
priority = number
mode = tokens
as = sequence-type>
<!-- Content: (xsl:param*, sequence-constructor) -->
</xsl:template>
```

Es wird sicherlich eines der häufigsten Elemente sein, die Sie in Zukunft benutzen werden. Von den Vorlagen hängt es ab, wie einzelne modulare Komponenten für die Transformation zusammenarbeiten. Daher ist die Liste der Attribute besonders interessant:

- match speichert einen XPath-Ausdruck, auf den diese Vorlage reagiert.

- name speichert einen Bezeichner, unter dem die Vorlage aufgerufen werden kann.

- mode speichert einen weiteren Bezeichner, der für Vorlagen gleichen Namens unterschiedlich ist und verschiedene Varianten (Modi) einer gleich benannten Vorlage abbildet.

- priority speichert eine Dezimalzahl mit Dezimalpunkt, die die Priorität der Vorlage angibt, also die Reihenfolge, in der sie bei gleich lautenden XPath-Ausdrücken aufgerufen wird.

- as speichert die Sequenzstruktur der Vorlage.

Eine solche Vorlage wird entweder über ihren Namen (siehe Abschnitt 1.2.2 Benannte Vorlagen) aufgerufen oder über das xsl:apply-templates-Element[7] mithilfe des XPath-Ausdrucks.

```
<!-- Kategorie: Instruktion -->
<xsl:apply-templates
  select = node-sequence-expression
  mode = token>
  <!-- Content: (xsl:sort | xsl:with-param)* -->
</xsl:apply-templates>
```

---

7   Vgl. XSL Transformations (XSLT) Version 2.0 W3C Recommendation 23 January 2007,, Abschnitt 6.3 Applying Template Rules unter http://www.w3.org/TR/xslt20/#applying-templates.

Die Attributliste ist kurz und enthält die folgenden Einträge:

- `select` speichert den XPath-Ausdruck, für den eine passende Vorlage gesucht wird.

- `mode` speichert den Modus-Bezeichner, den die Vorlage ebenfalls besitzen muss, wenn für den XPath-Ausdruck eine passende Vorlage gesucht wird.

Die möglichen Kindelemente von `xsl:apply-templates` können Sortierungen und Parameter sein, die an die aufgerufene Vorlage übergeben werden.

→ **Verwendung vieler einzelner Vorlagen**

Das Zusammenspiel zwischen Ping und Pong ist letztendlich nur für solche Elemente notwendig, die wiederholt auftreten, weil man ansonsten auch direkt mit dem Element `value-of` auf die Textknoten und Attributwerte zugreifen könnte. Im nachfolgenden Beispiel soll es zunächst darum gehen, möglichst oft die Vorlagen-Automatik auszunutzen. Im darauf folgenden Beispiel, das das gleiche XML-Dokument verarbeitet, werden dann nur noch die Elemente in einer eigenen Vorlage verarbeitet, die wegen ihrer Häufigkeit größer 1 nur so komplett verarbeitet werden können.

Als Beispiel verwenden wir einen Auszug der Kundenliste der RuhrFon GmbH, in der wiederholt auftretende `Kunde`-Elemente zu finden sind. In jedem `Kunde`-Element sind einige Attribute mit grundsätzlichen Informationen zu finden. Als Kindelemente treten `Name` und `Adresse` auf, in denen jeweils typische Kindelemente zu finden sind. Die direkten Kinder von `Kunde` treten wie ihre Kindeskinder nicht wiederholt auf.

```xml
<?xml version="1.0" encoding="UTF-8"?>
<?xml-stylesheet type="text/xsl" href="221_01.xslt"?>
<Kundenliste xmlns:xsi="http://www.w3.org/2001/XMLSchema-
    instance" xsi:noNamespaceSchemaLocation="221_01.xsd">
  <Kunde Nr="235" Anrede="Frau" Beginn="04.10.03">
    <Name>
      <Rufname>Verena</Rufname>
      <Zuname>Fiegert</Zuname>
    </Name>
    <Adresse>
      <Strasse>Universitätsstr. 40</Strasse>
      <PLZ>47051</PLZ>
```

```
        <Stadt>Duisburg</Stadt>
      </Adresse>
   </Kunde>
 ...
```

Listing 2.7: `221 _ 01.xml` – *Kundenliste*

Den Dokumentbaum finden Sie in Abbildung 2.3. Hier ist auch zu erkennen, dass neben der einfachen Dokumentstruktur die beiden Kindelemente von `Kunde` mithilfe von globalen komplexen Typen modelliert werden. Dies erleichtert später die Zuordnung von Strukturen im XML-Schema-Dokument und in der Transformationsdatei. Für beide Elemente liegen nämlich passende Vorlagen in XSLT vor, sodass eine durch einen globalen komplexen Typ in XML Schema abgebildete Struktur in der Syntax von XSLT durch eine eigene Vorlage verarbeitet wird.

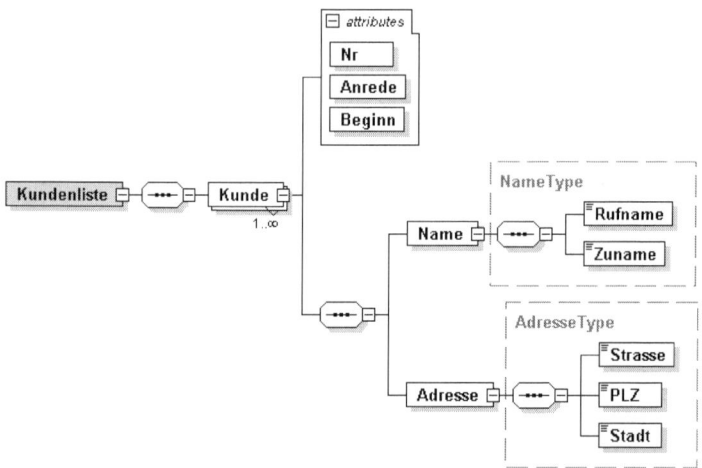

Abbildung 2.3: Baum der Kundenliste

Für diese Transformation setzen wir auch wieder auf eine Startvorlage, die – ausgehend vom Wurzelknoten – die Grundstruktur des HTML-Dokuments festlegt. Innerhalb des `body`-Elements folgt dann der Vorlagenaufruf für den XPath-Ausdruck `Kundenliste/Kunde`. Das Element `apply-templates`, in dessen `select`-Attribut dieser Ausdruck platziert ist, ruft für diesen Ausdruck passende Vorlagen auf. In unserem Fall ist dies dann eine Vorlage, die innerhalb des `match`-Attributs explizit auf das Element `Kunde` reagiert.

Als Anmerkung möchten wir bereits hier einfließen lassen, dass es keine Verpflichtung gibt, die XPath-Ausdrücke immer so zu formulieren, dass sie mit einem Bezeichner enden. Es besteht nämlich auch die Möglichkeit, von uns so genannte »allgemeine Vorlagen« zu erstellen, in denen Platzhalterzeichen auftauchen und die nicht auf Bezeichner, sondern auf bestimmte Strukturen innerhalb des Dokuments reagieren.

Als zweite Anmerkung müssen wir einfließen lassen, dass auch keine Verpflichtung besteht, nur eine einzige Vorlage für einen gegebenen XPath-Ausdruck bzw. für eine bestimmte Dokumentstruktur (Vorliegen eines Elements, Attributs) zu formulieren. Über eingebaute Regeln oder über in XSLT vorhandene Prioritätsvorgaben wird immer die für einen Fall am besten passende Vorlage gesucht. Wie diese Priorierungsregeln arbeiten und wie man Prioritäten selbst festlegen kann, wird an anderer Stelle erläutert.

```
<?xml version="1.0" encoding="UTF-8"?>
<xsl:stylesheet version="1.0"
  xmlns:xsl="http://www.w3.org/1999/XSL/Transform">
  <xsl:output method="html" version="1.0"
   encoding="ISO-8859-1" indent="yes"/>
  <!-- Startvorlage -->
  <xsl:template match="/">
    <html>
     <head>
       <title>Kundenliste</title>
     </head>
     <body>
       <xsl:apply-templates select="Kundenliste/Kunde"/>
     </body>
    </html>
  </xsl:template>
```

Listing 2.8: 221 _ 01.xslt – *Startvorlage*

Da die Kunde-Elemente wiederholt auftreten und sie der Reihe nach durch die schrittweise Abarbeitung der Knoten im Dokument erreicht werden, wird die nachfolgende Vorlage so oft aufgerufen, wie innerhalb des Elements Kundenliste Kindelemente des Namens Kunde gefunden werden. Die Vorlage, die in diesem Fall jeweils aufgerufen wird, ist genau die Vorlage, die auf das Element Kunde reagiert und seinen Bezeichner im match-Attribut nennt. Das Ping-Pong-Spiel für dieses Element besteht also aus den beiden XSLT-Elementen apply-templates select="Kundenliste/Kunde" und template match="Kunde".

75

Innerhalb dieser Vorlage, in der nur direkt auf das Attribut zugegriffen wird, spielt man zwei neue Partien des Ping-Pong-Spiels. Sie bestehen aus einem einfachen Aufruf der beiden Kindelemente jedes Kunde-Elements Name und Adresse. Sie erhalten nur einen sehr kurzen Ausdruck in der XPath-Notation, weil sie als direkte Kindelemente – wie wir sagen – »direkt sichtbar« sind. Sie lassen sich daher überaus einfach nur durch Nennung ihres Namens aufrufen.

Was den Zugriff auf eines der drei verfügbaren Attribute anbetrifft, so erkennt man auch hier einen passenden XPath-Ausdruck, der innerhalb des value-of-Elements eingefügt wird. Über die Attributachse, die hier in der Abkürzungssyntax in Form des @-Zeichens auftritt, greift man auf das Attribut Anrede von Kunde zu.

Eine einfache Textausgabe, die hier nur in der Ausgabe eines Leerzeichens besteht, gelingt über das Element xsl:text. Es enthält einen Textknoten, dessen Inhalt in den Ausgabestrom geschrieben wird. Dies unterscheidet sich von solchen Textknoten in z. B. HTML-Elementen, die ebenfalls in den Ausgabestrom gelangen, was allerdings an der Tatsache liegt, dass sie explizit von XML-Elementen einer anderen Syntax bzw. der literalen Ergebnismenge umschlossen sind.

```
<!-- Vorlage für Element Kunde -->
<xsl:template match="Kunde">
  <p>
    <xsl:value-of select="@Anrede"/>
    <xsl:text> </xsl:text>
    <xsl:apply-templates select="Name"/>
    <br/>
    <xsl:apply-templates select="Adresse"/>
  </p>
</xsl:template>
```

Listing 2.9: 221 _ 01.xslt – Attribute auslesen

Der XPath-Standard ist ein von XSLT losgelöster eigener Standard, der auch wegen seiner Komplexität in einem eigenen Kapitel vorgestellt wird. XPath-Ausdrücke treten in XSLT in den Attributen match (Element template), select (Elemente apply-templates, apply-imports, for-each, for-each-group und sort) und test (Elemente when und if) auf.

Ein Blick in den Dokumentbaum bzw. noch genauer in die Syntax des XML-Schema-Dokuments für die Kundenliste erläutert die Adressierungen in XPath und den Aufbau des bis hierhin erläuterten XSLT-Dokuments. Das Element Kunde tritt beliebig oft auf, wie im Attribut maxOccurs="unbounded" zu sehen ist. Die Elemente Name und Adresse, deren globale komplexe Typen gleich im Zusammenhang mit den für sie geeigneten Vorlagen gezeigt werden, sind die direkten Kindelemente von Kunde. Daher sind sie auch über die einfachste aller Lokalisierungen in XPath aufzurufen: über ihren Bezeichner.

```
<xs:element name="Kunde" maxOccurs="unbounded">
  <xs:complexType>
    <xs:sequence>
      <xs:element name="Name" type="NameType"/>
      <xs:element name="Adresse" type="AdresseType"/>
    </xs:sequence>
    <xs:attribute name="Nr" type="xs:string"
    use="required"/>
    <xs:attribute name="Anrede" use="required">
      <xs:simpleType>
        <xs:restriction base="xs:token">
          <xs:enumeration value="Herr"/>
          <xs:enumeration value="Frau"/>
        </xs:restriction>
      </xs:simpleType>
    </xs:attribute>
    <xs:attribute name="Beginn" type="xs:string"
    use="required"/>
  </xs:complexType>
</xs:element>
```

Listing 2.10: 221 _ 01.xsd – Element mit Attributen

In der Vorlage für das Element Kunde wurden in zwei apply-templates-Elementen zum einen das Element Name und zum anderen das Element Adresse aufgerufen. Sie erhalten ebenfalls jeweils eine eigene Vorlage in XSLT, mit denen ihre Ausgabe gesteuert wird. Da in diesen beiden Elementen die Kindelemente auch gleichzeitig die Blätter im Dokumentbaum bilden, endet hier die Verarbeitung. Ihre jeweiligen Kindelemente wie Rufname, Zuname, Strasse, PLZ und Stadt werden wieder über einen sehr einfachen XPath-Ausdruck im value-of-Element in den Ausgabestrom geschrieben.

```
<!-- Vorlage für Element Name -->
<xsl:template match="Name">
  <xsl:value-of select="Rufname"/>
  <xsl:text> </xsl:text>
  <xsl:value-of select="Zuname"/>
</xsl:template>
<!-- Vorlage für Element Adresse -->
<xsl:template match="Adresse">
  <xsl:value-of select="Strasse"/>
  <xsl:text> in </xsl:text>
  <xsl:value-of select="PLZ"/>
  <xsl:text> </xsl:text>
  <xsl:value-of select="Stadt"/>
</xsl:template>
</xsl:stylesheet>
```

Listing 2.11: 221 _ 01.xslt – Einfache Vorlagen

Zu beiden Vorlagen geben wir noch die Modellierung in der XML-Schema-Syntax an. Hier ist deutlich zu sehen, warum man so einfach auf die jeweils vorhandenen Kindelemente zugreifen kann.

```
<xs:complexType name="AdresseType">
  <xs:sequence>
    <xs:element name="Strasse" type="xs:string"/>
    <xs:element name="PLZ" type="xs:int"/>
    <xs:element name="Stadt" type="xs:string"/>
  </xs:sequence>
</xs:complexType>
<xs:complexType name="NameType">
  <xs:sequence>
    <xs:element name="Rufname" type="xs:string"/>
    <xs:element name="Zuname" type="xs:string"/>
  </xs:sequence>
</xs:complexType>
```

Listing 2.12: 221 _ 01.xsd – Globaler komplexer Typ für Adresse

Im Ergebnis erhält man eine einfache Ausgabe in Form von mehreren Absätzen, wobei jeder Absatz für ein Kunde-Element verbraucht wird.

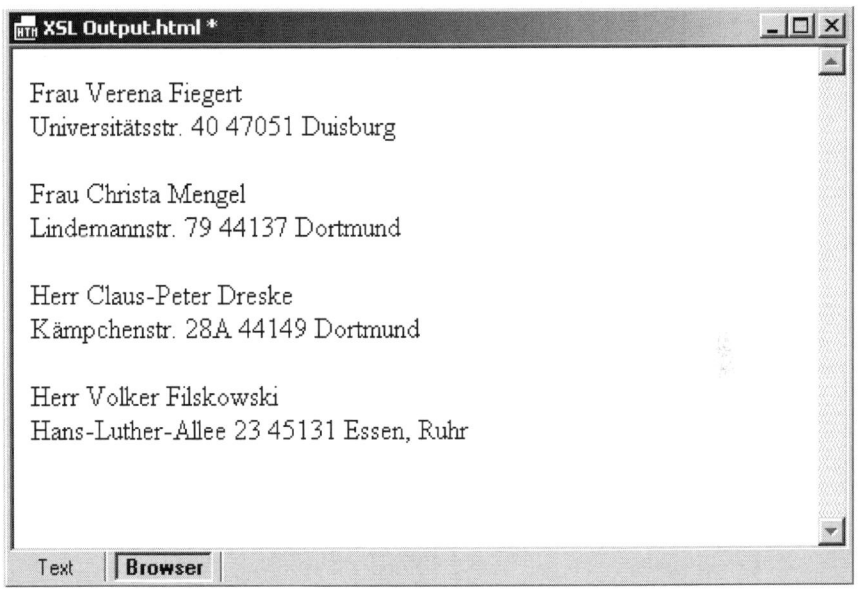

Abbildung 2.4: Ergebnis im Browser

Die im Beispiel beschriebene Struktur soll noch einmal in zwei Abbildungen visualisiert werden. In Abbildung 2.5 hat man XML, HTML und XSLT auf einen Blick, wobei das XML-Dokument auf nur einen einzigen Kunden gekürzt wurde. Hier soll gezeigt werden, welche XML-Strukturen mit welchen XSLT-Vorlagen transformiert werden und wie die daraus erzeugten HTML-Inhalte aussehen. Deutlich erkennt man hier, dass der gewählte Aufbau des XSLT-Dokuments dazu führt, dass jeweils zusammenhängende Bereiche in XML mithilfe einer speziellen Vorlage verarbeitet werden. Dabei hat man als zusammenhänge XML-Bereiche Elternelemente definiert, die Kindelemente besitzen. Dies ergibt eine Transformationsstruktur, in der alle Elemente, die Blätter im Dokumentbaum repräsentieren bzw. die Textknoten enthalten, mithilfe von value-of ausgegeben werden können und dabei nur ein sehr einfacher XPath-Ausdruck eingesetzt wird.

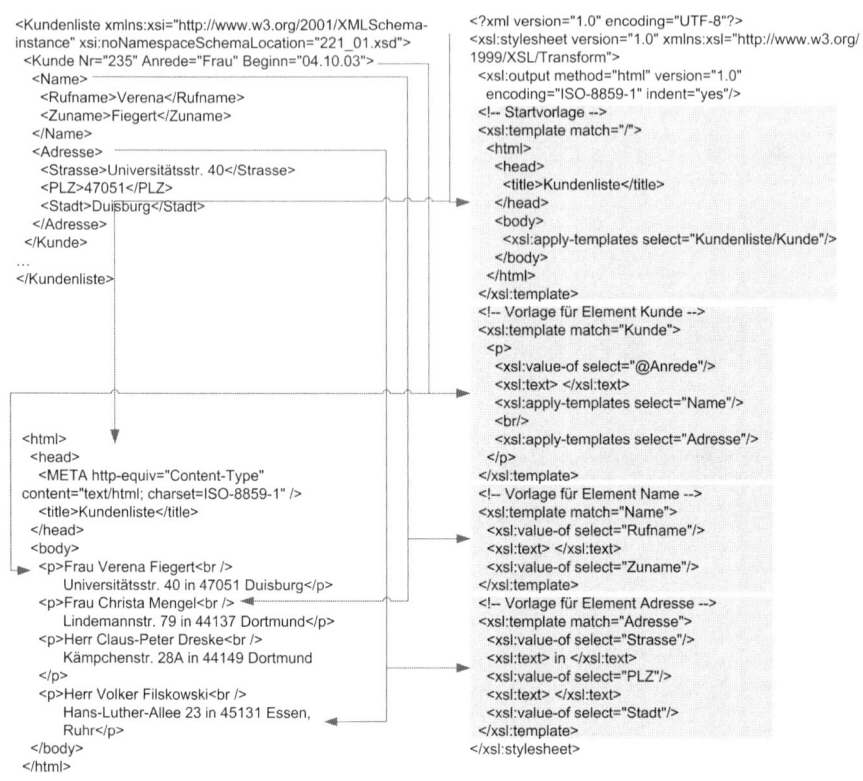

```
<Kundenliste xmlns:xsi="http://www.w3.org/2001/XMLSchema-
instance" xsi:noNamespaceSchemaLocation="221_01.xsd">
  <Kunde Nr="235" Anrede="Frau" Beginn="04.10.03">
    <Name>
      <Rufname>Verena</Rufname>
      <Zuname>Fiegert</Zuname>
    </Name>
    <Adresse>
      <Strasse>Universitätsstr. 40</Strasse>
      <PLZ>47051</PLZ>
      <Stadt>Duisburg</Stadt>
    </Adresse>
  </Kunde>
  ...
</Kundenliste>
```

```
<html>
  <head>
    <META http-equiv="Content-Type"
content="text/html; charset=ISO-8859-1" />
    <title>Kundenliste</title>
  </head>
  <body>
    <p>Frau Verena Fiegert<br />
      Universitätsstr. 40 in 47051 Duisburg</p>
    <p>Frau Christa Mengel<br />
      Lindemannstr. 79 in 44137 Dortmund</p>
    <p>Herr Claus-Peter Dreske<br />
      Kämpchenstr. 28A in 44149 Dortmund
    </p>
    <p>Herr Volker Filskowski<br />
      Hans-Luther-Allee 23 in 45131 Essen,
      Ruhr</p>
  </body>
</html>
```

```
<?xml version="1.0" encoding="UTF-8"?>
<xsl:stylesheet version="1.0" xmlns:xsl="http://www.w3.org/
1999/XSL/Transform">
  <xsl:output method="html" version="1.0"
encoding="ISO-8859-1" indent="yes"/>
  <!-- Startvorlage -->
  <xsl:template match="/">
    <html>
      <head>
        <title>Kundenliste</title>
      </head>
      <body>
        <xsl:apply-templates select="Kundenliste/Kunde"/>
      </body>
    </html>
  </xsl:template>
  <!-- Vorlage für Element Kunde -->
  <xsl:template match="Kunde">
    <p>
      <xsl:value-of select="@Anrede"/>
      <xsl:text> </xsl:text>
      <xsl:apply-templates select="Name"/>
      <br/>
      <xsl:apply-templates select="Adresse"/>
    </p>
  </xsl:template>
  <!-- Vorlage für Element Name -->
  <xsl:template match="Name">
    <xsl:value-of select="Rufname"/>
    <xsl:text> </xsl:text>
    <xsl:value-of select="Zuname"/>
  </xsl:template>
  <!-- Vorlage für Element Adresse -->
  <xsl:template match="Adresse">
    <xsl:value-of select="Strasse"/>
    <xsl:text> in </xsl:text>
    <xsl:value-of select="PLZ"/>
    <xsl:text> </xsl:text>
    <xsl:value-of select="Stadt"/>
  </xsl:template>
</xsl:stylesheet>
```

Abbildung 2.5: Beziehungen zwischen Eingabe- und Ausgabestrom

In Abbildung 2.6 soll dann darauf eingegangen werden, wie wiederholt auftretende Elemente verarbeitet werden. Hierbei wurden zwei Kunden im XML-Dokument eingefügt, wobei deutlich wird, dass nur das Element Kunde wiederholt auf einer Ebene auftritt. Es ist unerheblich für diese Transformation, ob Elemente wie Name und Adresse und ihre Kinder ebenfalls so oft auftreten wie das Elemente Kunde. Da sie zwar auf einer gemeinsamen Ebene liegen, aber nicht Geschwister sind, werden sie nur innerhalb eines Verarbeitungspfades jeweils einmal und damit insgesamt in Folge jeweils gemäß der Anzahl der Kunde-Elemente verarbeitet.

Ein einziger Verarbeitungspfad ist dann auf der rechten Seite mit Pfeilen markiert, der angibt, in welcher Reihenfolge die einzelnen Vorlagen aufgerufen werden, wenn ein Kunde-Element zur Verarbeitung ansteht.

Die wiederholte Ausführung von Elementen mithilfe von `apply-tem-plates` ist nur dann relevant, wenn ein Element auf einer Ebene mehrfach nacheinander auftritt und diese Elemente dann als Geschwister gelten. Das bloße Auftreten auf einer gemeinsamen Ebene als Kinder von anderen Elementen fordert keine wiederholte Verarbeitung in Folge. In XML Schema muss der Wert von `maxOccurs` größer als 1 sein.

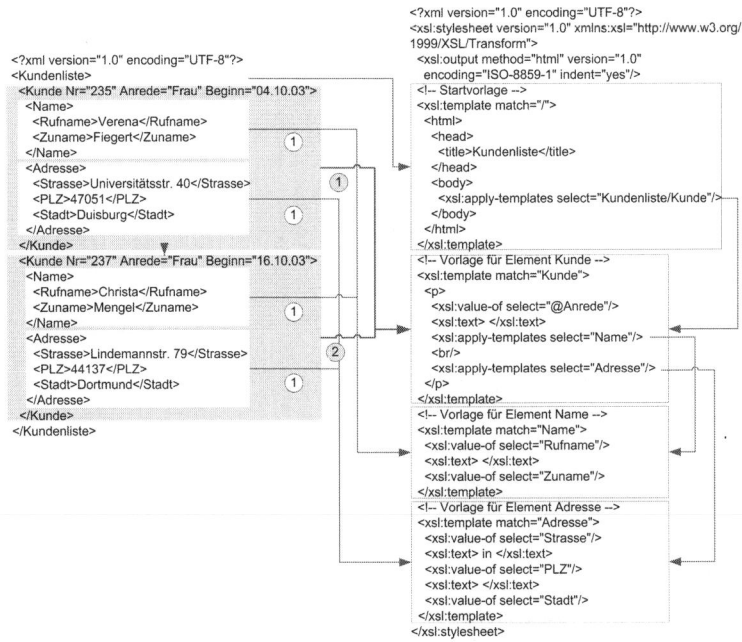

Abbildung 2.6: Wiederholter oder einmaliger Aufruf auf einer Ebene

→ Verwendung nur notwendiger Vorlagen

Es gibt keine Regel, dass eine Transformation so aufgebaut werden müsste, wie gerade gezeigt. Man muss durchaus nicht im XML-Schema-Dokument nachsehen, ob globale komplexe Typen existieren, und für sie eine eigene Vorlage erstellen. Dies schafft zwar einen sehr eleganten Zusammenhang zwischen Modellierung und Transformation und wird auch – wenn man beide Dokumente gleichzeitig betrachtet – die Transformation gut erklären, ist aber auch syntaktisch anders zu lösen. Man muss auch ganz und gar nicht Elemente mit Kindern in einer eigenen Vorlage verarbeiten. Dies hängt insoweit mit der zuvor verworfenen scheinbaren Regel zusammen, sich an den globalen komplexen Typen zu orientieren, denn diese repräsentieren ja in vielen Fällen die Elemente mit Kindelementen. Es ist sogar möglich, gänzlich auf die Vorlagen-Automatik zu verzichten und entweder direkte Wiederholungen mithilfe des `for-each`-Elements oder benannte Vorlagen zu verwenden. Da allerdings in diesem Unterkapitel gerade die Vorlagen-Automatik dargestellt werden soll, ist wenigstens die Aufhebung dieser scheinbaren Regel vorerst nicht relevant.

Wir greifen noch einmal das gerade transformierte XML-Dokument auf und verringern die Anzahl der Vorlagen in XSLT auf die unbedingt notwendigen, wenn man eine explizite Wiederholung nicht und weiterhin die Vorlagen-Automatik einsetzen möchte. Dabei stellt man fest, dass das einzige Element, das wiederholt auftritt, nur das Element `Kunde` ist. Zwar treten alle Elemente mehrfach im Dokument auf, aber nur das Element `Kunde` hat gleichnamige Geschwister.

Daher genügt folgende Transformation, in der zunächst eine Startvorlage benötigt wird, die – wie schon zuvor – die mehrfache Verarbeitung durch ein `apply-templates`-Element anstößt.

```
<?xml version="1.0" encoding="UTF-8"?>
<xsl:stylesheet version="1.0"
 xmlns:xsl="http://www.w3.org/1999/XSL/Transform">
 <xsl:output method="html" version="1.0"
  encoding="ISO-8859-1" indent="yes"/>
 <!-- Startvorlage -->
 <xsl:template match="/">
   <html>
     <head>
       <title>Kundenliste</title>
     </head>
     <body>
       <!-- Vorlagenaufruf für wiederkehrende Elemente -->
       <xsl:apply-templates select="Kundenliste/Kunde"/>
     </body>
   </html>
```

```
</xsl:template>
```

Listing 2.13: 221 _ 02.xslt – Aufruf der Vorlage für sich wiederholende Elemente

Für die wiederholt auftretenden Kunden existiert daher eine eigene Vorlage, in der allerdings nun alle anderen Elemente, die ohnehin nur einmal auftreten, über einen längeren XPath-Ausdruck innerhalb von `value-of`-Elementen ausgegeben werden. Der verlängerte Ausdruck ist nun notwendig geworden, weil man über die Kindelemente von `Kunde` namens `Adresse` und `Name` auf deren Kindelemente zugreift und daher über die Kind-Achse zunächst `Name` und `Adresse` passieren muss.

```xml
<!-- Vorlage für Element Kunde -->
<xsl:template match="Kunde">
  <p>
    <xsl:value-of select="@Anrede"/>
    <xsl:text> </xsl:text>
    <!-- Verarbeitung von Name -->
    <xsl:value-of select="Name/Rufname"/>
    <xsl:text> </xsl:text>
    <xsl:value-of select="Name/Zuname"/>
    <br/>
    <!-- Verarbeitung von Adresse -->
    <xsl:value-of select="Adresse/Strasse"/>
    <xsl:text> in </xsl:text>
    <xsl:value-of select="Adresse/PLZ"/>
    <xsl:text> </xsl:text>
    <xsl:value-of select="Adresse/Stadt"/>
  </p>
</xsl:template>
</xsl:stylesheet>
```

Listing 2.14: 221 _ 02.xslt – Wiederholende Elemente und ihre Vorlage

In Anlehnung an die vorherigen Abbildungen folgt auch nun eine entsprechende Visualisierung. In Abbildung 2.7 besteht der auf der rechten Seite abgebildete Verarbeitungspfad auf Vorlagenebene lediglich in einem einzigen Aufruf einer anderen Vorlage. Das ist die Vorlage für die wiederholt auftretenden `Kunde`-Elemente, in der alle nur einmal auftretenden Elemente mit direkten Zugriffspfaden verarbeitet werden.

Die Zuordnungen von XML-Strukturen zu passenden XSLT-Strukturen blieben erhalten, jedoch beziehen sich die Pfeile jetzt nicht mehr auf ganze Vorlagen, sondern nur noch auf Bereiche innerhalb einer einzigen XSLT-Vorlage. Daher sind auch die Zahlenangaben für diese Elemente verschwunden und nur noch für die Kunde-Elemente vorhanden.

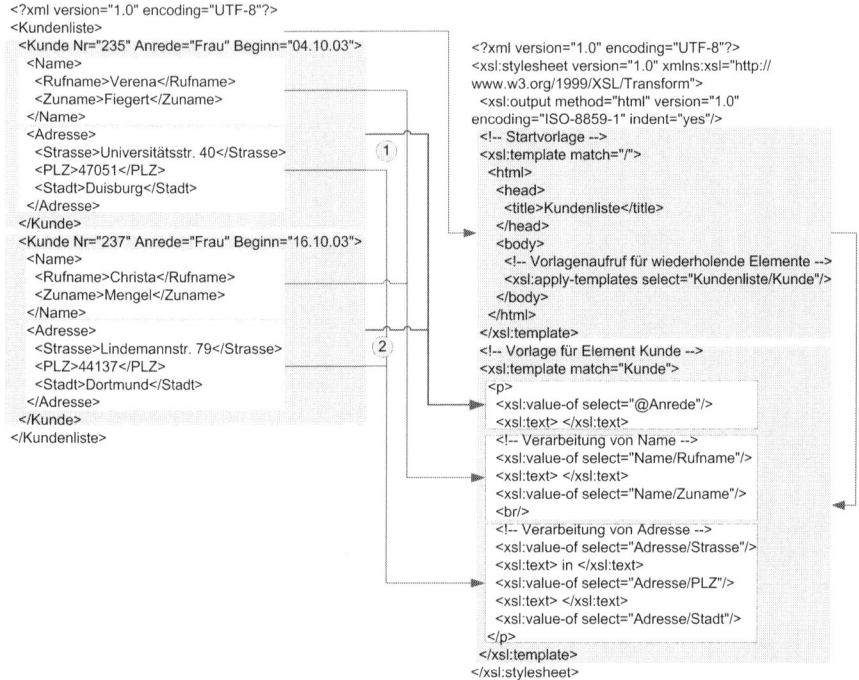

Abbildung 2.7: Vorlagen nur für wiederholende Elemente

Wie ist diese Lösung zu bewerten? Ohne explizit auf die Zusammenhänge zwischen Modellierung und Transformation einzugehen, die ja insbesondere Thema des dritten Bandes sind, lässt sich bereits jetzt feststellen, dass die Vor- und Nachteile der jeweiligen grundsätzlichen Lösungsansätze sehr genau gegeneinander abzuwägen sind.

Einen Nachteil in der zuerst vorgestellten Variante mit mehreren Vorlagen könnte man darin sehen, dass die vielen Vorlagen das eigene Nachvollziehen der Transformation durch häufige Sprünge erschweren. Dadurch könnten auch Nacharbeiten und Korrekturen an der

Transformation erschwert werden, weil man jeweils die geeignete Vorlage aufsuchen muss, um dort die Änderungen vorzunehmen.

Gerade aus dem letzten möglichen Nachteil könnte allerdings auch ein Vorteil entstehen, weil letztendlich immer nur relativ kurze Syntaxstücke in die Betrachtung aufzunehmen sind. Man besitzt daher in der Transformationsdatei eine vorlagenbasierte Technik der Auslagerung in kleine Teilbereiche, die in sich abgeschlossen sind und wiederum andere Vorlagen aufrufen. Auch bei gewissen Dokumentänderungen, die nur die Strukturen und nicht die Benennung von Elementen betreffen, hilft die große Anzahl an Vorlagen und die daraus normalerweise folgenden sehr kurzen XPath-Ausdrücke. Sie sind dann nur einmal in einem `select`-Attribut zu ändern und nicht mehrfach in verschiedenen `value-of`-Ausdrücken. Auch Änderungen hinsichtlich der Hierarchien sind solche Vorlagen in vielen Fällen durchaus aufgeschlossen. Entweder halten sich die Änderungsarbeiten in Grenzen oder sie entfallen sogar aufgrund der kurzen XPath-Ausdrücke bis zu einem gewissen Grad.

2. 2. 2. Benannte Vorlagen

Das `template`-Element besitzt nicht nur die Fähigkeit, auf Strukturen mithilfe eines XPath-Ausdrucks im `select`-Attribut eines `apply-templates`-Elements bzw. im eigenen `match`-Attribut zu reagieren, sondern darf auch im `name`-Attribut mit einem Bezeichner als Namen ausgestattet werden. Dann handelt es sich um eine benannte Vorlage, die über das spezielle Element `call-template` aufgerufen wird.

→ **Grundlagen**

Im `xsl:template`-Element wird das `name`-Attribut mit einem Bezeichner ausgefüllt, unter dem die Vorlage aufzurufen ist. Mithilfe des Elements `xsl:call-template`[8] lässt sich dann genau diese Vorlage aufrufen. Das einzige Attribut ist das `name`-Attribut, das den Namen der aufzurufenden Vorlage enthält. Als Kindelemente kann `xsl:with-param` für eine mögliche Parameterübergabe verwendet werden. Die allgemeine Syntax dieses Elements lautet:

```
<!-- Kategorie: Instruktion -->
<xsl:call-template
```

---

8   Vgl. XSL Transformations (XSLT) Version 2.0 W3C Recommendation 23 January 2007,, Abschnitt 10.1 Named Templates unter http://www.w3.org/TR/xslt20/#named-templates.

```
    name = qname>
    <!-- Content: xsl:with-param* -->
</xsl:call-template>
```

➔ **Einfaches Beispiel**

Als Beispiel für die Vorstellung dieses zweiten Konzepts haben wir ein Dokument aus unserer Datenbank extrahiert, das Anrufe von Geschäfts- und Privatkunden abbildet. Beide Kundenarten sind gleich aufgebaut, allerdings wird zwischen dem Anrufer und dem Angerufenen mithilfe von Von- und Nach-Elementen unterschieden. Interessant ist, dass auch der Inhalt dieser unterschiedlich benannten Elemente gleich ist. Dies wird uns zu einem interessanten Lösungsansatz führen, der sowohl über die Vorlagen-Regeln wie auch mithilfe von benannten Vorlagen entwickelt wird.

```
<?xml version="1.0" encoding="ISO-8859-1"?>
<?xml-stylesheet type="text/xsl" href="222_01.xslt"?>
<Anrufliste xmlns:xsi="http://www.w3.org/2001/XMLSchema-
  instance" xsi:noNamespaceSchemaLocation="222_01.xsd">
  <Anruf Nr="4897" Typ="p">
    <Beginn>21.06.03 05:06:00</Beginn>
    <Dauer>81</Dauer>
    <Preis>41</Preis>
    <Tarif Nr="5">Mondschein2</Tarif>
    <Von Nr="36">
      <Name>Cebula, Peter</Name>
      <Stadt>Dortmund</Stadt>
    </Von>
    <Nach Nr="46">
      <Name>Brauner, Dieter</Name>
      <Stadt>Düsseldorf</Stadt>
    </Nach>
  </Anruf>
  <Anruf Nr="4880" Typ="g">
    <Beginn>20.06.03 09:06:00</Beginn>
    <Dauer>4</Dauer>
    <Preis>2</Preis>
    <Tarif Nr="7">Schicht1</Tarif>
    <Von Nr="29">
```

```
      <Name>König Hof Weinkellerei GmbH</Name>
      <Stadt>Duisburg</Stadt>
   </Von>
   <Nach Nr="7">
      <Name>ELMO Elektro Mommse GmbH</Name>
      <Stadt>Gelsenkirchen</Stadt>
   </Nach>
  </Anruf>
</Anrufliste>
```

Listing 2.15: 222 _ 01.xml – Anrufliste

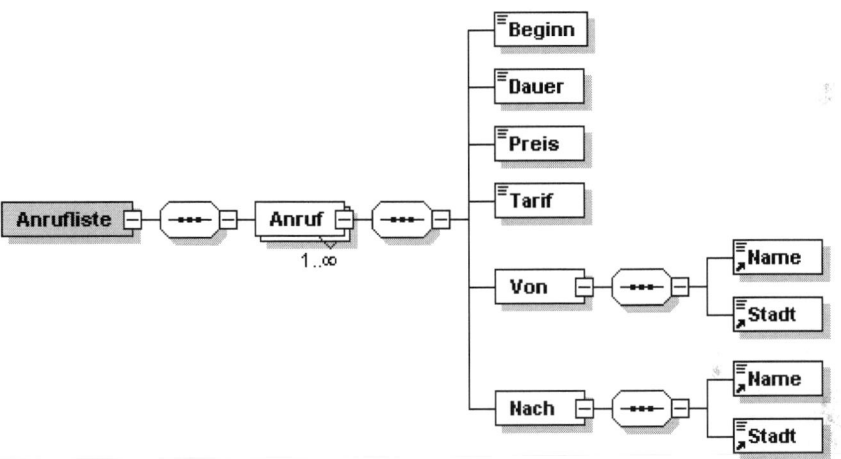

Abbildung 2.8: Baumstruktur der Anrufliste

Im Dokumentbaum stellt sich die Struktur des Dokuments so dar wie in Abbildung 2.8. Wichtig ist – wie schon erwähnt – der gleiche Aufbau der beiden Elemente, die Kundendaten abbilden, Von und Nach. Zusätzlich sitzen zu Beginn des Dokuments einige Elemente als direkte Kindelemente von Anruf. Diese Modellierung hätte genauso gut tiefer verschachtelt sein können, was möglicherweise auch für die einfachere und übersichtlichere Verarbeitung dieser Kindelemente besser gewesen wäre. Doch das Dokument besitzt den in diesem Punkt schlechten Aufbau, was allerdings über eine benannte Vorlage wieder in eine gut lesbare Struktur in XSLT überführt wird.

Wie für alle Elemente, so besitzt das XSLT-Dokument auch für die Anwendung der benannten Vorlagen eine Startvorlage, in der – ausgehend von Wurzelknoten und -element – das HTML-Grundgerüst konstruiert wird. Da Wiederholungen noch vermieden werden sollten, existiert auch hier wieder eine Vorlagen-Regel für die wiederholte Verarbeitung der Anruf-Elemente.

Beachten Sie zusätzlich, wie die Liste und die einzelnen Listenelemente in diesem Beispiel generiert werden. Da stets wohlgeformte XML-Dokumente erstellt werden müssen, ist es nur möglich, ein in einer Vorlage geöffnetes HTML-Tag auch wieder in der gleichen Vorlage zu schließen. Daher befinden sich in diesem Beispiel die ul- und die li-Elemente in unterschiedlichen Vorlagen und werden dort jeweils geöffnet und auch wieder geschlossen.

Innerhalb der so automatisch aufgerufenen Vorlage für das Anruf-Element erstellt man die Ausgabe des Listenpunktes für einen Anruf. Wie oben bei der Vorstellung der XML-Struktur erwähnt wurde, wurde darauf verzichtet, die beschreibenden Daten eines Anrufs wie die Elemente Beginn, Preis etc. innerhalb eines speziellen Elternelements zu platzieren. Dies hätte zur Folge haben können, dass man mithilfe von Vorlagen-Regeln eine eigene Vorlage für diese Elemente sehr leicht hätte einführen können, um Nutzen aus dieser Auslagerung zu ziehen.

Da allerdings die beschreibenden Daten für einen Anruf im Gegensatz zu den Elementen, die die Kunden beschreiben, als direkte Kindelemente des Anruf-Elements konstruiert wurden, bietet sich an, dennoch eine eigene Vorlage für diese Elemente mithilfe einer benannten Vorlage zu erstellen. Dies sehen Sie im nächsten Listingabschnitt. Für die Kunden wird ebenfalls eine eigene Vorlage entwickelt, die genauso wie die für die Anrufdaten über das Element call-template angesprochen wird.

```xml
<?xml version="1.0" encoding="UTF-8"?>
<xsl:stylesheet version="1.0"
 xmlns:xsl="http://www.w3.org/1999/XSL/Transform">
  <xsl:output method="html" version="1.0"
  encoding="ISO-8859-1" indent="yes"/>
  <!-- Startvorlage -->
  <xsl:template match="/Anrufliste">
    <html>
      <head>
        <title>Anrufliste</title>
```

```
      </head>
      <body>
       <ul>
          <xsl:apply-templates select="Anruf"/>
       </ul>
      </body>
     </html>
    </xsl:template>
    <!-- Grundvorlage für Anruf -->
    <xsl:template match="Anruf">
      <li>
         <xsl:call-template name="AnrufDaten"/>
         <br/>
         <xsl:call-template name="Kunde"/>
      </li>
    </xsl:template>
```

Listing 2.16: 222 _ 01.xslt – Grundvorlage

Die erste benannte Vorlage fasst alle Elemente und Attribute zusammen, die grundsätzliche Informationen für einen Anruf zur Verfügung stellen. Obwohl sie nicht in einem speziellen Elternelement platziert sind, lassen sie sich in Form einer benannten Vorlage dennoch gemeinsam verarbeiten.

Für die Verwendung einer benannten Vorlage ist nicht nur darauf zu achten, dass das template-Element ohne sein match-Attribut, sondern mit einem name-Attribut auskommt. Der Wert des name-Attributs stellt in beiden Fällen den Bezeichner der benannten Vorlage dar: einmal aufrufend innerhalb von call-template und einmal deklarierend innerhalb von template.

 Bei benannten Vorlagen dürfen die Bezeichner für den Namen durchaus einen Wert annehmen, den auch ein Element oder Attribut im XML-Dokument besitzt. Dies erschwert allerdings die Lesbarkeit, weil das Verständnis für die benannte Vorlage dann an der Verwendung der Attribute (name statt select) liegt und nicht vorrangig am Bezeichner selbst.

Innerhalb der benannten Vorlage lässt sich dann genauso arbeiten wie zuvor. Die Elemente, die direkte Kindelemente des Elements sind, das kurz zuvor verarbeitet wurde, kann man innerhalb der benannten Vorlage mit einem sehr kurzen XPath-Ausdruck aufrufen. Alle anderen Elemente benötigen einen entsprechenden absoluten (vom Wurzelknoten ausgehenden) oder relativen (vom gerade verarbeiteten Element ausgehenden) Pfad, um sie für eine Verarbeitung zu adressieren.

```
<!-- Vorlage für Anruf-Daten -->
<xsl:template name="AnrufDaten">
  <xsl:text>Nr.: </xsl:text>
  <xsl:value-of select="@Nr"/>
  <xsl:text> | Typ: </xsl:text>
  <xsl:value-of select="@Typ"/>
  <br/>
  <xsl:text>Zeit: </xsl:text>
  <xsl:value-of select="Beginn"/>
  <xsl:text>, Dauer: </xsl:text>
  <xsl:value-of select="Dauer"/>
  <xsl:text> Sek., Kosten: </xsl:text>
  <xsl:value-of select="Preis"/>
  <xsl:text> Cent.</xsl:text>
</xsl:template>
```

Listing 2.17: 222 _ 01.xslt *– Benannte Vorlage für die Übersichtlichkeit*

Gleiches gilt für die benannte Vorlage Kunde, die die Daten ausgibt, die in Zusammenhang mit dem Kunden stehen. An dieser Vorlage erkennt man sehr deutlich den Unterschied zwischen einer fortschreitenden Arbeit mit Vorlagen-Regeln, die für jedes neue Elternelement bzw. für jede neue Dokumentebene eine eigene Vorlage erstellen. Da die Textknoten und damit die Blätter des Dokumentbaums sich innerhalb des Kindelements Von befinden, ist es notwendig, über dieses Element hinweg solche Elemente wie Name und Stadt zu adressieren.

```
<!-- Vorlage für Kunde -->
<xsl:template name="Kunde">
<xsl:text>(</xsl:text>
  <xsl:value-of select="Von/@Nr"/>
  <xsl:text>) </xsl:text>
  <xsl:value-of select="Von/Name"/>
  <xsl:text> in </xsl:text>
  <xsl:value-of select="Von/Stadt"/>
```

```
  </xsl:template>
</xsl:stylesheet>
```

Listing 2.18: 222 _ 01.xslt – Benannte Vorlage

Man erhält im Browser eine Liste der Anrufe mit jeweils zwei bis drei Zeilen Ausgabetext der behandelten Elemente und Attribute.

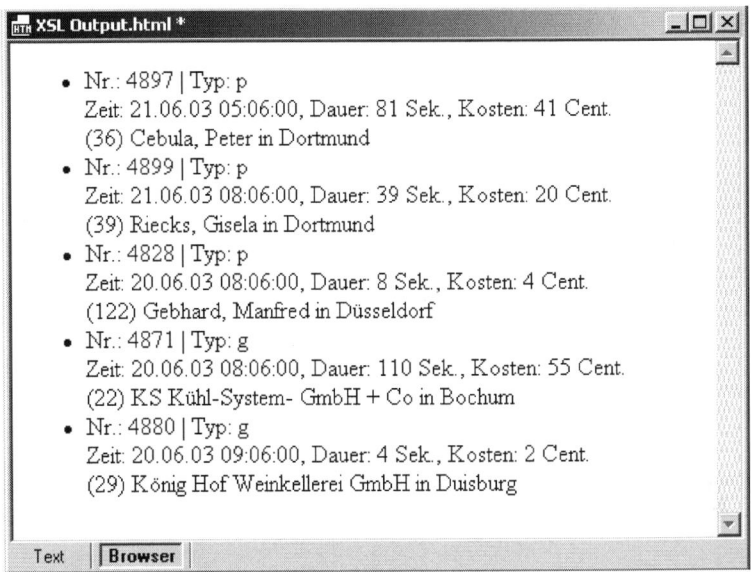

Abbildung 2.9: Ergebnis im Browser

An verschiedenen Stellen haben wir jetzt darauf hingewiesen oder wenigstens anklingen lassen, dass es besonders einfach sein soll, wenn man lange XPath-Ausdrücke vermeidet. So – wie immer im Leben – ist es natürlich nicht. Manchmal lassen sich einfach keine langen XPath-Ausdrücke vermeiden und man kann nicht immer nur direkt auf Attribute zugreifen. Vielmehr hängt es gerade von raffinierten und gut ausgewählten XPath-Ausdrücken ab, ob man Transformationen erstellt, die wesentlich mehr erreichen als nur eine einfache Umwandlung von XML nach HTML oder eine einfache Textausgabe. Hier wird man jedoch schon früh genug umständliche, komplizierte und auch fehlerbehaftete und daher zeitintensive Ausdrücke formulieren müssen, sodass es sich eigentlich lohnt, auf sie weitestgehend dann zu verzichten, wenn es möglich ist.

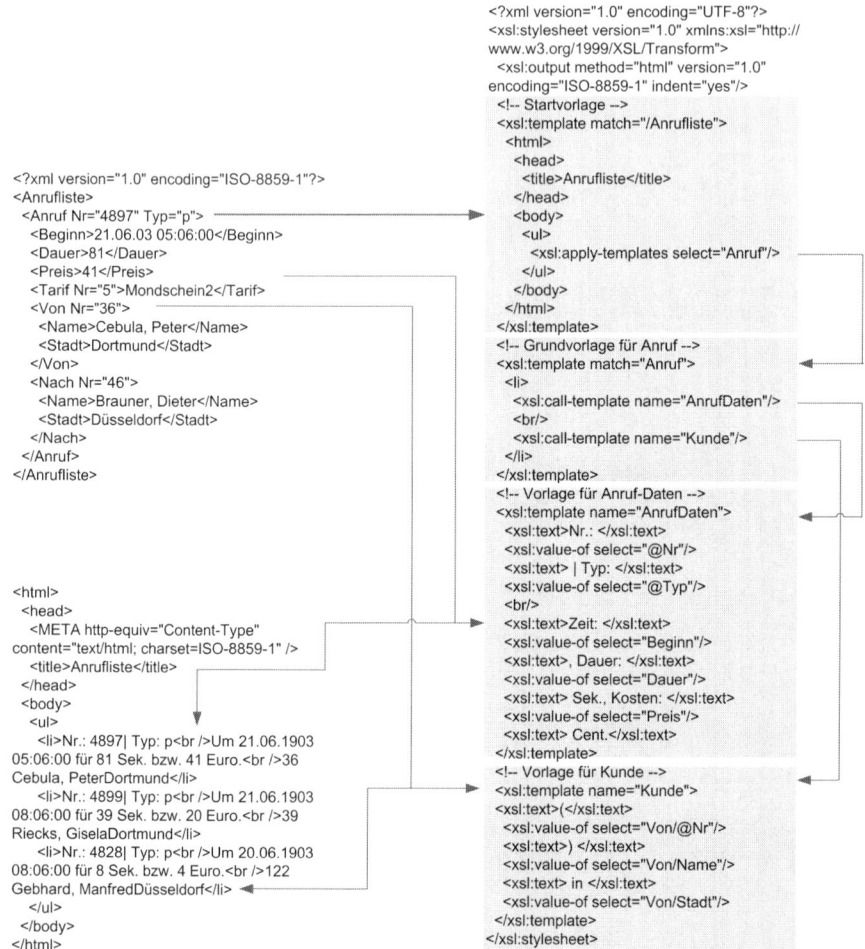

Abbildung 2.10: Zusammenhang zwischen XML, HTML und XSLT

Was das gerade verarbeitete Dokument anbetrifft, so muss man feststellen, dass eine Veränderung des Elements Von durch eine simple Namensänderung bereits dazu führt, dass zwei XPath-Ausdrücke geändert werden müssen. Dies lässt sich normalerweise auch durch SUCHEN/ERSETZEN im XSLT-Dokument beheben, doch sollte dies aus sonstigen Gründen nicht korrekt verlaufen, bleibt dem Programmierer nichts anderes übrig, als doch von Hand die einzelnen Stellen nachzubearbeiten. Dies kann man unter Umständen, die jetzt in den gerade verarbeiteten Beispielen wegen der Einfachheit der Transformation vorliegen, durch das Ping-Pong-Spiel sehr wohl vermeiden, weil nur innerhalb von select und match die Namensänderung durchgeführt werden muss und nicht in jeder einzelnen Adressierung, die einen Kindeswert des geänderten Elements beschafft.

In Abbildung 2.10 verdeutlichen wir auch für dieses Beispiel, wie die eingehenden XML-Daten mithilfe von XSLT in HTML umgewandelt werden und wie die einzelnen Komponenten der verschiedenen Syntaxstrukturen miteinander harmonieren. Interessant ist an dieser Variante, dass für den Antrieb der wiederholten Verarbeitung weiterhin auf das Ping-Pong-Spiel gesetzt wird. Innerhalb der durch die Automatik aufgerufenen Vorlage jedoch stehen dann zwei Aufrufe von benannten Vorlagen.

→ **Alternative mit ODER-Auswahl**

Für die gerade vorgestellte Transformation existieren wie immer eine große Anzahl von Alternativen. Davon sind die meisten belanglos oder ähneln den bereits zu Anfang des Kapitels vorgestellten Alternativen zu sehr, als dass wir sie erneut aufnehmen müssten. Die einzig wirklich interessante Alternative wollen wir aber umso intensiver vorstellen. Sie lässt sich gleichsam als Beispiel für den Einsatz einer benannten Vorlage wie auch als Beispiel für Vorlagen-Regeln betrachten.

Ihnen ist möglicherweise aufgefallen, dass die beiden Elemente Von und Nach den gleichen Aufbau besitzen. In XML Schema wäre eine Modellierung wie die folgende nur unter gewissen – hier allerdings nicht vorliegenden Umständen – sinnvoll. Zu diesen Umständen zählen solche, die unterschiedliche Datentypen für Name und Stadt pro Element (Von und Nach) erfordern, sodass sie jeweils lokal modelliert werden. Dies ist allerdings nicht der Fall; es liegen zudem auch globale Elemente vor, auf die sich das jeweilige ref-Attribut bezieht. Anscheinend ist daher die Modellierung nicht ganz optimal.

```
<!-- Globale Elemente -->
  <xs:element name="Name" type="xs:string"/>
  <xs:element name="Stadt" type="xs:string"/>
...
  <!-- Element Von -->
  <xs:element name="Von">
   <xs:complexType>
    <xs:sequence>
      <xs:element ref="Name"/>
```

```
        <xs:element ref="Stadt"/>
    </xs:sequence>
    <xs:attribute name="Nr" type="xs:byte"
       use="required"/>
  </xs:complexType>
</xs:element>
<!-- Element Nach -->
<xs:element name="Nach">
  <xs:complexType>
    <xs:sequence>
      <xs:element ref="Name"/>
      <xs:element ref="Stadt"/>
    </xs:sequence>
    <xs:attribute name="Nr" type="xs:byte"
       use="required"/>
  </xs:complexType>
</xs:element>
```

Listing 2.19: 222 _ 01.xsd – Ungünstige Modellierung

Ganz anders sieht es aus, wenn man XML Schema mit günstiger Modellierung erhält und für die Planung einer Transformation verwendet. Man könnte sogar versucht sein, in diesem und ähnlich gelagerten Fällen von »richtiger« Modellierung zu sprechen, wenn sich die Strukturen von Von und Nach auch in Zukunft nicht auseinander bewegen. In dieser günstigen Variante existieren nämlich weiterhin deutlich zwei Elemente Von und Nach, um den Anrufer vom Angerufenen zu unterscheiden. Da sie allerdings sowohl in der Datenbank (unabhängig von der Unterscheidung in Geschäfts- und Privatkunden) wie auch im Dokument die gleichen Strukturen aufweisen, weil sie beide Kundendatenstrukturen enthalten, lassen sie sich in XML Schema deutlich als solche begreiflich machen, indem sie jeweils einen globalen komplexen Typ aufrufen.

```
<?xml version="1.0" encoding="ISO-8859-1"?>
<xs:schema elementFormDefault="qualified"
          xmlns:xs="http://www.w3.org/2001/XMLSchema">
  <xs:element name="Anrufliste">
    <xs:complexType>
      <xs:sequence>
        <xs:element name="Anruf" maxOccurs="unbounded">
          <xs:complexType>
```

```
           <xs:sequence>
...
               <!-- Element Von -->
               <xs:element name="Von" type="KundeTyp"/>
               <!-- Element Nach -->
               <xs:element name="Nach" type="KundeTyp"/>
             </xs:sequence>
             <xs:attribute name="Nr" type="xs:short"
               use="required"/>
             <xs:attribute name="Typ" type="xs:string"
               use="required"/>
           </xs:complexType>
         </xs:element>
       </xs:sequence>
     </xs:complexType>
   </xs:element>
```

Listing 2.20: 222 _ 02.xsd – Verwendung eines gemeinsamen globalen komplexen Typs

Dieser globale komplexe Typ existiert in der gleichen Datei und verdeutlicht, dass es sich um die gleichen Datenstrukturen handelt und man daher auch versuchen kann, sie gleichzeitig zu verarbeiten, ohne jeweils Von und Nach explizit als Adressierungsbestandteile in XPath-Ausdrücken zu verwenden. Durch den Einsatz von globalen Elementen Name und Stadt, die innerhalb des globalen komplexen Typs zusätzlich zum Tragen kommen, ließe sich darüber hinaus schließen, dass innerhalb der Transformation keine Besonderheiten für die beiden Elemente zu berücksichtigen sind, die sich aus einem bestimmten Elternelement ergeben.

```
<!-- Globale Elemente -->
<xs:element name="Name" type="xs:string"/>
<xs:element name="Stadt" type="xs:string"/>
<!-- Globaler komplexer Typ KundeTyp -->
<xs:complexType name="KundeTyp">
  <xs:sequence>
    <xs:element ref="Name"/>
    <xs:element ref="Stadt"/>
  </xs:sequence>
  <xs:attribute name="Nr" type="xs:byte"
    use="required"/>
```

```
    </xs:complexType>
</xs:schema>
```

Listing 2.21: 222 _ 02.xsd – Globale Strukturen

In den meisten Fällen werden Sie mehr Zeit in ein umfangreiches Instanzdokument schauen, um eine Transformation einzurichten. Allerdings garantiert Ihnen niemand, dass ein fremder Ersteller dieser Datei und des dazugehörigen Schemas die Strukturen und Regeln so versteht wie Sie nach Ihrer eigenen Interpretation. Die einzige sinnvolle Absicherung für Sie in größeren Projekten ist die deutliche Nachfrage nach einem XML-Schema-Dokument. So erzwingen Sie erstens, dass überhaupt ein solches Dokument erstellt wird, und haben zweitens für die Dokumentation und die Besprechung einen Nachweis in der Hand, dass die Regelungen aus dem XML-Schema-Dokument auch Eingang in Ihre Transformation gefunden haben.

Dies schützt leider nicht vor Kollegen und Vorgesetzten, die mit einer beliebigen Software aus einem Instanzdokument nachträglich noch für die Dokumentation ein XML Schema erstellen und im Text behaupten, dem Projekt sei eine dreiwöchige Planungsphase vorangegangen. Allerdings ist man nicht in der richtigen Position, um Qualitätsverantwortung übernehmen zu dürfen oder sie durchsetzen zu können, sodass ein Retten der eigenen Haut wenigstens daraus besteht, darauf hinzuweisen, dass man ein Regeldokument benötigt und dieses auch für die Erstellung des Algorithmus einsetzt. Vielleicht hat man dann auch das Glück, den begründeten Verdacht zu säen, dass eine Datenmodellierung für Softwareprojekte im XML-Bereich gar nicht die schlechteste erste Phase darstellt …

In diesem Beispiel handelt es sich genau um diesen Fall, denn die Modellierungsvorgehensweise gibt uns Hinweise, dass eine bestimmte – auch syntaktisch – interessante Transformationsweise korrekt sein wird.

```
<?xml version="1.0" encoding="UTF-8"?>
<xsl:stylesheet version="1.0"
 xmlns:xsl="http://www.w3.org/1999/XSL/Transform">
  <xsl:output method="html" version="1.0"
   encoding="ISO-8859-1" indent="yes"/>
  <!-- Startvorlage -->
  <xsl:template match="/Anrufliste">
    <html>
      <head>
        <title>Anrufliste</title>
```

```
    </head>
    <body>
     <ul>
       <xsl:apply-templates select="Anruf"/>
     </ul>
    </body>
   </html>
 </xsl:template>
```

Listing 2.22: `222 _ 02.xslt` *– Startvorlage*

Während die Startvorlage nicht sonderlich interessant ist und vielmehr nur das Ping-Pong-Spiel für die wiederholt auftretenden `Anruf`-Elemente einrichtet, besitzt die Grundvorlage für die einzelnen `Anruf`-Elemente den Aufruf einer `AnrufDaten`-Vorlage und das Grundgerüst einer Tabelle. Die Vorlage `AnrufDaten` entspricht der des vorherigen Beispiels, sodass wir auf einen erneuten Abdruck verzichten. Sie gibt bloß allgemeine Informationen des Anrufs aus den direkten Kindelementen von `Anruf` aus, die auch Textknoten enthalten.

Die interessante Stelle, die das Bindeglied zwischen den Ausführungen weiter oben zur entsprechenden Modellierung in XML Schema und der Transformation bildet, ist der Aufruf im Ping-Pong-Spiel von `Von` oder `Nach` durch `select="Von | Nach"`. Durch diese Schreibweise wird angezeigt, dass beide Elemente alternativ voneinander eine passende Vorlage an dieser Stelle aufrufen. Da sie auf der gleichen Dokumentebene liegen, ruft die Vorlage nacheinander eine passende Vorlage für sie auf. Dies könnten unterschiedliche sein, wenn man es wollte. Doch in diesem Fall handelt es sich um die gleiche Vorlage, was syntaktisch durch `match="Von | Nach"` ausgedrückt wird.

```
<!-- Grundvorlage für Anruf -->
<xsl:template match="Anruf">
  <li>
    <xsl:call-template name="AnrufDaten"/>
    <br/>
    <table border="1">
      <tr>
        <th>Von</th>
        <th>Nach</th>
      </tr>
      <tr>
        <xsl:apply-templates select="Von | Nach"/>
```

```
        </tr>
      </table>
    </li>
  </xsl:template>
```

Listing 2.23: 222 _ 02.xslt – Gleichzeitige Ansprache von zwei Elementen

Da der Alternativaufruf im vorher diskutierten Syntaxausschnitt dazu führte, dass an der gleichen Stelle Von oder Nach verarbeitet werden soll, benötigen wir nun entweder getrennte Vorlagen oder eine gemeinsame. Da die Verwendung einer eigenen Vorlage für jedes Element keine sonderlichen Neuerungen bringen würde, setzen wir jetzt mithilfe von match="Von | Nach" darauf, eine Vorlage zu erstellen, die gleichzeitig für beide Elemente die passendste Vorlage darstellt.

In einer eigenen Vorlage, die nun auch mit kürzeren XPath-Ausdrücken als im letzten Beispiel aufwartet, gibt man dann die Kindelemente der Von- und Nach-Elemente aus.

```
<!-- Vorlage für Von und Nach -->
<xsl:template match="Von | Nach">
  <xsl:call-template name="KundenDaten"/>
</xsl:template>
<!-- Vorlagen KundenDaten -->
<xsl:template name="KundenDaten">
  <td>
    <xsl:text>(</xsl:text>
    <xsl:value-of select="@Nr"/>
    <xsl:text>) </xsl:text>
    <xsl:value-of select="Name"/>
    <xsl:text> in </xsl:text>
    <xsl:value-of select="Stadt"/>
  </td>
</xsl:template>
```

Listing 2.24: 222 _ 02.xslt – Auslagerung zur Syntaxverkürzung

Man erhält eine ähnliche Ausgabe wie zuvor, allerdings in einem etwas aufregenderen Layout in HTML-Form.

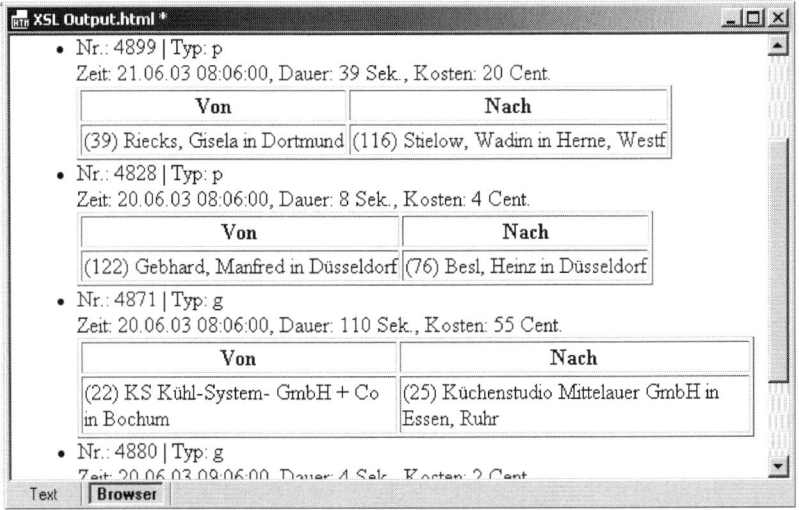

Abbildung 2.11: Ausgabe im Browser

Das Erzeugen von Tabellen ist eines der kompliziertesten Ausgabemethoden in HTML, weil die Elemente `table`, `tr` und `th` bzw. `td` ineinander verschachtelt werden müssen. Bei einfachen Listen handelt es
sich nur um zwei Elemente (`ul` bzw. `ol` und `li`). Da in XSLT auch wieder wohlgeformte XML-Dokumente entstehen müssen, können in einer Vorlage nicht Tabellen, Reihen oder Zeilen geöffnet werden,
ohne sieauch wieder in der gleichen Vorlage zu schließen. Daher ist es
nur möglich, die einzelnen Bestandteile in einer Vorlage zu öffnen und
dort auch wieder zu schließen.

2. 2. 3. Vorlagen-Modi

Relativ schnell gelangt man zur Frage, wie eigentlich Elemente mehrfach verarbeitet werden können – einmal so und einmal anders. Dies ist sowohl mit Vorlagen und Techniken
möglich, die wir in diesem Kapitel vorstellen, als auch mit Wiederholungen über `for-
each`-Elemente und XPath-Ausdrücken, die ausgehend vom Wurzelknoten noch einmal
alle Elemente absolut auswählen. Die Technik, um die es jetzt allerdings gehen soll, ist der

Vorlagen-Modus. Er wird über ein spezielles Attribut namens `mode` in `apply-templates`[9] und `template` in Kombination mit `match` und `select` verwendet.

Als Beispiel setzen wir für die Vorstellung dieser Zusatzattribute eine Tarifliste mit allgemeinen Preis- und Gültigkeitsinformationen zu gegebenen Telefontarifen ein. Sehr schön wäre – gerade bei sehr langen Listen – eine Übersichtsliste zu Beginn einer HTML-Seite, die nur die Namen der Tarife enthält, und eine detaillierte Aufstellung nach dieser Liste mit allen Informationen aus dem Dokument. Dazu muss man allerdings die `Tarif`-Knoten zweimal verarbeiten.

Eine solche mehrfache Verarbeitung ist normalerweise nur mit den gerade bereits erwähnten Techniken und nicht mit einer mehrfachen Verwendung der bereits bekannten Strukturen möglich. Da der Prozessor selbstständig die einzelnen Elementen und Attribute besucht und wie ein Schmetterling von Blatt zu Blatt schwebt, ist es leider nicht möglich, noch einmal zu einem früheren Knoten zurückzukehren, ohne über XPath und einen absoluten Ausdruck in der Form `//Tarif` den Prozessor dazu zu bewegen, noch einmal vom Wurzelknoten aus die geforderten Elemente zu beschaffen. Sollen nun allerdings auch noch die gefundenen Elemente nicht nur wiederholt, sondern unterschiedlich verarbeitet werden, darf natürlich nicht die gleiche Vorlage ausgewählt werden. Stattdessen möchte man die Elemente »einmal so« und »einmal anders« verarbeiten..

```
<?xml version="1.0" encoding="ISO-8859-1"?>
<?xml-stylesheet type="text/xsl" href="223_01.xslt"?>
<Tarifliste xmlns:xsi="http://www.w3.org/2001/XMLSchema-
    instance" xsi:noNamespaceSchemaLocation="231_01.xsd">
  <Tarif>
    <Name Nr="7">Schicht1</Name>
    <Gueltigkeit>
      <Datum>
        <Von>01.01.03</Von>
        <Bis>31.12.03</Bis>
      </Datum>
      <Uhrzeit>
        <Von>7</Von>
        <Bis>15</Bis>
      </Uhrzeit>
    </Gueltigkeit>
```

---

9 Vgl. XSL Transformations (XSLT) Version 2.0 W3C Recommendation 23 January 2007,, Abschnitt 6.5 Modes unter http://www.w3.org/TR/xslt20/#modes.

```
    <Preis>1</Preis>
  </Tarif>
...
```

Listing 2.25: 223 _ 01.xml – Tarifliste

Im Dokumentbaum erkennt man, dass ebenfalls innerhalb von `Datum` und `Uhrzeit` die gleiche Dokumentstruktur vorliegt. Hier würde sich für die Elemente `Von` und `Bis` grundsätzlich ebenfalls die Modellierung mit einem globalen komplexen Typ anbieten, den dann beide Elemente in ihrem `type`-Attribut aufrufen. Dies ist allerdings dann nicht die beste Variante, wenn in den unterschiedlichen Elementen auch die Datentypen genau angegeben werden. Diese unterscheiden sich natürlich sehr. Während in `Datum` nur Datumswerte gespeichert werden sollen, enthält das Element `Uhrzeit` Ganzzahlen für die Uhrzeitangaben. In diesem Fall erkennt man zwar, dass es sich um globale Elemente und nicht um lokale Deklarationen handelt, sodass wohl nur darauf geprüft wird, ob Zeichenketten vorhanden sind.

Für die Transformation würde sich in beiden Varianten (globale Modellierung mit einem komplexen Typ oder lokale Deklaration von individuellen Elementen) kein Unterschied ergeben, wenn beide Elemente `Von` und `Bis` jeweils gleich behandelt werden. Dies ist hier der Fall, denn das Ziel der Ausgabe ist eine durch einen Bindestrich getrennte Wiedergabe der Textknoten in Dokumentrichtung.

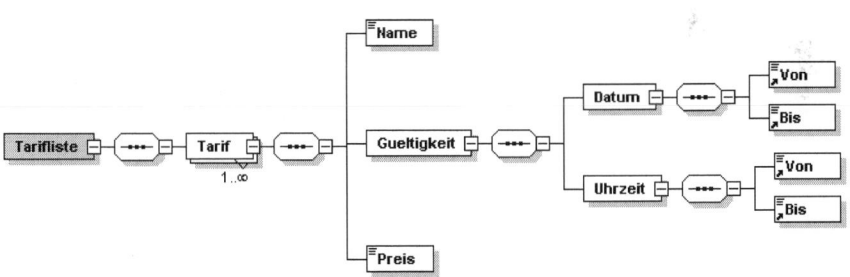

Abbildung 2.12: Dokumentbaum

Innerhalb der Startvorlage sind beide Ausgabebereiche bereits angelegt, sodass innerhalb einer Liste und nach dieser Liste für die zu verarbeitenden `Tarif`-Elemente passende Vorlagen gesucht werden. Diese Suche wird jedoch durch den Einsatz von `mode`-Attributen beeinflusst. So soll die Vorlage für die Listenausgabe im Modus Uebersicht die Tarif-Elemente verarbeiten, während für die Detailausgabe eine Vorlage im Modus Detail benötigt wird.

```xml
<?xml version="1.0" encoding="UTF-8"?>
<xsl:stylesheet version="1.0"
 xmlns:xsl="http://www.w3.org/1999/XSL/Transform">
 <xsl:output method="html" version="1.0"
  encoding="ISO-8859-1" indent="yes"/>
 <!-- Startvorlage -->
 <xsl:template match="/">
   <html>
     <head>
       <title>Telefontarife</title>
     </head>
     <body>
       <ul>
         <xsl:apply-templates select="Tarifliste/Tarif"
         mode="Uebersicht"/>
       </ul>
       <xsl:apply-templates select="Tarifliste/Tarif"
       mode="Details"/>
     </body>
   </html>
 </xsl:template>
```

Listing 2.26: 223 _ 01.xslt – Startvorlage

Eine Modus-Vorlage wird nicht aufgerufen, wenn der Modus nicht angegeben ist. Diese Angabe ist immer notwendiger Bestandteil bei apply-templates.

Für jeden Modus befindet sich auch eine entsprechende Vorlage in der Datei. Auch in den template-Elementen setzt man das zusätzlich zum match-Attribut vorhandene mode-Attribut ein, um den Modus der Vorlage anzugeben. Über den XPath-Ausdruck wählt der Prozessor beide Vorlagen als prinzipiell passende Vorlagen für die Tarif-Elemente aus und entscheidet dann anhand des Wertes im `mode`-Attribut, welche Vorlage verwendet werden soll.

Da die Vorlage im Modus `Uebersicht` nur einfache Listeneinträge mit dem Namen der Tarife erstellt, erscheint zunächst eine simple Tarifliste in der Ausgabedatei. Die Vorlage im Modus `Details` hingegen gibt alle vorhandenen Informationen aus. Dies gelingt dieses Mal nicht unter Ausnutzung der gleichen Inhaltsmodelle von `Datum` und `Uhrzeit`, sondern über lange XPath-Ausdrücke in den `select`-Attributen der `value-of`-Elemente. Dies soll nicht notwendigerweise eine Empfehlung sein, wie diese Datei verarbeitet werden soll, sondern ein ergänzendes Beispiel zum vorherigen. Zusätzlich sind so tatsächlich in der Vorlage im Modus `Details` alle Transformationsanweisungen erhalten, die für eine Ausgabe notwendig sind.

```xml
<!-- Vorlage für Tarif (Uebersicht) -->
<xsl:template match="Tarif" mode="Uebersicht">
  <li>
    <xsl:value-of select="Name"/>
  </li>
</xsl:template>
<!-- Vorlage für Tarif (Details) -->
<xsl:template match="Tarif" mode="Details">
  <p>
    <b>
      <xsl:value-of select="Name"/>
      <xsl:text> Nr: </xsl:text>
      <xsl:value-of select="Name/@Nr"/>
    </b>
    <br/>
    <xsl:text>Gültigkeit: </xsl:text>
    <xsl:value-of select="Gueltigkeit/Datum/Von"/>
    <xsl:text> - </xsl:text>
    <xsl:value-of select="Gueltigkeit/Datum/Bis"/>
    <xsl:text> | Dauer: </xsl:text>
    <xsl:value-of select="Gueltigkeit/Uhrzeit/Von"/>
    <xsl:text> - </xsl:text>
    <xsl:value-of select="Gueltigkeit/Uhrzeit/Bis"/>
  </p>
```

```
    </xsl:template>
  </xsl:stylesheet>
```

Listing 2.27: 223 _ 01.xslt – Vorlagenmodi

Man erhält eine Ausgabe im Browser, die der erwarteten entspricht. Sie setzt sich aus einer einfachen Übersichtsliste zusammen, die nur aus den aufgezählten Namen der Tarife besteht, und einer detaillierten Aufstellung aller vorhandener Tarife.

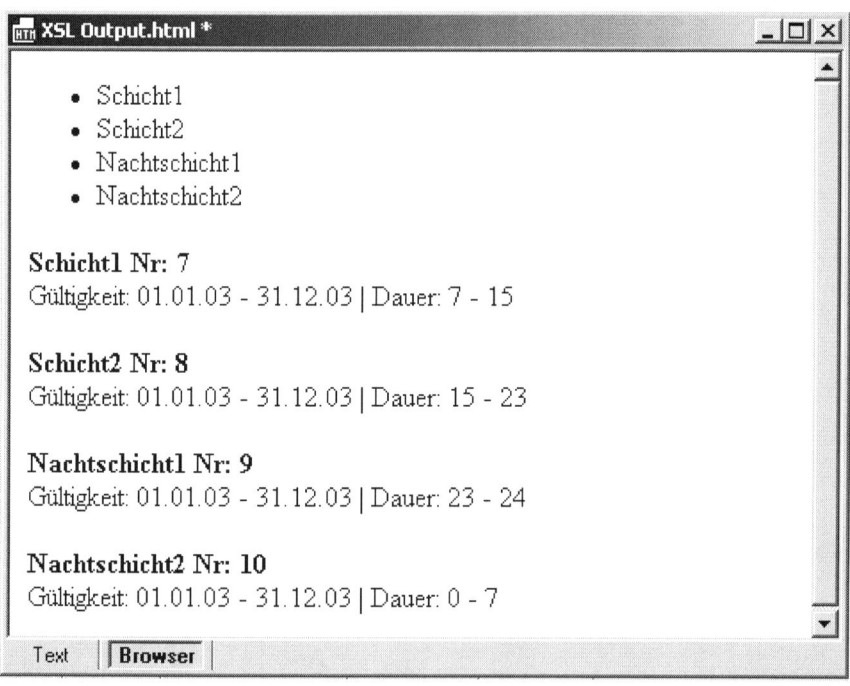

Abbildung 2.13: Ausgabe im Browser

In Abbildung 2.14 erkennt man, wie der gleiche Knoten wiederholt verarbeitet wird: einmal im Modus Details und einmal im Modus Uebersicht. Jede dieser Vorlagen erstellt einen bestimmten Bereich in HTML, wobei in der Reihenfolge des Aufrufs auch die dazugehörigen HTML-Bereiche generiert werden. Da zuerst alle Tarif-Elemente im Modus Uebersicht bearbeitet werden, erhält man auch zuerst die gewünschte Liste und danach die detailreiche Darstellung mit den Gültigkeitsinformationen.

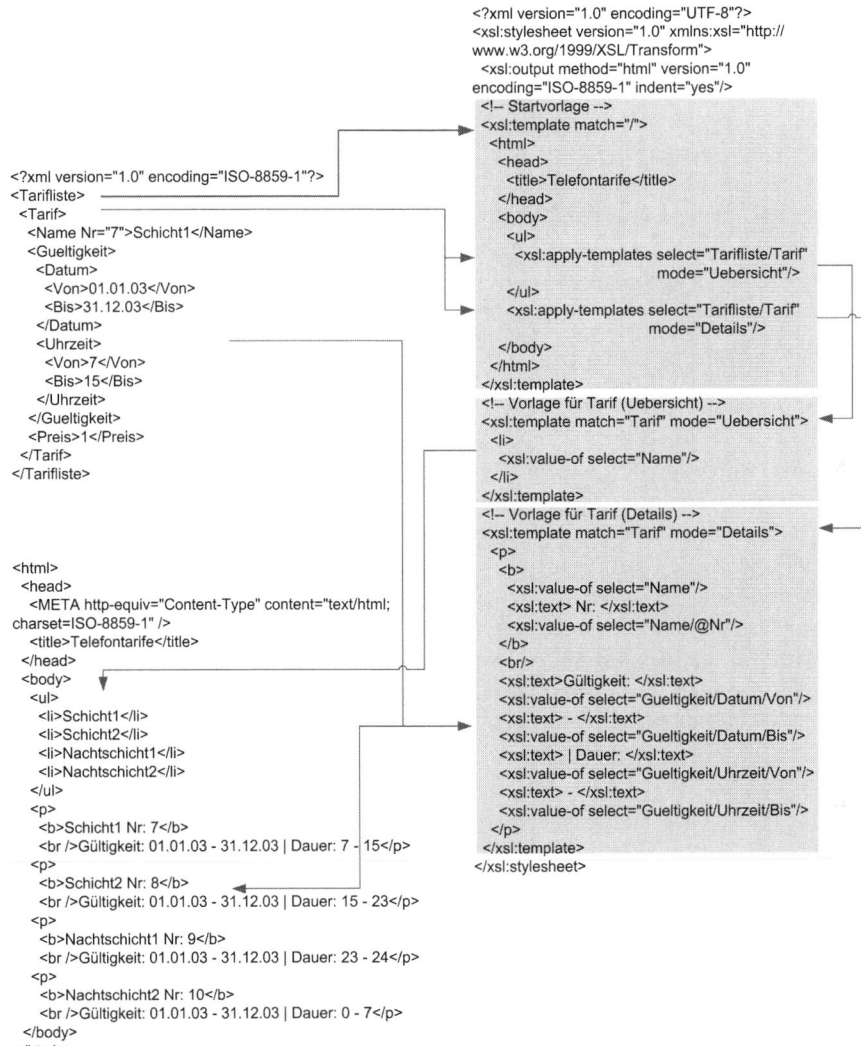

Abbildung 2.14: Zusammenspiel zwischen XML, XSLT und HTML

2. 3. Attributwerte

Normalerweise sollte das Füllen von Attributen mit geeigneten Werten im Ausgabestrom kein größeres Problem darstellen bzw. überhaupt nicht auf einer Problemliste erscheinen. Tatsächlich ist es ja auch so, dass wir bereits sehr erfolgreich solche HTML-Elemente wie `table` mit einem `border`-Attribut ausgestattet und dieses wiederum mit dem Wert 1 belegt hatten. Andererseits mögen Sie sich angesichts der Überschrift (irgendeine Problematik muss ja notwendigerweise vorhanden sein, um eine Überschrift zu rechtfertigen) vielleicht gerade überlegen, wie man denn eigentlich andere Werte außer fest vorgegebenen aus dem XML-Dokument in den Ausgabestrom übernimmt.

2. 3. 1. Attributwertvorlagen

Die erste Technik, mit der ein oder mehr Textknoten aus dem XML-Eingabestrom in den Ausgabestrom geschrieben werden können, ist die *Attributwertvorlage*. Dies führt uns auch endlich zum ersten relevanten Klammereinsatz im Rahmen von XML-Transformationen mit XSLT. Da ja sämtliche Schachtelung mithilfe von XML-Elementen eingerichtet wird, sind leider die beliebten geschweiften Klammern aus anderen Syntaxstrukturen für XSLT nahezu völlig unbedeutend. Allerdings nur nahezu, denn die Attributwertvorlage greift gerade auf die geschweiften Klammern zurück, um innerhalb der Anführungszeichen eines Attributs den einfachen Wertinhalt von Bezeichnern aus dem XML-Dokument bzw. – noch genauer formuliert – von XPath-Ausdrücken zu unterscheiden.

Mit der Tarifliste, wie wir sie gerade bereits mehrfach verarbeitet haben, wollen wir auch dieses Beispiel bestreiten. Innerhalb der übersichtlichen Liste zu Beginn des Dokuments sollen Verweise auf detaillierte Informationen auf einer anderen Webseite ausgegeben werden. Ob wir nun jeweils anders benannte HTML-Seiten aufrufen oder einen geeigneten Wert wie den Namen oder den Schlüsselwert als Parameter an eine dynamische Webseite übergeben, ist unerheblich. Damit wir in diesem Fall ein Gemisch aus fest vorgegebenen und dynamisch hinzugefügten Werten bearbeiten können, haben wir uns entschieden, uns eine *tarif.php*-Datei auszudenken, die einen Parameter `name` erwartet, in dem der Name eines Tarifs enthalten sein soll, für den die Detailinformationen bereitgestellt werden sollen.

Mithilfe von geschweiften Klammern trennt man einfach innerhalb der Anführungszeichen die festen Textwerte des zu erzeugenden Attributs von einem XPath-Ausdruck, der weitere Werte liefert.

```
<xsl:template match="Tarif">
  <li>
    <a href="tarif.php?name={Name}">
      <xsl:value-of select="Name"/>
    </a>
  </li>
</xsl:template>
```

Listing 2.28: 231 _ 01.xslt – Attributwertvorlagen

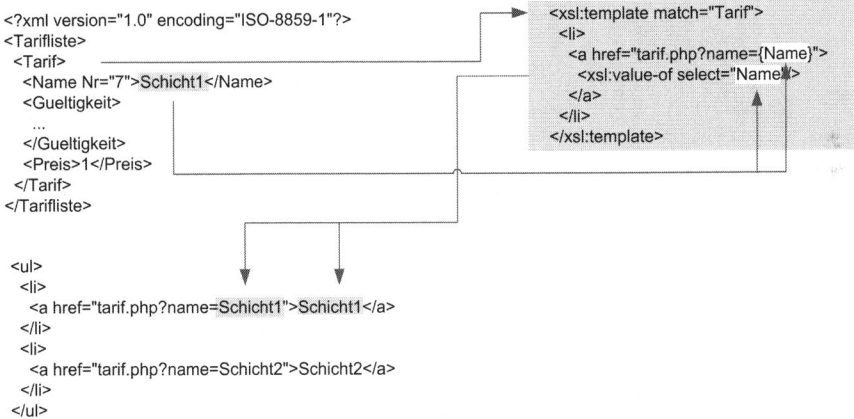

Abbildung 2.15: Zusammenspiel von XML, XSLT und HTML

Abbildung 2.15 illustriert noch einmal schematisch den Zusammenhang zwischen den einzelnen Syntaxstrukturen. Weil ein `Tarif`-Element aktuell verarbeitet wird und das Element `Name` mit einem sehr kurzen XPath-Ausdruck aufgerufen werden kann, steht innerhalb der geschweiften Klammern nur der Bezeichner des `Name`-Elements als Adressierung. Dies entspricht genau der Adressierung innerhalb des `select`-Attributs des `value-of`-Elements, das den Namen des Tarifs erneut ausgibt, damit er als lesbarer Inhalt auf der Webseite erscheint.

2. 3. 2. Attributwerte zusammensetzen

Prinzipiell ist die Verwendung der gerade gezeigten Attributwertvorlagen besonders einfach und in den meisten Fällen sicherlich auch die empfehlenswerte Variante. Sie ist kurz und knapp und vor allen Dingen gut lesbar. Der in diesem Abschnitt vorgestellten Alternative mangelt es an guter Lesbarkeit. Sie gewinnt allerdings in allen Situationen, in denen es darauf ankommt, sehr komplizierte Auswahlen innerhalb des XML-Datenstroms zu treffen. So könnte man beispielsweise aus mehreren Elementen und/oder Attributen Werte auswählen, die man in den Ausgabestrom schreiben möchte. Es wäre auch denkbar, dass man für die genaue Wertbestimmung eine Fallunterscheidung oder gar den Aufruf einer anderen Vorlage benötigt. Dies sind allerdings Aktivitäten, die innerhalb von geschweiften Klammern nicht ausgeführt werden können, weil sie auf andere XSLT-Elemente zurückgreifen.

Der Nachteil der mit dem `attribute`-Element erzeugten Attribute ist leider eine sehr schlechte Lesbarkeit, da es sich um ein Element handelt, das gemischten Inhalt zulässt. Dies bedeutet, auf Leerzeichen und Zeilenumbrüche zur besseren Lesbarkeit innerhalb des Elements verzichten zu müssen, weil diese Leerräume ebenfalls als Textinhalt interpretiert würden.

Im nachfolgenden Beispiel möchte man zwei verschiedene Parameter übergeben: Name und Schlüsselwert aus dem `Nr`-Attribut. Dazu verwendet man direkt nach dem `a`-Elemet aus HTML das XSLT-Element `attribute`, mit dem sich für das gerade in den Ausgabestrom geschriebene Element ein Attribut erzeugen lässt. Sein Name steckt im `name`-Attribut des Elements, während sein Wert durch den gesamten Inhalt repräsentiert wird. Neben Textknoten können auch ganz gewöhnliche XSLT-Elemente wie z. B. `value-of` enthalten sein, mit denen man auch komplexe Wertzusammensetzungen erstellen kann.

Der folgende Quelltext sieht an der entscheidenden Stelle überhaupt nicht formschön ist, ist allerdings von uns deswegen für den Druck unbearbeitet (nicht extra für den Druck eingerückt), weil dies exakt die Form ist, welche er im Editor besitzt.

```
<xsl:template match="Tarif">
  <li>
    <a>
      <xsl:attribute name="href">tarif.php?name=
      <xsl:value-f select="Name"/>&amp;id=
      <xsl:value-of select="Name/@Nr"/></xsl:attribute>
      <xsl:value-of select="Name"/>
    </a>
```

```
    </li>
  </xsl:template>
```

Listing 2.30: 232 _ 01.xslt – Attributwerte zusammensetzen

Im Ergebnis erhält man eine sehr umfangreiche Adresse mit zwei Parametern, deren Werte aus dem XML-Dokument übernommen wurden.

```
<ul>
  <li>
    <a href="tarif.php?name=Schicht1&id=7">Schicht1</a>
  </li>
  <li>
    <a href="tarif.php?name=Schicht2&id=8">Schicht2</a>
  </li>
</ul>
```

Listing 2.31: Ausgabe in HTML

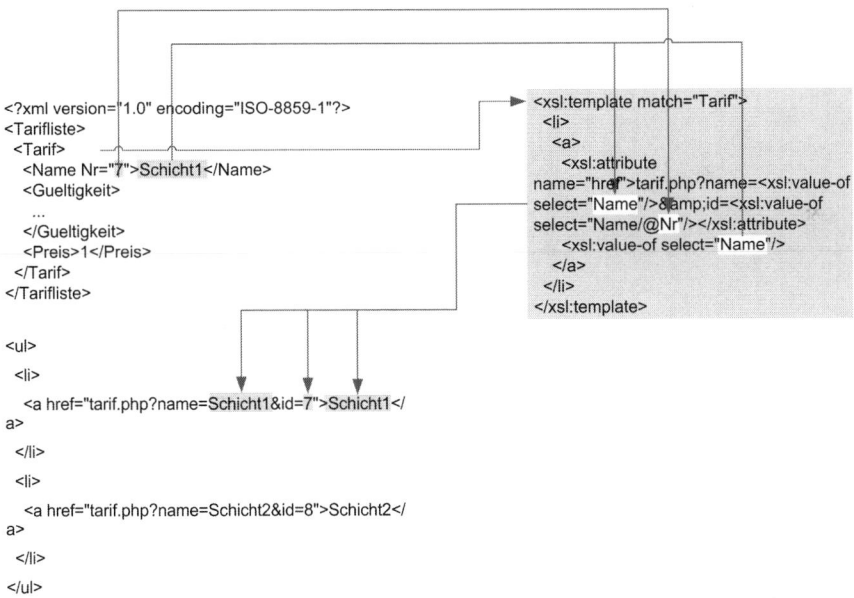

Abbildung 2.16: Zusammenspiel von XML, XSLT und HTML

Abbildung 2.16 verdeutlicht neben der Zuordnung von XML-Inhalten zu HTML-Ergebnissen vor allen Dingen die Aufspaltung des schwer lesbaren Inhalts innerhalb von `attribute`.

Adressierung mit XPath

3. Adressierung mit XPath

Möglicherweise ist der Begriff XPath in diesem Buch schon häufiger gefallen als der Begriff XSLT, um den es ja eigentlich gehen sollte. Dies liegt daran, dass wir uns zwar im XSLT-Universum bewegen, aber letztendlich der Algorithmus einer noch so einfachen Transformation sehr davon beeinflusst wird, wie die zu verarbeitenden Strukturen des XML-Dokuments gefunden werden sollen. Finden ist nicht nur ein einfaches Auffinden anhand eines Namens, wie es bisher immer den Anschein hatte, sondern auch ein Auffinden anhand von Bedingungen, die Strukturen im XML-Dokument erfüllen müssen.

3. 1. Grundlagen

Wir beabsichtigen, den kompletten Standard von XPath in diesem Kapitel darzustellen, da XSLT ohne gute oder auch sehr gute XPath-Kenntnisse praktisch nicht verwendbar ist. Für sehr einfache Transformationen würden theoretisch bereits die Informationen aus dem letzten Kapitel genügen, um aus einer XML-Datei eine HTML-Datei zu erzeugen. Doch für alle Themen, die der Vorstellung der einzelnen Vorlagen folgen, benötigt man ständig XPath-Ausdrücke in all ihren Schattierungen. Teilweise hängt es nur von den gewählten und manchmal auch mühselig entwickelten Ausdrücken ab, ob eine gewünschte Transformation überhaupt durchgeführt werden kann.

XPath 1.0 gilt noch als eigene Syntax. Die neue Version XPath 2.0 gilt als Untermenge von XQuery.

XQuery stellt oft eine Alternative zu XSLT dar, da hier bei der Abfrage von XML-Daten auch gleichzeitig Transformationsanweisungen gegeben werden können.

Ohne auf die verschiedenen theoretischen Hintergründe einzugehen, die letztendlich im Standard[1] besser sowie technisch sicher formuliert und vor allen Dingen vom W3C selbst

---

1 Version 1.0 XML Path Language (XPath), Version 1.0, W3C Recommendation 16 November 1999 unter http://www.w3.org/TR/1999/REC-xpath-19991116 und Version 2.0 unter XML Path Language (XPath) 2.0 W3C Recommendation 23 January 2007 unter http://www.w3.org/TR/2007/REC-xpath20-20070123/.

dargestellt werden, wollen wir zunächst einige Grundaspekte vorstellen, die für die Arbeit mit XPath unerlässliches Rüstzeug bedeuten.

3. 1. 1. Allgemeine Konzepte

Grundsätzliche Begriffe und Konzepte sollen in diesem Abschnitt vorgestellt werden. Einige von ihnen sind weitestgehend einleuchtend oder sehr einfach zu verstehen, andere entsprechen Sichtweisen, die im XML-Universum allgemein gültig sind. Nähere Informationen und ausführliche technische Darstellungen finden Sie auch in den Dokumentationen.

→ Dokumentrichtung

Das Konzept der *Dokumentrichtung*[2] ist in den meisten Fällen, in denen man sich über die Dokumentrichtung Gedanken macht, sehr trivial bzw. neigt dazu, sich direkt zu erschließen. Allerdings wird es hin und wieder Situationen geben, in denen man sich aufgrund eines Fehlers kurz zurücklehnen muss, um sich zu vergegenwärtigen, in welcher »offiziellen« Reihenfolge die Inhalte eines XML-Dokuments eigentlich für XPath und damit auch für XSLT vorliegen. Eine »inoffizielle« Reihenfolge stellt die tatsächliche, geschriebene Reihenfolge der Inhalte dar, aus denen in den meisten Fällen auch wirklich die Dokumentrichtung ermittelt werden kann. Allerdings gibt es einige Besonderheiten, die sich in den nachfolgenden Regelungen erschließen.

Es ist insoweit wichtig, sich über die Dokumentrichtung und die offizielle Reihenfolge von Inhalten in einem XML-Dokument im Klaren zu sein, weil einige Achsen nach vorne und einige zurückblicken und Knotentests daher vorhandene Inhalte in einer bestimmten Reihenfolge zur Verfügung stehen.

Die Dokumentrichtung (engl. document order) ist durch alle adressierbaren Knoten eines XML-Datenstroms gegeben. Sie stellt eine absolute und totale Ordnung und Reihenfolge der Knoten dar, wobei manchmal die relative Ordnung implementationsabhängig variieren mag. Allgemein entspricht die Dokumentrichtung der Anordnung des jeweils ersten Buchstabens jedes Knotens. Die Dokumentrichtung ist während einer Verarbeitung (Transformation, Lokalisierung) stabil und daher nicht veränderlich.

---

2   XML Path Language (XPath) 2.0 W3C Recommendation 23 January 2007 Abschnitt 2.4.1 Document Order unter http://www.w3.org/TR/xpath20/#id-document-order.

Folgende Regelungen existieren, wobei sie sich bis auf den Zusammenhang zwischen Namensraum- und Attributknoten tatsächlich auf die gerade erwähnten Grundregeln beziehen und hier nur ausformuliert werden.

1. Der Wurzelknoten ist der erste Knoten.

2. Die relative Ordnung von Abkömmlingen (Kindknoten) wird durch die Anordnung in der XML-Repräsentation bestimmt, das heißt, ein Knoten liegt vor einem anderen, wenn der Start dieses ersten Knotens vor dem Start des zweiten Knotens liegt.

3. Namensraumknoten folgen dem Elementknoten, in dem sie angegeben werden.

4. Attributknoten folgen den Namensraumknoten des Elements, in dem sie angegeben werden.

5. Elementknoten treten vor ihren Kindern auf, Kinder treten vor den nachfolgenden Abkömmlingen (Kindeskinder) auf.

→ Namensräume

Im Rahmen der Dokumentation werden verschiedene *Namensräume* erwähnt, auf die wir hier nicht ausführlich eingehen, da sie lediglich die einzelnen Strukturen wie Datentypen, Elemente und Funktionen einordnen. Wir werden auch nicht ständig den Namensraum nennen, damit der Text nicht durch die verschiedenen Präfixe durchbrochen wird. Da es nicht sehr viele Namensräume sind und die Zuordnung sehr einfach ist, soll diese Aufstellung genügen:

- xs als Präfix für http://www.w3.org/2001/XMLSchema für Strukturen von XML Schema

- xsi als Präfix für http://www.w3.org/2001/XMLSchema-instance

- xdt als Präfix für http://www.w3.org/2004/07/xpath-datatypes für Datentypen von XPath und XQuery

- fn als Präfix für http://www.w3.org/2004/07/xpath-functions für Funktionen von XPath und XQuery

→ **Begriffe**

In der Spezifikation zu XPath finden Sie sowohl in der Version 1.0 wie auch in der Nachfolgerversion ein beeindruckend umfangreiches Glossar. Die allerwichtigsten Begriffe stellen wir hier zusammen. Ein überaus wichtiger Begriff, der auch gleichzeitig ein Konzept darstellt, ist das *Datenmodell* (engl. data model). Im Zusammenhang der hier vorgestellten Begriffe repräsentiert das Datenmodell konkrete Einheiten (engl. items), die als Instanzen oder Kristallisationen des Datenmodells zu verstehen sind.

- Eine *Instanz* (u.a. Dokumente, Elemente, Werte) des Datenmodells wird Sequenz (engl. sequence) genannt.

- Eine *Sequenz* ist eine geordnete Sammlung von Einheiten und wird nicht verschachtelt. Eine einzelne Einheit stellt immer eine Sequenz mit einer einzigen Einheit dar, sodass nur Sequenzen existieren.

- Eine *Einheit* ist ein Knoten oder ein Wert (engl. atomic value).

- *Knoten* lassen sich einer der sieben Knotenarten zuordnen. Sie bilden einen Baum (engl. tree), der aus einem Wurzelknoten und den Knoten besteht, die vom Wurzelknoten aus erreichbar sind. Jeder Knoten gehört genau zu einem Baum, und jeder Baum hat genau einen Wurzelknoten.

- Ein *Baum*, dessen Wurzelknoten ein Dokumentknoten (engl. document node) ist, wird als *Dokument* (engl. document) bezeichnet.

- Ein *Baum*, dessen Wurzelknoten kein Dokumentknoten (engl. document node) ist, wird als *Fragment* (engl. fragment) bezeichnet.

- Ein *atomarer Wert* (engl. atomic value) stammt aus dem Wertebereich eines atomaren Datentyps (engl. atomic type) und wird mit dessen Namen ausgezeichnet.

- Ein *atomarer Datentyp* ist ein primitiver einfacher Typ oder von einem solchen durch Einschränkung (nicht durch Auflistung oder Vereinigung) abgeleiteter Typ.

- Neben den 19 Datentypen von XML Schema existieren noch weitere fünf für XPath: `anyAtomicType`, `untyped`, `untypedAtomic`, `dayTimeDuration` und `yearMonthDuration`.

- Ein *Typ* wird durch seinen expandierten (engl. expanded) QName (Bezeichner und Namensraumpräfix xdt oder xs) repräsentiert.

→ Datentypen von XPath

Neben den in XML Schema vorhandenen 19 primitiven Datentypen besitzt das Datenmodell von XPath und XQuery fünf weitere Typen.

Die hier vorgestellten Datentypen sind erst ab XPath 2.0 nutzbar.

- *xdt:anyAtomicType* ist ein abstrakter Datentyp und stellt den Basistyp für alle primitiven, atomaren Datentypen von XML Schema dar. Er ist ein Kind von `xs:anySimpleType`. Da er abstrakt ist, kann er nicht in XML-Schema-Dokumenten zu Typbeschreibungen oder für Ableitungen zum Einsatz kommen, sondern wird durch die XML-Schema-Datentypen ersetzt. Stattdessen wird sein Name als Stellvertreter in z. B. Funktionen eingesetzt, um zu kennzeichnen, dass die 19 erwähnten Datentypen an seiner Stelle verarbeitet werden sollen.

- *xdt:untyped* wird verwendet, um anzugeben, dass der mit ihm gespeicherte Wert nicht durch eine DTD oder ein XML Schema validiert wurde. Er ist Kind von `xs:anyType` und kann nicht in XML-Schema-Dokumenten zu Typbeschreibungen oder für Ableitungen zum Einsatz kommen. Stattdessen wird sein Name in z. B. Funktionen eingesetzt, um zu kennzeichnen, dass untypisierte Daten an seiner Stelle verarbeitet werden sollen.

- *xdt:untypedAtomic* wird verwendet, um anzugeben, dass der mit ihm gespeicherte Wert nicht durch eine DTD oder ein XML Schema validiert wurde. Er ist Kind von `xdt:anyAtomicType` und kann nicht in XML-Schema-Dokumenten zu Beschreibungen von atomaren Typen oder für Ableitungen zum Einsatz kommen. Stattdessen wird sein Name in z. B. Funktionen eingesetzt, um zu kennzeichnen, dass untypisierte atomare Daten an seiner Stelle verarbeitet werden sollen.

- *xdt:dayTimeDuration* ist ein Kind von `xs:duration`, wobei die lexikalische Repräsentation so verringert wurde, dass nur Tage, Stunden, Minuten und Sekunden gespeichert werden können.

```
<xs:simpleType name='dayTimeDuration'>
  <xs:restriction base='xs:duration'>
    <xs:pattern value="[\-]?P([0-9]+D(T([0-9]+
                      (H([0-9]+(M([0-9]+(\.[0-9]*)?S
                      |\.[0-9]+S)?|(\.[0-9]*)?S)|(\.
                      [0-9]*)?S)?|M([0-9]+
                      (\.[0-9]*)?S|\.[0-9]+S)?|(\.[0-9]*)?S)
                      |\.[0-9]+S))?
                      |T([0-9]+(H([0-9]+(M([0-9]+(\.[0-9]*)?S
                      |\.[0-9]+S)?
                      |(\.[0-9]*)?S)|(\.[0-9]*)?S)?
                      |M([0-9]+(\.[0-9]*)?S|\.
                        [0-9]+S)?
                      |(\.[0-9]*)?S)|\.[0-9]+S))"/>
  </xs:restriction>
</xs:simpleType>
```

- *xdt:yearMonthDuration* ist ein Kind von `xs:duration`, wobei die lexikalische Repräsentation so verringert wurde, dass nur Jahr und Monat gespeichert werden können.

```
<xs:simpleType name='yearMonthDuration'>
  <xs:restriction base='xs:duration'>
    <xs:pattern value="[\-]?P[0-9]+(Y([0-9]+M)?|M)"/>
  </xs:restriction>
</xs:simpleType>
```

3.1.2. Knotentypen

XPath unterscheidet insgesamt sieben *Knotentypen*, sodass sich alle Inhalte eines XML-
Dokuments einem speziellen Knotentyp zuordnen lassen. Sie haben jeweils spezielle Eigenschaften, was Inhalte oder Verarbeitung anbetrifft. Wir wollen zunächst die sieben
Knotentypen innerhalb eines Beispieldokuments vorstellen und sie dann genauer betrachten. Wichtig ist die Unterscheidung für den täglichen Einsatz insoweit, als dass man genau
zuordnen kann, welche Struktur im XPath-Sinn (den man sich auch selbst zu Eigen machen
sollte) man gerade verarbeitet.

→ Typologie

Folgendes Dokument besitzt alle sieben Knotentypen und stellt eine Verkürzung der bereits im vorherigen Kapitel eingeführten Tarifliste dar, wobei in diesem Dokument nur noch ein Tarif gespeichert ist.

```
<?xml version="1.0" encoding="ISO-8859-1"?>
<!-- Erstellt: 20.11.2004 -->
<Tarif xmlns="rf:www.ruhrfon.biz">
<?xml-stylesheet type="text/css" href="stile/tarife.css"?>
  <Name Typ="p">Mondschein2</Name>
  <Zeitraum>
    <Von>01.01.04</Von>
    <Bis>31.12.04</Bis>
  </Zeitraum>
  <Uhrzeit>
    <Von>20</Von>
    <Bis>6</Bis>
  </Uhrzeit>
</Tarif>
```

Listing 3.1: 312 _ 01.xml – sieben Knotenarten

In Abbildung 3.1 haben wir dieses Dokument in eine einfache Baumform gebracht, die die einzelnen Knotentypen, zu denen die Inhalte gehören, benennt und ihre Inhalte anzeigt. Insbesondere die Inhalte sind interessant, da dies ja für gewöhnlich die Bereiche eines XML-Datenstroms sind, die sich in irgendeiner Form in einem anderen Format wiederfinden. Folgende Knotenarten sind vorhanden[3], wobei sich die Ankerverweise (Rauten: #) auf das in Fußnote 3 angegebene Dokument beziehen.

- Wurzelknoten (engl. root nodes), #root-node Abschnitt Root Node

- Elementknoten (engl. element nodes), #element-nodes Abschnitt Element Nodes

- Textknoten (engl. text nodes), #section-Text-Nodes Abschnitt Text Nodes

- Attributknoten (engl. attribute nodes), #attribute-nodes Abschnitt Attribute Nodes

---

3   Vgl. XML Path Language (XPath), Version 1.0, W3C Recommendation 16 November 1999, Abschnitt Data Modell unter http://www.w3.org/TR/1999/REC-xpath-19991116#data-model.

- Namensraumknoten (engl. namespace nodes), #namespace-nodes Abschnitt Namespace Nodes

- Prozessoranweisungen (engl. processing instruction nodes), #section-Processing-Instruction-Nodes Abschnitt Processing Instruction Nodes

- Kommentare (engl. comment nodes), #section-Comment-Nodes Abschnitt Comment Nodes

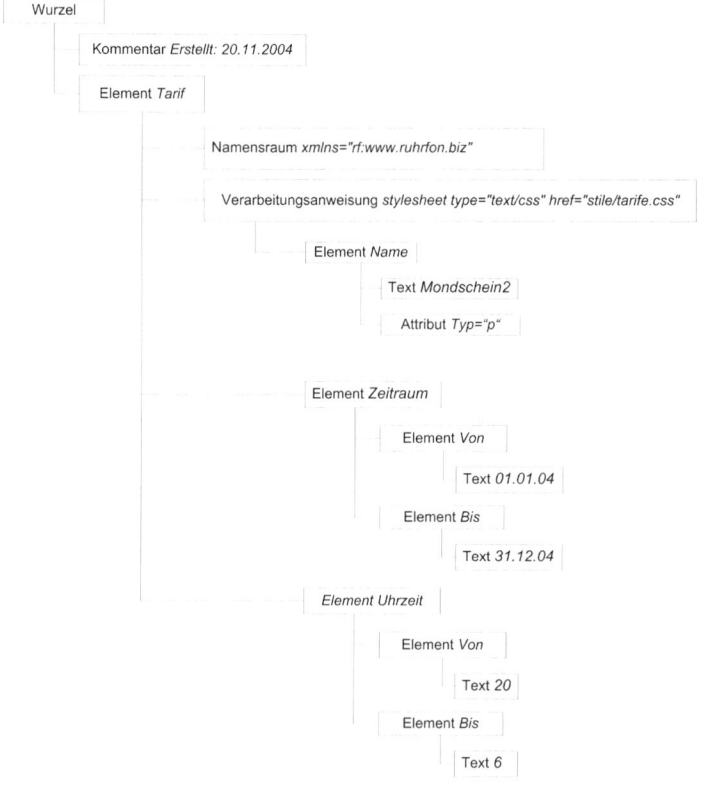

Abbildung 3.1: Sieben Knotenarten

Knotentyp	Beschreibung	Inhalt
Wurzel	Der Wurzelknoten ist die Wurzel des gesamten Baums und kommt nur ein einziges Mal vor. Das Element des Dokumentelements ist das Kind des Wurzelknotens. Zusätzliche Kinder stellen die Prozessoranweisungen und Kommentare des Prologs dar.	Alle Textinhalte der untergeordneten Knoten
Element	Für jedes XML-Element existiert ein Elementknoten. Der Elementknoten hat einen expandierten Namen, bestehend aus dem QName des Elements und dem Präfix des Namensraums. Sollte kein Namensraum angegeben sein, ist der expandierte Name NULL/leer.	Alle Textinhalte der untergeordneten Knoten
Attribut	Ein Attribut stellt einen Attributknoten dar. Elemente sind Eltern des Attributs, aber das Attribut ist kein Kind des Elementknotens. (Das DOM behandelt dagegen Elemente nicht als Eltern eines Attributs.) Attribute haben Werte und keine Textknoten.	Wert des Attributs
Namensraum	Ein Namensraum stellt einen Namensraumknoten dar. Elemente sind Eltern des Namensraumknotens, aber der Namensraum ist kein Kind des Elementknotens. Ein Element hat einen Namensraum für jedes `xmlns:`-Attribut und für jeden Vorgänger, der ein solches Attribut besitzt, solange er nicht in einem näheren Element entgegengesetzt zur Dokumentrichtung redefiniert wird.	Wert des Namensraums in Form des URI-Eintrags
Verarbeitungsanweisung	Alle Verarbeitungsanweisungen des XML-Dokuments stellen Verarbeitungsanweisungsknoten dar.	Wert der Verarbeitungsanweisung
Text	Textknoten enthalten so viele Zeichendaten wie möglich, sodass kein Textknoten auf einen anderen Textknoten folgt. Textknoten haben keinen expandierten Namen. Die Mindestlänge ist eins.	Wert der Zeichendaten eines Elements
Kommentar	Kommentarknoten bestehen aus den XML-Kommentaren im Dokument. Der Kommentarknoten hat keinen expandierten Namen.	Zeichendaten des Kommentars

Tabelle 3.1: Sieben Knotenarten

→ **Zugangswege und Eigenschaften**

Mithilfe der *Zugangswege*[4] (engl. accessors) hat das W3C ein Konzept entwickelt, das es ermöglicht, in Form von Quasi-Funktionen über das Freilegen von Eigenschaften und damit die Möglichkeiten der Verarbeitung der einzelnen Knoten zu sprechen. Sie werden in der Spezifikation wie Funktionen vorgestellt, obwohl es keine Funktionen im eigentlichen Sinne sind. Sie lassen sich daher also nicht über einen bestimmten Namen aufrufen und liefern einen Rückgabewert, der dann z. B. den Namen oder Kinder eines Knotens enthält. Der Name und die Darstellung als Quasi-Funktion dienen vielmehr als zusammenfassende Beschreibung, sodass man auch die unterschiedlichen Zugangswege und damit die freilegbaren Eigenschaften für einen Knoten genau beschreiben und mit denen eines anderen Knotens vergleichen kann.

- base-uri Accessor, allgemeine Syntax: `dm:base-uri($n as node()) as xs:anyURI?`, Beschreibung: Der `dm:base-uri`-Zugangsweg liefert den Basis-URI für einen Knoten in Form einer Sequenz, die keine oder eine URI-Referenz enthält. Verwendung: Er steht für alle sieben Knotentypen zur Verfügung.

- node-name Accessor, allgemeine Syntax: `dm:node-name($n as node()) as xs:QName?`, Beschreibung: Der `dm:node-name`-Zugangsweg liefert den Namen des Knotens als eine Sequenz von keinem oder einem QName zurück. Verwendung: Er steht für alle sieben Knotentypen zur Verfügung.

- parent Accessor, allgemeine Syntax: `dm:parent($n as node()) as node()?`, Beschreibung: Der `dm:parent`-Zugangsweg liefert den Elternknoten des Knotens in Form einer Sequenz zurück, die keinen oder einen Knoten enthält. Verwendung: Er steht für alle sieben Knotentypen zur Verfügung.

- string-value Accessor, allgemeine Syntax: `dm:string-value($n as node()) as xs:string`, Beschreibung: Der `dm:string-value`-Zugangsweg liefert den Zeichenkettenwert eines Knotens zurück. Verwendung: Er steht für alle sieben Knotentypen zur Verfügung.

- typed-value Accessor, allgemeine Syntax: `dm:typed-value($n as node()) as xdt:anyAtomicType*`, Beschreibung: Der `dm:typed-value`-Zugangsweg liefert den typisierten Wert eines Knotens in Form einer Sequenz von keinem oder mehr atomaren Werten. Verwendung: Er steht für alle sieben Knotentypen zur Verfügung.

---

4   Vgl. XQuery 1.0 and XPath 2.0 W3C Recommendation 23 January 2007 unter http://www.w3.org/TR/xpath-data-model/ im Abschnitt 5 Accessors unter http://www.w3.org/TR/xpath-datamodel/#accessors.

- type-name Accessor, allgemeine Syntax: `dm:type-name($n as node()) as xs:QName?`, Beschreibung: Der `dm:type-name`-Zugangsweg liefert den Namen des XML-Schema-Datentyps eines Knotens zurück in Form einer Sequenz von keinem oder einem QName. Verwendung: Er steht für alle sieben Knotentypen zur Verfügung.

- children Accessor, allgemeine Syntax: `dm:children($n as node()) as node()*`, Beschreibung: Der `dm:children`-Zugangswert liefert die Kinder eines Knotens in Form einer Sequenz zurück, die keinen oder mehrere Knoten enthält. Verwendung: Er steht für alle sieben Knotentypen zur Verfügung.

- attributes Accessor, allgemeine Syntax: `dm:attributes($n as node()) as attribute()*`, Beschreibung: Der `dm:attributes`-Zugangsweg liefert die Attribute eines Knotens in Form einer Sequenz zurück, die kein oder mehrere Attribute enthält. Die Reihenfolge der Attribute ist stabil, aber implementationsbedingt (normalerweise in der Reihenfolge wie im Dokument). Verwendung: Er steht für alle sieben Knotentypen zur Verfügung.

- namespaces Accessor, allgemeine Syntax: `dm:namespaces($n as node()) as node()*`, Beschreibung: Der `dm:namespaces`-Zugangsweg liefert die Namensräume, die mit einem Knoten verbunden sind, in einer Sequenz aus keinem oder mehreren Namensraumknoten zurück. Die Reihenfolge der Namensraumknoten ist stabil, aber implementationsbedingt (normalerweise in der Reihenfolge wie im Dokument). Verwendung: Er steht für alle sieben Knotentypen zur Verfügung.

- nilled Accessor, allgemeine Syntax: `dm:nilled($n as node()) as xs:boolean?`, Beschreibung: Der `dm:nilled`-Zugangsweg liefert TRUE zurück, wenn der Knoten einen NULL-Wert gemäß XML Schema enthält (`xsi:nil`). Verwendung: Er steht für alle sieben Knotentypen zur Verfügung.

→ **Detaillierte Typologie der Knoten**

Die gerade allgemein vorgestellten Zugangswerte werden nun benutzt, um die Eigenschaften der einzelnen Knoten zu beschreiben.[5] Teilweise erschließen sie sich intuitiv, wie dies z. B. bei den Zugangswegen Name oder Kinder der Fall sein dürfte. Allerdings lohnt es sich bei Fehlern oder unerwarteten Verhaltensweisen bzw. unpassenden Ergebnismengen/-se-

---

5 XQuery 1.0 and XPath 2.0 W3C Recommendation 23 January 2007 unter http://www.w3.org/TR/xpath-data-model/ im Abschnitt 6 Nodes http://www.w3.org/TR/xpath-datamodel/#Node.

quenzen, einen Blick in die Theorie zu werfen, ob der scheinbare Fehler in Wirklichkeit dort fundiert ist und die gewünschten Informationen anders beschafft werden können.

Dokumentknoten repräsentieren XML-Dokumente und haben die folgenden Eigenschaften:

- Basis-URI (engl. base-uri), möglicherweise leer

- Kindknoten (engl. children), möglicherweise leer

- Zeichenkettenwert (engl. string-value)

- Typisierter Wert (engl. typed-value)

- unparsed-entities, möglicherweise leer

- document-uri, möglicherweise leer

Drei zusätzliche Zugangswege gelten für diesen Knoten:

- document-uri Accessor, allgemeine Syntax: `dm:document-uri($node as docu-ment-node())` `as xs:string?`, Beschreibung: Der `dm:document-uri`-Zugangsweg liefert den absoluten URI der Ressource, falls er erhältlich ist. Kann er nicht ermittelt werden oder ist er nicht verfügbar, ist die Sequenz leer.

- unparsed-entity-system-id Accessor, allgemeine Syntax: `dm:unparsed-entity-system-id($node as document-node(), $entityname as xs:string) as xs:string?`, Beschreibung: Der `dm:unparsed-entity-system-id`-Zugangsweg liefert die System-Identifikation einer externen Entität (engl. unparsed external entity), sofern verfügbar. Ansonsten wird eine leere Sequenz zurückgeliefert.

- unparsed-entity-public-id Accessor, allgemeine Syntax: `dm:unparsed-entity-public-id($node as document-node(), $entityname as xs:string) as xs:string?`, Beschreibung: Der `dm:unparsed-entity-public-id`-Zugangsweg liefert die öffentliche Identifikation einer externen Entität (engl. unparsed external entity), sofern verfügbar. Ansonsten wird eine leere Sequenz zurückgeliefert.

Elementknoten repräsentieren XML-Elemente und haben die folgenden Eigenschaften:

- Basis-URI (engl. base-uri), möglicherweise leer

- Name (engl. node-name)

- Elternknoten (engl. parent), möglicherweise leer

- Datentyp-Name (engl. type-name)

- Kindknoten (engl. children), möglicherweise leer

- Attributknoten (engl. attributes), möglicherweise leer

- Namensraumknoten (engl. namespaces), möglicherweise leer

- NULL-Wert (engl. nilled)

- Zeichenkettenwert (engl. string-value)

- Typisierter Wert (engl. typed-value)

- Namensraum (engl. in-scope-namespaces)

Attributknoten repräsentieren XML-Attribute und haben die folgenden Eigenschaften:

- Name (engl. node-name)

- Elternknoten (engl. parent), möglicherweise leer

- Datentyp-Name (engl. type-name)

- Zeichenkettenwert (engl. string-value)

- Typisierter Wert (engl. typed-value)

Namensraumknoten repräsentieren die XML-Namensräume und haben die folgenden Eigenschaften:

- Präfix (engl. prefix), möglicherweise leer

- URI (engl. uri)

- Elternknoten (engl. parent), möglicherweise leer

Prozessoranweisungsknoten repräsentieren XML-Prozessoranweisungen und haben folgende Eigenschaften:

- Ziel (engl. target)

- Inhalt (engl. content)

- Basis-URI (engl. base-uri), möglicherweise leer

- Elternknoten (engl. parent), möglicherweise leer

Kommentarknoten repräsentieren XML-Kommentare und haben die folgenden Eigenschaften:

- Inhalt (engl. content)

- Elternknoten (engl. parent), möglicherweise leer

Textknoten repräsentieren XML-Zeichendaten und haben folgende Eigenschaften:

- Inhalt (engl. content), möglicherweise leer

- Elternknoten (engl. parent), möglicherweise leer

3. 2. Lokalisierung

Für die *Lokalisierung* navigiert man mit seinen XPath-[6]Ausdrücken entlang verschiedener Achsen. Sie entsprechen sicherlich den Adressierungswegen, die man auch bei einer Betrachtung einer XML-Struktur als Baum erwarten würde. So sind Achsen vorhanden, die ein Auffinden von Kindelementen oder den Vorfahrenelementen ermöglichen.

---

6   XML Path Language (XPath) 2.0, W3C Recommendation 23 January 2007Abschnitt 3.2.1.1 Axes unter http://www.w3.org/TR/xpath20/#axes.

3. 2. 1. Achsen

Zunächst sollen in diesem Abschnitt die einzelnen *Achsen* ausführlich vorgestellt werden. Neben ihren Namen und ihren Fähigkeiten, Knoten aufzufinden, muss gesagt werden, dass man auch durch eine gute Kenntnis von XPath bzw. den verschiedenen Möglichkeiten, Strukturen in XML-Dokumenten zu lokalisieren, unterschiedliche Vor- und Nachteile von XPath bereits in XML Schema bei der Modellierung berücksichtigen kann. Wie im dritten Band ausführlich dargestellt wird, gibt es zwangsläufig zwischen Modellierung und der Transformation bzw. im engeren Sinne zwischen Modellierung und Lokalisierung Zusammenhänge und gegenseitige Abhängigkeiten.

➜ Achsen-Richtungen

Wie schon kurz zuvor bei der Präsentation der allgemeinen Strukturen von XPath erwähnt, existiert das Konzept der Dokumentrichtung. Dieses Konzept findet sich auch in den Achsen wieder. Man unterscheidet also wie beim allgemeinen Konzept der Dokumentrichtung die beiden Richtungen »in Dokumentrichtung« und »entgegengesetzt zur Dokumentrichtung«. Die Achsen werden in der nachfolgenden Tabelle diesen beiden Hauptrichtungen zugeordnet.

Vorwärts	Rückwärts
child	parent
descendant	ancestor
attribute	preceding-sibling
self	preceding
descendant-or-self	ancestor-or-self
following-sibling	
following	
namespace	

Tabelle 3.2: Achsenrichtungen

➜ Achsen-Typen

Wie im XML-Universum üblich – und durch das gesamte XPath-Konstrukt verstärkt – orientieren sich die Achsen entlang der typischen Bewegungen und Strukturen in einem Baum. Basierend auf diesen Baumstrukturen erinnern die Namen der Achsen mehr an einen Familienstammbaum. Er unterscheidet nur sehr grob zwischen Eltern, Kindern, Geschwistern sowie Familienmitgliedern, die mehr als eine Generation vom Kontextknoten (der gerade ausgewählte Knoten) entfernt liegen.

Die vorhandenen Achsen heißen darum:

- `ancestor` (Elterneltern-Achse)

- `ancestor-or-self` (Vorfahren-und-ich-Achse)

- `attribute` (Attribut-Achse)

- `child` (Kind-Achse)

- `descendant` (Kindeskinder-Achse)

- `descendant-or-self` (Kindeskinder-und-ich-Achse)

- `following` (Nachfolger-Achse)

- `following-sibling` (Folgende-Geschwister-Achse)

- `namespace` (Namensraum-Achse)

- `parent` (Eltern-Achse)

- `preceding` (Vorgänger-Achse)

- `preceding-sibling` (Vorherige-Geschwister-Achse)

- `self` (Ich-Achse)

Die Achse `child` enthält die Kinder des Kontextknotens in der Reihenfolge der Dokumentordnung.

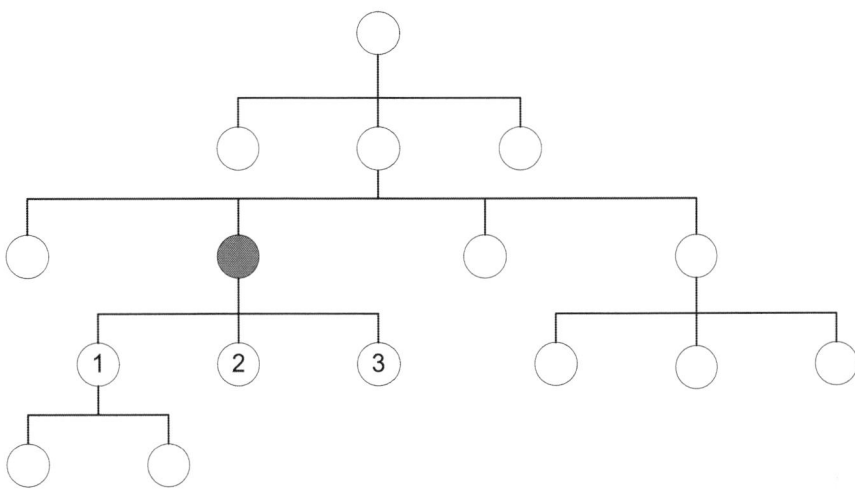

Abbildung 3.2: Kind-Achse (`child`)

Die Achse `descendant` enthält sämtliche Nachkommen des Kontextknotens in der Reihenfolge der Dokumentordnung. Zu den Nachkommen zählen Kinder und Kindeskinder, aber keine Attribut- oder Namensraumknoten.

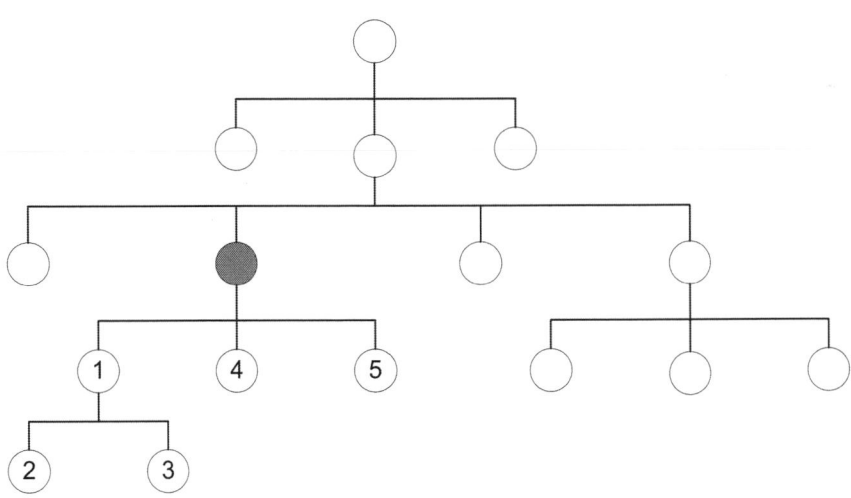

Abbildung 3.3: Kindeskinder-Achse (`descendant`)

Die Achse `parent` enthält den Elternknoten des Kontextknotens, also den direkt übergeordneten Knoten.

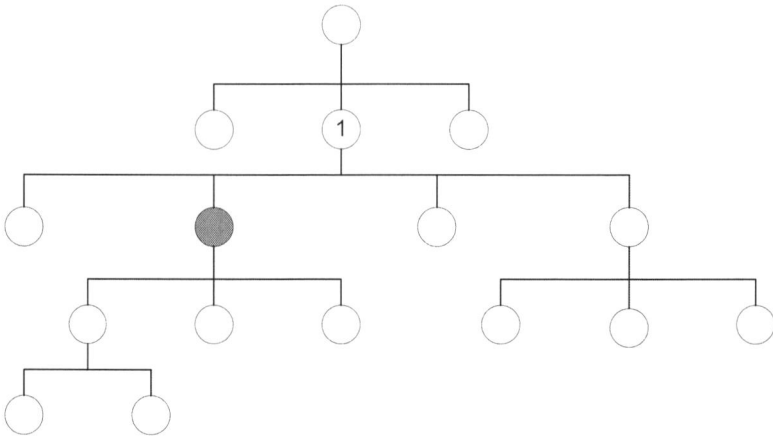

Abbildung 3.4: Eltern-Achse (`parent`)

Die Achse `ancestor` enthält sämtliche Vorfahren des Kontextknotens in umgekehrter Dokumentordnung. Zu den Vorgängern zählen der Elternknoten sowie die Eltern der Elternknoten usw. Diese Achse enthält immer den Wurzelknoten.

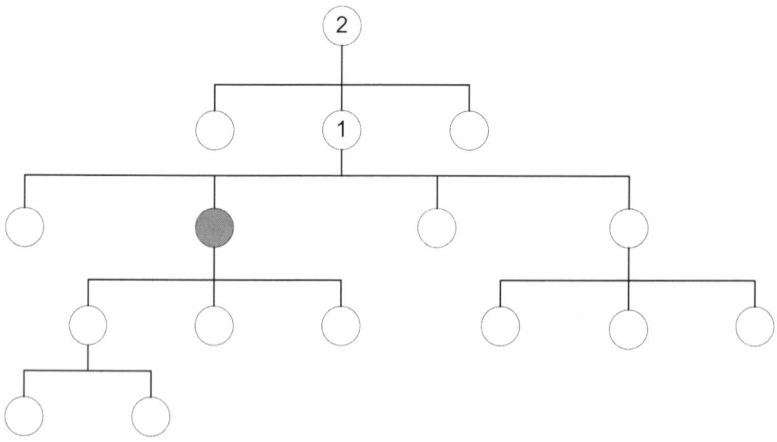

Abbildung 3.5: Elterneltern-Achse (`ancestor`)

Die Achse `following-sibling` enthält sämtliche nachfolgenden Geschwister des Kontextknotens in Dokumentordnung. Für Attribut- oder Namensraumknoten ist diese Achse leer.

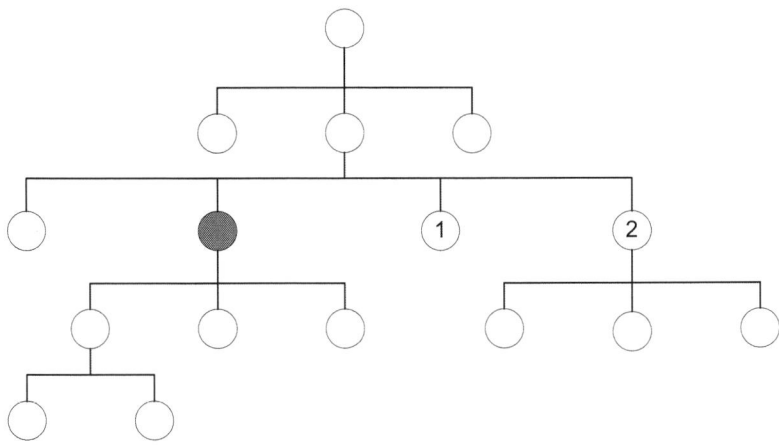

Abbildung 3.6: Folgende Geschwister-Achse (`following-sibling`)

Die Achse `preceding-sibling` enthält sämtliche vorhergehenden Geschwister des Kontextknotens. Für Attribut- oder Namensraumknoten ist diese Achse leer.

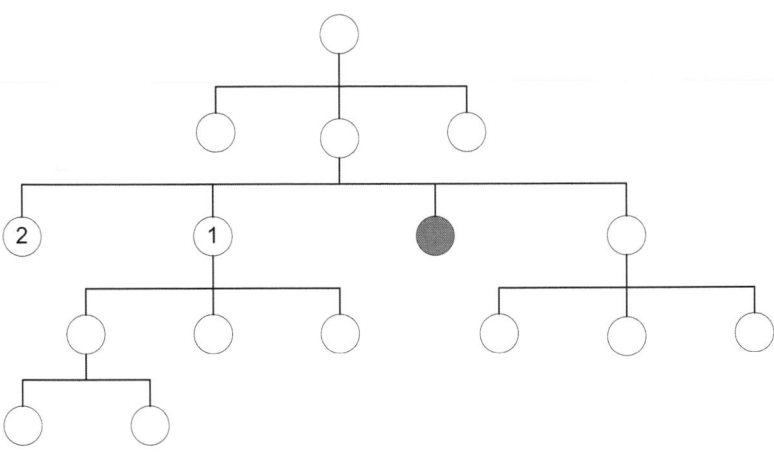

Abbildung 3.7: Vorherige Geschwister-Achse (`preceding-sibling`)

Die Achse `following` enthält alle nachfolgenden Knoten des Kontextknotens ohne seine Nachkommen und ohne Attribut- und Namensraumknoten.

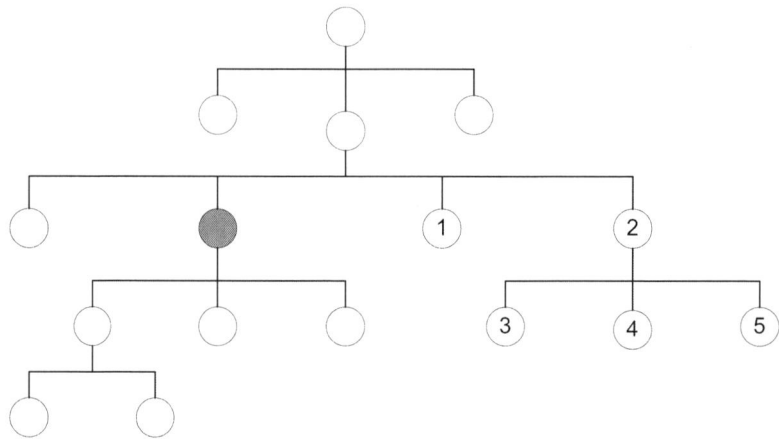

Abbildung 3.8: Nachfolger-Achse (`following`)

Die Achse `preceding` enthält alle vorangehenden Knoten des Kontextknotens ohne seine Vorfahren und ohne Attribut- und Namensraumknoten.

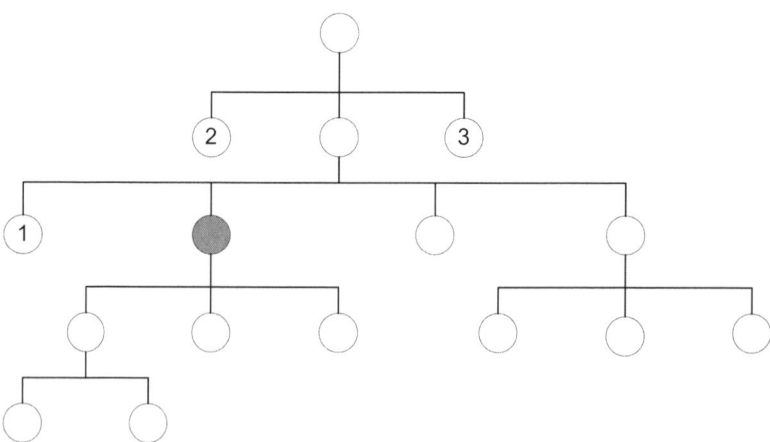

Abbildung 3.9: Vorfahren-Achse (`preceding`)

Die Achse `descendant-or-self` enthält den Kontextknoten und sämtliche Nachkommen.

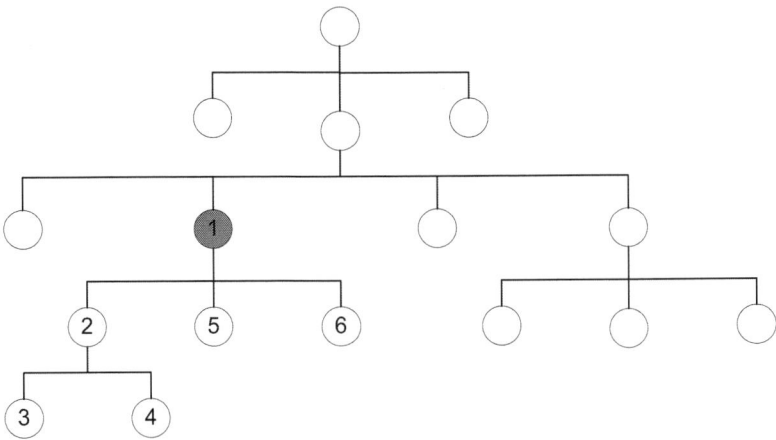

Abbildung 3.10: Kindeskinder-und-ich-Achse (`descendant-or-self`)

Die Achse `ancestor-or-self` enthält den Kontextknoten und sämtliche Vorfahren.

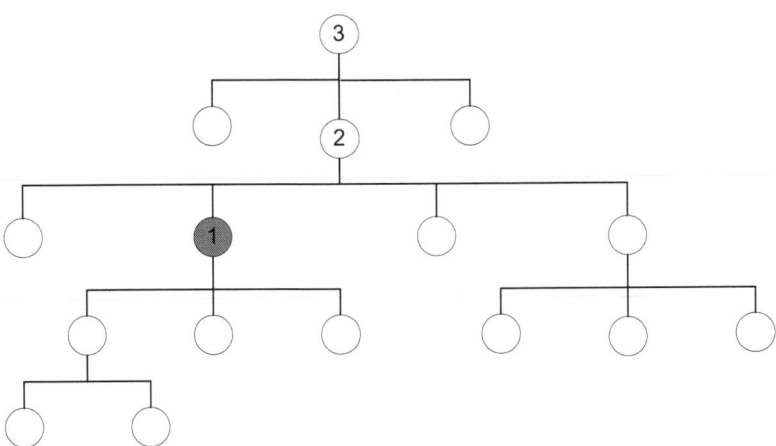

Abbildung 3.11: Elterneltern-und-ich-Achse (`ancestor-or-self`)

Die Achse `attribute` enthält die Attribute des Kontextknotens, wobei der Kontextknoten in jedem Fall ein Elementknoten sein muss.

Die Achse `namespace` enthält alle Namensraumknoten des Kontextknotens, wobei der Kontextknoten in jedem Fall ein Elementknoten sein muss.

Die Achse `self` enthält nur den Kontextknoten.

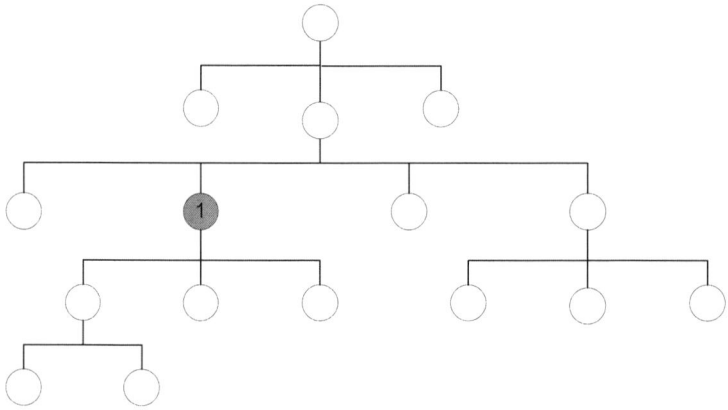

Abbildung 3.12: Ich-Achse (`self`)

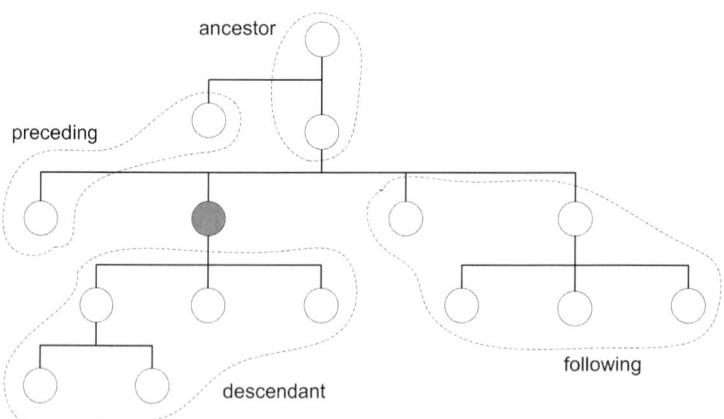

Abbildung 3.13: Abdeckung der Achsen

Man kann die Behauptung aufstellen, dass man von jeder Stelle in einem XML-Dokument über XPath zu jeder anderen Stelle gelangt. Die Abbildung 3.13 zeigt, wie allein schon eine Hälfte der Achsen sämtliche Knoten erreichen können.

3. 2. 2. Beispiele zur Achsen-Verwendung

Die Verwendung von XPath ist nicht weiter kompliziert, allerdings dürften auch hier einige Beispiele mehr helfen als Schaubilder und Übersichten zur Syntax. In diesem Fall sollen zunächst die Achsen für die einfache Lokalisierung von Knoten und Attributen verwendet werden. Dies stellt eine simple Verwendung von XPath dar, ohne bereits auf Bedingungen einzugehen, die Knoten erfüllen sollen. Dies ist Aufgabe der Prädikate, die später erläutert werden.

Die hier vorgestellten Beispiele entsprechen der Verwendung der nicht abgekürzten Syntax[7] (engl. unabbreviated syntax). Es existiert dafür also auch noch ein eigener Fachbegriff, der inhaltlich bereits vermuten lässt, dass es – allerdings nur für einige Achsen – auch Abkürzungen gibt.

Als Beispieldokument verwenden wir folgende sehr einfache Aufstellung von Erfolgszahlen bzw. Kundenentwicklungsdaten der RuhrFon GmbH. In jedem Monat wird die Anzahl der Gesamt- und Neukunden pro Stadt ermittelt, sodass man im Zeitverlauf die Kundenentwicklung nachvollziehen kann.

```xml
<?xml version="1.0" encoding="ISO-8859-1"?>
<Erfolguebersicht
 xmlns:xsi=http://www.w3.org/2001/XMLSchema-instance
 xsi:noNamespaceSchemaLocation="322_01.xsd">
  <Erfolg Stadt="Essen, Ruhr" Monat="1">
    <Gesamt>1</Gesamt>
    <Neukunden>1</Neukunden>
  </Erfolg>
  <Erfolg Stadt="Gelsenkirchen" Monat="1">
    <Gesamt>1</Gesamt>
    <Neukunden>1</Neukunden>
  </Erfolg>
  <Erfolg Stadt="Duisburg" Monat="1">
```

---

7 Vgl. XML Path Language (XPath) 2.0, W3C Recommendation 23 January 2007, Abschnitt 3.2.3 Unabbreviated Syntax unter http://www.w3.org/TR/xpath20/#unabbrev.

```
    <Gesamt>2</Gesamt>
    <Neukunden>2</Neukunden>
  </Erfolg>
...
```

Listing 3.2: 322 _ 01.xml – Erfolgsübersicht

Im Dokumentbaum erkennt man den einfachen Aufbau des Dokuments besonders deutlich. Innerhalb der Erfolgsübersicht liegen mehrere Erfolg-Elemente, die neben zwei Attributen die beiden Elemente Gesamt und Neukunden enthalten.

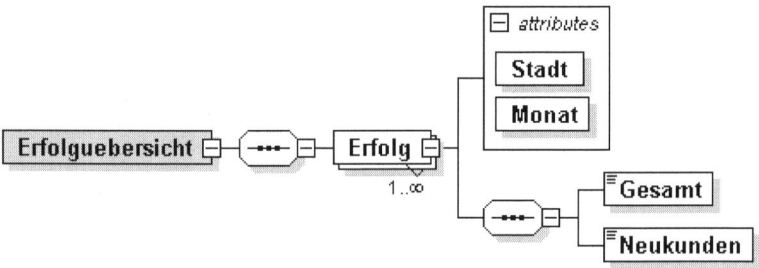

Abbildung 3.14: Dokumentbaum der Erfolgsübersicht

Folgende Auswahlen können mithilfe von einfachen XPath-Ausdrücken entlang der Achsen vorgenommen werden. Beachten Sie bitte den Asteriskus (*), der alle verfügbaren Knoten auf einer Achse bestimmt.

- Kind-Achse

  - child::Erfolguebersicht/child::Erfolg findet ausgehend vom Wurzelelement alle Erfolg-Elemente im Dokument.

  - child::Erfolguebersicht/child::Erfolg/child::Gesamt findet ausgehend vom Wurzelelement alle Gesamt-Elemente im Dokument in Dokumentrichtung.

  - child::Erfolguebersicht/child::Erfolg/following::* findet ausgehend vom Wurzelelement Gesamt-, Neukunde- und Erfolg-Elemente in Dokumentrichtung.

- Geschwister-Achsen

  - `following-sibling::Erfolg` findet ausgehend von einem `Erfolg`-Element die nachfolgenden `Erfolg`-Geschwister in Dokumentrichtung.

  - `preceding-sibling::Erfolg` findet ausgehend von einem `Erfolg`-Element die vorhergehenden `Erfolg`-Geschwister in Dokumentrichtung.

- Vorfahren-Achsen

  - `parent::*` findet ausgehend von einem `Erfolg`-Element das `Erfolgue-bersicht`-Element.

  - `ancestor::*` findet ausgehend von einem `Erfolg`-Element das `Erfolgue-bersicht`-Element.

  - `ancestor::*` findet ausgehend von einem `Gesamt`-Element sein `Erfolg`-Element als Elternelement und das `Erfolguebersicht`-Element.

- Nachfahren-Achsen

  - `descendant::*` findet ausgehend von einem `Erfolg`-Element die Elemente `Gesamt` und `Neukunden` in Dokumentrichtung.

  - `descendant::*` findet ausgehend vom Wurzelelement alle `Erfolg`-Elemente und ihre Kinder im Dokument in Dokumentrichtung.

  - `descendant::Gesamt` findet ausgehend vom Wurzelelement alle `Gesamt`-Elemente in Dokumentrichtung.

- Attribut-Achse

  - `descendant::Erfolg/attribute::Stadt` findet ausgehend vom Wurzelelement alle `Stadt`-Attribute in Dokumentrichtung.

  - `descendant::Erfolg/attribute::*` findet ausgehend vom Wurzelelement alle Attribute von `Erfolg` in Dokumentrichtung.

- `parent::Erfolg/attribute::Monat` findet ausgehend von einem `Er-folg`-Element das Attribut `Monat` in seinem Elternelement.

- `attribute::*` findet ausgehend von einem `Erfolg`-Element seine Attribute in Dokumentrichtung.

3. 2. 3. Abgekürzte Syntax

Da einige Achsen sehr häufig auftreten und teilweise Ausdrücke eine beeindruckende – um nicht zu sagen: Furcht einflößende – Länge erreichen können, existieren einige wenige, aber dafür umso nützlichere Vereinfachungen, die als *abgekürzte Syntax*[8] (engl. abbreviated syntax) bekannt sind.

- Eine der wichtigsten Abkürzungen besteht darin, dass der Achsenname entfallen kann, sofern die Kind-Achse gemeint ist. Dadurch bleibt eine Syntax zurück, die an eine einfache Dateisystemangabe erinnert.

- Es existiert zusätzlich auch eine Abkürzung für die Attributachse. Dabei entfällt ebenfalls der Achsenname bzw. wird durch das `@`-Zeichen vor dem Attributnamen ersetzt.

- Die Abkürzung `//` ersetzt die sehr umständliche Pfad-Angabe `/descendant-or-self::node()/`, die mit dem kompletten Ausdruck `/descendant-or-self::node()/child::elementname` ein Element findet. Der Ausdruck `//elementname` findet ebenfalls jedes Vorkommen des gewünschten Elements im gesamten Dokument, unabhängig von seiner genauen Position innerhalb des Baums. Hierarchiegrenzen können mit dieser Syntax also sehr einfach überbrückt werden.

- Die Abkürzung `..` steht für `parent::node()`, sodass `../elementname` ein sehr kurzer Ausdruck für die Pfadangabe `parent::node()/child::elementname` wird.

3. 3. Knotentests

Die gerade vorgeführten XPath-Ausdrücke gelten auch bereits als *Knotentests*[9], da mit ihrer Hilfe eine Untermenge der verfügbaren Knoten in eine Auswahl übernommen wurde. Al-

---

8 Vgl. XML Path Language (XPath) 2.0, W3C Recommendation 23 January 2007, Abschnitt 3.2.4 Abbreviated Syntax unter http://www.w3.org/TR/xpath20/#abbrev.
9 XML Path Language (XPath) 2.0, W3C Recommendation 23 January 2007Abschnitt 3.2.1.2 Node Tests unter http://www.w3.org/TR/xpath20/#node-tests.

lerdings enthielten sie nicht alle Lokalisierungsschritte, wie sie im nächsten Abschnitt erläutert werden, sondern nur einen oder mehrere Achsenaufrufe. In diesem Unterkapitel werden wir Ihnen die weiteren Bestandteile eines Knotentests näher bringen, damit nicht nur die hierarchische Gliederung eines Dokuments für die Knotenauswahl zum Einsatz kommt, sondern auch inhaltliche Bedingungen, die in Form von Prädikaten mit Operatoren und zusätzlichen Funktionen ausgedrückt werden.

3. 3. 1. Lokalisierungsschritte

Das, was wir bisher mit wechselnden Namen wie Lokalisierung, Pfad, XPath-Ausdruck etc. belegt haben, sollte eigentlich nur als Lokalisierungspfad[10] (engl. location path) bezeichnet werden. Innerhalb einer kompletten Lokalisierung unterscheiden wir drei Bereiche, die komplett als *Lokalisierungsschritt*[11] (engl. location steps) bezeichnet werden.

1. Eine Achse, die die Beziehung zwischen dem gerade ausgewählten und verarbeiteten Kontextknoten und den Knoten ausdrückt, die über den Lokalisierungspfad auszuwählen sind.

2. Einen Knotentest, der den Knotentyp und den expandierten Namen der Knoten angibt, die durch den Lokalisierungspfad auszuwählen sind.

3. Kein oder mehrere Prädikate, die beliebige Ausdrücke verwenden, um genauere Eigenschaften anzugeben, die für die Knoten zutreffen sollen, die durch den Lokalisierungspfad auszuwählen sind.

Wenngleich sich die Syntax vermutlich durch die später folgenden Beispiele leichter erschließt als durch eine Beschreibung, so dient diese doch dazu, die genauen Regelungen einmal in allgemeiner und abstrakter Form formuliert zu haben. Ein einziger Lokalisierungsschritt besteht aus dem Namen der Achse oder einer Abkürzung, wobei der Name der Achse von zwei Doppelpunkten gefolgt wird. Daran schließt sich ein Knotentest zur allgemeinen Auswahl an, der dann ggf. um weitere Eigenschaften in Form eines Prädikates ergänzt werden kann. Diese Prädikate schließt man innerhalb von eckigen Klammern an.

Dabei sind die einzelnen Bereiche des Lokalisierungsschrittes auch kumulativ zu verstehen. Die Achse gibt die grundlegende Beziehung des Kontextknotens zu den auszuwählenden

---

10 Vgl. XML Path Language (XPath), Version 1.0, W3C Recommendation 16 November 1999 Abschnitt 2 Location Paths unter http://www.w3.org/TR/1999/REC-xpath-19991116.html#location-paths.

11 Vgl. XML Path Language (XPath), Version 1.0, W3C Recommendation 16 November 1999 Abschnitt 2.1 Location Steps unter http://www.w3.org/TR/1999/REC-xpath-19991116.html#section-Location-Steps.

Knoten an. Sollten mehrere Lokalisierungsschritte einander folgen, lässt sich auch eine Kumulation der Bedingungen der einzelnen Schritte erkennen, die immer mehr Eigenschaften und Bedingungen für die Knoten angeben, die durch den Lokalisierungspfad ausgewählt werden sollen. Das Prädikat stellt dabei für jeden einzelnen Lokalisierungsschritt die genaueste Einschränkung dar, weil innerhalb eines solchen auf deutlich mehr Eigenschaften Bezug genommen werden kann als durch die einfache Angabe einer Achse und des Namens.

Mehrere Lokalisierungsschritte in Folge werden durch Schrägstriche getrennt.

3. 3. 2. Arten-Test

Eine alternative Form eines Knotentests stellt der Arten-Test[12] (engl. KindTest) dar. Die Möglichkeiten wurden gegenüber XPath 1.0 stark erweitert und reagieren nun auch auf Datentypangaben von XML Schema.

Die hier zusammengefassten Testmöglichkeiten lassen sich in Gänze erst mit XPath 2.0 nutzen. Die Arten-Tests `node()`, `text()` und `comment()` stehen bereits in XPath 1.0 zur Verfügung.

- `node()` findet jeden Knoten.

- `text()` findet jeden Textknoten.

- `comment()` findet jeden Kommentarknoten.

- `element()` findet jeden Elementknoten.

- `element(elementname)` findet jeden Elementknoten mit dem angegebenen Namen oder dessen Ersetzungsgruppe diesen Namen trägt und einen passenden Datentyp besitzt.

- `element(elementname, *)` findet jeden Elementknoten mit dem angegebenen Namen oder dessen Ersetzungsgruppe diesen Namen trägt unabhängig vom Datentyp.

---

12 Vgl. XML Path Language (XPath) 2.0, W3C Recommendation 23 January 2007Abschnitt 3.2.1.2 Node Tests unter http://www.w3.org/TR/xpath20/#node-tests.

- `element(elementname, typname)` findet jeden Elementknoten mit dem angegebenen Namen und dem angegebenen Datentyp.

- `element(*, typname)` findet jedes Element mit dem angegebenen Datentyp.

- `element(xpathfad)` findet jedes Element mit dem angegebenen Namen und im Schema vorhandenem Datentyp in Abhängigkeit des XPath-Pfades.

- `attribute()` findet jeden Attributknoten.

- `attribute(@attributname, *)` findet jedes Attribut mit dem angegebenen Attributnamen unabhängig von seinem Datentyp.

- `attribute(@*, datentypname)` findet jedes Attribut unabhängig vom Namen mit dem angegebenen Datentyp.

- `document-node()` findet jeden Dokumentknoten.

- `document-node(element(elementname))` findet jedes Dokumentelement, das das angegebene Element enthält.

3. 3. 3. Prädikate

Innerhalb eines Lokalisierungsschritts stellen die *Prädikate*[13] die feinste Technik dar, um sehr unterschiedliche Bedingungen für Knoten anzugeben, die erfüllt sein müssen, damit er in die zurückgelieferte Knotenmenge übernommen wird. Die einzelnen Prädikate stehen in eckigen Klammern, können auf einige XPath-Funktionen zurückgreifen und weitestgehend die Eigenschaften vorgeben, die auch in z. B. SQL-Abfragen innerhalb der WHERE-Klausel möglich sind.

→ Operatoren

Da wir gerade bereits die WHERE-Klausel erwähnt haben, ist es nötig, die Operatoren anzusprechen, mit denen Werte in XPath-Ausdrücken verglichen bzw. auch verarbeitet werden können. Sie entsprechen weitestgehend den Operatoren in vielen anderen Sprachen und

---

13 XML Path Language (XPath) 2.0 W3C Recommendation 23 January 2007Abschnitt 3.2.2 Predicates unter http://
www.w3.org/TR/xpath20/#id-predicates.

Syntaxstrukturen für Bedingungen. Die einzige Novität besteht darin, dass innerhalb der Rechenzeichen die Division über den Operator `div` erledigt wird. Dies ist dem Umstand geschuldet, dass die einzelnen Lokalisierungsschritte durch den eigentlich erwarteten Schrägstrich getrennt werden.

Vergleich	Bedeutung	Kalkül	Bedeutung	Logik	Bedeutung
=	Gleichheit	+	Addition	`and`	Und
!=	Ungleichheit	–	Subtraktion	`or`	Oder
< <	kleiner	*	Multiplikation	`not`	Nicht
> >	größer	`div`	Division		
<= <=	kleiner gleich	`mod`	Modulo		
>= >=	größer gleich				

Tabelle 3.3: Operatoren für Vergleich, Kalkül und Logik

➔ **Beispiele**

Es werden in allen drei Büchern noch genügend Beispiele zu XPath am lebenden XML-Dokument eingesetzt werden, sodass eine Beispielliste praktisch überflüssig ist. Allerdings runden die nachfolgenden Fragen und ihre Lösungen, die sich jeweils auf das XML-Dokument in 3.2 beziehen, die Darstellung der Prädikate sehr schön ab, da man schlecht über Prädikate im Trockendock schreiben kann. Wichtig ist nur, dass Prädikate in jedem Lokalisierungsschritt stehen können, dass innerhalb eines solchen Prädikats ebenfalls wieder Pfade angegeben und Funktionen eingesetzt werden können, wobei die Rückgabewerte der Funktionen mithilfe von Operatoren zu gegebenen Werten (bzw. in XSLT auch in Form von Variablen und Parametern) in Beziehung gesetzt werden können. Für die Gestaltung der Ausdrücke muss man sich immer im Klaren darüber sein, welche Knoten man zurückerhalten möchte, das heißt, welche Knoten innerhalb eines Prädikats stehen und welche außerhalb desselben als letzter Eintrag des gesamten Pfades.

Die folgenden Beispiele verwenden alle einen absoluten Pfad vom Wurzelelement aus.

- Welche `Erfolg`-Elemente haben mehr als 10 Neukunden? `//Erfolg[Neukunden>10]`

- Welche Städte in welchem Monat haben mehr als 20 Neukunden? `//Erfolg[Neukunden>10]/attribute::*`

- Welche Stadt hatte zum ersten Mal mehr als 10 Neukunden? `//Erfolg[Neukunden>10]`
  `[1]/@Stadt`

- Welche Erfolge gehören zu Düsseldorf? `//Erfolg[@Stadt='Düsseldorf'`

- Was ist der fünfte Erfolg von Düsseldorf? `//Erfolg[@Stadt='Düsseldorf'][5]`

- Was ist der Erfolg von Düsseldorf im Mai? `//Erfolg[@Stadt='Düsseldorf'][@Mo-`
  `nat=5]` oder in einem Prädikat `//Erfolg[@Stadt='Düsseldorf' and @Monat=5]`

- Welche Städte haben mehr als 100 Kunden? `//Erfolg[Gesamt > 100]/@Stadt`

- Wie viele Neukunden liegen vor, wenn Gesamt größer 50 und Neukunden größer 10
  sein soll? `//Erfolg[Gesamt > 50 and Neukunden > 10]/Neukunden` oder mit
  Zugriff auf den Textknoten `//Erfolg[Gesamt > 50 ]/Neukunden[text() > 10]`

- Welche Erfolge sind in Essen oder nach Oktober? `//Erfolg[@Stadt = 'Essen,`
  `Ruhr' or @Monat > 10]`

Die folgenden Beispiele gehen alle von einem `Erfolg`-Element aus und weisen daher einen relativen Pfad auf.

- Welche nachfolgenden Geschwister handeln von Duisburg? `following-sib-`
  `ling::*[@Stadt = 'Duisburg']`

- Gibt es vorherige und nachfolgende Geschwister in Duisburg? `following-sib-`
  `ling::*[@Stadt = 'Duisburg'] and preceding-sibling::*[@Stadt =`
  `'Duisburg']` Antwort: `true`

3. 4. Funktionen in XPath

Da XSLT einen verschwindend geringen Funktionsschatz bietet, ist man auf die Funktionen von XPath angewiesen. Erwarten Sie auch hier zunächst keine Wunder. Selbst gegenüber Skriptsprachen wie PHP, die im Vergleich zu Sprachen wie Java oder C# ebenfalls nur einige tausend Funktionen haben, steht die gesamte Technologie zur XML-Transformation überaus abgemagert da. Der Umfang der Funktionen wurden in XSLT 2.0 und XPath 2.0 stark erweitert, wobei allerdings hier die Funktionen auch gemeinsam mit XQuery vermarktet werden.

Wir teilen die Darstellung der Funktionen in die beiden Bereiche 1.0 und 2.0 auf. Da zur Zeit des Schreibens nur wenige Parser bereitstehen, mit denen sich überhaupt die neuen Versionen nutzen lassen und man bestimmt noch einige Monate des Jahres 2005 mit den alten Versionen umgehen wird, ist es sicherlich zweckmäßig, genau vor Augen zu haben, welche Funktionen in welcher Version vorhanden sind. Dieser Abschnitt fasst daher zunächst die – wie schon erwähnt – nicht sehr umfangreiche Funktionsbibliothek von XPath 1.0[14] zusammen.

 Die Funktionssammlung von XPath 2.0 finden Sie in einem späteren Kapitel mit umfangreichen Beispielen.

3. 4. 1. Knotenmengenfunktionen

- `position()` ermittelt für das Ausgangselement in einem Rückgabewert die aktuelle Position.

- `last()` liefert den letzten Knoten eines Knotensets.

- `count(Knotenmenge)` zählt die Anzahl der Knoten in einer ausgewählten Knotenmenge.

- `name(Knotenmenge)` ermöglicht die direkte Auswahl von Knoten anhand ihres (erweiterten) Namens, indem der Name, der ja eindeutig ist, vorgegeben wird.

- `local-name(Knotenmenge)` ermittelt den Element- oder Attributnamen ohne Präfix, also ohne Namensraumangabe.

- `namespace-uri(Knotenmenge)` ermittelt den URI-Wert für einen Namensraum. Mithilfe des Ausdrucks `//Tarifliste/*[namespace-uri()="rf:www.ruhrfon. biz"]` erhält man automatisch Zugriff auf alle Elementknoten von `<Tarif>`, da sie im angegebenen Namensraum von `<Tarifliste>` dem Element `<Tarifliste>` direkt untergeordnet sind.

---

14 Vgl. XML Path Language (XPath) Version 1.0, W3C Recommendation 16 November 1999 Abschnitt 4 Core Function Library unter http://www.w3.org/TR/1999/REC-xpath-19991116.html#corelib.

- `id(Objekt)` ermittelt die Knotenmengen mit dem angegebenen `ID`-Wert.

3. 4. 2. String-Funktionen

- `starts-with(zk1, zk2)` liefert als Rückgabewert `true`, wenn der erste Buchstabe der Zeichenkette 1 mit dem angegebenen Buchstaben der Zeichenkette 2 übereinstimmt.

- `contains(zk1, zk2)` erweitert die vorherige Funktion und liefert auch dann einen Rückgabewert `true`, wenn mehrere Buchstaben angegeben werden und diese an einer beliebigen Stelle verborgen sind.

- `substring-before(zk1, zk2)` ermittelt die Zeichen einer Zeichenkette 1 vor der Position, die in Zeichenkette 2 angegeben wurde. So ermittelt der Ausdruck `substring-before("123456789", "3")` also die Zahl 12.

- `substring-after(zk1, zk2)` ermittelt die Zeichen einer Zeichenkette 1 vor der Position, die in Zeichenkette 2 angegeben wurde. So ermittelt der Ausdruck `substring-after("123456789", "3")` also die Zahl 456789.

- `substring(zk1, zk2, länge)` ermittelt die Zeichen einer Zeichenkette 1 vor der Position, die in Zeichenkette 2 angegeben wurde, für die Länge `länge`. So ermittelt der Ausdruck `substring("123456789", "3", "2")` also die Zahl 34. Bei dieser Funktion wird der Wert an der angegebenen Position ebenfalls ausgegeben.

- `string-length(zk)` ermittelt die Länge einer Zeichenkette.

- `string(Objekt)` transformiert ein Objekt in eine Zeichenkette.

- `concat(zk1, zk2, ...)` verknüpft die eingehenden Zeichenketten.

3. 4. 3. Logische Funktionen

- `true()` liefert immer den Wert wahr.

- `false()` liefert immer den Wert falsch.

- `not(Objekt)` liefert den Wert wahr, wenn das Objekt falsch ist.

- `boolean(Objekt)` transformiert ein Objekt in einen logischen Wert, wobei nicht leere Knotenmengen und Zeichenketten sowie Zahlen größer 0 den Wert wahr ergeben.

- `lang(zk)` liefert den Wert wahr, wenn der `xml:lang`-Wert mit der in der Zeichenkette angegebenen Sprache übereinstimmt.

3. 4. 4. Numerische Funktionen

- `number(Objekt)` transformiert ein Objekt in eine Zahl.

- `sum(Knotenmenge)` berechnet die Summe der zu Zahlen transformierten Werte der Knotenmenge.

- `floor(Zahl)` liefert die vorher liegende Ganzzahl.

- `ceiling(Zahl)` liefert die nächstgrößere Ganzzahl.

- `round(Zahl)` liefert den gerundeten Wert zur nächsten Ganzzahl.

3. 4. 5. Beispiele

Wie schon ahnungsvoll erwähnt, liegt es oft an den Ausdrücken, die man in XPath entwickelt, ob ein Algorithmus für eine Transformation oder für eine Berechnung etc. eine gewisse Raffinesse erreicht oder nicht. In den nachfolgenden Beispielen, die wir zusammengetragen haben, finden Sie einige Berechnungen und Lokalisierungen sowie teilweise auch alternative Formulierungen für die gleiche Fragestellung sowie diese Fragestellung in Form einer Textaufgabenfrage.

- Wähle den dritten `Erfolg`-Knoten. `//Erfolg[position()=3]` oder `//Erfolg[3]`

- Wähle den ersten `Erfolg`-Knoten. `//Erfolg[1]` oder `//Erfolg[position()=1]`

- Wähle den letzten `Erfolg`-Knoten. `//Erfolg[position()=last()]`

- Welche Position hat der letzte `Erfolg`-Knoten? Wie viele `Erfolg`-Knoten gibt es? `count(//Erfolg)` **Antwort: 72**

- Wähle alle Elemente mit dem Namen `Neukunden` aus. `//*[local-name()='Neukunden']` (Vorteil: Übergabe des Namens per Parameter möglich.) oder `//Neukunden`

- Wie viel Prozent Neukunden sind für das 50. `Erfolg`-Element zu verzeichnen? `round(//Erfolg[50]/Neukunden div //Erfolg[50]/Gesamt*100)` **oder inklusive Prozentzeichen** `concat(round(//Erfolg[50]/Neukunden div //Erfolg[50]/Gesamt*100), ' %')`

- Wie viele Erfolge sind aus Gelsenkirchen? `count(//Erfolg[@Stadt = 'Gelsenkirchen'])` **Antwort: 8**

- Wie viele Neukunden kamen in Gelsenkirchen dazu? `sum(//Erfolg[@Stadt = 'Gelsenkirchen']/Neukunden)` **Antwort: 17, Alternative** `/Erfolguebersicht/Erfolg[@Stadt='Gelsenkirchen'][position()=last()]/Gesamt`

- Wie viele Kunden waren im Durchschnitt in Gelsenkirchen? `sum(//Erfolg[@Stadt='Gelsenkirchen'][position()=last()]/Gesamt) div count(//Erfolg[@Stadt = 'Gelsenkirchen'])` **Antwort: 2.125**

- Wie viele Kunden gab es in allen Städten im Durchschnitt? `sum(//Erfolg/Neukunden) div count(//Erfolg)` **Antwort: 5,0555**

- Welche Erfolge beschreiben Städte, deren Namen mit einem D beginnt? `//Erfolg[starts-with(@Stadt, 'D')]` **Antwort: Knotenmenge mit Erfolgen in Düsseldorf, Duisburg und Dortmund**

3. 5. Neuerungen in XPath 2.0

Auch wenn die theoretische Darstellung von XPath in den zurückliegenden Abschnitten bereits auf der Spezifikation von XPath 2.0 beruhte, so gibt es dennoch noch viele sehr einschneidende oder auch ungewöhnliche Neuerungen, die nicht in diesem Kapitel, sondern an anderer Stelle behandelt werden oder hier auch erwähnt werden, obwohl sie eigentlich auch an anderer Stelle Erwähnung hätten finden können. Da diese neuen Strukturen definitiv zu XPath gehören, sie aber gleichzeitig Strukturen von XSLT ersetzen, ist es manchmal schwierig, sie genau zuzuordnen.

3. 5. 1. Kontrollstrukturen und Funktionen

Zwei große Bereiche, die die Syntax und die Einsatzfähigkeiten von XPath sehr erweitern, stellen die Neuentwicklungen im Bereich der Kontrollstrukturen und die umfassenden Erweiterungen der Funktionsbibliothek dar.

→ Funktionen

Damit Sie überhaupt mit einigen Funktionen arbeiten können, mit denen bereits Ihre Vorgänger in XPath gearbeitet haben, haben wir in diesem Kapitel alle Funktionen zu XPath 1.0 aufgenommen. Das ist zwar nicht sonderlich raffiniert oder umfassend, doch die neue Funktionsbibliothek übertrifft die bestehende um ein Vielfaches. Wenn man von den vorhandenen wenigen Funktionen ausgeht, ist natürlich jede nächste neue Funktion wahrscheinlich sehr aufregend. Hat man erst einmal die doppelte Menge erreicht, beginnen sich die Funktionen zu ähneln oder Sonderbereiche abzudecken, die man nicht jeden Tag bearbeitet.

Um den Platz in diesem Buch mehr für XSLT und weniger für die sehr umfangreiche Funktionssammlung von XPath 2.0 zu verwenden, haben wir uns entschlossen, diese Sammlung zusammen mit allen Referenzen in den nächsten Büchern abzudrucken. Dort sollen Sie dann auch alles im Zusammenhang in Form einer umfassenden Referenz finden. Wir möchten nur an dieser Stelle erwähnen, dass es sehr viele neue Funktionen gibt, von denen einige quasi lebenswichtig sind (Rundungen mit genauer Angabe der Dezimalstellenzahl) und andere lediglich – wie das immer so ist – ganz nett, aber nur im Spezialfall zu benutzen sind.

→ Kontrollstrukturen

Die Kontrollstrukturen, die völlig neu in XPath 2.0 aufgenommen worden sind, umfassen Fallunterscheidungen und Schleifen. Sie ersetzen teilweise – je nach Anwendungsziel – die gleichen Strukturen in XSLT und erlauben eine gedrängtere Schreibweise. Diese führt zwangsläufig wie jede Abkürzung zu schwerer lesbarem Quelltext. Da sie jedoch sicherlich in Zukunft ein nützliches Werkzeug darstellen werden, haben wir sie im nächsten Kapitel beschrieben, in dem sämtliche Kontrollstrukturen von XSLT dargestellt werden.

3. 5. 2. Sequenzen

Die gesamte Theorie der Sequenzen schließt in XPath 2.0 mit einer raffinierten Technik ab, die auch für einfache und teilweise langwierige Ausgaben in XSLT über mehrere, aufeinander folgende `xsl:value-of`- und `xsl:text`-Elemente eine überaus kurze Formulierung findet. Da diese Technik für uns weniger den Vorlagen, sondern mehr XPath zuzurechnen ist, wollen wir sie jetzt darstellen.

Innerhalb des `select`-Attributs von `xsl:value-of` kann eine Sequenz aus mehreren Elementen und Textknoten (zusammenfassend als Einheiten bezeichnet) angegeben werden. Die gesamte Sequenz wird von runden Klammern umschlossen. Die einzelnen Bezeichner, die beispielsweise auch komplexe Lokalisierungsschritte umfassen können, werden ohne Textknoten, dagegen von Hochkommata umgeben. Die Ausgabe von HTML ist nur möglich, indem die einzelnen spitzen Klammern als HTML-Entitäten angegeben werden. Zusätzlich muss dann im Attribut `disable-output-escaping` für das `xsl:value-of`-Element auch noch der Wert `yes` angegeben werden, damit diese HTML-Entitäten nicht in den Quelltext geschrieben werden, sondern in die tatsächlichen spitzen Klammern für die HTML-Tags. Dies zählt sicherlich nicht zu den Vorzügen der gesamten Technik. Allerdings lohnt es sich für das vorliegende (Werbe-)Beispiel sehr wohl, die gesamte Ausgabe komplett über XPath zu erledigen, da man ansonsten nur eine Vielzahl an `xsl:text`- und `xsl:value-of`-Elementen in mehreren Zeilen Quelltext verwenden müsste.

```
<ul>
  <xsl:for-each select="//Erfolg">
    <li>
      <xsl:value-of select="(@Stadt, ': |', Gesamt, '
                 | ', Neukunden)"/>
    </li>
  </xsl:for-each>
</ul>
```

Listing 3.3: 352 _ 01.xslt – Verwendung einer Sequenz

Da die relevanten HTML-Tags das `xsl:value-of`-Element umgeben, erhält man auf einfache Weise die gesamte Ausgabe in Form von mehreren Listenelementen.

```
<li>Duisburg : | 8 | 1</li>
<li>Gelsenkirchen : | 2 | 1</li>
```

```
<li>Dortmund :  | 15  |   3</li>
```

Listing 3.4: Ausgabe im Browser

Sollte man zufällig zwischen die einzelnen Sequenzbestandteile immer den gleichen Trenner verwenden wollen, lässt sich dies über das zusätzliche `separator`-Attribut vom `xsl:value-of`-Element einrichten. Dieses erwartet eine Zeichenkette, die tatsächlich als Trennzeichen benutzt wird. In unserem Fall ist es nicht nur der senkrechte Strich, sondern auch noch die vor- und nachgelagerten Leerzeichen.

```
<xsl:value-of select="(@Stadt, Gesamt, Neukunden)" separator="
 | "/>
```

Listing 3.5: 352 _ 02.xslt – Verwendung eines Trennzeichens

Dies erzeugt eine ähnliche Ausgabe wie zuvor, jetzt allerdings mit gleichen Trennzeichen und ohne den Doppelpunkt, den wir zuvor nach dem Stadtnamen ausgegeben haben.

```
<li>Bochum | 4 | 1</li>
```

Listing 3.6: Ausgabe im Browser

In den hier vorgestellten Beispielen würde man sicherlich aus Gründen des kürzeren Quelltextes und einer kompakten Aussage zur XPath-2.0-Methode greifen. Ob man – wie gerade beschrieben – HTML ebenfalls mithilfe dieser Methode ausgeben möchte, ist mit Sicherheit eher zu verneinen.

Kontrollstrukturen

4. Kontrollstrukturen

Für die erweiterte Bearbeitung von XML-Strukturen bietet XSLT auch einige Elemente, die für die Darstellung von Kontrollstrukturen notwendig sind. Sie beschränken sich auf einige wenige Elemente, die allerdings die entscheidenden Anweisungen abbilden. In diesem Kapitel stellen wir die Möglichkeiten von XSLT und XPath dar, solche Kontrollstrukturen abzubilden, und zeigen, wie man sie einsetzt.

4. 1. Fallunterscheidungen

Zuerst stellen wir die verschiedenen Möglichkeiten dar, Fallunterscheidungen[1] zu verwenden. Die insgesamt vier Möglichkeiten verteilen sich zu gleichen Teilen auf XPath und XSLT, das zwei spezielle Elternelemente und einige Kindelemente für Fallunterscheidungen bereitstellt.

4. 1. 1. Einfacher Einsatz von XPath

Die erste Möglichkeit, Knotenmengen bedingt zu verarbeiten, stellt die Auswahl aus einer größeren Knotenmenge über XPath-Ausdrücke dar, die im `match`- oder `select`-Attribut untergebracht sind. Dies hat das Ergebnis zur Folge, dass aus einer vorgegebenen Knotenmenge nur eine bestimmte Menge anhand eines Prädikats bzw. einer gegebenen Eigenschaft ausgewählt und daher auch nur diese Unterauswahl verarbeitet wird.

Es lässt sich nun trefflich darüber streiten, ob es sich in diesem Fall überhaupt um eine Fallunterscheidung bzw. eine Kontrollstruktur handelt, weil es sich ja eigentlich eher um eine einfache Abfrage handelt, wie Sie bei der Vorstellung von XPath gesehen haben. Wir wollen dies trotzdem hier aufführen, weil das Ergebnis im Vordergrund steht, eine bestimmte Knotenmenge, die eine gegebene Eigenschaft erfüllt, auf eine ebenso bestimmte Weise zu verarbeiten. Die Verarbeitung für die übrig bleibenden Knoten im Dokument erfolgt dann entweder durch den Einsatz eines anderen XPath-Ausdrucks oder auch gar nicht.

---

[1] Vgl. XSL Transformations (XSLT) Version 2.0 W3C Recommendation 23 January 2007, Abschnitt 8 Conditional Processing unter http://www.w3.org/TR/xslt20/#conditionals.

Entscheidend für die Verwendung von XPath-Ausdrücken in Form von Quasi-Fallunterscheidungen ist die Separierung einer vorhandenen Knotenmenge in eine Untermenge, die dann für die Verarbeitung bereitsteht.

 Die Quasi-Fallunterscheidung, die durch XPath ausgeübt ist, lässt sich in unterschiedlichen Elementen verwenden, die XPath-Ausdrücke erwarten. Dazu zählen alle Elemente, die das `select`-Attribut verwenden, worunter auch das Element `for-each` fällt, das die Wiederholungen einrichtet.

Das XML-Dokument, das als Beispiel für die Darstellung der Fallunterscheidungen gebraucht wird, listet verschiedene Kunden der RuhrFon GmbH auf, wobei in der entstehenden Kundenliste sowohl Geschäftskunden als auch Privatkunden erscheinen. Daher liegt es auf der Hand, auf die verschiedenen Kundengruppen mit unterschiedlichen Bearbeitungen zuzugreifen.

```
<?xml version="1.0" encoding="ISO-8859-1"?>
<?xml-stylesheet type="text/xsl" href="411_01.xslt"?>
<Kundenliste xmlns:xsi=
 "http://www.w3.org/2001/XMLSchema-instance"
  xsi:noNamespaceSchemaLocation="411_01.xsd">  <Kunde Typ="g">
    <Name>
      <Firma>Gebrüder Mondschein GmbH</Firma>
      <Branche>Seile</Branche>
    </Name>
    <Umsatz>75.95</Umsatz>
  </Kunde>
  <Kunde Typ="g">
    <Name>
      <Firma>Fleckner + Söhne GmbH + Co. KG</Firma>
      <Branche>Fördergurte Gummi Kunststoffe</Branche>
    </Name>
    <Umsatz>703.43</Umsatz>
  </Kunde>
</Kundenliste>
```

Listing 4.1: 411 _ 01.xml –Kundenliste

Am Dokumentbaum erkennt man sehr schön, dass die Kindelemente von den sich wieder-holenden `Kunde`-Elementen identisch sind. Eine Ebene darunter allerdings, also auf der Ebene der Kindelemente von `Name`, liegen unterschiedliche Kombinationen von Elementen vor. Hier muss also auch die Verarbeitung eine andere sein, da auf unterschiedliche Elemente zugegriffen wird.

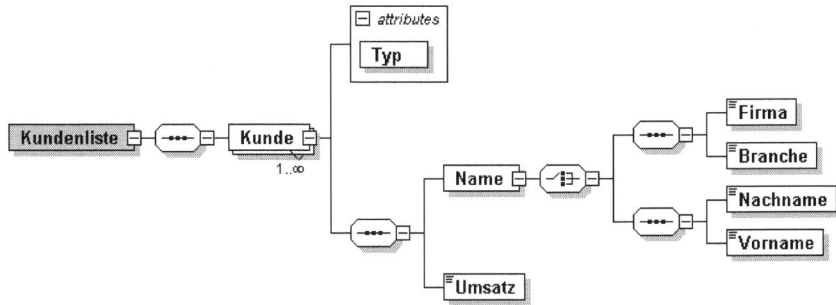

Abbildung 4.1: Dokumentbaum der Kundenliste

Bei der Unterauswahl von Elementen bzw. bei der hier vorgestellten Quasi-Fallunterschei-dung setzt man den XPath-Ausdruck mit dem Prädikat, das die Eigenschaften für die auszu-wählenden Elemente angibt, in das `select`-Attribut von `for-each` oder – wie in unserem Fall – `apply-templates`. In diesem Fall erstellt man eine Überschrift für jede Kunden-gattung und fragt unterhalb der Überschriften jeweils die zugehörigen Kunden ab, um sie auszugeben. Da der Lokalisierungspfad stets vom Wurzelelement aus angegeben ist, be-steht die Möglichkeit, die gesamte Knotenmenge der Kunden zweimal zu untersuchen und jeweils eine Teilmenge zu extrahieren.

```
<?xml version="1.0" encoding="UTF-8"?>
<xsl:stylesheet version="1.0"
 xmlns:xsl="http://www.w3.org/1999/XSL/Transform">
 <xsl:output method="html" version="1.0"
  encoding="ISO-8859-1" indent="yes"/>
 <xsl:template match="/">
  <html>
   <head>
```

```
        <title>Kundenliste</title>
    </head>
    <body>
        <h1>Geschäftskunden</h1>
        <ul>
            <xsl:apply-templates
                select="Kundenliste/Kunde[@Typ='g']"/>
        </ul>
        <h1>Privatkunden</h1>
        <ul>
            <xsl:apply-templates
                select="Kundenliste/Kunde[@Typ='p']"/>
        </ul>
    </body>
</html>
</xsl:template>
```

Listing 4.2: 411 _ 01.xslt – Grundvorlage

Es bestehen dann überaus unterschiedliche Möglichkeiten, die einzelnen Daten zu verarbeiten bzw. in diesem Fall auszugeben. Dies erledigen wir in diesem Fall Platz sparend – wenngleich auch nicht notwendigerweise zukunftstauglich, wenn sich die Strukturen grundsätzlich auseinander bewegen sollten – mithilfe einer Vorlage, die mit einem ODER-Ausdruck gleichzeitig auf die Datenstruktur für Privat- und Geschäftskunden zugreift. Interessant ist diese Vorgehensweise insoweit, als dass wir mit zwei unterschiedlichen XPath-Ausdrücken, die jeweils ein Prädikat aufweisen, stets auf die gleiche Vorlage über apply-templates stoßen. Dies liegt daran, dass der Pfad zwar eine bestimmte Untermenge der Kunden lokalisiert, das lokalisierte Element allerdings Kunde ist, das ja auch im match-Attribut von template angegeben ist.

Wenn man in diesem Fall die Syntax <xsl:template match="Kunde[@Typ='p']"> einsetzt und ansonsten keine Änderungen am Quelltext vornimmt, dann wird nur der Privatkunde korrekt verarbeitet. Die Geschäftskunden dagegen erscheinen durch den Einsatz einer Standardvorlage (einfache Textausgabe beim Auffinden von Textknoten) nicht mehr korrekt formatiert, sondern nur noch in einer aneinander gereihten Folge von Zeichenketten der Form Gebrüder Mondschein GmbHSeile75.95Fleckner + Söhne GmbH + Co. KGFördergurte Gummi Kunststoffe703.43.

```
<xsl:template match="Kunde">
  <li>
    <xsl:value-of select="Name/Nachname | Name/Firma"/>
    <br/>
    <xsl:value-of select="Name/Vorname | Name/Branche"/>
  </li>
</xsl:template>
</xsl:stylesheet>
```

Listing 4.3: 411 _ 01.xslt – *Vorlage für Kunde*

Im Ergebnis erhält man das, was erwartet wurde, nämlich eine Übersicht der Kunden, gruppiert nach ihrer Kundenart. Zuerst erscheinen die Geschäftskunden und dann die Privatkunden unterhalb der passenden Überschriften. Interessant an der Ausgabe ist die Reihenfolge innerhalb der Gruppen. Während die Reihenfolge des Dokuments durch die Auswahl und Gruppierung komplett verändert wurde, erscheinen die jeweils ausgewählten Elemente in Dokumentrichtung, d. h. in der Reihenfolge, in der sie auch im Dokument stehen.

```
<html>
  <head>
    <META http-equiv="Content-Type" content="text/html;
    charset=ISO-8859-1" />
    <title>Kundenliste</title>
  </head>
  <body>
    <h1>Geschäftskunden</h1>
    <ul>
      <li>Gebrüder Mondschein GmbH<br />Seile</li>
      <li>Fleckner + Söhne GmbH + Co. KG<br />Fördergurte
        Gummi Kunststoffe</li>
    </ul>
    <h1>Privatkunden</h1>
    <ul>
      <li>Erdle<br />Johann</li>
      <li>Reifenscheidt<br />Vladimir</li>
    </ul>
  </body>
</html>
```

Listing 4.4: Ausgabe in HTML

Im Browser hat das Ganze dann noch eine beschauliche Anmutung in Form einer simplen Listendarstellung.

Abbildung 4.2: Ausgabe im Browser

In Abbildung 4.3 stellen wir die verschiedenen Dokumente und Syntaxstrukturen gegenüber. Im XML-Dokument haben wir die einzelnen Kundentypen jeweils durch einen grauen Kreis mit den Einträgen *p* oder *g* markiert und umrandet. Je nachdem, zu welcher Kundenkategorie die markierten Elemente und ihre Kindelemente gehören, werden sie vom Geschäfts- oder Privatkundenprädikat identifiziert. Dies wird durch die durchgezeichneten Pfeile symbolisiert, die zu den `apply-templates`-Elementen führen. Von dort aus und von den Kreisen, die die Kundenart angeben, führen gestrichelte Linien schließlich zu ebenfalls mit Kreisen markierten Listeneinträgen in der Kundenliste in HTML. Interessant an der Ausgabe ist zusätzlich, wie sich Anordnung und Reihenfolge durch die Auswahl verändern.

Abbildung 4.3: Auswahl durch XPath

Mit Abbildung 4.4 möchten wir noch einmal das Prinzip veranschaulichen, das sich bei der Verwendung von einfachen Prädikaten in XPath-Ausdrücken ergibt. Von einer durch den Elementnamen oder auch durch eine bestimmte Struktur theoretisch zur Verfügung stehenden Knotenmenge werden in Dokumentrichtung durch einen einfachen Lokalisierungspfad inklusive Prädikat eine Untermenge an Knoten ausgewählt. In der Abbildung könnte dies ein Prädikat sein, das auf die Anzahl der Kinder testet (z. B. im obigen Fall, der natürlich für alle `Kunde`-Elemente erfüllt ist: `//Kunde[count(child::*)>0]`).

Die mithilfe des Prädikats ausgewählten Elemente stehen dann zur Verarbeitung zur Verfügung, was natürlich auch für ihre Kinder und Kindeskinder zutrifft. Man erhält stets Zugriff auf die Teilbäume (Fragmente) eines Dokuments, weswegen in der Abbildung auch die Kinder grau eingefärbt wurden. Die beiden Zahlen in den durch den Test ausgewählten Elementknoten verdeutlichen, dass die Auswahl in Dokumentrichtung erfolgt.

Dass die Auswahl im Beispiel und in der Erläuterung der Abbildung in Dokumentrichtung erfolgt, hängt nicht von der Technik an sich ab, sondern auch wiederum vom XPath-Ausdruck. Wählt man einen Ausdruck, der Elementknoten entlang einer Achse entgegengesetzt zur Dokumentrichtung auswählt, erhält man natürlich die Elemente entgegengesetzt zur Dokumentrichtung für eine Verarbeitung zurück. Die Reihenfolge kann zusätzlich über das Element `sort` auch sortiert werden, was ebenfalls für die Dauer der Verarbeitung die Reihenfolge der Elemente ändert.

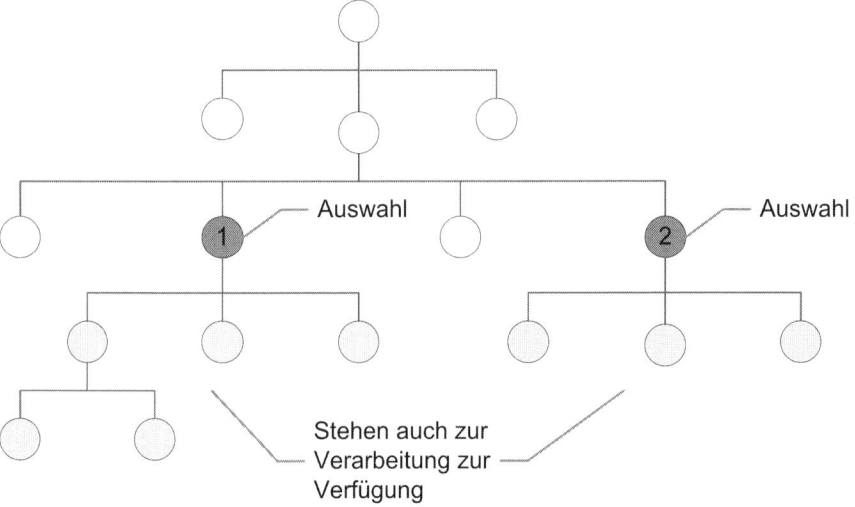

Abbildung 4.4: Separierung durch XPath

4. 1. 2. Auswahl mit if

Während die bedingte Verarbeitung von Knotenmengen über den Einsatz von XPath-Suchmustern noch keine neuen XSL-Elemente benötigte, besteht auch die Möglichkeit, über `if`[2] und sein `test`-Attribut die Ausführung eines Templates von den Bedingungen abhängig zu machen, die die Knotenmenge im `test`-Attributausdruck erfüllen muss. Dies eröffnet für

---

2   Vgl. XSL Transformations (XSLT) Version 2.0 W3C Recommendation 23 January 2007, Abschnitt 8.1 Conditional Processing with xsl:if unter http://www.w3.org/TR/xslt20/#xsl-if.

das gegebene Beispieldokument die Möglichkeit, für jedes im Dokumentbaum gefundene `Kunde`-Element unterschiedliche Verarbeitungen ausführen zu lassen.

Mithilfe von `if` ist es nur möglich, Fallunterscheidungen durchzuführen, die keine Alternativfälle und auch keinen Sonderfall zulassen. Innerhalb des `test`-Attributs folgt ein XPath-Ausdruck, der `true` oder `false` zurückliefert. Dies entspricht in den meisten Fällen einem Prädikat in einem Lokalisierungspfad.

```
<!-- Kategorie: Anweisung -->
<xsl:if
test = boolean-expression >
<!-- Inhalt: , Template -->
</xsl:if>
```

In der nachfolgenden Variante zur Verarbeitung der Kundenliste, die ebenfalls die Elemente der unterschiedlichen Kundengruppen unter geeignete Überschriften platzieren soll, ruft man innerhalb eines `if`-Elements nur dann mit `apply-templates` geeignete Vorlagen auf, wenn die Bedingung erfüllt ist, dass im `Typ`-Attribut der Wert `g` oder `p` gespeichert ist. Um die Verarbeitung dieses Mal etwas zu variieren und nicht schon wieder jeweils alternative Verwendungen in `value-of` zuzulassen und dadurch umständliche XPath-Ausdrücke zu erhalten, verwenden wir auch Vorlagen-Modi für die einzelnen Kundengruppen.

```
<?xml version="1.0" encoding="UTF-8"?>
<xsl:stylesheet version="1.0"
 xmlns:xsl="http://www.w3.org/1999/XSL/Transform">
  <xsl:output method="html" version="1.0"
   encoding="ISO-8859-1" indent="yes"/>
  <!-- Startvorlage -->
  <xsl:template match="/">
    <html>
      <head>
        <title>Kundenliste</title>
      </head>
      <body>
        <h1>Geschäftskunden</h1>
        <ul>
          <xsl:if test="Kundenliste/Kunde/@Typ='g'">
            <xsl:apply-templates
```

```
                select="Kundenliste/Kunde" mode="g"/>
        </xsl:if>
    </ul>
    <h1>Privatkunden</h1>
    <ul>
        <xsl:if test="Kundenliste/Kunde/@Typ='p'">
            <xsl:apply-templates
                select="Kundenliste/Kunde" mode="p"/>
        </xsl:if>
    </ul>
  </body>
 </html>
</xsl:template>
```

Listing 4.5: 412 _ 01.xml – Einfacher Test

Für jede einzelne Kundengruppe existiert – wie gerade kurz angedeutet – eine eigene Vorlage, was über einen Bezeichner im mode-Attribut festgelegt wird. Dies erleichtert die Verarbeitung von verschiedenen Kundengruppen, wenn sich innerhalb der Gruppen die Strukturen und Namen der Kindelemente zu weit auseinander bewegen, als dass man noch wie zuvor mit einer einzigen Vorlage alle Fälle abdecken kann.

```
<!-- Vorlage für Kunde (g) -->
<xsl:template match="Kunde" mode="g">
  <li>
    <xsl:value-of select="Name/Firma"/>
    <xsl:text> | </xsl:text>
    <xsl:value-of select="Name/Branche"/>
  </li>
</xsl:template>
<!-- Vorlage für Kunde (p) -->
<xsl:template match="Kunde" mode="p">
  <xsl:value-of select="Name/Vorname"/>
  <xsl:text> </xsl:text>
  <xsl:value-of select="Name/Nachname"/>
</xsl:template>
</xsl:stylesheet>
```

Listing 4.6: 412 _ 01.xslt – Vorlagen für Kunden

Das Ergebnis entspricht dem in Abbildung 4.5 und Listing 4.6 angegebenen Inhalten, sodass wir nur auf diese Stellen verweisen wollen.

Es lässt sich noch eine Variante denken, in der innerhalb der Startvorlage wie sonst auch mithilfe eines ganz einfachen Ping-Pong-Spiels die verschiedenen Kunde-Elemente in Dokumentrichtung verarbeitet werden. Dies ermöglicht die Verfolgung eines ganz anderen Ziels als in den zurückliegenden Beispielen. Während dort vor allen Dingen eine getrennte und damit gruppierte Verarbeitung im Vordergrund stand, erlaubt das im nachfolgenden Beispiel abgedruckte Ping-Pong-Spiel die fallweise Verarbeitung, während der Prozessor die einzelnen Elemente automatisch abschreitet.

```
<?xml version="1.0" encoding="UTF-8"?>
<xsl:stylesheet version="1.0"
 xmlns:xsl="http://www.w3.org/1999/XSL/Transform">
  <xsl:output method="html" version="1.0"
   encoding="ISO-8859-1" indent="yes"/>
  <!-- Startvorlage -->
  <xsl:template match="/">
    <html>
      <head>
        <title>Kundenliste</title>
      </head>
      <body>
        <ul>
          <xsl:apply-templates
            select="Kundenliste/Kunde"/>
        </ul>
      </body>
    </html>
  </xsl:template>
```

Listing 4.7: 412 _ 02.xslt – Startvorlage mit einfachem Ping-Pong-Spiel

Eine Verlagerung der Fallunterscheidung in die automatisch aufgerufene Vorlage für das Kunde-Element erlaubt also, dass je nach Situation bzw. in Abhängigkeit der vorliegenden Daten unterschiedliche Arten der Verarbeitung gewählt werden können. Gerade wenn dies beabsichtigt ist, ist dieses Vorgehen die beste Lösung. Interessant an der Syntax ist zudem, dass nicht nur das Aufrufen einer Vorlage mithilfe einer Fallunterscheidung bedingt werden kann, sondern dass auch innerhalb einer Vorlage, wenn sie denn einmal aufgerufen ist, Tests ausgeführt werden können, deren Ergebnis das Ausführen der in dieser Vorlage angegebenen Anweisungen beeinflusst. In Reinform, die wir jetzt durch das HTML-Listen-element leider nicht erreicht haben, läge dann das `if`-Element als direktes Kindelement von `template` vor.

Die Unterschiede zwischen beiden Bearbeitungen liegen hauptsächlich in den verschiede-nen Bezeichnern begründet, die für die Kindelemente der `Kunde`-Elemente vorliegen.

```
<!-- Vorlage für Kunde -->
<xsl:template match="Kunde">
  <li>
    <!-- Bereich für Geschäftskunden -->
    <xsl:if test="@Typ='g'">
      <xsl:text>(g) </xsl:text>
      <xsl:value-of select="Name/Firma"/>
      <xsl:text> | </xsl:text>
      <xsl:value-of select="Name/Branche"/>
    </xsl:if>
    <!-- Bereich für Privatkunden -->
    <xsl:if test="@Typ='p'">
      <xsl:text>(p) </xsl:text>
      <xsl:value-of select="Name/Vorname"/>
      <xsl:text> </xsl:text>
      <xsl:value-of select="Name/Nachname"/>
    </xsl:if>
  </li>
</xsl:template>
</xsl:stylesheet>
```

Listing 4.8: 412 _ 02.xslt – Fallunterscheidung in Vorlage

Das Ergebnis stellt dann eine Liste dar, in der die einzelnen Elemente in Dokumentrichtung mit individueller Verarbeitung (die sich jetzt in diesem Fall allerdings auf die unterschiedli-chen Bezeichner-Aufrufe in `value-of` beschränkte) dargestellt werden.

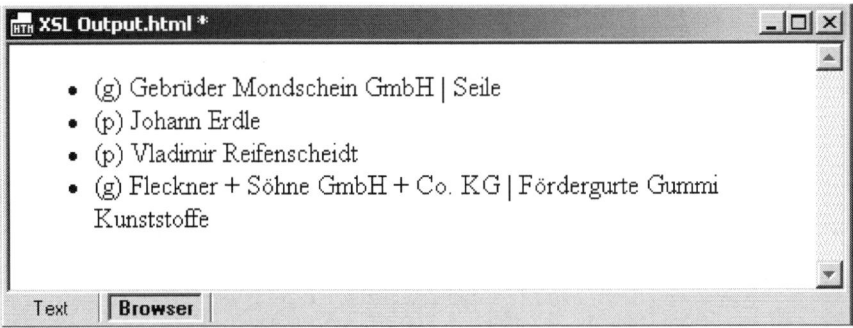

Abbildung 4.5: Ausgabe im Browser

Abbildung 4.6 soll noch einmal verdeutlichen, wie die Fallunterscheidung funktioniert, die wir hier mit einer so genannten »sukzessiven Verarbeitung« kombinieren. Im Gegensatz zur vorzeitigen Separierung einer relevanten Knotenmenge werden prinzipiell alle verfügbaren Knoten eines Ping-Pong-Spiels oder `for-each` besucht, um dann individuelle Verarbeitungen durchzuführen. Diese wiederum werden mithilfe einer `if`-Fallunterscheidung durchgeführt, die auf Eigenschaften oder Werte prüft, die im verarbeiteten Knoten vorliegen.

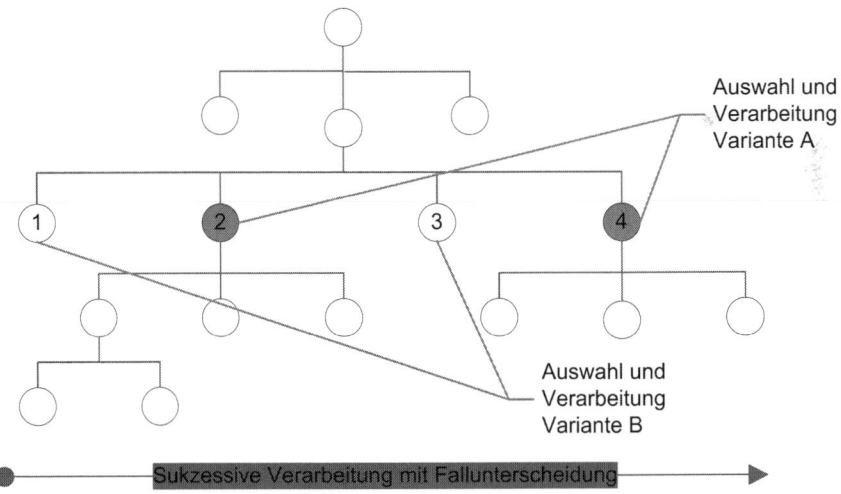

Abbildung 4.6: Fallunterscheidung

Interessant und anders als bei der zuvor vorgestellten XPath-Variante ist an diesem Vorgehen, dass eine umfassende Knotenmenge der Reihe nach (in oder entgegengesetzt zur Dokumentrichtung) adressiert und besucht wird, um dann fallweise Bearbeitungen durchzuführen.

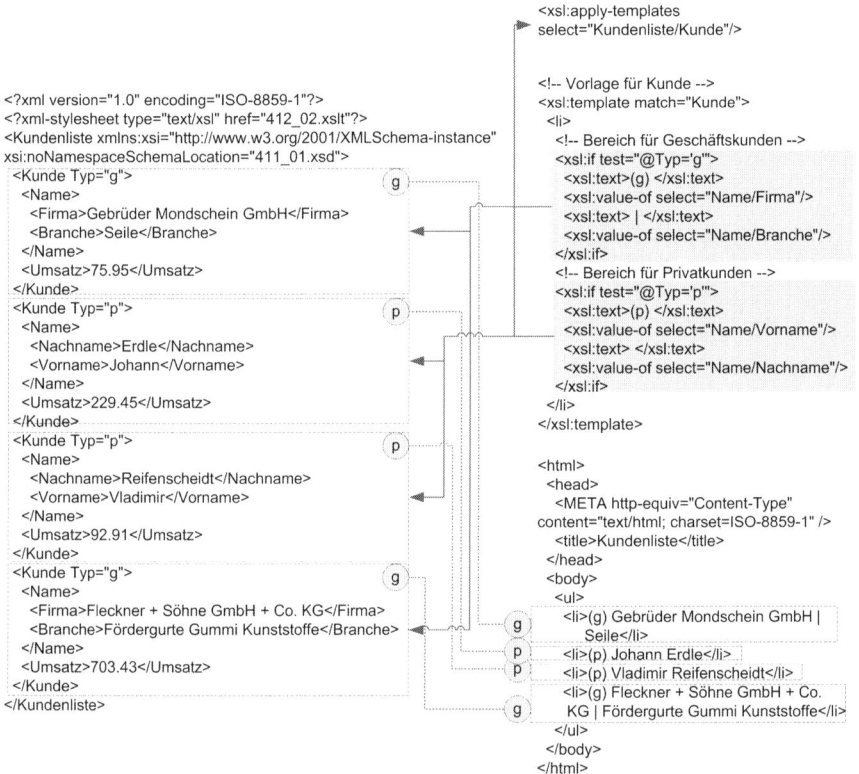

Abbildung 4.7: Zusammenspiel zwischen XML, XSLT und HTML

4. 1. 3. Auswahl mit choose

Um eine `if-elseif-else`-Struktur abzubilden, benötigt man die Elemente `choose`[3] als Containerelement mit den beiden Kindelementen `when` für `if` und `elseif` sowie `otherwise` für `else`. Das nachfolgende Transformationsdokument erzeugt eine getrennte Ausgabe für Geschäfts- und Privatkunden, allerdings in Dokumentrichtung, weil nach dem Auffinden eines `Kunde`-Elements jeweils die Fallunterscheidung abläuft.

Entweder sollten Sie sich vorher immer sehr genau überlegen, ob Sie noch andere oder einen Standardfall benötigen, ehe Sie das `if`-Element einsetzen, oder Sie entscheiden sich grundsätzlich immer für `choose`. Denn mit `choose` haben Sie immer die Möglichkeit, noch weitere Fälle anzufügen, was mit `if` definitiv nicht funktioniert.

Das `choose`-Element ist das Containerelement für mindestens ein `when`-Element und ein optionales `otherwise`-Element.

```
<!-- Kategorie: Anweisung -->
<xsl:choose
<!-- Inhalt: ( xsl:when+ , xsl:otherwise? ) -->
</xsl:choose>
```

Das `when`-Element definiert einen Fall in einer `choose`-Fallunterscheidung. Erst sein `test`-Attribut enthält den XPath-Ausdruck für den Test. Diese Konstruktion ist nicht zu verwechseln mit einer `switch-case`-Anweisung, in der das Ergebnis eines Tests angegeben wird, um auf Gleichheit überprüft zu werden. Es stellt vielmehr ein `if` und `elseif` in einer Fallunterscheidung einer Programmiersprache dar.

```
<xsl:when
test = boolean-expression >
<!-- Inhalt: , Template -->
</xsl:when>
```

---

3   Vgl. XSL Transformations (XSLT) Version 2.0 W3C Recommendation 23 January 2007, Abschnitt 8.2 Conditional Processing with xsl:choose unter http://www.w3.org/TR/xslt20/#xsl-choose.

Definiert den Standardfall in einer `choose`-Fallunterscheidung:

```
<xsl:otherwise>
<!-- Inhalt: Template -->
</xsl:otherwise>
```

In der Startvorlage erstellen wir zunächst nur das HTML-Grundgerüst und richten ein Ping-Pong-Spiel für die mehrfache Verarbeitung der einzelnen `Kunde`-Elemente ein.

```
<?xml version="1.0" encoding="UTF-8"?>
<xsl:stylesheet version="1.0"
 xmlns:xsl="http://www.w3.org/1999/XSL/Transform">
  <xsl:output method="html" version="1.0"
   encoding="ISO-8859-1" indent="yes"/>
  <!-- Startvorlage -->
  <xsl:template match="/">
    <html>
      <head>
        <title>Kundenliste</title>
      </head>
      <body>
        <h1>Kundenliste</h1>
        <ul>
          <!-- Start des Ping-Pong-Spiels -->
          <xsl:apply-templates
              select="Kundenliste/Kunde"/>
        </ul>
      </body>
    </html>
  </xsl:template>
```

Listing 4.9: 413 _ 01.xslt – Startvorlage

In der passenden Vorlage für das `Kunde`-Element steht dann eine umfangreiche `choose`-Fallunterscheidung. In einzelnen `when`-Elementen testet man auf den Kundentyp bzw. – noch genauer formuliert – auf die Werte innerhalb der jeweiligen `Typ`-Attribute und ruft in Abhängigkeit vom ermittelten Typ eine benannte Vorlage für die Privat- oder Geschäftskunden auf.

```
<!-- Vorlage für Kunde -->
<xsl:template match="Kunde">
  <xsl:choose>
    <xsl:when test="@Typ='g'">
      <xsl:call-template name="GKunde"/>
    </xsl:when>
    <xsl:when test="@Typ='p'">
      <xsl:call-template name="PKunde"/>
    </xsl:when>
  </xsl:choose>
</xsl:template>
```

Listing 4.10: 413 _ 01.xslt – Kundenvorlage mit Fallunterscheidung

In den einzelnen Vorlagen für die Privat- oder Geschäftskunden werden dann die jeweils unterschiedlichen Kindelemente verarbeitet. Dies soll die unterschiedliche Verarbeitungsweise der einzelnen Kundentypen symbolisieren, die sozusagen nur nach der Fallunterscheidung möglich sind.

```
<!-- Vorlage für Geschäftskunden -->
<xsl:template name="GKunde">
  <li>
    <xsl:text>(g) </xsl:text>
    <xsl:value-of select="Name/Firma"/>
    <xsl:text> | </xsl:text>
    <xsl:value-of select="Name/Branche"/>
  </li>
</xsl:template>
<!-- Vorlage für Privatkunden -->
<xsl:template name="PKunde">
  <li>
    <xsl:text>(p) </xsl:text>
    <xsl:value-of select="Name/Vorname"/>
    <xsl:text> </xsl:text>
    <xsl:value-of select="Name/Nachname"/>
  </li>
</xsl:template>
</xsl:stylesheet>
```

Listing 4.11: 413 _ 01.xslt – Vorlagen für Geschäfts- und Privatkunden

173

Das Ergebnis entspricht den in Abbildung 4.5 und Listing 4.6 angegebenen Inhalten, sodass wir nur auf diese Stellen verweisen wollen.

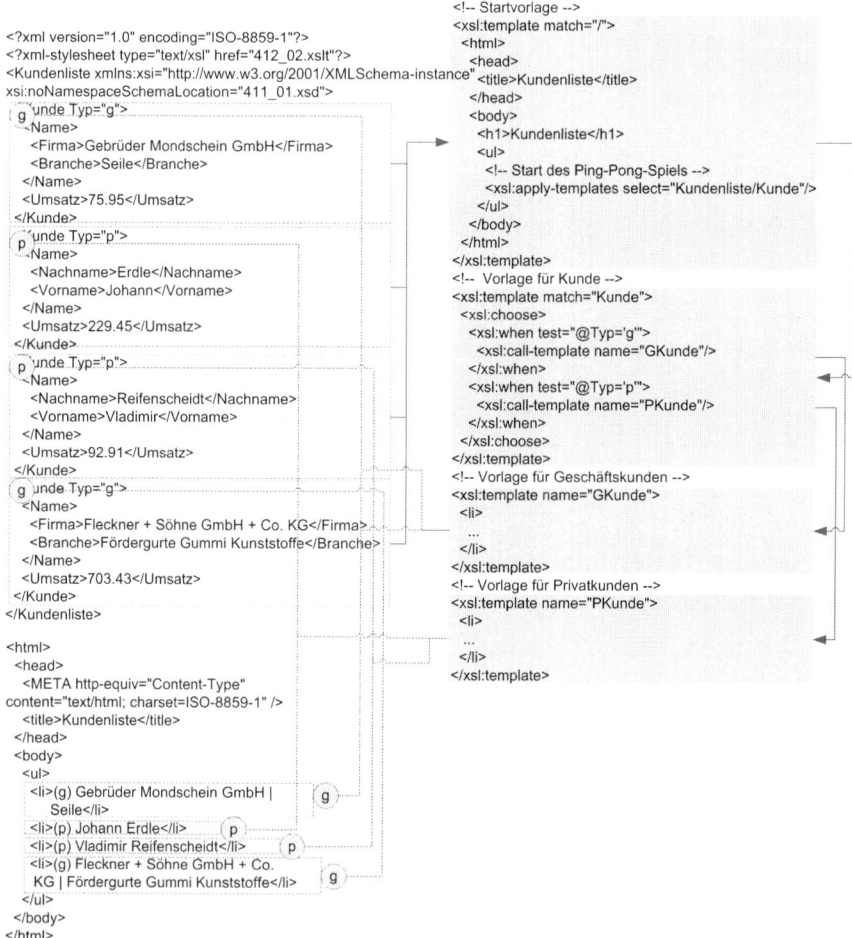

Abbildung 4.8: Zusammenspiel zwischen XML, XSLT und HTML

In Abbildung 4.8 fassen wir die Zusammenhänge der einzelnen Dokumente noch einmal zusammen. Bei steigender Komplexität lässt leider auch die Darstellung etwas zu wünschen übrig. Wichtig ist, dass jede einzelne Kundenstruktur automatisch über das Ping-Pong-Spiel erreicht wird, um danach zu unterscheiden, welche Vorlage in Abhängigkeit von den gegebenen Daten aufzurufen ist. Die gestrichelten Linien zeigen die Zuordnung der Kunde-Elemente zu den entstehenden HTML- und den verarbeitenden XSLT-Strukturen. Erstere stellen die einzelnen Listeneinträge dar, die in diesem Fall ebenfalls – wie schon zuvor in der Variante mit if – in Dokumentrichtung in das HTML-Dokument geschrieben werden. Die letzteren sind die beiden benannten Vorlagen GKunde und PKunde, die alternativ aufgerufen werden, je nachdem welcher Kundentyp gerade gefunden wurde.

4. 1. 4. Fallunterscheidungen in XPath 2.0

Die neue Version von XPath bietet verschiedene Syntaxkonstrukte, die auch in SQL zu finden sind und für unterschiedliche Zwecke hinsichtlich des Aufbaus von Fallunterscheidungen zu verwenden sind. In diesem Abschnitt wollen wir diese neuen Strukturen vorstellen.

→ Gewöhnliche Fallunterscheidungen

In XPath 2.0 befindet sich ein neues Konstrukt, das ebenfalls Fallunterscheidungen[4] ermöglicht. Es ähnelt der CASE-Anweisung, wie sie auch in SQL-Abfragen möglich ist, wenngleich auch die Syntax mithilfe von if-then-else erfolgt. Im vorliegenden Fall erweist sie sich aufgrund ihrer Kürze als die vermutlich beste Lösung für das gesamte Problem, da ohnehin nur zwei Fälle zu berücksichtigen sind und beide Fälle sich nur in der Ausgabe eines Zeichens sowie in der Auswahl passender Kindelemente unterscheiden. Dies verkürzt den Quelltext der Fallunterscheidung auf wenige Zeilen.

Die allgemeine Syntax lautet:

```
IfExpr      ::=     "if" "(" Expr ")" "then"
ExprSingle "else" ExprSingle
```

Folgende Bedingungen/Eigenschaften bei Fallunterscheidungen in XPath 2.0 sind zu beachten:

- Die Klauseln heißen if, then und else. Es gibt kein elseif für zusätzliche Fälle.

---

4   Vgl. XML Path Language (XPath) 2.0 W3C Recommendation 23 January 2007, Abschnitt 3.8 Conditional Expressions unter http://www.w3.org/TR/xpath20/#id-conditionals.

- Nach jeder Klausel steht eine Sequenz innerhalb von runden Klammern. Dabei kann die Sequenz für den `else`-Fall auch leer sein. Daher werden die einzelnen Bestandteile/Einheiten der Sequenz durch ein Komma getrennt.

- Zeichenketten werden mit Hochkommata angekündigt. XPath-Ausdrücke, die z. B. Textknoten, Attributwerte oder Funktionsrückgabewerte ausgeben sollen, stehen ohne besondere Auszeichnung in der Sequenz. HTML- oder XML-Tags müssen über die HTML-Entitäten dargestellt werden.

Im folgenden Beispiel platzieren wir innerhalb von zwei Listenelementen für die HTML-Ausgabe und innerhalb eines `xsl:value-of`-Elements die Fallunterscheidung im `select`-Attribut und legen damit die Ausgabe fest. Da es sich um genau zwei Fälle handelt, die betrachtet werden müssen, genügt der einfache Syntaxfall. Mehrere Fälle könnte man nur über verschachtelte oder aufeinander folgende und sich gegenseitig ausschließende `if`-Anweisungen lösen. Der Quelltextausschnitt liefert die gleiche Ausgabe wie zuvor.

```
<xsl:template match="Kunde">
  <li>
    <xsl:value-of select="if (@Typ = 'g')
              then ('(g) ,, Name/Firma, , | ,,
              Name/Branche)
              else (,(p) ,, Name/Vorname, , ,,
              Name/Nachname)"/>
  </li>
</xsl:template>
```

Listing 4.12: 414 _ 01.xslt – Fallunterscheidung mit XPath 2.0

Um HTML-Tags zu erzeugen, muss man die HTML-Entitäten für die spitzen Klammern verwenden. In Maßen – und wenn der Prozessor mitspielt – kann dies für kleine Ausgaben eingesetzt werden. In unserem Fall wäre es eine unnütze Lösung, weil die Listenelemente so schön das `xsl:value-of`-Element umschließen können. Allerdings wollen wir Ihnen die Syntax nicht vorenthalten. Da diese Entitäten wortwörtlich im Ausgabestrom erscheinen, benötigen wir noch das `disable-output-escaping`-Attribut mit dem Wert `yes`, um die tatsächlichen spitzen Klammern auszugeben und nicht die HTML-Entitäten. Allerdings setzt man diese Ausgabeform für die gesamte Zeichenkette fest, sodass man also dann in ein Dilemma gerät, wenn doch einmal Entitäten ausgegeben werden sollen.

```
<xsl:template match="Kunde">
  <xsl:value-of select="if (@Typ = 'g')
                then ('&lt;li&gt;(g) ', Name/Firma,
                   ' | ', Name/Branche, '&lt;/li&gt;')
                else ('&lt;li&gt;(p) ', Name/Vorname, ' ',
                   Name/Nachname, '&lt;/li&gt;')"
                disable-output-escaping="yes"/>
</xsl:template>
```

Listing 4.13: 414 _ 02.xslt – HTML erzeugen

Kommentare werden über die neuen XPath-Kommentarzeichen ausgegeben. Sie bestehen aus runden Klammern und Doppelpunkten. Sie dürften zu den ungewöhnlichsten Kommentaren des Universums gehören, doch alle anderen Zeichen waren schon vergeben.

```
<xsl:template match="Kunde">
  <xsl:value-of select="if (@Typ = 'g')
                then ('&lt;li&gt;(g) ', Name/Firma,
                   ' | ', Name/Branche, '&lt;/li&gt;')
                else () (:keine Ausgabe für
                   Privatkunden:)"
                disable-output-escaping="yes"/>
</xsl:template>
```

Listing 4.14: 414 _ 03.xslt – Kommentare

→ **Quantitative Tests**

Wie die Operatoren SOME/ANY und ALL in SQL gibt es jetzt auch in XPath Möglichkeiten, quantifizierte Tests[5] durchzuführen. Sie liefern Wahrheitswerte zurück, sodass sie nicht als eigenständige Fallunterscheidungen betrachtet werden können. Stattdessen dürfte man sie in Zukunft wohl in gewöhnlichen XSLT-Fallunterscheidungen als zusätzliche Möglichkeit verwenden, Testausdrücke zu formulieren. Dabei ersetzen sie beispielsweise Zählen von Hand über einfache oder komplexe Testausdrücke in der XPath-1.0-Syntax. Als neue Klauseln werden some und every verwendet, die mithilfe einer lokalen Variablen, wie sie auch in den Schleifen von XPath 2.0 auftreten, darauf prüfen, ob einige (mehr als eine Einheit)

---

5   Vgl. XML Path Language (XPath) 2.0 W3C Recommendation 23 January 2007, Abschnitt 3.9 Quantified Expressions unter http://www.w3.org/TR/xpath20/#id-quantified-expressions.

oder alle Einheiten eine Bedingung erfüllen. Dies erspart eigenes Zählen und Vergleichen über die `count`-Funktion.

Die allgemeine Syntax lautet:

```
QuantifiedExpr   ::=    (("some" "$") | ("every" "$"))
VarName "in" ExprSingle ("," "$" VarName "in" ExprSingle)*
"satisfies" ExprSingle
```

Beachten Sie in jedem Fall, dass man mehrere Variablen verwenden kann, sodass auch vergleichende und berechnende Tests möglich sind. In den unten stehenden Beispielen finden Sie Fälle für diese Vorgehensweise, die sicherlich so einfacher als in der allgemeinen Syntax oder einer Beschreibung zu verstehen ist. Die so formulierten Ausdrücke lassen sich überall einsetzen, wo Wahrheitswerte als Rückgabewerte erwartet werden, also z. B. `xsl:if` und `xsl:when` in den `test`-Attributen. Eine interessante Syntaxübung wäre es sicherlich auch, die so ermittelten Wahrheitswerte in den Fallunterscheidungen von XPath zu verwenden. Allerdings stößt man dann vielleicht an die Grenzen der Lesbarkeit.

Es kommt bei diesen Ausdrücken nicht auf das umstehende XSLT an, sondern mehr auf die Möglichkeiten, die sich mit dieser Art der Formulierung bieten. Einige Formulierungen sind natürlich sehr umständlich und kompliziert, um die unterschiedlichen Syntaxfälle (mehrere Variablen, zusammengesetzte Fälle) abzubilden, sodass sie vielleicht nicht unbedingt Eingang in ein sinnvolles Programm für die Verarbeitung der doch eher einfachen Kundenliste finden würden. Die meisten Ausdrücke lassen sich auch in einfachem XPath formulieren, in dem für die Abbildung der quantitativen Bedingungen eine manuelle Zählung durchgeführt wird, doch erkennt man anhand der Operatoren sehr deutlich, auf welche Art von Fragestellung dieser Testausdruck hinausläuft.

- Haben einige Kunden den Wert `p` für das Typ-Attribut? Gibt es einige/überhaupt Privatkunden in der Kundenliste?

  ```
  some $kunde in //Kunde satisfies ($kunde/@Typ = 'p')
  ```

- Besitzen alle Kunden im `Name`-Element Kindelemente?

  ```
  every $kunde in //Kunde satisfies ($kunde/Name/child::*)
  ```

- Haben einige Kunden einen größeren Umsatz als 50 Euro?

  ```
  some $kunde in //Kunde satisfies ($kunde/Umsatz > 50)
  ```

- Haben einige Privatkunden, die einen Umsatz von größer als 50 Euro aufweisen, auch einen Umsatz von mehr als 100 Euro?

```
some $kunde in (//Kunde[@Typ='p'], //Kunde[Umsatz > 50])
satisfies ($kunde/Umsatz > 100)
```

- Haben einige Privatkunden im Vergleich zu allen Kunden, die einen Umsatz von größer als 50 Euro haben, einen Pro-Kopf-Umsatz von größer als 30? Dabei wird der Umsatz unabhängig vom Kundentyp betrachtet, allerdings auch nur von den Kunden mit einem Umsatz von mehr als 50 Euro berücksichtigt.

```
some $kunde in //Kunde[@Typ='p'],
     $umsatz in //Kunde[Umsatz > 50]
/Umsatz satisfies sum($umsatz) div count($kunde) > 30
```

4. 2. Wiederholungen

Neben den Fallunterscheidungen benötigt man noch irgendeine Möglichkeit, wiederholende Aktionen durchzuführen. Neben dem Ping-Pong-Spiel, das im ersten Abschnitt noch einmal flüchtig erwähnt wird, aber keine eigene Kontrollstruktur darstellt, existiert ein einziges Element in XSLT, das Wiederholungen ermöglicht. Dieses wird dann in aller Ausführlichkeit dargestellt.

4. 2. 1. Ping-Pong-Spiel

Das Ping-Pong-Spiel ist Ihnen mittlerweile sicherlich sowohl zu einem beliebten Freund als auch zu einem bekannten Konzept geworden. Wie auch die Fallunterscheidungen in XPath, die wir gerade vorgestellt haben, so ist auch diese Möglichkeit, seine Syntax aufzubauen, keine Kontrollstruktur im eigentlichen Sinne, erfüllt aber einen ähnlichen Zweck. Im Vergleich zu den vorgestellten XPath-Fallunterscheidungen allerdings ist dieser Zweck im Falle der Vorlagen-Automatik nicht nur ähnlich, sondern genau gleich.

Durch die Kombination von `apply-templates` und seinem `match`-Attribut und `template` und seinem `select`-Attribut erreicht man exakt die gleichen Ergebnisse wie durch einen Einsatz von `for-each`, das eine eigene Kontrollstruktur darstellt. Da wir allerdings das Verfahren bereits so oft vorgestellt haben, möchten wir aus Platzgründen auf eine erneute Darstellung verzichten. Es kam zudem auch bereits in diesem Kapitel in jedem Beispiel vor, um eine wiederholte Verarbeitung der Kunde-Elemente zu erreichen, sodass die vielen Beispiele in Listing 4.2, Listing 4.7 oder Listing 4.9 genügen sollen, um seinen großen Nutzen darzustellen.

4. 2. 2. Einsatz von for-each

Um Wiederholungen einzurichten, verwendet man in XSLT das Element for-each. Es besitzt ebenfalls wie das apply-templates-Element ein select-Attribut und erwartet prinzipiell die gleichen Lokalisierungspfade. Dies bedeutet, dass man über eine Verwendung von for-each normalerweise eine Ebene im Ping-Pong-Spiel einspart bzw. auf das spezielle Ping-Pong-Spiel verzichtet. Dies verlängert die Vorlage, die das for-each-Element enthält, um die Anweisungen, die normalerweise in der ausgelagerten Vorlage stünden.

Dass die Vorlage, die die Wiederholung enthält, länger ist als eine Variante mit dem Ping-Pong-Spiel, ist weder gut noch schlecht. Vielmehr ist diese deutliche Quelltextveränderung dahingehend zu bewerten, ob die Auslagerung, die bisher immer automatisch vorgenommen wurde, lohnenswert ist oder nur deswegen vorgenommen wird (wie bisher), um auf eine Syntax nicht zurückzugreifen, weil sie nicht oder nicht gut bekannt ist. Die letzte Argumentation ist natürlich keine sonderlich gute, mit der man seine Transformation einrichten sollte.

```
<!-- Kategorie: Anweisung -->
<xsl:for-each
select = node-set-expression >
<!-- Inhalt: ( xsl:sort* , template ) -->
</xsl:for-each>
```

Im konkreten Beispiel nun existiert nur eine einzige Vorlage, weil wir jetzt zeigen wollen, dass tatsächlich mit einer Syntaxveränderung auch eine Transformation, die bisher immer in mindestens zwei Vorlagen durchgeführt wurde, auch in einem einzigen Schritt bzw. in einer einzigen Vorlage durchgeführt werden kann.

```
<?xml version="1.0" encoding="UTF-8"?>
<xsl:stylesheet version="1.0"
 xmlns:xsl="http://www.w3.org/1999/XSL/Transform">
  <xsl:output method="html" version="1.0"
   encoding="ISO-8859-1" indent="yes"/>
  <!-- Startvorlage und einzelne Vorlagen -->
```

```
<xsl:template match="/">
  <html>
    <head>
      <title>Kundenliste</title>
    </head>
    <body>
      <h1>Kundenliste</h1>
      <ul>
        <xsl:for-each select="Kundenliste/Kunde">
          <xsl:choose>
            <!-- Bereich für Geschäftskunden -->
            <xsl:when test="@Typ='g'">
              <li>
                <xsl:text>(g) </xsl:text>
                <xsl:value-of select="Name/Firma"/>
                <xsl:text> | </xsl:text>
                <xsl:value-of select="Name/Branche"/>
              </li>
            </xsl:when>
            <!-- Bereich für Privatkunden -->
            <xsl:when test="@Typ='p'">
              <li>
                <xsl:text>(p) </xsl:text>
                <xsl:value-of select="Name/Vorname"/>
                <xsl:text> </xsl:text>
                <xsl:value-of select="Name/Nachname"/>
              </li>
            </xsl:when>
          </xsl:choose>
        </xsl:for-each>
      </ul>
    </body>
  </html>
</xsl:template>
</xsl:stylesheet>
```

Listing 4.15: 422 _ 01.xslt – Transformation in einer Vorlage

181

Die Ausgabe ist dann eine Liste mit den Kunde-Elementen in Dokumentrichtung, wobei die Ausgabestruktur sehr ähnlich ist, die Zugriffspfade allerdings wegen der unterschiedlich benannten Kindelemente verschieden sind.

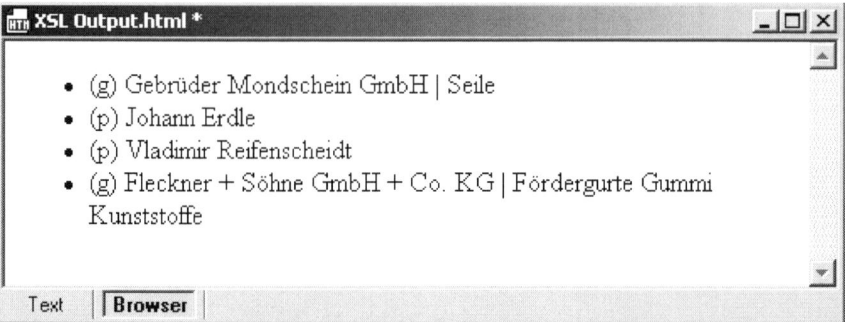

Abbildung 4.9: Ausgabe im Browser

An der Schemazeichnung in Abbildung 4.10 fällt vor allen Dingen auf, dass in der XSLT-Datei tatsächlich nur noch eine einzige Vorlage übrig bleibt. Die Inhalte der ehemals eigenen Vorlagen befinden sich dann innerhalb der when-Elemente eines choose-Containers.

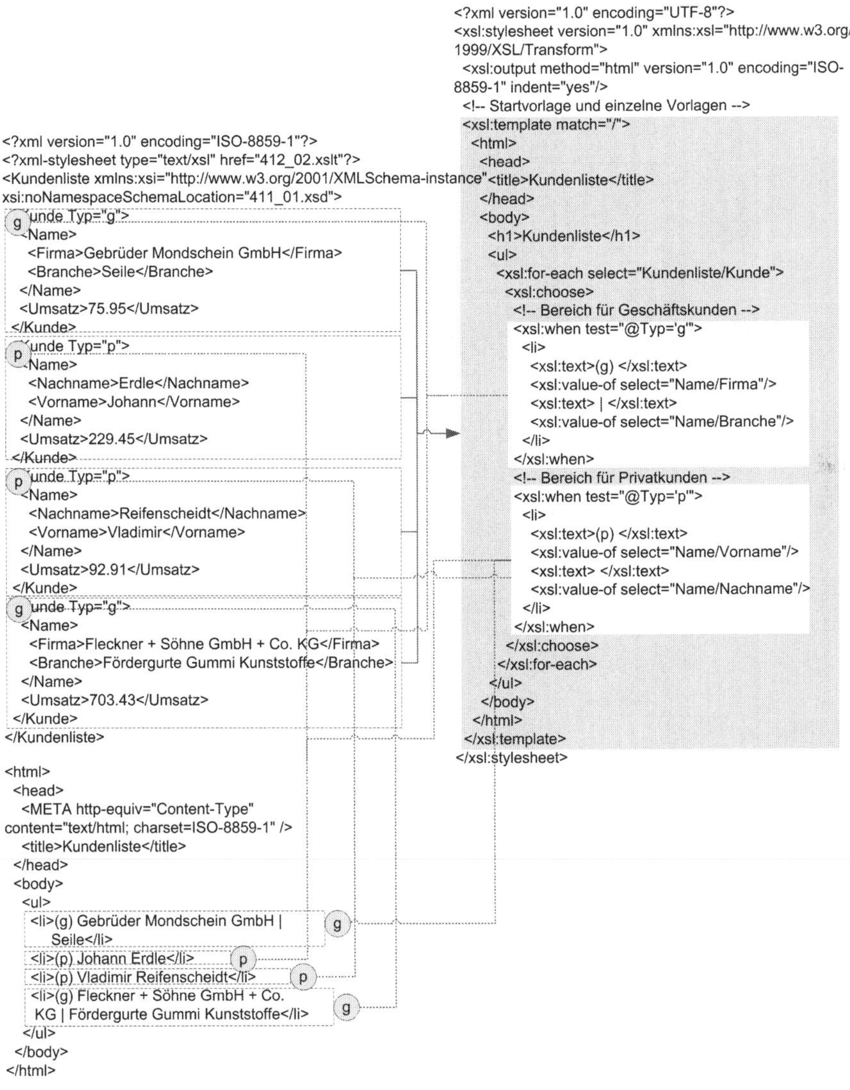

```
<?xml version="1.0" encoding="UTF-8"?>
<xsl:stylesheet version="1.0" xmlns:xsl="http://www.w3.org/
1999/XSL/Transform">
  <xsl:output method="html" version="1.0" encoding="ISO-
8859-1" indent="yes"/>
  <!-- Startvorlage und einzelne Vorlagen -->
  <xsl:template match="/">
    <html>
      <head>
        <title>Kundenliste</title>
      </head>
      <body>
        <h1>Kundenliste</h1>
        <ul>
          <xsl:for-each select="Kundenliste/Kunde">
            <xsl:choose>
              <!-- Bereich für Geschäftskunden -->
              <xsl:when test="@Typ='g'">
                <li>
                  <xsl:text>(g) </xsl:text>
                  <xsl:value-of select="Name/Firma"/>
                  <xsl:text> | </xsl:text>
                  <xsl:value-of select="Name/Branche"/>
                </li>
              </xsl:when>
              <!-- Bereich für Privatkunden -->
              <xsl:when test="@Typ='p'">
                <li>
                  <xsl:text>(p) </xsl:text>
                  <xsl:value-of select="Name/Vorname"/>
                  <xsl:text> </xsl:text>
                  <xsl:value-of select="Name/Nachname"/>
                </li>
              </xsl:when>
            </xsl:choose>
          </xsl:for-each>
        </ul>
      </body>
    </html>
  </xsl:template>
</xsl:stylesheet>
```

```
<?xml version="1.0" encoding="ISO-8859-1"?>
<?xml-stylesheet type="text/xsl" href="412_02.xslt"?>
<Kundenliste xmlns:xsi="http://www.w3.org/2001/XMLSchema-instance"
xsi:noNamespaceSchemaLocation="411_01.xsd">
  <Kunde Typ="g">
    <Name>
      <Firma>Gebrüder Mondschein GmbH</Firma>
      <Branche>Seile</Branche>
    </Name>
    <Umsatz>75.95</Umsatz>
  </Kunde>
  <Kunde Typ="p">
    <Name>
      <Nachname>Erdle</Nachname>
      <Vorname>Johann</Vorname>
    </Name>
    <Umsatz>229.45</Umsatz>
  </Kunde>
  <Kunde Typ="p">
    <Name>
      <Nachname>Reifenscheidt</Nachname>
      <Vorname>Vladimir</Vorname>
    </Name>
    <Umsatz>92.91</Umsatz>
  </Kunde>
  <Kunde Typ="g">
    <Name>
      <Firma>Fleckner + Söhne GmbH + Co. KG</Firma>
      <Branche>Fördergurte Gummi Kunststoffe</Branche>
    </Name>
    <Umsatz>703.43</Umsatz>
  </Kunde>
</Kundenliste>

<html>
 <head>
  <META http-equiv="Content-Type"
content="text/html; charset=ISO-8859-1" />
  <title>Kundenliste</title>
 </head>
 <body>
  <ul>
   <li>(g) Gebrüder Mondschein GmbH |
    Seile</li>
   <li>(p) Johann Erdle</li>
   <li>(p) Vladimir Reifenscheidt</li>
   <li>(g) Fleckner + Söhne GmbH + Co.
    KG | Fördergurte Gummi Kunststoffe</li>
  </ul>
 </body>
</html>
```

Abbildung 4.10: Zusammenspiel zwischen XML, XSLT und HTML

183

Im nächsten Beispiel variieren wir die Wiederholungen so, dass wieder die getrennten Kundengruppen ausgegeben werden. Dies erreicht man, indem der XPath-Ausdruck zusätzlich noch ein Prädikat erhält, in dem nach der einen oder nach der anderen Kundenkategorie gesucht und ausgewählt wird.

```
...
        <!-- Bereich für Geschäftskunden -->
        <h1>Geschäftskunden</h1>
        <ul>
          <xsl:for-each
              select="Kundenliste/Kunde[@Typ='g']">
            <xsl:apply-templates select="Name"/>
          </xsl:for-each>
        </ul>
        <!-- Bereich für Privatkunden -->
        <h1>Privatkunden</h1>
        <ul>
          <xsl:for-each
              select="Kundenliste/Kunde[@Typ='p']">
            <xsl:apply-templates select="Name"/>
          </xsl:for-each>
        </ul>
...
```

Listing 4.16: 422 _ 02.xslt – Startvorlage mit wiederholtem Aufruf

Die Vorlagenstruktur gleicht dann der eines Falls bei der Darstellung der Fallunterscheidung mit if unter Einsatz des Ping-Pong-Spiels. Allerdings liegt hier der Unterscheid jetzt darin, dass keine eigene Vorlage mehr für das Kunde-Element existiert, sondern nur noch eine für das Name-Element. Durch die Auswahl mithilfe von XPath in den select-Attributen der jeweiligen for-each-Elemente für Geschäfts- und Privatkunden ähnelt die gesamte Konstruktion de el in Listing 4.2. Auch hier wurden ja für die Ausgabe zunächst geeignete Überschriften angegeben, ehe dann in jeweils einem apply-templates-Element und einem passenden XPath-Ausdruck die benötigten Kunden ausgewählt wurden. Im Gegensatz zu diesem Beispiel wird allerdings hier bei der Verwendung von for-each keine eigene Vorlage für die aufgerufenen Kunde-Elemente verwendet, sondern nur jeweils eine Vorlage für Name verwendet. Man spart sich also – wie oben erwähnt – eine Ebene im Ping-Pong-Spiel, sobald man for-each einsetzt.

```
<!-- Vorlage für Namensausgabe-->
<xsl:template match="Name">
  <li>
    <xsl:value-of select="Nachname | Firma"/>
    <br/>
    <xsl:value-of select="Vorname | Branche"/>
  </li>
</xsl:template>
</xsl:stylesheet>
```

Listing 4.17: Vorlage für Element Name

Die Ausgabe hat dann eine gruppierte Gestalt, in der die einzelnen Kunden unterhalb des sie zusammenfassenden Titels stehen.

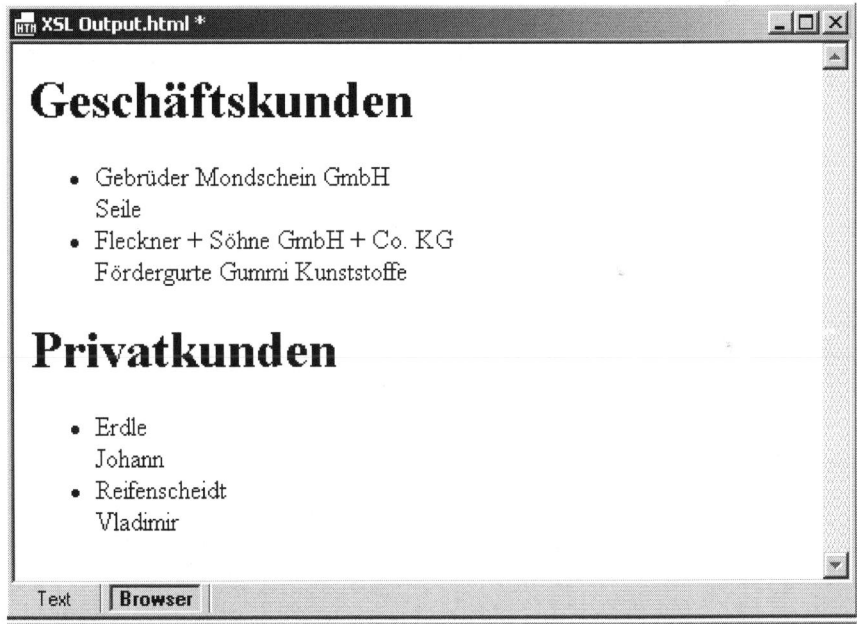

Abbildung 4.11: Ausgabe im Browser

185

4. 2. 3. Schleifen in XPath 2.0

Die neue Version von XPath bietet auch eine eigene Form von Schleifen[6] an, deren Wirkung durch das neu eingeführte Konzept der Sequenz genau solche Rückgabewerte liefern können wie die bereits vorgeführten Fallunterscheidungen. Ihr Name ist im Sprachgebrauch von XPath 2.0 nicht Schleifen, sondern FOR-Ausdrücke.

Ihre allgemeine Syntax:

```
ForExpr       ::=    SimpleForClause "return" ExprSingle
SimpleForClause   ::=    "for" "$" VarName "in" ExprSingle
("," "$" VarName "in" ExprSingle)*
```

Die Verarbeitung eines solchen FOR-Ausdrucks erfolgt auf zwei Arten:

- Sofern der FOR-Ausdruck mehrere Variablen verwendet, wird es zuerst als verschachtelte Anweisung erkannt, die jeweils genau eine Variable besitzt. Aus `for $x in X, $y in Y return $x + $y` wird also `for $x in X return for $y in Y return $x + $y`.

- Verwendet ein FOR-Ausdruck nur eine einzige Variable, wird diese Variable *Bereichsvariable* (engl. range variable) genannt. Der Wert, der dem Schlüsselwort `in` folgt, heißt *Eingabesequenz* (engl. input sequence), und der Ausdruck, der dem `return`-Schlüsselwort folgt, heißt *Rückgabeausdruck* (engl. return expression). Dabei erhält man das gesamte Ergebnis des FOR-Ausdrucks, indem die Anweisungen im Rückgabeausdruck für jede Einheit (engl. item) der Eingabesequenz unter Verwendung der Bereichsvariablen ausgewertet werden. Die Bereichsvariable wird dabei mit jeder Einheit verknüpft. Die Rückgabesequenz, die durch die iterative Ausführung des Rückgabeausdrucks erzeugt wird, enthält die einzelnen Sequenzen des Rückgabeausdrucks in der Verarbeitungsreihenfolge.

Die so erstellten Ausdrücke lassen sich beispielsweise in `xsl:value-of`-Elementen einsetzen. Teilweise lassen sich ihre Formulierungen auch mit anderen XPath-Ausdrücken erledigen, doch liefern sie die gesamte Teilmenge als Sequenz zurück.

---

6   Vgl. XML Path Language (XPath) 2.0 W3C Recommendation 23 January 2007, Abschnitt 3.7 For Expressions unter http://www.w3.org/TR/xpath20/#id-for-expressions.

- Liefere von jedem Kunden das `Name`-Element.

```
for $a
  in //Kunde/Name
  return $a
```

- Liefere von jedem Umsatz den Brutto-Wert mit Mehrwertsteuer.

```
for $a
  in //Kunde/Umsatz
  return concat(round-half-to-even($a*1.16,2), ` €
  (inkl. MwSt.)`)
```

- Liefere von jedem Kundentyp die zugehörigen Kunden und den Kundentyp.

```
for $a
  in distinct-values(//Kunde/@Typ)
  return ($a, for $b
              in //Kunde[@Typ = $a]
              return $b/Name)
```

Sortierungen und Gruppierungen

5. Sortierungen und Gruppierungen

Mit diesem Kapitel gelangen wir nun zu den Feinheiten bei der Verwendung von XSLT. Sie betreffen solche anspruchsvollen Aktivitäten wie die Übergabe von Parameterwerten und die Verwendung von Variablen, behandeln allerdings auch solche Aktivitäten wie das Sortieren und Gruppieren von Ergebnissen. Sofern HTML eingesetzt wird, ist es normalerweise nicht unbedingt nötig, die Nummerierungsfunktionen von XSLT zu verwenden, doch gerade wenn Text oder PDF ausgegeben wird, müssen die entsprechenden Zahlenwerten manchmal direkt in den Ausgabestrom geschrieben werden. Für die Ergebnisausgabe und auch für die Vorbereitung der Daten in Form von Sortierungen und Gruppierungen gibt es entsprechende Elemente, die in diesem Kapitel vorgestellt werden.

5. 1. Sortierungen

Mithilfe einer Sortierung[1] ist es in XSLT möglich, auf die Reihenfolge eines Dokuments insoweit Einfluss zu nehmen, als dass die vorgegebene Dokumentrichtung übergangen, aber auch nicht die entgegengesetzte Dokumentrichtung für die Verarbeitung genutzt wird. Stattdessen lassen sich die über die entsprechenden Elemente und einem geeigneten XPath-Ausdruck ausgewählten Elemente kurzfristig – nur für die Verarbeitung – sortieren, um sie dann auszugeben.

5. 1. 1. Allgemeine Sortiermöglichkeiten

Die einfachste Möglichkeit, Elemente in XSLT zu sortieren, ist der einmalige Einsatz des Elements `sort`. Es sortiert die innerhalb des `select`-Attributs durch einen XPath-Ausdruck gefundenen Elemente flüchtig anhand üblicher Parameter, die auch aus Datenbanken bekannt sind.

---

[1] Vgl. XSL Transformations (XSLT) Version 2.0 W3C Recommendation 23 January 2007, Abschnitt 13 Sorting unter http://www.w3.org/TR/xslt20/#sorting.

Die allgemeine Syntax hat die Form:

```
<xsl:sort
  select = expression
  lang = { nmtoken }
  order = { "ascending" | "descending" }
  collation = { uri }
  case-order = { "upper-first" | "lower-first" }
  data-type = { "text" | "number" | qname-but-not-ncname } />
```

Mit dem sort-Element und seinen diversen Attributen sortiert man gefundene Element-gruppen. Folgende Attribute bestimmen die Sortierung:

- select ermittelt – wie sonst auch – die Knotenmenge mithilfe eines XPath-Ausdrucks.

- order legt die Sortierreihenfolge mit aufsteigend (ascending, Standardwert) und absteigend (descending) fest.

- data-type legt die Datenart als Text (text, Standardwert) oder Zahl (number) fest, was z. B. dafür sorgt, dass Zahlenwerte wie 10 und 110 und 12 nicht wie Text in der Reihenfolge 10, 110, 12, sondern wie Zahlen in der Reihenfolge 10, 12, 110 ausgege-ben werden.

- lang legt die Sprache in den ISO-Standardabkürzungen wie de, en, fr oder es fest, was vor allen Dingen für die Behandlung von Umlauten und Akzenten sowie weitere länderspezifische Sortierreihenfolgen wichtig ist.

- collation erwartet eine URI-Angabe.

- case-order legt mit den Werten Großbuchstaben zuerst (upper-first, Standard-wert) und Kleinbuchstaben zuerst (lower-first) fest, ob Wörter mit kleinem Anfangs-buchstaben, aber ansonsten gleichen Buchstaben vor oder nach anderen Wörtern mit großen Anfangsbuchstaben gestellt werden sollen.

In einer erweiterten Fassung verwendet man eine doppelte oder mehrfache Sortierung mithilfe aufeinander folgender sort-Elemente. Dadurch wird zunächst nach den Elemen-ten oder Attributen sortiert, die im XPath-Ausdruck des ersten sort-Elements sortiert wer-den, und dann nach den Elementen, die im zweiten sort-Element gefunden werden. Zu beachten ist, dass die Sortierung keine Container bildet, sondern tatsächlich nur die Reihenfolge (in Dokumentrichtung) der `sort`-Elemente die Sortierungsebene angibt.

Eine weitere Möglichkeit ergibt sich durch ein anderes Element, das ein oder mehrere `sort`-Elemente in sich vereint und zusätzlich für die so angegebene Gesamt-Sortierung einen Namen erhält. Dies ist das `sort-key`-Element, dessen einziger Zweck die Containerbildung ist. Es erwartet neben wenigstens einem `sort`-Element noch ein `name`-Attribut, das für die Speicherung des Namens dieser Sortierung verwendet wird.

```
<xsl:sort-key
  name = qname>
  <!-- Content: (xsl:sort+) -->
</xsl:sort-key>
```

Eine letzte Möglichkeit ergibt sich über einen XPath-Ausdruck, der die neue Funktion `sort` einsetzt. Die allgemeine Syntax lautet:

```
sort($input-sequence as item()*,
$sort-spec-name as xs:string) as item()*
```

5. 1. 2. Einfache Sortierung

Die einfache Sortierung und die meisten anderen Sortierungsvarianten stellen wir Ihnen mit einem einfach aufgebauten, aber hervorragend zu sortierenden XML-Beispiel vor. Es enthält die Ihnen schon bekannten `Erfolg`-Elemente für die einzelnen Städte, die für einen Monat die Neukunden und die Gesamtkunden in der jeweiligen Stadt angeben.

```
<?xml version="1.0" encoding="ISO-8859-1"?>
<?xml-stylesheet type="text/xsl" href="512_01.xslt"?>
<Erfolguebersicht
  xmlns:xsi=http://www.w3.org/2001/XMLSchema-instance
  xsi:noNamespaceSchemaLocation="../3_XPath/322_01.xsd">
  <Erfolg Stadt="Essen, Ruhr" Monat="1">
    <Gesamt>1</Gesamt>
    <Neukunden>1</Neukunden>
  </Erfolg>
  <Erfolg Stadt="Gelsenkirchen" Monat="1">
    <Gesamt>1</Gesamt>
```

193

```
   <Neukunden>1</Neukunden>
 </Erfolg>
 <Erfolg Stadt="Duisburg" Monat="1">
   <Gesamt>2</Gesamt>
   <Neukunden>2</Neukunden>
 </Erfolg>
...
```

Listing 5.1: 512 _ 01.xml – Erfolgsübersicht

Im Dokumentbaum sehen Sie noch einmal deutlich, wie einfach das Dokument aufgebaut ist. Man kann es allerdings in jedem Fall gut nach der Anzahl der Neukunden, der Gesamtkunden sowie natürlich nach den Städten sortieren.

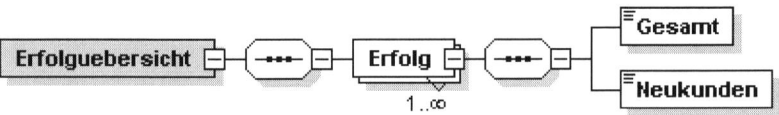

Abbildung 5.1: Dokumentbaum der Erfolgsübersicht

Die erste Sortierung soll über die Anzahl der Neukunden erfolgen. Damit die Städte mit den meisten Neukunden in einem Monat oben stehen, muss die Sortierreihenfolge absteigend sein. Der Datentyp ist `number`, da wir Zahlen sortieren wollen. Sofern man die `Erfolg`-Elemente bereits über `for-each` oder `apply-templates` ausgewählt hat, kann man über einen einfachen XPath-Ausdruck auf die `Neukunden`-Elemente im `select`-Attribut zugreifen.

```
<ul>
  <xsl:for-each select="Erfolguebersicht/Erfolg">
    <xsl:sort data-type="number" order="descending"
    select="Neukunden"/>
    <li>
      <xsl:value-of select="@Stadt"/>
      <xsl:text> | Monat: </xsl:text>
      <xsl:value-of select="@Monat"/>
      <xsl:text> | Neukunden: </xsl:text>
      <xsl:value-of select="Neukunden"/>
```

```
    </li>
   </xsl:for-each>
 </ul>
```

Listing 5.2: 512 _ 01.xslt – Sortierung nach Neukunden

Im Browser erhält man die zu erwartende Ausgabe der Erfolge, beginnend mit der größten Neukundenzahl in einem Monat.

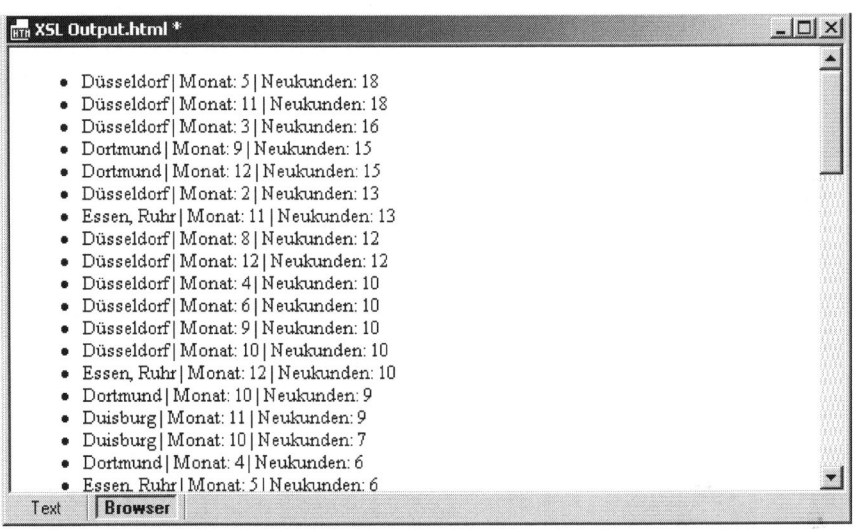

Abbildung 5.2: Ergebnis der Sortierung im Browser

Achten Sie immer darauf, dass das `sort`-Element kein Containerelement ist. Stattdessen werden solche Elemente wie `apply-templates` oder `for-each` als Container verwendet.

Anstelle von `for-each` kann auch ein `apply-templates` oder `call-templates` stehen. Wir geben für beide Fälle noch ein kleines Beispiel an, damit Sie sehen, dass aus einem `apply-templates`-Element, das bisher immer ein leeres Element war, nun auch ein Elternelement wird. Es enthält das `sort`-Element als Kind.

```
<ul>
  <xsl:apply-templates
      select="Erfolguebersicht/Erfolg">
    <xsl:sort data-type="number" order="descending"
        select="Neukunden"/>
  </xsl:apply-templates>
</ul>
..

<!-- Vorlage für Erfolg -->
<xsl:template match="Erfolg">
  <li>
    <xsl:value-of select="@Stadt"/>
    <xsl:text> | Monat: </xsl:text>
    <xsl:value-of select="@Monat"/>
    <xsl:text> | Neukunden: </xsl:text>
    <xsl:value-of select="Neukunden"/>
  </li>
</xsl:template>
```

Listing 5.3: 512 _ 02.xslt – Sortierung innerhalb von `apply-templates`

Das Ergebnis dieses Beispiels ist dann exakt dasselbe wie zuvor, da die Inhalte, die zuvor innerhalb von `for-each` enthalten waren, nun in einer eigenen Vorlage platziert wurden.

5. 1. 3. Mehrfache Sortierung

Manchmal hat man mehrere gleiche Werte, die bei einer Sortierung direkt nacheinander auftreten. Da allerdings diese Werte nicht ohne andere Daten ausgegeben werden, lohnt es sich, einen anderen Knoten anzugeben, dessen Textknoten oder dessen Wert eine zusätzliche Sortierung erhalten könnte. Dies würde man dann als mehrfache oder mehrstufige Sortierung bezeichnen. Das Schulbeispiel für diesen Fall ist die Sortierung nach dem Familiennamen, gefolgt von der Sortierung nach dem Vornamen.

Eine solche Sortierung lässt sich auch sehr leicht in XSLT durchführen. Man benötigt dabei lediglich mehrere `sort`-Elemente in Folge. Da sie nicht verschachtelt werden bzw. als leere Elemente und nicht als Containerelemente auftreten, entscheidet die Dokumentrichtung, nach welchem Kriterium zuerst sortiert wird. Im nächsten Beispiel zeigen wir eine solche

Sortierung. Zunächst sortieren wir nach den Städten, um dann innerhalb der Städte nach den Neukunden zu sortieren.

```
<ul>
  <xsl:for-each select="Erfolguebersicht/Erfolg">
    <xsl:sort data-type="text" order="ascending"
        select="@Stadt"/>
    <xsl:sort data-type="number" order="ascending"
        select="Neukunden"/>
    <li>
      <xsl:value-of select="@Stadt"/>
      <xsl:text> | Monat: </xsl:text>
      <xsl:value-of select="@Monat"/>
      <xsl:text> | Neukunden: </xsl:text>
      <xsl:value-of select="Neukunden"/>
    </li>
  </xsl:for-each>
</ul>
```

Listing 5.4: 513 _ 01.xslt – Mehrfache Sortierung

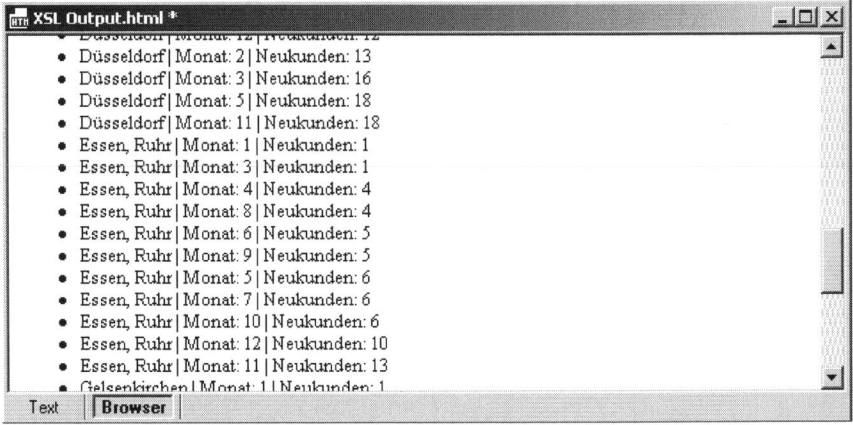

Abbildung 5.3: Ausgabe im Browser

Die Ausgabe hat dann ein ganz anderes strukturiertes Bild. Es folgt eine Reihe von Datensätzen mit gleichem Stadtnamen, die sich allerdings dann in der Anzahl der Neukunden unterscheiden.

5. 2. Nummerierung

Weniger für den Einsatz in HTML, sondern mehr für die Verwirklichung von umfangreichen Nummerierungen oder von Nummerierungen in anderen Formaten als HTML, stellt XSLT ein Element für die Nummerierungen zur Verfügung. Dieses Element stellen wir mit seinen unterschiedlichen Fähigkeiten in diesem Abschnitt vor.

5. 2. 1. Allgemeine Möglichkeiten der Nummerierung

In HTML ist die Nummerierung[2] von aufeinander folgenden Ergebnissen in Dokumentreihenfolge oder nach einer Sortierung natürlich über die nummerierte Liste leicht möglich. Bei Texterzeugung oder XML-Datenerzeugung stehen diese Möglichkeiten durch Browseranzeige nicht zur Verfügung. Die allereinfachste Nummerierung stellt hier die Verwendung der `position()`-Funktion dar, welche auch nach einer Sortierung die passende Position eines Elements ausgibt und einfach in den Ausgabestrom geschrieben werden kann. Neben diesen beiden einfachen Techniken, auf die hier nicht weiter eingegangen werden soll, existiert eine weitere, sehr viel anspruchsvollere Option, die auch als eigenes Element mit diversen Attributen vorhanden ist.

Die allgemeine Syntax für die Nummerierung mithilfe des Elements `number` lautet:

```
<!-- Kategorie: Instruktion -->
<xsl:number
  level = "single" | "multiple" | "any"
  count = pattern
  from = pattern
  value = number-expression
  format = { string }
  lang = { nmtoken }
  letter-value = { "alphabetic" | "traditional" }
```

---

2   Vgl. XSL Transformations (XSLT) Version 2.0 W3C Recommendation 23 January 2007, Abschnitt 12 Numbering unter http://www.w3.org/TR/xslt20/#number.

```
grouping-separator = { char }
grouping-size = { number } />
```

Die Attribute haben folgende Bedeutung:

- `level` mit den Werten `"single"` | `"multiple"` | `"any"` für die Angabe der Nummerierungsebene, das heißt, welche Knoten in die Nummerierung mit einbezogen werden sollen

- `count` mit einem XPath-Ausdruck für die Angabe, was nummeriert werden soll (wenn dieses Attribut fehlt, gilt der Kontextknoten)

- `from` mit einem XPath-Ausdruck für die Angabe, ab wo nummeriert werden soll bzw. in welchem Bereich (innerhalb eines Kapitels, innerhalb der Postenliste etc.)

- `value` mit einem numerischen Ausdruck für einen festen Wert, der ausgegeben werden soll

- `format` mit Werten des Datentyps `string` für Formatangabe der Nummerierung

- `lang` mit Werten des Datentyps `nmtoken` für die Sprachangabe wie `en`, `fr`, `de`

- `letter-value` mit den Werten `"alphabetic"` | `"traditional"` für die Bedeutung von Buchstaben (a, aa oder a, b, c).

- `grouping-separator` mit Werten des Datentyps `char` für die Angabe des Gruppentrennzeichen (z. B. Tausendertrennzeichen als Punkt in Deutsch)

- `grouping-size` mit Werten des Datentyps `number` für die Angabe der Gruppengröße (eine Tausendergruppe hat den Wert 3)

Die Formatierung von Zahlen kann auch mit Funktionen und global vorgegeben werden, sodass sie für `number` übernommen werden können. Alternativ überschreiben die gemachten Angaben die globalen Vorgaben.

Für die Erzeugung der Zahlenreihen bzw. der Nummerierungszeichen lassen sich verschiedene Kombinationen von Startzeichen verwenden. Neben der Liste an Möglichkeiten, die weiter unten folgt, ist für die Angabe der Nummerierungswerte nur wichtig, dass ein Zeichen innerhalb der Zeichenkette fortgeschrieben werden kann. Die Fortschreibung kann dabei über Buchstaben oder Zahlen erfolgen. Kombinationen lassen sich mithilfe von Klammern, Punkten, Leerzeichen oder sonstigen Sonderzeichen erzeugen.

- Eine Angabe von 1 erzeugt die Sequenz 1 2 ... 10 11 12 ...

- Eine Angabe von 01 erzeugt die Sequenz 01 02 ... 09 10 11 12 ... 99 100 101 ...

- Eine Angabe von A erzeugt die Sequenz A B C ... Z AA AB AC ...

- Eine Angabe von a erzeugt die Sequenz a b c ... z aa ab ac ...

- Eine Angabe von i erzeugt die Sequenz i ii iii iv v vi vii viii ix x ...

- Eine Angabe von I erzeugt die Sequenz I II III IV V VI VII VIII IX X ...

5. 2. 2. Einfache Nummerierung

Die Nummerierung stellen wir an einem Dokument dar, das mehrere Ebenen und zwei sich wiederholende Elemente besitzt. Dadurch lassen sich – im Gegensatz zu dem vorherigen XML-Dokument – auch mehrstufige Nummerierungen realisieren. Es handelt sich um eine Auflistung von Rechnungen, die innerhalb eines `Rechnungen`-Wurzelelements stehen. Direkte Kinder dieses Elements ist eine Reihe von `Rechnung`-Elementen, die Informationen zum Kunden (`Name` und `Adresse`) sowie innerhalb des Elements `Postenliste` mehrere `Posten`-Elemente aufweisen. Diese Posten lassen sich nummerieren, genauso wie die einzelnen Rechnungen im Dokument. Wir haben im nachfolgenden Quelltextabschnitt auf die Wiedergabe der Kundeninformationen verzichtet, da sie für das Beispiel unerheblich sind.

Für die einfache Nummerierung ist der Wert für das `level`-Attribut `single`. Dies bedeutet, dass nur innerhalb einer einzigen Ebene nach zu nummerierenden bzw. zu zählenden Elementen gesucht wird. Dies ist die einfachste Nummerierungsart und entspricht einer Zählung von Posten innerhalb einer Postenliste, von Unterkapiteln einer Ebene innerhalb eines Kapitels usw. Es werden keine zusammengesetzten Werte erzeugt, die sich z. B. aus den Werten für das Kapitel und den Unterkapiteln in Form von 1.1 und 1.2 usw. zusammensetzen. Eine solche Art der Nummerierung könnte man genauso gut mit der `position()`-Funktion und dem `text`-Element erzeugen.

```
<Rechnungen xmlns:xsi="http://www.w3.org/2001/XMLSchema-
instance" xsi:noNamespaceSchemaLocation="552_01.xsd">
  <Rechnung Nr="12957" Datum="2004-12-31">
    <Total>27.27</Total>
    <Kunde Typ="p" Nr="895">
    ...
    </Kunde>
    <Postenliste>
      <Posten Nr="67348" RefNr="12957">
        <Tarif>Frühstück</Tarif>
        <Einzeln>4.53</Einzeln>
      </Posten>
    </Postenliste>
  </Rechnung>
  <Rechnung Nr="13316" Datum="2004-12-31">
    <Total>26.35</Total>
    <Kunde Typ="p" Nr="1257">
    ...
    </Kunde>
    <Postenliste>
      <Posten Nr="69137" RefNr="13316">
        <Tarif>Frühstück</Tarif>
        <Einzeln>.55</Einzeln>
      </Posten>
      ...
    </Postenliste>
  </Rechnung>
</Rechnungen>
```

Listing 5.6: 522 _ 01.xml – Rechnungsliste

Im Dokumentbaum erhalten Sie auch einen Überblick über die Elemente, die wir aus Platzgründen nicht oben abgedruckt haben. Sie sehen, dass man eine sehr schöne Rechnung
erstellen könnte – wenn man denn nicht notwendigerweise nur an der Nummerierung Interesse hätte.

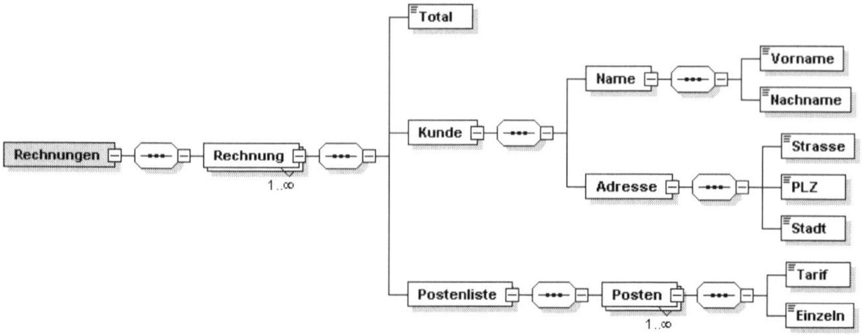

Abbildung 5.4: Dokumentbaum der Rechnungsliste

Das Element `number` wird innerhalb eines `template`- oder `for-each`-Elements gesetzt und erzeugt dort direkt im Ausgabestrom eine Nummer mit der angegebenen Formatierung. Da wir uns im nachfolgenden Quelltext innerhalb einer Wiederholung für die Verarbeitung der einzelnen `Posten`-Elemente befinden, ist dies auch der Bezeichner, den wir im `count`-Attribut nennen. Das Format stellt eine arabische Nummerierung mit angeschlossenem Punkt und Leerzeichen dar.

Auch für den Kunden soll eine Nummerierung durchgeführt werden, wobei allerdings eine römische Formatierung und eine Klammer gewählt wurde. Das Leerzeichen ist auch hier Teil des Formats, sodass es nicht über das `text`-Element ausgegeben werden muss.

```
...
        <xsl:for-each select="//Rechnung">
          <xsl:apply-templates select="Kunde"/>
          <xsl:apply-templates select="Postenliste"/>
        </xsl:for-each>
...
  </xsl:template>
  <!-- Vorlage für Postenliste -->
  <xsl:template match="Postenliste">
    <xsl:for-each select="Posten">
      <p>
        <xsl:number count="Posten" format="1."
            level="single"/>
        <xsl:text> Tarif: </xsl:text>
        <xsl:value-of select="Tarif"/>
```

```
        <xsl:text> | </xsl:text>
        <xsl:value-of select="Einzeln"/>
      </p>
    </xsl:for-each>
  </xsl:template>
  <!-- Vorlage für Kunde -->
  <xsl:template match="Kunde">
    <h1>
      <xsl:number count="//Rechnung" format="I.) "
          level="single"/>Rechnung für
<xsl:value-of select="Name/Vorname"/>
      <xsl:text> </xsl:text>
      <xsl:value-of select="Name/Nachname"/>
    </h1>
  </xsl:template>
```

Listing 5.7: 522 _ 01.xslt – Nummerierung

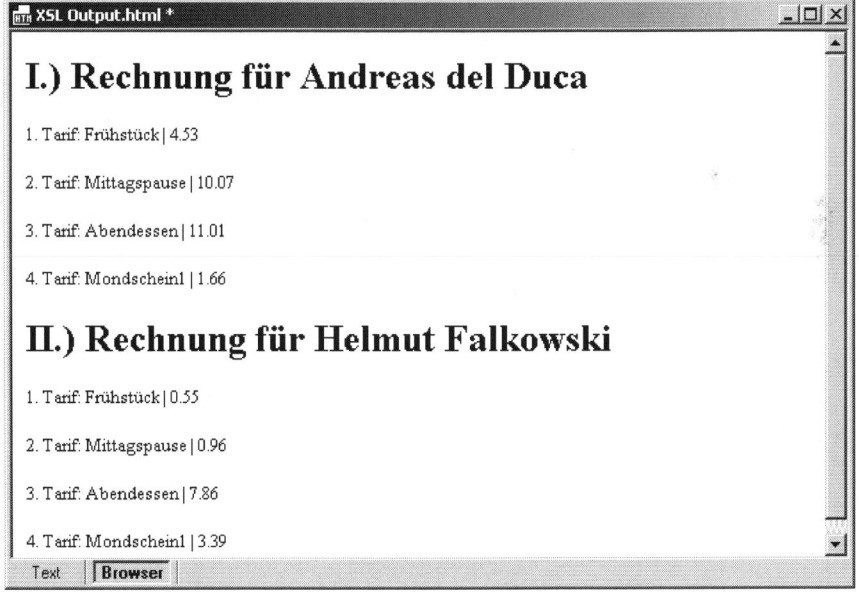

Abbildung 5.5: Ausgabe im Browser

Bei der Ausgabe im Browser erhält man dann die entsprechenden Zahlenwerte inklusive ihrer zusätzlichen Formatierungszeichen wie Klammer und Punkt sowie Leerzeichen.

5. 2. 3. Erweiterte Nummerierung

Bei der erweiterten Nummerierung verändern sich nicht die Formatoptionen, sondern die Art der Zählweise und damit auch der Wert des `level`-Attributs.

→ Mehrstufige Nummerierung

Für das erste Beispiel soll aus den Elementen Rechnung und Posten eine gemeinsame Nummer erstellt werden, sodass die Posten zusätzlich als ersten Wert den der Rechnung erhalten. Dies ist der typische Fall, wenn man Inhaltsverzeichnisse generieren möchte, in denen Kapitel und ihre Unterkapitel mit Werten wie 1.1 und 1.2 ausgestattet werden sollen. Der Wert für das `level`-Attribut ist dann multiple. Die gemeinsame Auswahl von zwei Elementen und ihre Kapitel-Unterkapitel-Beziehung drückt man über das ODER-Symbol (senkrechter Strich: |) aus.

```
<xsl:template match="Postenliste">
  <xsl:for-each select="Posten">
    <p>
      <xsl:number count="Rechnung|Posten" format="1."
          level="multiple"/>
      ...
    </p>
  </xsl:for-each>
</xsl:template>
```

Listing 5.8: 523 _ 01.xslt – Mehrstufige Nummerierung

Man erhält im Ausgabestrom eine kombinierte Zahl, die aus dem Zahlenwert für die Positionsnummer der Rechnung im Dokument und der Nummer der Position innerhalb der Postenliste besteht. Interessant ist an der Ausgabe, dass es tatsächlich der Zahlenwert in arabischer Formatierung ist und nicht etwa der ausgegebene Wert für das Rechnung-Element in römischer Formatierung. Sie sehen an diesem Beispiel, dass man hier auch mit unterschiedlichen Schreibweisen variieren kann, weil beide number-Elemente voneinander unabhängig eingesetzt werden. Wollte man innerhalb eines Unterkapitels weitere Nummerierungen für hierarchisch tiefer angesiedelte Unterkapitel einführen, würde man den entsprechenden XPath-Ausdruck im `count`-Attribut um einen `ODER`-Ausdruck ergänzen.

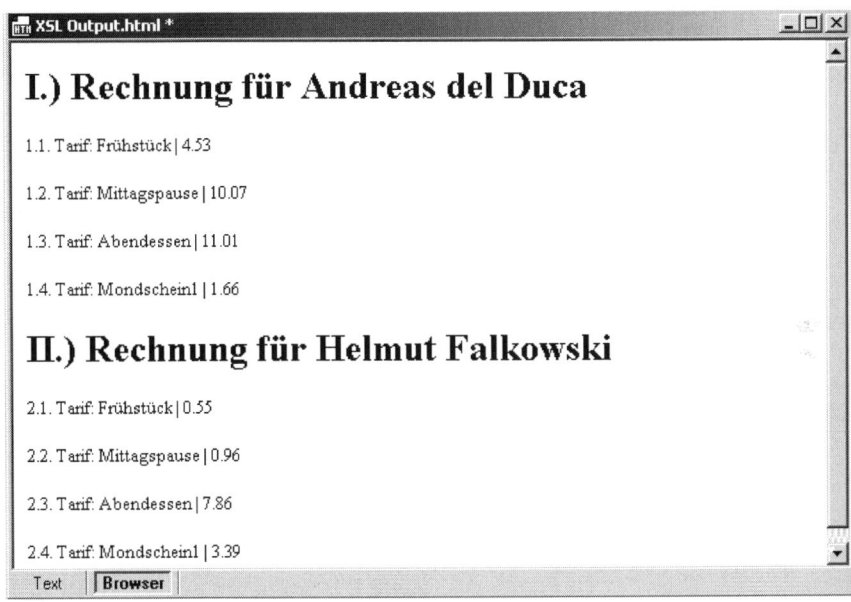

Abbildung 5.6: Mehrstufige Nummerierung

→ **Dokumentweite Nummerierung**

Die letzte Möglichkeit, die Art der Nummerierung zu beeinflussen, stellt der Wert `any` für das `level`-Attribut dar. Wir haben dies als dokumentweite Nummerierung bezeichnet, weil man über diesen Wert ein Ergebnis erhält, bei dem im gesamten Dokument auf jeder Stufe das im `count`-Element angegebene Element gefunden wird, um es bei der Ausgabe zu nummerieren. Dies bedeutet in unserem konkreten Fall, dass die einzelnen `Posten` nun eine jeweils individuelle Nummer erhalten, sodass in der Ausgabe nicht innerhalb jeder Rechnung der erste `Posten` mit einer 1 ausgezeichnet wird, sondern vielmehr die gesamte Ausgabe der `Posten`-Elemente nummeriert wird und damit nur der ersten `Posten` in der gesamten Ausgabe die 1 als Nummer erhält.

```
<xsl:template match="Postenliste">
  <xsl:for-each select="Posten">
    <p>
      <xsl:number count="Posten" format="1."
          level="any"/>
        . . .
    </p>
  </xsl:for-each>
</xsl:template>
```

Listing 5.9: 523 _ 02.xslt – Dokumentweite Nummerierung

In der Ausgabe erkennt man vermutlich deutlicher, welche Auswirkungen der Attributwert any auf das Ergebnis in HTML hat. Wie oben erklärt, werden sämtliche Posten im gesamten Dokument nummeriert – allerdings nicht in jeder Rechnung neu beginnend.

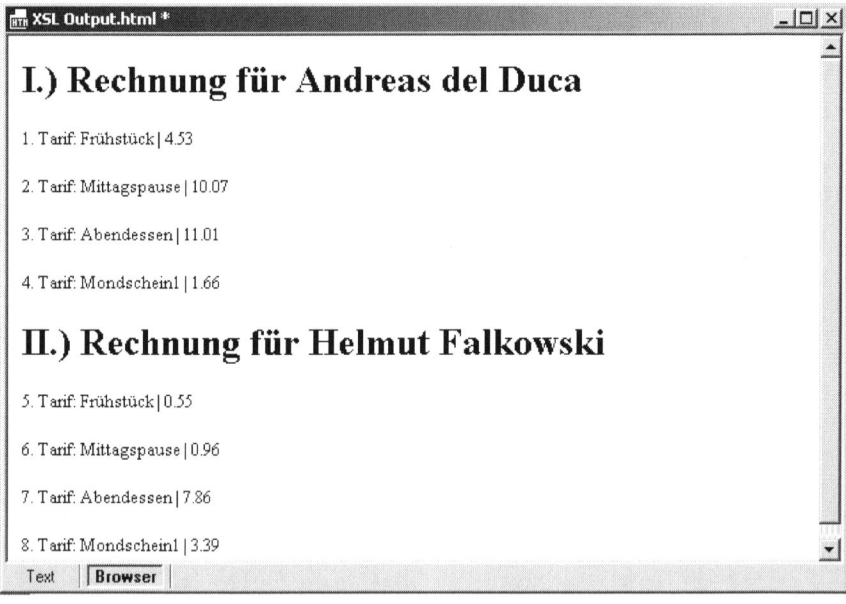

Abbildung 5.7: Dokumentweite Nummerierung

5. 3. Gruppierungen

Gruppierungen stellen in XSLT 1.0 eine ungleich schwerere Herausforderung dar und sollen an zwei gängigen Verfahren dargestellt werden. Für die neue Version von XSLT ergibt sich ein viel einfacheres Herangehen, das im übernächsten Abschnitt dargestellt wird. Das folgende XML-Dokument enthält noch einmal Erfolgsdaten, allerdings in einfacherer Form als im letzten Fall, nämlich ohne Attribute und nur mit Elementen.

Da es sicherlich noch ein wenig dauern wird, bis alle Parser XSLT 2.0 unterstützen – zumal der Standard auch zurzeit (Herbst 2004) noch nicht verabschiedet ist –, stellen wir Ihnen die beiden Varianten für XSLT 1.0 und natürlich die neue – viel angenehmere – Lösung von XSLT 2.0 vor. Man muss sich angesichts der Einfachheit des neuen Elements `for-each-group` auf jeden Fall fragen, warum es diese Vereinfachung all die Jahre seit Verabschiedung des 1.0-Standards nicht gegeben hat. Für die Version 1.0 kann man eine Variablen- und eine Schlüsseltechnik einsetzen, die beide einen interessanten Algorithmus aufweisen, aber beide auf ihre Art schwer verständlich sind. Für die Version 2.0 dagegen gibt es ein neues Element, das das zu gruppierende Element mithilfe von `for-each-group` benennt und dann die Gruppierung so einfach durchführt, wie man es auch normalerweise erwarten würde.

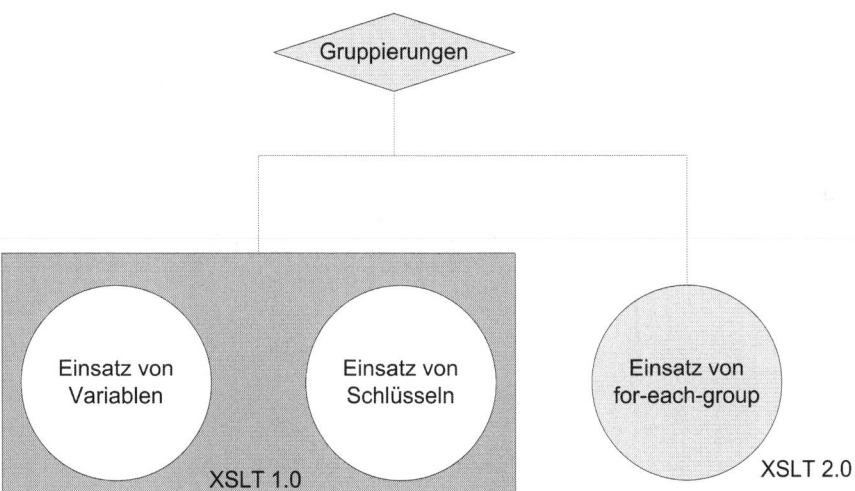

Abbildung 5.8: Gruppierungsmöglichkeiten in XSLT

5. 3. 1. Gruppierungen für XSLT 1.0

Wir greifen noch einmal auf die Erfolgsübersicht zurück. Es sind so viele Daten in diesem Dokument, dass man sich – gerade angesichts der sich wiederholenden Monate und Städte – eine viel besser lesbare Ausgabe als eine umfangreiche Tabelle vorstellen könnte.

```xml
<?xml version="1.0" encoding="ISO-8859-1"?>
<?xml-stylesheet type="text/xsl" href="14_04.xslt"?>
<Erfolguebersicht
 xmlns:xsi=http://www.w3.org/2001/XMLSchema-instance
 xsi:noNamespaceSchemaLocation="531_01.xsd">
  <Erfolg>
    <Stadt>Essen, Ruhr</Stadt>
    <Monat>1</Monat>
    <Umsatz>
      <Gesamt>1</Gesamt>
      <Neukunden>1</Neukunden>
    </Umsatz>
  </Erfolg>
  <Erfolg>
    <Stadt>Gelsenkirchen</Stadt>
    <Monat>1</Monat>
    <Umsatz>
      <Gesamt>1</Gesamt>
      <Neukunden>1</Neukunden>
    </Umsatz>
  </Erfolg>
...
```

Listing 5.10: 531 _ 01.xml – Erfolgsübersicht mit Elementen

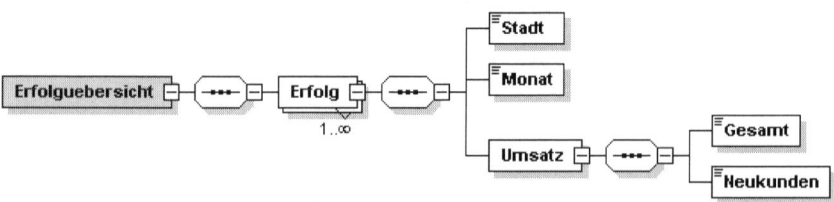

Abbildung 5.9: Dokumentbaum der Erfolgsübersicht

→ **Einsatz von Variablen**

Die erste und einfachere – allerdings bei umfangreichen Dokumenten nicht genauso schnelle – Variante stellt den Einsatz einer Merkervariablen dar. Dabei sortiert man zunächst die zu gruppierenden Elemente. Dadurch entstehen Blöcke von gleich lautenden Werten. Dies können genauso Zahlen (in unserem Fall Monate) sein wie Texte (in unserem Fall Städtenamen). Sollen innerhalb der entstandenen, aber noch nicht gut lesbar ausgegebenen Gruppen weitere Inhalte sortiert werden, schließt man diese Sortierungen einfach mit weiteren sort-Elementen an. Man benötigt im Anschluss an die Sortierungen für die eigentliche Verarbeitung eine Merkervariable, die den aktuellen Gruppenwert wie den Namen einer Stadt enthält, und prüft, ob der Wert des gerade abgerufenen Datensatzes noch der gleiche oder ein anderer ist. Ist der Wert gleich, so gehört der abgerufene Datensatz zur gleichen Gruppe. Ist er anders, muss gerade jetzt ein Gruppenwechsel stattgefunden haben, was die entsprechenden Verarbeitungsanweisungen für einen solchen Gruppenwechsel auslöst. Dies können Ausgabe von Untertitel oder Abschließen einer alten und Öffnen einer neuen Tabelle sein.

Der hier vorgestellte Algorithmus ist nicht nur in XSLT, sondern auch in vielen anderen Anwendungsfällen verwendbar.

Bei der Verwendung von Schlüsseln kommt folgendes Schema zum Einsatz:

1. Sortierung des zu gruppierenden Elements

2. Speicherung des zu gruppierenden Elements mit seinem für die Verarbeitung aktuellen Wert in einer Variablen

3. Überprüfung der vorhergehenden Geschwisterknoten, ob das aktuell verarbeitete Element das erste seiner Gruppe ist

4. Wahl aller Elternelemente beim ersten Auftreten des zu gruppierenden Elements in einer Gruppe, die den gleichen Wert besitzen wie das zu gruppierende Element. Weitergehende Sortierung anderer Elemente innerhalb dieser Gruppe.

 Der in diesem Kapitel vorgestellte Variableneinsatz wird im nächsten Kapitel noch einmal ausführlich dargestellt. Hier geht es zunächst nur um die Einrichtung einer Gruppierung und den dazugehörigen Algorithmus.

Für das aktuelle Beispiel heißt diese Variable `letzteStadt`. Man kann sich streiten, ob nicht auch der Name `aktuelleStadt` möglich wäre, weil ja immerhin in dieser Variablen die gerade behandelte Stadt gespeichert wird. Wir haben uns allerdings für den Namen `letzteStadt` entschieden, weil es für die Überprüfung sehr interessant ist, ob der Wert, der gerade in der Vergangenheit verarbeitet wurde, auch der Wert ist, der in der Zukunft verarbeitet wird. Ist dies nicht der Fall, dann werden alle Elemente mit dem neuen Wert ausgewählt und verarbeitet.

Damit die gesamte Transformation verständlich ist, drucken wir auch die zum Schluss der Datei gehäuft auftretenden Schluss-Tags der `for-each-`, `table-` und `if`-Elemente ab, damit Sie die Struktur der übrigen Datei verstehen. Im Übrigen könnte man an dieser Datei auch umfassende Diskussionen anstellen, ob der Ansatz, mit wenigen Vorlagen auszukommen, dem Ansatz, einen Algorithmus auf mehrere Vorlagen zu verteilen, unter- oder überlegen ist. Durch die vielen spitzen Klammern und tiefen Verschachtelungen sowie durch den Umstand, dass auch Kontrollanweisungen (`for-each`, `if`, `template`) im Quelltext erscheinen wie Ausgabeanweisungen und sämtliche andere Strukturen, fallen die letztgenannten Strukturen nicht so deutlich auf wie die Kontrollanweisungen. Dadurch wird XSLT gerade bei längerem Quelltext oder umfangreichen Fallunterscheidungen sehr schwer lesbar und demzufolge auch schwer wartbar. Dies allerdings nur am Rande, weil es gerade bei diesem Beispiel deutlich auffällt.

```
<?xml version="1.0" encoding="UTF-8"?>
<xsl:stylesheet version="1.0" xmlns:xsl="http://www.w3.org/1999/
SL/Transform">
  <xsl:output method="html" version="1.0"
  encoding="ISO-8859-1"/>
  <xsl:template match="/">
    <html>
      <head>
        <title>Neukundengewinnung</title>
      </head>
      <body>
        <h1>Neukundengewinnung</h1>
```

```
<xsl:for-each select="Erfolguebersicht/Erfolg">
  <xsl:sort select="Stadt"/>
  <xsl:sort select="Monat" data-type="number"
          order="ascending"/>
  <xsl:sort select="Umsatz/Neukunden"/>
  <xsl:variable name="letzteStadt"
      select="Stadt"/>
  <xsl:if test="not(preceding-
          sibling::Erfolg[Stadt=$letzteStadt])">
    <h2>Stadt  <xsl:value-of select="Stadt"/>
    </h2>
    <table border="1">
      <th>Monat</th>
      <th>Neukunden</th>
      <th>Gesamt</th>
      <xsl:for-each select="/Erfolguebersicht/
                  Erfolg[Stadt=$letzteStadt]">
        <xsl:sort select="Monat"
        data-type="number" order="ascending"/>
        <xsl:sort select="Umsatz/Neukunden"
        data-type="number" order="ascending"/>
        <tr>
          <td>
            <xsl:value-of select="Monat"/>
          </td>
          <td>
            <xsl:value-of
                select="Umsatz/Neukunden"/>
          </td>
          <td>
            <xsl:value-of
                select="Umsatz/Gesamt"/>
          </td>
        </tr>
      </xsl:for-each>
    </table>
  </xsl:if>
</xsl:for-each>
</body>
```

```
    </html>
  </xsl:template>
</xsl:stylesheet>
```

Listing 5.11: 531 _ 01.xslt – Gruppierung mit Variablen

In der Ausgabe erhält man dann tatsächlich für jede Stadt eine neue Ausgabe, bestehend aus einem Titel mit dem Stadtnamen und einer Tabelle mit den für diese Stadt ausgewählten Daten.

Abbildung 5.10: Ausgabe im Browser

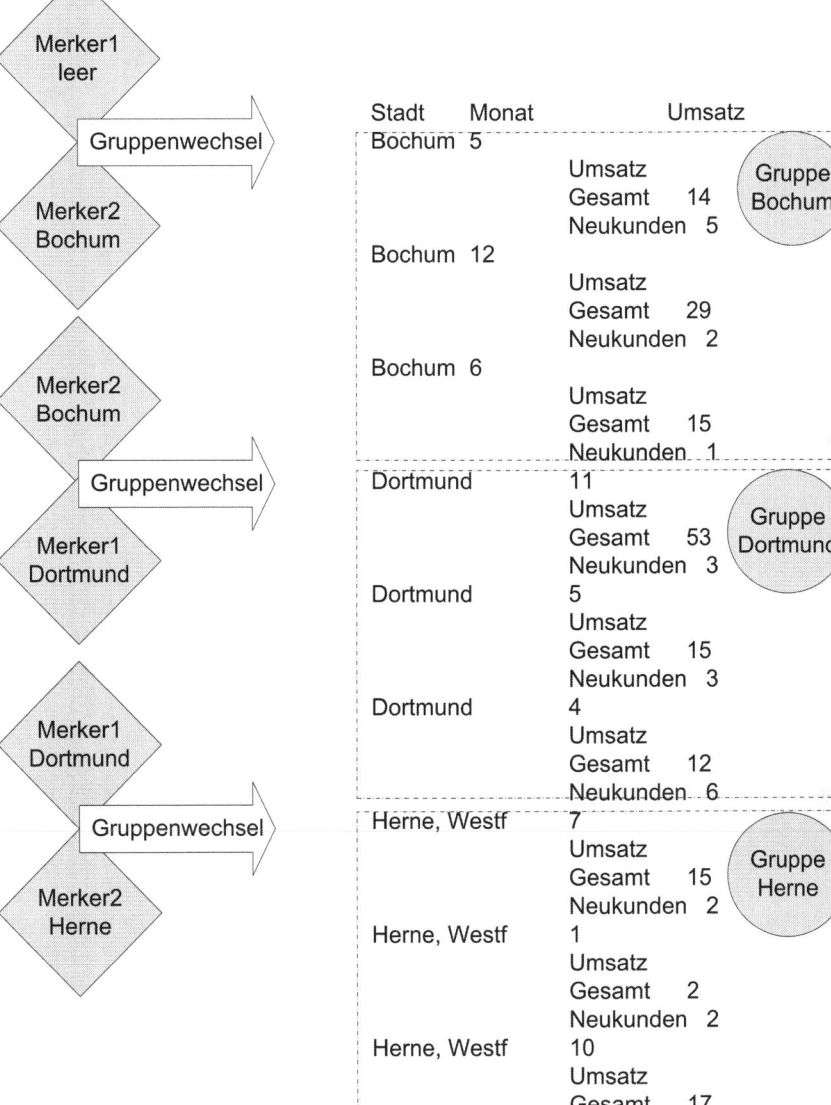

Abbildung 5.11: Struktur und Inhalte der Merkervariable

Abbildung 5.11 zeigt jeweils zum Zeitpunkt des Gruppenwechsels die beiden Zustände der Merkervariablen vor und nach dem Gruppenwechsel an. Bei der Verarbeitung der ersten Gruppe ist die Variable zunächst leer, dann wird sie mit einem Wert gefüllt, was dazu führt, dass der Gruppenwechsel erkannt wird. Dies wiederholt sich mit wechselnden Werten immer dann, wenn ein neuer Stadtname durch die Sortierung gefunden wird. Mithilfe eines passenden XPath-Ausdrucks findet man dann aus dem Dokument alle Städte, die zum gerade gefundenen Wert in der Merkervariablen gehören.

→ Einsatz von Schlüsseln

Eine andere Technik ist wesentlich schwieriger nachzuvollziehen und einzusetzen als die gerade präsentierte Vorgehensweise. Einige Grundstrukturen sind gleichermaßen vorhanden, doch der Algorithmus basiert nicht auf einer Variablen, die den Gruppenwechsel bemerkt, sondern auf einem Schlüssel, der die einzelnen Gruppen kennzeichnet. Die Zeit, die man in die Anwendung und das Verstehen des Algorithmus investiert, gewinnt man später wieder, wenn die Transformation – gerade bei umfangreichen Dokumenten – schneller abläuft.

Bei der Verwendung von Schlüsseln kommt folgendes Schema zum Einsatz:

1. Definition eines Schlüssels mit `key` für das Element, das gruppiert werden soll

2. Auswahl der zu gruppierenden Knoten und Einsatz von `key()` und `generate-id()` für die Erzeugung der Gruppen

3. Einsatz von `key()` für jede erzeugte Gruppe, um die Mitglieder der Gruppe zu finden

4. Weitere Sortierungen innerhalb der gefundenen Mitglieder einer Gruppe

Zunächst benötigen wir auf der obersten Ebene einen Schlüssel, den wir über das `key`-Element einrichten. Es erwartet einen Namen in einem `name`-Attribut, über den der Schlüssel nachher aufgerufen werden kann, sowie einen XPath-Ausdruck, der das Elternelement eines Elements oder Attributs angibt. Darüber enthält er das Kindelement oder das Attribut, das den Wert des Schlüssels enthalten soll. In diesem Fall ist es das Element `Erfolg` und sein Kindelement `Monat`.

```
<?xml version="1.0" encoding="UTF-8"?>
<xsl:stylesheet version="1.0"
  xmlns:xsl="http://www.w3.org/1999/XSL/Transform">
```

```
<xsl:output method="html" version="1.0" encoding="ISO-8859-1"
            indent="yes"/>
<xsl:key name="MSchluessel" match="Erfolg"
    use="Monat"/>
<xsl:template match="/">
  <html>
    <head>
      <title>Neukundengewinnung</title>
    </head>
    <body>
      <table border="1">
        <tr>
          <th>Monat</th>
          <th>Neukunden</th>
          <th>Gesamt</th>
          <th>Stadt</th>
        </tr>
        <xsl:for-each select="//Erfolg[generate-
        id(.)=generate-id(key('MSchluessel',
                              Monat)[1])]">
        <xsl:sort select="Monat" data-type="number"
            order="ascending"/>
        <xsl:for-each select="key('MSchluessel',
            Monat)">
          <xsl:sort select="Umsatz/Gesamt"/>
          <xsl:sort select="Umsatz/Neukunden"/>
          <tr align="center">
            <xsl:if test="position() = 1">
              <th valign="center">
                <xsl:attribute name="rowspan">
                <xsl:value-of
                  select="count(key('MSchluessel',
                  Monat))"/></xsl:attribute>
                <xsl:value-of select="Monat"/>
              </th>
            </xsl:if>
            <!-- Ausgabe der Werte →
          </tr>
        </xsl:for-each>
```

```
        </xsl:for-each>
      </table>
    </body>
  </html>
</xsl:template>
</xsl:stylesheet>
```

Listing 5.12: 531 _ 02.xslt – Gruppierung mit Schlüsseln

Um die Ausgabe etwas zu variieren und Ihnen eine andere Darstellungsform vorzuschlagen, erhalten wir nicht für jede Stadt wieder einen eigenen Abschnitt mit Titel und Tabelle, sondern eine große gemeinsame Tabelle. Diese allerdings gruppiert die einzelnen Monate dergestalt, dass sich über die Länge der zu einem Monat gehörenden Datensätze eine große Zelle erstreckt, in der die Monatsnummer steht. Die Streckung der Monatszelle erreichen wir über das Element `rowspan` in HTML für das Element `td`. Es enthält als Wert eine Zahl, die die Anzahl der zu umfassenden Reihen bzw. Zellen angibt. Diesen Wert ermitteln wir durch die Zählung der zu einem Schlüssel gehörenden Datensätze in der Datei.

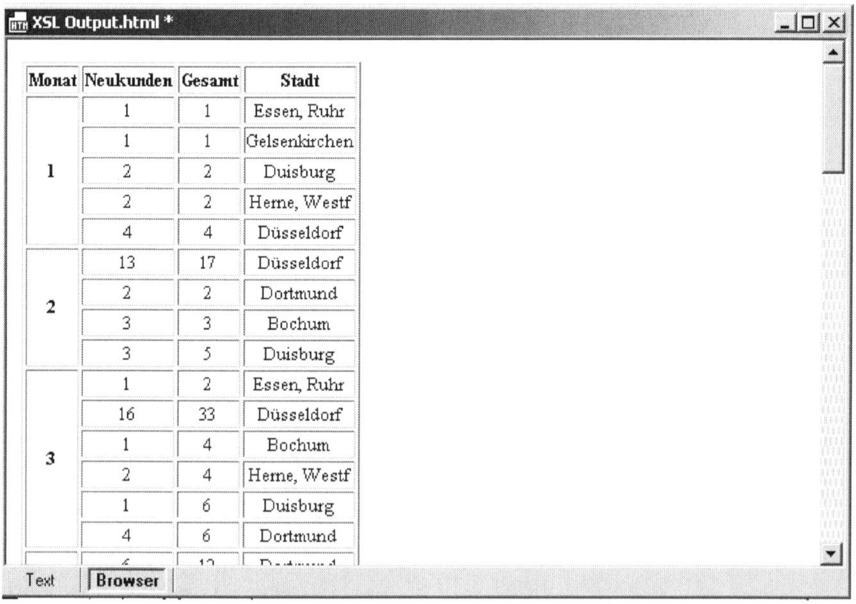

Monat	Neukunden	Gesamt	Stadt
	1	1	Essen, Ruhr
	1	1	Gelsenkirchen
1	2	2	Duisburg
	2	2	Herne, Westf
	4	4	Düsseldorf
	13	17	Düsseldorf
2	2	2	Dortmund
	3	3	Bochum
	3	5	Duisburg
	1	2	Essen, Ruhr
	16	33	Düsseldorf
3	1	4	Bochum
	2	4	Herne, Westf
	1	6	Duisburg
	4	6	Dortmund

Abbildung 5.12: Ausgabe im Browser

216

Da in den übrigen Zellen für die zu überspannende Zelle keine eigenen Zellen mehr erscheinen müssen, muss dies mithilfe einer Fallunterscheidung bzw. beim Gruppenwechsel berücksichtigt werden. Auch aus diesem Grund haben wir den gesamten Quelltext der Datei abgedruckt, damit die Funktionsweise und die Verschachtelung der einzelnen Anweisungen leicht nachvollziehbar sind. Für Sie stellt sich dann eigentlich nur noch die Aufgabe, die Element- oder Attributnamen in das Ihnen vorliegende Muster einzuarbeiten.

5. 3. 2. Gruppierungen für XSLT 2.0

Bei der Gruppierung[3] in XSLT 2.0 setzt man ein neues Element namens `for-each-group` ein. Sein Einsatz ist relativ einfach und erfüllt genau die Erwartungen, die man bereits bei der Verwendung von XSLT 1.0 für die Gruppierung von Elementen hatte. Wenn Sie XSLT 2.0 lernen, bevor Sie mit XSL 1.0 Erfahrungen gemacht haben, dann werden Sie sich möglicherweise gar nicht mehr ausführlich oder nur für eine bestimmte Übergangsphase mit den herkömmlichen Verfahren beschäftigen. Der Einsatz des neuen Elements `xsl:for-each-group` ist tatsächlich so einfach wie die GROUP BY-Klausel in SQL, sodass es immer erstaunlicher erscheint, dass wir so viele Jahre mit den herkömmlichen Techniken gearbeitet haben.

→ Grundlagen

Die allgemeine Syntax für das `xsl:for-each-group`-Element lautet:

```
<!-- Kategorie: Instruktion -->
<xsl:for-each-group
   select = expression
   group-by = expression
   group-adjacent = expression
   group-starting-with = pattern
   group-ending-with = pattern
   collation = { uri }>
   <!-- Content: (xsl:sort*, sequence-constructor) -->
</xsl:for-each-group>
```

---

3 Vgl. XSL Transformations (XSLT) Version 2.0 W3C Recommendation 23 January 2007, Abschnitt 14 Grouping unter http://www.w3.org/TR/xslt20/#grouping.

Einige Attribute geben ihre Bedeutung anhand ihres Namens preis, andere dagegen neigen dazu, sich sehr ähnlich anzuhören und dennoch unterschiedliche Arbeiten auszuführen. Bei der nachfolgenden Darstellung ist der deutsche Begriff *Einheit* als die Übersetzung des XPath-Konzepts item zu verstehen.

- `select` wählt die Einheiten anhand eines XPath-Ausdrucks aus, die zu gruppieren sind. Dies stellt noch nicht die Angabe der Gruppenbedingung oder des Gruppenschlüssels dar, sondern nur die so genannte Grundgesamtheit, die zu verarbeiten ist. Die verfügbaren Einheiten werden durch die Attribute `group-by`, `group-adjacent`, `group-starting-with` und `group-ending-with` zu bestimmten Gruppen zusammengeführt. Die genannten Attribute dürfen nicht gemeinsam erscheinen. Eines von ihnen ist verpflichtend.

- `group-by` oder `group-adjacent` ermitteln die Werte des Gruppierungsschlüssels (des mehrfach auftretenden Werts in der Grundgesamtheit und für jedes seiner Einheiten) für jede Einheit. Dabei wird der Wert immer dann ermittelt, wenn die Einheit gerade die Kontexteinheit ist. Für die Untersuchung und Wertermittlung werden die Einheiten in Dokumentrichtung (auch mit zusätzlicher Sortierung möglich) aufgesucht. Für das `group-by`-Attribut gilt, dass die zu verarbeitende Einheit mehrere Gruppierungsschlüssel haben darf, sodass der XPath-Ausdruck in `group-by` eine Sequenz ermittelt. Diese Einheit wird dann so vielen Gruppen zugeordnet, wie es verschiedene Gruppenschlüsselwerte gibt. Bei der Verwendung des `group-adjacent`-Attributs darf jede Einheit nur genau einen Gruppenschlüsselwert besitzen.

Für die Verarbeitung von Gruppen gibt es einige sehr hilfreiche Funktionen, die ebenfalls typische Programmierarbeiten aus XSLT 1.0 ersetzen.

- `current-group() as item()*` ermittelt die aktuelle Gruppe, die gerade verarbeitet wird. Dies ist eine Sammlung der zu einer Gruppe gehörenden Elemente, die gerade verarbeitet werden sollen. Die aktuelle Gruppe ist nur während einer Verarbeitung mit `xsl:for-each-group` gefüllt, ansonsten ist sie leer. Für die Benutzung sind keine Argumente verfügbar, da sie den aktuellen Kontext verarbeitet.

- `current-grouping-key() as xdt:anyAtomicType` ermittelt den Wert des Gruppenschlüssels. Dies ist der Wert, den alle Gruppenelemente gemeinsam besitzen. Dies ist der Wert, der sich aus den Attributen `group-by` oder `group-adjacent` des `xsl:for-each-group`-Elements ermittelt. Der aktuelle Gruppenschlüsselwert ist nur während einer Verarbeitung mit `xsl:for-each-group` gefüllt, ansonsten ist er leer.

Für die Benutzung sind keine Argumente verfügbar, da er den aktuellen Kontext verarbeitet.

Sollten Sie sich auch mit den Techniken von XSLT 1.0 beschäftigt haben, werden Sie noch wissen, dass die Vorbereitung der Daten und die Ordnung der zu gruppierenden Elemente genauso wie die Ordnung der Gruppen selbst durch geeignete Sortierungen eingerichtet wird. Dies entfällt prinzipiell in XSLT 2.0, weil die Gruppierung und die Reihenfolgenbestimmung der Gruppen und ihrer Mitglieder automatisch erfolgt. Selbstverständlich kann man durch Sortierungen hierauf wieder Einfluss nehmen, doch grundsätzlich kann man sich auch darauf verlassen, was die Automatik erfüllt.

Neben dem Konzept der Reihenfolgenautomatik kennt man auch noch das Konzept der Verarbeitungsreihenfolge.

- Die Reihenfolgenautomatik folgt dabei einem Prinzip, das auch in vielen anderen Bereichen solcher Techniken benutzt wird, und folgt daher dem Konzept des ersten Auftretens (engl. order of first appearance). Innerhalb jeder Gruppe gibt es wenigstens ein Mitglied. Ausgehend von der Dokumentrichtung ist das Mitglied die Anfangseinheit (engl. initial item of the group) der Gruppe, das das erste in Dokumentrichtung ist. Innerhalb der Gruppenreihenfolge richtet sich die Automatik dann nach diesem Prinzip. Das heißt, dass einer Gruppe A einer Gruppe B folgt, wenn die Anfangseinheit von Gruppe A vor der Anfangseinheit von Gruppe B liegt. Diese Regelung erinnert sehr an die Vorgehensweise, die in XSLT 1.0 über die Sortierung erfolgte.

- Die Verarbeitungsreihenfolge (engl. processing order) entspricht genau dann der Reihenfolgenautomatik, wenn keine explizite Sortierung mithilfe von `xsl:sort` vorgenommen wird. Steht dagegen ein solches `xsl:sort`-Element innerhalb von `xsl:for-each-group`, bestimmt dies die Verarbeitungsreihenfolge und damit die Reihenfolgenbeziehungen der Gruppen. Dies beeinflusst nicht die Reihenfolge der Gruppenmitglieder. Bei gleichen Werten in den Sortierschlüsseln gilt wieder die Reihenfolgenautomatik bzw. die Reihenfolge des ersten Auftretens.

➔ **Einfaches Beispiel**

In einem ersten Beispiel greifen wir die Ausgabe des ersten Gruppierungsbeispiels mit der Standardmethode von XSLT 1.0 auf. Das heißt, die einzelnen `Erfolg`-Elemente werden in einem passenden XPath-Ausdruck im `select`-Attribut des `xsl:for-each-group`-Elements aufgerufen. Innerhalb dieser Menge an Elementen nimmt man ein Element heraus, nach dem gruppiert werden soll. Dies ist das Stadt-Element, das mit seinem – vom Erfolg-Element aus gesehen – relativen XPath im group-by-Attribut angegeben ist. Da wir uns mit diesem Beispiel ja schon bei einer fortgeschrittenen Ausgabevariante befinden, benötigen wir innerhalb der erzeugten Tabelle noch eine Wiederholung, die mit der current-group-Funktion auf alle Gruppenmitglieder zugreift und für sie neue Reihen in der Tabelle ausgibt.

```
<xsl:for-each-group select="Erfolguebersicht/Erfolg"
    group-by="Stadt">
  <h2>Stadt  <xsl:value-of select="Stadt"/>
  </h2>
  <table border="1">
    <th>Monat</th>
    <th>Neukunden</th>
    <th>Gesamt</th>
    <xsl:for-each select="current-group()">
      <tr>
        <td>
          <xsl:value-of select="Monat"/>
        </td>
        ...
      </tr>
    </xsl:for-each>
  </table>
</xsl:for-each-group>
```

Listing 5.13: 532 _ 01.xslt – Einfache Gruppierung

Man erhält eine Ausgabe, in der für jede gefundene Stadt eine neue Überschrift und eine neue Tabelle mit den zugehörigen Daten erzeugt werden. Dabei ist zu beachten, dass die Sortierung der Datensätze der Reihenfolge der Datensätze in Dokumentrichtung entspricht. Durch zusätzliche Sortierungen ist dies wieder anders darzustellen.

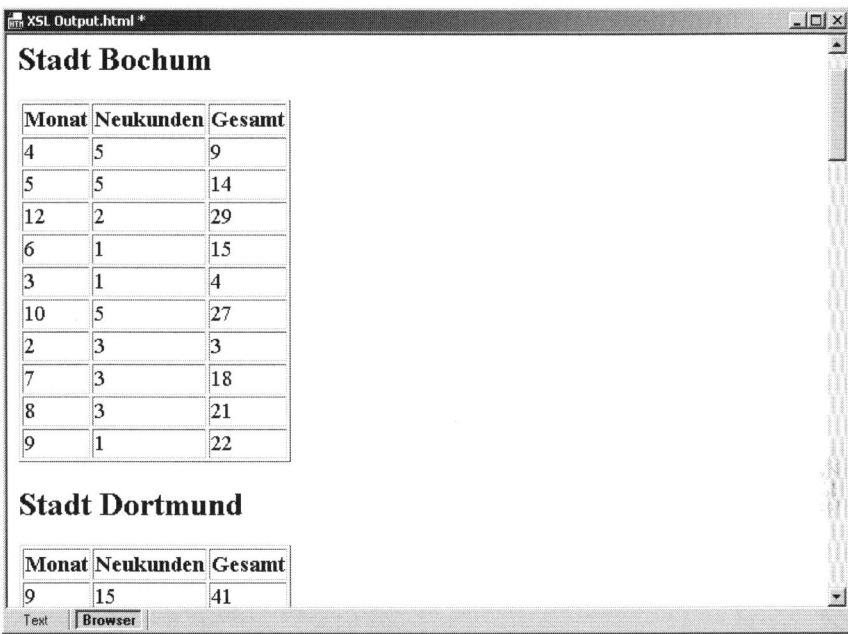

Abbildung 5.13: Ausgabe

→ **Erweiterte Vorgaben**

Es besteht die Möglichkeit, mit der `current-group`-Funktion noch weitere Darstellungen zu erreichen. Dabei lassen sich Aggregatfunktionen, die zur gesamten Gruppe oder zu einzelnen Knoten in der Gruppe passen, direkt auf die Gruppe anwenden. Dies wird mithilfe der Funktionen `count` (Zählung der gesamten Gruppe) und `sum` für die einzelnen `Neukunden`-Elemente erreicht. Hierbei ist darauf zu achten, dass die `current-group`-Funktion genauso zu verwenden ist wie ein temporärer Baum in einer Variablen, weil sich an den Gruppennamen ein fortgesetzter XPath-Ausdruck anschließt.

Für die gewünschte Sortierung kann man innerhalb der `for-each`-Wiederholung, die die einzelnen `Erfolg`-Elemente einer Stadt bearbeitet, wie bei jeder anderen Sortierung auch das zu sortierende Attribut oder Element wählen.

221

```
<xsl:for-each-group select="Erfolguebersicht/Erfolg"
    group-by="Stadt">
  <xsl:sort select="current-grouping-key()"/>
  <h2>Stadt  <xsl:value-of select="Stadt"/> (<xsl:value-
of select="count(current-group())"/> Monate,  <xsl:value-of
elect="sum(current-group()/Umsatz/Neukunden)"/> Neukunden)
          </h2>
  <table border="1">
    <th>Monat</th>
    <th>Neukunden</th>
    <th>Gesamt</th>
    <xsl:for-each select="current-group()">
      <xsl:sort select="Monat"/>
      <tr>
        <td>
          <xsl:value-of select="Monat"/>
        </td>
        ...
      </tr>
    </xsl:for-each>
  </table>
</xsl:for-each-group>
```

Listing 5.14: 532 _ 02.xslt – Aggregation und Summierung

Man erhält im Browser die Darstellung sämtlicher Erfolge mit der richtigen Sortierung.

→ Mehrstufige Gruppierung

Wie bei einer über mehrere Stufen organisierten Sortierung (erst der Name, dann der Vorname oder erst die Stadt, dann der Name) gibt es auch bei der Gruppierung die Möglichkeit, mehrere Ebenen der Gruppierung durchzuführen. Im nachfolgenden Beispiel wird daher zunächst der Monat gruppiert, um dann innerhalb der Monate die Anzahl der Neukunden zu gruppieren. Dies ist nicht notwendigerweise eine sehr wichtige Fragestellung für z. B. ein Berichtssystem, das sich mit den Erfolgsdaten auseinander setzt, ist aber in der neuen XSLT-Syntax sehr wohl möglich. Dazu verwendet man einfach zwei ineinander verschachtelte `xsl:for-each-group`-Elemente mit den passenden XPath-Ausdrücken.

```xsl
<xsl:for-each-group select="Erfolguebersicht/Erfolg"
    group-by="Monat">
  <xsl:for-each-group select="current-group()"
      group-by="Umsatz/Neukunden">
    <h2>Monat <xsl:value-of select="Monat"/> (<xsl:value-of
elect="count(current-group())"/> Datenreihen, <xsl:value-of
elect="sum(current-group()/Umsatz/Neukunden)"/> Neukunden)
        </h2>
    <table border="1">
      <th>Stadt</th>
      <th>Neukunden</th>
      <th>Gesamt</th>
      <xsl:for-each select="current-group()">
        <tr>
          <td>
            <xsl:value-of select="Stadt"/>
          </td>
          …
        </tr>
      </xsl:for-each>
    </table>
  </xsl:for-each-group>
</xsl:for-each-group>
```

Listing 5.15: 532 _ 03.xslt – Mehrstufige Gruppierung

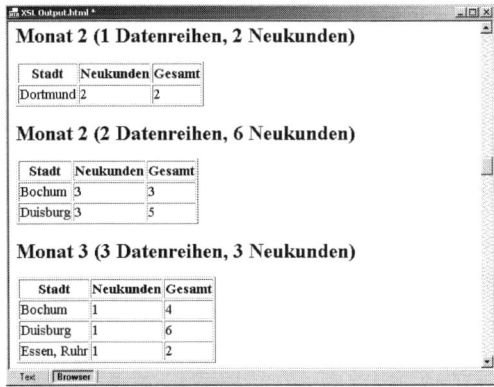

Abbildung 5.14: Ausgabe im Browser

Im Browser erhält man dann die einzelnen Monate ausgewiesen mit der Anzahl der Daten-reihen und der Anzahl der Neukunden (hier nochmals die Verwendung der zu `current-group` zugewiesenen Funktionen) und die Städte, die in diesem Monat die gleiche Anzahl Neukunden aufwiesen. Damit Sie sehen, dass tatsächlich unterschiedliche Anzahlen an Da-tenreihen gefunden werden, haben wir eine Stelle für das Beweisfoto ausgewählt, die drei unterschiedliche Anzahlen von Datenreihenmengen eng nebeneinander präsentiert.

→ Gruppenbeginn und -ende

Manchmal existieren besondere Strukturen im Quelltext, die entweder nicht schön mo-delliert sind oder für die besondere Verarbeitungssituation auch nicht anders modelliert werden konnten, weil man nicht damit gerechnet hatte, die Daten auf eine bestimmte Art und Weise zu verarbeiten. Da die gesamte Gruppierungstechnik neu ist, werden sicherlich in den nächsten Monaten viele XSLT-Anwender mit der Gruppierungsfunktion spielen und ganz unterschiedliche Verarbeitungsansätze finden.

Was die Modellierung anbetrifft, so kann man das nachfolgende Desaster fast nur an einem Beispieltext verdeutlichen. Anstelle eines Elternelements, das die einzelnen Quartale um-schließt, hat man – wie soll man sagen? – Stoppelemente namens `Quartal`. Diese tauchen überall dort auf, wo ein neues Quartal beginnt. Mit den neuen Gruppierungsmöglichkeiten in XSLT kann man sowohl auf solche Stoppelemente oder Stoppdaten reagieren, wenn sie beginnen oder wenn sie aufhören, das heißt, wenn die Gruppe mit ihnen beginnt oder aufhört.

```
<Erfolguebersicht
 xmlns:xsi=http://www.w3.org/2001/XMLSchema-instance
 xsi:noNamespaceSchemaLocation="532_04.xsd">
  <Quartal>1</Quartal>
  <Erfolg>
    <Stadt>Essen, Ruhr</Stadt>
    <Monat>1</Monat>
    ...
  </Erfolg>
  <Erfolg>
    <Stadt>Herne, Westf</Stadt>
    <Monat>1</Monat>
    ...
  </Erfolg>
```

```
    <Quartal>2</Quartal>
  <Erfolg>
    <Stadt>Duisburg</Stadt>
    <Monat>4</Monat>
    ...
  </Erfolg>
  <Erfolg>
    <Stadt>Düsseldorf</Stadt>
    <Monat>4</Monat>
    ...
  </Erfolg>
</Erfolguebersicht>
```

Listing 5.16: 532_04.xml – Gruppierung durch Geschwisterelemente

Die misslungene Modellierung haben wir noch einmal in einem Dokumentbaum abgedruckt. Hier ist auch zu erkennen, dass ein Elternelement namens Quartal sicherlich besser wäre als ein solches Stoppelement.

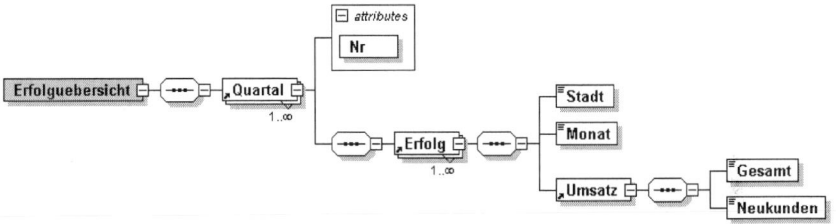

Abbildung 5.15: Ungünstige Modellierung

Um das Stoppelement Quartal zu erkennen und als Gruppentrenner zu verwenden, gibt es im xsl:for-each-group-Element das group-starting-with-Attribut. Dazu benötigen wir noch einige zusätzliche Tricks in XPath. Zunächst muss sich die Gruppe nicht nur auf die Erfolg-Elemente, sondern auf alle Kinder des Wurzelelements beziehen. Darüber hinaus müssen wir von der aktuellen Gruppe jeweils das Quartal-Element auslesen, um an den Textknoten heranzukommen, und für die Ausgabe der einzelnen Datenreihen genau von dieser Gruppe auch die Erfolg-Elemente beschaffen. Dies erreichen wir über die self-Achse.

```
<xsl:for-each-group select="Erfolguebersicht/child::*"
      group-starting-with="Quartal">
  <h2>Quartal   <xsl:value-of select="self::Quartal"/>
  </h2>
  <table border="1">
    <th>Monat</th>
    <th>Stadt</th>
    <th>Neukunden</th>
    <th>Gesamt</th>
    <xsl:for-each select="current-group()[self::Erfolg]">
      <tr>
        <td>
          <xsl:value-of select="Monat"/>
        </td>
        ...
      </tr>
    </xsl:for-each>
  </table>
</xsl:for-each-group>
```

Listing 5.17: `532 _ 04.xslt` – Gruppenbeginn

Man erhält tatsächlich verschiedene Bereiche in der Ausgabe, die sich anhand der Quartale orientieren und auch im Titel die korrekte Quartalsnummer ausgeben.

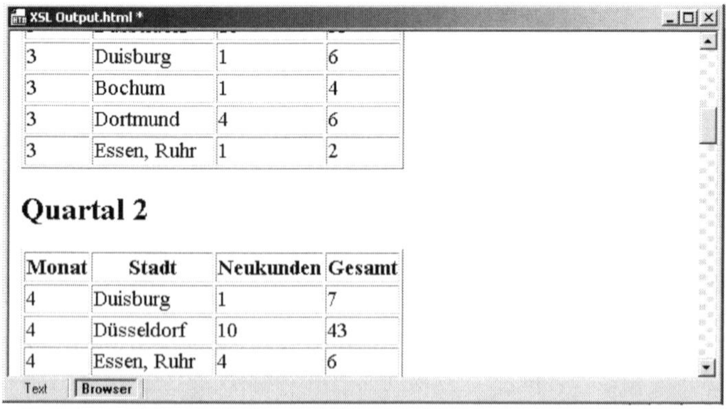

3	Duisburg	1	6
3	Bochum	1	4
3	Dortmund	4	6
3	Essen, Ruhr	1	2

Quartal 2

Monat	Stadt	Neukunden	Gesamt
4	Duisburg	1	7
4	Düsseldorf	10	43
4	Essen, Ruhr	4	6

Abbildung 5.16: Ausgabe im Browser

Parameter und Variablen

6. Parameter und Variablen

Auch wenn wir XSLT nicht als Programmiersprache im eigentlichen Sinne bezeichnen wollen, so gibt es doch einige Strukturen in der Syntax, die verdächtig an eine solche erinnern. Nach der Darstellung der Kontrollstrukturen mit Wiederholungen und Fallunterscheidungen widmet sich dieses Kapitel ganz der Präsentation von Strukturen, die Werte speichern und über ihren Bezeichner auch wieder zurückgeben können. Zwei solche Strukturen sind in XSLT verfügbar: Parameter und Variablen.

6. 1. Parameter

Parameter[1] dienen beim Vorlagenaufruf der Wertübermittlung an die aufgerufene Vorgabe, um unterschiedliche Ereignisse auszulösen oder zu bewirken. Dies lässt sich teilweise auch komplett durch andere Vorlagen oder durch Vorlagenmodi ersetzen, doch ist die Verwendung von Parametern ein meistens kürzerer Weg. Dabei ist der Vorlagenaufruf mit dem Aufruf eines Unterprogramms wie einer Funktion oder Prozedur zu verstehen, die ebenfalls Parameter als Wertvorgaben erwartet oder mit Standardwerten arbeitet.

Für den Einsatz in XSLT setzt man die beiden Elemente `param` und `with-param` ein. Beide besitzen ein `name`-Attribut für den Namen und ein `select`-Attribut für den Wert. Alternativ können Werte auch innerhalb des von diesen Elementen entstehenden Containers über die bekannten anderen Strukturen erzeugt werden. Ein Parameter wird mit `param` in einer Vorlage definiert, die wiederum von einer anderen Vorlage aufgerufen wird. Der Aufruf erfolgt dabei über das Element `with-param` und die entsprechende Wertsetzung. Ein häufiger Weg ist dabei der Einsatz dieses Elements in den als Container gebrauchten Elementen `apply-templates` oder `call-template`, die ja bisher nur als leere Elemente zum Einsatz kamen. Dadurch ruft man ein benanntes oder ein passendes Template unter Übergabe eines Parameterwertes auf.

Im folgenden Beispiel erzeugt man für Gruppen von Untersummen in den Tarifen Kategorien, die dazu führen, dass eine Grafik unterschiedlich lang skaliert wird, um die Bedeutung

---

1   Vgl. XSL Transformations (XSLT) Version 2.0 W3C Recommendation 23 January 2007, Abschnitt 9.2 Parameters unter http://www.w3.org/TR/xslt20/#parameters.

der einzelnen Posten für den gesamten Rechnungsbetrag zu zeigen. Dazu benötigen wir zunächst ein XML-Dokument. Es enthält mehrere Rechnungen innerhalb eines Rechnungen-Wurzelelements. Damit das Dokument auch sinnvolle Inhalte aufweist und nicht nur einfache Tarife mit zugehörigen Summen, existieren noch Kundeninformationen, die wir allerdings aus Platzgründen nicht ausgegeben haben.

```
<?xml version="1.0" encoding="ISO-8859-1"?>
<Rechnungen xmlns:xsi="http://www.w3.org/2001/XMLSchema-
  instance" xsi:noNamespaceSchemaLocation="611_01.xsd">
  <Rechnung Nr="12957" Datum="2004-12-31">
    <Total>27.27</Total>
    <Kunde Typ="p" Nr="895">
    ...
    </Kunde>
    <Postenliste>
      <Posten Nr="67348" RefNr="12957">
        <Tarif>Frühstück</Tarif>
        <Einzeln>4.53</Einzeln>
      </Posten>
      <Posten Nr="67349" RefNr="12957">
        <Tarif>Mittagspause</Tarif>
        <Einzeln>10.07</Einzeln>
      </Posten>
      ...
    </Postenliste>
  </Rechnung>
...
```

Listing 6.1: 611 _ 01.xml – Rechnungsliste

Im Dokumentbaum erkennen Sie, dass neben der Postenliste auch noch die gerade erwähnten Kundeninformationen vorhanden sind, die aber keine wichtige Struktur für die Darstellung von Parametern bilden.

```
<xsl:template match="/">
  <html>
    <head>
      <title>Umsatz</title>
    </head>
    <body>
      <xsl:for-each select="//Rechnung">
        <xsl:apply-templates select="Kunde"/>
        <xsl:for-each select="Postenliste/Posten">
          <xsl:choose>
            <xsl:when test="Einzeln[round(number(text()))=0]">
              <xsl:call-template name="Posten">
                <xsl:with-param name="Kategorie" select="1"/>
              </xsl:call-template>
            </xsl:when>
            <xsl:when test="Einzeln[round(number(text()))=1]">
              <xsl:call-template name="Posten">
                <xsl:with-param name="Kategorie" select="2"/>
              </xsl:call-template>
            </xsl:when>
            ...
          </xsl:choose>
        </xsl:for-each>
      </xsl:for-each>
    </body>
  </html>
</xsl:template>

<!-- Vorlage für Posten -->
<xsl:template name="Posten">
  <xsl:param name="Kategorie"/>
  <p>
    <img src="strich.gif" alt="Kategorie" align="left" width="{$Kategorie}0" height=" 10"/>
    <xsl:text>Tarif: </xsl:text>
    <xsl:value-of select="Tarif"/>
    <xsl:text> | </xsl:text>
    <xsl:value-of select="Einzeln"/>
  </p>
</xsl:template>
```

Aufruf lokaler Parameter

Deklaration lokaler Parameter

Verwendung lokaler Parameter

Abbildung 6.1: Dokumentbaum der Rechnungsliste

6. 1. 1. Lokale Parameter

In XSLT unterscheidet man zwischen globalen und lokalen Strukturen. Dies gilt für Variablen und Parameter genauso, wobei wir zunächst in diesem Abschnitt den Fokus auf die Parameter lenken. Ob ein Parameter lokal oder global auftritt, hängt nicht mit einer bestimmten Deklarationsart und einer anderen Syntax zusammen, sondern wird ausschließlich durch die Position der Deklaration bzw. die Position des zugehörigen Elements in der XML-Struktur bestimmt.

Da – wie immer – wohlgeformte XML-Dokumente entstehen müssen, gehört das `param`-Element, mit dem Parameter deklariert werden, zu einem bestimmten Elternelement. Ist dieses Elternelement das `stylesheet`-Element, so stellt der Parameter ein Element der obersten Ebene dar. Es ist damit auf der gleichen Stufe angeordnet wie die `template`-Elemente, stellt also für alle anderen Strukturen, die wiederum unterhalb von `template` liegen, einen Vorfahren dar. Es ist zwar kein Vorfahre im Sinne eines Eltern- oder Eltern-Eltern-Knoten, doch ist er dennoch für alle anderen Elemente »sichtbar«. Die Gültigkeit eines Parameters erstreckt sich also in Dokumentrichtung, sodass ein lokaler Parameter innerhalb eines `template`-Elements deklariert wird, daher nicht global vorliegt und natürlich demzufolge auch kein Element der obersten Ebene sein kann.

Ein lokaler Parameter[2] wird innerhalb eines `template`-Elements deklariert, wobei die folgende allgemeine Syntax zum Einsatz kommt.

```
<!-- Kategorie: Deklaration -->
<xsl:param
  name = qname
  select = expression
  as = sequence-type
  required = "yes" | "no"
  tunnel? = "yes" | "no">
  <!-- Content: sequence-constructor -->
</xsl:param>
```

---

2   Vgl. XSL Transformations (XSLT) Version 2.0 W3C Recommendation 23 January 2007, Abschnitt 9.6 Local Variables and Parameters unter http://www.w3.org/TR/xslt20/#local-variables.

Die Attributliste ist übersichtlich kurz und hat folgende Bedeutungen:

- `name` als `qname` verleiht dem Parameter einen Namen, der später über ein vorange-setztes Dollar-Zeichen (Perl- und PHP-Programmierer dürften begeistert sein) aufgerufen werden kann

- `select` als `expression` wählt über einen XPath-Ausdruck Werte in den Parameter aus. Einfache Zeichenketten, die sich nicht aus einem Textknoten oder Attributwert beschaffen lassen, werden durch zusätzliche Hochkommata umschlossen, um kenntlich zu machen, dass es sich bei der angegebenen Zeichenkette nicht um einen Bezeichner oder einen längeren XPath-Ausdruck handelt, sondern um eine einfache Zeichenkette. Da Zahlen nicht zu Anfang eines XML-Namens stehen können, ist es erlaubt, auf die Hochkommata zu verzichten, wenn man Zahlenwerte speichern möchte.

- `as` als `sequence-type` speichert den Datentyp des Parameters mithilfe eines Datentyps aus XML Schema oder aus XPath.

- `required` als "yes" | "no" zur Angabe, ob die Verwendung des Parameters für eine Vorlage erforderlich oder nicht erforderlich ist.

- `tunnel`[3] als "yes" | "no" zur Angabe, ob die in dieser Vorlage definierten und beim Aufruf übergebenen Parameter an die nachfolgend aufgerufenen Vorlagen übergeben werden sollen.

Die Attribute `as` (Datentypangabe des Wetes), `tunnel` (Weiterleitung) und `required` (Verwendungsanweisung) sind neu in der Version 2.0

Ein solcher lokaler Parameter wird also innerhalb eines `template`-Elements deklariert und kann auch einen Standardwert erhalten. Sobald dann der Aufruf der Vorlage, die diesen Parameter enthält, ohne die Verwendung des Parameters geschieht, verwendet der Prozessor den Vorgabewert. Ansonsten überschreibt die spezielle Angabe beim Aufruf diesen Vorgabewert. Das heißt, dass die Verwendung des Attributs `select` bei der Deklaration entfallen kann, sodass im einfachsten Fall der Parameter nur einen Namen besitzt.

---

3 Vgl. XSL Transformations (XSLT) Version 2.0 W3C Recommendation 23 January 2007, Abschnitt 10.1.2 Tunnel Parameters unter http://www.w3.org/TR/xslt20/#tunnel-params.

Eine Vorlage, die im Besitz eines Parameters ist, wird in anderer syntaktischer Form aufgerufen als in den zurückliegenden Beispielen. Zunächst muss man aus einem `call-template`- oder einem `apply-templates`-Element ein Containerelement gestalten, das als Kindelement genau die erforderlichen `with-param`-Elemente enthält, die für die Übergabe von Parameterwerten an die Vorlage benötigt werden. Das `with-param`-Element hat folgende allgemeine Syntax:

```
<xsl:with-param
  name = qname
  select = expression>
  <!-- Content: sequence-constructor -->
</xsl:with-param>
```

Die Attributliste ist übersichtlich kurz und hat folgende Bedeutungen:

- `name` als `qname` verleiht dem Parameter einen Namen, der später über ein vorangesetztes Dollar-Zeichen aufgerufen werden kann

- `select` als `expression` wählt über einen XPath-Ausdruck Werte in den Parameter aus. Einfache Zeichenketten, die sich nicht aus einem Textknoten oder Attributwert beschaffen lassen, werden durch zusätzliche Hochkommata umschlossen.

Das Transformationsdokument haben wir im nächsten Absatz um seine für die Darstellung der Parameterdeklaration und -verwendung ergänzenden Stellen beraubt. Interessant ist bloß, wie in Abhängigkeit von bestimmten Werten, die im Element `Einzeln` auftauchen, eine Kategorie ermittelt wird, die dann als Parameter `Kategorie` an die Vorlage `Posten` übergeben wird. Die Zahlenwerte der Parameter sind hier nicht mit Hochkommata umschlossen, weil ein XML-Name ohnehin nicht mit einer Zahl beginnen darf und daher automatisch erkannt wird, dass es sich nicht um einen Bezeichner handeln kann.

```
...
<xsl:for-each select="Postenliste/Posten">
  <xsl:choose>
    <xsl:when test="Einzeln[round(number(text()))=0]">
      <xsl:call-template name="Posten">
        <xsl:with-param name="Kategorie" select="1"/>
      </xsl:call-template>
```

```
  </xsl:when>
  <xsl:when test="Einzeln[round(number(text()))=1]">
    <xsl:call-template name="Posten">
      <xsl:with-param name="Kategorie" select="2"/>
    </xsl:call-template>
  </xsl:when>
    . . .
  </xsl:choose>
</xsl:for-each>
. . .
```

Listing 6.2: 611 _ 01.xslt – Aufruf von Vorlagen mit Parametern

Für die Verwendung von Parametern benötigt man neben ihrem Aufruf innerhalb von `ap-ply-templates` oder `call-template` natürlich auch eine Deklaration innerhalb eines `template`- oder `stylesheet`-Elements. Da wir uns gerade im lokalen Fall bewegen, liegt die Deklaration innerhalb einer Vorlage. In unserem Fall hat der Parameter nur einen Namen und ansonsten keine weiteren Eigenschaften. Man ruft ihn nachher innerhalb eines `img`-Elements in HTML auf, um innerhalb seines `width`-Attributs aus der verzehnfachten Kategorie die Breite des eingefügten Bildes zu bestimmen.

```
<!-- Vorlage für Posten -->
<xsl:template name="Posten">
  <xsl:param name="Kategorie"/>
  <p>
    <img src="strich.gif" alt="Kategorie" align="left"
    width="{$Kategorie}0" height=" 10"/>
    <xsl:text>Tarif: </xsl:text>
    <xsl:value-of select="Tarif"/>
    <xsl:text> | </xsl:text>
    <xsl:value-of select="Einzeln"/>
  </p>
</xsl:template>
```

Listing 6.3: 611 _ 01.xslt – Verwendung von lokalen Parametern

Das Ergebnis ist ein roter Strich, der sich aus der eingefügten Grafik ergibt und in Abhängigkeit des Umsatzes mit einem Tarif unterschiedlich lang dargestellt wird.

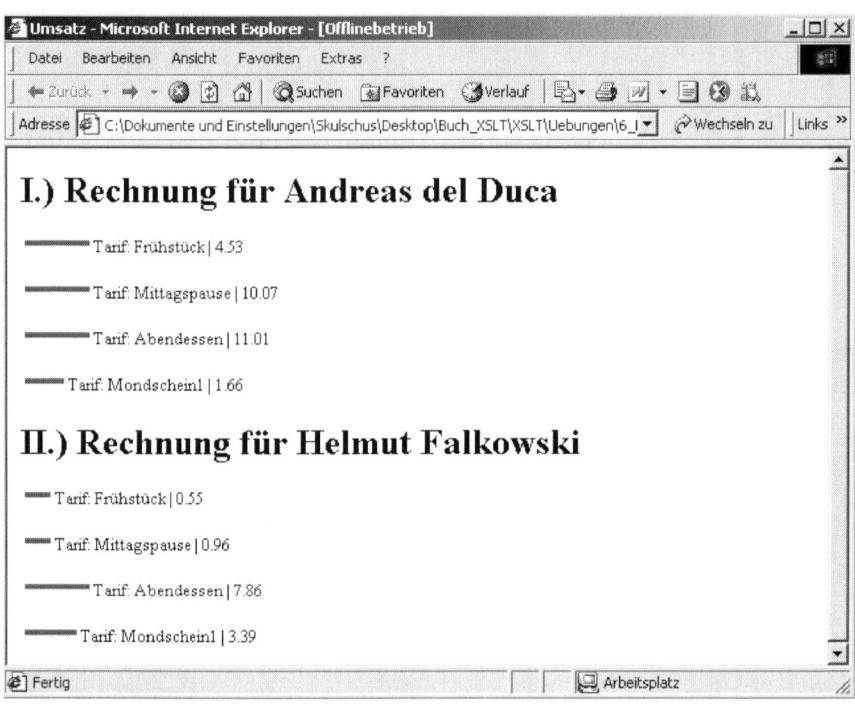

Abbildung 6.2: Ausgabe im Browser

Mit Abbildung 6.3 veranschaulichen wir die Verwendung eines lokalen Parameters. Innerhalb einer Vorlage deklariert man den Parameter, gibt ihm einen Namen und möglicherweise einen Standardwert oder weitere Eigenschaften wie z. B. den Datentyp der möglichen Werte. Beim Aufruf der zu ihm gehörenden Vorlage verwendet man das `with-param`-Element und einen XPath-Ausdruck bzw. einen Wert, der zu dem evtl. angegebenen Datentyp passt. Innerhalb seines Gültigkeitsbereichs, der bei einem lokalen Parameter nur die eine Vorlage umfasst, in der man ihn deklariert hat, lässt er sich dann über seinen Bezeichner und einem vorangestellten Dollar-Zeichen aufrufen.

```
<xsl:template match="/">
  <html>
   <head>
    <title>Umsatz</title>
   </head>
   <body>
    <xsl:for-each select="//Rechnung">
     <xsl:apply-templates select="Kunde"/>
     <xsl:for-each select="Postenliste/Posten">
      <xsl:choose>
       <xsl:when test="Einzeln[round(number(text()))=0]">
        <xsl:call-template name="Posten">
         <xsl:with-param name="Kategorie" select="1"/>
        </xsl:call-template>
       </xsl:when>
       <xsl:when test="Einzeln[round(number(text()))=1]">
        <xsl:call-template name="Posten">
         <xsl:with-param name="Kategorie" select="2"/>
        </xsl:call-template>
       </xsl:when>
       ...
      </xsl:choose>
     </xsl:for-each>
    </xsl:for-each>
   </body>
  </html>
</xsl:template>

<!-- Vorlage für Posten -->
<xsl:template name="Posten">
<xsl:param name="Kategorie"/>
 <p>
  <img src="strich.gif" alt="Kategorie" align="left" width="{$Kategorie}0" height=" 10"/>
  <xsl:text>Tarif: </xsl:text>
  <xsl:value-of select="Tarif"/>
  <xsl:text> | </xsl:text>
  <xsl:value-of select="Einzeln"/>
 </p>
</xsl:template>
```

Aufruf lokaler Parameter

Deklaration lokaler Parameter

Verwendung lokaler Parameter

Abbildung 6.3: Verwendung eines lokalen Parameters

6. 1. 2. Globale Parameter

Ein globaler Parameter[4] besitzt die gleiche Syntax wie ein lokaler Parameter, sodass für die Darstellung der allgemeinen Syntax auf den vorherigen Abschnitt verwiesen werden kann. Was ihn allerdings von einem lokalen Parameter unterscheidet, ist seine Platzierung innerhalb des Dokumentbaums. Er sitzt nämlich genau nicht innerhalb eines `template`-Elements, sondern ist direktes Kind von `stylesheet`. Dadurch erstreckt sich sein Gültigkeitsbereich auf das gesamte Dokument, weswegen er von allen anderen Vorlagen aufgerufen werden kann.

Neben der Tatsache, dass er von allen anderen Vorlagen aufgerufen werden kann, existiert noch eine weitere Besonderheit, deren Bedeutung gar nicht hoch genug eingeschätzt werden kann und die für die Verwendung von XSLT ungeahnte Vorteile bietet. Ein solcher auf der obersten Ebene deklarierter Parameter stellt einen Zugriffsweg für die aufrufende Umgebung dar. Der Prozessor bietet – je nach Produkt und Verwendung – eine Option (Kommandozeile) oder eine Funktion/Methode (Einbettung in eine Anwendung), mit der jeweils ein Parameter und sein Wert angemeldet werden kann. Dieser globale Parameter steht dann überall im Transformationsdokument bereit und kann über seinen Bezeichner und das vorangestellte Dollar-Zeichen aufgerufen werden.

Über diese Technik lassen sich solche Anwendungen realisieren, die für unterschiedliche Fälle ein gemeinsames Transformationsdokument verwenden möchten, die genaue Verarbeitung aber von Werten abhängig machen wollen, die von außen vorgegeben werden sollen. Dies können sehr einfache Werte wie im nächsten Beispiel sein, die sich nur um die Ausgabeart kümmern, oder auch solche, die zunächst von einer DB-Abfrage beschafft werden und nicht innerhalb der XML-Datei liegen können oder sollen.

Bei der Verwendung von globalen Parametern erreicht man mithilfe von XSLT eine Struktur, die auch mit anderen Verarbeitungsmöglichkeiten wie SAX oder dem DOM in einer speziellen Dimension konkurrieren kann und wegen der sonstigen Vorteile diese sehr häufig überrunden und sich als beste Lösung entpuppt. Da man die Verarbeitung innerhalb einer Programmiersprache ohnehin mit Variablen oder bei Verwendung eines objektorientierten Ansatzes mit Eigenschaften einer Transformationsklasse steuern kann, lässt sich diese Übergabe von Werten, die für die Transformation nützlich oder unverzichtbar sind, auch mit XSLT erreichen. Ein solcher globaler Parameter fungiert quasi als Eigenschaft einer Klasse, die beispielsweise im Konstruktor übergeben werden kann. Die Transformation ist weiterhin in der XSLT-Datei gekapselt und kann von anderen Systemen, Parsern und

---

4   Vgl. XSL Transformations (XSLT) Version 2.0 W3C Recommendation 23 January 2007, Abschnitt 9.5 Global Variables and Parameters unter http://www.w3.org/TR/xslt20/#global-variables.

Anwendungen aufgerufen werden, während allerdings Übergabeparameter existieren, die öffentliche Zugangswerte für die Transformation bedeuten.

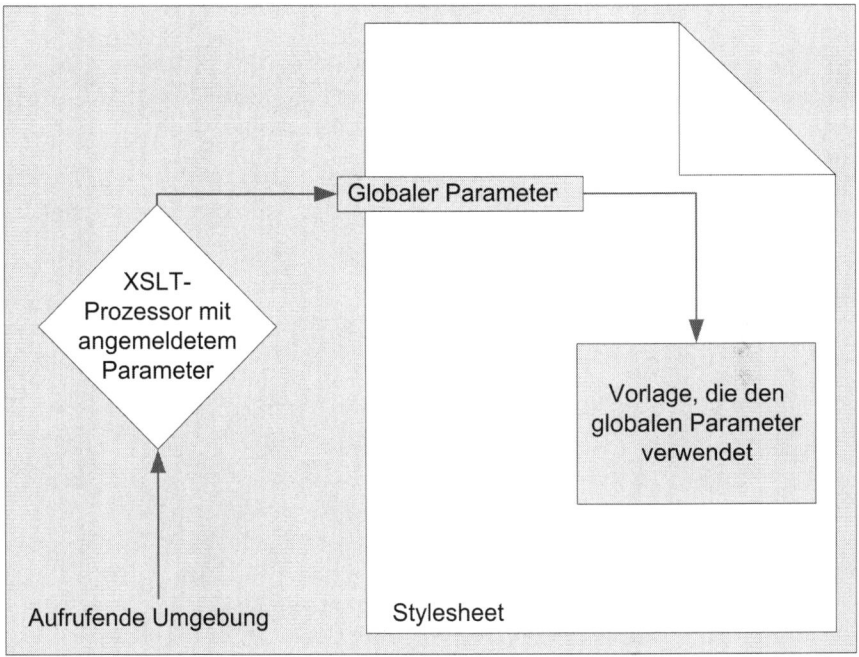

Abbildung 6.4: Verwendung eines globalen Parameters

In einigen Situationen kann es natürlich sein, dass die Anzahl der Parameter zu umfangreich wird. Dies belastet nicht den Parser oder die Anwendung, doch ist es vielleicht dann doch wieder besser, die Transformation auf anderen Wegen durchzuführen. Hundert einzelne Parameterwerte oder gar Array-Werte mithilfe von mehreren Parametern zu übergeben, stellt sicherlich eine, aber nicht zwangsläufig die beste Lösung für ein konkretes Problem dar. In solchen Fällen lässt sich mit Sicherheit ein XSLT-Ansatz finden, doch der mag dann nur noch aufgrund von theoretischen Aspekten interessant sein

Als Beispiel greifen wir erneut auf das vorhin verarbeitete Rechnungsdokument zurück. Dieses Mal haben wir einen sehr einfachen globalen Parameter, der die Farbe für die Ausgabe als HTML-Farbname speichert. Beachten Sie, dass dieser Parameter auf gleicher Höhe wie die einzelnen Vorlagen deklariert wird und daher von allen Vorlagen gleichermaßen

241

aufgerufen werden kann. Zusätzlich – um den Unterschied zwischen globalen und lokalen Parametern zu kennzeichnen – übergeben wir den Wert des `Einzeln`-Elements als Parameter, um diesen Wert nach einer Vervielfältigung mit 50 als Breite einer horizontalen Linie auszugeben.

Während der globale Parameter `Farbe` tatsächlich ohne `with-param`-Element an beliebiger Stelle zum Einsatz kommen kann, ist es nur möglich, den lokalen Parameter `Summe` in der Vorlage aufzurufen, die ihn auch deklariert und daher erwartet.

```
...
<xsl:param name="Farbe" select="'red'"/>
  <!-- Startvorlage -->
...

        <xsl:for-each select="//Rechnung">
          <xsl:apply-templates select="Kunde"/>
          <ul>
            <xsl:for-each select="Postenliste/Posten">
              <li>
                <font color="{$Farbe}">
                  <xsl:value-of select="Tarif"/>
                </font>
                <xsl:call-template
                    name="Umsatzvisualisierung">
                  <xsl:with-param name="Summe"
                      select="Einzeln"/>
                </xsl:call-template>
              </li>
            </xsl:for-each>
          </ul>
        </xsl:for-each>
      </body>
    </html>
</xsl:template>
<!-- Vorlage für Umsatzvisualisierung -->
<xsl:template name="Umsatzvisualisierung">
  <xsl:param name="Summe" select="0"/>
  <hr width="{ceiling($Summe)*50}" align="left"/>
```

```
</xsl:template>
...
```

Listing 6.4: 612 _ 01.xslt – Globale und lokale Parameter

Das Ergebnis ist dann eine Ausgabe, die dem letzten Beispiel ähnelt. Allerdings lässt sich die Farbe nun von außen durch Aufrufen des Parameters und Übergabe eines neuen Wertes wie z. B. blue, black oder lightseagreen verändern.

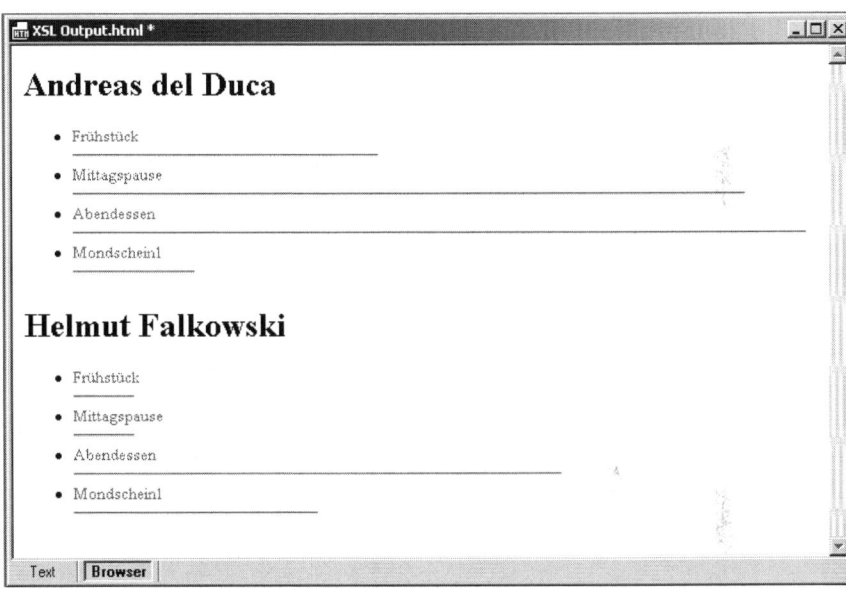

Abbildung 6.5: Ausgabe im Browser

In Abbildung 6.6 veranschaulichen wir das letzte Beispiel und damit das aktuelle Thema. Um den gesamten Quelltext in XSLT liegt ein Dokument-Symbol, das die Abgegrenztheit/ Kapselung des Transformationsquelltextes und -algorithmus darstellen soll. Allerdings bietet dieses Stylesheet nicht nur eine ausgelagerte und wiederverwendbare Transformation, sondern auch einen Zugriffspfad, der über einen globalen Parameter eingerichtet wird. Mit seiner Hilfe ist es möglich, die Transformation zu beeinflussen. Dies kann in sehr kleinen Details, aber auch in umfangreichen Schaltwerten geschehen, die eine völlig andere Ausgabe/ Transformation bewirken.

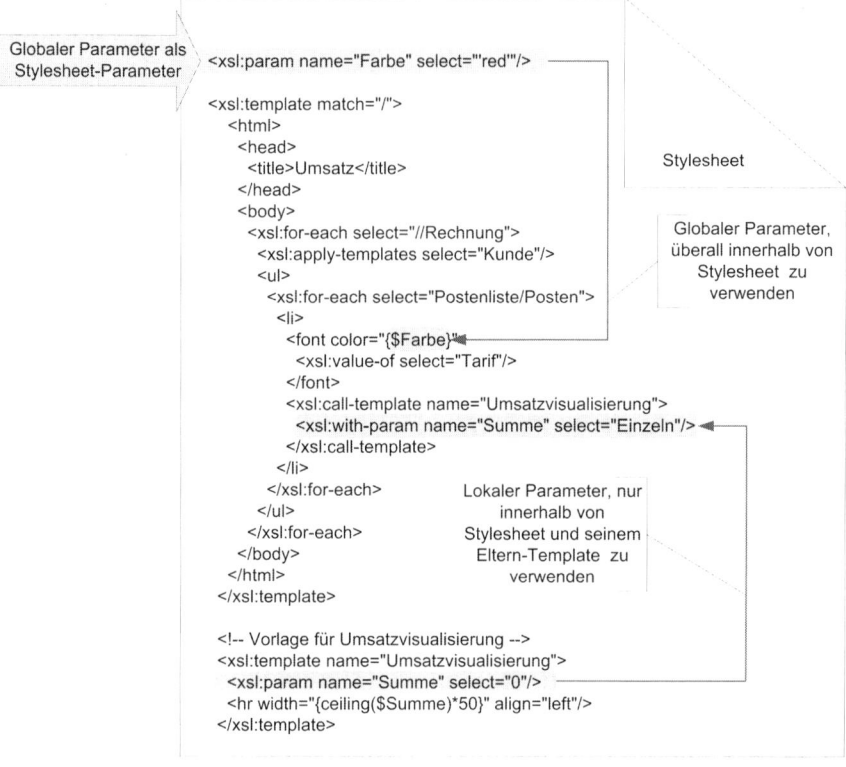

Abbildung 6.6: Verwendung von globalen Parametern

6. 2. Variablen

Zusätzlich zu Parametern existieren in XSLT auch Variablen. Sie ähneln mit ihrem Namen und ihrer grundsätzlichen Verwendung den Variablen, die auch in anderen Syntaxstrukturen bekannt sind. Allerdings zollen sie den besonderen Eigenschaften von XSLT Tribut, sodass ihr einmal gesetzter Wert nicht verändert werden kann. Dies hängt mit der XSLT-Philosophie zusammen, nach der nicht angegeben wird, wie die Verarbeitung abzulaufen hat, sondern wie das Ergebnis aussehen soll. Im Gegensatz zu einer prozeduralen Sprache, die die durchzuführenden Aktivitäten und ihre Anordnung vorgibt, besitzt ein Transformationsdokument nur eine Reihe von Regeln, die das Ausgabeformat angibt. Daher lässt sich XSLT auch als deklarative und regelbasierte Sprache bezeichnen.

6. 2. 1. Lokale Variablen

Eine Variable ist dann lokal[5], wenn sie innerhalb eines `template`-Elements deklariert wird. Ihre Gültigkeit erstreckt sich dann auch nur auf dieses `template`, sodass kein anderes auf ihren Wert zurückgreifen kann. Darüber hinaus findet auch keine Prüfung in anderen Vorlagen statt, wenn die gleiche Variable deklariert werden soll. Dies ist durchaus möglich. Allerdings ist es nicht möglich, eine Variable in einer Vorlage ein zweites Mal zu deklarieren (was verständlich ist) oder ihren Wert zu ändern (was zunächst unschön ist). Da eine Wertzuweisung syntaktisch einer neuen Deklaration der gleichen Variablen entspricht, ist die Wertänderung mit der verbotenen erneuten Deklaration innerhalb einer Vorlage eng verknüpft und wird bei der Transformation sofort mit einem Fehler belegt.

Die allgemeine Syntax für die Deklaration von Variablen hat folgende Form:

```
<!-- Kategorie: Deklaration -->
<!-- Kategorie: Instruktion -->
<xsl:variable
  name = qname
  select = expression
  as = sequence-type>
  <!-- Content: sequence-constructor -->
</xsl:variable>
```

Die Attributliste ist übersichtlich kurz und hat folgende Bedeutungen:

- `name` als `qname` verleiht der Variablen einen Namen, der später über ein vorangesetztes Dollar-Zeichen aufgerufen werden kann

- `select` als `expression` wählt über einen XPath-Ausdruck Werte in den Parameter aus. Einfache Zeichenketten, die sich nicht aus einem Textknoten oder Attributwert beschaffen lassen, werden durch zusätzliche Hochkommata umschlossen, um kenntlich zu machen, dass es sich bei der angegebenen Zeichenkette nicht um einen Bezeichner oder einen längeren XPath-Ausdruck handelt, sondern um eine einfache Zeichenkette. Da Zahlen nicht zu Anfang eines XML-Namens stehen können, ist es erlaubt, auf die Hochkommata zu verzichten, wenn man Zahlenwerte speichern möchte.

---

5   Vgl. XSL Transformations (XSLT) Version 2.0 W3C Recommendation 23 January 2007, Abschnitt 9.6 Local Variables and Parameters unter http://www.w3.org/TR/xslt20/#local-variables.

- `as` als `sequence-type` speichert den Datentyp des Parameters mithilfe eines Datentyps aus XML Schema oder aus XPath.

Das Attribut `as` (Datentypangabe des Wertes) ist neu in der Version 2.0.

Eine solche lokale Variable wird also innerhalb eines `template`-Elements deklariert und erhält einen Wert. Ihr Wert kann dann auch innerhalb der gleichen Vorlage mithilfe ihres Bezeichners und einem vorgestelltem Dollar-Zeichen aufgerufen werden. In dieser Hinsicht gleicht die Verwendung von Variablen überhaupt der Verwendung von Parametern.

Einen lohnenswerten Einsatzbereich stellt das nachfolgende Beispieldokument vor. Manchmal hat man das Problem, dass man Werte zwischenspeichern möchte, weil der XPath-Ausdruck, der für die Beschaffung des Wertes herangezogen wird, zu komplex ist. So lässt er sich zwar wunderbar als ein einziger XPath-Ausdruck zusammensetzen, doch wenn ähnliche bzw. partielle Ausdrücke erneut benötigt werden, müsste man immer wieder einen Teil eines anderen XPath-Ausdrucks verwenden. Da die Fehlerhäufigkeit proportional zur Komplexität von XPath-Ausdrücken zunimmt und sehr stark die Lesbarkeit beeinträchtigt, lassen sich Variablen verwenden, die unter einem selbstbeschreibenden Namen Zwischenwerte speichern.

Der nächste Quelltextabschnitt gibt zunächst nur an, welches Dokumentformat wir als Ergebnis erzeugen wollen. Für eine Postenliste soll eine Tabelle entstehen, die die Summe des einzelnen Postens sowie auf- und absteigend kumulierte Listen sowie eine prozentuale Umrechnung des Umsatzes mit einem Tarif darstellen soll. Die Spaltenköpfe der Tabelle legt man direkt innerhalb einer `for-each`-Wiederholung an, während der eigentliche Inhalt in einer benannten Vorlage `Umsatzausgabe` liegt.

```
<!-- Startvorlage -->
<xsl:template match="/">
...
        <xsl:for-each select="//Rechnung">
        <xsl:apply-templates select="Kunde"/>
        <table border="1">
          <tr>
            <th>Posten</th>
```

```
            <th>Summe</th>
            <th>Kumuliert auf</th>
            <th>Kumuliert ab</th>
            <th>Prozent</th>
          </tr>
          <xsl:for-each select="Postenliste/Posten">
            <xsl:call-template name="Umsatzausgabe"/>
          </xsl:for-each>
        </table>
      </xsl:for-each>
    </body>
  </html>
</xsl:template>
```

Listing 6.5: 621 _ 01.xslt – Startvorlage

Innerhalb der gerade aufgerufenen Vorlage Umsatzausgabe deklariert man zunächst drei Variablen, die mit mehr oder minder komplexen XPath-Ausdrücken die Werte für die Gesamtsumme der Rechnung, die Summe der vorhergehenden und des aktuellen Postens und die Differenz beider Werte ermitteln. Spätestens bei der Deklaration der Variablen Differenz erkennt man, dass der Einsatz einer Variablen den XPath-Ausdruck wesentlich vereinfacht. Anstatt die beiden Ausdrücke erneut einzusetzen, die schon für die Ermittlung der Gesamtsumme und der kumulierten Summe verwendet wurden , kann man sich auf die mithilfe von Variablen gespeicherten Werte beziehen.

Die Deklaration zeigt Ihnen auch, wie Sie Variablen-Namen und Bezeichner mischen können. Die Verwendung dieser so deklarierten Variablen ist dann überaus simpel und entspricht der Verwendung von Parametern. Innerhalb eines select-Attributs ruft man beispielsweise die Variablen über ihren Bezeichner und ein vorangestelltes Dollar-Zeichen auf. Zusätzlich lassen sich natürlich auch diese Werte wieder in andere Berechnungen oder komplexe XPath-Ausdrücke einbetten.

```
<!-- Vorlage für Umsatzausgabe -->
<xsl:template name="Umsatzausgabe">
  <xsl:variable name="Summe"
      select="ancestor::Rechnung/Total"/>
  <xsl:variable name="Kumuliert" select="sum(preceding-
      sibling::Posten/Einzeln)+Einzeln"/>
  <xsl:variable name="Differenz"
```

```
            select="$Summe -$Kumuliert"/>
  <tr>
    <td>
      <xsl:value-of select="Tarif"/>
    </td>
    <td>
      <xsl:value-of select="Einzeln"/>
    </td>
    <td>
      <xsl:value-of select="$Kumuliert"/>
    </td>
    <td>
      <xsl:value-of select="$Differenz"/>
    </td>
    <td>
      <xsl:value-of select="concat(round(
        (Einzeln div $Summe)*100), ' %')"/>
    </td>
  </tr>
</xsl:template>
```

Listing 6.6: 621 _ 01.xslt – Einsatz von lokalen Variablen

Als Ausgabe erhält man für jede Rechnung eine hübsch anzusehendes Formular, das aus einer Tabelle besteht, die für die einzelnen Tarife, die man genutzt hat, ihre Werte, ihren Prozentanteil für die eigene Rechnung sowie auf- und absteigend kumulierte Zahlenreihen findet.

Möglicherweise wundern Sie sich, dass wir durchaus andere Werte für die einzelnen Durchläufe besitzen und weder auf einem noch so kleinen Umsatz für die gesamte Transformation sitzen bleiben noch stets die gleiche Prozentzahl ausgeben. In jeder Iteration, die über `for-each`, oder in jedem Vorlageaufruf, der über `call-template` und `apply-templates` ausgelöst werden kann, liegt genau eine Variablendeklaration mit einem bestimmten Wert vor. Da die Werte sich nicht durch Zeichenketten oder Zahlen bestimmen lassen, sondern da wir XPath-Ausdrücke verwenden, die sich stets am Kontextknoten ausrichten und jeweils andere Summen und Geschwisterchen beschaffen, erhalten wir durch den gleichen Ausdruck unterschiedliche Werte.

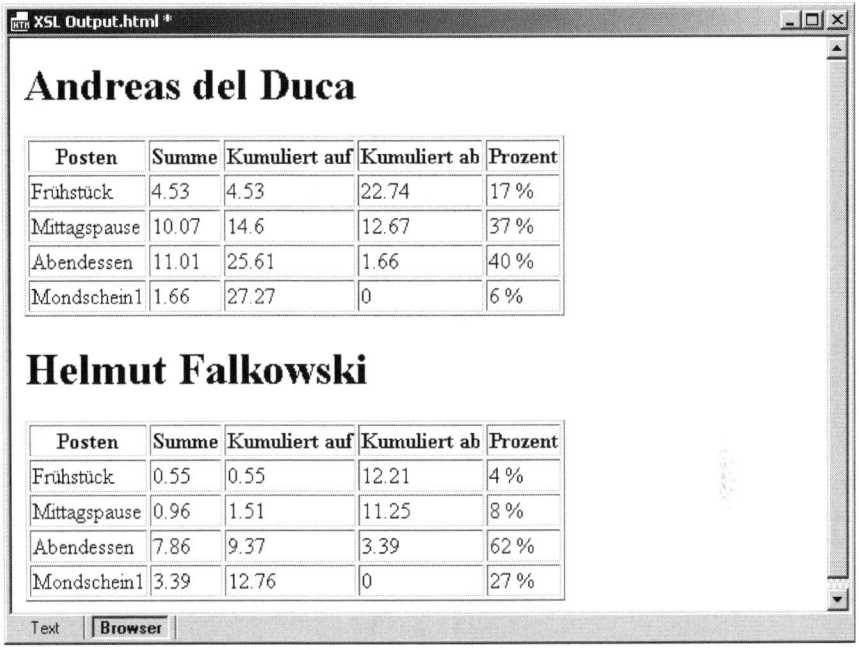

Abbildung 6.7: Ausgabe im Browser

Variablen dürfen sich in XSLT also durchaus von Aufruf zu Aufruf wandeln. Was allerdings verboten ist, ist eine erneute Wertzuweisung innerhalb einer einzigen Vorlage. Dies würde einer doppelten Deklaration gleichkommen und auch genau diesen Fehler auslösen.

Normalerweise ist es daher überhaupt keine Schwierigkeit, überaus erfolgreich die Variablen einzusetzen und auch schnell sinnvolle Einsatzmöglichkeiten für das sich leicht zu merkende Element `variable` zu finden. Es ist lediglich verboten, innerhalb einer Vorlage den Wert zu ändern und z. B. Schaltvariablen zu verwenden oder ähnliche Konstruktionen. Mithilfe der Rekursion lassen sich dann alle übrig bleibenden Problemfälle lösen, in denen dann doch einmal der Wert einer Variablen wie z. B. für eine Zählung verändert werden soll. Dabei muss dann das, was verändert werden soll, als Parameter konstruiert werden. Die Wertänderung lässt sich dann über einen Selbstaufruf der Vorlage realisieren, wobei beim Aufruf der neue Wert übergeben wird. Damit wird zwar nicht die Variable, sondern ein Parameter geändert, doch wichtig ist nur, dass überhaupt Werte verändert werden können.

6. 2. 2. Globale Variablen

Neben den lokalen Variablen gibt es auch globale Variablen[6], so wie es neben den lokalen Parametern auch globale Parameter gibt. Die globalen Variablen zeichnen sich gleichfalls durch ihre Platzierung als Elemente auf der obersten Ebene – also als direktes Kindelement von `stylesheet` – aus. Sie enthalten Werte und stellen Bezeichner bereit, die im gesamten Dokument zum Einsatz kommen können. Ihr Gültigkeitsbereich erstreckt sich also auf das gesamte Dokument und nicht nur auf eine einzige Vorlage.

Der Wert von lokalen Variablen darf nicht in der gleichen Vorlage geändert werden, weil dies eine Neudeklaration wäre. Der Wert von globalen Variablen darf in einer Vorlage geändert/überschrieben werden. Es dürfen mehrere lokale Variablen des gleichen Namens in unterschiedlichen Vorlagen erscheinen.

Das nachfolgende Beispiel vereint neben den globalen Variablen auch andere Fälle. Die globalen Variablen werden zunächst als direkte Kindelemente von `stylesheet` angelegt und speichern solche Werte wie die Gesamtsumme aller Rechnungen, die Anzahl der Rechnungen oder den durchschnittlichen Umsatz eines Kunden.

```
<xsl:variable name="Gesamtsumme"
    select="sum(//Total)"/>
<xsl:variable name="AnzahlRechnungen"
    select="count(//Rechnung)"/>
<xsl:variable name="Durchschnitt" select="$Gesamtsumme
    div $AnzahlRechnungen"/>
```

Listing 6.7: 622 _ 01.xslt – Deklaration von globalen Variablen

Der Aufruf der so global festgelegten Variablen erfolgt dann an beliebiger Stelle im Dokument. Um zu zeigen, dass sie tatsächlich überall aufgerufen werden können, erstellen wir zwei verschiedene Vorlagen, in denen ihre Werte zum Einsatz kommen. Für eine allgemeine Übersicht über statistische Informationen der Rechnung, die die globalen Informationen in Bezug zu lokal verfügbaren Informationen setzt, geben wir eine Liste für Gesamtumsatz, Durchschnitt und den Umsatz der gerade bearbeiteten Rechnung aus.

---

6   Vgl. XSL Transformations (XSLT) Version 2.0 W3C Recommendation 23 January 2007, Abschnitt 9.5 Global Variables and Parameters unter http://www.w3.org/TR/xslt20/#global-variables.

Die letzte Zahl könnte direkt aus dem `Total`-Element abgerufen werden. Wir verwenden allerdings eine eigene Variable, um den Unterschied zwischen globalen und lokalen Variablen zu zeigen. Sie wird innerhalb einer Vorlage deklariert und ist auch nur dort verfügbar. Dies erkennt man auch daran, weil in der nächsten Vorlage, die noch zum gleichen Beispiel gehört, ebenfalls eine solche Variable benötigt wird, um mit der vorhandenen Summe den prozentualen Anteil des Postenumsatzes im Verhältnis zum Gesamtumsatz aller Rechnungen anzugeben. Dies ist nicht insbesondere eine sinnvolle, aber eine in XSLT mögliche Rechnung – und vielleicht ist es ja doch ganz interessant, wie viel Promille Umsatz man mit einem Tarif für ein Telekommunikationsunternehmen geschaffen hat.

```
<!-- Startvorlage -->
...
        <h1>Rechnungen</h1>
        <xsl:for-each select="//Rechnung">
          <xsl:apply-templates select="Kunde"/>
          <!-- Allgemeine Daten -->
          <xsl:variable name="Summe" select="Total"/>
          <ul>
            <li>Gesamtumsatz:
        <xsl:value-of select="concat($Gesamtsumme,
                                ' Euro')"/>
            </li>
            <li>Durchschnitt <xsl:value-of
            select="concat($Durchschnitt, ' Euro')"/>
            </li>
            <li>
              <xsl:value-of select="concat(round(
                ($Summe div $Gesamtsumme)*100), ' %')"/>
            </li>
          </ul>
...
      </xsl:template>
```

Listing 6.8: 622 _ 01.xslt – Verwendung von globalen Variablen

In der zweiten Vorlage, die noch eine Tabelle mit Werten für die einzelnen Tarife bzw. Rechnungsposten ausgibt, können wir wie zuvor auf die globalen Variablen zugreifen. Allerdings gibt es keine Möglichkeit, auf die in der gerade abgedruckten Vorlage verwendete lokale Variable `Summe` zuzugreifen, da sie gemäß ihrem Naturell nur dort verfügbar ist. Sie lässt sich allerdings für die Vorlage Umsatzausgabe deklarieren und erhält mit einem leicht veränderten XPath-Ausdruck den gleichen Wert wie die Summe-Variable der gerade vorgestellten Vorlage. Ein alternativer Entwurf hätte darin bestanden, anstelle einer erneuten Deklaration diesen Wert als Parameter zu übergeben oder – da beide XPath-Ausdrücke nicht allzu schwierig sind – die Werte sofort über XPath abzurufen.

```xml
<!-- Vorlage für Umsatzausgabe -->
<xsl:template name="Umsatzausgabe">
  <xsl:variable name="Summe"
      select="ancestor::Rechnung/Total"/>
  <xsl:variable name="Kumuliert" select="sum(preceding-
      sibling::Posten/Einzeln)+Einzeln"/>
  <xsl:variable name="Differenz"
      select="$Summe -$Kumuliert"/>
  <tr>
    <td>
      <xsl:value-of select="Tarif"/>
    </td>
    <td>
      <xsl:value-of select="Einzeln"/>
    </td>
    <td>
      <xsl:value-of select="concat(round(
          (Einzeln div $Gesamtsumme)*100), ' %')"/>
    </td>
  </tr>
</xsl:template>
```

Listing 6.9: 622 _ 01.xslt – Verwendung von globalen Variablen

Man erhält ein überaus dramatisch aussehendes Dokument zurück, in dem jede Rechnung aus einer Liste und einer Tabelle besteht. In der Liste findet man allgemeine Informationen zum Gesamtumsatz, dem Durchschnittsrechnungsbetrag und dem Prozentanteil des aktuellen Rechnungsbetrags im Vergleich zum Gesamtumsatz. In der Tabelle befinden sich dann alle verbrauchten Tarife mit ihrem Prozentanteil im Vergleich zum Gesamtumsatz aller Rechnungen.

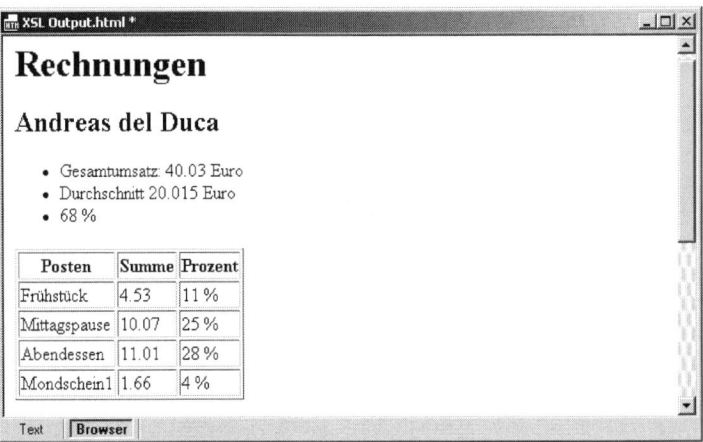

Abbildung 6.8: Ausgabe im Browser

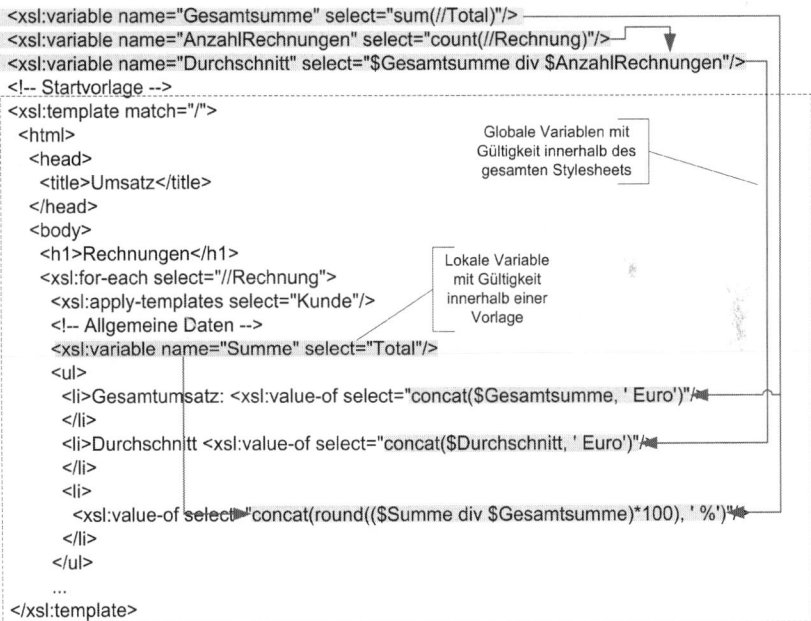

Abbildung 6.9: Verwendung von globalen Variablen

Abbildung 6.9 veranschaulicht noch einmal die beiden Wesensarten von lokalen und globalen Variablen. Die Vorlage, in der die lokale Variable Summe erstellt wird, haben wir mit einem kleinen Kasten umgeben, um anzudeuten, dass die entsprechende Variable tatsächlich nur innerhalb dieser Vorlage zu verwenden ist. Die globalen Variablen dagegen, die außerhalb der markierten Vorlage deklariert wurden, lassen sich dennoch innerhalb der Vorlage aufrufen, weil ihr Gültigkeitsbereich so weit reicht.

6. 2. 3. Temporäre Bäume

Nun stellen wir Ihnen die interessantesten Variablen vor. Sie heißen *Ergebnisbaum-Fragmente* oder *temporäre Bäume* (engl. temporary trees) und enthalten einen Teil des XML-Baumes, der mithilfe eines XPath-Ausdrucks ausgewählt wird. Dadurch hat man die Möglichkeit, einen Knoten oder einen Knotensatz zu bestimmen oder auch zu übergeben, wenn dies über eine globale Variable oder einen Parameter geschieht. Ein solcher Baum kann also ausdrücklich über variable, param und with-param bzw. über deren jeweilige select-Attribute ausgewählt werden.

Die Verarbeitung solcher temporärer Bäume erfolgt mit den gleichen Hilfsmitteln wie jedes andere XML-Dokument. Sogar solche Konstrukte wie apply-templates oder for-each lassen sich anwenden. Man ist also nicht darauf beschränkt, nur einfache Aggregate zu ermitteln, wie man auf den ersten Blick vielleicht annehmen könnte.

Im nachfolgenden Beispiel rufen wir zunächst zwei solche temporäre Bäume ab und lassen die einfachen Variablen des vorherigen Beispiels stehen. So erkennen Sie deutlich den Unterschied zwischen den beiden Aufrufen. Während die Variablen mit einfachen Werten sich dadurch auszeichnen, dass ihr XPath-Ausdruck einen Aggregatwert wie die Summe von Zahlen in Textknoten, Textknoten überhaupt, Zahlenwerte von Zählungen etc. beschafft, verwenden die XPath-Ausdrücke für die Variablen, die temporäre Bäume speichern sollen, keine Aggregatfunktionen oder Ergebnisse in Form von Zeichen. Sie enthalten vielmehr einen solchen XPath-Ausdruck, der einen Knoten oder einen Knotensatz zurückliefert. In unserem Fall sind es zum einen eine Reihe von Posten-Elementen und zum anderen die Name-Elemente der Kunden.

```
<!-- Variablen mit einfachen Werten -->
<xsl:variable name="Gesamtsumme"
    select="sum(//Total)"/>
...
<!-- Variablen mit Fragmentbäumen -->
```

```
<xsl:variable name="PostenSatz" select="//Posten"/>
<xsl:variable name="Kunden" select="//Kunde/Name"/>
```

Listing 6.10: 623 _ 01.xslt – Erzeugung von Fragmenten

Eine Technik, die wir auch schon bei den zuvor behandelten Variablen mit einfachem Inhalt behandelt haben, ist die Anwendung einer Aggregatfunktion auf die Variable mit dem Inhalt eines temporären Baums. So kann man beispielsweise die Anzahl der Knoten zählen, die Zahlenwerte von Textknoten addieren, Unterzeichenketten auswählen etc. Beachten Sie insbesondere die Anwendung der Prädikate und das Fortschreiten entlang der Kind-Achse in unserem Beispiel.

```
<!-- Startvorlage -->
...
        <h1>Statistik</h1>
        <ul>
<!-- Verarbeitung von Variablen mit einfachen Werten -->
        <li>Gesamtumsatz:
    <xsl:value-of select="concat($Gesamtsumme,
                               , Euro')"/>
        </li>
        <li>Durchschnitt <xsl:value-of
        select="concat($Durchschnitt, , Euro')"/>
        </li>
    <!-- Verarbeitung von Variablen mit Fragmenten -->
        <li>Anzahl Posten:
          <xsl:value-of select="count($PostenSatz)"/>
        </li>
        <li>Tagsüber:
          <xsl:value-of select="sum($PostenSatz[Tarif=
        'Frühstück' or Tarif='Mittagspause']/Einzeln)"/>
        </li>
        <li>Abends / nachts:
          <xsl:value-of select="sum($PostenSatz[Tarif=
        'Abendessen' or Tarif='Mondschein1']/Einzeln)"/>
        </li>
```

Listing 6.11: 623 _ 01.xslt – Aggregate bei Fragmenten

Allerdings besteht auch die Option, mit den gefundenen Knoten im temporären Baum genau so zu verfahren wie mit jedem anderen über einen XPath-Ausdruck gefundenen Knotensatz. Dazu zählt vor allen Dingen ein Einsatz von `for-each` und `apply-templates` für die Knotenmenge. Daher ist es möglich, die ausgewählten Kunden über den Variablennamen im `select`-Attribut von `for-each` der Reihe nach zu verarbeiten und die jeweiligen Nachnamen auszugeben. Um noch deutlicher herauszustellen, dass es sich um ein Analogon der Verarbeitung von per XPath ausgewählten Knoten handelt, erzeugen wir auch nicht eine Unterliste in HTML, sondern eine Aufzählung in Textform, die nach allen Knoten, die nicht zuletzt auftreten, ein Komma als Trennzeichen setzt.

```
<li>Kunden: <xsl:for-each select="$Kunden">
    <xsl:value-of select="Nachname"/>
    <xsl:choose>
      <xsl:when test="not(position()=last())">
        <xsl:text>, </xsl:text>
      </xsl:when>
      <xsl:otherwise>.</xsl:otherwise>
    </xsl:choose>
  </xsl:for-each>
</li>
</ul>
...
```

Listing 6.12: 623 _ 01.xslt – Verarbeitung von Fragmenten

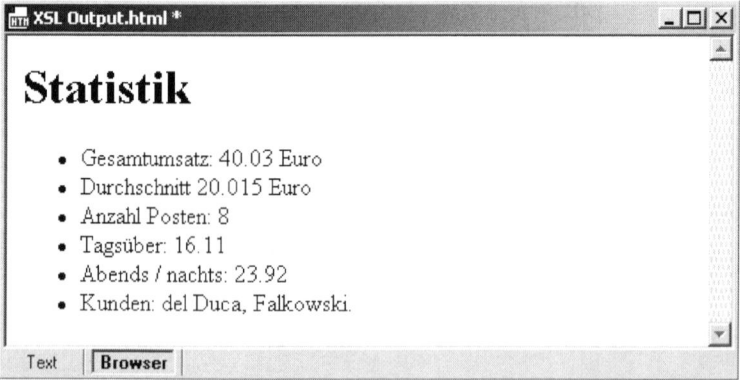

Abbildung 6.10: Ausgabe im Browser

Variablen und Parameter können eine Reihe von Werten annehmen, die im Vergleich zu Programmiersprachen wie Java, .NET oder PHP auf sehr eindrucksvolle Weise angegeben werden können. Dazu zählen auch komplexe Formen von temporären Bäumen, die nachfolgend in kurzen Beispielen aufgezeigt werden. Anstelle von `xsl:variable` kann man sich jeweils auch `xsl:param` vorstellen. Die verschiedenen Zuweisungsmöglichkeiten ergeben sich durch die Tatsache, dass ein Sequenzkonstruktor für die Wertangabe möglich ist. Dies bedeutet, dass neben der Angabe in `select` auch die Kind-Elemente in einem anderen Namensraum oder das durch XSLT-Elemente erzeugte Ergebnis zu einem Wert führen können.

Abbildung 6.11: Verwendung von Fragmenten

Eine typische Variable erwartet den Wert im `select`-Attribut oder als Anweisung. Die nachfolgende Variable enthält jeweils den Wert 3, wenn das entsprechende Attribut oder die Variable direkt zugewiesen oder aus einer Variable, einem Element oder einem Attribut ausgewählt wird.

257

```
<xsl:variable name="i" as="xs:integer" select="$nr"/>
<xsl:variable name="i" as="xs:integer" select="3"/>
```

Sie kann auch die Werte 1 bis 3 enthalten, wenn eine Seqzenz definiert wurde.

```
<xsl:variable name="i" as="xs:integer*" select="1 to 3"/>
```

Sie hat den Wert einer leeren Zeichenkette, wenn kein Wert angegeben ist.

```
<xsl:variable name="z"/>
```

Man kann direkt XML-Elemente vorgeben, um einen temporären Baum zu erzeugen.

```
<xsl:variable name="Person">
  <Person>
    <Vorname>Anton </Vorname>
    <Nachname>Ebenhof</Nachname>
  <Person>
</xsl:variable>
```

Sogar Rechenoperationen sind denkbar. Im nächsten Fall multipliziert man die in xsl:for-each vorgegebenen Werte. Überhaupt kann man auch Kontrollanweisungen verwenden, um einfache Werte oder XML-Strukturen bzw. Sequenzen zu erzeugen. Durch die teilweise Verarbeitung der eingegebenen XML-Datei kann man so auch Zwischenergebnisse oder gefilterte Werte in Variablen speichern.

```
<xsl:variable name="seq" as="xs:integer*">
  <xsl:for-each select="1 to 3">
    <xsl:sequence select=".*2"/>
  </xsl:for-each>
</xsl:variable>
```

Eine leere Sequenz kann man über die passende Funktion einrichten.

```
<xsl:variable name="empty" as="empty-sequence()"/>
```

Vorgaben für Ein-
und Ausgabeformate

7. Vorgaben für Ein- und Ausgabeformate

In den zurückliegenden Beispielen wurden immer HTML-Dokumente ausgegeben. Dies ist nun bekannt, soll aber um einige weitere Einzelheiten ergänzt werden, die bisher nicht zum Thema gemacht wurden. Neben dieser Technik ist die Umwandlung in andere XML-Formate auch ein wichtiger Bestandteil bei der XSLT-Anwendung und soll ebenfalls noch zusammenfassend dargestellt werden.

7. 1. HTML

Bei der Umwandlung in HTML verwendet man als Ausgabemethode im Attribut `method` den Wert `html`, wie schon in den zurückliegenden Beispielen gezeigt wurde. Dennoch gibt es einige Inhalte von HTML-Dateien, deren Erzeugung einfach, aber dennoch noch nicht ganz geklärt ist.

7. 1. 1. CSS erzeugen

Externe CSS-Dateien können über einen entsprechenden Link in HTML eingebunden werden, während für interne CSS ein `comment`-Container nötig ist, um die CSS-Definitionen als Kommentar auszugeben. Als Beispiel verwenden wir erneut eine Tarifübersicht mit verschiedenen Tarifen.

```
<?xml version="1.0" encoding="ISO-8859-1"?>
<Umsatzuebersicht
 xmlns:xsi="http://www.w3.org/2001/XMLSchema-instance"
 xsi:noNamespaceSchemaLocation="711_01.xsd">
  <Tarif Nr="7" Typ="g">
    <Name>Schicht1</Name>
    <Umsatz>1632</Umsatz>
  </Tarif>
```

```
<Tarif Nr="18" Typ="g">
  <Name>Schicht1</Name>
  <Umsatz>42391.75</Umsatz>
</Tarif>
<Tarif Nr="8" Typ="g">
  <Name>Schicht2</Name>
  <Umsatz>3592.78</Umsatz>
</Tarif>
...
```

Listing 7.1: 711 _ 01.xml – Umsatzübersicht

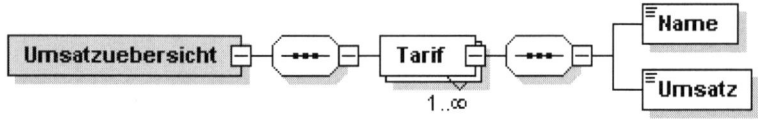

Abbildung 7.1: Dokumentbaum der Umsatzübersicht

Die Einbindung zu externen CSS stellt einfach nur eine Verwendung des `link`-Elements von HTML dar, in dem die benötigte Verknüpfung in das `href`-Attriibut eingetragen wird.

```
<xsl:template match="/">
  <html>
    <head>
      <title>Umsatzübersicht</title>
      <link href="text.css" rel="stylesheet"
            type="text/css"/>
...
```

Listing 7.2: 711 _ 01.xslt – CSS einbinden

Das externe CSS-Dokument hat dann folgende Ansicht, in der beispielsweise das `body`-Tag redefiniert wird.

```
/* CSS Document */
body {
```

```
font-family: Arial, Helvetica, sans-serif;
}
```

Listing 7.3: text.css – externe CSS

Für interne CSS benötigen wir zunächst einen Container, der aus dem `style`-Element gebildet wird. In diesem Element liegt in HTML ein Kommentar mit den CSS-Angaben. Diesen Kommentar wiederum erzeugen wir mithilfe des `xsl:comment`-Elements.

```
<xsl:template match="/">
    <html>
        <head>
            <title>Umsatzübersicht</title>
            <style type="text/css">
                <xsl:comment>
li {
        font-size: 11px;
        color: #666666;
        list-style-type: square;
}
h1 {
        font-size: 12px;
}
</xsl:comment>
            </style>
        </head>
...
```

Listing 7.4: 711 _ 01.xslt – interne CSS

Als Ergebnis erhält man dann die richtige Form von internen CSS innerhalb von `style` und einem Kommentar.

```
<style type="text/css"><!--
li {
        font-size: 11px;
        color: #666666;
        list-style-type: square;
}
```

```
h1 {
     font-size: 12px;
}
--></style>
```

Listing 7.5: Ausgabe in HTML

7. 1. 2. Kommentar erzeugen

Für die Erzeugung von Kommentaren[1] gelten die Ausführungen des letzten Abschnitts. Mithilfe des `comment`-Elements lassen sich Kommentare im Ausgabestrom erzeugen. Ihr Inhalt entspricht den erzeugten oder gespeicherten Textinhalten der Kindelemente von `comment`.

```
<!-- Kategorie: Instruktion -->
<xsl:comment>
  <!-- Content: sequence-constructor -->
</xsl:comment>
```

7. 2. XML

Wird XML bei der Datenübertragung oder für eine reine Datenspeicherung eingesetzt und damit weniger für das Ziel, die Daten nachher in einem anderen Format oder in mehreren unterschiedlichen Formaten auszugeben, so ist die Umwandlung von XML in XML ein sehr wichtiges Gebiet.

7. 2. 1. Strukturen erzeugen

Bei der Umwandlung von XML in andere XML-Formate kann man weitestgehend genauso vorgehen wie bei der Umwandlung in HTML. Als Ausgabemethode steht hier der Wert `xml` im `method`-Attribut, um entsprechend die XML-Regeln anzuwenden. Elemente lassen sich wie in HTML direkt über ihren Namen erzeugen, der einfach als literale Ausgabemenge angegeben wird. Alternativ kann man auch das Element `element` verwenden, das als Con-

---

1   Vgl. XSL Transformations (XSLT) Version 2.0 W3C Recommendation 23 January 2007 Abschnitt 11.7 Creating Comments unter http://www.w3.org/TR/xslt20/#creating-comments.

tainerelement andere Elemente bzw. Attribute enthalten kann, die wiederum über `attribute` angelegt werden.

Die allgemeine Syntax des Elements `element`[2] lautet:

```
<!-- Kategorie: Instruktion -->
<xsl:element
    name = { qname }
    namespace = { uri-reference }
    use-attribute-sets = qnames
    validation = "strict" | "lax" | "preserve" | "strip"
    type = qname>
    <!-- Content: sequence-constructor -->
</xsl:element>
```

Die allgemeine Syntax des Elements `attribute`[3] lautet:

```
<!-- Kategorie: Instruktion -->
<xsl:attribute
    name = { qname }
    namespace = { uri-reference }
    validation = «strict» | «lax» | «preserve» | «strip»
    type = qname
    disable-output-escaping = «yes» | «no»
    <!-- Content: sequence-constructor -->
</xsl:attribute>
```

Das nachfolgende Dokument enthält eine Umsatzübersicht, die wiederholt auftretende `Tarif`-Elemente enthält. Diese besitzen als Kindelemente `Name`- und `Umsatz`-Elemente, die den Namen des Tarifs und seinen Umsatz speichern.

```
<?xml version="1.0" encoding="ISO-8859-1"?>
<Umsatzuebersicht
    <Tarif Nr="19" Typ="g">
        <Name>Schicht2</Name>
```

---

2   Vgl. XSL Transformations (XSLT) Version 2.0 W3C Recommendation 23 January 2007Abschnitt 11.2 Creating Element Nodes using xsl:element unter http://www.w3.org/TR/xslt20/#xsl-element.
3   Vgl. XSL Transformations (XSLT) Version 2.0 W3C Recommendation 23 January 2007Abschnitt 11.3 Creating Attribute Nodes using xsl:attribute unter http://www.w3.org/TR/xslt20/#creating-attributes.

```
    <Umsatz>72538.02</Umsatz>
  </Tarif>
...
```

Listing 7.6: 721_01.xml – Quelldokument

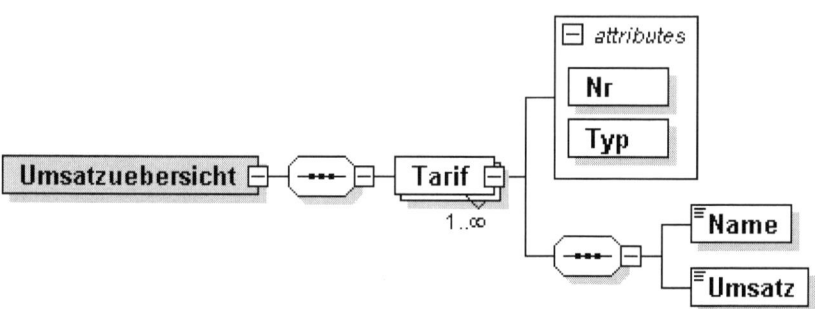

Abbildung 7.2: Quelldokument

Im XML-Schema-Dokument erkennt man sehr deutlich diese Modellierung, die im Instanz-dokument durch eine Transformation modifiziert werden soll.

```
<?xml version="1.0" encoding="ISO-8859-1"?>
<xs:schema elementFormDefault="qualified"
 xmlns:xs="http://www.w3.org/2001/XMLSchema">
  <xs:element name="Umsatzuebersicht">
    <xs:complexType>
      <xs:sequence>
        <xs:element name="Tarif" maxOccurs="unbounded">
          <xs:complexType>
            <xs:sequence>
              <xs:element name="Name" type="xs:string"/>
              <xs:element name="Umsatz"
                  type="xs:string"/>
            </xs:sequence>
            <xs:attribute name="Nr" type="xs:byte"
                use="required"/>
            <xs:attribute name="Typ" type="xs:string"
                use="required"/>
```

```
    </xs:complexType>
   </xs:element>
  </xs:sequence>
 </xs:complexType>
 </xs:element>
</xs:schema>
```

Listing 7.7: `721 _ 01.xsd` – Quelldokument

Die nachfolgende Struktur stellt dagegen das Zielformat der Transformation dar. Die einzelnen Elemente, die Kindelemente des Wurzelelements sind, heißen nun `Umsatz`. Sie enthalten ein `Tarif`-Element und ein `Summe`-Element, die wie zuvor den Tarifnamen und seinen Umsatz speichern. Es sollen keine Datenveränderungen vorgenommen, sondern einfach nur die Elemente umbenannt werden. Auch die Attribute sollen aus dem Quelldokument übernommen werden.

```
<?xml version="1.0" encoding="ISO-8859-1"?>
<Umsatzzahlen>
  <Umsatz Nr="19" Typ="g">
    <Tarif>Schicht2</Tarif>
    <Summe>72538.02</Summe>
  </Umsatz>
...
```

Listing 7.8: `721 _ 01.xml` – Zieldokument

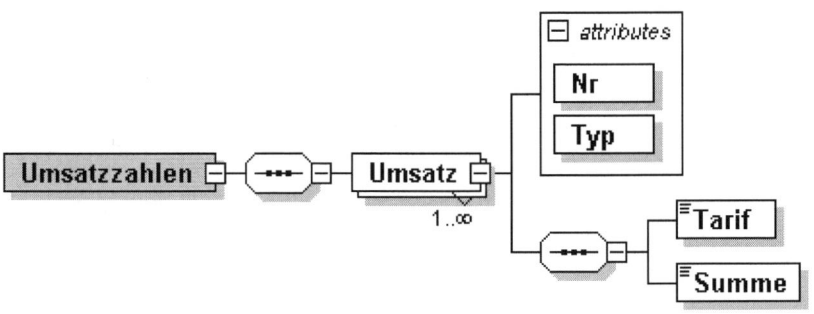

Abbildung 7.3: Zieldokument

Das dazugehörige XML Schema hat folgende Gestalt:

```
<?xml version="1.0" encoding="ISO-8859-1"?>
<xs:schema elementFormDefault="qualified"
 xmlns:xs="http://www.w3.org/2001/XMLSchema">
  <xs:element name="Umsatzzahlen">
    <xs:complexType>
      <xs:sequence>
        <xs:element name="Umsatz" maxOccurs="unbounded">
          <xs:complexType>
            <xs:sequence>
              <xs:element name="Tarif" type="xs:string"/>
              <xs:element name="Summe" type="xs:string"/>
            </xs:sequence>
            <xs:attribute name="Nr" type="xs:byte"
                use="required"/>
            <xs:attribute name="Typ" type="xs:string"
                use="required"/>
          </xs:complexType>
        </xs:element>
      </xs:sequence>
    </xs:complexType>
  </xs:element>
</xs:schema>
```

Listing 7.9: 721 _ 02.xsd – Zieldokument

XML-Strukturen lassen sich mithilfe von XSLT auf unterschiedliche Arten erzeugen. Entweder verwendet man wie bei HTML die einfachen Tags für Start und Ende eines Elements oder man setzt das in XSLT verfügbare Element `element` ein. Es erzeugt ein Element im Ausgabestrom. Attribute lassen sich auch entweder über ihre direkte Vorgabe in den benutzten Tags angeben. Werte lassen sich dann mithilfe von Attributwertvorlagen einfügen. Allerdings lässt sich als Alternative auch das `attribute`-Element verwenden, das direkt nach einem `element`-Element oder Start-Tag auftreten muss. Der Wert wird dann als Kind angegeben.

```
<?xml version="1.0" encoding="UTF-8"?>
<xsl:stylesheet version="1.0"
```

```
xmlns:xsl="http://www.w3.org/1999/XSL/Transform">
  <xsl:output method="xml" version="1.0"
      encoding="ISO-8859-1" indent="yes"/>
  <xsl:template match="/">
    <Umsatzzahlen>
      <xsl:for-each select="Umsatzuebersicht/Tarif">
        <xsl:sort data-type="number" select="Umsatz"
          order="descending"/>
        <xsl:element name="Umsatz">
          <xsl:attribute name="Nr"><xsl:value-of
              select="@Nr"/></xsl:attribute>
          <xsl:attribute name="Typ"><xsl:value-of
              select="@Typ"/></xsl:attribute>
          <xsl:element name="Tarif">
            <xsl:value-of select="Name"/>
          </xsl:element>
          <xsl:element name="Summe">
            <xsl:value-of select="Umsatz"/>
          </xsl:element>
        </xsl:element>
      </xsl:for-each>
    </Umsatzzahlen>
  </xsl:template>
</xsl:stylesheet>
```

Listing 7.10: 721 _ 01.xslt – XML nach XML

7.2.2. Besondere Knoten und Anweisungen

Für Attributgruppen lässt sich als Element der obersten Ebene auch `attribute-set` verwenden, in dem die einzelnen Attribute der Gruppe wiederum mithilfe von `attribute`
deklariert werden. Diese Gruppe erhält einen Namen, der dann in Form einer Tokenliste
bei mehreren Attributgruppen bzw. alleine bei nur einem Aufruf direkt im Attribut `use-`
`attribute-sets` verwendet werden kann. Die Attribute werden mit all ihren Eigenschaften genau an dieser Stelle eingefügt, wobei sogar die Relativität der Knoten übernommen
werden, die sie für ihre Werte aufrufen.

Die allgemeine Syntax des Elements `attribute-set`[4] lautet:

```
<!-- Kategorie: Deklaration
<xsl:attribute-set
  name = qname
  use-attribute-sets = qnames>
  <!-- Content: xsl:attribute* -->
</xsl:attribute-set>
```

Für die Übernahme von Prozessoranweisungen für die Verknüpfung mit CSS-Dateien und natürlich Stylesheet-Dateien selbst verwendet man das Containerelement `processing-instruction`. Im `name`-Attribut speichert man den später verwendeten Namen der Prozessoranweisung, und als Textknoten enthält es seinen Inhalt.

Für die Erzeugung einer Verknüpfung zu einem XML-Schema-Dokument benötigt man sowohl den Namensraum `xsi`, der im `stylesheet`-Element angegeben wird, und ein Attribut für das Wurzelelement, das die Verknüpfung als Wert enthält und sich im Namen auf diesen Namensraum bezieht.

```
<?xml version="1.0" encoding="UTF-8"?>
<xsl:stylesheet version="1.0"
  xmlns:xsl="http://www.w3.org/1999/XSL/Transform"
  xmlns:xsi="http://www.w3.org/2001/XMLSchema-instance">
  <xsl:output method="xml" version="1.0"
      encoding="ISO-8859-1" indent="yes"/>
  <xsl:attribute-set name="TarifAtts">
    <xsl:attribute name="Nr"><xsl:value-of select="@Nr"/>
    </sl:attribute>
    <xsl:attribute name="Typ"><xsl:value-of
        select="@Typ"/></xsl:attribute>
  </xsl:attribute-set>
  <xsl:template match="/">
    <xsl:processing-instruction name="xml-stylesheet">
      type="text/xsl" href="722_01neu.xslt"
</xsl:processing-instruction>
    <xsl:processing-instruction name="xml-stylesheet">
```

---

4   Vgl. XSL Transformations (XSLT) Version 2.0 W3C Recommendation 23 January 2007Abschnitt 10.2 Named Attribute Sets unter http://www.w3.org/TR/xslt20/#attribute-sets.

```
href="umsatz.css" type="text/css"
</xsl:processing-instruction>
    <Umsatzzahlen>
      <xsl:attribute name="xsi:noNamespaceSchemaLocation">
                        17 _ 01neu.xsd</xsl:attribute>
      <xsl:for-each select="Umsatzuebersicht/Tarif">
        <xsl:sort data-type="number" select="Umsatz"
           order="descending"/>
        <xsl:element name="Umsatz"
           use-attribute-sets="TarifAtts">
          <xsl:element name="Tarif">
            <xsl:value-of select="Name"/>
...
```

Listing 7.11: 722 _ 01.xslt – XML nach XML

Man erhält folgendes Dokument mit korrekt eingefügten Attributen, Prozessoranweisungen und Verknüpfung zu einer XML-Schema-Datei. Eventuell fehlende Zeilenumbrüche zwischen Prolog, Prozessoranweisungen oder Wurzelelement müssen durch XSLT manuell erzeugt werden. Hierzu empfiehlt sich <xsl:text></xsl:text>.

```
<?xml version="1.0" encoding="ISO-8859-1"?>
<?xml-stylesheet type="text/xsl" href="17_02neu.xslt"
?>
<?xml-stylesheet href="umsatz.css" type="text/css"
?>
<Umsatzzahlen
 xmlns:xsi="http://www.w3.org/2001/XMLSchema-instance"
 xsi:noNamespaceSchemaLocation="17_01neu.xsd">
  <Umsatz Nr="19" Typ="g">
    <Tarif>Schicht2</Tarif>
    <Summe>72538.02</Summe>
  </Umsatz>
...
```

Listing 7.12: XML-Dokument mit Verweis auf Schema-Datei und XSL-Datei

273

7. 2. 3. Strukturen kopieren

Manchmal möchte man bei der Umwandlung von XML nach XML ganze Teilbäume kopieren und dabei für eine Knotenmenge also sowohl Kindelemente wie auch ihre Attribute übernehmen. Dabei ist das Element `copy-of` behilflich, das in einem `select`-Attribut eine entsprechende Knotenmenge erwartet.

Die allgemeine Syntax des Elements `copy`[5] lautet:

```
<!-- Kategorie: Instruktion -->
<xsl:copy
   copy-namespaces = "yes" | "no"
   use-attribute-sets = qnames
   validation = "strict" | "lax" | "preserve" | "strip"
   type = qname>
   <!-- Content: sequence-constructor -->
</xsl:copy>
```

Die allgemeine Syntax des Elements `copy-of`[6] lautet:

```
<!-- Kategorie: Instruktion -->
<xsl:copy-of
   select = expression
   copy-namespaces = "yes" | "no"
   validation = "strict" | "lax" | "preserve" | "strip"
   type = qname />
```

Folgendes Dokument enthält Anrufe, wobei sowohl der Anrufer als auch der Angerufene gespeichert ist. Für die Erzeugung von Rechnungsdaten oder Umsatzanalysen ist aber die Information, wer angerufen wird, nicht so wichtig wie der Anrufer, der den Umsatz verursacht hat.

```
<?xml version="1.0" encoding="ISO-8859-1"?>
<?xml-stylesheet type="text/xsl" href="17_05.xslt"?>
```

---

5   Vgl. XSL Transformations (XSLT) Version 2.0 W3C Recommendation 23 January 2007Abschnitt 11.9.1 Shallow Copy unter http://www.w3.org/TR/xslt20/#shallow-copy.
6   Vgl. XSL Transformations (XSLT) Version 2.0 W3C Recommendation 23 January 2007Abschnitt 11.9.2 Deep Copy unter http://www.w3.org/TR/xslt20/#copy-of.

```
<Anrufliste xmlns:xsi="http://www.w3.org/2001/XMLSchema-
instance" xsi:noNamespaceSchemaLocation="723_01.xsd">
  <Anruf Nr="122">
    <Von Anrede="Herr" Nr="25">
      <Vorname>Josef</Vorname>
      <Nachname>Martin</Nachname>
    </Von>
    <Nach Anrede="Herr" Nr="2">
      <Vorname>Gerard</Vorname>
      <Nachname>Diehm</Nachname>
    </Nach>
    <Tarif Nr="3">
      <Name>Abendessen</Name>
      <Preis>1</Preis>
      <Summe>110</Summe>
    </Tarif>
  </Anruf>
...
```

Listing 7.13: 723 _ 01.xslt – Quelldokument

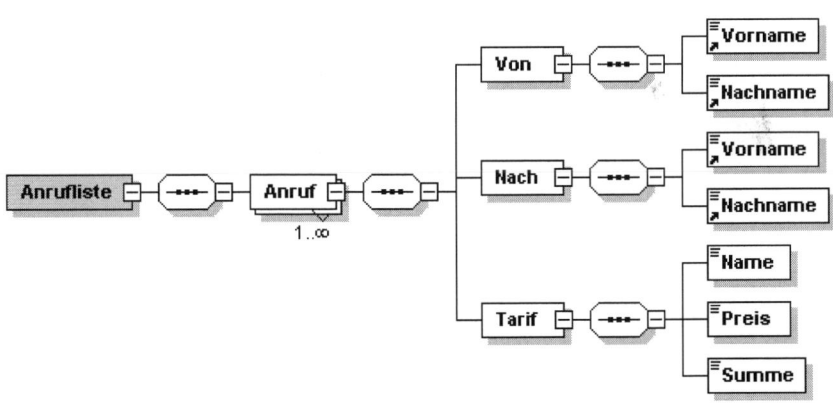

Abbildung 7.4: Quelldokument

Aus dem vorher abgedruckten Quelldokument soll eine verkürzte und vereinfachte Darstellung generiert werden. Dabei sollen ausschließlich die beiden Elternelemente Von und Ta-

275

rif in jedem Anruf-Element übrig bleiben. Das Nach-Element und seine Kinder entfallen vollkommen.

```
<?xml version="1.0" encoding="ISO-8859-1"?>
<Anrufliste xmlns:xsi="http://www.w3.org/2001/XMLSchema-instance"
                xsi:noNamespaceSchemaLocation="17_04neu.xsd">
  <Anruf Nr="122">
    <Von Anrede="Herr" Nr="25">
      <Vorname>Josef</Vorname>
      <Nachname>Martin</Nachname>
    </Von>
    <Tarif Nr="3">
      <Name>Abendessen</Name>
      <Preis>1</Preis>
      <Summe>110</Summe>
    </Tarif>
  </Anruf>
...
```

Listing 7.14: 723 _ 02.xslt – Zieldokument

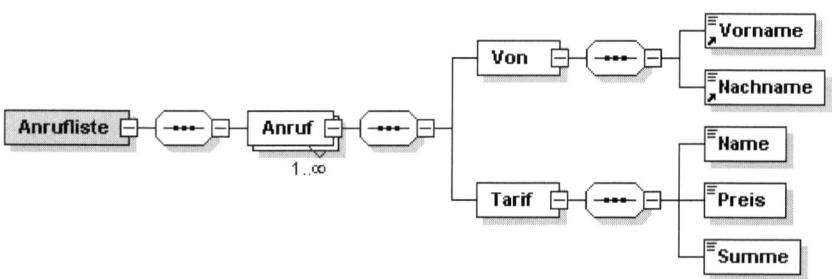

Abbildung 7.5: Zieldokument

Mit folgendem XSLT-Dokument besteht nun die Möglichkeit, ein neues XML-Dokument zu erzeugen, das nur noch die beiden Kindelemente Von und Tarif für jedes Anruf-Element übernimmt. Alternativ zu den beiden Verwendungen für copy-of hätte man auch verkürzt <xsl:copy-of select="Von | Tarif"/> verwenden können.

```
<?xml version="1.0" encoding="UTF-8"?>
<xsl:stylesheet version="1.0" xmlns:xsl="http://www.w3.org/1999/
SL/Transform" xmlns:xsi="http://www.w3.org/2001/XMLSchema-
instance">
  <xsl:output method="xml" version="1.0"
       encoding="ISO-8859-1" indent="yes"/>
  <xsl:template match="/">
   <Anrufliste>
     <xsl:attribute name="xsi:noNamespaceSchemaLocation">
                      723_02.xsd</xsl:attribute>
     <xsl:for-each select="Anrufliste/Anruf">
       <xsl:element name="Anruf">
         <xsl:attribute name="Nr"><xsl:value-of
             select="@Nr"/></xsl:attribute>
         <xsl:copy-of select="Von"/>
         <xsl:copy-of select="Tarif"/>
       </xsl:element>
     </xsl:for-each>
   </Anrufliste>
  </xsl:template>
</xsl:stylesheet>
```

Listing 7.15: 723 _ 01.xslt – Strukturen kopieren

Manchmal möchte man nur ein einzelnes Element kopieren und dabei auf seine Attribute und Kindelemente verzichten. Dafür eignet sich `copy`, in dem mit einem `use-attribute-sets`-Attribut auf Attributgruppen verwiesen werden kann, wenn doch Attribute eingefügt werden sollen. Es zeichnet sich dadurch aus, dass es lediglich den Namen des aktuellen Knotens ohne Inhalte in das Ergebnisdokument übernimmt. Dadurch ist man von den Namen des Knotens unabhängig und kann auch solche Konstruktionen erzeugen wie eine Standardvorlage, die den Inhalt und den Namen von gefundenen Knoten übernimmt, wenn keine andere Regel zutrifft.

Das nächste Transformationsdokument reduziert die Anrufliste auf die wirklich wesentlichen Informationen, nämlich die Primärschlüssel der Daten und den Umsatz in Cent, den das Telefongespräch verursacht hat.

```
<?xml version="1.0" encoding="ISO-8859-1"?>
<Anrufliste xmlns:xsi="http://www.w3.org/2001/XMLSchema-instance"
```

```
xsi:noNamespaceSchemaLocation="723_03.xsd">
  <Anruf Nr="122">
    <Von Nr="25"/>
    <Nach Nr="2"/>
    <Tarif Nr="3"/>
    <Summe>110</Summe>
  </Anruf>
...
```

Listing 7.16: 723 _ 03.xml – Verkürzte Syntax

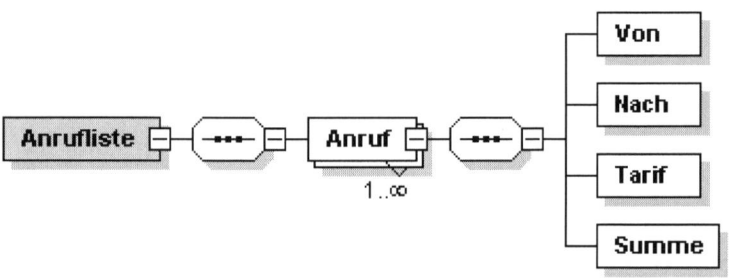

Abbildung 7.6: Verkürzte Syntax

```
<?xml version="1.0" encoding="UTF-8"?>
<xsl:stylesheet version="1.0"
 xmlns:xsl="http://www.w3.org/1999/XSL/Transform"
 xmlns:xsi="http://www.w3.org/2001/XMLSchema-instance">
  <xsl:output method="xml" version="1.0"
        encoding="ISO-8859-1" indent="yes"/>
  <!-- Attributmenge -->
  <xsl:attribute-set name="Schluessel">
    <xsl:attribute name="Nr"><xsl:value-of select="@Nr"/>
    </xsl:attribute>
  </xsl:attribute-set>
  <!-- Grundvorlage -->
  <xsl:template match="/">
    <Anrufliste>
      <xsl:attribute name="xsi:noNamespaceSchemaLocation">
```

```
17_04neu2.xsd</xsl:attribute>
  <xsl:for-each select="Anrufliste/Anruf">
    <xsl:element name="Anruf"
        use-attribute-sets="Schluessel">
      <xsl:apply-templates select="Von"/>
      <xsl:apply-templates select="Nach"/>
      <xsl:apply-templates select="Tarif"/>
    </xsl:element>
  </xsl:for-each>
</Anrufliste>
</xsl:template>
```

Listing 7.17: : 723 _ 03.xslt – Grundvorlage

```
<!-- Kopiervorlage -->
<xsl:template match="Von | Nach | Tarif">
  <xsl:copy use-attribute-sets="Schluessel"/>
  <xsl:apply-templates select="Summe"/>
</xsl:template>
<xsl:template match="Summe">
  <xsl:copy>
    <xsl:value-of select="."/>
  </xsl:copy>
</xsl:template>
</xsl:stylesheet>
```

Listing 7.18: : 723 _ 03.xslt – Kopiervorlage

Man erhält als verkürztes Ergebnisdokument die gleichnamigen Elternelemente ohne ihre Kindelemente, die über die in den Attributen gespeicherten Primärschlüsseln als Informationen weiterhin innerhalb einer Anwendung referenziert werden könnten.

7. 3. Zeichenformatierungen

Dieser Abschnitt wird ein kleines Sammelsurium an diversen Elementen und Attributen behandeln, das man grob unter dem Begriff der Zeichenformatierung zusammenfassen kann. Sie werden allerdings sehen, dass sich einiges mehr dahinter verbirgt als nur dieser Begriff.

Die meisten Einstellungen ergeben sich intuitiv oder stellen in jedem Fall keine komplizierten Techniken dar, sodass wir die Beispiele sehr einfach halten.

7. 3. 1. Allgemeine Ausgabeoptionen

Mithilfe des `output`-Elements lassen sich allgemeine Ausgabeoptionen und einige besondere Einstellungen vornehmen. Sie wurden bisher nicht weiter betrachtet, sollen allerdings jetzt im Zusammenhang dargestellt werden.

→ Allgemeine Eigenschaften

Die allgemeine Syntax hat die Form:

```
<!-- Kategory: Deklaration -->
<xsl:output
  name = qname
  method = "xml" | "html" | "xhtml" | "text" |
           qname-but-not-ncname
  cdata-section-elements = qnames
  doctype-public = string
  doctype-system = string
  encoding = string
  escape-uri-attributes = "yes" | "no"
  include-content-type = "yes" | "no"
  indent = "yes" | "no"
  media-type = string
  normalize-unicode = "yes" | "no"
  omit-xml-declaration = "yes" | "no"
  standalone = "yes" | "no"
  undeclare-namespaces = "yes" | "no"
  use-character-maps = qnames
  version = nmtoken />
```

Die Verwendung des `output`-Elements ist optional. Wenn es nicht verwendet wird, gelten alle Standardeinstellungen. Sollte es jedoch verwendet werden, dann kann es mehrfach auftreten und ist immer Element der obersten Ebene. Eine mehrfache Verwendung eignet sich beispielsweise für die Erzeugung von mehreren Dateien.

Mithilfe des Attributs `name` lässt sich ein Name angeben, der bei mehrfachen gleichnamigen Elementen dazu führt, dass alle Angaben zusammengefasst werden. Auch die unbenannten Elemente und ihre Angaben werden in einer unbenannten Gruppe zusammengefasst. Wie schon oben erwähnt, besteht ein Einsatzbereich für mehrere `output`-Elemente, wenn mithilfe des `result-document`-Elements mehrere Ausgabedokumente in unterschiedlichen Formaten bzw. mit unterschiedlichen Formatoptionen ausgegeben werden sollen.

Sowohl für die Verwendung von gleich benannten wie auch für die Verwendung von unbenannten und damit jeweils gruppierten `output`-Elementen gelten Regeln, wie kollidierende oder sich ergänzende Angaben behandelt werden. Dieser Konfliktlösungsmechanismus funktioniert relativ einfach: Die Angaben in `cdata-section`-Elementen und `use-character-maps`-Attributen werden wertmäßig zusammengefasst. Für andere Attribute gelten die Vorgaben des `output`-Elements mit der höchsten Priorität.

→ **Ausgabemethode**

Im Attribut `method` befinden sich verschiedene Standardwerte und die Möglichkeit, einen Bezeichner aufzurufen, um das allgemeine Ausgabeformat festzulegen.

- `xml`: Alle anderen Formate außer Text und HTML oder XHTML.

- `html`: HTML mit seinen speziellen Vereinfachungen bzgl. leeren Elementen (ohne dem Namen folgenden Schrägstrich), erlaubten fehlenden Schluss-Tags (wie beispielsweise bei Listen) oder Attributwerten (ohne Anführungszeichen).

- `xhtml`: XML-konformes, wohlgeformtes HTML ohne Vereinfachungen.

- `text`: Keine Auszeichnung mithilfe von Tags.

- Bezeichner: Verwendung eines Namens für das gegebene Ausgabeformat.

Man kann sich auch weitestgehend auf die Regelungen zur Ermittlung des Standardwertes verlassen und braucht keine weiteren Angaben zu machen. Dabei hängt die Ermittlung des Standardwertes vom Wurzelelement des entstehenden Ergebnisbaumes ab. Wenn der expandierte QName des Wurzelelements `html` in kleinen Buchstaben die Zeichenkette `html` und den Namensraum http://www.w3.org/1999/xhtml aufweist, ist die Methode `xhtml`. Ist der Namensraum im gleichen Fall allerdings leer, ist die Ausgabemethode `html`. In allen anderen Fällen dagegen ist die Ausgabemethode `xml`.

→ **Detaillierte Attributdarstellung**

- `encoding`: Angabe des Zeichensatzes.

- `cdata-section-elements`: XML-Liste/Leerzeichen-getrennte Liste von QNames, die Elemente bezeichnen, deren Textknoten in CDATA-Abschnitten eingeschlossen werden sollen.

- `doctype-system`: Angabe des Werts vom gleichnamigen Parameter zur Verknüpfung einer externen DTD.

- `doctype-public`: Angabe des Werts vom gleichnamigen Parameter zur Verknüpfung einer öffentlichen DTD.

- `escape-uri-attributes`: Angabe, ob nicht-darstellbare Zeichen von Werten des Datentyps `xs:anyURI` durch Fluchtzeichen dargestellt werden sollen. Dies betrifft Sonderzeichen wie spitze Klammern, Rauten, Prozentzeichen, Anführungszeichen und natürlich Leerzeichen. Da eine Umwandlung des URI in Fluchtzeichen sinnvoll ist, ist der Standardwert auch `yes`.

- `include-content-type`: Angabe, ob die Transformation dem Ergebnisbaum ein `content-type`-Meta-Tag hinzufügen soll. Der Standardwert ist `yes`.

- `indent`: Angabe, ob Einrückungen im erzeugten Dokument vorgenommen werden sollen. Der Standardwert ist `yes` bei `html` und `xhtml` und `no` bei `xml`.

- `media-type`: Angabe des Werts vom gleichnamigen Parameter mit dem Standardwert `text/xml` bei `xml` und `text/html` bei `html` und `xhtml` sowie `text/plain` bei `text`.

- `normalize-unicode`: Angabe, ob zusammengesetzte oder zusammenstehende Zeichen wie Umlaute, Akzentzeichen oder Ligaturen im Dokument vereinheitlicht/normalisiert werden sollen. Der Standardwert ist `no`.

- `omit-xml-declaration`: Angabe, ob die XML-Deklaration bei der Methode `xml` im Ergebnisdokument ausgelassen werden soll. Der Standardwert ist `no`.

- `standalone`: Angabe, ob dem Ergebnisdokument eine `standalone`-Deklaration hinzugefügt werden soll. Fehlt das Attribut, wird keine solche Deklaration hinzugefügt.

- `undeclare-namespaces`: `method`="xml" und `version`="1.1" gibt an, ob Namensraumdeklaration mithilfe des `xmlns`-Attributs im Ausgabestrom auftreten sollen, wenn ein Kindelement keinen Namensraumknoten mit gleichem Präfix besitzt. Der Standardwert `no` sorgt dafür, dass Namensraumknoten für Kinder eingefügt werden, die zuvor keine Namensraumknoten enthielten.

- `use-character-maps`: Angabe einer XML-Liste von Übersetzungen (engl. character maps), die im Rahmen der Transformation angewandt werden sollen.

- `version`: Angabe der Versionsnummer mit den Standardwerten 1.0 bei `xml`, 4.01 bei `html` und 1.0 bei `xhtml`. Dieser Parameter ist unnütz bei der Methode `text`.

→ Übersetzungen

Eine `character map`, die wir hier als *Übersetzung* bezeichnen wollen, stellt eine Zuordnung von einem spezifischen Zeichen zu einem Ersetzungszeichen im Ausgabestrom dar. Dabei beschränkt sich dies natürlich nicht auf einzelne Zeichen, sondern auf Zeichenketten, wobei dies im Normalfall solche sein sollten, die Sonderzeichen beschreiben. Die Zuordnung wird dann bei der Transformation so verarbeitet, dass das ursprüngliche in einem Textknoten oder einem Attributwert auftretende Zeichen durch das andere Zeichen ersetzt wird.

Das `character-map`-Element deklariert eine solche Übersetzung und vergibt dafür einen Namen. Es enthält entweder ein `use-character-maps`-Attribut, das sich auf andere Übersetzungen bezieht, oder eine Reihe von `output-character`-Elementen, die einzelne Zuweisungen vornehmen. Im `name`-Attribut gibt man einen Bezeichner für die Übersetzung an, die dann als Bezeichner zur Verfügung steht.

Mögliche Konflikte werden folgendermaßen gelöst: Es führt zu keinem Fehler, wenn eine Übersetzung direkt oder indirekt mehrfach aufgerufen wird. Sollten individuelle Übersetzungen des gleichen Zeichens mit unterschiedlichen Vorgaben auftreten, so gilt die speziellste, d. h. die letzte Übersetzung. Für die Bestimmung der Reihenfolge, die für die Auswahl der letzten Übersetzung benötigt wird, gilt innerhalb eines `character-map`-Elements die Reihenfolge, die durch die Dokumentrichtung vorgegeben wird. Die in einem `use-character-maps`-Attribut aufgelisteten Verweise auf andere Übersetzungen gelten in Reihenfolge der Auflistung, sodass diese auch jeweils die Reihenfolge der einzelnen Übersetzungen beeinflusst.

Die allgemeine Syntax für das Element `character-map`[7] hat die Form:

```
<!-- Kategorie: Deklaration -->
<xsl:character-map
  name = qname
  use-character-maps = qnames>
  <!-- Content: (xsl:output-character*) -->
</xsl:character-map>
```

Die allgemeine Syntax hat die Form:

```
<xsl:output-character
  character = char
  string = string />
```

In folgendem Beispiel sehen Sie die Verwendung von solchen Übersetzungen, wobei wir extra zwei verschiedene Übersetzungstabellen erzeugen, deren Namen wir dann in Form einer XML-Liste im `character-map`-Attribut ausgeben.

```
<?xml version='1.0'?>
<xsl:stylesheet version="2.0"
  xmlns:xsl="http://www.w3.org/1999/XSL/Transform">
<xsl:output name="ausgabe" use-character-maps=" leerzeichen
    html-leerzeichen " />

<xsl:character-map name="html-leerzeichen">
  <xsl:output-character character=" "
      string=" " />
  <xsl:output-character character="&#161;"
      string="&amp;iexcl;" />
</xsl:character-map>

<xsl:character-map name="leerzeichen">
  <!-- Zeilenumbrüche -->
  <xsl:output-character character="&#xA;"
      string="&#xD;&#xA;" />
  <!-- Tabulatoren -->
```

---

7   Vgl. XSL Transformations (XSLT) Version 2.0 W3C Recommendation 23 January 2007Abschnitt 20.1 Character Maps unter http://www.w3.org/TR/xslt20/#character-maps.

```
    <xsl:output-character character="&#x9;" string="    " />
</xsl:character-map>
...
```

Listing 7.19: 731 _ 01.xslt – Verwendung von Übersetzungen

7. 3. 2. Dezimalformat

Für das Dezimal- wie für das Zeitformat lassen sich allgemeine Formatvorgaben festlegen, die dann über ihren Bezeichner in speziellen Funktionen verwendet werden können. Für die Dezimalformatierung verwendet man das decimal-format-Element. Sofern man einen Namen im name-Attribut vergibt, erhält man ein benanntes Format, im anderen Fall die Werte für die Standardvorgaben, die dann lokal in der format-number-Funktion wieder überschrieben werden können. Die allgemeine Syntax[8] lautet:

```
<!-- Kategorie: Deklaration -->
<xsl:decimal-format
  name = qname
  decimal-separator = char
  grouping-separator = char
  infinity = string
  minus-sign = char
  NaN = string
  percent = char
  per-mille = char
  zero-digit = char
  digit = char
  pattern-separator = char />
```

Die einzelnen Attribute dieses Elements bestimmen die Standardwerte für die Funktion, mit deren Hilfe Zahlenwerte aus dem XML-Eingabestrom in das gewünschte Zahlformat übertragen werden können. Die erste Gruppe an Zeichen legt das allgemeine Erscheinungsbild von Zahlen fest:

- decimal-separator gibt das Dezimaltrennzeichen wie z. B. das Komma an (Standardwert ist der Punkt).

---

8   Vgl. XSL Transformations (XSLT) Version 2.0 W3C Recommendation 23 January 2007Abschnitt 16.4.1 Defining a Decimal Format unter http://www.w3.org/TR/xslt20/#defining-decimal-format.

- `grouping-separator` gibt das Gruppentrennzeichen an. Normalerweise handelt es sich hierbei um Tausendergruppen und das Tausendertrennzeichen Punkt. Der Standardwert ist das Komma.

- `percent` gibt das Prozentzeichen an, wobei das gewöhnliche Prozentzeichen (%) der Standardwert ist.

- `per-mille` gibt das Promillezeichen an, wobei der Standardwert das Unicode-Zeichen #x2030 für ‰ ist.

- `zero-digit` gibt das Zeichen für den Nullwert an. Der Standardwert ist das Null-Zeichen.

Für die Darstellung der Zahlenfolge wird – wie in anderen Syntaxstrukturen auch – ein Platzhaltertext (Maske, engl. picture string)) verwendet. Für die Übersetzung der im Platzhaltertext gefundenen Zeichen existieren eigene Attribute, die jeweils nur ein Zeichen erwarten:

- `digit` gibt das Zeichen an, das eine Zahl im Platzhaltertext repräsentiert. Der Standardwert ist eine Raute.

- `pattern-separator` gibt das Zeichen für die Trennung zwischen positiven und negativen Bereichen im Platzhaltertext an. Der Standardwert ist das Semikolon.

Weitere Attribute bezeichnen Zeichen, die im Ausgabetext erscheinen:

- `infinity` gibt das Unendlichkeitssymbol an. Der Standardwert ist der Text `Infinity`.

- `NaN` gibt das Zeichen an, das für den Zustand einer ungültigen Zahl gespeichert wird. Der Standardwert ist NaN (not-a-number).

- `minus-sign` gibt das Minus-Zeichen an. Der Standardwert ist das Minus-Zeichen/ Bindestrich bzw. der Unicode-Wert #x2D. Hier darf nur ein Zeichen verwendet werden.

Die Funktion für die Zahlenformatierung ist `format-number`; ihre allgemeine Syntax lautet:

- ```
  format-number($value as xs:double, $picture as xs:string) as
  xs:string
  ```
  ```

- format-number($value as xs:double, $picture as xs:string, $de-cimal-format-name as xs:string) as xs:string

Im folgenden kurzen Beispiel setzen wir ein benanntes Dezimalformat ein, auf das wir dann innerhalb der Formatierungsfunktion verweisen. Man erkennt deutlich, wie die Vorgaben für den Platzhaltertext oben angegeben und unten verwendet werden. Die beiden Nullen sollen führende Nullen darstellen, wenn die übergebene Zahl vor dem Komma nur einstellig ist.

```
...
   <xsl:decimal-format decimal-separator=","
       grouping-separator="." name="deutsch"/>
   <xsl:template match="/Tarifliste">
...
   <xsl:value-of select="format-number(Umsatz/Summe,
       '#.###00,##', 'deutsch')"/>
...
```

Listing 7.20: 732 _ 01.xslt – Zahlenformatierung

7. 3. 3. Zeitformatierung

Ähnlich wie für die Zahlenformatierung gibt es auch für die Zeitformatierung Vorgaben und passende Funktionen. Da dies – wie in allen Syntaxstrukturen – besonders umfangreiche Einstellungen aufgrund unterschiedlichster regionaler Besonderheiten und jeweiliger Varianten erfordert, ist der Umfang an Einstellungsmöglichkeiten besonders groß.

Die allgemeine Syntax für das date-format-Element lautet:

```
<!-- Kategorie: Deklaration -->
<xsl:date-format
  name = qname
  language = nmtoken
  calendar = qname />
```

Das date-format-Element speichert ein benanntes Format für die Ausgabe von Datumswerten. Sollte das name-Attribut fehlen, stellt es die Standardwerte für die Formatierungsangaben dar. Folgende Attribute lassen sich verwenden:

287

- `language` enthält eine Sprachangabe, wie sie im `xml:lang`-Attribut verwenden werden kann (`de`, `en`, `fr` etc.), um sprachbezogene Formatierungen anzugeben. Die Funktionsweise und Funktionstüchtigkeit hängt vom XSLT-Prozessor ab. Dies bezieht sich auf Informationen wie

    - Namen von Monaten und Tagen

    - Ordnungsform von Zahlen

    - Stundendarstellung (0–23 oder 1–24, 0–11 oder 1–12)

    - Erster Tag der Woche und des Jahres

- `calendar` gibt an, dass der übergebene Wert in den angegebenen Kalender konvertiert und dann gemäß seinen Einstellungen ausgegeben werden soll. Die Kalendernamen finden Sie in nachstehender Tabelle.

Kalender A–I	Kalender J–V
AD Anno Domini	JE Japanischer Kalender
AH Anno Hegirae (Mohammed)	KE Khalsa Era (Sikh-Kalender)
AME Mauludi Era (Jahre nach Mohammeds Geburts)	KY Kali Yuga
	ME Malabar Era
AM Anno Mundi (Jüdischer Kalender)	MS Monarchic Solar Era
AP Anno Persici	NS Nepal Samwat Era
AS Aji Saka Era (Java)	OS Old Style (Julianischer Kalender)
BE Buddhist Era	RS Rattanakosin Era (Bangkok)
CB Cooch Behar Era	SE Saka Era
CE Common Era	SH Mohammedan Solar Era (Iran)
CL Chinese Lunar Era	SS Saka Samvat
CS Chula Sakarat Era	TE Tripurabda Era
EE Ethiopian Era	VE Vikrama Era
FE Fasli Era	VS Vikrama Samvat Era
ISO ISO-8601-Kalender	

Tabelle 7.1: Kalendernamen

Für den Platzhaltertext werden – wie in anderen Syntaxstrukturen auch – spezielle Platzhalterzeichen für die Angabe von Zeitbestandteilen verwendet. Die Platzhalternamen in XSLT entsprechen den aus anderen Strukturen bekannten Namen.

Standard-Platzhalter	Besondere Platzhalter
Y Jahr (1)	Z Zeitzone als Unterschied von der Stan-
M Monat in Jahr (1)	dardzeit oder als Name einer Zeitzone (1)
D Tag in Monat (1)	z Zeitzone als Unterschiedsangabe, die
d Tag in Jahr (1)	GMT benutzt: GMT+1 (1)
F Tag der Woche (n)	C Kalender mit seiner Abkürzung/seinem
W Woche in Jahr (1)	Namen (n)
w Woche in Monat (1)	E Ära als Angabe für die Startlinie einer
H Stunde in Tag (24 Stunden) (1)	Jahresreihe (n)
h Stunde in halbem Tag (12 Stunden) (1)	
P am/pm-Angaben (n)	
m Minuten in Stunde (1)	
s Sekunden in Minute (1)	
f anteilige Sekunden (1)	

Tabelle 7.2: Platzhalterzeichen

Die einzugebenden Werte haben die folgende Bedeutung:

- A alphabetisch, Großbuchstaben

- a alphabetisch, Kleinbuchstaben (auch – wenn sprachlich korrekt – mit einem Groß-buchstaben am Wortanfang)

- N Name, Großbuchstaben

- n Name, Kleinbuchstaben (auch – wenn sprachlich korrekt – mit einem Großbuchsta-ben am Wortanfang)

- 1 Zahlenwert

- i Kleinbuchstabe als lateinische Zahl

- I Großbuchstabe als lateinische Zahl

Nach Angabe der allgemeinen Formate im `date-format`-Element lassen sich dann die be-nötigten Ausgaben mithilfe verschiedener Funktionen erzeugen. Folgende Funktionen sind für die Zeitformatierung möglich:

- ```
  format-dateTime( $value  as xs:dateTime?, $picture  as xs:string,
  $date-format-name  as xs:string) as xs:string?
  ```
  ```

- `format-dateTime($value as xs:dateTime?, $picture as xs:string) as xs:string?`

- `format-date( $value as xs:date?, $picture as xs:string, $date-format-name as xs:string) as xs:string?`

- `format-date($value as xs:date?, $picture as xs:string) as xs:string?`

- `format-time( $value as xs:time?, $picture as xs:string, $date-format-name as xs:string) as xs:string?`

- `format-time($value as xs:time?, $picture as xs:string) as xs:string?`

Beispiele:

Ausgabe	Format
2005-09-25	`format-date($d,"[Y]-[M]-[D]")`
09-25-2005	`format-date($d,"[M]-[D]-[Y]")`
25-09-2005	`format-date($d,"[D]-[M]-[Y]")`
25 XII 2005	`format-date($d,"[D1] [MI] [Y]")`
25st December, 2005	`format-date($d,"[Do] [Mn], [Y]", "en")`
25 DEC 2005	`format-date($d,"[D] [MN,*-7] [Y]", "en")`
December 25, 2005	`format-date($d,"[Mn] [D], [Y]", "en")`
25 Dezember, 2005	`format-date($d,"[D] [Mn], [Y]", "de")`
Mardi 25 December 2005	`format-date($d,"[Fn] [D] [Mn] [Y]", "fr")`
[2007-04-07]	`format-date($t,"[[[Y]-[M]-[D]]]")`
7:46 PM	`format-time($t,"[h]:[m] [PN]", "en")`
7:46:32 pm	`format-time($t,"[h]:[m]:[s] [Pn]", "en")`
7:46:32 PM PDT	`format-time($t,"[h]:[m]:[s] [PN] [ZN,*-7]", "en")`
7:46:32 o'clock PM PDT	`format-time($t,"[h]:[m]:[s] o'clock [PN] [ZN,*-7]", "en")`
11:46	`format-time($t,"[H]:[m]")`
11:46:32	`format-time($t,"[H]:[m]:[s]")`
11:46:32 GMT+02:00	`format-time($t,"[H]:[m]:[s] [z]", "en")`
11.46 Uhr GMT+02:00	`format-time($t,"[H]:[m]:[s] Uhr [z]", "de")`

Tabelle 7.3: Beispiele für Zeitformatierung

7. 4. Verarbeitung von mehreren Dokumenten

Besonders interessant ist die gleichzeitige Verarbeitung mehrerer Dokumente. Dies gilt in Version 1.0 zunächst für das Laden, in Version 2.0 allerdings auch für das Erzeugen von Dokumenten.

Während man beim Start des Prozessors in einer anderen Programmiersprache mehrere Dokumente durchaus mithilfe einer Schleife und einem wiederholten Aufruf des Prozessors verarbeiten kann, ist es eine große Hilfe, wenn man den gleichzeitigen Zugriff auf Dokumente in XSLT nutzt. Hier benötigt man keine sequenzielle Verarbeitung in der aufrufenden Umgebung, sondern erledigt den Zugriff ebenfalls in XSLT.

Was die Erzeugung mehrerer Dokumente anbetrifft, so lassen sich mithilfe der neuen Technik auf einfache Weise Frame-Strukturen erzeugen. Dies eröffnet ganz andere Möglichkeiten der Verarbeitung.

7. 4. 1. Mehrere Dokumente laden

Auch mit Blick auf die Eingabeströme lässt sich in XSLT mehr machen als bisher gezeigt. So ist es möglich, gleichzeitig auf mehrere gleichartige Dokumente[9] zuzugreifen, als wären sie ein einziges Dokument. Dabei ist folgendes XML-Instanzdokument ein Beispiel für eine Reihe von vier Dokumenten, die die Gewinnung der Neukunden über die Quartale angibt. In jeder Datei sind die Daten von drei Monaten für die einzelnen Städte enthalten, in denen Kunden wohnen.

```
<?xml version="1.0" encoding="ISO-8859-1"?>
<Erfolguebersicht
  xmlns:xsi="http://www.w3.org/2001/XMLSchema-instance"
  xsi:noNamespaceSchemaLocation="14_01.xsd">
  <Erfolg Stadt="Essen, Ruhr" Monat="1">
    <Gesamt>1</Gesamt>
    <Neukunden>1</Neukunden>
  </Erfolg>
  <Erfolg Stadt="Gelsenkirchen" Monat="1">
    <Gesamt>1</Gesamt>
    <Neukunden>1</Neukunden>
```

---

9 Vgl. XSL Transformations (XSLT) Version 2.0 W3C Recommendation 23 January 2007 Abschnitt 16.1 Multiple Source Documents http://www.w3.org/TR/xslt20/#document.

```
  </Erfolg>
  ...
```

Listing 7.21: 741 _ Q1.xml – Erstes Quartal

Es ließe sich vorstellen, dass eine Datenbank nach jeder Zeiteinheit (Woche, Quartal, Monat) eine Datei wie gerade gezeigt automatisch erzeugt und in einen Ordner ablegt. Die nachfolgende Datei müsste dann entweder um die zusätzliche Dateibezeichnung ergänzt oder komplett neu erzeugt werden. Durch die gleich vorgestellte Verarbeitungsdatei kann man sehr gut erkennen, wie man trotz der vielen Dateien und sich verändernden Inhalte in der Übersichtsdatei alle Daten auf einmal verarbeiten kann, ohne beispielsweise die Datenbank erneut zu befragen und sich die einzelnen Daten für den Bericht zu beschaffen.

```
<?xml version="1.0" encoding="ISO-8859-1"?>
<?xml-stylesheet type="text/xsl" href="741_01.xslt"?>
<Quartale xmlns:xsi="http://www.w3.org/2001/XMLSchema-
  instance" xsi:noNamespaceSchemaLocation="741_01.xsd">
  <Datei Name="741_Q1.xml"/>
  <Datei Name="741_Q2.xml"/>
  <Datei Name="741_Q3.xml"/>
  <Datei Name="741_Q4.xml"/>
</Quartale>
```

Listing 7.22: 741 _ 01.xml – Zusammenfassende Datei

Das Kernstück der gesamten Verarbeitung wird durch die `document`-Funktion geliefert, die eine Datei anhand einer relativen oder absoluten Pfadangabe öffnet. Darüber hinaus gehen wir sogar noch einen Schritt weiter und benutzen die Funktion auch gleichzeitig in einem XPath-Ausdruck innerhalb des `select`-Attributs von `apply-templates` und greifen auf das Wurzelelement der geöffneten Datei zu.

```
<?xml version="1.0" encoding="UTF-8"?>
<xsl:stylesheet version="1.0"
  xmlns:xsl="http://www.w3.org/1999/XSL/Transform">
  <xsl:output method="html" version="1.0"
      encoding="ISO-8859-1" indent="yes"/>
  <!-- Startvorlage -->
  <xsl:template match="/">
    <html>
```

```
<head>
  <title>Erfolgsübersicht</title>
</head>
<body>
  <xsl:for-each select="Quartale/Datei">
    <h1>Quartal <xsl:value-of select="position()"/>
    </h1>
    <ul>
      <xsl:apply-templates
        select="document(@Name)/Erfolguebersicht"/>
    </ul>
  </xsl:for-each>
</body>
</html>
</xsl:template>
```

Listing 7.23: 741 _ 01.xslt – Mehrfacher Dokumentaufruf

Die eigentliche Verarbeitung sollte Ihnen dann aus einem anderen Beispiel schon bekannt sein. Wir drucken die kurze Vorlage dennoch erneut ab, um zu zeigen, dass sich für die Verarbeitung solcher dynamisch geladenen Dokumente innerhalb der ansonsten verwendeten XSLT-Syntax nichts ändert. Die verwendete document-Funktion ist derart einfach, dass man eher darauf hinweisen muss, wie einfach ihr Einsatz ist und wie wenig sich ansonsten im Quelltext ändert.

```
<!-- Vorlage für Erfolg-Element -->
<xsl:template match="Erfolguebersicht/Erfolg">
  <xsl:for-each select=".">
    <xsl:sort data-type="number" order="descending"
        select="Neukunden"/>
    <li>
      <xsl:value-of select="@Stadt"/>
      <xsl:text> | Monat: </xsl:text>
      <xsl:value-of select="@Monat"/>
      <xsl:text> | Neukunden: </xsl:text>
      <xsl:value-of select="Neukunden"/>
    </li>
  </xsl:for-each>
</xsl:template>
```

293

```
</xsl:stylesheet>
```

Listing 7.24: 741 _ 01.xslt – Vorlage für Elemente in aufgerufener Datei

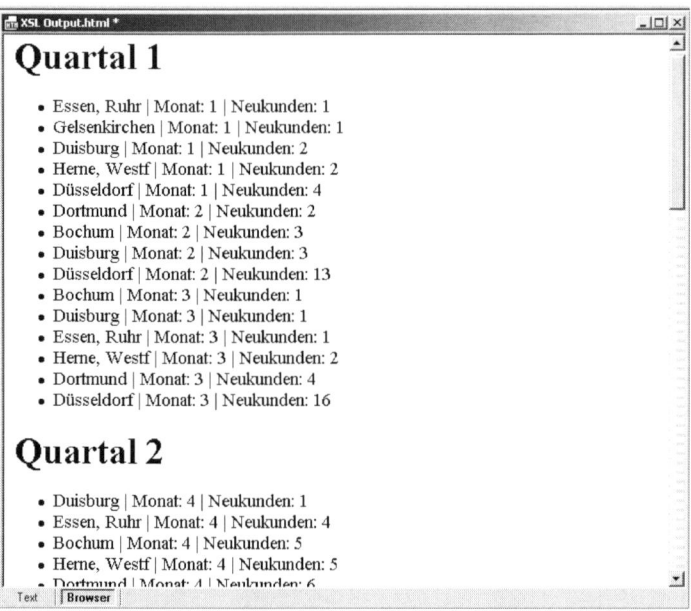

Abbildung 7.7: Ausgabe im Browser

Man erhält nach der Transformation das in Abbildung 7.7 gezeigte Ergebnisdokument, bei dem für jedes Quartal die verarbeiteten Werte ausgegeben werden. Es wäre natürlich auch möglich gewesen, die gesamten Elemente komplett anders zu sortieren und ganz andere Reihenfolgen zu erzeugen.

7. 4. 2. Mehrere Dokumente mit XSLT 2.0 erzeugen

Überaus raffiniert ist die Erzeugung von mehreren Dokumenten. Dies ist neu in XSLT 2.0 und wird über ein neues Element namens `xsl:result-document`[10] eingerichtet. Seine Wirkungsweise ist revolutionierend und eine Lösung für viele Fälle, in denen mit XSLT 1.0

---

10 Vgl. XSL Transformations (XSLT) Version 2.0 W3C Recommendation 23 January 2007Abschnitt 19.1 Creating Result Trees unter http://www.w3.org/TR/xslt20/#creating-result-trees.

der Transformationsparser für die einzelnen zu erzeugenden Seiten in mehreren Schritten wiederholt werden muss.

```
<!-- Kategorie: Instruktion -->
<xsl:result-document
   format? = { qname }
   href? = { uri-reference }
   validation? = "strict" | "lax" | "preserve" | "strip"
   type? = qname
   method? = { "xml" | "html" | "xhtml" | "text" |
               qname-but-not-ncname }
   byte-order-mark? = { "yes" | "no" }
   cdata-section-elements? = { qnames }
   doctype-public? = { string }
   doctype-system? = { string }
   encoding? = { string }
   escape-uri-attributes? = { "yes" | "no" }
   include-content-type? = { "yes" | "no" }
   indent? = { "yes" | "no" }
   media-type? = { string }
   normalization-form? = { "NFC" | "NFD" | "NFKC" | "NFKD" |
                           "fully-normalized" | "none" | nmtoken}
   omit-xml-declaration? = { "yes" | "no" }
   standalone? = { "yes" | "no" | "omit" }
   undeclare-prefixes? = { "yes" | "no" }
   use-character-maps? = qnames
   output-version? = { nmtoken }>
   <!-- Content: sequence-constructor -->
</xsl:result-document>
```

Für die Verwendung des Elements benötigt man folgende Attribute:

- `format` speichert den Bezeichner eines Formats aus dem `xsl:output`-Element.

- `href` speichert den Dateinamen und Pfad der zu erzeugenden Datei.

- `validation` speichert die Validierungseinstellung und Fehlerschwelle.

- `as` speichert die Sequenzstruktur.

- Weitere Attribute, wie sie auch in `xsl:template` vorkommen, um Namensraumangaben einzufügen oder auszulassen, DTD-Verknüpfungen zu erstellen oder den XML-
  Prolog auszulassen..

→ **Einfaches Beispiel**

Wir verwenden für die Darstellung dieses tatsächlich spektakulären Elements eine Tarifliste, die aus mehreren Tarifelementen besteht. Diese kann man z. B. in einer Liste anzeigen,
die Links zu anderen (Detail-)Seiten mit Informationen zu den angezeigten Tarifen besitzt.

```xml
<?xml version="1.0" encoding="ISO-8859-1"?>
<?xml-stylesheet type="text/xsl" href="742_01.xslt"?>
<Tarifliste xmlns:xsi="http://www.w3.org/2001/XMLSchema-
   instance" xsi:noNamespaceSchemaLocation=
           "../2_Vorlagen/223_01.xsd">
  <Tarif>
    <Name Nr="7">Schicht1</Name>
    <Gueltigkeit>
      <Datum>
        <Von>01.01.03</Von>
        <Bis>31.12.03</Bis>
      </Datum>
      <Uhrzeit>
        <Von>7</Von>
        <Bis>15</Bis>
      </Uhrzeit>
    </Gueltigkeit>
    <Preis>1</Preis>
  </Tarif>
...
```

Listing 7.25: 742 _ 01.xml – Tarifliste

In der XSLT-Datei benötigen wir zunächst verschiedene Ausgabemethoden mit geeigneten
Namen für die Ausgabeart in Detail- und in Übersichtsform. Diese Bezeichner rufen wir
nachher wieder auf. In den Ausgabemethoden steckt dieses Mal besonders viel Mühe, weil
die Ausgabe in XHTML erfolgen soll und daher auch weitere Informationen angegeben sind.

```xml
<?xml version="1.0" encoding="ISO-8859-1"?>
<xsl:stylesheet version="2.0"
 xmlns:xsl="http://www.w3.org/1999/XSL/Transform">
  <!-- Ausgabeformate -->
  <xsl:output name="uebersicht-format" method="xhtml" indent="yes"
doctype-system="http://www.w3.org/TR/xhtml1/DTD/xhtml1-
strict.dtd" doctype-public="-//W3C//DTD XHTML 1.0 Strict//DE"
encoding="ISO-8859-1"/>
  <xsl:output name="detail-format" method="xhtml" indent="yes"
doctype-system="http://www.w3.org/TR/xhtml1/DTD/xhtml1-transition
al.dtd" doctype-public="-//W3C//DTD XHTML 1.0 Transitional//DE"
encoding="ISO-8859-1"/>
```

Listing 7.26: 742 _ 01.xslt – Ausgabeformate

In der Vorlage, die auf das Wurzelelement reagiert, verwendet man dann das `xsl:result-document`-Element, um die Inhalte der zu erzeugenden Dateien anzugeben. Diese Inhalte stellen die Kinder und Kindeskinder des Elements dar bzw. können natürlich auch wiederum über das Ping-Pong-Spiel etc. weitere Vorlagen aufrufen. Es wird nur eine einzige Übersichtsseite benötigt, in der die Namen der Tarife aufgelistet und mit Verknüpfungen zu passenden Dateien versehen sind.

```xml
<xsl:template match="/">
  <!-- Inhaltsverzeichnis -->
  <xsl:result-document href="inhalt.html"
      format="uebersicht-format" validation="strict">
    <html xmlns="http://www.w3.org/1999/xhtml">
      <head>
        <title>
          <xsl:value-of select="local-name(/*)"/>
        </title>
      </head>
      <body>
        <h1>
          <xsl:value-of select="local-name(/*)"/>
        </h1>
        <ul>
          <xsl:for-each select="/Tarifliste/Tarif">
            <li>
```

```
                <a href="tarif{Name}.html">
                   <xsl:value-of select="Name"/>
                </a>
            </li>
         </xsl:for-each>
      </ul>
   </body>
</html>
</xsl:result-document>
```

Listing 7.27: 742 _ 01.xslt – Inhaltsübersicht

Da mehrere bzw. so viele Detailseiten zu erzeugen sind, wie es Tarife im Dokument gibt, muss eine Wiederholung zum Einsatz kommen, die für jeden gefundenen Tarif mit dem `xsl:result-document`-Element eine neue HTML-Seite ausgibt. Daher ist dies das erste Beispiel, in dem innerhalb einer Transformation mehrere `html`-, `head`- und `body`-Elemente auftreten. Beachten Sie die wechselnden Formatbezeichner für Detail- und Übersichtsseite sowie die dynamisch erzeugten Dateinamen.

```
<!-- Detailseiten -->
<xsl:for-each select="/Tarifliste/Tarif">
  <xsl:result-document href="tarif{Name}.html"
       format="detail-format" validation="strip">
    <html xmlns="http://www.w3.org/1999/xhtml">
      <head>
        <title>
          <xsl:value-of select="Name"/>
        </title>
      </head>
      <body>
        <h1>
          <xsl:value-of select="Name"/>
        </h1>
        <!-- Ausgabe von Tarifinformationen -->
        ...
      </body>
    </html>
  </xsl:result-document>
</xsl:for-each>
```

```
    </xsl:template>
  </xsl:stylesheet>
```

Listing 7.28: `742 _ 01.xslt` *– Detailseiten*

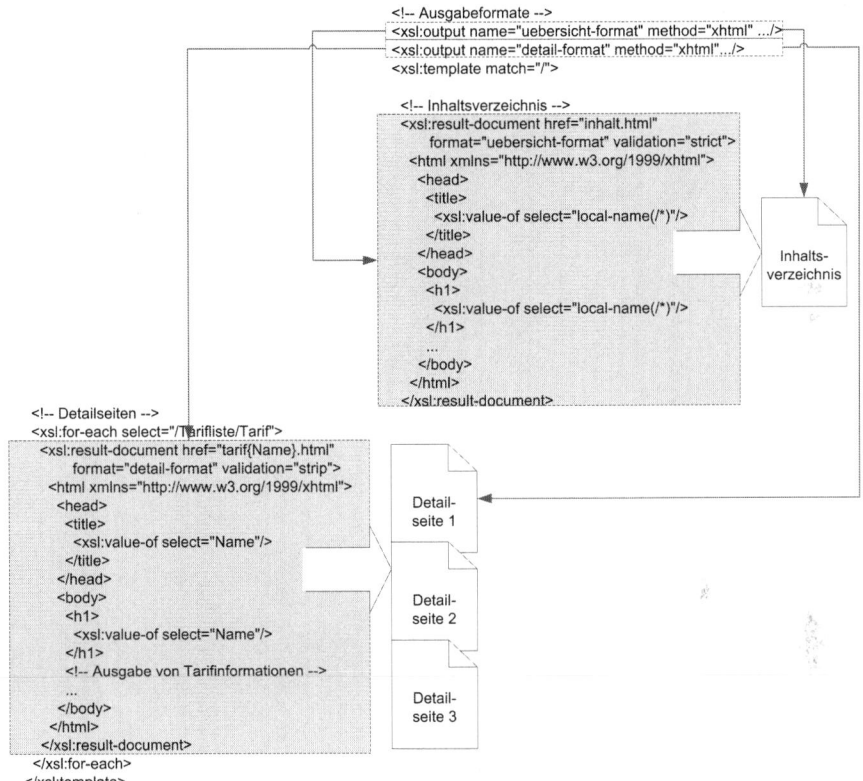

Abbildung 7.8: Zusammenhang zwischen XML, XSLT und HTML

Der gesamte Prozess soll noch einmal in einer Schemazeichnung offen gelegt werden. Sie enthält die beiden Quelltextbereiche, die nun von dem neuen `xsl:result-document`-Element umschlossen sind, und die entweder genau eine oder mehrere Dateien erzeugen. Dies haben wir mithilfe von Dateisymbolen gekennzeichnet. Die Pfeile verbinden dann die Ausgabeformate mit den Quelltextbereichen, die Dateien generieren, und den Dateien, die von den Quelltextbereichen generiert wurden.

→ Frame-Seiten erzeugen

Ein anderer, in Zukunft sehr viel einfacherer Anwendungsfall ist die Erzeugung von Frame-Seiten. Hierbei benötigen wir eigentlich den gleichen Algorithmus wie zuvor. Die einzige Neuerung bzw. Variation hängt von HTML ab, das für die Darstellung von Frame-Seiten ein so genanntes *Frameset* benötigt, in dem die Fensteraufteilung im Browser festgelegt wird. Dies wird im nächsten Quelltextabschnitt als eigene Datei erzeugt.

```
<xsl:template match="/">
  <!-- Frames -->
  <xsl:result-document href="frames.html"
       format="uebersicht-format" validation="strict">
    <html>
      <head>
        <title>
          <xsl:value-of select="local-name(/*)"/>
        </title>
      </head>
      <frameset cols="250, *">
        <frame src="inhalt.html" name="inhalt"/>
        <frame src="tarif{/Tarifliste/Tarif[1]/Name}
                    .html" name="details"/>
      </frameset>
    </html>
  </xsl:result-document>
```

Listing 7.29: 742 _ 02.xslt – Erzeugung der Frame-Seite

Als erste Seite benötigt man dann eine Linkleiste, die allerdings ungefähr der Linkleiste entspricht, die wir zuvor erstellt haben. Der entscheidende Unterschied liegt darin, dass die Verknüpfung zur Detailseite nicht ein ganz einfacher Link in HTML ist, sondern auch noch das `target`-Attribut mit dem Namen des Frames gefüllt ist, in dem die verknüpfte Seite geöffnet werden soll. Dieser Bezeichner wird im Frameset vergeben und muss nicht dynamisch geändert werden.

```
<!-- Inhaltsverzeichnis -->
<xsl:result-document href="inhalt.html"
     format="uebersicht-format" validation="strict">
  <html xmlns="http://www.w3.org/1999/xhtml">
```

```
    ...
        <xsl:for-each select="/Tarifliste/Tarif">
        <li>
            <a href="tarif{Name}.html"
                target="details">
                <xsl:value-of select="Name"/>
            </a>
        </li>
        </xsl:for-each>
    ...>
</xsl:result-document>
```

Listing 7.30: 742 _ 02.xslt – Erzeugung der Linkleiste

Zum Schluss benötigt man noch die Erzeugung von einzelnen Detailseiten, die allerdings den Dateien entsprechen, die Sie gerade bereits gesehen haben, als wir für den einfachen Fall Detailseiten erzeugt haben. In der Ausgabe im Browser ergibt dies freilich im aktuellen Beispiel eine gänzlich andere Darstellung, weil die Menüleiste im linken Frame stets erhalten bleibt und nur noch die Detailseiten im rechten Frame namens details geladen werden

XML und Text

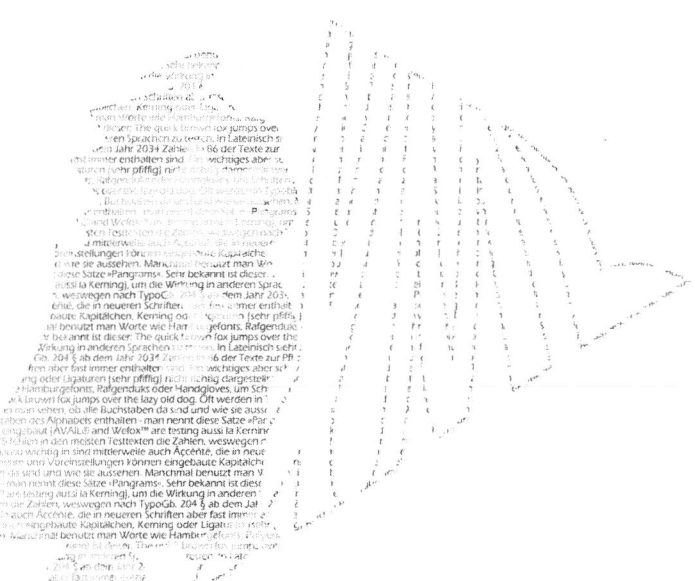

8. XML und Text

Nach der umfangreichen Darstellung der Umwandlung von XML nach HTML beschäftigen wir uns in diesem Kapitel mit ausgewählten Themen, die bei der Erzeugung von Text und XML auftreten. Diese Themen ergänzen die Informationen, die wir Ihnen bereits bei der Darstellung der verschiedenen zusätzlichen XSLT-Elemente gegeben haben, mit denen solche Strukturen wie Prozessoranweisungen oder Namensräume erzeugt werden.

8. 1. XML

Bei der Umwandlung von XML nach XML gibt es neben einigen zusätzlichen Elementen wie `element`, `attribute` oder `processing-instruction` in XSLT auch einige zusätzliche oder wenigstens andere Techniken als bei der Umwandlung nach HTML. Zwar ist HTML auch eine Form von XML (sofern XHTML eingesetzt wird und nicht von allen Fähigkeiten von HTML Gebrauch gemacht wird, die einfachsten XML-Regeln zu verletzen), doch geht es bei der Erzeugung von Internetseiten mehr um die Darstellung und Formatierung und weniger um die Erzeugung von komplexen Strukturen, die datenorientiert sind. Dies erschwert manchmal die Umsetzung einer Transformation syntaktisch oder von ihrer Planung her.

In diesem Abschnitt zeigen wir zunächst verschiedene allgemeine Techniken, auf die man bei der Umwandlung nach XML stößt. Da der Einsatzbereich von XML in der Software-Entwicklung sehr vielfältig ist, ist es dementsprechend schwierig und vermutlich auch unmöglich, eine gute Abdeckung von möglichen Vorgehensweisen und Situationen zu finden. Dennoch hoffen wir, dass wir in diesem Abschnitt und im ganzen Kapitel einige typische Anwendungsfälle herausgefiltert haben. Sicherlich werden Sie – gerade wenn für Sie der Einsatz von XSLT hauptsächlich für HTML interessant scheint – einige Eindrücke erlangen, welche Einsatzgebiete sich überhaupt erschließen.

8. 1. 1. Attributorientierte Dokumente

Einen grundsätzlich anderen Ansatz bei der Dokumentmodellierung stellt die attributorientierte Vorgehensweise dar. Hier liegen die unterscheidenden bzw. charakterisierenden

8

305

Informationen als Attributwerte und gerade nicht als Elementnamen vor. Dies ermöglicht sehr variable und flexible Dokumentstrukturen bei einem überaus simplen grundsätzlichen Aufbau. Die Herausforderung bei der Verarbeitung solcher Daten besteht dagegen darin, mit umfangreichen und anspruchsvollen XPath-Ausdrücken auf die jeweils gesuchten Knoten zuzugreifen.

Die Schwierigkeit von attributorientierten Strukturen liegt also gerade nicht in der Modellierung und Validierung, sondern ausschließlich in der Transformation der Daten. Hier ist insbesondere eine Herausforderung bei der Lokalisierung von geeigneten Daten zu sehen, da stets ein zusätzliches Prädikat eingefügt werden muss, wenn man einen bestimmten Wert finden möchte. Dies liegt an der Konzeption, die Bezeichner, die die Daten beschreiben, selbst wieder als Werte in allgemeinen (Meta-)Elementen oder Attributen in Textknoten- oder Wertform zu speichern. Treten dann zusätzlich inhaltliche Einschränkungen auf, so erhöht sich die Anzahl der notwendigen Prädikate leicht auf ein Vielfaches. Dies erschwert naturgemäß die Entwicklung korrekter Ausdrücke und die Entwicklung des gesamten Transformationsdokuments.

Nehmen Sie daher das hier abgedruckte Beispiel sowohl als Beispiel für die Modellierung von Dokumenten als auch als Transformationsbeispiel solcher Dokumente. Da sich natürlich – wie immer – auch Mischformen denken lassen, die nur einige attributorientierte Inhalte aufweisen, geht es mehr darum, die Modellierungsweise zu erkennen. Danach ist es einfacher, sich einen passenden Algorithmus zu überlegen.

Folgendes Dokument wird aus einer Telefonanlage (daher einmal für kurze Zeit englische Dokumente) oder einem Telefonverzeichnis ausgegeben und soll in das nachfolgende Dokument umgewandelt werden. Wie Sie sehen, sind die Bezeichner wie `Given Name` oder `Surname` nicht als Elemente oder Attribute zu finden, sondern stellen selbst wieder Attributwerte vom stets gleichen `attr-name`-Attribut dar. Dies erschwert die Lesbarkeit des gesamten Dokuments, weil man bei einem ersten Lesen zwischen beschreibenden Daten und Nutzdaten unterscheiden muss, die beide gleich modelliert werden. Doch leicht lässt sich erkennen, wie einfach ein solches Dokument mit zusätzlichen Attributwerten wachsen kann, die noch die nächsten Generationen von Telefonanlageninformationen beschreiben können.

```
<?xml version="1.0" encoding="ISO-8859-1"?>
<!-- Ausgabe von Telefonanlage -->
<?xml-stylesheet type="text/xsl" href="811_01.xslt"?>
<nds dtdversion="1.1" ndsversion="8.5"
```

```
xmlns:xsi="http://www.w3.org/2001/XMLSchema-instance"
xsi:noNamespaceSchemaLocation="811_01.xsd">
 <input>
   <add class-name="User" src-dn="Anton Ebenhof"
        event-id="0">
     <add-attr attr-name="Given Name">
       <value type="string">Anton</value>
     </add-attr>
     <add-attr attr-name="Surname">
       <value type="string">Ebenhof</value>
     </add-attr>
     <add-attr attr-name="Country">
       <value type="string">DE</value>
     </add-attr>
     <add-attr attr-name="Location">
       <value type="string">Essen</value>
     </add-attr>
     <add-attr attr-name="Stammnummer">
       <value type="string">555</value>
     </add-attr>
     <add-attr attr-name="Nebenstellennummer">
       <value type="string">2-474</value>
     </add-attr>
   </add>
 </input>
</nds>
```

Listing 8.1: 811 _ 01.xml – Ausgabe einer Telefonanlage

Die einfache Modellierung lässt sich besonders gut am Dokumentbaum erkennen, der in diesem Fall wie eine Schlange erscheint. Sie enthält verschiedene Elemente, die ineinander verschachtelt sind, wobei das add-attr-Element wiederholt auftreten kann..

8

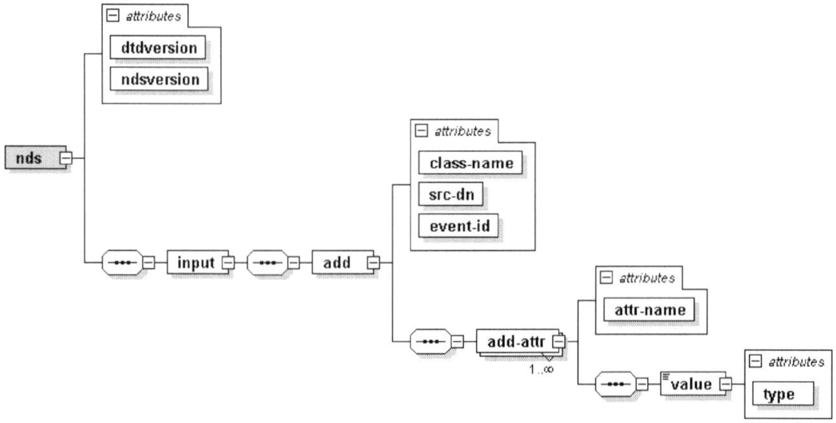

Abbildung 8.1: Attributorientiertes Dokument

Unser Ziel der Transformation soll das nächste XML-Dokument sein. Es ist einfacher, bereits vorher das Ergebnis abzudrucken, bevor wir umfassend und abstrakt die Form des Ziels beschreiben. Einige Werte wurden zusammengefasst wie die Telefonnummer oder ausgewählt wie kennzeichnende Namensbestandteile.

```
<?xml version="1.0" encoding="UTF-8"?>
<nds xmlns:xsi="http://www.w3.org/2001/XMLSchema-
  instance" xsi:noNamespaceSchemaLocation="811_01.xsd"
  dtdversion="1.1" ndsversion="8.5">
  <input>
    <add class-name="User" src-dn="Anton Ebenhof"
         event-id="0">
      <add-attr attr-name="Surname">
        <value type="string">Ebenhof</value>
      </add-attr>
      <add-attr attr-name="Country">
        <value type="string">DE</value>
      </add-attr>
      <add-attr attr-name="Location">
        <value type="string">Essen</value>
      </add-attr>
      <add-attr attr-name="Telephone Number">
        <value type="string">+49 201 5552-474</value>
```

```
        </add-attr>
      </add>
    </input>
  </nds>
```

Listing 8.2: 811 _ 02.xml – Verändertes Dokument

Der Quelltext der Transformation ist ein wenig schwer lesbar, weil mithilfe der Elemente `element` und `attribute` Elemente und Attribute im Ausgabestrom generiert werden. Sie tendieren dazu, den Lesefluss zu stören. Völlig abhängig ist der vorliegende Algorithmus allerdings nicht von diesen XSLT-Elementen, sondern von den XPath-Ausdrücken, die die benötigten Elemente im Eingabestrom lokalisieren.

Besonders bemerkenswert beim entscheidenden XPath-Ausdruck, der zunächst die Elemente auswählt, die tatsächlich verarbeitet werden sollen, ist die Tatsache, dass die Lokalisierung ebenfalls über Prädikate und nicht über einfache Bezeichneraufrufe wie bei einem elementorientierten Dokument abläuft.

```xml
<?xml version="1.0" encoding="UTF-8"?>
<xsl:stylesheet version="1.0"
 xmlns:xsl="http://www.w3.org/1999/XSL/Transform"
 xmlns:xsi="http://www.w3.org/2001/XMLSchema-instance">
  <xsl:output method="xml" version="1.0" encoding="UTF-8"
      indent="yes"/>
  <xsl:template match="/">
    <xsl:element name="nds">
      <xsl:attribute name="xsi:noNamespaceSchemaLocation">
      <xsl:text>811_01.xsd</xsl:text></xsl:attribute>
      <xsl:apply-templates select="nds/@*"/>
      <xsl:element name="input">
        <xsl:element name="add">
          <xsl:apply-templates select=
              "nds/input/add/@*"/>
          <xsl:for-each select="nds/input/add">
            <xsl:copy-of select="child::*
                [@attr-name='Given Name' or
                @attr-name='Surname' or @attr-
                name='Country' or @attr-name=
                'Location']"/>
```

```
    </xsl:for-each>
    <xsl:element name="add-attr">
      <xsl:attribute name="attr-name">
      <xsl:text>Telephone Number</xsl:text></xsl:attribute>
      <xsl:element name="value">
        <xsl:attribute name="type">
        <xsl:text>string</xsl:text></xsl:attribute>
        <xsl:call-template name="ErzeugeTelNr"/>
      </xsl:element>
      </xsl:element>
    </xsl:element>
  </xsl:element>
 </xsl:element>
</xsl:template>
```

Listing 8.3: 811 _ 01.xslt – Startvorlage

Da die Attribute aus dem Ausgangsdokument auch in das Ergebnisdokument übernommen werden sollen, verwenden wir nicht eine stupide Aneinanderreihung von Kopiervorgängen, sondern eine interessante Variante mithilfe einer allgemeinen Vorlage. Sie reagiert auf alle verfügbaren Attribute, die bei einem Element zu finden sind, und legt ein Attribut mit dem gleichen Namen und demselben Wert im Ausgabestrom an.

```
<!-- Kopiert Attribute und ihre Werte -->
<xsl:template match="@*">
  <xsl:attribute name="{local-name(.)}">
  <xsl:value-of select="."/></xsl:attribute>
</xsl:template>
```

Listing 8.4: 811 _ 01.xslt – Kopieren von Attributen

Die folgende Vorlage ergänzt noch einmal die obigen Ausführungen, die sich darauf bezogen, dass die zu lokalisierenden Elemente stets über ein Lokalisierungsprädikat zu finden sind. Es ersetzt das in einer elementorientierten Form zu findende Nennen des beschreibenden Elements oder Attributs. Hier wird die Telefonnummer aus unterschiedlichen einzelnen Elementen zusammengesetzt und noch von ihren Werten her bewertet.

Man kann sich denken, dass für eine kleine Anzahl an Städten ein solches Vorgehen sinnvoll ist. Sollte allerdings eine Fallunterscheidung alle möglichen deutschen Städte erkennen, wäre dies zwar ein wunderbares Beispiel für XPath, aber ein schlechtes Beispiel für XSLT. In einem solchen Fall sollte man den Stadtnamen automatisch mithilfe der Telefonanlage oder einer irgendwie vorgeschalteten Datenbankabfrage bestimmen und in das XML-Dokument speichern.

```
<!-- Setzt aus XML-Rohdaten eine Telnr zusammen -->
<xsl:template name="ErzeugeTelNr">
  <xsl:if test="/nds/input/add/add-attr
      [@attr-name='Country']/value = 'DE'">
    <xsl:text>+49 </xsl:text>
  </xsl:if>
  <xsl:if test="/nds/input/add/add-attr
      [@attr-name='Location']/value = 'Essen'">
    <xsl:text>201 </xsl:text>
  </xsl:if>
  <xsl:value-of select="/nds/input/add/add-attr
      [@attr-name='Stammnummer']/value"/>
  <xsl:value-of select="/nds/input/add/add-attr
      [@attr-name='Nebenstellennummer']/value"/>
</xsl:template>
</xsl:stylesheet>
```

Listing 8.5: 811 _ 01.xslt – Zusammensetzen der Telefonnummer

8. 1. 2. XML Schema

Einen Sonderfall der möglichen XML-Dokumente nehmen selbstverständlich solche ein, deren Syntax bereits vom W3C oder anderen Institutionen standardisiert sind. Meistens gibt es gute Dokumentationen, die die Verwendung solcher Strukturen erleichtern. Es lohnt sich – nebenbei gesagt – auch immer, zu Anfang eines Projekts genau nachzuforschen, ob möglicherweise für das zu modellierende Problem von einer anderen Organisation bereits eine Lösung vorliegt. Dies kann auch eine Lösung sein, die innerhalb eines bestimmten Rahmens eine standardisierte Modellierung darstellt und allein deshalb schon besondere Beachtung findet.

Man hat natürlich keine Garantie, dass eine von einer anderen Institution modellierte Realität mit der eigenen übereinstimmt oder für den eigenen Anwendungsfall die korrekte Modellierung darstellt. Allerdings lohnt es sich auch nicht, das berühmte Rad noch einmal neu zu erfinden oder gar auf die Arbeit von möglicherweise viel größeren Gruppen mit mehr Zeit und Investitionen achtlos zu verzichten, ohne sie kritisch betrachtet zu haben. Oftmals eignet sich wenigstens eine Untermenge von modellierten Strukturen für die eigene Anwendung. Sollte sogar dies nicht der Fall sein, kann man sich mit Sicherheit einige nützliche Anregungen holen, wie in einem ähnlich gelagerten Fall eine Modellierung aussah.

Dies trifft natürlich in besonderer Weise auch gleich für XML Schema zu. Zum einen sind die mit ihm geschriebenen Dokumente die Modellierungen von in der Wirklichkeit aufgefundenen Ausschnitten. Zum anderen bietet es eine umfangreiche Syntax, die man auch als Neuling im XML-Bereich relativ früh zu Gesicht bekommt. Daher liegt – nach unserer Meinung – der Schluss nahe, sich auch mit der Syntax von XML Schema kreativ und verändernd auseinander zu setzen.

→ **HTML-Formulare erzeugen**

Im Rahmen einer Beratung stellte sich einmal das Problem, dass möglichst schnell eine Technik benötigt wurde, bei der automatisch viele verschiedene HTML-Formulare zu erzeugen waren. Nun gibt es immer verschiedene Möglichkeiten, HTML-Formulare mit vorgefertigten Klassen zu erzeugen. In PHP gibt es dafür nicht in der Sprache eingebundene Klassen, sodass man entweder auf Klassen zurückgreifen muss, die in diversen Foren angeboten werden, oder man entwickelt etwas Neues. Da wir – wie gerade schon erwähnt – nicht sehr begeistert von der Vorstellung sind, das Rad neu zu erfinden, haben wir uns auch für diese Frage einmal entspannt zurückgelehnt und kamen auf eine Idee, die wir bisher noch in keinen anderen Projekten außer unseren verwirklicht gesehen haben: der Einsatz von XML Schema.

Der Einsatz von XML Schema beschränkt sich normalerweise auf den üblichen Einsatz, den es bei seiner Konzeption durch das W3C erhalten hat: der Datenmodellierung für XML-Dokumente. Allerdings lässt sich XML Schema auch für speziellere Einsatzbereiche wie bei der Modellierung von Datenbanken benutzen. Hier lässt sich beispielsweise über XSLT leicht (siehe Abschnitt SQL) der benötigte SQL-Quelltext für diese und jene Datenbank erzeugen.

Dann lassen sich allerdings auch viele weitere Einsatzbereiche denken, von denen wir vielleicht die meisten noch gar nicht umgepflügt haben, weil sich die Gelegenheit noch nicht bot und man andere Techniken verwendet hat. Sie lassen sich daran erkennen, dass Bezeichner für Datenstrukturen benötigt werden, wobei zusätzlich auch einige Eigenschaften zu den Datentypen, Wertebereichen und Einschränkungen der zulässigen Daten auf unterschiedliche Art und Weise erforderlich sind. Da in XML Schema immer auch fremde Attribute verwendet werden können, sind weitere Einsatzbereiche leicht denkbar, weil die benötigten zusätzlichen Attribute leicht in die bestehende Syntax eingebracht werden können.

Damit der modifizierte Einsatz auch für die Transformation mit XSLT möglichst leicht gelingt, lohnt es sich – wie oft im XML-Bereich – aus bestehenden Strukturen eine Untermenge auszuwählen und nur diese als für ein Gebiet/Projekt zulässig zu deklarieren. So erleichtert man sich die Verwendung, die Lokalisierung und die Transformation, da nicht jede syntaktische Spitzfindigkeit, die theoretisch zulässig ist, auch tatsächlich umgesetzt wird. Eine solche Umsetzung würde nämlich nur bedeuten, dass man auf sie – gerade bei alternativen Verfahren – entsprechend auch bei der Verarbeitung der XML-Schema-Dokumente eingehen muss. Damit hier keine Fehler oder Auslassungen auftreten, die möglicherweise später zu Fehlern oder Funktionsstörungen beim Betrieb der Lösung führen, lohnt es sich, die Syntax auf das wirkliche Notwendige zu reduzieren.

Einen weiteren Einsatzbereich, den wir jetzt nach dieser Vorrede präsentieren wollen, ist die Modellierung von Daten für Webformulare. Dazu eignet sich sowohl die attributorientierte wie auch die elementorientierte Form von einfachen XML-Schema-Dokumenten, in denen die zu verarbeitenden Elemente als Kindelemente von `element`-Elementen der obersten Ebene erscheinen. Als weitere Bedingung gilt, dass die Dokumentreihenfolge auch die Reihenfolge der Elemente im HTML-Formular wird. Wenn man möchte, könnte man noch ein weiteres Attribut einführen, das die Reihenfolge oder sogar Position bestimmt. Die Datentypen werden einfach übernommen, wobei allerdings in der hier vorgestellten einfachen Variante keine globalen einfachen und globalen komplexen Datentypen zulässig sind. Dies wäre durchaus denkbar, wenn bestimmte Strukturen wiederholt auftreten und man sie lieber auslagern wollte, doch muss man darauf mit einer eigenen Vorlage reagieren. Diese könnte beispielsweise den Namen des Datentyps abfragen und seine Eigenschaften mit einem passenden XPath-Ausdruck lokalisieren und dann wieder mit der Vorlage verarbeiten, die wir auch im nachfolgenden XSLT-Beispiel verwenden.

Die gerade gemachten kurzen Ausführungen sollen Ihnen zeigen, dass man natürlich stets solche Vorschläge verbessern, erweitern und damit komplexer gestalten kann. Dies ist eine Grundtatsache, die vermutlich in wirklich allen Lebensbereichen gilt. Allerdings sollten Sie sich auch die Einfachheit der hier vorgestellten Lösung ansehen und mit den Formularen vergleichen, die man normalerweise erstellt. Die einzige tatsächlich notwendige Verbesserung würde darin liegen, noch genauere Informationen zu speichern, welche Formularelemente zu verwenden sind. Alles andere ist denkbar, würde allerdings vielleicht in vielen Fällen den Rahmen sprengen und die Arbeit zu kompliziert gestalten. Sollten allerdings gerade bei den Formularen besonders viele Bedingungen gelten und sollten die Formulare für eine

Anwendung besonders wichtig sein, dann könnte man sich wohlüberlegte Erweiterungen ausdenken.

Das nachfolgende Dokument enthält zunächst in der XML-Schema-Syntax Eigenschaftsvorgaben für ein zu erzeugendes Formular. Die Datentypen sind angegeben, wobei alle eine Längenbeschränkung und einige einen festen Wertebereich aufweisen. Die Längenschränkung findet man entweder in einem `maxLength`- oder in einem `totalDigits`-Element. Die Werte von festen Wertebereichen sind in `enumeration`-Elementen untergebracht.

 Als grundlegende Alternative zu eigenen Erweiterungen der XML-Schema-Syntax lassen sich auch solche Erweiterungen verwenden, die von großen Herstellern wie Microsoft oder Oracle in ihren Datenbankprodukten untergebracht sind.

```
<?xml version="1.0" encoding="ISO-8859-1"?>
<?xml-stylesheet type="text/xsl" href="812_01.xslt"?>
<xs:schema xmlns:xs="http://www.w3.org/2001/XMLSchema">
  <xs:element name="MITARBEITER">
    <xs:complexType>
      <xs:sequence>
...

        <xs:element name="M_ANREDE">
          <xs:simpleType>
            <xs:restriction base="xs:string">
              <xs:enumeration value="Herr"/>
              <xs:enumeration value="Frau"/>
            </xs:restriction>
          </xs:simpleType>
        </xs:element>
        <xs:element name="M_VORNAME">
          <xs:simpleType>
            <xs:restriction base="xs:string">
              <xs:maxLength value="20"/>
            </xs:restriction>
          </xs:simpleType>
        </xs:element>
```

```
<xs:element name="M_NACHNAME">
  <xs:simpleType>
    <xs:restriction base="xs:string">
      <xs:maxLength value="30"/>
    </xs:restriction>
  </xs:simpleType>
</xs:element>
...
<xs:element name="M_FUNKTION">
  <xs:simpleType>
    <xs:restriction base="xs:string">
      <xs:enumeration value="Technik"/>
      <xs:enumeration value="Geschäftsführung"/>
      <xs:enumeration value="Kundenbetreuung"/>
    </xs:restriction>
  </xs:simpleType>
</xs:element>
    </xs:sequence>
  </xs:complexType>
</xs:element>
</xs:schema>
```

Listing 8.6: 812 _ 01.xslt – XML Schema für Formularerzeugung

Für die Arbeit mit XML Schema, um HTML-Formulare zu erzeugen, lassen sich verschiedene globale Parameter denken. Neben Aspekten des Layouts, die hier ausdrücklich nicht betrachtet werden sollen, sind es vor allen Dingen solche, die die direkte Funktionalität des Formulars betreffen. In unserem Fall greifen wie hier wiederum die beiden wichtigsten Einstellungen heraus: die Werte des `action`- und des `method`-Attributs für die Angabe der Seite, die nach dem Formularversand aufgerufen werden soll, und für die Angabe der Art und Weise, wie die Daten verschickt werden sollen.

```
<?xml version="1.0" encoding="UTF-8"?>
<xsl:stylesheet version="1.0"
 xmlns:xsl="http://www.w3.org/1999/XSL/Transform"
 xmlns:xs="http://www.w3.org/2001/XMLSchema">
  <xsl:output method="html" version="1.0"
        encoding="ISO-8859-1"/>
```

```
<xsl:param name="action" select="'erfassung.php'"/>
<xsl:param name="method" select="'post'"/>
```

Listing 8.7: 812 _ 01.xslt – Parameter

In der Startvorlage erzeugen wir nur das Grundgerüst der entstehenden HTML-Seite und wählen die Elemente auf der obersten Ebene aus. Damit ist es auch möglich, mehrere Formulare auf einer Seite zu erzeugen, wenn man denn mehrere solcher Elemente in der XML-Schema-Datei gespeichert hat. Für den Seitentitel verwenden wir jetzt das erste Element. Man könnte sich auch ein eigenes Attribut ausdenken oder einen allgemeinen Seitentitel verwenden.

```
<!-- Startvorlage -->
<xsl:template match="/xs:schema">
  <html>
    <head>
      <title>Erfassung <xsl:value-of select=
          "/xs:schema/xs:element/@name"/>
      </title>
    </head>
    <body>
      <xsl:apply-templates
          select="xs:element[parent::xs:schema]"/>
    </body>
  </html>
</xsl:template>
```

Listing 8.8: 812 _ 01.xslt – Grundvorlage

Für die Kinder der Elemente der obersten Ebene erzeugen wir innerhalb eines `form`-Tags zwei verschiedene HTML-Formularelemente. Wir beschränken uns hier auf Eingabefelder (`input`-Elemente mit dem Wert `text` für das `type`-Attribut) und Auswahllisten. Letztere erscheinen immer dann, wenn der Wertebereich über `enumeration`-Elemente vorgegeben ist und daher fest vorliegt. Beide rufen nach einer Überprüfung, zu welcher Gruppe von Formularelementen sie gehören, eine entsprechende benannte Vorlage auf.

```
<!-- Vorlage für Elemente der obersten Ebene -->
<xsl:template match="xs:element[parent::xs:schema]">
  <h1>
```

```
  <xsl:value-of select="@name"/>
</h1>
<form>
  <xsl:attribute name="action">
  <xsl:value-of select="$action"/></xsl:attribute>
  <xsl:attribute name="method">
  <xsl:value-of select="$method"/></xsl:attribute>
  <xsl:attribute name="name">
  <xsl:value-of select="@name"/></xsl:attribute>
  <table>
    <xsl:variable name="aktuellesElement" select="@name"/>
    <xsl:for-each select="//xs:element
    [ancestor::xs:element/@name=$aktuellesElement]">
      <tr>
        <th>
          <xsl:value-of select="@name"/>
        </th>
        <td>
          <xsl:choose>
            <xsl:when test="count(xs:simpleType
              /xs:restriction/xs:enumeration) &gt;=1">
              <xsl:call-template name="SelectListe"/>
              <xsl:apply-templates select="@type |
              xs:simpleType/xs:restriction/@base"/>
            </xsl:when>
            <xsl:otherwise>
              <xsl:call-template name="InputFeld"/>
              <xsl:apply-templates select="@type |
              xs:simpleType/xs:restriction/@base"/>
            </xsl:otherwise>
          </xsl:choose>
        </td>
      </tr>
    </xsl:for-each>
    <tr>
      <th> </th>
      <td>
        <input type="submit" value="Senden"
               name="Senden"/>
```

317

```
        <input type="reset" value="Löschen"/>
      </td>
    </tr>
  </table>
  </form>
</xsl:template>
```

Listing 8.9: 812 _ 01.xslt – Verarbeitung der Elemente

Für die Auswahlliste benötigen wir in HTML mehrere `option`-Elemente innerhalb des `select`-Elements. Die Werte der Optionen ermitteln sich direkt aus dem Wert des `enumeration`-Elements in XML Schema. Theoretisch möglich ist auch, dass der Wert in der für den Benutzer sichtbaren Browserausgabe ein anderer ist als der übertragene, der im `value`-Attribut des `option`-Elements steht. Möchte man diese Fähigkeit von HTML, die durchaus in vielen Fällen nützlich ist, auch in XML Schema umsetzen, benötigt man ein weiteres Attribut, das entweder die angezeigten oder im HTML-Quelltext im `value`-Attribut aufgeführten Werte enthalten kann.

```
<!-- Select-Liste -->
<xsl:template name="SelectListe">
  <select>
    <xsl:attribute name="name">
    <xsl:value-of select="@name"/></xsl:attribute>
    <xsl:for-each select="xs:simpleType
        /xs:restriction/xs:enumeration">
      <option>
        <xsl:attribute name="value">
        <xsl:value-of select="@value"/></xsl:attribute>
        <xsl:value-of select="@value"/>
      </option>
    </xsl:for-each>
  </select>
</xsl:template>
```

Listing 8.10: 812 _ 01.xslt – Erzeugung einer Auswahlliste

Für das Eingabefeld mit einer Textzeile verhält es sich naturgemäß etwas anders. Da hier lediglich die Datentyplänge von Interesse ist, benötigen wir nur für das `size`-Attribut die entsprechenden Werte aus `totalDigits` oder `maxLength`. Möchte man weitere Werte im `type`-Attribut verwenden wie z. B. `password`, `hidden`, `radio` oder `checkbox` (wobei die beiden letzteren besondere Elemente darstellen), benötigt man in XML Schema auch ein eigenes Attribut.

```
<!-- Input-Feld -->
<xsl:template name="InputFeld">
  <input>
    <xsl:attribute name="name">
    <xsl:value-of select="@name"/></xsl:attribute>
    <xsl:attribute name="type">
    <xsl:text>text</xsl:text></xsl:attribute>
    <xsl:attribute name="size">
    <xsl:value-of select="descendant::xs:maxLength/@value"/>
    <xsl:value-of select="descendant::xs:totalDigits/@value"/>
    </xsl:attribute>
  </input>
</xsl:template>
```

Listing 8.11: Erzeugung eines Textfeldes

Für die Datentypzuordnung, die die Daten aus dem Formular und aus der XML-Schema-Datei zu Datentypen in der Datenbank zuordnet, verwenden wir eine eigene Vorlage, die die passenden Werte ausliest und dann eine spezielle Zuordnungsvorlage aufruft. Da diese Vorlage ausgelagert ist und letztlich nur die passenden Datentypen für die Datenbank (in unserem Fall Oracle) bestimmt, lässt sich auch leicht eine andere Vorlage einfügen, die Datentypen von MS SQL Server oder MySQL erkennt. Alternativ könnten dies auch globale Parameter sein, die die Datentypen mit einer allgemeinen Bezeichnung beschreiben und dann konkrete Wertvorgaben für ein bestimmtes Datenbanksystem erwarten. Als zweite Alternative bietet sich an, den Datenbanknamen als globalen Parameter zu übergeben, um dann innerhalb der Datentypzuordnungsvorlage passend für diesen Wert aus einer umfangreichen Fallunterscheidung die geeigneten Werte auszuwählen.

```
<!-- Datentyperkennung -->
<xsl:template match="@type |
    xs:simpleType/xs:restriction/@base">
  <xsl:call-template name="Datentyp">
    <xsl:with-param name="xsWert" select="."/>
```

```
    </xsl:call-template>
  </xsl:template>
```

Listing 8.12: `812 _ 01.xslt` *– Datentyperkennung*

Weil ein HTML-Formular keine Datentypen erkennt oder gar standardmäßig validieren kann, benötigen wir dafür ein geeignetes Validierungsprogramm in JavaScript (clientseitig) oder einer serverseitigen Programmiersprache wie PHP, Java etc. Wir erleichtern die Arbeit auf der anderen Seite erheblich, wenn wir allgemeine Validierungsregeln verwenden können, die wenigstens oder in einem ersten Schritt den Datentyp einfach analysieren können. Dazu verwenden wir für jedes Formularelement ein verstecktes Feld, in dem ganz einfach die Datentypinformation gespeichert ist. Im `name`-Attribut speichern wir den Namen des beschriebenen Formularelements, ergänzt um die Zeichenkette `_ TYP`, im `value`-Attribut den ermittelten Datentypnamen.

```
<!-- Vorlage Datentypzuordnung / Verstecktes Feld-->
<xsl:template name="Datentyp">
  <xsl:param name="xsWert"/>
  <input type="hidden">
    <xsl:attribute name="name">
    <xsl:value-of select="ancestor::xs:element[1]/@name"/>
    <xsl:text> _ TYP</xsl:text></xsl:attribute>
    <xsl:attribute name="value"><xsl:choose>
    <xsl:when test="$xsWert = 'xs:decimal'">
    <xsl:text>NUMBER</xsl:text></xsl:when>
    <xsl:when test="$xsWert = 'xs:string'">
    <xsl:text>VARCHAR2</xsl:text></xsl:when>
    <xsl:when test="$xsWert = 'xs:dateTime'">
    <xsl:text>DATE
    </xsl:text></xsl:when></xsl:choose></xsl:attribute>
  </input>
</xsl:template>
```

Listing 8.13: `812 _ 01.xslt` *– Erzeugung eines versteckten Feldes*

Die Längenbeschränkung ist von allen gerade ausgeführten Aktivitäten in der Transformation die einfachste. Sie ermittelt den Wert des `value`-Attributs von `maxLength`.

```
<!-- Längenbeschränkung -->
<xsl:template match="xs:maxLength/@value">
  <xsl:value-of select="@value"/>
</xsl:template>
</xsl:stylesheet>
```

Listing 8.14: 812 _ 01.xslt – Längenbeschränkung

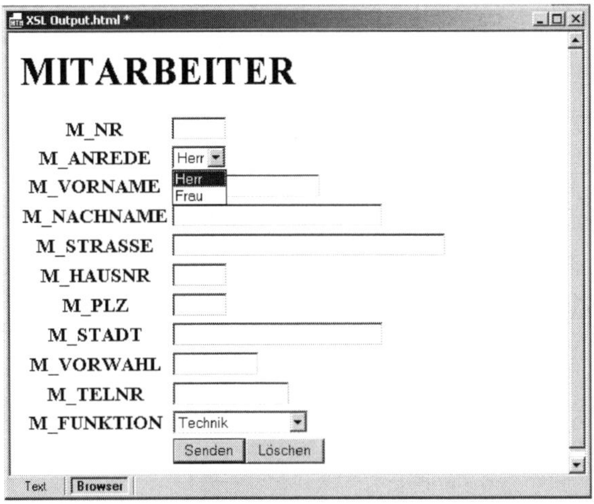

Abbildung 8.2: Formular aus XML Schema

Als Ergebnis erhalten wir ein einfaches, aber mit CSS sicherlich aufregend zu formatieren-des HTML-Formular. Das entsprechende XSLT-Dokument lässt sich für viele verschiedene Situationen einsetzen und erzeugt auch bei wechselnden oder dynamisch zusammenge-setzten XML-Schema-Dokumenten passende Formulare.

➔ XML Schema erzeugen

Ein weiterer Einsatzbereich von XSLT im Hinblick auf XML Schema ist natürlich die Erzeu-gung oder Verarbeitung von XML Schema selbst. Dies stellt insoweit keine große Kunst dar, als dass man aus einem XML-Schema-Dokument ein anderes XML-Schema-Dokument mit veränderten Eigenschaften erzeugt. Dies lässt sich einsetzen, wenn Hierarchien verflacht oder bestimmte Elemente/Elementgruppen ausgewählt werden sollen. Man muss der Fairness halber zugeben, dass leider die Einsatzmöglichkeiten dieser Technik nicht sehr groß sein werden, da sich naturgemäß die Anzahl der XML-Schema-Dokumente in einer Anwendung auf einen verschwindend geringen Bruchteil der verfügbaren Instanzdokumente beläuft. Dies ist auch das Ziel der Modellierung: mit wenigen Modellierungsvorlagen (am besten nur einer einzigen) möglichst viele Instanzdokumente beschreiben.

Das nachfolgende Dokument soll in das ung 8.3 abgedruckte Dokument überführt werden. Es beschreibt eine Liste von Anrufen, wobei zwei globale komplexe Typen eingesetzt werden, um die beiden Kindelemente der wiederholt auftretenden Anruf-Elemente zu modellieren. Sie enthalten die Datenstrukturen für Kunden- und Tarifinformationen, die an einem Anruf beteiligt waren.

```
<?xml version="1.0" encoding="ISO-8859-1"?>
<?xml-stylesheet type="text/xsl" href="812_02.xslt"?>
<xs:schema elementFormDefault="qualified" xmlns:xs="http://www.
w3.org/2001/XMLSchema">
  <xs:element name="Anrufliste">
    <xs:complexType>
      <xs:sequence>
        <xs:element name="Anruf" maxOccurs="unbounded">
          <xs:complexType>
            <xs:sequence>
              <xs:element name="Kunde" type="KundeTyp"
                maxOccurs="unbounded"/>
              <xs:element name="Tarif" type="TarifTyp"/>
            </xs:sequence>
            <xs:attribute ref="Nr"/>
          </xs:complexType>
        </xs:element>
      </xs:sequence>
    </xs:complexType>
  </xs:element>
  <xs:attribute name="Nr" type="xs:positiveInteger"
    use="required"/>
  <xs:complexType name="KundeTyp">
    <xs:sequence>
      <xs:element name="Vorname" type="xs:string"/>
      <xs:element name="Nachname" type="xs:string"/>
```

```
    </xs:sequence>
    <xs:attribute ref="Nr"/>
    <xs:attribute name="Typ" type="xs:string"
        use="required"/>
    <xs:attribute name="Anrede" type="xs:string"
        use="optional"/>
  </xs:complexType>
  <xs:complexType name="TarifTyp">
    <xs:sequence>
      <xs:element name="Name" type="xs:string"/>
      <xs:element name="Preis" type="xs:decimal"/>
      <xs:element name="Summe" type="xs:decimal"/>
    </xs:sequence>
    <xs:attribute ref="Nr"/>
  </xs:complexType>
</xs:schema>
```

Listing 8.15: 812 _ 02.xsd – Anrufliste

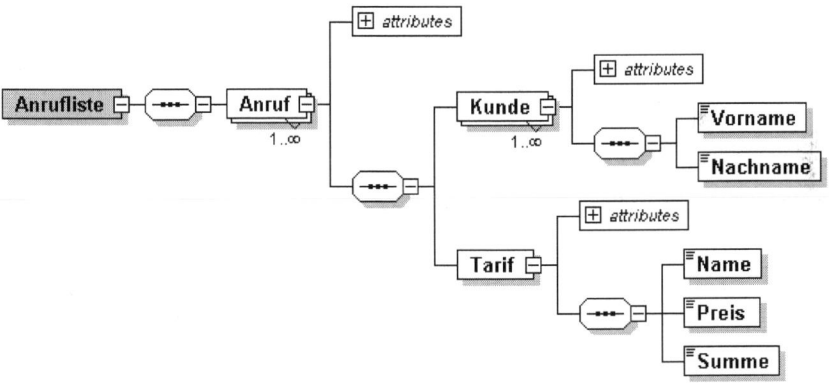

Abbildung 8.3: Quelldokument

In der grafischen Darstellung des entstehenden Dokumentbaums erkennt man sehr deutlich die Verwendung der beiden globalen komplexen Typen für die Modellierung des Inhaltsmodells, das in Anruf vorliegt.

Die Verarbeitung von XML-Schema-Quelltext verläuft letztendlich natürlich genauso wie bei jeder anderen XML-Syntax. Die einzige Problematik, die allerdings in den ersten Minuten der Beschäftigung mit der Syntax auftaucht, hängt damit zusammen, dass mit XML Schema XML-Instanzdokumente beschrieben werden. Das führt dann zu solchen Gedanken wie »Ich möchte ein Element erzeugen, das ein Element beschreibt« oder – noch eindrucksvoller und verwirrender – »Ich benötige das `xsl:element`-Element, um mit dem `xs:element`-Element ein XML-Element im Instanzdokument zu modellieren.« Diese Gedanken führen leicht zu Fehlern oder erhöhtem Konzentrationsbedarf sowie zu teilweise ungewöhnlichen XPath-Ausdrücken. Da man sich innerhalb einer Beschreibungssprache bewegt, letztendlich allerdings ständig das Instanzdokument vor Augen hat und möglicherweise auch eher an ein mögliches XML-Ergebnis denkt, ist es eine Herausforderung, sich auf die Beschreibung zu konzentrieren, die weniger das Konkrete, sondern das Allgemeine behandelt.

Daher werden Sie im nachfolgenden Quelltext durchaus die XML-Schema-Strukturen wiederfinden. Allerdings stecken die Namen als Werte im `name`-Attribut, ihre Inhalte – also die Strukturen im modellierten XML-Instanzdokument – dagegen als Wert im `select`-Attribut oder in Textknoten. Da es keine sonderlich wichtigen Stellen gibt, sondern die gesamte Verarbeitung eine gewisse Relevanz für unser Beispiel besitzt, ist im Nachfolgenden keine Fettformatierung vorgenommen worden. Achten Sie allerdings auf die beschriebenen Inhalte und die `element`- und `attribute`-Elemente von XSLT:

```
<?xml version="1.0" encoding="UTF-8"?>
<xsl:stylesheet version="1.0"
 xmlns:xsl="http://www.w3.org/1999/XSL/Transform"
 xmlns:xs="http://www.w3.org/2001/XMLSchema">
  <xsl:output method="xml" version="1.0"
      encoding="ISO-8859-1" indent="yes"/>
  <xsl:template match="/">
    <xsl:element name="xs:schema">
      <xsl:attribute name="elementFormDefault"><xsl:value-of
select="xs:schema/@elementFormDefault"/></xsl:attribute>
      <xsl:element name="xs:complexType">
        <xsl:attribute name="name">KundeTyp</xsl:attribute>
        <xsl:copy-of select="//xs:sequence
            [ancestor::xs:element/@name='Kunde']"/>
        <xsl:copy-of select="//xs:attribute
            [ancestor::xs:element/@name='Kunde']"/>
      </xsl:element>
```

```
    <xsl:attribute name="elementFormDefault"><xsl:value-of
select="xs:schema/@elementFormDefault"/></xsl:attribute>
    <xsl:element name="xs:complexType">
      <xsl:attribute name="name">TarifTyp</xsl:attribute>
      <xsl:copy-of select="//xs:sequence
           [ancestor::xs:element/@name='Tarif']"/>
      <xsl:copy-of select="//xs:attribute
           [ancestor::xs:element/@name='Tarif']"/>
    </xsl:element>
    <xsl:element name="xs:element">
      <xsl:attribute
       name="name">Anrufliste</xsl:attribute>
      <xsl:element name="xs:complexType">
        <xsl:element name="xs:sequence">
          <xsl:element name="xs:element">
            <xsl:attribute
             name="name">Anruf</xsl:attribute>
            <xsl:attribute
             name="maxOccurs">unbounded</xsl:attribute>
            <xsl:element name="xs:complexType">
              <xsl:element name="xs:sequence">
                <xsl:element name="xs:element">
                  <xsl:attribute
                   name="name">Kunde</xsl:attribute>
                  <xsl:attribute
                   name="type">KundeTyp</xsl:attribute>
                  <xsl:attribute
             name="maxOccurs">unbounded</xsl:attribute>
                </xsl:element>
                <xsl:element name="xs:element">
                  <xsl:attribute
                   name="name">Tarif</xsl:attribute>
                  <xsl:attribute
                   name="type">TarifTyp</xsl:attribute>
                </xsl:element>
              </xsl:element>
              <xsl:element name="xs:attribute">
                <xsl:attribute
                 name="ref">Nr</xsl:attribute>
```

8

```
            </xsl:element>
          </xsl:element>
        </xsl:element>
      </xsl:element>
    </xsl:element>
  </xsl:element>
  <xsl:copy-of select="/xs:schema/xs:attribute"/>
  </xsl:element>
  </xsl:template>
</xsl:stylesheet>
```

Listing 8.16: 812 _ 02.xslt – Transformation von XML Schema

Als Ergebnis erhält man ein XML-Schema-Dokument mit zwei globalen komplexen Typen. Sie enthalten die Inhalte aus dem zuvor verarbeiteten Dokument. Sie lagen dort als lokale Strukturen vor. Wir haben sie dort herauskopiert und mit einem Bezeichner versehen, sodass sie global verwendet werden können. An ihren ehemaligen Positionen ist aus den beiden element-Elementen ein leeres Element geworden, das auf die neuen Bezeichner dieser Strukturen im type-Attribut verweist.

```
<?xml version="1.0" encoding="ISO-8859-1"?>
<xs:schema xmlns:xs="http://www.w3.org/2001/XMLSchema"
  elementFormDefault="qualified">
  <xs:complexType name="KundeTyp">
    <xs:sequence minOccurs="1" maxOccurs="1">
      <xs:element name="Vorname" type="xs:string"
          minOccurs="1" maxOccurs="1" nillable="false"/>
      <xs:element name="Nachname" type="xs:string"
          nillable="false" abstract="false"/>
    </xs:sequence>
    <xs:attribute ref="Nr"/>
    <xs:attribute name="Typ" type="xs:string"
        use="required"/>
    <xs:attribute name="Anrede" type="xs:string"
        use="optional"/>
  </xs:complexType>
  <xs:complexType name="TarifTyp">
    <xs:sequence minOccurs="1" maxOccurs="1">
      <xs:element name="Name" type="xs:string"
```

```
            minOccurs="1" maxOccurs="1" nillable="false"/>
    <xs:element name="Preis" type="xs:decimal"
        nillable="false" abstract="false"/>
    <xs:element name="Summe" type="xs:decimal"
        nillable="false" abstract="false"/>
    </xs:sequence>
    <xs:attribute ref="Nr"/>
  </xs:complexType>
  <xs:element name="Anrufliste">
  <xs:complexType>
    <xs:sequence>
      <xs:element name="Anruf" maxOccurs="unbounded">
        <xs:complexType>
          <xs:sequence>
            <xs:element name="Kunde" type="KundeTyp"
                maxOccurs="unbounded"/>
            <xs:element name="Tarif" type="TarifTyp"/>
          </xs:sequence>
          <xs:attribute ref="Nr"/>
        </xs:complexType>
      </xs:element>
    </xs:sequence>
  </xs:complexType>
  </xs:element>
  <xs:attribute name="Nr" type="xs:positiveInteger"
se="required"/>
</xs:schema>
```

Listing 8.17: Ausgabe

Man erhält als Ausgabe im Diagramm deutlich die beiden aus globalen komplexen Typen verwendeten Inhaltsmodelle für die Elemente Kunde und Tarif.

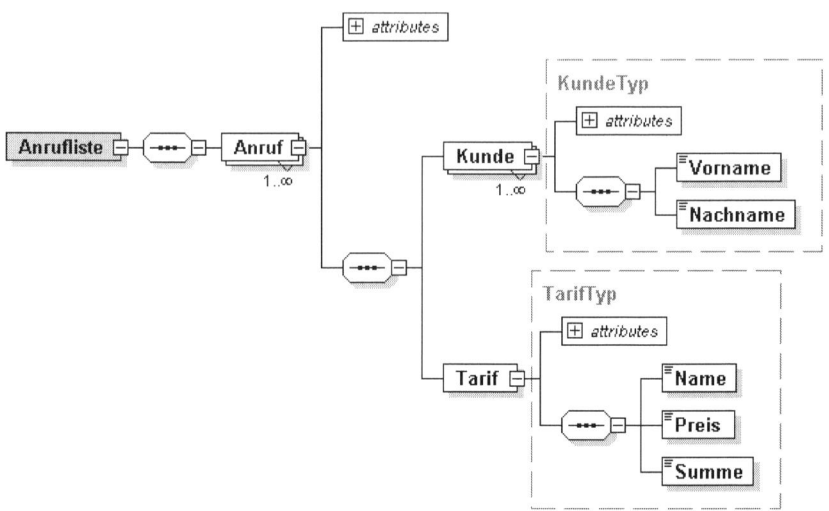

Abbildung 8.4: Zieldokument

8. 2. Text

Bei der Erzeugung von Text gelten andere Regeln als für die Erzeugung von XML oder HTML. Dies liegt ganz einfach daran, dass es für simple Textausgabe (deswegen heißt sie auch simpel) nur wenige Möglichkeiten der Formatierung gibt. Zwar beeindrucken immer wieder Zeitgenossen – gerade aus der Open-Source-Welt – mit Aufsehen erregenden E-Mail-Signaturen, in denen Pinguine, Fische oder sonstiges Getier aus Klammern, Tilden, Kreisen oder sonstigen Sonderzeichen zusammengesetzt werden. Doch wenn man sich ernsthaft über die Erzeugung solcher Figuren Gedanken macht, erkennt man schnell, dass man entweder einen sehr raffinierten fertigen Textgrafikgenerator braucht oder einen guten Algorithmus.

Natürlich möchten wir aus den verfügbaren XML-Daten der RuhrFon GmbH keine Grafiken erzeugen, die über Balkendiagramme hinausgehen, doch stellt sich auch bei einfachen Berichten, Tabellen etc. schon das Problem, dass man die gesamte Formatierung über Sonderzeichen durchführen muss.

Neben der Erzeugung von solchen Textergebnissen, die man z. B. für den E-Mail-Versand verwenden kann, geht es in diesem Abschnitt auch um die Erzeugung von besonderen Textdateien wie SQL und CSV.

8. 2. 1. SQL

Die Erzeugung von SQL aus XML-Dateien lässt sich in vielerlei Hinsicht verwenden. Man kann entweder XML Schema benutzen, um in element- oder attributorientierter Form DB-Modellierungsinformationen zu speichern, oder man setzt auf speziell vereinfachte XML-Dokumente, um in element- oder attributorientierter Form einfache Werte zu speichern, aus denen dann CSV-Dateien oder auch wieder SQL-Dateien erzeugt werden.

In diesem Abschnitt diskutieren wir grundsätzliche Möglichkeiten, mit XSLT aus XML und XML Schema SQL-Quelltext zu erzeugen.

→ DDL erzeugen

Zwei grundsätzliche Möglichkeiten bieten sich, um XML Schema für die Speicherung von Datenbankinformationen zu verwenden, die den Schemakatalog betreffen. Beiden ist gemein, dass die `element`-Elemente der obersten Ebene die einzelnen Tabellen speichern.

Entweder erstellt man die Spalten der beschriebenen Tabelle als Attribute dieses Elements oder als weitere Kindelemente. Durch die XML-Schema-Syntax ergibt sich keine Veränderung hinsichtlich der Datentypangabe. Auch was die Verarbeitung anbetrifft, ist dies relativ simpel zu erkennen, ob man in einer attributorientierten oder elementorientierten Form steckt, sodass man auch umfangreiche Transformationsdokumente schreiben kann, die für beide Formen verwendbar sind. Mögliche Vorteile der einen oder anderen Form können vielleicht hinsichtlich der Lesbarkeit oder einer grafischen Aufbereitung in einem Editor gesehen werden.

Als grundsätzliche, hier jedoch den Rahmen sprengende Erweiterungsoptionen, stehen noch einige Aspekte für eine Diskussion bereit. Man kann XML Schema auch für die Speicherung von anderen Schema-Objekten einsetzen, die sich nicht notwendigerweise auf Tabellen beschränken müssen. Der einfachste Bereich wären hier noch Sichten, weil man nur wenige zusätzliche Informationen ergänzen muss, um die Tabellen- oder Spaltennamen sowie die Abfragestrukturen aufzunehmen, auf denen diese Sicht beruht. Bei Rollen oder Benutzern erfordert dies entweder eine völlige Umformulierung der Syntax von XML Schema oder evtl. auch eine Abkehr von dieser Technik und Entwicklung einer eigenen Syntax.

Folgendes XML-Schema-Dokument speichert nun für die Tabelle `Rechnung` des Datenmodells, das die RuhrFon GmbH benutzt, die Spaltennamen mit ihren Datentypen. Einige Datentypen sind sehr einfach und werden direkt im `type`-Attribut angegeben. Andere

Datentypen hingegen stellen sich als `simpleType`-Elemente innerhalb der `element`-Elemente dar. Auf diesen Umstand muss jeweils reagiert werden, wobei allerdings auch nur diese beiden Fälle zu berücksichtigen sind. Möchte man eigene Datentypen verwenden, empfiehlt sich der Einsatz eines anderen Namensraums. So hat man die Gelegenheit, mit einem einfachen Test bei der Verarbeitung des Wertes in `type` zu erkennen, ob es ein XML-Schema-Datentyp oder ein eigener Datentyp ist, der außen als globales Element auf der obersten Ebene vorliegen muss.

```xml
<?xml version="1.0" encoding="ISO-8859-1"?>
<?xml-stylesheet type="text/xsl" href="821_01.xslt"?>
<xs:schema xmlns:xs="http://www.w3.org/2001/XMLSchema">
  <xs:element name="RECHNUNG">
    <xs:complexType>
      <xs:sequence>
        <xs:element name="R_NR" type="xs:decimal"/>
        <xs:element name="R_DATUM" type="xs:dateTime"/>
        <xs:element name="R_SUMME" type="xs:decimal"/>
        <xs:element name="R_KNR" type="xs:decimal"/>
        <xs:element name="R_TYP">
          <xs:simpleType>
            <xs:restriction base="xs:string">
              <xs:maxLength value="2"/>
            </xs:restriction>
          </xs:simpleType>
        </xs:element>
      </xs:sequence>
    </xs:complexType>
  </xs:element>
</xs:schema>
```

Listing 8.18: `821_01.xsd` – Tabellenbeschreibung in XML Schema

Bei der Lektüre der Grundvorlage werden Sie viele SQL-Klauseln leicht im Text erkennen. Alle anderen Ausgabestrukturen zielen darauf ab, gut lesbaren Quelltext zu erzeugen, und beschäftigen sich daher mit Einrückungen und Absätzen. Dies erkennen Sie an den Zeilenumbrüchen und Leerzeichen, die erzeugt werden.

```xml
<?xml version="1.0" encoding="UTF-8"?>
<xsl:stylesheet version="1.0"
```

```
xmlns:xsl="http://www.w3.org/1999/XSL/Transform"
xmlns:xs="http://www.w3.org/2001/XMLSchema">
 <xsl:include href="textausrichtung.xslt"/>
 <xsl:output method="text" version="1.0"
      encoding="ISO-8859-1"/>
 <!-- Startvorlage -->
 <xsl:template match="//xs:element[parent::xs:schema]">
   <xsl:text>DROP TABLE "</xsl:text>
   <xsl:value-of select="@name"/>
   <xsl:text>";&#xD;</xsl:text>
   <xsl:text>CREATE TABLE "</xsl:text>
   <xsl:value-of select="@name"/>
   <xsl:text>" (&#xD;</xsl:text>
   <xsl:variable name="aktuellesElement" select="@name"/>
   <xsl:for-each select="//xs:element
   [ancestor::xs:element/@name=$aktuellesElement]">
     <xsl:call-template name="Einzug">
       <xsl:with-param name="grenze" select="5"/>
     </xsl:call-template>
     <xsl:text>"</xsl:text>
     <xsl:value-of select="@name"/>
     <xsl:text>"</xsl:text>
     <xsl:apply-templates select="@type |
      xs:simpleType/xs:restriction/@base"/>
     <xsl:apply-templates
      select="descendant::xs:maxLength/@value"/>
     <xsl:choose>
       <xsl:when test="position()=last()">
         <xs:text>&#xD;);&#xD;</xs:text>
       </xsl:when>
       <xsl:otherwise>
         <xsl:text>,&#xD;</xsl:text>
       </xsl:otherwise>
     </xsl:choose>
   </xsl:for-each>
 </xsl:template>
```

Listing 8.19: 821 _ 01.xslt – Grundvorlage

Die Datentyperkennung ist wichtig, um nach dem erzeugten Spaltennamen den passenden, in der Datenbank erkannten Datentyp anzugeben. Es besteht die Möglichkeit, entweder einen XML-Schema-Datentyp, einen eigenen auf dem XML-Schema-Datentyp basierenden Datentyp oder auch einfach nur einen Datentypbezeichner zu verwenden. Die ersten beiden Möglichkeiten eröffnen die Aussicht, mithilfe der Ableitungen weitere Einschränkungen vorzunehmen und auf einer abstrakten, allgemeinen Ebene bei der Datentypangabe zu bleiben. Die letzte Möglichkeit verhindert ein solches allgemeines Arbeiten und beschränkt sich automatisch auf den Einsatz einer einzigen Datenbank. Allerdings eröffnet sich durch diese Beschränkung der Vorteil, auch seltene Datentypen, die sich mit XML Schema nur schwer oder auch gar nicht angeben lassen, einfach als Wert im Quelltext zu verwenden.

```
<!-- Datentyperkennung -->
<xsl:template match="@type |
    xs:simpleType/xs:restriction/@base">
  <xsl:call-template name="Datentyp">
    <xsl:with-param name="xsWert" select="."/>
  </xsl:call-template>
</xsl:template>
```

Listing 8.20: 821 _ 01.xslt – Datentyperkennung

Die Länge ermittelt sich aus dem `maxLength`-Element und seinem `value`-Attribut. Der Wert wird für SQL einfach in runde Klammern gesetzt und in den Ausgabestrom geschrieben.

```
<!-- Längenbeschränkung -->
<xsl:template match="xs:maxLength/@value">
  <xsl:text>(</xsl:text>
  <xsl:value-of select="."/>
  <xsl:text>)</xsl:text>
</xsl:template>
```

Listing 8.21: 821 _ 01.xslt – Längenbeschränkung

Für die Zuordnung der XML-Schema-Datentypen zu den möglichen DB-Datentypen verwenden wir eine Vorlage, die ganz einfach in einer längeren Fallunterscheidung die vorhandenen Datentypen zuordnet. Dabei ist natürlich in unserem einfachen Beispiel alles auf die spezielle Oracle-Datenbank der RuhrFon GmbH zugeschnitten. Möchte man sich die Freiheit genehmigen, für andere Datenbanken zu arbeiten, muss man die oben beschriebenen Techniken benutzen. Dies waren Verwendung von Fremdattributen und/oder Angabe von Namen der Datenbankdatentypen.

```
<!-- Vorlage Datentypzuordnung -->
<xsl:template name="Datentyp">
  <xsl:param name="xsWert"/>
  <xsl:text> </xsl:text>
  <xsl:choose>
    <xsl:when test="$xsWert = ,xs:decimal'">
      <xsl:text>NUMBER</xsl:text>
    </xsl:when>
    <xsl:when test="$xsWert = ,xs:string'">
      <xsl:text>VARCHAR2</xsl:text>
    </xsl:when>
    <xsl:when test="$xsWert = ,xs:dateTime'">
      <xsl:text>DATE</xsl:text>
    </xsl:when>
  </xsl:choose>
</xsl:template>
</xsl:stylesheet>
```

Listing 8.22: 821 _ 01.xslt – Datentypzuordnung

Man erhält als Ergebnis eine SQL-Datei bzw. einen SQL-Quelltext im Oracle-SQL-Stil, der eine vorhandene Tabelle RECHNUNG löscht und dann eine neue Tabelle RECHNUNG anlegt.

```
DROP TABLE "RECHNUNG";
CREATE TABLE "RECHNUNG" (
      "R_NR" NUMBER,
      "R_DATUM" DATE,
      "R_SUMME" NUMBER,
      "R_KNR" NUMBER,
      "R_TYP" VARCHAR2(2)
);
```

Listing 8.23: Ausgabe von SQL

8

333

→ **DML erzeugen**

XML-Daten eigenen sich auch für die Speicherung von kommagetrennten Werten bzw. zeichengetrennten Werten. Allerdings hat XML den Vorteil, dass es zwar trotz der größeren Datei die einzelnen Felder sehr genau beschreibt und man auch diese Daten sehr viel leichter lesen kann als eine Aneinanderreihung von Kurztexten oder Zahlen. Auch hier lässt sich eine attribut- und elementorientierte Form unterscheiden. In beiden Fällen repräsentieren die Kindelemente des Wurzelelements die einzelnen Datenreihen. Bei der attributorientierten Form stellen die einzelnen Attribute die Felder der Reihe dar. Bei der elementorientierten Form sind es die Kindelemente dieser Elemente.

Die Umwandlung von diesen Daten in tatsächliche kommagetrennte Werte (siehe t CSV-Werte) erfolgt später. Hier soll es zunächst darum gehen, aus solchen Textdateien, die quasi die neuen CSV-Dateien in XML-Form darstellen, passende SQL-Befehle zu generieren, die dann sofort zur Datenbank geschickt werden können. Gesucht wird also ein XSLT-Transformationsdokument, das die INSERT-Befehle für die einzelnen Datensätze hervorbringt.

Folgendes Dokument enthält die zu transformierenden Daten. Es handelt sich um einen Ausschnitt der TARIF-Tabelle.

```
<?xml version="1.0" encoding="ISO-8859-1"?>
<?xml-stylesheet type="text/xsl" href="821_02.xslt"?>
<Tarifliste>
  <Tarif Name="Frühstück" Preis="0,5" Nr="1" Typ="p"/>
  <Tarif Name="Mittagspause" Preis="1" Nr="2" Typ="p"/>
  <Tarif Name="Abendessen" Preis="1" Nr="3" Typ="p"/>
  <Tarif Name="Mondschein1" Preis="0,5" Nr="4" Typ="p"/>
...
```

Listing 8.24: 821 _ 02.xml – Attributorientierte »CSV-Werte«

Man durchläuft in der Transformation die einzelnen Reihen (Kinder des Wurzelelements) und innerhalb dieser Elemente dann die einzelnen Attribute (oder natürliche Elemente in der elementorientierten Form). Für jede Reihe werden die INSERT INTO- und VALUES-Klauseln erzeugt, wobei dann die einzelnen Attributwerte ausgegeben werden. Zur Sicherheit gibt man auch noch die einzelnen Spalten in der optionalen Spaltenliste an.

Erweiterungen dieser Datei könnte man darin sehen, dass für unterschiedliche Datenbanksysteme noch Variationen des SQL-Befehls zulässig oder über einen globalen Parameter auswählbar sind. Für MySQL könnte man z. B. mehrere INSERT-Befehle so aneinander hängen, dass nur die VALUES-Klauseln durch Komma getrennt mehrfach nacheinander auftreten. Dies verringert die Dateigröße. Zusätzlich ließe sich auch verhindern, die Spaltenliste auszugeben. Sie ist optional und wird nur dann benötigt, wenn eine Untermenge der in der Tabelle zur Verfügung stehenden Spalten und/oder eine andere Spaltenreihenfolge benutzt wird. Allerdings vergrößert die ständige Wiederholung der Spaltennamen natürlich die Dateigröße, sodass man sich hier überlegen könnte, sie tatsächlich entfallen zu lassen.

```
<?xml version="1.0" encoding="UTF-8"?>
<xsl:stylesheet version="1.0" xmlns:xsl="http://www.w3.org/1999/
XSL/Transform">
  <xsl:output method="text" version="1.0"
      encoding="ISO-8859-1" indent="yes"/>
  <xsl:template match="/">
   <!--Datenausgabe -->
   <xsl:for-each select="/*/*">
    <xsl:text>INSERT INTO </xsl:text>
    <xsl:value-of select="local-name(/*)"/>
    <!--Spaltenliste -->
    <xsl:text> (</xsl:text>
    <xsl:for-each select="/*/*[1]/@*">
      <xsl:value-of select="local-name(.)"/>
      <!--Trenner -->
      <xsl:if test="not(position()=last())">
       <xsl:text>, </xsl:text>
      </xsl:if>
    </xsl:for-each>
    <xsl:text>) &#xD;</xsl:text>
    <xsl:text> VALUES (</xsl:text>
    <xsl:for-each select="@*">
      <xsl:text> ,</xsl:text>
      <xsl:value-of select="."/>
      <xsl:text> , </xsl:text>
      <!--Trenner -->
      <xsl:if test="not(position()=last())">
       <xsl:text>, </xsl:text>
      </xsl:if>
    </xsl:for-each>
    <xsl:text>); &#xD;</xsl:text>
```

```
    </xsl:for-each>
  </xsl:template>
</xsl:stylesheet>
```

Listing 8.25: 821 _ 02.xslt – Umwandlung der attributorientierten Form in SQL

Man erhält eine Auflistung von einzelnen INSERT-Befehlen für die angegebenen Spalten-namen und Werte.

```
INSERT INTO Tarifliste (Name, Preis, Nr, Typ)
 VALUES ( ,Frühstück , , ,0,5 , , ,1 , , ,p , );
INSERT INTO Tarifliste (Name, Preis, Nr, Typ)
 VALUES ( ,Mittagspause , , ,1 , , ,2 , , ,p , );
INSERT INTO Tarifliste (Name, Preis, Nr, Typ)
 VALUES ( ,Abendessen , , ,1 , , ,3 , , ,p , );
```

Listing 8.26: Ausgabe in SQL

Die Verarbeitung der attributorientierten Form ist tatsächlich bis auf zwei winzige Unter-schiede völlig gleich. Es ließe sich auch überlegen, mit einem ODER-Ausdruck beide Varian-ten in einer Datei anzugeben. Wir drucken im nachfolgenden Quelltext nur einen Ausschnitt der Lösung für die attributorientierte Form ab und formatieren die geänderten Stellen fett.

```
...
      <!--Spaltenliste -->
      <xsl:text> (</xsl:text>
      <xsl:for-each select="/*/*[1]/child::*">
        <xsl:value-of select="local-name(.)"/>
        <!--Trenner -->
        <xsl:if test="not(position()=last())">
          <xsl:text>, </xsl:text>
        </xsl:if>
      </xsl:for-each>
      <xsl:text>) &#xD;</xsl:text>
      <xsl:text> VALUES (</xsl:text>
      <xsl:for-each select="child::*">
        <xsl:text> '</xsl:text>
        <xsl:value-of select="."/>
        <xsl:text> ' </xsl:text>
```

...

Listing 8.27: 821 _ 03.xslt – Umwandlung der elementorientierten Form in SQL

8. 2. 2. CSV-Werte

Nach der Darstellung der »neuen CSV-Form« für XML widmen wir uns nun dem noch immer nicht altmodischen Verfahren, DB-Daten in einfachsten Textdateien zu speichern. Dabei gehen wir allerdings nicht von den Textdateien aus, sondern schaffen uns in XSLT eine Möglichkeit, diese Daten unmittelbar aus einer XML-Datei zu erstellen.

→ Attributorientierte Form

Wie immer lässt sich auch hier die attributorientierte Form von einer elementorientierten unterscheiden. Die einzelnen Reihen stellen Kinder des Wurzelelements dar, während die Attribute Felder der Reihe bzw. der zu füllenden Tabelle repräsentieren.

```
<?xml version="1.0" encoding="ISO-8859-1"?>
<?xml-stylesheet type="text/xsl" href="822_01.xslt"?>
<Tarifliste>
  <Tarif Name="Frühstück" Preis="0,5" Nr="1" Typ="p"/>
  <Tarif Name="Mittagspause" Preis="1" Nr="2" Typ="p"/>
...
```

Listing 8.28: Attributorientierte Form

Mit einigen globalen Parametern kann man die XSLT-Datei mit Vorgabewerten für die Formatierung der CSV-Daten belegen. Dies sind sehr wichtige Werte, die nicht etwa das Layout oder den schöneren Druck ausmachen, sondern gerade für die Verarbeitung besonders wichtig sind. Meistens verwendet man Semikolons für das Trennen der Felder, doch nützt das natürlich nichts, wenn man befürchten muss, dass auch schon mal ein Semikolon in einem Feld erscheint. Dazu lassen sich dann wieder Zeichen für die Textabgrenzung vorgeben. Neben diesen beiden sehr wichtigen Einstellungen existiert noch ein Parameter für die Angabe, ob Spaltenköpfe ausgegeben werden sollen. Dies ist der Inhalt der ersten Zeile, die für den Leser angibt, welche Art Werte in der Datei gespeichert sind. Beim Import in eine Datenbank muss man dann angeben, dass die erste Zeile auszulassen ist.

```
<?xml version="1.0" encoding="UTF-8"?>
<xsl:stylesheet version="1.0"
 xmlns:xsl="http://www.w3.org/1999/XSL/Transform">
  <xsl:output method="text" version="1.0" encoding="ISO-8859-1"
   indent="yes"/>
  <xsl:param name="Trenner" select="';'"/>
  <xsl:param name="Feld" select="'#'"/>
  <xsl:param name="Spaltenkoepfe" select="'TRUE'"/>
```

Listing 8.29: 822 _ 01.xslt – Globale Parameter

Die Texterstellung erfolgt dann über einen einfachen Algorithmus, in dem für jedes gefundene Element eine neue Reihe erzeugt wird. Die einzelnen Attribute werden als Felder erkannt und über eine spezielle Vorlage als solche ausgezeichnet. Der Test, ob Spaltenköpfe auszugeben sind oder nicht, steht als erste Aktion in der Transformation, damit der Test auch nur einmal durchgeführt werden muss. Er greift auf die Namen der Attribute zu und verfährt mit ihnen genauso wie mit den konkreten Feldwerten.

```
<xsl:template match="/">
  <xsl:if test="$Spaltenkoepfe = 'TRUE'">
    <!--Spaltenköpfe -->
    <xsl:for-each select="/*/*[1]/@*">
      <!-- Feldauszeichnung links -->
      <xsl:call-template name="Feldauszeichnung"/>
      <xsl:value-of select="local-name(.)"/>
      <!-- Feldauszeichnung rechts -->
      <xsl:call-template name="Feldauszeichnung"/>
      <!--Trenner -->
      <xsl:if test="not(position()=last())">
        <xsl:value-of select="$Trenner"/>
      </xsl:if>
    </xsl:for-each>
    <xsl:text>&#xD;</xsl:text>
  </xsl:if>
  <!--Datenausgabe -->
  <xsl:for-each select="/*/*">
    <xsl:for-each select="@*">
      <!-- Feldauszeichnung links -->
      <xsl:call-template name="Feldauszeichnung"/>
```

```
    <xsl:value-of select="."/>
    <!-- Feldauszeichnung rechts -->
    <xsl:call-template name="Feldauszeichnung"/>
    <!--Trenner -->
    <xsl:if test="not(position()=last())">
      <xsl:value-of select="$Trenner"/>
    </xsl:if>
  </xsl:for-each>
  <xsl:text>&#xD;</xsl:text>
  </xsl:for-each>
</xsl:template>
```

Listing 8.30: 822 _ 01.xslt – Grundvorlage

Die Vorlage für die Feldauszeichnung gibt einfach nur den Wert des Attributs aus, wenn es nicht leer ist.

```
<!-- Feldauszeichnung -->
<xsl:template name="Feldauszeichnung">
  <xsl:if test="$Feld != ,'">
    <xsl:value-of select="$Feld"/>
  </xsl:if>
</xsl:template>
</xsl:stylesheet>
```

Listing 8.31: 822 _ 01.xslt – Feldauszeichnung

Man erhält bei den vorgegebenen Standardwerten der globalen Parameter eine Datei wie die nachfolgend abgedruckte. Als Trennzeichnen kommen Rautenzeichen zum Einsatz. Auch die Spaltenköpfe erscheinen in der Datei.

```
#Name#;#Preis#;#Nr#;#Typ#
#Frühstück#;#0,5#;#1#;#p#
#Mittagspause#;#1#;#2#;#p#
#Abendessen#;#1#;#3#;#p#
#Mondschein1#;#0,5#;#4#;#p#
```

Listing 8.32: Ausgabe in Text

→ **Elementorientierte Form**

Bei der elementorientierten Form stellen die einzelnen Reihen wieder die Kindelemente des Wurzelelements dar. Die Felder der Datenbank werden allerdings in weiteren Kindelementen abgebildet, die unterhalb der Datenreihenelemente angesiedelt sind.

```xml
<?xml version="1.0" encoding="ISO-8859-1"?>
<?xml-stylesheet type="text/xsl" href="822_02.xslt"?>
<Tarifliste>
  <Tarif>
    <Name>Frühstück</Name>
    <Preis>0,5</Preis>
    <Nr>1</Nr>
    <Typ>p</Typ>
  </Tarif>
...
```

Listing 8.33: 822 _ 02.xml – Elementorientierte Form

Der Algorithmus verläuft genauso wie zuvor, sodass wir auf eine erneute Diskussion der verschiedenen Bestandteile verzichten. Interessant ist für uns zurzeit nur, wie sich die veränderte Modellierung auswirkt. Anstelle der Attributachse muss man überall die Kind-Achse verwenden, um mit dem Jokerzeichen die verfügbaren Knoten zu finden.

```xml
...
    <xsl:if test="$Spaltenkoepfe = ‚TRUE'">
      <!--Spaltenköpfe -->
      <xsl:for-each select="/*/*[1]/child::*">
        <!-- Feldauszeichnung links -->
        <xsl:call-template name="Feldauszeichnung"/>
...
    <!--Datenausgabe -->
    <xsl:for-each select="/*/*">
      <xsl:for-each select="child::*">
        <!-- Feldauszeichnung links -->
        <xsl:call-template name="Feldauszeichnung"/>
...
```

Listing 8.34: 822 _ 02.xslt – Umwandlung in CSV

8.2.3. Textausgabe

Es ist ein wenig kompliziert, die einzelnen Ausgabeformen einer bestimmten Überschrift zuzuordnen. Wenn es in diesem Abschnitt explizit um die Erzeugung von einfachem Text geht, dann muss man natürlich zugeben, dass SQL- oder CSV-Daten auch nichts anderes als Text sind. Allerdings haben wir sie an anderer Stelle untergebracht, da es sich um spezielle Formen von Text handelt und bei der Ausgabe nur in Ansätzen die Herausforderungen hinsichtlich eines augenfreundlichen Layouts auftreten wie in diesem Abschnitt.

Wenn Sie beispielsweise einen E-Mail-Text automatisch generieren wollen, der gerade keine HTML-Seite ist, dann beschäftigen Sie sich mit der Textausgabe, die wir in diesem Abschnitt vorstellen. Gleiches gilt für die Erzeugung von Textberichten in Form von Tabellen oder Aufzählungen.

Bei der Textausgabe in diesen Fällen geht es immer um eine Nachbildung von in Textverarbeitungsprogrammen oder natürlich HTML vorhandenen Hilfsmitteln, die das Layout durch Ausrichtungen im Block und auf der Seite sowie Sonderformate wie Tabellen ermöglichen. Besitzt man nur die Tasten auf der Tastatur – wobei natürlich Tastaturkürzel zur Layoutgestaltung ausdrücklich nicht zählen! –, erhöht sich die Schwierigkeit beträchtlich.

Sonderzeichen	Name	Eigenschaften
	Leerzeichen	Einrückungen und Textausrichtungen aller Art
|	Senkrechter Strich	Vertikale Linie, Trenner
___	Unterstrich	Durchgezogene Linie, Linie
-----	Binde-, Gedankenstrich	Gestrichelte Linie, Linie
+	Plus	Kreuzende Linie
*	Sternchen	Dekoration
#	Raute	Aufzählungszeichen
< >	Spitze Klammern	Pfeile, Aufzählungszeichen

Tabelle 8.1: Sonderzeichen für Formatierung

→ Textdekoration

Textdekoration soll im Zusammenhang der Darstellung von Textausgabe mit XSLT vor allen Dingen als Mittel zur Layoutgestaltung benutzt werden. Sofern man verschiedene Schriftarten, -schnitte und -größen benutzen kann, hat man bereits Zugriff auf Technikunterstützung. Diese ist allerdings nicht immer kompatibel mit den verschiedenen Techniken zur Layoutgestaltung, die gerade auf proportionale Schriften setzen. Nur bei diesen Schriftarten sind die Techniken einsetzbar, auf die wir setzen und die gerade keine besonderen Größen, Schnitte und andere Schriftarten zur Gestaltung verwenden.

Als Beispiel für diesen und den nächsten Abschnitt greifen wir auf eine Rechnung zurück, die wir in verschiedenen Arten ausgeben. Sie enthält Kunden- und Rechnungsinformationen zu den im Rahmen von Telefonaten verwendeten Tarifen und ihren Summen im Monat.

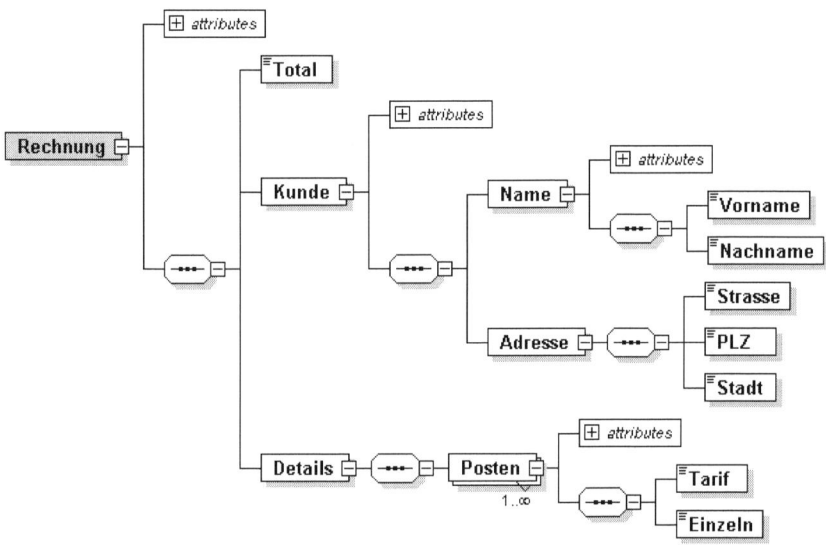

Abbildung 8.5: Rechnung

```
<?xml version="1.0" encoding="ISO-8859-1"?>
<?xml-stylesheet type="text/xsl"
   href="textdekoration.xslt"?>
<Rechnung Nr="12266" Datum="31.12.04">
   <Total>30.03</Total>
   <Kunde Typ="p">
...
   </Kunde>
   <Details>
```

```
  <Posten RefNr="12266">
    <Tarif>Mondschein1</Tarif>
    <Einzeln>3.89</Einzeln>
  </Posten>
 </Details>
</Rechnung>
```

Listing 8.35: `823 _ 01.xslt` – Rechnung

Man benötigt eine Datei, die unterschiedliche Vorlagen enthält, die für die Ausgabe der Daten zuständig sind und die im eigentlichen Transformationsdokument eingebunden werden soll.

```
<?xml version="1.0" encoding="UTF-8"?>
<xsl:stylesheet version="1.0" xmlns:xsl="http://www.w3.org/1999/
XSL/Transform">
  <xsl:output method="text" version="1.0" encoding="ISO-8859-1"
  indent="yes"/>
  <!-- Vervielfältigung von Zeichenketten -->
  <xsl:template name="Einzug">
    <xsl:param name="Zeichen" select="' ,"/>
    <xsl:param name="Grenze" select="'5'"/>
    <xsl:param name="Zaehler" select="'1'"/>
    <xsl:value-of select="$Zeichen"/>
    <xsl:if test="not($Grenze = $Zaehler)">
      <xsl:call-template name="Einzug">
        <xsl:with-param name="Grenze" select="$Grenze"/>
        <xsl:with-param name="Zeichen"
           select="$Zeichen"/>
        <xsl:with-param name="Zaehler"
           select="$Zaehler + 1"/>
      </xsl:call-template>
    </xsl:if>
  </xsl:template>
```

Listing 8.36: `textdekoration.xslt` – Einzug

Jeder Postentitel soll unterstrichen werden. Daher müssen wir eine Linie mithilfe von Bindestrichen erzeugen, die der Länge der Zeichenkette im Textknoten des Titelelements entspricht.

```
<!-- Ausgabe eines Postentitels -->
<xsl:template name="Postentitel">
  <!-- Ausgabe Tarif -->
  <xsl:value-of select="Tarif"/>
  <xsl:text>&#xD;</xsl:text>
  <!-- Ausgabe Linie -->
  <xsl:call-template name="Einzug">
    <xsl:with-param name="Zeichen" select="'-'"/>
    <xsl:with-param name="Grenze"
        select="string-length(Tarif)"/>
  </xsl:call-template>
  <xsl:text>&#xD;</xsl:text>
</xsl:template>
```

Listing 8.37: `textdekoration.xslt` *– Unterstreichung in Wortlänge*

Die einzelnen Reihen des Absatzes, der den Rechnungstitel ausgibt, werden ebenfalls der Reihe nach erzeugt. Die Dekoration ist in den Reihen 1 und 3 sehr einfach. Die Reihe 2 enthält noch die interessante Ausgabe der Zentrierung und der damit verbundenen Leerzeichen auf der linken und rechten Seite.

```
<!-- Ausgabe Rechnungstitel -->
<xsl:template name="Rechnungstitel">
  <xsl:param name="Name"/>
  <xsl:variable name="Leerzeichen" select="'10'"/>
  <xsl:variable name="Standardlaenge"
      select="string-length($Name) + $Leerzeichen"/>
  <xsl:variable name="Einrueckung"
      select="$Leerzeichen div 2 - 1"/>
  <!-- Ausgabe 1. Reihe -->
  <xsl:call-template name="Einzug">
    <xsl:with-param name="Zeichen" select="'*'"/>
    <xsl:with-param name="Grenze"
        select="$Standardlaenge"/>
  </xsl:call-template>
  <xsl:text>&#xD;</xsl:text>
  <!-- Ausgabe 2. Reihe -->
  <xsl:text>*</xsl:text>
  <!-- Einrueckung links -->
```

```
    <xsl:call-template name="Einzug">
      <xsl:with-param name="Grenze"
          select="$Einrueckung"/>
    </xsl:call-template>
    <!-- Ausgabe Name -->
    <xsl:value-of select="$Name"/>
    <!-- Einrueckung rechts -->
    <xsl:call-template name="Einzug">
      <xsl:with-param name="Grenze"
          select="$Einrueckung"/>
    </xsl:call-template>
    <xsl:text>*&#xD;</xsl:text>
    <!-- Ausgabe 3. Reihe -->
    <xsl:call-template name="Einzug">
      <xsl:with-param name="Zeichen" select="'*'"/>
      <xsl:with-param name="Grenze"
          select="$Standardlaenge"/>
    </xsl:call-template>
    <xsl:text>&#xD;</xsl:text>
  </xsl:template>
</xsl:stylesheet>
```

Listing 8.38: `textdekoration.xslt` *– Umrandung*

Das Grundgerüst ist dagegen viel einfacher, weil nur die Werte ausgegeben werden und die gesamte Konstruktion ohne HTML oder XML auskommt.

```
<?xml version="1.0" encoding="UTF-8"?>
<xsl:stylesheet version="1.0"
 xmlns:xsl="http://www.w3.org/1999/XSL/Transform">
  <xsl:output method="text" version="1.0"
      encoding="ISO-8859-1" indent="yes"/>
  <xsl:include href="textdekoration.xslt"/>
  <xsl:template match="/">
    <!-- Ausgabe Anschrift -->
    <xsl:call-template name="Rechnungstitel">
      <xsl:with-param name="Name">
        <xsl:value-of
            select="Rechnung/Kunde/Name/@Anrede"/>
```

```
          <xsl:text> </xsl:text>
          <xsl:value-of
               select="Rechnung/Kunde/Name/Vorname"/>
          <xsl:text> </xsl:text>
          <xsl:value-of
               select="Rechnung/Kunde/Name/Nachname"/>
        </xsl:with-param>
     </xsl:call-template>
     <xsl:text>&#xD;</xsl:text>
     <!-- Ausgabe der Rechnungsposten -->
     <xsl:for-each select="Rechnung/Details/Posten">
       <xsl:call-template name="Postentitel"/>
     </xsl:for-each>
   </xsl:template>
</xsl:stylesheet>
```

Listing 8.39: `823 _ 01.xslt` *– Erzeugung einer Text-Rechnung*

Das Ergebnis in verkürzter Form und daher ohne Detailinformationen aus dem Rechnungs-dokument hat folgende Gestalt. Der Kundenname steht in einem Kasten und ist darüber hinaus auch zentriert, während die Postentitel jeweils so unterstrichen sind, dass die Strich-länge mit der Wortlänge übereinstimmt.

```
***************************
*    Herr Johann Erdle    *
***************************


Frühstück
---------
Mittagspause
------------
Abendessen
----------
Mondschein1
-----------
```

Listing 8.40: Ausgabe in Textdatei

→ Textberichte

Mit dem gesamten Themenkreis, Berichte in Text auszugeben, kann man sämtliche Algorithmenbücher aus der Uni-Bibliothek beschaffen und nach normalerweise uninteressanten Algorithmen forschen, die urplötzlich für den Berufsalltag von brennender Aktualität sind. Da man ausschließlich auf die einfachen Möglichkeiten der Textformatierung zurückgreifen kann, die wir bereits kurz dargestellt haben, bleibt uns nichts anderes übrig, als hier noch einige Stufen auf der Leiter der Erkenntnis emporzusteigen. Wir können aus Platzgründen das Thema nur anreißen, allerdings werden Sie sehr deutlich den möglichen weiteren Verlauf der Reise erkennen. Einige Ansprüche werden dann entweder sehr nach unten geschraubt. Andere Ansprüche könnten sich auch durchaus realisieren lassen, indem man sich zunächst viele Gedanken um die Umsetzung macht.

Als Beispiel setzen wir erneut eine Rechnung und ihre Postenliste ein.

```xml
<Details>
  <Posten RefNr="12266">
    <Tarif>Frühstück</Tarif>
    <Einzeln>5.35</Einzeln>
  </Posten>
  <Posten RefNr="12266">
    <Tarif>Mittagspause</Tarif>
    <Einzeln>11.27</Einzeln>
  </Posten>
</Details>
```

Listing 8.41: 823 _ 01.xml – Aufzählung von Posten

Für die Erzeugung einer Spaltenausgabe (ohne solche Erweiterungen wie Absatzausrichtungen) verwendet man letztendlich auch wieder die eingebundene Vorlage, mit deren Hilfe Zeichenketten wie z. B. hier das Leerzeichen mehrfach ausgegeben werden können. Sehr raffiniert und sicherlich zukunftstauglich wären solche Anwendungen, die automatisch die längste Zeichenkette einer Spalte ermitteln und einen vorgegebenen Wert wie beispielsweise sechs Leerzeichen insgesamt (drei vorne, drei hinten für die Zentrierung, oder sechs vorne für rechtsbündig oder sechs hinten für linksbündig) hinzuaddieren und einiges automatisieren, was jetzt noch fest im Quelltext steht. Allerdings ist die direkte Vorgabe der Spaltenlänge hier besonders einfach und für den Anfang sicherlich zu empfehlen.

Zunächst benötigen wir Spaltenköpfe bzw. eine Titelzeile, in der auch die Spaltenbreiten fest als magische Angaben enthalten sind. Diese magischen Angaben setzen sich dann später fort, wenn die einzelnen Spaltenausgaben erzeugt werden. Die Differenz zwischen Spaltenbreite und Zeichenkettenlänge dient hier als Vorgabe für die Leerzeichenausgabe.

```
<?xml version="1.0" encoding="ISO-8859-1"?>
<xsl:stylesheet version="1.0" xmlns:xsl="http://www.w3.org/1999/
XSL/Transform">
  <xsl:include href="textausrichtung.xslt"/>
  <xsl:output method="text" encoding="ISO-8859-1"/>
  <xsl:strip-space elements="*"/>
  <!-- Vorlage für Postenliste -->
  <xsl:template match="/">
    <xsl:text> Pos.     Name                 Preis&#xD;|-------+----------
------+--------|&#xD;</xsl:text>
    <xsl:for-each select="Rechnung/Details/Posten">
      <!-- Pos. -->
      <xsl:text>| </xsl:text>
      <xsl:number count="Posten" level="single"
          format="1.)"/>
      <xsl:call-template name="Einzug">
        <xsl:with-param name="Grenze" select="2"/>
      </xsl:call-template>
      <!-- Name -->
      <xsl:text>| </xsl:text>
      <xsl:value-of select="Tarif"/>
      <xsl:call-template name="Einzug">
        <xsl:with-param name="Grenze"
            select="14-string-length(Tarif)"/>
      </xsl:call-template>
      <!-- Preis -->
      <xsl:text>| </xsl:text>
      <xsl:value-of select="Einzeln"/>
      <xsl:call-template name="Einzug">
        <xsl:with-param name="Grenze"
            select="6-string-length(Einzeln)"/>
      </xsl:call-template>
      <xsl:text>|&#xD;</xsl:text>
    </xsl:for-each>
```

348

```
    </xsl:template>
</xsl:stylesheet>
```

Listing 8.42: 823 _ 02.xslt – Umwandlung in Spaltenbericht

Wir erhalten nach Verarbeitung der einzelnen sich wiederholenden Elemente einen durchaus akzeptablen netten Bericht in simpler Textform. Neben den erwähnten Absatzformaten könnte man sich auch – vom Algorithmus her sehr anspruchsvolle – Ausgabetechniken wie Pivot-Ausgaben vorstellen. Dies erfordert eine Umsetzung der entsprechenden Algorithmen, die Datensätze, Spalten und Reihen zählen und spektakuläre Modulo-Rechnungen vollführen.

```
Pos.    Name               Preis
|-------+-----------------+--------|
| 1.)   | Frühstück       | 5.35    |
| 2.)   | Mittagspause    | 11.27   |
| 3.)   | Abendessen      | 9.52    |
| 4.)   | Mondschein1     | 3.89    |
```

Listing 8.43: Ausgabe im Text

Dateibasierte Auslagerung

9. Dateibasierte Auslagerung

Wie in allen anderen Syntaxstrukturen auch, existieren in XSLT natürlich ebenfalls Möglichkeiten, vorhandene XSLT-Dateien in andere Dateien einzubinden. Diese dateibasierte Auslagerung[1] stellt sich von der Syntax her genauso einfach dar wie in Ihnen bekannten Sprachen. Allerdings – irgendeine Besonderheit musste sich das W3C ja ausdenken – gibt es gleich zwei verschiedene Elemente, die beim Laden externer XSLT-Dateien eingesetzt werden können. Diese beiden Möglichkeiten sind Einbindung und Import:

- Einbindung oder Einbettung von Vorlagen über das `xsl:include`-Element, die sich hinsichtlich der Priorität genauso verhalten wie die lokal im aufrufenden Dokument vorhandenen Vorlagen

- Import von Vorlagen über das `xsl:import`-Element, die von lokal vorhandenen konkurrierenden Vorlagen überschrieben werden

9. 1. XSLT-Dateien einbinden

Bei der *Einbindung*[2] handelt es sich um einen Vorgang, der die Inhalte einer externen Datei wie bei einem Kopiervorgang über die Zwischenablage in den Quelltext einfügt. Da zudem das `xsl:include`-Element überall als Element der obersten Ebene erscheinen darf – d. h. auch zwischen `xsl:template`-Elementen –, kann man über die Position bestimmen, ob bei konkurrierenden Vorlagen die eingebundenen oder die lokal vorhandenen ausgeführt werden.

Die allgemeine Syntax lautet:

```
<!-- Kategorie: Deklaration -->
<xsl:include
  href = uri-reference />
```

---

1   Vgl. XSL Transformations (XSLT) Version 2.0 W3C Recommendation 23 January 2007, Abschnitt 3.10 Combining Stylesheet Modules unter http://www.w3.org/TR/xslt20/#combining-modules.
2   Vgl. XSL Transformations (XSLT) Version 2.0 W3C Recommendation 23 January 2007, Abschnitt 3.10.2 Stylesheet Inclusion unter http://www.w3.org/TR/xslt20/#include.

9

Das `xsl:include`-Element tritt stets als leeres Element irgendwo auf der obersten Ebene auf. Es darf niemals innerhalb von z. B. `xsl:template`-Elementen erscheinen. Allerdings ist seine genaue Position auf der obersten Ebene tatsächlich egal. Vielmehr regelt man über die Positionierung die Priorität der eingebundenen Vorlagen.

9. 1. 1. Einfaches Beispiel

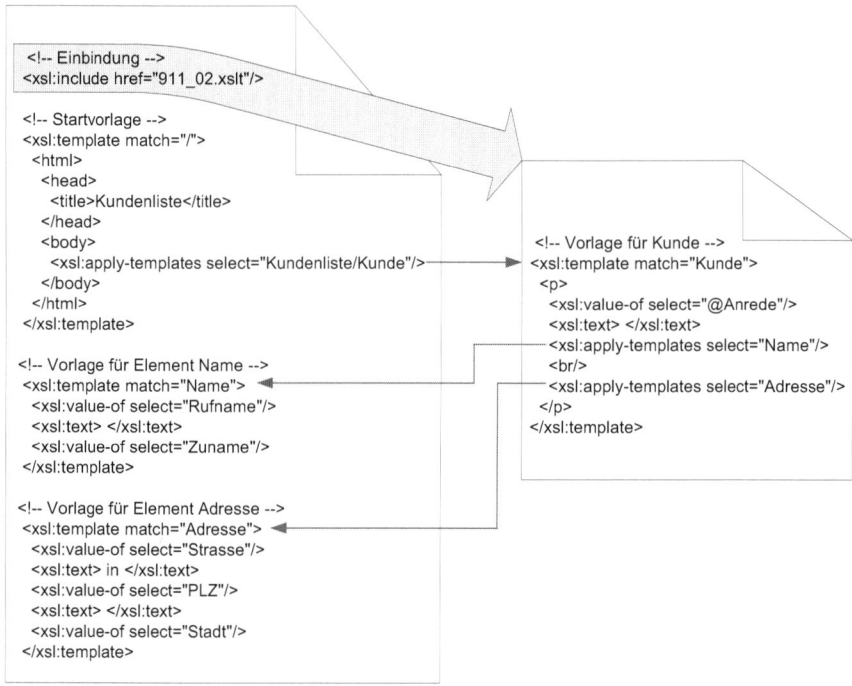

Abbildung 9.1: Einbindung von XSLT-Dateien

Vielleicht haben Sie sich schon gefragt, wie es möglich ist, gleich ein ganzes Kapitel über ein so banales Thema wie dateibasierte Auslagerung zu schreiben. Auch wenn XSLT einige besondere Eigenschaften hinsichtlich dieser einfachen Aktion besitzt, ist es tatsächlich kein Thema, das bei der Entwicklung von XSLT-Dokumenten für Kopfschmerzen oder Verwirrungen sorgen sollte. Daher haben wir uns entschlossen, zwar sorgsam alle Möglichkeiten vorzustellen, auf den Abdruck der Quelltexte allerdings zu verzichten, da – wie man sich vorstellen kann – ohnehin nur die Elemente für die Einbindung von Interesse sind. Stattdessen haben wir nur die Schema-Zeichnungen in den Text aufgenommen, die den Quelltext enthalten. Wenn Sie die Dateien also im Original oder in Gänze sehen wollen, können Sie anhand der Dateiangaben im Text die benötigten Quelltexte ermitteln und dann von der Verlagswebseite herunterladen.

Für alle Beispiele verwenden wir das Ihnen bereits bekannte Dokument, das eine Kundenliste enthält. Jedes Elternelement wird in einer eigenen Vorlage verarbeitet, sodass man diese auslagern und über unterschiedliche Methoden wieder einbinden kann. Dieses Beispiel können Sie mit folgenden Dateien testen: `911_01.xml` als Datendatei, `911_01.xslt` als von der Datendatei aufgerufene Datei und schließlich `911_02.xslt` als von der gerade genannten XSLT-Datei aufgerufene Datei.

Die Vorlage für das `Kunde`-Element befindet sich in der eingebundenen Datei und ruft die Vorlagen für `Name` und `Adresse` auf. Der Prozessor kopiert beim Laden der eingebundenen XSLT-Datei die Vorlage für `Kunde` genau an die Stelle, an der das `xsl:include`-Element steht. Es ist kein Problem, andere Vorlagen aus dem aufrufenden Dokument zu verwenden, da man sich genauso gut eine umfangreiche Datei vorstellen kann, die die eingebundene Vorlage ebenfalls als eigenen Quelltext enthält.

9. 1. 2. Prioritätsregeln

Ob gewollt oder nicht gewollt, es kann passieren, dass eine Vorlage für ein Element in beiden Dateien vorhanden ist. In diesem Fall möchte man nicht unbedingt eine Fehlermeldung erhalten (was auch gar nicht passiert), sondern auf einen Konfliktlösungsmechanismus setzen, der einer von beiden Vorlagen eine höhere Priorität einräumt. Diese Priorität wird in XSLT mit dem Begriff der *Präzedenz* (engl. precedence) beschrieben.

Die Grundregel der Priorisierung beim Einbinden von Dateien – also bei der Verwendung von `xsl:include` – lautet: Die später auftretende Regel hat die höhere Priorität.

→ Eingebettete Vorlagen überschreiben

Wenn die zuletzt verwendete Datei `911_01.xslt` insoweit abgeändert wird, als dass sie ebenfalls eine eigene Vorlage für das Element `Kunde` enthält, und das `xsl:include`-Element an gleicher Position oberhalb aller `xsl:template`-Elemente sitzt, wird die eingefügte Vorlage verwendet. Dies finden Sie in der Datei `911_03.xslt`.

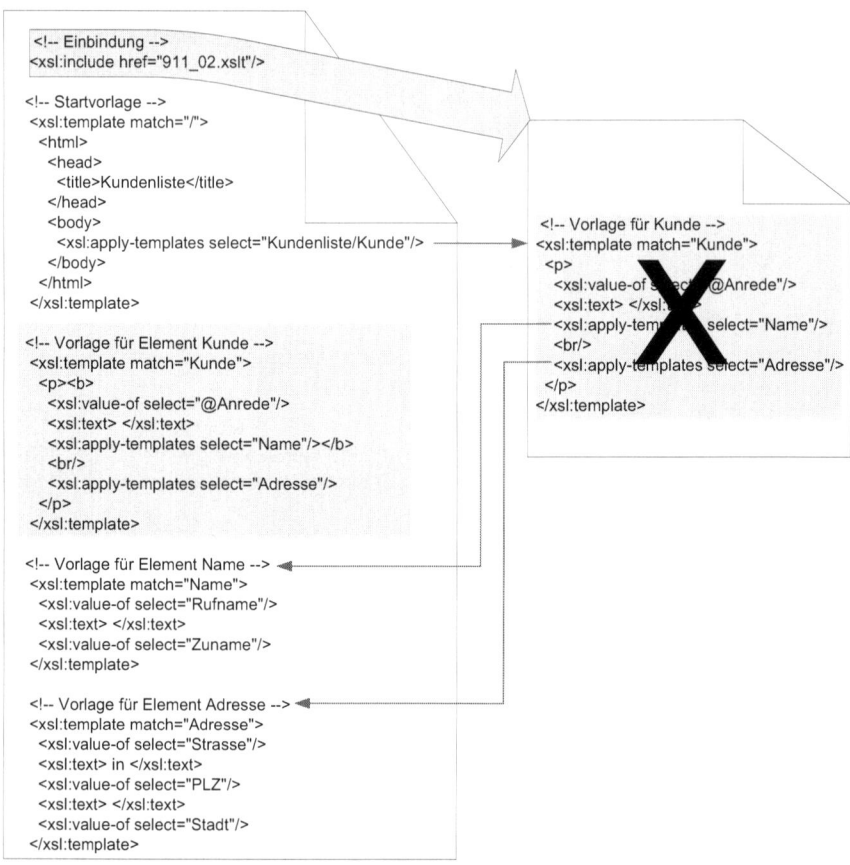

Abbildung 9.2: Überschreiben mit lokalen Vorlagen

Wichtig an dieser Konstruktion ist, dass das `xsl:include`-Element an der gleichen Stelle verbleibt. Dadurch ist in der aufrufenden XSLT-Datei eine zweite Vorlage für das `Kunde`-Element vor der nachträglich eingefügten Vorlage virtuell enthalten. Da diese nachträglich eingefügte/lokale Vorlage später im Dokument auftritt als die eingebundene, gilt immer diese Vorlage. Der einzige Unterschied zwischen beiden Vorlagen im Beispiel besteht darin, dass in der lokalen Vorlage der Kundenname zusätzlich über das `b`-Element von HTML gefettet wird. Dies ist dann auch das Ergebnis in der Browserausgabe.

→ **Vorhandene Vorlagen überschreiben**

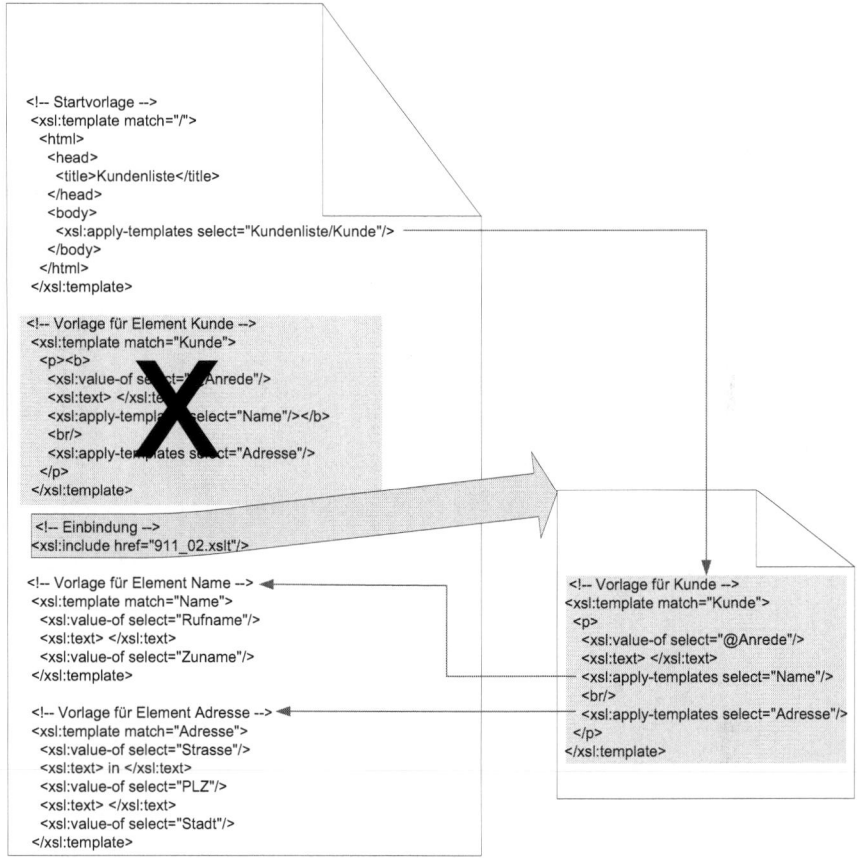

Abbildung 9.3: Überschreiben von lokalen Vorlagen

Wenn die zuletzt verwendete Datei 911 _ 01.xslt insoweit abgeändert wird, als dass sie ebenfalls eine eigene Vorlage für das Element Kunde enthält, und das xsl:include-Element allerdings dieser neuen Vorlage folgt und zwischen den xsl:template-Elementen sitzt, wird die eingebundene Vorlage und nicht die aus der aufrufenden Datei verwendet. Dies finden Sie in der Datei 911 _ 04.xslt.

Es ist sicherlich keine gut lesbare Alternative, das `xsl:include`-Element nicht oben, sondern irgendwo zwischen den `xsl:template`-Elementen zu verstecken. Eine bessere Alternative für diesen Fall wäre es, unterhalb aller lokalen Vorlagen eine entsprechende Einbettung einzubauen. In diesem Fall sorgt jedenfalls das `xsl:include`-Element direkt nach der lokalen Vorlage für das `Kunde`-Element dafür, dass die lokale Vorlage vorher auftritt und damit die eingebettete Vorlage überschreibt bzw. die eingebettete Vorlage eine höhere Priorität besitzt.

9. 2. XSLT-Dateien importieren

Beim *Import*[3] handelt es sich um eine Einbettung von externen Vorlagen, die stets eine geringere Priorität haben als lokal vorhandene Vorlagen. Neben dieser allgemeinen Regelung erkennt man diesen sehr speziellen Umstand auch daran, dass das `xsl:import`-Element an keiner anderen Stelle stehen darf als an erster Stelle aller Elemente der obersten Ebene. Dies bezieht sogar das `xsl:output`-Element mit ein, das ebenfalls den Importanweisungen folgen muss.

Die allgemeine Syntax lautet:

```
<!-- Kategorie: Deklaration -->
<xsl:import
  href = uri-reference />
```

Das `xsl:import`-Element tritt stets als leeres Element an erster Stelle der obersten Ebene auf.

9. 2. 1. Standardfall

Das Beispiel in der Datei `921 _ 01.xslt` entspricht weitestgehend den Inhalten der Datei `911 _ 01.xslt`. Die einzigen beiden Unterschiede liegen darin, dass statt des `xsl:include`-Elements das `xsl:import`-Element die Datei `911 _ 02.xslt` aufruft und dass das `xsl:import`-Element noch vor dem `xsl:output`-Element auftritt. In dieser Konstruktion gibt es keine Unterschiede zwischen der Einbettung mithilfe von `xsl:include` und `xsl:import`. In beiden Fällen wird die Vorlage aus der Datei `911 _ 02.xslt` aufgerufen.

---

3   Vgl. XSL Transformations (XSLT) Version 2.0 W3C Recommendation 23 January 2007, Abschnitt 3.10.3 Stylesheet Import unter http://www.w3.org/TR/xslt20/#import.

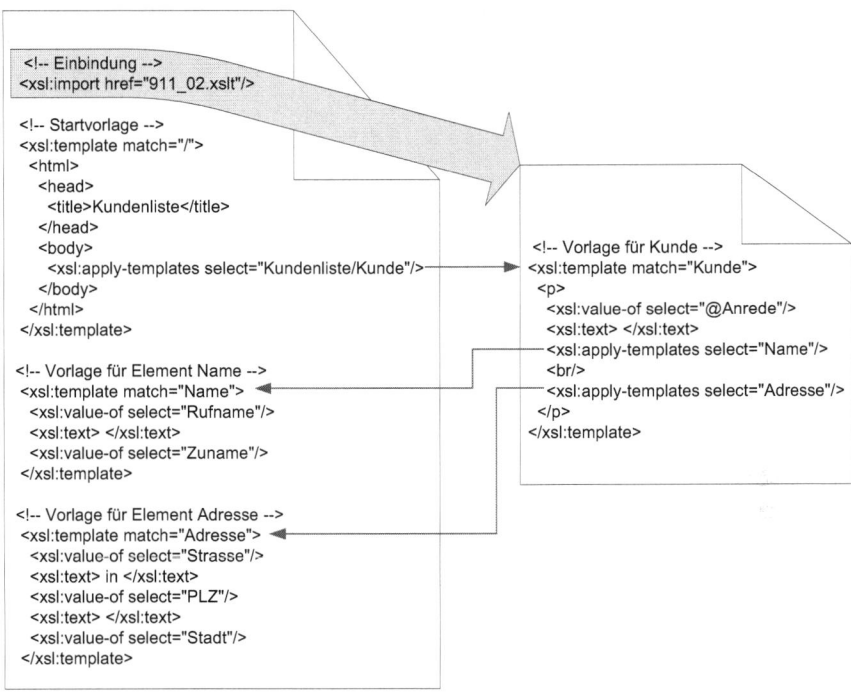

```
<!-- Einbindung -->
<xsl:import href="911_02.xslt"/>

<!-- Startvorlage -->
<xsl:template match="/">
  <html>
    <head>
      <title>Kundenliste</title>
    </head>
    <body>
      <xsl:apply-templates select="Kundenliste/Kunde"/>
    </body>
  </html>
</xsl:template>

<!-- Vorlage für Element Name -->
<xsl:template match="Name">
  <xsl:value-of select="Rufname"/>
  <xsl:text> </xsl:text>
  <xsl:value-of select="Zuname"/>
</xsl:template>

<!-- Vorlage für Element Adresse -->
<xsl:template match="Adresse">
  <xsl:value-of select="Strasse"/>
  <xsl:text> in </xsl:text>
  <xsl:value-of select="PLZ"/>
  <xsl:text> </xsl:text>
  <xsl:value-of select="Stadt"/>
</xsl:template>
```

```
<!-- Vorlage für Kunde -->
<xsl:template match="Kunde">
  <p>
    <xsl:value-of select="@Anrede"/>
    <xsl:text> </xsl:text>
    <xsl:apply-templates select="Name"/>
    <br/>
    <xsl:apply-templates select="Adresse"/>
  </p>
</xsl:template>
```

Abbildung 9.4: Import

Ganz anders sieht es aus, wenn sowohl eine Vorlage für Kunde in der importierten wie lokal in der aufrufenden Datei existiert. Da beim Import stets die lokalen Vorlagen die importierten Vorlagen überschreiben, wird in diesem Fall die lokale Vorlage ausgeführt. Dies entspricht im Fall der Einbettung einer Platzierung des xsl:include-Elements vor der lokalen Vorlage, die auf den gleichen XPath-Ausdruck reagiert wie die in der ausgelagerten Datei. Das Beispiel finden Sie in der Datei 921_02.xslt.

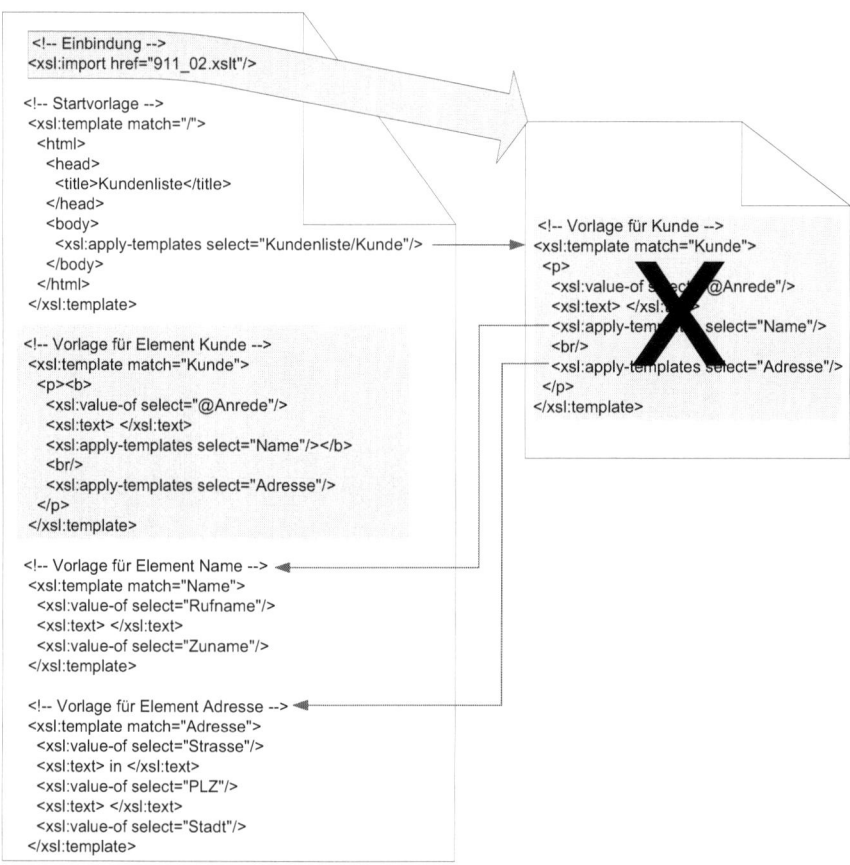

Abbildung 9.5: Überschreibung der importierten Vorlage

9. 2. 2. Priorisierung im Importbaum

In großen Projekten, in denen mehrere Kollegen XSLT-Dateien erstellen oder in denen wiederkehrende Strukturen zu verarbeiten sind, kann es leicht passieren, dass man Dateien importiert, die wiederum andere Dateien importieren. Es entsteht ein Baum, der einen eigenen Namen trägt: *Importbaum* (engl. import tree). Für diesen Importbaum gibt es ebenfalls eine festgelegte Struktur, wie die vielen verschiedenen Vorlagen ihre jeweilige Priorität erhalten. Dabei muss man »lediglich« die bereits erwähnten Regeln zusammenfassen und kommt zu folgenden Aussagen, die wir an einem Beispiel festmachen.

Die Datei 1 importiert die Strukturen von zuerst Datei 2 und danach Datei 3. Die Datei 3 importiert die Strukturen von zuerst Datei 5 und danach Datei 6. Die Dateien werden durch die Reihenfolge der `xsl:import`-Elemente auch in dieser Reihenfolge importiert, sodass die Dokumentrichtung hier auch für die Importreihenfolge sorgt. Dies ergibt insgesamt eine Reihenfolge der einzelnen Vorlagen von 4 2 5 6 3 1, wobei die Importpräzedenz von links nach rechts aufsteigend ist. Die Vorlagen mit der höchsten Priorität liegen in der Datei 1, die mit der geringsten Priorität in der Datei 4.

Wichtig zu bemerken ist, dass die von Importen wiederum importierten Vorlagen eine geringere Priorität zugewiesen bekommen als die Vorlagen der sie importierenden Dateien. Die Baumwurzel in Datei 1 liefert Vorlagen, die die höchste Priorität aufweisen.

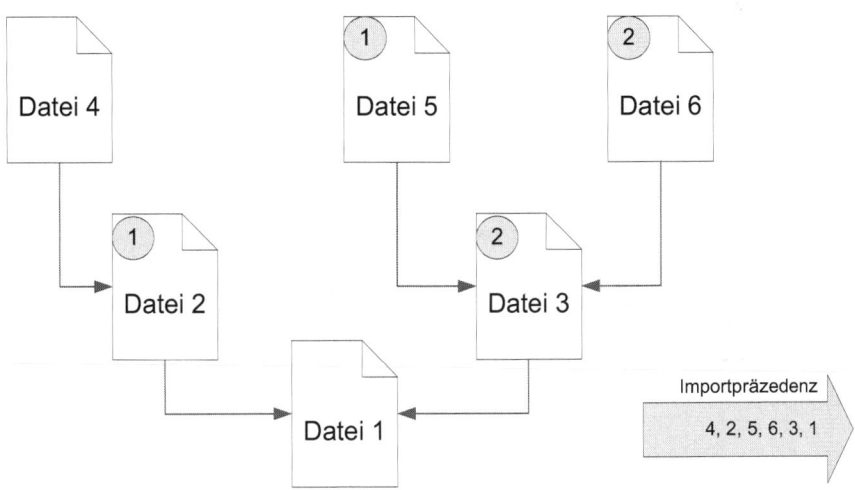

Abbildung 9.6: Importpräzedenz

9. 2. 3. Überschreibung umgehen

Manchmal möchte man die automatische Auswahl von Vorlagen, die importiert wurden, beeinflussen. Dies ist mit den Elementen zum Überschreiben der Automatik[4] möglich.

---

4   Vgl. XSL Transformations (XSLT) Version 2.0 W3C Recommendation 23 January 2007, Abschnitt 6.7 Overriding Template Rules unter http://www.w3.org/TR/xslt20/#apply-imports.

→ Grundlagen

Das Element `xsl:apply-imports` sorgt dafür, dass die auf der nächsten Import-Stufe stehende Vorlage für die gleiche Vorlage/für den gleichen XPath-Ausdruck aufgerufen wird. Dadurch umgeht man den automatischen Mechanismus der Überschreibung. Zusätzlich müssen diese beide Elemente durchaus nicht nur alleine als leeres Element auftreten. Zwar können sie keine Attribute besitzen, doch es besteht die Möglichkeit, sie als Eltern-Elemente von `xsl:with-param`-Elementen zu konstruieren. Damit ist es also ebenfalls möglich, Parameterwerte an die überschriebenen und dennoch aufgerufenen Vorlagen zu übergeben.

Die allgemeine Syntax für beide Elemente lautet:

```
<!-- Kategorie: Instruktion -->
<xsl:apply-imports>
  <!-- Content: xsl:with-param* -->
</xsl:apply-imports>
<!-- Kategorie: Instruktion -->
<xsl:next-match>
  <!-- Content: (xsl:with-param | xsl:fallback)* -->
</xsl:next-match>
```

Man fragt sich natürlich, welchen Unterschied die beiden Elemente besitzen, da sie sehr ähnlich aufgebaut sind und dennoch einen sehr unterschiedlichen Namen tragen. Beiden Elementen ist gemein, dass sie den Vorgang der automatischen Überschreibung umgehen. Während `xsl:apply-templates` allerdings nur in der nächsten Stufe im Importbaum nach passenden Vorlagen für den gerade bearbeiteten XPath-Ausdruck sucht, sucht das `xsl:next-match`-Element auch nach weiteren passenden Vorlagen. Dabei schreitet er den Importbaum rückwärts ab, sodass die Vorlagen mit sinkender Priorität nacheinander gemäß ihrer Priorität besucht werden.

Der Ausgangspunkt stellt dabei der XPath-Ausdruck dar, der eine bestimmte vorhandene Vorlage aktiviert. Diese Vorlage stellt dann die aktuelle Vorlage (engl. current template rule) dar. Dabei ist dies ausdrücklich auf das `xsl:template`-Element beschränkt, sodass `xsl:for-each` oder `xsl:for-each-group` genauso wenig wie `xsl:function` für diese Technik in Frage kommen. Ebenfalls außer Betracht bleiben benannte Vorlagen oder Attributgruppen, die jeweils wie die anderen gerade erwähnten Vorlagen dazu führen, dass der Wert der aktuellen Vorlage `NULL` ist. Für die Funktionsweise muss noch gesagt werden, dass es nicht nur auf den gleichen XPath-Ausdruck ankommt, sondern dass natürlich auch der gleiche Knoten verarbeitet wird und nicht ein anderer, der ebenfalls den gleichen XPath-Ausdruck erfüllt. Dies ist insbesondere beim Ping-Pong-Spiel von Bedeutung, das ja schließlich Knoten der Reihe nach verarbeiten kann, ohne eine Wiederholung verwenden zu müssen.

Neben dem gerade schon mehrfach erwähnten XPath-Ausdruck ist auch der Vorlagenmodus für die Auswahl geeigneter weiterer Vorlagen von Bedeutung. Dabei muss auch der Modusbezeichner für die zusätzlich aufgerufenen Vorlagen übereinstimmen.

Dies führt zu folgenden Aussagen über die beiden Elemente:

- Das `xsl:apply-imports`-Element berücksichtigt bei der Auswahl von zusätzlich zur Transformation des gleichen Knotens auszuführenden Vorlagen nur die Vorlagen für den gegebenen XPath-Ausdruck und Vorlagenmodus. Dabei wird ausschließlich die nächste Ebene im Importbaum nach passenden Vorlagen untersucht.

- Das `xsl:next-match`-Element berücksichtigt bei der Auswahl von zusätzlich zur Transformation des gleichen Knotens auszuführenden Vorlagen nur die Vorlagen für den gegebenen XPath-Ausdruck und Vorlagenmodus. Dabei werden alle Ebenen des Importbaums nach passenden Vorlagen untersucht. Sollte keine passende Vorlage gefunden werden, treten die eingebauten Vorlagenregeln des Prozessors für diesen Knoten in Kraft.

→ **Importierte Vorlagen zusätzlich anwenden**

In der Datei `923_01.xslt` finden Sie ein Beispiel für das zusätzliche Anwenden von importierten Vorlagen. Voraussetzung für diese Technik ist das Vorliegen von zwei Vorlagen, die jeweils auf den gleichen XPath-Ausdruck reagieren. Davon muss eine Vorlage lokal vorhanden sein, während die andere importiert wird. Dies ist im vorliegenden Fall für das Element `Kunde` und seine zugehörigen Vorlagen in den Dateien `923_01.xslt` und `923_02.xslt` der Fall. Die importierte Vorlage kündigt in einem `xsl:text`-Element die Adresse an und ruft dann – um die ganze Transformation noch aufregender zu gestalten – passende Vorlagen für das Element `Adresse` auf. In der Ausgabe im Browser erhält man daher sowohl den Namen, wie er in der lokalen Vorlage für das Element `Kunde` transformiert wird, als auch die Adresse, die ausdrücklich in der importierten Vorlage bearbeitet wird.

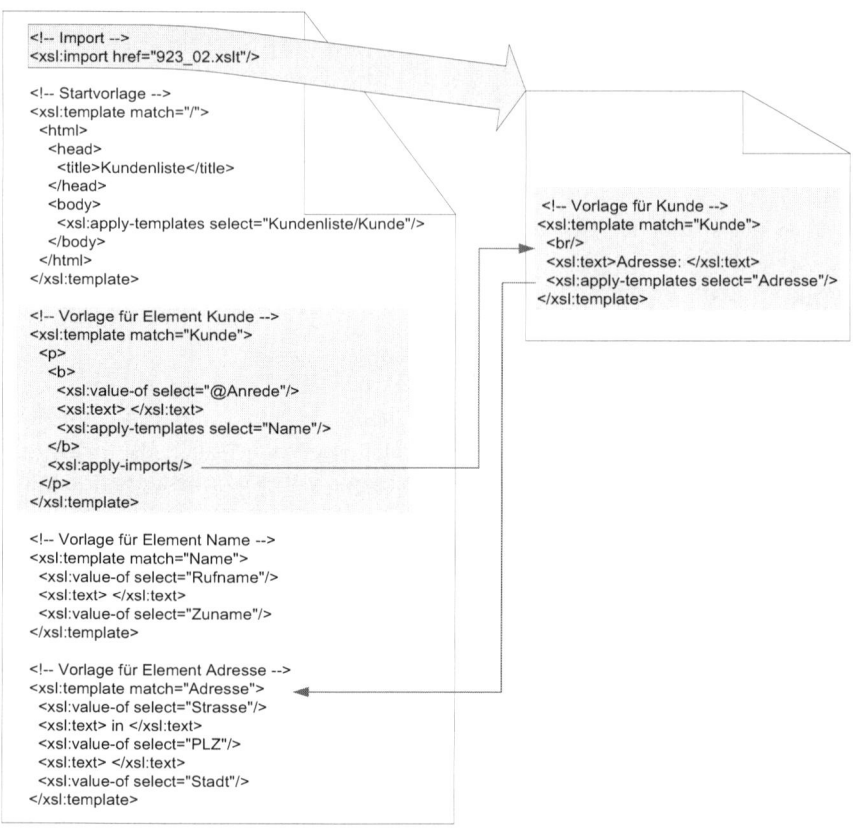

```
<!-- Import -->
<xsl:import href="923_02.xslt"/>

<!-- Startvorlage -->
<xsl:template match="/">
  <html>
    <head>
      <title>Kundenliste</title>
    </head>
    <body>
      <xsl:apply-templates select="Kundenliste/Kunde"/>
    </body>
  </html>
</xsl:template>

<!-- Vorlage für Element Kunde -->
<xsl:template match="Kunde">
  <p>
    <b>
      <xsl:value-of select="@Anrede"/>
      <xsl:text> </xsl:text>
      <xsl:apply-templates select="Name"/>
    </b>
    <xsl:apply-imports/>
  </p>
</xsl:template>

<!-- Vorlage für Element Name -->
<xsl:template match="Name">
  <xsl:value-of select="Rufname"/>
  <xsl:text> </xsl:text>
  <xsl:value-of select="Zuname"/>
</xsl:template>

<!-- Vorlage für Element Adresse -->
<xsl:template match="Adresse">
  <xsl:value-of select="Strasse"/>
  <xsl:text> in </xsl:text>
  <xsl:value-of select="PLZ"/>
  <xsl:text> </xsl:text>
  <xsl:value-of select="Stadt"/>
</xsl:template>
```

```
<!-- Vorlage für Kunde -->
<xsl:template match="Kunde">
  <br/>
  <xsl:text>Adresse: </xsl:text>
  <xsl:apply-templates select="Adresse"/>
</xsl:template>
```

Abbildung 9.7: Importierte Vorlagen zusätzlich anwenden

Das Element `xsl:apply-imports` schaut durchaus in den einzelnen Ebenen im Import-baum nach, stoppt allerdings die Verarbeitung, sobald eine passende Vorlage gefunden wurde. Im nächsten Beispiel existiert zunächst in der auf der ersten Ebene importierten Da-tei keine passende Vorlage für das Element `Kunde`. Genauer gesagt: Die Datei ist nicht viel länger als der in der Zeichnung angegebene Quelltext. Da allerdings passende importierte Vorlagen angewendet werden sollen und diese Datei ebenfalls wieder einen Importvor-gang auslöst, wird die zweite Ebene untersucht. Hier befindet sich tatsächlich eine passen-de Vorlage, die auch ausgelöst wird.

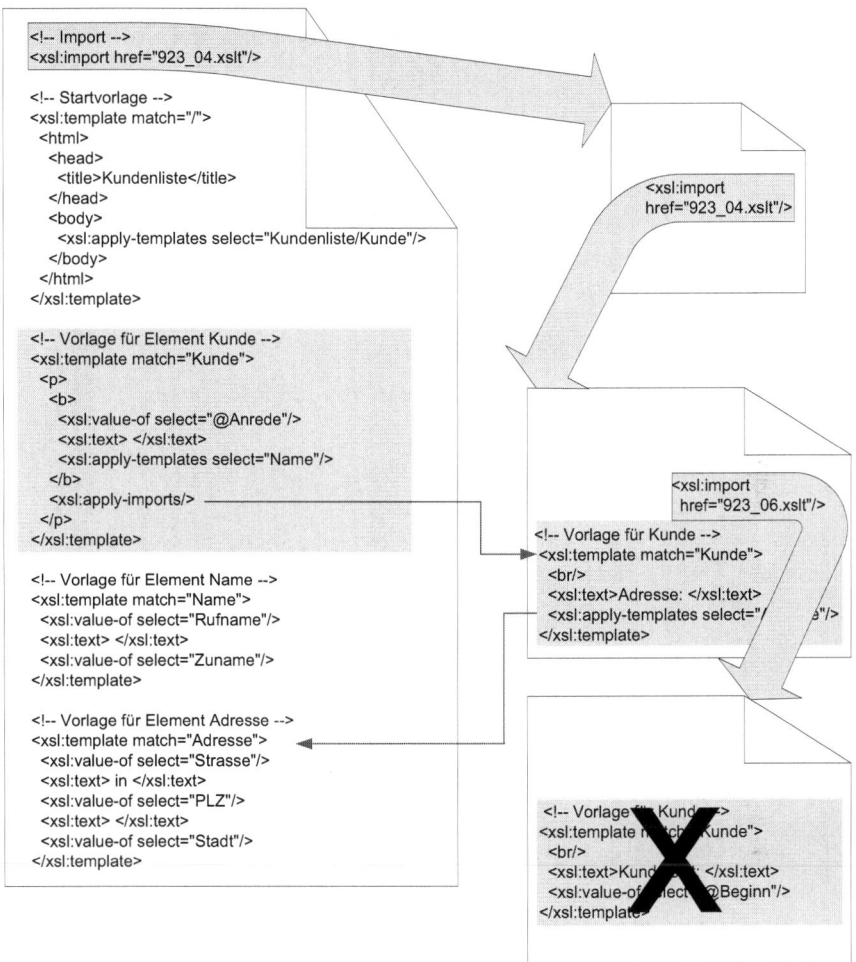

Abbildung 9.8: Mehrfacher Import und `xsl:apply-imports`

Vergleicht man diesen Vorgang mit der Einbettung von Dateien über das `xsl:include`-Element, so lässt sich festhalten, dass eine in der von der ersten XSLT-Datei eingebundene Datei nicht eine zweite Stufe darstellt, sondern durch den virtuellen Kopiervorgang ihren Inhalt auf der ersten Stufe entfaltet. Stünde in diesem Fall eine passende Vorlage für das Element `Kunde` in dieser Datei, so wäre diese bereits auf der ersten Stufe ausgelöst und damit die Suche nach passenden Vorlagen beendet worden.

Dieses Beispiel können Sie mit folgenden Dateien testen: Die Datei 923 _ 03.xslt lädt die Datei 923 _ 04.xslt. In dieser Datei befindet sich der Importaufruf für die Datei 923 _ 05. xslt, in der eine passende Vorlage gefunden wird und die gleichzeitig die Datei 923 _ 06. xslt aufruft. In dieser befindet sich ebenfalls eine passende Vorlage, die auf das noch unbenutzte Beginn-Attribut der Kunden zugreift. Allerdings bleibt es weiterhin unbenutzt, weil der Suchprozess bereits auf der vorherigen Stufe abgebrochen wurde.

Eine andere Situation wäre freilich eingetreten, wenn in der Datei 923 _ 05.xslt – die Datei, die letztlich auch noch ausgeführt wird – ein weiteres xsl:apply-imports stehen würde. Da weiterhin der gleiche XPath-Ausdruck bearbeitet wird, wäre dann auch das zuletzt importierte Dokument mit seiner Vorlage für das Kunde-Element zum Zuge gekommen.

9. 2. 4. Eingebaute Vorlagen

Mit den so genannten *eingebauten Vorlagen*5 liegt ein Konzept vor, das dafür sorgt, dass für jeden Knoten stets eine passende Vorlage existiert und keine andere ausgeführt wird, solange keine explizite Vorlage vorhanden ist. Sie haben stets eine geringere Priorität als die vorhandenen Vorlagen der XSLT-Datei und laufen – grob gesagt – darauf hinaus, Textknoten und Attributwerte auszugeben bzw. die Zeichendaten von allen anderen Knoten gerade nicht auszugeben.

Sie sehen, dass es keine expliziten Bezeichner gibt, da ja gar keine bekannt sein können. Allerdings findet man allerhand allgemeine Knotentests processing-instruction() oder comment() und Aufrufe von verfügbaren Knoten über das Sternchen oder node().

```
<xsl:stylesheet version="1.0"
 xmlns:xsl="http://www.w3.org/1999/XSL/Transform">
  <xsl:template match="*|/">
    <xsl:apply-templates/>
  </xsl:template>
  <xsl:template match="text()|@*">
    <xsl:value-of select="."/>
  </xsl:template>
  <xsl:template match="*|/" mode="?">
    <xsl:apply-templates mode="?"/>
```

---

5   Vgl. XSL Transformations (XSLT) Version 2.0 W3C Recommendation 23 January 2007, Abschnitt 6.6 Built-in Template Rules unter http://www.w3.org/TR/xslt20/#built-in-rule.

```
  </xsl:template>
  <xsl:template match="text()|@*" mode="?">
    <xsl:value-of select="."/>
  </xsl:template>
  <xsl:template
    match="processing-instruction()|comment()"/>
  <xsl:template
    match="processing-instruction()|comment()" mode="?"/>
</xsl:stylesheet>
```

Listing 9.1: Eingebaute Vorlagen

Ein konkretes Beispiel ist eigentlich überflüssig, da natürlich keine sinnvolle Ausgabe entsteht, wenn man einfach nur der Automatik freien Lauf lässt. Das nachfolgende Dokument jedoch enthält alle verfügbaren Knotenarten, und wir wollen versuchen, ein sehr einfaches Stylesheet zu verwenden, mit dessen Hilfe die eingebauten Vorlagen aufgerufen werden können.

```
<?xml version="1.0" encoding="ISO-8859-1"?>
<!-- Erstellt: 20.11.2004 -->
<?xml-stylesheet type="text/xsl" href="924_01.xslt"?>
<Tarif xmlns="rf:www.ruhrfon.biz">
  <Name Typ="p">Mondschein2</Name>
  <Zeitraum>
    <Von>01.01.04</Von>
    <Bis>31.12.04</Bis>
  </Zeitraum>
  <Uhrzeit>
    <Von>20</Von>
    <Bis>6</Bis>
  </Uhrzeit>
</Tarif>
```

Listing 9.2: 924 _ 01.xslt – Dokument mit allen Knotenarten

Den Aufruf der eingebauten Vorlagen führen wir mithilfe eines einfachen `xsl:apply-templates`-Elements durch, das auf alle möglichen Knoten reagiert. Es steht in einer Startvorlage, die selbst wiederum auf das Wurzelelement reagiert.

```
<?xml version="1.0" encoding="ISO-8859-1"?>
<xsl:stylesheet version="1.0"
 xmlns:xsl="http://www.w3.org/1999/XSL/Transform">
  <xsl:output method="xml" version="1.0"
   encoding="ISO-8859-1" indent="yes"/>
  <xsl:template match="/">
    <xsl:apply-templates select="node()"/>
  </xsl:template>
</xsl:stylesheet>
```

Listing 9.3: 924 _ 01.xslt – Umwandlung mit eingebauten Vorlagen

Die Ausgabe ist einerseits enttäuschend, weil der Text völlig unleserlich ist, andererseits allerdings erhellend, denn man erkennt, dass tatsächlich alle Zeicheninhalte von Elementen (Textknoten) und Attributen (Werte) ausgegeben wurden. Demgegenüber wurden alle anderen Knoten außer Acht gelassen.

```
<?xml version="1.0" encoding="ISO-8859-1"?>
Mondschein201.01.0431.12.04206
```

Listing 9.4: Ausgabe

9. 3. XML Schema in XSLT 2.0

Ganz neu in XSLT 2.0 ist auch ein Element, das eine XML-Schema-Datei[6] einbindet und das die zu transformierenden Instanzdokumente beschreibt. Die allgemeine Syntax lautet:

```
<!-- Kategorie: Deklaration -->
<xsl:import-schema
  namespace = uri-reference
  schema-location = uri-reference />
```

In XPath 2.0 gibt es verschiedene Strukturen, die explizit auf Bezeichner des XML Schemas fokussiert sind, das das Instanzdokument beschreibt, das transformiert werden soll. Dies erfordert natürlich irgendeine Möglichkeit, dieses XML Schema einzubinden, um die Bezeichner der Strukturen wie z. B. die globalen Datentypen bekannt zu machen. Eine Mög-

---

6   Vgl. XSL Transformations (XSLT) Version 2.0 W3C Recommendation 23 January 2007, Abschnitt 3.14 Importing Schema Components unter http://www.w3.org/TR/xslt20/#import-schema.

lichkeit für den XSLT-Prozessor wäre es, auf die Schema-Verknüpfung im Instanzdokument zu setzen und das Dokument dynamisch einzubinden. Dies ist allerdings nicht der Weg, der hier bei XSLT gegangen wird. Stattdessen sollen die Bezeichner, die Schema-Komponenten identifizieren, statisch vor der Transformation bekannt gemacht werden, um beispielsweise fehlerhafte, unbekannte oder unpassende Bezeichner/Strukturen vorab zu bemerken.

Die Verknüpfung wird über das `xsl:import-schema`-Element eingerichtet, dessen Strukturen ähnlich der Verknüpfung im Instanzdokument sind. Es importiert die Bezeichner, die auf der obersten Ebene eingerichtet sind, in das XSLT-Dokument. Dies betrifft einfache und komplexe Datentypen genauso wie globale Elemente und Attribute.

Beide vorhandenen Attribute `namespace` und `schema-location` sind optional, wobei natürlich die fehlende Angabe einer Datei- und Pfadangabe für die Funktionsweise sehr wichtig ist und das Element ansonsten überflüssig macht. Im `Attribut schema-location` befindet sich die Verknüpfung zu einer XML-Schema-Datei, während das `namespace`-Attribut einen möglichen Namensraum/den Zielnamensraum des XML-Schema-Dokuments enthalten kann. Sollten zwei verschiedene Verknüpfungen den gleichen Namensraum benutzen, wird nur die Angabe mit der höchsten Priorität verwendet. Die Priorisierung wird dabei ebenfalls durch die Dokumentrichtung und damit durch die Reihenfolge der Verknüpfungen bestimmt.

Bei der Verknüpfung von XML-Schema-Dateien innerhalb von XML-Schema-Dateien (`xs:import`, `xs:include` und `xs:redefine`) werden zusätzliche Regelungen benötigt, um virtuell weitere Verknüpfungen für das XSLT-Dokument zu erstellen. Prinzipiell werden einfach weitere verknüpfte XML-Schema-Dokumente der Reihe nach geladen, wie dies auch bei importierten XSLT-Dokumenten der Fall ist. Die vier Regelungen zielen darauf ab, quasi zusätzliche `xsl:import-schema`-Elemente mit Werten zu erzeugen, die sich aus den im XML-Schema-Dokument vorhandenen Angaben rekrutieren:

- Sollte in einem `xs:import`-Element im XML-Schema-Dokument ein Namensraum enthalten sein, wird das `namespace`-Attribut des virtuellen `xsl:import-schema`-Elements damit gefüllt. Ansonsten wird es nicht erzeugt. Die leere Zeichenkette ist dabei kein gültiger Wert, wenn kein Namensraum angegeben werden soll. In diesem Fall muss das Attribut stets fehlen. Sobald ein Namensraum angegeben ist, muss auch ein XML Schema für diesen Namensraum verwendet werden.

- Das Attribut `schemaLocation` im `xs:import`-Element füllt das entsprechende `schema-location`-Attribut des `xsl:import-schema`-Elements. Sollte es im XML-Schema-Dokument nicht vorhanden sein, wird es (natürlich) nicht gefüllt.

- Das Basisverzeichnis, das im `base URI`-Attribut des `xs:import`-Element in der XML-Schema-Datei angegeben ist, dient als Wert für das gleich bedeutende Attribut in dem `xsl:import-schema`-Element, wenn es auch nicht in der allgemeinen Syntax vorhanden ist.

- Es gilt der Konfliktlösungsmechanismus für im XML-Schema-Dokument doppelt vergebene Bezeichner von XML Schema.

Fehlersuche

10. Fehlersuche

In diesem kurzen Kapitel stellen wir einige Elemente und Funktionen vor, mit denen man Fehler suchen und abfangen kann, die auf die Verwendung von möglicherweise nicht vorhandenen Funktionen oder Elementen zurückzuführen sind. Es ist tatsächlich nur eine kleine Auswahl an neuer Syntax in diesem Bereich denkbar, sodass man möglicherweise ohnehin nicht darumkommt, für anspruchsvolle Fehlersuche auf die Unterstützung einer Entwicklungsumgebung zurückzugreifen.

10. 1. Nachrichten

Eine der einfachsten Möglichkeiten, fehlerhafte Algorithmen zu erforschen, besteht sicherlich darin, Werte von Variablen, Parametern oder im Falle von XSLT auch gerade verfügbare XPath-Kontextinformationen auszugeben. Dies erfolgt im einfachsten Fall im Ausgabestrom wie bei der Erstellung einer Webanwendung und dem Einsatz einer Skriptsprache. Arbeitet man allerdings mit einer Entwicklungsumgebung oder einem Prozessor, der in eine Standardausgabe schreibt, so ist dieses Verfahren grundsätzlich nicht sehr zu empfehlen. Während diese Ausgaben beim fertigen Produkt wieder auskommentiert oder gelöscht werden müssen, so könnten die Nachrichten, die über das `xsl:message`-Element ausgegeben werden, auch weiterhin im Quelltext verbleiben, da sie ja nur in der Standardausgabe und nicht im Ausgabestrom erscheinen.

10. 1. 1. Grundprinzip

Mithilfe des Elements `xsl:message`[1] lassen sich Nachrichten in der Standardausgabe des Prozessors ausgeben. Es hat die folgende allgemeine Syntax:

```
<!-- Kategorie: Instruktion -->
<xsl:message
  terminate = { "yes" | "no" }>
```

---

[1] Vgl. XSL Transformations (XSLT) Version 2.0 W3C Recommendation 23 January 2007 Abschnitt 17 Messages unter http://www.w3.org/TR/xslt20/#message.

```
<!-- Content: sequence-constructor -->
</xsl:message>
```

Einzige Voraussetzung für den erfolgreichen Einsatz ist die Existenz einer Umgebung, in der auch tatsächlich ein Nachrichtenbereich in Form einer Standardausgabe vorhanden ist. Innerhalb von `xsl:message` lässt sich jedes andere XSLT-Element nutzen, das zu einer sinnvollen Ausgabe in Textform führt. Mithilfe des zusätzlichen Attributs `terminate` lässt sich darüber hinaus auch eine Beendigung der Ausführung erreichen.

Im nachfolgenden Beispiel geben wir einen einfachen Text und den Wert des in der Vorlage gefüllten Parameters aus.

```
<xsl:template name="Posten">
  <xsl:param name="Kategorie"/>
  <xsl:message>Wert von $Kategorie:
  <xsl:value-of select="$Kategorie"/>
  </xsl:message>
  <p>
  ...
```

Listing 10.1: `1011 _ 01.xslt` – Ausgabe einer Nachricht

Die Ausgabe ist implementationsabhängig. In XMLSpy® erhält man in einem eigenen Ausgabefenster alle Nachrichten.

Abbildung 10.1: Ausgabe der Nachrichten

10. 1. 2. Sinnvolle Benutzung

Die Ausgabe von Nachrichten kann so einfach wie im vorherigen Beispiel erfolgen. Es ist allerdings auch denkbar, einen etwas anspruchsvolleren Weg zu gehen und folgende Techniken einzusetzen:

- Ein- und Ausschalten der Textausgabe über einen globalen Parameter

- Strukturierte Speicherung der Fehlermeldungen und kleinerer Textbausteine in Variablen

- Auslagerung der Fehlermeldungen und Textbausteine in eine eigene Datei

- Gut organisierte Ausgabe der Informationen

- Verwendung von globalen Vorlagen für strukturierte Ausgaben

Die Frage ist immer, ob eine solch aufwändige Fehlermeldungsverwaltung notwendig ist oder Sinn macht. Allerdings besteht die Möglichkeit, verschiedene Vorlagen zu erstellen und diese mit den Textbaustein-Variablen in eine externe Datei zu speichern und diese einzubinden. Dies vereinfacht möglicherweise die Arbeit bei anderen Dateien. Durch die Möglichkeit, die Ausgabe auch komplett und global auszuschalten, lässt sich die Arbeit, die in intelligente und informative Meldungen investiert wird, auch in der Datei speichern.

```
<!-- Globale Parameter -->
<xsl:param name="Ausgabe" select="true()"/>
<!-- Globale Variablen -->
<xsl:variable name="VarAus" select="'Wert von Variable ,"/>
<xsl:variable name="ParAus" select="'Wert von Parameter ,"/>
<xsl:variable name="PosAus" select="'Aktueller Knoten ,"/>
<xsl:variable name="TreAus" select="' | ,"/>
<!-- Ausgabevorlagen -->
<xsl:template name="PosVor">
<xsl:variable name="Knoten" select="local-name(.)"/>
 <xsl:value-of select="($PosAus, position(), ,/', $Von)"/>
</xsl:template>
...
<xsl:template name="Posten">
```

```
<xsl:param name="Kategorie"/>
<xsl:if test="$Ausgabe">
<xsl:message><xsl:value-of select="($VarAus, ,$Kategorie',
                               $Kategorie, $TreAus)"/>
<xsl:call-template name="PosVor"/>


</xsl:message></xsl:if>
<p>
. . .
```

Listing 10.2: 1012 _ 01.xslt – Strukturierte Ausgabe

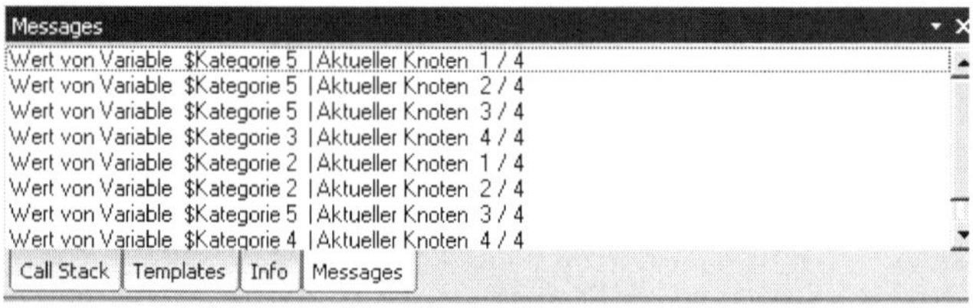

Abbildung 10.2: Ausgabe im Meldungsfester

10. 2. Testfunktionen

Mit einigen wenigen Funktionen lässt sich überprüfen, ob bestimmte Elemente/Anweisungen oder Funktionen vorhanden sind. Dies ist bei den Standardfunktionen, die in jedem Prozessor integriert sein sollten, nicht notwendig, ist aber vielleicht gerade bei Erweiterungen von Prozessoren zu empfehlen. Der Quelltext wird dadurch nicht besser lesbar, aber wenn ein Algorithmus besonders von einer Anweisung/Funktion abhängt, könnte man diesen Testschritt noch einmal durchführen. Allerdings ist hier immer wichtig, dass natürlich die entsprechenden Testfunktionen ebenfalls vom Prozessor unterstützt werden.

10. 2. 1. Verfügbare Syntax testen

Folgende zwei Funktionen sind vorhanden, um auf Funktionen in XPath/XSLT oder Elemente in XSLT zu testen:

378

- `function-available($function-name as xs:string) as xs:Boolean` testet, ob eine bestimmte Funktion[2] verfügbar ist, die durch ihren Namen übergeben wird.

- `element-available($element-name as xs:string) as xs:Boolean` testet, ob ein bestimmtes Element[3] verfügbar ist, das durch seinen Namen übergeben wird.

Wir wissen natürlich, dass es die Funktion `round` gibt, aber ein Test sieht ganz einfach so aus, dass man eine eigene Fallunterscheidung um den Bereich legt, in dem die Funktion erscheint, und den Funktionsnamen als Zeichenkette übergibt. Es entsteht keine Fehlermeldung, wenn die Funktion nicht bekannt ist, sondern der gesamte Abschnitt wird – wie es ja auch die Fallunterscheidung nahe legt – gar nicht erst ausgeführt.

```
<xsl:for-each select="//Rechnung">
  <xsl:apply-templates select="Kunde"/>
  <xsl:if test="function-available('round')">
    <xsl:for-each select="Postenliste/Posten">
      <xsl:choose>
        <xsl:when test="Einzeln[round(number(text()))=0]">
          <xsl:call-template name="Posten">
            <xsl:with-param name="Kategorie" select="1"/>
          </xsl:call-template>
        </xsl:when>
      </xsl:choose>
    </xsl:for-each>
  </xsl:if>
</xsl:for-each>
```

Listing 10.3: 1021 _ 01.xslt – Funktionen testen

Ähnlich verhält es sich auch mit dem Test auf ein Element. Ein Prozessor sollte `xsl:choose` durchaus kennen, aber legt man eine Fallunterscheidung um den Bereich, in dem `xsl:choose` auftritt, dann wird er nur ausgeführt, wenn die Funktion tatsächlich die Existenz des Elements bestätigt.

---

2   Vgl. XSL Transformations (XSLT) Version 2.0 W3C Recommendation 23 January 2007Abschnitt 18.1.1 Testing Availability of Functions unter http://www.w3.org/TR/xslt20/#testing-function-availability.
3   Vgl. XSL Transformations (XSLT) Version 2.0 W3C Recommendation 23 January 2007Abschnitt 18.2.2 Testing Availability of Instructions unter http://www.w3.org/TR/xslt20/#testing-instruction-available.

```
<xsl:for-each select="//Rechnung">
  <xsl:apply-templates select="Kunde"/>
  <xsl:if test="element-available('xsl:choose')">
    <xsl:for-each select="Postenliste/Posten">
      <xsl:choose>
        ...
      </xsl:choose>
    </xsl:for-each>
  </xsl:if>
</xsl:for-each>
```

Listing 10.4: 1021 _ 02.xslt – Elemente testen

10. 2. 2. Standardverhalten

Mithilfe des Elements `xsl:fallback`[4] lässt sich ein Standardverhalten einrichten, das immer dann ausgeführt wird, wenn eine Erweiterung über die beiden Funktionen `function-available` oder `element-available` tatsächlich nicht gefunden wird. Dabei umschließt das Element den Bereich innerhalb einer Vorlage, der im negativen Fall ausgeführt wird, ohne dass ein `xsl:otherwise` oder eine neue Abfrage notwendig wäre.

Es hat die folgende allgemeine Syntax:

```
<!-- Kategorie: Instruktion  -->
<xsl:fallback>
  <!-- Content: sequence-constructor -->
</xsl:fallback>
```

Im folgenden Beispiel versuchen wir, die in XSLT 5 de-luxe eingeführte Funktion `runden` zu verwenden, die allerdings nicht jeder Prozessor versteht, und deshalb bauen wir noch eine Standardanweisung ein, in der die traditionelle `round`-Funktion zum Einsatz kommen soll.

```
<body>
  <xsl:for-each select="//Rechnung">
    <xsl:apply-templates select="Kunde"/>
    <xsl:if test="function-available('runden')">
```

---

4 Vgl. XSL Transformations (XSLT) Version 2.0 W3C Recommendation 23 January 20072003 Abschnitt 18.2.3 Fallback unter http://www.w3.org/TR/xslt20/#fallback.

```
      <xsl:for-each select="Postenliste/Posten">
        <xsl:choose>
          <xsl:when test="Einzeln[runden(number(text()))=0]">
            ...
          </xsl:when>
          ...
        </xsl:choose>
      </xsl:for-each>
    </xsl:if>
    <!-- Standardverhalten -->
    <xsl:fallback>
      <xsl:for-each select="Postenliste/Posten">
        <xsl:choose>
          <xsl:when test="Einzeln[round(number(text()))=0]">
            ...
          </xsl:when>
          ...
        </xsl:choose>
      </xsl:for-each>
    </xsl:fallback>
  </xsl:for-each>
</body>
```

Listing 10.5: 1022 _ 01.xslt – Rückgriff/Standardanweisung

Es besteht keine Notwendigkeit, nur eine einzige Standardanweisung zu geben. Innerhalb einer Vorlage können durchaus mehrere auftauchen, die dann allerdings alle nacheinander ausgeführt werden. Dies erstreckt sich dann jedoch nicht auf mehrere Vorlagen, sondern nur auf die Vorlage, in der ein Element oder eine Funktion geprüft wurde. Im nächsten Beispiel haben wir daher ganz einfach zwei Rückgriffe in der Vorlage, in der die `runden`-Funktion zum Einsatz kommen soll. Darüber hinaus existiert noch eine benannte Vorlage, in der nur ein einfaches `xsl:fallback` erscheint.

```
<!-- Startvorlage -->
<xsl:template match="/">
  ...
      <xsl:if test="function-available('runden')">
        <xsl:for-each select="Postenliste/Posten">
          <xsl:choose>
```

```
                <xsl:when test="Einzeln[runden(number(text()))=0]">
                    ...
                </xsl:when>
                <!-- ... -->
            </xsl:choose>
        </xsl:for-each>
    </xsl:if>
    <!-- Standardverhalten, in Reihe ausgeführt -->
    <xsl:fallback>
        <p>Rückgriff 1</p>
    </xsl:fallback>
    <xsl:fallback>
        <p>Rückgriff 2</p>
    </xsl:fallback>
    </xsl:for-each>
  </body>
 </html>
</xsl:template>
<!-- Allgemeine Standardvorlage, die nie ausgeführt wird -->
<xsl:template name="Standard">
  <xsl:fallback>
    <p>Rückgriff 3</p>
  </xsl:fallback>
</xsl:template>
```

Listing 10.6: 1022 _ 02.xslt – Mehrere Rückgriffsmöglichkeiten

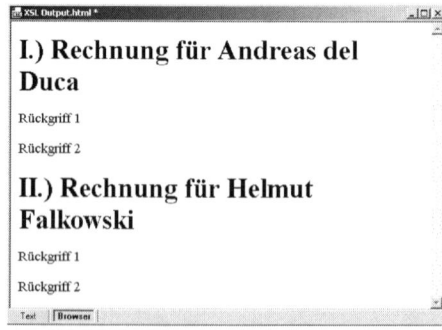

Abbildung 10.3: Ausgabe in HTML

10

Während bei einem Fehler alle Standardanweisungen über `xsl:fallback` innerhalb der Vorlage aufgerufen werden, in der die Prüfung ausgeführt wird, bleiben andere Vorlagen, in denen ebenfalls Standardanweisungen definiert sind, unberücksichtigt. Dies ergibt sich auch aus der Ausführung der Vorlage, in der die beiden Absatzausgaben definiert werden. Die Dokumentreihenfolge entscheidet hierbei über die Ausführungsreihenfolge.

Vorlagen und Strukturen

11. Vorlagen und Strukturen

Es lassen sich verschiedene Themenkreise beschreiben, in denen die Art und Weise der Modellierung später bei der Verarbeitung für Vor- oder auch für Nachteile sorgen kann. Dies hängt zunächst ausschließlich mit den von einer DTD oder einem XML Schema erzwungenen Strukturen im Instanzdokument zusammen. Dabei ist die Syntax, in der die Regelungen für das Instanzdokument geschrieben wurden, unbedeutend. Techniken und Überlegungen, die sich mit diesen Strukturen beschäftigen, wollen wir in diesem Kapitel darstellen. Im nächsten Kapitel konzentrieren wir uns dann stärker auf das Einbinden der XML Schema-Dokumente in die Transformation und verlassen damit den Kreis der Kristallisation der im Regeldokument formulierten Bedingungen.

11. 1. Vorlagentypen

Bei der Arbeit mit XSLT und auch XSL-FO trifft man schnell auf Situationen, in denen man ein bestimmtes XML-Dokument für leichter zu verarbeiten hält als ein anderes. Dies kann unterschiedliche Ursachen haben und erscheint vielen Programmierern nicht immer als Ausfluss von konkreten Modellierungsregeln, sondern vielmehr als Zufälle, die mehr mit spontanen gut formulierten Algorithmen oder mit im XML-Datenstrom vorgegebenen und damit aus externen Quellen bedingten vorhandenen Strukturen zusammenhängen. Allerdings sind diese Zufälle durchaus nur dann als solche zu sehen, wenn die Dokumente tatsächlich mit wenig Bedacht auf die spätere Verarbeitung hin modelliert wurden. Auch können solche Zufälle eintreten, wenn sich eine Verarbeitungsnotwendigkeit ergibt, die ursprünglich gar nicht mit den Daten vorgesehen war und sich nun umso leichter mit dem vorhandenen Datenmaterial realisieren lässt.

In diesem Abschnitt möchten wir zunächst zwei grundsätzlich verschiedene Vorlagentypen präsentieren, die bei der Verarbeitung von gut modellierten Strukturen häufiger eingesetzt werden können als bei schlecht modellierten Strukturen. Was überhaupt gut modellierte Strukturen sind, nach welchen Kriterien sie beurteilt werden können und wie man Strukturen für eine gute Verarbeitung optimieren kann, sehen wir dann im nächsten Abschnitt.

Die Überlegungen, die wir in diesem Kapitel anstellen, sind übrigens nicht die gleichen wie im nächsten Kapitel, in denen es allerdings auch um Modellierung geht. Während sich in diesem Kapitel eine Konzentration auf die bereits vorliegenden Strukturen ergibt, fokussiert das nächste Kapitel vielmehr die Möglichkeit, mit der XML Schema-Syntax bzw. mit dem vorhandenen XML Schema-Dokument direkt in XSLT zu arbeiten und beispielsweise auf Bezeichner für Datentypen zuzugreifen. Dies erfordert notwendigerweise ein XML Schema, während die Überlegungen in diesem Kapitel zunächst ohne eine konkrete Modellierung in einer gegebenen Syntax auskommen, sondern ausschließlich von den vorhandenen Daten als Basis ausgehen.

11. 1. 1. Grundlagen

Wenn Sie sich an die ersten beiden Bände zurückerinnern, dann werden Ihnen fast nur Beispiele einfallen, in denen Vorlagenstrukturen auf konkrete Gegebenheiten in einem Dokument reagierten. Entweder verarbeitete eine Vorlage ein Element mit einem bestimmten Namen oder sie verarbeitete es eben nicht. Für jedes Element, das Kinder aufwies und bei dem sich aus Gründen der Übersichtlichkeit, der besseren Wartbarkeit oder einfach des logischen Aufbaus des Transformationsalgorithmus eine eigene Vorlage anbot, haben wir eine solche erstellt.

Allerdings kann man sich auch Vorlagen vorstellen, die sich in keinster Weise an bestimmte Bezeichner im XML-Datenstrom orientieren. Sie erscheinen dagegen von den Element- und Attributnamen völlig losgelöst und erscheinen als allgemeine Vorlagen. Anstatt also auf Element- und Attributnamen zu reagieren, reagieren sie auf Strukturen, die mithilfe der Platzhalterzeichen in XPath und den Strukturen im XML-Dokument angetrieben werden. Dabei lassen sich natürlich als Einschränkung keine sonderlich unterschiedlichen Verarbeitungsroutinen entwerfen, wenn man – wie in unserem ersten Beispiel – versucht, eine Verarbeitung ausschließlich mithilfe von allgemeinen Vorlagen zu gestalten. Allerdings muss das puristische erste Beispiel dieses Abschnittes auch durchaus nicht das Ziel der eigenen täglichen Arbeit sein, sondern zeigt lediglich, wie weit man die Technik der allgemeinen Vorlagen treiben kann. In Wirklichkeit wird man im Normalfall versuchen, so weit es möglich ist, allgemeine Vorlagen für tatsächlich gleich verarbeitete Strukturen zu verwenden und überall dort, wo individuelle Verarbeitungsroutinen benötigt werden, auch solche zu entwerfen.

11. 1. 2. Konkrete Vorlagen

Als Beispiel für die allgemeinen Vorlagen haben wir ein aus den anderen Büchern bereits bekanntes Dokument verwendet, dem man auf dem ersten Blick überhaupt nicht ansieht, dass sich jemand um seine Struktur sonderlich viele Gedanken gemacht hat. Das ist auch tatsächlich der Fall :-) Wir haben es nämlich genau aus diesem Grund für die Vorstellung der allgemeinen Vorlagen ausgewählt, damit man erkennen kann, dass man das Konzept auch auf völlig ungewöhnliche Dokumente anwenden kann, ohne die im weiteren Verlauf des Kapitels diskutierten Modellierungstechniken verwenden zu müssen.

Innerhalb des Wurzelelements `Rechnungen` liegen mehrere `Rechnung`-Elemente, die Kundendaten und Rechnungsdaten in sehr einfachen Feldern für Namen- und Adressbestandteile sowie mit verwendeten Telefontarifen speichern.

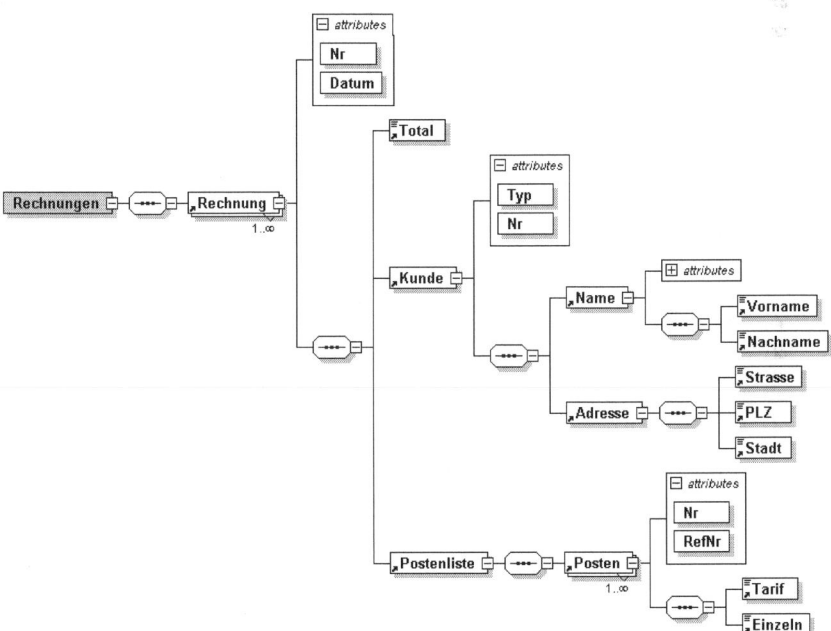

Abbildung 11.1: Struktur der Rechnungsübersicht

Einen Auszug eines solchen Dokuments haben wir im nachfolgenden Quelltext abgedruckt. Es besteht nur aus einer einzigen Rechnung, aber alle weiteren Rechnungen haben natürlich bei sich wandelnden Daten den gleichen Aufbau.

```
<Rechnungen xmlns:xsi="http://www.w3.org/2001/XMLSchema-instance"
xsi:noNamespaceSchemaLocation="1112_01.xsd">
  <Rechnung Nr="12553" Datum="2004-12-31">
    <Total>22.77</Total>
    <Kunde Typ="p" Nr="489">
      <Name Anrede="Herr">
        <Vorname>Fritz</Vorname>
        <Nachname>Noll</Nachname>
      </Name>
      <Adresse>
        <Strasse>Auf dem Aspei 6</Strasse>
        <PLZ>44801</PLZ>
        <Stadt>Bochum</Stadt>
      </Adresse>
    </Kunde>
    <Postenliste>
      <Posten Nr="65341" RefNr="12553">
        <Tarif>Frühstück</Tarif>
        <Einzeln>2.85</Einzeln>
      </Posten>
      <Posten Nr="65342" RefNr="12553">
        <Tarif>Mittagspause</Tarif>
        <Einzeln>6.34</Einzeln>
      </Posten>
      ...
    </Postenliste>
  </Rechnung>
  ...
```

Listing 11.1: 1112 _ 01.xml – Rechnungsliste

Bei einer konkreten Verarbeitung kann man sich vollständig auf das Ping-Pong-Spiel stützen und die gesamte Transformation auf Pärchen aus den beiden Elementen `xsl:apply-templates` und `xsl:template` aufbauen. Dabei sucht das erste Element passende Vorlagen für die Bezeichner, die im `select`-Attribut angegeben werden. Solche passenden Vorlagen werden dann über das zweite Element gebildet, wobei die Bezeichner wieder in seinem `match`-Attribut auftauchen. Das Vorgehen ist bei mittelkomplizierten Strukturen einfach anzuwenden; die Transformationen lassen sich ebenfalls leicht sukzessive durch unterbrechende Tests aufbauen und auch gut pflegen. Bei umfangreichen, tief verschachtelten Strukturen dagegen neigen sie zu schwieriger Lesbarkeit, da auch der Leser des Transformationsdokuments die häufigen und über viele Zeilen hinweg reichenden Sprünge des Prozessors nachvollziehen muss.

Was die Lesbarkeit allerdings stark vereinfacht, ist natürlich das Auffinden von aus dem XML- oder XML Schema-Dokument bekannten Strukturen. Möchte man herausfinden, was – mit Blick auf das vorliegende Dokument – aus dem Element `Name` wird, so lässt sich zunächst das passende `xsl:apply-templates`-Element finden, in dem dieser Bezeichner auftritt. Hiernach weiß man, wo überall das Element aufgerufen bzw. verarbeitet werden soll. Wie dann seine Verarbeitung aussieht, kann man aus der passenden Vorlage ersehen, in der der Bezeichner im `match`-Attribut erscheint. Geht es einem Leser eines Transformationsdokuments lediglich um dieses Element oder reicht es, die einzelnen Module/Vorlagen herauszufinden, aus denen ein Algorithmus aufgebaut ist, kann dies durch Scrollen oder die Suchen-Funktion der Entwicklungsumgebung erfolgen.

Im nachfolgenden Quelltext haben wir einen zusammengehörigen Auszug aus dem gesamten Quelltext abgedruckt, den wir für die Verarbeitung der Rechnung erstellt haben. In der Vorlage für das Element `Kunde` befindet sich genau das beschriebene aufrufende Element (Ping). An diese Vorlagen schließen sich dann zwei Vorlagen (Pong) für die beiden Kindelemente `Name` und `Adresse` an. Die Vorlage für den Kunden wird von einer anderen Stelle aus aufgerufen, die man suchen kann oder auch nicht, solange diese übergeordnete Verarbeitung in Ordnung ist und nicht zur Diskussion steht. Alle drei Vorlagen zusammen ergeben ein fertiges Modul, das sowohl die Verarbeitung des Elements `Kunde` als auch seiner beiden Kinder `Name` und `Adresse` beschreibt. – Eigentlich eine einfache Angelegenheit.

```
<!-- Vorlage für Kunde -->
  <xsl:template match="Kunde">
    <p>
      <xsl:value-of select=" (,Typ:',  @Typ, ,
                          | Nr:',  @Nr)" separator=" "/>
    </p>
    <p>
      <xsl:apply-templates select="Name | Adresse"/>
    </p>
  </xsl:template>
```

```
<!-- Vorlage für Adresse -->
<xsl:template match="Adresse">
  <xsl:value-of select="(Strasse, 'in', PLZ, Stadt)"
                  separator=" "/>
</xsl:template>
<!-- Vorlage für Name -->
<xsl:template match="Name">
  <xsl:value-of select="(@Anrede, Vorname, Nachname)"
                  separator=" "/>
  <br/>
</xsl:template>
```

Listing 11.2: 1112 _ 01.xslt – Verarbeitung des Elements Kunde

In der HTML-Ausgabe sehen wir das gesamte Ergebnis. Wir haben die Verarbeitung sehr einfach gehalten, damit nicht zu viel Quelltext produziert wird. Daher ist natürlich auch das Ergebnis relativ simpel und nicht gerade ein Designschmuckstück.

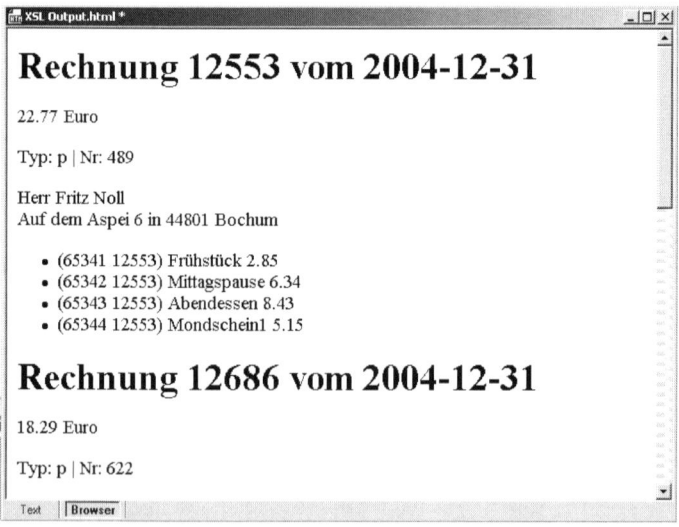

Abbildung 11.2: Ausgabe in HTML

392

11. 1. 3. Allgemeine Vorlagen

Ganz anders verhält sich die Arbeit mit so genannten allgemeinen Vorlagen. Weder ihre Erstellung noch das Nachvollziehen des Algorithmus sind einfach. Diese beiden Hürden stellen sicherlich die Quelle von Widerstand gegenüber solchen Techniken dar. Auch bei der Erstellung muss man regelmäßig Fehlerkorrekturen vornehmen, die sich weniger auf Details der Ausgabe beziehen, sondern üblicherweise in unberücksichtigten Fällen, falschen Abläufen oder ungewollten Nebeneffekten liegen.

Ihr unbestechlicher Vorteil liegt allerdings auch weniger in raffinierten Ausgaben und individuellen Verarbeitungen von bestimmten Elementen und ihren Attributen, sondern gerade in der Möglichkeit, diese Transformationen auf beliebige Dokumente anzuwenden. Im ersten Band dieser Reihe haben wir einige solcher Beispiele für die Erzeugung von SQL-Quelltexten und CSV-Dateien gegeben. Dort war die Struktur sehr übersichtlich, und die Ausgabe war sehr beschränkt bzw. besonders einfach. Mit der nun folgenden Vorlage kann man allerdings jede beliebige XML-Datei verarbeiten und wird alle Elemente und Attribute ausgeben können. Wir möchten uns nicht dafür verbürgen, dass immer auch interessante oder sinnvolle Dateien herauskommen, aber bei den (elementorientierten) Beispielen, die bisher im Vordergrund standen, müsste die Ausgabe durchaus brauchbar sein, um sich einen Überblick über die Inhalte des XML-Dokuments zu verschaffen.

Das heißt, die Transformation wird weniger für eine besonders raffinierte Ausgabe durchgeführt, als in diesem Fall vielmehr, um einen strukturierten Eindruck der XML-Daten zu erhalten. Nichtsdestoweniger lässt sich natürlich auch bei einer bestimmten eingegrenzten Menge an XML-Dokumenten ein Algorithmus entwickeln, der auch raffinierte Ausgaben unter Berücksichtigung von fallweise unterschiedlichen Strukturvarianten erzeugt.

Was meinen wir überhaupt mit dem Begriff Strukturen? – In unserem Fall beschränken wir uns auf die einfachen Strukturen wie Eltern-Kind-Beziehung, Besitz von Textknoten im Gegensatz zu Kindknoten und Vorhandensein von Attributen. Zusätzlich ist wichtig, dass die Namen von Attributen von Elementen auch für die Ausgabe geeignet sind und nicht beispielsweise aus unverständlichen Akronymen oder Abkürzungen bestehen.

Die allgemeinen Vorlagen zeichnen sich gerade dadurch aus, dass sie nicht auf bestimmte Bezeichner reagieren, die für ein einzelnes XML-Dokument oder für eine Reihe von Dokumenten gelten, die sich alle auf das gleiche Regeldokument beziehen. Viel wichtiger ist dabei, dass sie mit Platzhalterzeichen und geeigneten Routinen versuchen, auf Strukturen zu reagieren, und dadurch eine viel größere Anzahl an verschiedenen Dokumenttypen zu verarbeiten versuchen. Dabei bleibt natürlich eine individuelle Verarbeitung oder eine spezielle Auswahl von Elementen, Sortierung oder fallbezogene Verarbeitung auf der Strecke. Bevor wir Vor- und Nachteile dieser Methode aufzeigen, zeigen wir Ihnen zunächst ein Beispiel für eine solche Transformation. Sie ist extra allgemein gehalten und beschäftigt sich ebenfalls extra mit einem Dokument, das nicht speziell für diese Art von Verarbeitung geschaffen wurde. Wir streben eine ähnliche Ausgabe wie zuvor an, allerdings so, dass man wesentlich mehr Dokumentarten mit dem vorliegenden Tansformationsdokument zu Leibe rücken könnte.

In der Startvorlage beginnen wir wie sonst auch wieder mit dem Wurzelknoten und geben als Titel den Namen des Wurzelelements aus. Dies ist bereits ein wichtiges Merkmal: Die Bezeichner im XML-Dokument sollten so gewählt sein, dass man sie auch für die Ausgabe von z. B. Titeln oder Spaltenköpfen verwenden können sollte. In diesem Fall ist dies eigentlich bei allen Bezeichnern gegeben.

Innerhalb der Startvorlage benötigen wir nun eine möglichst allgemeine Form, um die gesamten Elemente und Attribute zu verarbeiten. Dies erreichen wir mit einem Vorlagenaufruf in einem `xsl:apply-templates`-Element, die passende Vorlage für Kindelemente bzw. eigentlich überhaupt Elementknoten aufruft. Dass ein Wurzelknoten Kinder besitzt, ist überaus wahrscheinlich, da das Dokument sonst recht kurz wäre. Wichtig ist die Unterscheidung für diese Kinder, ob sie selbst wiederum Kinder besitzen oder nicht. Wenn sie nämlich nur Textknoten enthalten, dann sollten diese ausgegeben werden, wobei für das ganze Dokument eine Form von unsortierter HTML-Liste angestrebt wird. Damit man in HTML später nur noch die Listenelemente ausgeben muss, ist es an dieser Stelle in der Startvorlage bereits wichtig, dass die Kinder, die selbst wieder Elternknoten sind, passende Vorlagen innerhalb eines `ul`-Elements aufrufen, damit einfacher eine Liste ausgegeben werden kann.

```
<!-- Startvorlage -->
<xsl:template match="/">
  <html>
    <head>
      <title>
        <xsl:value-of select="local-name(/*)"/>
      </title>
    </head>
    <body>
      <xsl:choose>
        <xsl:when test="count(child::*) &gt; 0">
          <xsl:apply-templates select="child::*"/>
```

```
    </xsl:when>
    <xsl:otherwise>
      <ul>
        <xsl:apply-templates select="child::*"/>
      </ul>
    </xsl:otherwise>
    </xsl:choose>
  </body>
 </html>
</xsl:template>
```

Listing 11.3: 1113 _ 01.xslt – Startvorlage

Für die Kinder, die gerade aufgerufen worden sind, und damit für alle Knoten führen wir ebenfalls wieder einen Test auf weitere Kinder durch. Sobald keine Kinder vorhanden sind, soll der Textknoten in einem Listenelement ausgegeben werden. Sobald jedoch Kinder im Dokument existieren, soll zunächst ein Titel ausgegeben werden, der den Elementknoten mit Kindern und seine möglichen Attribute verarbeitet. Diese Verarbeitung steckt wiederum in einer ausgelagerten, benannten Vorlage, um für die verschiedenen Überschriften, die in HTML ausgegeben werden, Quelltextzeilen bezüglich der Titelausgabe nicht zu wiederholen. Die Zuweisung der verschiedenen Überschriftenarten erfolgt nach einem einfachen Muster. In Abhängigkeit von der Anzahl der Elternelemente ermittelt die Hierarchieebene des Elements und wählt nach ihr die passende Überschriftsebene in HTML.

Damit die weiteren Knoten verarbeitet werden und die Transformation nicht stockt, folgt ganz am Ende ein erneutes `xsl:apply-templates`, das passende Vorlagen für weitere Knoten sucht.

```
<!-- Vorlage für Kinder -->
<xsl:template match="child::*">
  <xsl:choose>
    <!-- 1. Fall: Kinder vorhanden -->
    <xsl:when test="count(child::*) &gt; 0">
      <!-- Zuordnung der Titel -->
      <xsl:choose>
        <xsl:when test="count(ancestor::*) = 0">
          <h1>
            <xsl:call-template name="Titel"/>
          </h1>
```

```
      </xsl:when>
      <xsl:when test="count(ancestor::*) = 1">
        <h2>
          <xsl:call-template name="Titel"/>
        </h2>
      </xsl:when>
      <xsl:when test="count(ancestor::*) = 2">
        <h3>
          <xsl:call-template name="Titel"/>
        </h3>
      </xsl:when>
      <xsl:when test="count(ancestor::*) = 3">
        <h4>
          <xsl:call-template name="Titel"/>
        </h4>
      </xsl:when>
      <xsl:when test="count(ancestor::*) &gt; 3">
        <h5>
          <xsl:call-template name="Titel"/>
        </h5>
      </xsl:when>
    </xsl:choose>
  </xsl:when>
  <!-- 2. Fall: Keine Kinder vorhanden -->
  <xsl:otherwise>
    <li>
      <xsl:value-of select="(local-name(.), ,: ,, .)"/>
    </li>
  </xsl:otherwise>
</xsl:choose>
<!-- Weiterverarbeitung der Knoten -->
<xsl:apply-templates select="child::*"/>
</xsl:template>
```

Listing 11.4: `1113 _ 01.xslt` *– Kinder*

Die benannte Vorlage für die Ausgabe des Titels ist sehr kurz. Sie gibt – wie schon in der Startvorlage gesehen – den Elementnamen als Titel aus und ruft eine passende Vorlage für mögliche Attribute auf.

```
<!-- Vorlage für Titel -->
<xsl:template name="Titel">
  <xsl:value-of select="local-name(.)"/>
  <xsl:apply-templates select="attribute::*"/>
</xsl:template>
```

Listing 11.5: 1113 _ 01.xslt – Titelausgabe

Die Attribute werden in Form einer Liste innerhalb eines Klammerausdrucks ausgegeben. Dass sich in der Vorlage eine auf den ersten Blick möglicherweise komplizierte Fallunterscheidung verbirgt, ist nur dem Umstand geschuldet, dass um die gesamten Attribute erstens zwei Klammern benötigt werden und dass eine Liste in der Form a, b und c bzw. bei nur zwei Elementen a und c entstehen soll. Dies erfordert verschiedene Untersuchungen, ob das gerade gefundene Attribut das erste, letzte oder sogar einzige Attribut oder ein Attribut zwischen dem ersten und letzten Attribut ist. In Wirklichkeit ist die Ausgabe nicht halb so aufregend, wie es die Fallunterscheidung vermuten lässt.

```
<!-- Vorlage für Attribute -->
<xsl:template match="attribute::*">
  <xsl:choose>
    <!-- 1. Fall: Position 1 -->
    <xsl:when test="position()=1">
      <xsl:text> (</xsl:text>
    </xsl:when>
    <!-- 2. Fall: Position > 1 und nicht letzte -->
    <xsl:when test="position() &gt;
                    1 and not(position()=last())">
      <xsl:text>, </xsl:text>
    </xsl:when>
    <!-- 3. Fall: Attribut nicht alleine-->
    <xsl:when test="position()=last() and not(position() = 1)">
      <xsl:text> und </xsl:text>
    </xsl:when>
  </xsl:choose>
  <!-- Wertausgabe -->
  <xsl:value-of select="(local-name(.), .)" separator=": "/>
  <!-- Schlussausgabe -->
  <xsl:if test="position()=last()">
    <xsl:text>)</xsl:text>
```

```
    </xsl:if>
  </xsl:template>
</xsl:stylesheet>
```

Listing 11.6: 1113 _ 01.xslt – Attribute

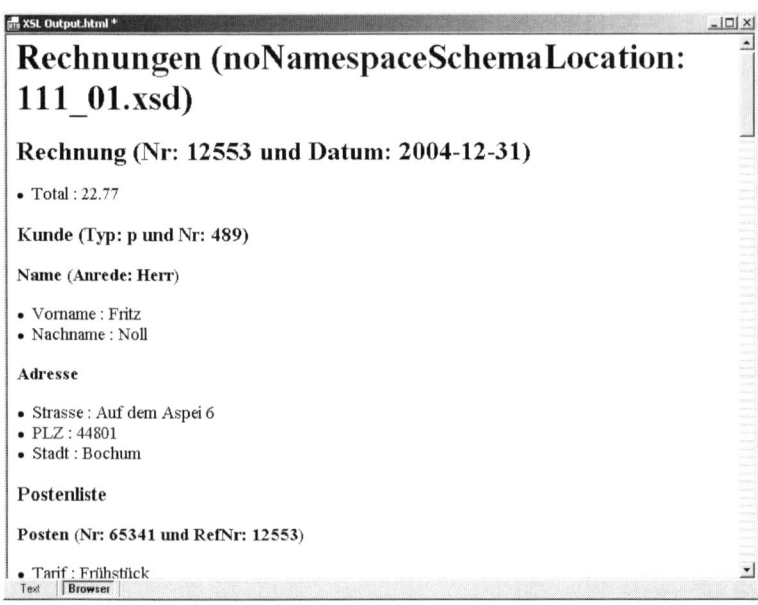

Abbildung 11.3: Ausgabe in HTML

Verständlicherweise ist die Ausgabe nicht sonderlich raffiniert. Auch für die Präsentation auf einer tatsächlichen Internetanwendung oder gar für eine größere Öffentlichkeit, die man auch mit spektakulärem Design und Seitenaufbau beeindrucken will, ist sie nicht geeignet. Das geben wir gerne zu. Allerdings sind alle Informationen verfügbar. Dazu zählen mit Blick auf das ebenfalls ausgegebene Attribut des Wurzelelements auch Informationen, die mehr mit dem XML-Dokument an sich, aber weniger mit den präsentierten Daten zu tun haben, aber dennoch kann man dieses Transformationsdokument für verschiedene andere Ausgaben verwenden.

Ohne lange auf die genaue Dokumentstruktur einzugehen, die sowohl aus dem Dokumentbaum als auch aus dem kurzen Textauszug sichtbar werden sollte, wollen wir mit einem anderen Beispiel und daher mit einem anderen Datenaufbau zeigen, dass trotz des vielleicht nicht perfekten Designs (Vielleicht lieber eine Tabelle? Vielleicht lieber eine nummerierte Liste?) die schnelle Betrachtung eines XML-Datenstroms mit wenigen Mausklicks in einer Entwicklungsumgebung oder dem einfachen Aufruf des XSLT-Dokuments im Rahmen eines von Ihnen geschriebenen Programms wirklich sehr leicht gelingt und auch ein akzeptables Ergebnis liefert.

Dieses Mal handelt es sich um eine Anrufliste, in der verschiedene Anrufe mit Dauer und Preis sowie dem Anrufenden und dem Angerufenen enthalten sind. Verschiedene Elemente besitzen wieder Attribute, einige Elemente haben Kinder, andere haben Textknoten, die Dokumentstruktur ist nicht in irgendeiner Art und Weise symmetrisch, denn Text- und Kindknoten treten auf der gleichen Hierarchiehöhe auf.

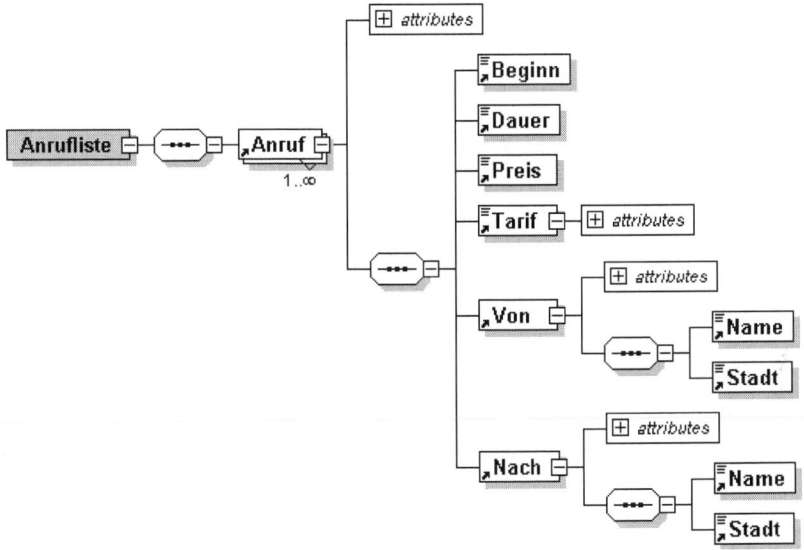

Abbildung 11.4: Dokumentstruktur einer Anrufliste

```
<Anruf Nr="4880" Typ="g">
  <Beginn>20.06.03 09:06:00</Beginn>
  <Dauer>4</Dauer>
  <Preis>2</Preis>
  <Tarif Nr="7">Schicht1</Tarif>
```

```
<Von Nr="29">
  <Name>König Hof Weinkellerei GmbH</Name>
  <Stadt>Duisburg</Stadt>
</Von>
<Nach Nr="7">
  <Name>ELMO Elektro Mommse GmbH</Name>
  <Stadt>Gelsenkirchen</Stadt>
</Nach>
</Anruf>
```

Listing 11.7: 1113 _ 01.xml – Anrufliste

Eine Zuweisung der gerade vorgestellten XSLT-Datei ergibt erneut eine übersichtliche Aufstellung der XML-Daten. Wichtig für die Ausgabe sind natürlich auch hier ausgabetaugliche Namen und nicht etwa kryptische oder zu sehr auf die Anwendung hin bezogene Element- und Attributnamen. Allein die Geschwindigkeit, mit der eine schnelle Ausgabe erzeugt werden konnte, macht die Anmutung der Ausgabe um einiges angenehmer.

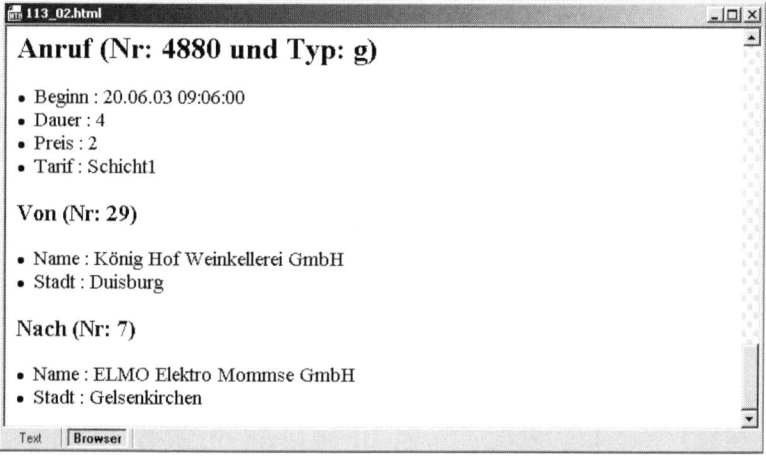

Abbildung 11.5: Ausgabe in HTML

11. 1. 4. Bedeutung von XPath

Wie immer bei der Arbeit mit XSLT oder XSL-FO ist natürlich der Einsatz von XPath entscheidend für die erstellten Algorithmen. Mit den neuen Versionen von XSLT und XPath
– wobei hier vor allen Dingen die umfangreiche neue Funktionsbibliothek genannt werden
muss – kann diese Bedeutung für die Erstellung von Algorithmen gar nicht hoch genug
eingeschätzt werden. Auf einige allgemeine Tatbestände werden wir im weiteren Verlauf
dieses Kapitels eingehen. Die Einbindung von XML Schema-Dateien direkt in die XSLT-Datei
sowie natürlich die Vielzahl der neuen Funktionen werden uns sogar in eigenen Kapiteln
noch beschäftigen, sodass diese beiden Themen hier nur als wichtig genug charakterisiert
werden können.

An dieser Stelle möchten wir allerdings mit einem Beispiel auf mögliche andere Konzep-
tionen hinweisen, die XPath in ein ganz neues Licht rücken und sowohl für Vorlagen, die
speziell für bestimmte Bezeichner entwickelt wurden, als auch für allgemeine Vorlagen von
hoher Einsatzfähigkeit sind. Möglicherweise erschien Ihnen die Struktur der Vorlage, die in
Abhängigkeit der Hierarchieebene verschiedene Überschriften in HTML von H1 an absteigend auswählte, vertraut. Mit einer anderen Programmiersprache hätte man natürlich die
ganze Angelegenheit mit einer Zeichenkettenverknüpfung viel schneller einrichten könnten, denn der einzige und auch entscheidende Unterschied zwischen den verschiedenen
Fällen besteht ja nur aus den unterschiedlichen Zahlen, aus denen sich in HTML die Über-
schriftelemente h1, h2, h3 etc. zusammensetzen. Möchte man die gleiche Ausgabe erzeugen, so ließe sich dies in XSLT 2.0 mithilfe von XPath 2.0 tatsächlich syntaktisch viel kürzer
erledigen. Allerdings müssen wir zugeben, dass wir für die Erstellung der jetzt vorgestellten
Variante länger gebraucht haben als für die althergebrachte Notation. Dies liegt darin, dass
durch die Auslagerung der Fallunterscheidung in XPath sowohl Quelltext in XSLT eingespart,
aber viel schwierigerer Quelltext in XPath benötigt wird. Nichtsdestotrotz ist die Zeilenein-
sparung erheblich, sodass Sie sicherlich einen guten Eindruck haben, wie wichtig XPath für
die Erstellung von sowohl speziellen wie auch allgemeinen Vorlagen ist.

```
<!-- Vorlage für Kinder -->
<xsl:template match="child::*">
  <xsl:choose>
    <xsl:when test="count(child::*) &gt; 0">
      <xsl:value-of select="(,&lt;h',if (count(ancestor::*)+1 &gt; 6)
                            then (6)
                            else (count(ancestor::*)+1),
                                  ,&gt;')"
                disable-output-escaping="yes"/>
```

```
<xsl:value-of select="local-name(.)"/>
<xsl:apply-templates select="attribute::*"/>
<xsl:value-of select="(,&lt;/h',if (count(ancestor::*)
                                   +1 &gt; 6)
                         then (6)
                         else (count(ancestor::*)+1),
                              ,&gt;')"
                  disable-output-escaping="yes"/>
...
```

Listing 11.8: 1114 _ 01.xslt – Einsatz von Kontrollstrukturen in XPath

Neben den Voraussetzungen, die auf der Seite der XML-Daten bzw. ihrer Struktur vorliegen, um gut allgemeine Vorlagen zu verwenden, gibt es allerhand verschiedene Bereiche in XPath, mit denen diese Vorlagen überhaupt erst syntaktisch erstellt werden können. Während die Strukturen (hoffentlich) von uns (in)direkt beeinflusst werden können, lässt sich natürlich an den technischen Umsetzungsmöglichkeiten von unserer Seite aus nicht viel rütteln. Würde XPath kein Platzhalterzeichen wie das Sternchen unterstützen, bräche ja sozusagen die ganze Technik der allgemeinen Vorlagen wie ein Kartenhaus in sich zusammen.

Unser Anliegen ist es, Sie auf das technische Rüstzeug aufmerksam zu machen und Ihnen dabei im weiteren Verlauf des Kapitels Hinweise zu geben, wie Sie spezielle Strukturen in XML einrichten können, mit denen die vorhandenen Instrumente optimal zum Einsatz kommen können.

Folgende Knotenarten, die auch bei einer allgemeinen Verarbeitung gefunden werden sollen, sind vorhanden,[1] wobei sich die Ankerverweise (Rauten: #) auf das in Fußnote 1 angegebene Dokument beziehen.

- Wurzelknoten (engl. root nodes), #root-node, Abschnitt *Root Node*

- Elementknoten (engl. element nodes), #element-nodes, Abschnitt *Element Nodes*

- Textknoten (engl. text nodes), #section-Text-Nodes, Abschnitt *Text Nodes*

- Attributknoten (engl. attribute nodes), #attribute-nodes, Abschnitt *Attribute Nodes*

---

1 Vgl. XML Path Language (XPath), Version 1.0, W3C Recommendation 16 November 1999, Abschnitt Data Modell unter http://www.w3.org/TR/1999/REC-xpath-19991116#data-model.

- Namensraumknoten (engl. namespace nodes), #namespace-nodes, Abschnitt *Namespace Nodes*

- Prozessoranweisungen (engl. processing instruction nodes), #section-Processing-Instruction-Nodes, Abschnitt *Processing Instruction Nodes*

- Kommentare (engl. comment nodes), #section-Comment-Nodes, Abschnitt *Comment Nodes*

→ **Allgemeine Auswahlausdrücke**

Mithilfe verschiedener Jokerzeichen bzw. allgemeiner Auswahlausdrücke gelingt es, unterschiedliche Knoten wie Elemente, Attribute, Prozessoranweisungen usw. zusammen oder getrennt voneinander auszuwählen. Dadurch lässt sich jeder Knoten in die automatische und bezeichnerlose Verarbeitung einbinden. Diese mit dem allgemeinen, wenngleich auch nicht ganz korrekten Begriff *Jokerzeichen* benannten Auswahlausdrücke stellen das Fundament für die Erstellung allgemeiner Vorlagen dar, weil sie die Verwendung von Bezeichnern unnötig machen und vielmehr Knotenarten auszuwählen helfen.

Eine mögliche Form eines Knotentests stellt der Arten-Test[2] (engl. KindTest) dar. Die Möglichkeiten wurden gegenüber XPath 1.0 stark erweitert und reagieren nun auch auf Datentypangaben von XML Schema. Die folgende Übersicht fasst die verschiedenen Arten-Tests zusammen, wobei das Jokerzeichen Sternchen natürlich nicht zu den Arten-Tests gehört, sondern als Eingabeparameter bei einigen Ausdrücken verwendet wird. Die vorhandenen Arten-Tests sind allerdings für die Erstellung von allgemeinen Vorlagen so wichtig, weil sie mit oder ohne Einsatz des Sternchens die verschiedenen Knoten eines Dokuments aufspüren können. Aus Gründen der Vollständigkeit haben wir auch den Namen als Parameter in der Liste belassen, obwohl er natürlich in unseren Überlegungen gerade keine Rolle spielen soll.

- `node()` findet jeden Knoten.

- `text()` findet jeden Textknoten.

- `comment()` findet jeden Kommentarknoten.

---

2   Vgl. XML Path Language (XPath) 2.0 W3C Recommendation 23 January 2007Abschnitt 3.2.1.2 Node Tests unter http://www.w3.org/TR/xpath20/#node-tests.

- `element()` findet jeden Elementknoten.

- `element(elementname)` findet jeden Elementknoten mit dem angegebenen Namen oder dessen Ersetzungsgruppe diesen Namen trägt und einen passenden Datentyp besitzt.

- `element(elementname, *)` findet jeden Elementknoten mit dem angegebenen Namen oder dessen Ersetzungsgruppe diesen Namen trägt unabhängig vom Datentyp.

- `element(elementname, typname)` findet jeden Elementknoten mit dem angegebenen Namen und dem angegebenen Datentyp.

- `element(*, typname)` findet jedes Element mit dem angegebenen Datentyp.

- `element(xpathfad)` findet jedes Element mit dem angegebenen Namen und im Schema vorhandenem Datentyp in Abhängigkeit des XPath-Pfades.

- `attribute()` findet jeden Attributknoten.

- `attribute(@attributname, *)` findet jedes Attribut mit dem angegebenen Attributnamen unabhängig von seinem Datentyp.

- `attribute(@*, datentypname)` findet jedes Attribut unabhängig vom Namen mit dem angegebenen Datentyp.

- `document-node()` findet jeden Dokumentknoten.

- `document-node(element(elementname))` findet jedes Dokumentelement, das das angegebene Element enthält.

Da einige Achsen sehr häufig auftreten und teilweise Ausdrücke eine beeindruckende – um nicht zu sagen: Furcht einflößende – Länge erreichen können, existieren einige wenige, aber dafür umso nützlichere Vereinfachungen, die als *abgekürzte Syntax*[3] (engl. abbreviated syntax) bekannt sind. In diese Rubrik fällt nun auch unser schon so hoch gelobtes Sternchen für die Auswahl von Knoten oder – in Kombination mit der Attributachse – für Attribute. Allerdings ist auch der Schrägstrich nicht zu verachten, wie folgende Aufstellung zeigt:

---

3   Vgl. XML Path Language (XPath) 2.0 W3C Recommendation 23 January 2007, Abschnitt 3.2.4 Abbreviated Syntax unter http://www.w3.org/TR/xpath20/#abbrev.

- * Alle Kindknoten des Kontextknotens

- @* Alle Attribute des Kontextknotens

- / Wurzelknoten

- /* Wurzelelement

- //* Alle Knoten

- . Kontextknoten

- .. Elternknoten des Kontextknotens

➡ **Achsen**

Ohne erneut auf die verschiedenen Achsen in XPath einzugehen oder sie erneut vorzustellen, da Sie im ersten Band für jede Achse Beispiele und eine Grafik finden, wollen wir an dieser Stelle nur darauf hinweisen, dass in Zusammenhang mit dem Sternchen natürlich in jeder beliebigen Richtung Element- bzw. Attributknoten gesucht werden können.

Wie Sie bereits in unserem Einführungsbeispiel gesehen haben, lässt sich die allseits einsetzbare Kind-Achse verwenden, um Knoten in Dokumentrichtung zu finden und jeden einzelnen Knoten zu bemerken. Dagegen kann man mit der Eltern- und Eltern-Eltern-Achse und passenden Funktionen Hierarchieebenen bestimmen bzw. sich auf diesen Hierarchieebenen bewegen. Die Attribut-Achse ist natürlich immer unverzichtbar, wenn Attribute mithilfe des Sternchens gesucht werden.

Die vorhandenen Achsen[4] heißen:

- `ancestor` (Eltern-Eltern-Achse)

- `ancestor-or-self` (Vorfahren-und-ich-Achse)

- `attribute` (Attribut-Achse)

---

4   XML Path Language (XPath) 2.0 W3C Recommendation 23 January 2007Abschnitt 3.2.1.1 Axes unter http://www.w3.org/TR/xpath20/#axes.

- `child` (Kind-Achse)

- `descendant` (Kindeskinder-Achse)

- `descendant-or-self` (Kindeskinder-und-ich-Achse)

- `following` (Nachfolger-Achse)

- `following-sibling` (Folgende-Geschwister-Achse)

- `namespace` (Namensraum-Achse)

- `parent` (Eltern-Achse)

- `preceding` (Vorgänger-Achse)

- `preceding-sibling` (Vorherige-Geschwister-Achse)

- `self` (Ich-Achse)

➜ **Reguläre Ausdrücke**

Ganz neu in XSLT und XPath ist die Möglichkeit, die sehr nützlichen regulären Ausdrücke als Muster für z. B. die Auswahl oder die sonstige Verarbeitung von Textknoten zu verwenden. Damit bewegt man sich zwar oftmals in die Nähe von bezeichnerbehafteten oder besonders spezialisierten und damit möglicherweise das Konzept verletzenden allgemeinen Vorlagen, aber man kann mit regulären Ausdrücken sowohl auf Namen wie auf Textinhalte reagieren. Da dies ein völlig neues Thema für Transformationen ist, haben wir ebenfalls das ganze Kapitel 9 dafür vorgesehen.

➜ **Funktionen**

Die stark erweiterte Funktionsbibliothek wird noch Thema verschiedener Abschnitte und eines umfangreichen Anhangs sein, in der die einzelnen Funktionen wenigstens grob charakterisiert und mit einem Beispiel belegt werden. Neben Funktionen für die Verarbeitung der Textinhalte in Form von Umwandlung oder Abfrage sowie für die Manipulation besonderer Inhalte wie Zeitinformationen gibt es einen ganzen Strauß an unterschiedlichen neuen Knotenmengenfunktionen, die für quantitative und qualitative Tests genutzt werden können.

→ **XPath-Kontrollstrukturen**

Die neu in XPath eingeführten Kontrollstrukturen für Fallunterscheidungen[5] und Schleifen[6] ersetzen nicht notwendigerweise die Kontrollstrukturen in XPath. Dies liegt zum einen an einer zwangsläufig sehr verkürzten und damit fast stenografischen Syntax. Sie erleichtert weder die Formulierung noch das Verständnis von entsprechenden Anweisungen. Da sie Sequenzen erzeugen und natürlich nur solche Verarbeitungen zulassen, die sich wiederum mit reinen XPath-Ausdrücken formulieren lassen und die daher nicht auf XSLT- oder XSL-FO-Elemente zurückgreifen, kann man durchaus nicht jeden früheren Abschnitt mithilfe der neuen Syntax verkürzen und komprimieren. Allerdings wird man in vielen Fällen nun doch wie in der Alternative des Eingangsbeispiels gezeigt auf diese Syntax für die Verkürzung von Quelltext zurückgreifen, um gerade Textredundanzen zu entfernen, die durch die XSLT-Syntax hervorgerufen werden.

→ **Sequenzen**

Das Datenmodell von XPath 2.0 fußt auf dem Fundament einer Einheit (engl. item), das sich mit anderen Einheiten zu einer Sequenz (engl. sequence) zusammenschließen kann. Diese tauchen beispielsweise nun innerhalb von runden Klammern in einem `xsl:value-of`-Element auf und erlauben tatsächlich eine der bedeutendsten Syntaxverkürzungen, die man schnell kennen und lieben lernen wird. Dieses Konzept bietet aus sich selbst heraus keine Besonderheiten oder eigenständigen Konzepte für die Entwicklung von allgemeinen Vorlagen. Vielmehr sind es die neuen Funktionen und syntaktischen Formulierungen, die es erfordern, die Sequenzen hier zu erwähnen.

1.1 Voraussetzungen auf Strukturseite

Während der letzte Abschnitt sehr komprimiert auf einige aus unserer Sicht wesentliche Aspekte einging, die für die Entwicklung von allgemeinen Vorlagen auf Basis der vorhandenen Instrumente notwendig sind, wollen wir nun in diesem Abschnitt für die eher theo-

---

5   Vgl. XML Path Language (XPath) 2.0 W3C Recommendation 23 January 2007, Abschnitt 3.8 Conditional Expressions unter http://www.w3.org/TR/xpath20/#id-conditionals.
6   Vgl. XML Path Language (XPath) 2.0 W3C Recommendation 23 January 2007, Abschnitt 3.7 For Expressions unter http://www.w3.org/TR/xpath20/#id-for-expressions.

retischen und möglicherweise wenig illustrativen Ausführungen Beispiele geben. Um die bereitstehenden Werkzeuge auch gut nutzen zu können, lohnt es sich, schon bei der Datenmodellierung zu berücksichtigen, dass man Zeit und Kraft gewinnt, wenn man auf allgemeine Vorlagen setzt. Diese stellen in XSLT ja letztendlich so etwas wie wiederverwendbare Komponenten dar, die nach einem einmaligen Erstellen oder einem fortgeführten Pflegen in einzubindenden XSLT-Vorlagenbibliotheken die Arbeit mit neuen XML-Strukturen erleichtern. Die Praxis zeigt allerdings immer wieder, dass es Strukturen gibt, die sich besonders für die Verarbeitung mit allgemeinen Vorlagen eignen, während sich andere dagegen eher sperrig und unangenehm verhalten.

→ Grundlagen

Die Überlegungen dieses Abschnitts führen letztendlich dazu, Änderungen an der Modellierung vorzunehmen, um eine spezielle Technik der Verarbeitung vorzunehmen. Dies mag auf den ersten Blick so klingen, als wollte man den Bock zum Gärtner machen und nun die Daten von der Art ihrer Verarbeitung abhängig machen. Dies ist nämlich ein Vorgehen, das möglicherweise die Unabhängigkeit der Daten von ihrer Verarbeitung irreparabel schädigt. Wir werden allerdings keinesfalls solche Ideen vorbringen, die dazu führen könnten, beispielsweise Datenredundanzen einzurichten, weil man nachher »so schön auf die Daten zugreifen kann«. Unsere Vorschläge sollen mehr dazu führen, nicht nur für die Verarbeitung, sondern überhaupt auch aus intrinsischen Gründen gute Modellierungen hervorzubringen. Wir sehen daher unsere Vorschläge mehr wie eine gut normalisierte Datenbank, die ja auch nicht nur deswegen in viele einzelnen Relationen aufgespalten wird, damit man die Daten bei einem Export leichter auf Disketten speichern kann, weil die Datenmenge pro Tabelle kleiner ist.

11. 1. 5. Benennung

Eine der einfachsten Vereinbarungen, die zwischen Modellierer und Verarbeiter zu treffen sind, sollte die Auswahl von Bezeichnern sein, mit denen man gut arbeiten kann. Eine solche gute Arbeit kann in unseren Augen immer eine solche sein, in der man die Elementnamen wie im Einstiegsbeispiel auch sofort für die Ausgabe verwenden kann. Kryptische Namen oder Abkürzungen sollten daher unterbleiben.

→ **Grundlagen**

Folgende Gründe lassen sich für eine solche Benennungsregel finden:

- Die Daten werden tatsächlich – wie es ja der Philosophie von XML entspricht – selbst beschreibend. Die Semantik der Daten wird auch ohne umfangreiche Lektüre des XML Schema-Dokuments und seiner oder anderer Dokumentationsinformationen verständlich. Es ist auch nicht notwendig, besonders tief gehende Kenntnisse des abgebildeten Datenuniversums zu haben. Je technischer oder spezieller die Daten sind, desto schwerer wird dies natürlich realisierbar.

- Die Bezeichnungen eignen sich in allen oder wenigstens in vielen Fällen für die Ausgabe von Spaltenköpfen, Titeln oder einfach nur für Aufzählungsinformationen.

Folgende Gründe sprechen gegen eine solche Benennungsmethode:

- Die Daten sollen nicht nur selbst verschlüsselt oder möglichst entkoppelt von anderen Daten im gleichen Dokument oder in der gleichen Anwendung (Datenbank) sein, sondern diese Forderung gilt auch für ihre Bezeichner. Dies lässt sich bisweilen in Umgebungen antreffen, in denen Datenkonsolidierungen mit XML durchgeführt werden sollen, wobei die Daten über möglicherweise wenig sichere Kanäle übertragen und auch aus Datenschutzgründen nicht zu Personen etc. zugeordnet sein dürfen und daher hauptsächlich aus Schlüsseln oder anderen Zahlformaten bestehen.

- Die Bezeichnungen sind aufgrund ihrer Bedeutung schlecht für eine Ausgabe geeignet, weil sie zu sehr langen Bezeichnern führen könnten. Wenngleich auch die Kritik, dass XML-Daten bisweilen mehr Beschreibungs- als Nutzdaten umfassen und daher bei steigender Datenmenge auch bei schnellen Netzwerkverbindungen und hohen Rechnerleistungen die Anwendung verlangsamen können, in vielen Anwendungen durch die technische Entwicklung in den Hintergrund gedrängt wird, gibt es natürlich immer wieder krasse Ausnahmen. Bei sehr technischen oder auch sehr spezialisierten Informationen wie z. B. Bilanzdaten kann es sein, dass voll ausgeschriebene und nicht abgekürzte Bezeichner regelmäßig mehr als zehn Zeichen oder sogar das Doppelte umfassen. Dies kann leicht dazu führen, dass durch den doppelten Zeichenbedarf aufgrund von Start- und Schluss-Tag die prozentuale Menge der Nutzdaten zu klein wird.

- Die Bezeichner sind von einem externen Gremium wie einem Unternehmenszusammenschluss oder einer anderen Standardisierungsbehörde normiert und können daher nicht geändert werden.

- Die Bezeichner stammen in dieser Form aus einer anderen Datenquelle wie z. B. einer Datenbank und stellen dort Feldnamen, Datentypnamen etc. dar. Durch die Beibehaltung dieser Bezeichner ergibt sich eine semantische Konsistenz der Daten zwischen verschiedenen Speicherungsgebilden und erleichtert die Arbeit für die Programmierer.

Es ist zwangsläufig im Einzelfall immer wieder diskussionsbedürftig, inwieweit die im XML-Dokument verwendeten Bezeichner selbst wieder Informationen tragen, die sich beispielsweise später in der Ausgabe wiederfinden. Allerdings geraten so die Bezeichner plötzlich auf eine ganz andere Ebene. Sie sind in diesem Augenblick durchaus nicht mehr Beschreibungsdaten, die nur für die Verarbeitung notwendig sind, sondern sie dienen auch wieder als Nutzdaten, da sie ja für die Ausgabe verwendet werden.

Gegen solche K.O.-Argumente wie das vorletzte in Form von standardisierten Bezeichnern lässt sich eigentlich gar nichts ausrichten, weil wir selbst auch Verfechter von fertigen Standards sind, um auf die Arbeit von anderen Gruppen zurückzugreifen und die Wahrscheinlichkeit zu erhöhen, eine qualitativ hochwertige Modellierung mit geringem Arbeitseinsatz zu erreichen und später vielleicht sogar auf standardisierte Verarbeitungsweisen zurückgreifen zu können, die noch einmal den Arbeitseinsatz senken können.

Bleibt zusammenfassend nur zu erwähnen, dass man sich immerhin die Frage stellen sollte, ob für das gesamte Dokument oder wenigstens für einzelne Teile geschickte Benennungen auch dazu führen können, für die Ausgabe der Daten bereits fertige Texte in der Datei vorzufinden. Bei ohnehin kleinen Datenmengen ließe sich auch im Fall einer Standardisierung überlegen, Elemente oder Attribute eines anderen Namenraumes einzufügen, die die ausgabebezogenen Daten enthalten. Alternativ ließe sich hier bei einer überschaubaren Menge an Daten auch eine Übersetzung in Form einer längeren Fallunterscheidung oder einer Parameterliste denken.

→ Funktionen zur Verarbeitung von Namen

Da der Einsatz von allgemeinen Vorlagen vom guten Einsatz von XPath abhängt, wollen wir Ihnen zunächst die vorhandenen Funktionen zur Verarbeitung von Namen nennen. Sie ermitteln entweder die Zeichenketten von Namen oder können Namensräume erkennen, Präfixe ausmachen oder getrennt auf Namensraum- und Namensbestandteile zugreifen. Mit den vorhandenen Funktionen lässt sich relativ allgemein der vorhandene Name auslesen und – was in diesem Abschnitt diskutiert werden soll – auch ausgeben.

Mit den Funktionen der Zeichenkettenverarbeitung lässt sich dann die Zeichenkette eines Namens oder natürlich eines Präfixes weiter untersuchen. Dies führt dann nicht notwendigerweise zu einer tatsächlichen allgemeinen Vorlage, die von der konkreten Benennung losgelöst ist, doch kann man ein Namensschema verwenden – siehe nächstes Beispiel –, das auf Grundmuster der Benennung und nicht auf reine individuelle Bezeichner zugreift. Die Zeichenkettenfunktionen haben wir hier nicht erwähnt.

Zunächst gibt es einige Funktionen zur Verarbeitung von QNames[7]. Sie erkennen und verarbeiten auch Namensraumangaben bzw. Namensraumpräfixe.

fn:resolve-QName (Abschnitt 11.1.1)

- Allgemeine Syntax:

  - ```
    fn:resolve-QName($qname  as  xs:string?,  $element  as  ele-
    ment()) as xs:QName?
    ```

- Bedeutung: Liefert einen lokalen QName ohne Namensraum.

fn:expanded-QName (Abschnitt 11.1.2)

- Allgemeine Syntax:

  - ```
    fn:expanded-QName($paramURI as xs:string?, $paramLocal as
    xs:string) as xs:QName
    ```

- Bedeutung: Liefert einen expandierten QName (lokaler Name und Namensraum) mit dem Namensraum aus $paramURI und dem lokalen Namen in $paramLocal.

  - `fn:local-name-from-QName` (Abschnitt 11.2.2)

- Allgemeine Syntax:

  - ```
    fn:local-name-from-QName($arg as xs:QName?) as xs:NCNAME?
    ```

- Bedeutung: Liefert den lokalen Namen von $arg, der auch einen Namensraum enthält.

---

7   Vgl.: XQuery 1.0 and XPath 2.0 Functions and Operators, W3C Recommendation 23 January 2007, Abschnitt 11 Functions Related to QNames http://www.w3.org/TR/xpath-functions/#QName-funcs.
    ```

fn:namespace-uri-from-QName (Abschnitt 11.2.3)

- Allgemeine Syntax:

    - `fn:namespace-uri-from-QName($arg as xs:QName?) as xs:anyURI?`

- Bedeutung: Liefert den Namensraum von `$arg`, der auch einen Namensraum enthält.

    - `fn:namespace-uri-for-prefix` (Abschnitt 11.2.4)

- Allgemeine Syntax:

    - `fn:namespace-uri-for-prefix( $prefix as xs:string, $element as element()) as xs:anyURI?`

- Bedeutung: Liefert den Namensraum für das Argument `$prefix`, das ein Namensraumpräfix ist, und das `$element`.

    - `fn:in-scope-prefixes` (Abschnitt 11.2.5)

- Allgemeine Syntax:

    - `fn:in-scope-prefixes($element as element()) as xs:string*`

    - Bedeutung: Liefert die Namensraumpräfixe des Elements `$element`.

Dann gibt es verschiedene Funktionen direkt zur Namensermittlung.[8]

fn:name (Abschnitt 14.1.1)

- Allgemeine Syntax:

    - `fn:name() as xs:string`

    - `fn:name($arg as node()?) as xs:string`

- Bedeutung: Liefert Namen und Namensraum des Elements `$arg`.

---

8   Vgl.: XQuery 1.0 and XPath 2.0 Functions and Operators, W3C Recommendation 23 January 2007, Abschnitt 14.1 Functions and Operators on Nodes unter http://www.w3.org/TR/xpath-functions/#node-functions

- `fn:local-name` (Abschnitt 14.1.2)

● Allgemeine Syntax:

  - `fn:local-name() as xs:string`

  - `fn:local-name($arg as node()?) as xs:string`

● Bedeutung: Liefert Namen ohne Namensraum des Elements `$arg`.

  - `fn:namespace-uri` (Abschnitt 14.1.3)

● Allgemeine Syntax:

  - `fn:namespace-uri() as xs:anyURI`

  - `fn:namespace-uri($arg as node()?) as xs:anyURI`

● Bedeutung: Liefert den Namensraum des Elements `$arg`.

→ **Einfaches Beispiel**

Dieser Abschnitt soll Ihnen zeigen, wie Sie mit geschickter Benennung dazu kommen, allgemeine Vorlagen so einzusetzen, dass die vorhandenen Namen auch gleichzeitig für die Ausgabe geeignet sind. Die einzusetzenden Funktionen sind einfach und von ihrer Anzahl her überschaubar. Bei einfachen Dokumenten lässt sich die Technik gut einsetzen. Bei Dokumenten, die komplexe Inhalte (durchschnittlicher Umsatz pro Kunde innerhalb einer Region oder allgemein auch spezialisierte Bezeichnungen innerhalb technischer, betriebswirtschaftlicher oder wissenschaftlicher Bereiche) enthalten, kann es leicht passieren, dass man innerhalb eines Namens nicht den gesamten Sachverhalt ausdrücken kann. Hier sollte man durch Verschachtelung und geeignete Eltern-Kind-Strukturen versuchen, dennoch weitestgehend gute, ausgabetaugliche Bezeichner zu finden.

Unser aktuelles Beispiel enthält eine Liste mit Monaten und Tarifen sowie ihren Umsatz und ihren Pro-Kopf-Umsatz und die Kundenzahl.

```
<Monatsliste>
  <Monat>
```

```
<Datum>01.04</Datum>
<Pro-Kopf-Umsatz>0.0251</Pro-Kopf-Umsatz>
<Kunden>25649</Kunden>
<Tarifliste>
  <Tarif>
    <Name>Mondschein1</Name>
    <Umsatz>644.69</Umsatz>
  </Tarif>
</Tarifliste>
</Monat>
...
```

Listing 11.9: 1122 _ 01.xml – Umsatzzahlen

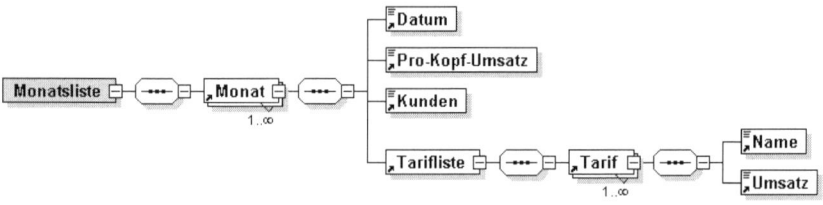

Abbildung 11.6: Dokumentstruktur

Wir streben eine einfache HTML-Ausgabe an, bei der die vorhandenen Namen direkt auf der HTML-Seite als Titel ausgegeben werden sollen. Die Verarbeitung ähnelt sehr dem Einführungsbeispiel. So gibt es ebenfalls eine Zuordnung von Überschriftelementen in HTML, die von der Ebene in XML abhängig sind. Die interessante Verarbeitung konzentriert sich innerhalb einer einzigen Vorlage. Die Startvorlage haben wir nicht abgedruckt, da sie lediglich den HTML-Grundbaukasten enthält und die Verarbeitung gefundener Kindknoten antreibt.

Es sind insgesamt drei Fälle zu unterscheiden, wobei wir in diesem Beispiel zwei Elementnamen erkennen, die den Bestandteil liste enthalten und tatsächlich einzelne Elemente in Listenform enthalten. Dies betrifft z. B. das Element Monatsliste, das mehrere Monat-Elemente besitzt. In einer Fallunterscheidung differenzieren wir die Verarbeitung in drei Fällen.

Der erste Fall erkennt solche Knoten, die den Wortbestandteil `liste` im Namen führen, und vergibt für sie in Abhängigkeit der Verschachtelungstiefe passende HTML-Überschriften und gibt ihren Namen als Titel aus. In der Variablen `Listen-Vorfahren` speichert man die Anzahl der Elemente, die auf der Vorfahren-Achse gefunden werden und ebenfalls das Wort `liste` enthalten. Der Wert wird benutzt, um die Überschriftenhierarchie zu ermitteln.

```
<xsl:template match="child::*">
  <xsl:choose>
    <!-- Fall 1: Name enthält "Liste" -->
    <xsl:when test="contains(lower-case(local-name()), 'liste')">
      <xsl:variable name="Listen-Vorfahren"
                    select="count(ancestor::*
                    [contains(lower-case(local-name()),
                                         'liste')])"/>
      <!-- Zuordnung von Überschriften anhand der Listen-Vorfahren
                                                                -->
      <xsl:choose>
        <xsl:when test="$Listen-Vorfahren = 0">
          <h1>
            <xsl:value-of select="local-name(.)"/>
          </h1>
        </xsl:when>
        <xsl:when test="$Listen-Vorfahren = 1">
          <h2>
            <xsl:value-of select="local-name(.)"/>
          </h2>
        </xsl:when>
        <xsl:when test="$Listen-Vorfahren &gt; 1">
          <h3>
            <xsl:value-of select="local-name(.)"/>
          </h3>
        </xsl:when>
      </xsl:choose>
      <ul>
        <xsl:apply-templates select="child::*"/>
      </ul>
    </xsl:when>
```

Listing 11.10: 1122 _ 01.xslt – Erster Fall

415

Im zweiten Fall geht es darum, die Kinder zu verarbeiten, die direkte Kinder von solchen Listenelementen sind. Für sie gilt, dass ihre Werte und ihr Name in einem HTML-Listenelement ausgegeben werden und ihre Kinder wiederum innerhalb des Listenpunkts verarbeitet werden.

```
<!-- Fall 2: Elternname enthält "Liste" -->
<xsl:when test="contains(lower-case(parent::*/local-name()),
                         'liste')">
  <li>
    <xsl:value-of select="local-name(.)"/>
    <br/>
    <xsl:apply-templates select="child::*"/>
  </li>
</xsl:when>
```

Listing 11.11:1122 _ 01.xslt – Zweiter Fall

In einem dritten Fall verarbeiten wir Elemente, deren Eltern nicht das Wort liste enthalten (das sind dann Kinder der Listenelemente) und die auch selbst nicht das Wort liste enthalten. Die letzte Unterscheidung ist notwendig für Listenelemente, die sich innerhalb von Kindern von Listenelementen befinden. Auch hier gibt man wieder den Namen und den Wert aus.

```
<!-- Fall 3: Name und Eltern-Name enthalten nicht "Liste" -->
<xsl:when test="not(contains(lower-case(parent::*/local-name()),
                             'liste'))
                and not(contains(lower-case(local-name()),
                        'liste'))">
      <xsl:value-of select="(local-name(.), ': ', .)"/>
      <br/>
    </xsl:when>
  </xsl:choose>
</xsl:template>
```

Listing 11.12: 1122 _ 01.xslt – Dritter Fall

Die Ausgabe ist dieses Mal tatsächlich sehr einfach; allerdings ist das Dokument auch nicht sehr komplex. Man sieht, dass die Namen der Elemente und ihre Bedeutung als Listenelement korrekt erkannt wurden und auch die Überschriften richtig zugewiesen wurden.

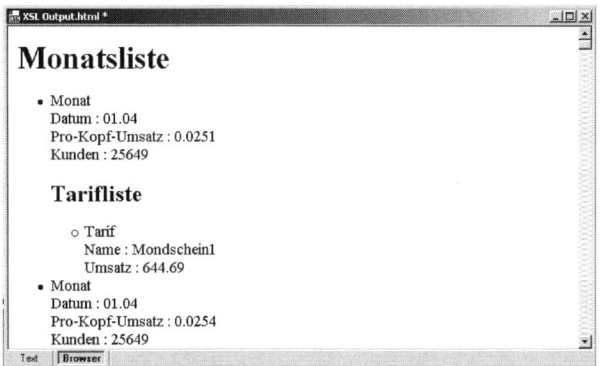

Abbildung 11.7: Ausgabe im Browser

Dieses Beispiel kombiniert die allgemeine Verarbeitung der Namen mit schematisierten Namenskombinationen. Dies können Präfixe oder einfach angeschlossene Namensbestandteile wie Formatierungsangaben in Form von `titel` oder `liste` oder auch Strukturen sein wie `sammlung`, `einheit` oder `gruppe`. Anregungen für solche zusammengesetzten Namen kann man sich leicht aus anderen XML-Vokabularen vom W3C oder Industrievereinigungen besorgen, in denen teilweise recht lange Namen erscheinen, weil oftmals bei abstrakten Konzepten keine kurzen Namen verfügbar sind.

➔ **Beispiel mit Namensräumen**

Als Erweiterung zu den Namen sehen wir hier auch die Namensräume, für deren Bearbeitung auf Zeichenkettenebene wir eine kleine Erweiterung vorbereitet haben. Innerhalb des Ihnen schon bekannten Dokuments haben wir zwei Namensräume der RuhrFon GmbH aus der Marketing- und der Buchhaltungsabteilung eingefügt. Sie werden im Wurzelelement bekannt gemacht. Ihre Präfixe benutzt man im ganzen Dokument.

```
<rf:Monatsliste xmlns:rf="http://www.ruhrfon.biz/marketing"
xmlns:bh="http://www.ruhrfon.biz/buchhaltung" xmlns:xsi="http://
www.w3.org/2001/XMLSchema-instance" xsi:schemaLocation="http://www.
ruhrfon.biz/marketing
1122_02.xsd">
  <rf:Monat>
    <rf:Datum>01.04</rf:Datum>
    <bh:Pro-Kopf-Umsatz>0.0251</bh:Pro-Kopf-Umsatz>
```

```
<rf:Kunden>25649</rf:Kunden>
<rf:Tarifliste>
  <rf:Tarif>
    <rf:Name>Mondschein1</rf:Name>
    <bh:Umsatz>644.69</bh:Umsatz>
  </rf:Tarif>
</rf:Tarifliste>
</rf:Monat>
...
```

Listing 11.13: 1122 _ 02.xml – Einsatz von Namensräumen

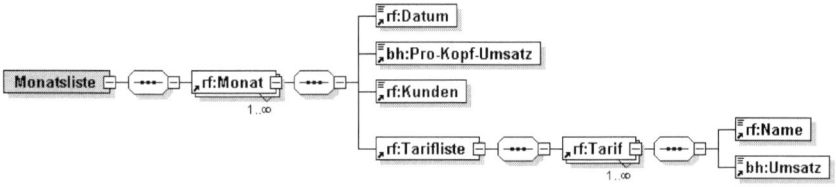

Abbildung 11.8: Dokumentbaum mit Namensräumen

Der Dokumentaufbau ist unverändert. Lediglich die Namensräume sind neu hinzugekommen.

Im nächsten kurzen Quelltext geben wir neben dem vollständigen Namen des Elements auch noch explizit den zugehörigen Namensraum-URI aus.

```
<!-- Fall 3: Name und Eltern-Name enthalten nicht "Liste" -->
<xsl:when test="not(contains(lower-case(parent::*/local-name()),
                        ,liste')) and
          not(contains(lower-case(local-name()), ,liste'))">
  <xsl:value-of select="(name(.), ' (', namespace-uri(.), '): ', .)"/>
  <br/>
</xsl:when>
```

Listing 11.14: 1122 _ 02.xslt – Ausgabe des Namensraumes

Die Ausgabe in HTML wird dadurch in keiner Weise besser lesbar, doch soll dieses Beispiel auch lediglich zeigen, wie solche Informationen aufgerufen und ausgegeben werden können. Es gibt auch Möglichkeiten, Knoten anhand ihrer Namensräume auszuwählen und daher getrennt oder grundsätzlich anders zu verarbeiten.

Abbildung 11.9: Ausgabe in HTML

Es ist möglich, über die Namensraum-Achse für ein Element vorhandene Namensraumknoten zu erkennen und ihre Zeichenketteninhalte wiederum zu verarbeiten bzw. mit XPath-Prädikaten zu untersuchen. Dann gelingt es, Namensraum-URIs getrennt von ihren Präfixen auszulesen und für weitere Verarbeitungen zu nutzen. Das nachfolgende Beispiel enthält eine kurze Fingerübung für die entsprechenden Funktionen in XPath.

```
<!-- Fall 1: Name enthält "Liste" -->
<xsl:when test="$Listen-Vorfahren = 0">
  <h1>
    <xsl:value-of select="name(.)"/>
  </h1>
  <!-- Verfügbare Namensräume -->
  <ul>
    <xsl:for-each select="namespace::*[not(contains(.,'w3'))]">
      <li>
        <xsl:value-of select="."/>
      </li>
    </xsl:for-each>
  </ul>
  <!-- Verfügbare Namensraumpräfixe -->
  <ul>
    <xsl:for-each select="in-scope-prefixes(.)[not(contains(.,'x')
```

```
                              or string-length(.) = 0)]">
         <li>
           <xsl:value-of select="."/>
         </li>
       </xsl:for-each>
     </ul>
   </xsl:when>
```

Listing 11.15: 1122 _ 03.xslt – Erkennen von Namensräumen

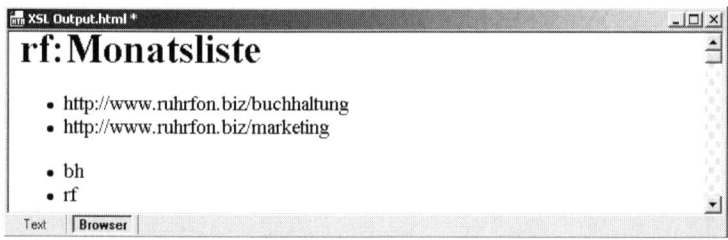

Abbildung 11.10: Ausgabe in HTML

Als Ergebnis erhält man jeweils eine Liste von nicht zum W3C gehörenden Namensäumen und ihren Präfixen. Für die zweite Liste ist besonders wichtig, den Standardnamensraum ohne Präfix in der Ausgabe auszuschalten, indem man eine Zeichenkettenlänge von mehr als null Zeichen fordert.

11. 1. 6. Eltern-Kind-Strukturen

Bereits im letzten Beispiel hatte man eine wesentliche Strukturierung des Dokuments durch die Verwendung von umschließenden Eltern erreicht. Dies betrifft die Elemente `Monat` und `Tarif`, wobei Letztere in einer andere Struktur nun in folgendem Beispiel erscheinen. Wir verraten vermutlich nichts Neues, wenn wir sagen, dass in XML einige Elemente Kinder enthalten und damit Elternelemente sind und dass daher andere Elemente Kinder solcher Elternelemente sind. Es ist ebenfalls einfach erkennbar, dass sich durch solche Strukturen Geschwister-Strukturen ergeben.

→ Grundlagen

Wie allerdings schon bei der Diskussion der Nutzung von Benennungen, so ist es für uns auch im Fall der Strukturierung immer wieder möglich, dass wir auch in größeren Projekten, die deutlich längere Lebenszyklen als ein oder zwei Jahr haben und deren Datenmodellierung sogar in verkaufbaren Produkten einfließen, auf Modellierungen treffen, in denen innerhalb des Wurzelknotens beliebige Elemente in völlig ungeordneter Weise aufeinander folgen.

Dies führt dazu, dass ähnliche Elemente nur schwer erkannt werden oder jedes Mal über ihren Namen aufgerufen werden müssen, um eine passende Vorlage auszuwählen. Ebenfalls sind Erweiterungen von Dokumenten nur überaus umständlich für die Transformation zu berücksichtigen, weil bei ungeschickter Verschachtelung (Eltern-Kind-Strukturierung) neue Elementnamen überall in den XPath-Ausdrücken der Transformationsdokumente einzufügen sind. Bei unseren kurzen Beispielen ist möglicherweise der Nutzen der hier vorgestellten Technik nicht unmittelbar ersichtlich. Vergleichen Sie allerdings die Anzahl der Elemente in Ihren geplanten Dokumenten mit der Elementanzahl in unserem Beispiel und versuchen Sie abzuschätzen, was fünf- oder zehnmal mehr Elemente für Arbeitsaufwand oder auch -erleichterung bieten können, wenn sie geschickt strukturiert sind.

Folgende allgemeine Modellierungshinweise können wir geben. Sammeln Sie innerhalb von Elternelementen

- gleiche Elemente, die den gleichen Namen und den gleichen Aufbau besitzen. Dies ist der einfachste Fall und ist normalerweise völlig problemlos zu realisieren bzw. ist fast ein Modellierungsfehler, wenn er nicht erkannt wurde.

- ähnliche Elemente, die den gleichen Datentyp besitzen oder gleich verarbeitet werden sollen. Dies ist schon diskussionswürdig, weil die Verarbeitung eigentlich erst nach der Modellierung betrachtet wird oder die bereits genutzten oder angedachten Elementnamen gänzlich unterschiedlich sind.

- erweiterbare Elemente, die zunächst nur als einzelner Wert ohne Geschwister auftreten und möglicherweise in Zukunft Geschwister in Form von ähnlichen Elementen erhalten. Dies ist besonders schwer durchsetzbar, weil Befürchtungen bestehen, zu tief zu verschachteln oder unnütze Elternelemente zu erstellen. Die letztere Sorge ist durchaus berechtigt, allerdings ist die Wahrscheinlichkeit, dass Datenstrukturen im Laufe der Zeit eher zu- als abnehmen, durchaus hoch.

Durch eine solche Aufbereitung kann man sehr einfach eine einzige allgemeine Vorlage für alle Kinder entwickeln, deren Namen nicht notwendigerweise bekannt sein muss. Stattdessen erstellt man eine Vorlage für das Elternelement (enthält Umsatzzahlen, Mitarbeiter, Grundstücke oder gleich typisierte Messdaten), dessen Kinder nach dem gleichen Schema verarbeitet werden. Wie viele Kinder genau verfügbar sind, ist unerheblich, da sie innerhalb eines Elternelements platziert sind. Auch wenn neue Kinder mit gleichem oder anderem Namen hinzukommen, ist dies nicht von Bedeutung, solange sie gleich verarbeitet werden.

In Erweiterung dieses Ansatzes lässt sich noch ein Benennungsschema oder mithilfe von Attributen ein Typisierungsschema verwenden, das in RDF (Resource Description Framework) zum Einsatz kommt. Da die Elternelemente eigentlich keine andere Aufgabe haben, als Elemente für eine einfache XPath-Adressierung zu umschließen, kann man sie im Namen oder mit Attributwerten auch mit zusätzlichen Informationen ausstatten. Diese könnten für die Verarbeitung nützliche Angaben enthalten. Ein `typ`-Attribut könnte die Werte `sammlung` oder `reihenfolge` speichern oder der Elementname könnte diese Bezeichnungen enthalten. Es ließe sich hier auch anregen, sofort die Bezeichner aus dem RDF zu verwenden, da sie dort definiert sind und man auf einen anderen Standard des W3C zurückgreift.

Dies kann die Reihenfolgebeziehung der enthaltenen Kinder betreffen:

- Reihenfolge: Die Anordnung der Kinder in Dokumentrichtung entspricht einer notwendigen Reihenfolge bzw. ist für die Verarbeitung von Bedeutung. Einfaches Beispiel: Hier könnte die Verarbeitung z. B. zu einer nummerierten Liste führen.

- Sammlung: Die Anordnung der Kinder in Dokumentrichtung entspricht keiner notwendigen Reihenfolge bzw. ist nicht für die Verarbeitung von Bedeutung. Einfaches Beispiel: Hier könnte die Verarbeitung z. B. zu einer nicht nummerierten Liste führen.

→ **Beispiel zur Modellierung**

Mit der bereits von den Daten her bekannten Umsatzaufstellung pro Monat und Tarif wollen wir die gegebenen Tipps illustrieren. Eine sehr sinnvolle und sicherlich schnell auf Gegenliebe stoßende Verbesserung ist die Gruppierung der Daten. Dies ließe sich für die Verarbeitung natürlich auch in XSLT erledigen, doch ist es durchaus arbeitserleichternd, wenn die Monate alle abgerufenen Tarife in der Tarifliste enthalten und nicht nur einen. (Um ehrlich zu sein, hatten wir das vorherige Dokument auch nur deswegen so schlecht aufgebaut, damit wir es jetzt korrigieren können.)

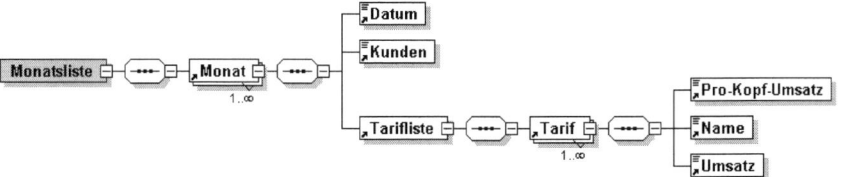

Abbildung 11.11: Erster Versuch

Dies ergibt dann ein Dokument wie folgendes:

```
<Monatsliste xmlns:xsi="http://www.w3.org/2001/XMLSchema-instance"
xsi:noNamespaceSchemaLocation="1123_01.xsd">
  <Monat>
    <Datum>01.04</Datum>
    <Kunden>25649</Kunden>
    <Tarifliste>
      <Tarif>
        <Pro-Kopf-Umsatz>0.0251</Pro-Kopf-Umsatz>
        <Name>Mondschein1</Name>
        <Umsatz>644.69</Umsatz>
      </Tarif>
      <Tarif>
        <Pro-Kopf-Umsatz>0.0254</Pro-Kopf-Umsatz>
        <Name>Frühstück</Name>
        <Umsatz>650.57</Umsatz>
      </Tarif>
      ...
```

Listing 11.16: 1123 _ 01.xml – Leicht verbesserte Umsatzaufstellung

Nun schauen wir uns das Dokument noch einmal an und korrigieren es mithilfe der Benennungsempfehlungen und einer völlig veränderten Struktur im Bereich der Tarifliste. Weil unterschiedlich benannte, aber gleich verarbeitete Elemente im Element Tarif zu finden waren, gibt es nun ein Umsatz-Element, das das bereits vorhandene Elemente Pro-Kopf-Umsatz und das ehemalige Umsatz-Element im Namen Gesamt-Umsatz enthält. Da davon auszugehen ist, dass möglicherweise weitere Informationen zum Tarif benötigt werden wie z. B. Gültigkeit oder Tariftyp, befindet sich ein einzelnes Name-Element in einem Element Beschreibung. Dies ist in einer Projektsitzung schwierig zu vermitteln, weil ja ein-

423

deutig ein einzelnes Element mit einem scheinbar unnützen Elternelement versehen wird. Da allerdings tatsächlich im Datendokument private und geschäftliche Tarife enthalten sind und diese mit Sicherheit irgendwann getrennt voneinander ausgelesen werden sollen (Durchschnittsberechnungen, Gruppierung, Sortierung etc.), wäre dies ein Vorschlag, den man vorsorglich umsetzen sollte.

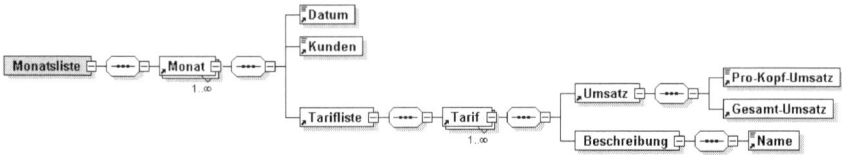

Abbildung 11.12: Zweiter Versuch

Wenn man sich schon die Mühe macht, ähnliche Elemente unter einem Elternelement zu vereinen, dann lohnt sich auch, eine Vereinfachung der Benennungen durchzuführen. Weil die Kinder eines Umsatz-Elements ohnehin Umsatzzahlen in verschiedenen Ausprägungen (pro Kopf, gesamt, im Vergleich zum Vormonat, Zuwachsrate etc.) enthalten, kann man die Namen auf Pro-Kopf und Gesamt verkürzen.

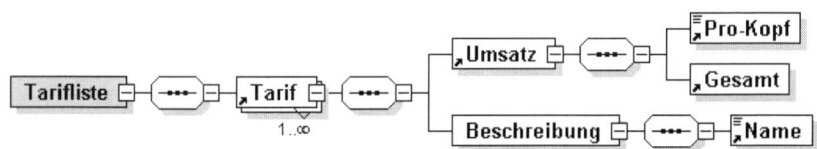

Abbildung 11.13: Dritter Versuch

Sehr diskussionswürdig ist weiterhin die Modellierung von Datum und Kunden. Hier ist – so soll die Annahme sein – zunächst schwierig abzuschätzen, inwieweit hier Ober- oder Unterbegrifflichkeiten in den Datenstrukturen vorzufinden sind oder sein werden. Dass man mehr Zeitinformationen speichert, scheint eher unwahrscheinlich. Dass man detailliertere Kundeninformationen benötigt, ist insoweit fraglich, als dass sich diese erweiterten Zahlen auf andere Daten (pro Stadt, pro Tarif) beziehen müssten. Dies allerdings wäre dann eher im Tarif-Element unterzubringen und nicht als allein stehendes Konstrukt, weil möglicherweise Datenredundanzen auftreten können. Da dies nicht klar zu erkennen ist, bleibt es zunächst im Dokument so wie jetzt. Eine Verlagerung in den Umsatz-Bereich mit neuen Werten ist allerdings kein Problem, solange die Verarbeitung (in unserem Fall immer Ausgabe in HTML) die gleiche ist und der Datentyp zu den potenziellen Geschwistern im Umsatz-Element passt.

```
<Monatsliste xmlns:xsi="http://www.w3.org/2001/XMLSchema-instance"
xsi:noNamespaceSchemaLocation="1123_03.xsd">
  <Monat>
    <Datum>01.04</Datum>
    <Kunden>25649</Kunden>
    <Tarifliste>
     <Tarif>
       <Umsatz>
          <Pro-Kopf>0.0251</Pro-Kopf>
          <Gesamt>644.69</Gesamt>
       </Umsatz>
       <Beschreibung>
          <Name>Mondschein1</Name>
       </Beschreibung>
     </Tarif>
     ...
```

Listing 11.17: 1123 _ 03.xml – Neufassung der Umsatzübersicht

→ **Beispiel zur Verarbeitung**

Als beispielhafte Verarbeitung dieses Dokuments soll es nicht darum gehen, völlig allgemein zu arbeiten, sodass ein Transformationsdokument für unterschiedliche XML-Dokumenttypen entsteht. Stattdessen richtet sich unser Augenmerk darauf, eine Transformation zu erstellen, die auch bei sich wandelnden Dokumentstrukturen entweder gar keine Änderung oder nur kleinere Anpassungen erfordert. Wenn sich natürlich Namen ändern oder ganze Hierarchieverschiebungen ergeben, die in der Transformation ebenfalls über Namensaufruf und damit nicht völlig allgemein abgebildet werden, dann kommt man nicht umhin, Änderungen an diesen Bezeichnern auch in der Transformation vorzunehmen.

Wir gehen allerdings in unserem Beispiel davon aus, dass grundlegende Strukturen erhalten bleiben und hierarchisch tiefer angesiedelte Strukturen möglichst allgemein verarbeitet werden. Die Startvorlage ruft zunächst eine passende Vorlage für das Element Monat auf.

```
<!-- Startvorlage -->
  <xsl:template match="/Monatsliste" priority="2.0">
    <html>
      ...
      <body>
        <xsl:apply-templates select="Monat"/>
      </body>
    </html>
  </xsl:template>
```

Listing 11.18: 1123 _ 03.xslt – Startvorlage

Diese Vorlage für das Element Monat erstellt eine Tabelle und arbeitet danach ausschließlich mithilfe der Eltern-Kind-Beziehung. Die inhärente und nicht zu modellierende Bedeutung von Kindern für die Ausgabe ist dabei für Änderungen der XML-Strukturen natürlich sehr wichtig. In unserem Fall werden aus den Namen der Kinder von Monat Spaltenköpfe, sodass neue Elemente, die – aus welchen Gründen auch immer – sich nicht für die Ausgabe oder für die Erzeugung von Spaltenköpfen eignen, hier fehl am Platz wären oder einen namentlichen Aufruf der anderen Elemente erfordern würden.

Für die Ausgabe der Datenreihen rufen wir diese Kindknoten erneut auf und suchen passende Vorlagen für sie.

```
<!-- Vorlage für Monat -->
  <xsl:template match="Monat" priority="2.0">
    <h2>
      <xsl:value-of select="(position(),
                             local-name(.))" separator=".) "/>
    </h2>
    <table border="1">
      <tr>
        <xsl:for-each select="child::*">
          <th>
            <xsl:value-of select="local-name(.)"/>
          </th>
        </xsl:for-each>
      </tr>
      <xsl:apply-templates select="child::*"/>
```

```
    </table>
</xsl:template>
```

Listing 11.19: 1123 _ 03.xslt – Vorlage für Monat

Die gerade erwähnten passenden Vorlagen für die Kindknoten von Monat werden ausdrücklich nicht über ihren Namen weiterverarbeitet, sondern über eine Vorlage, die speziell für Kinder :-) geschrieben wurde. Sie enthält verschiedene Fälle, die sich explizit auf das vorhandene Dokument beziehen und die unterschiedlichen Situationen abfragen, in denen Kindknoten auftreten können. Wichtig ist allerdings, dass auch bei wachsender Dokumentstruktur auf mehreren Kind-Ebenen die Transformation nicht anzupassen ist. Ob man mit der vorhandenen Vorlage drei oder vier Kindelemente beliebigen Namens verarbeitet oder ob diese wiederum Kinder enthalten, ist zunächst egal, solange mit der strukturierten Ausgabe in Tabellenform eine sinnvolle Ausgabe erzielt wird. Damit soll dieses Beispiel verdeutlichen, wie man sich die Arbeit bei sich verändernder Dokumentstruktur erleichtern kann, wenn man allgemeine Vorlagen einsetzt.

Im Quelltext haben wir die verschiedenen Kommentare gefettet, die jeweils die Fälle oder die Ausgabearten bezüglich der angestrebten Tabelle ankündigen.

```
<!-- Vorlage für Kinder -->
<xsl:template match="child::*">
 <xsl:choose>
 <!-- Eltern = Monat -->
  <xsl:when test="local-name(parent::*)='Monat'">
   <xsl:choose>
   <!-- Keine Kinder, sondern Textknoten -->
    <xsl:when test="count(child::*) = 0 and exists(text())">
     <td>
      <xsl:value-of select="."/>
     </td>
    </xsl:when>
   <!-- Ein Kind -->
    <xsl:when test="count(child::*) = 1">
     <td>
      <xsl:value-of select="."/>
     </td>
    </xsl:when>
   <!-- Mehr als ein Kind -->
```

427

```
            <xsl:when test="count(child::*) &gt; 1">
              <td>
                <xsl:apply-templates select="child::*"/>
              </td>
            </xsl:when>
          </xsl:choose>
        </xsl:when>
        <!-- Eltern != Monat -->
        <xsl:when test="not(local-name(parent::*)='Monat')">
          <table border="1">
            <tr>
            <!-- Kinder von Monat -> TH -->
              <xsl:for-each select="child::*">
                <th>
                  <xsl:value-of select="local-name(.)"/>
                </th>
              </xsl:for-each>
            </tr>
            <tr>
              <xsl:for-each select="child::*">
                <td>
                <!-- Kinder von Kinder von Monat -> TD -->
                  <xsl:for-each select="child::*">
                    <xsl:value-of select="('(', local-name(.),')',.)"/>
                    <br/>
                  </xsl:for-each>
                </td>
              </xsl:for-each>
            </tr>
          </table>
        </xsl:when>
      </xsl:choose>
    </xsl:template>
```

Listing 11.20: `1123 _ 03.xslt` – Ausgabeanweisungen

In HTML enthält man eine Tabelle, die ihrerseits wiederum mehrere kleine Tabellen enthält. Jeder Spalte in der äußeren Tabelle stellt ein Kind von `Monat` dar. Sollten hier also in Zukunft mehr Kinder erscheinen, dann würden zwangsläufig mehr Spalten ausgegeben werden. Sind in den Kindern Textknoten enthalten, werden diese in der Zelle ausgegeben. Enthalten die Kinder dagegen ebenfalls wieder Kinder, so werden diese bis zur in der vorher abgedruckten Vorlage berücksichtigten Hierarchietiefe ebenfalls in Tabellenform ausgegeben. Sollten hier ebenfalls mehr Kinder erscheinen, werden die Kindeskinder von Monat in mehr Spalten dieser Tabellen ausgegeben. Dies betrifft zurzeit die Elemente Umsatz und Beschreibung. Sollten dann wiederum mehr Kinder der Kindeskinder auftreten, entstünden automatisch längere Tabellen, da diese Elemente in den Zellen zu finden sind, wobei als Beschriftung eingeklammerte Ausdrücke entstehen.

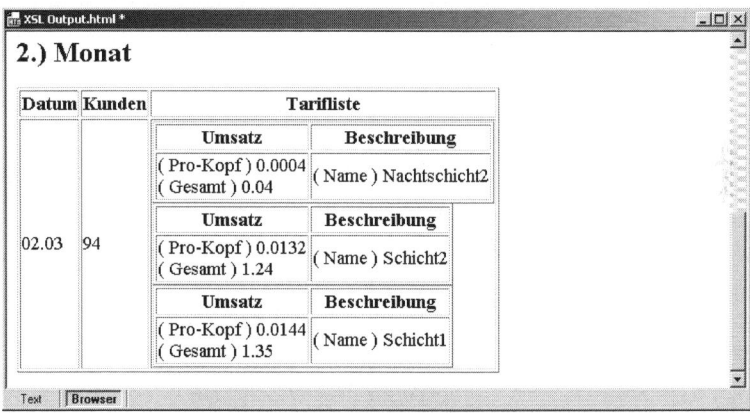

Abbildung 11.14: Ausgabe in HTML

11. 1. 7. Attribute vs. Elemente

Ein häufiges Mittel, um sehr flexible Strukturen in XML zu erhalten, ist die Verwendung eines Metavokabulars für die Speicherung der Inhalte. Die Beschriftung und damit die Semantik der Daten lagert man wie ihre Werte und – für eine bessere Verarbeitung – ihre Datentypangaben ebenfalls in Attributwerte oder in Textknoten aus. Diese Modellierung ist recht eigenwillig, hat spezifische Vor- und Nachteile, sollte allerdings immer auch als Alternative in Betracht gezogen werden.

→ Grundlagen

Die genaue Vorgehensweise bei solcher Modellierung ist am einfachsten dem Quelltext im nächsten Abschnitt zu entnehmen, sofern Sie sich noch nicht mit der XML-Modellierung beschäftigt haben. Das Grundprinzip erfordert, dass in den Element- und Attributnamen ein Metavokabular zum Einsatz kommt. Dieses kann sich auch in sehr allgemeiner Weise auf die beschriebenen Daten beziehen. In unserem Fall haben wir dagegen ein sehr allgemeines Vokabular gewählt, um das Grundprinzip beispielhaft besonders deutlich zu machen. Die Werte der solchermaßen modellierten Elemente befinden sich dann wie auch bei elementorientierten Dokumenten in Textknoten und Attributwerten. Der besondere Unterschied liegt darin, dass die eigentlichen Werte wie Beschreibungen gleichermaßen als Werte im XML-Dokument auftreten.

Die Vorteile einer solchen Modellierung:

• Große Flexibilität bei wechselnden oder sich verändernden Datenstrukturen

• Umfangreiche Einsatzmöglichkeiten der gleichen Modellierung für verschiedene Datenstrukturen oder verschiedene Versionen derselben Struktur

• Möglichkeit, sehr wenige Transformationsdokumente vorzuhalten, um unterschiedliche Strukturen gleich zu verarbeiten

• Möglichkeit, individuell zu arbeiten und über die als Werte gespeicherten Bezeichner zu suchen

Die Nachteile einer solchen Modellierung:

• Die Adressierung mit XPath erfordert für die einfache Lokalisierung über einen Elementnamen bereits ein Prädikat, da der Wert des Namens in einem Attributwert enthalten ist.

• Das Lesen der Daten in Rohform ist erschwert durch die gleichzeitige Speicherung von Beschreibungen und Daten in derselben Aufbereitungsform (Textknoten oder Attributwerte).

• Validierung der Daten mit einfachem XML Schema ist nur schwer möglich, weil man mit der XML Schema-Syntax nicht die in Wert-Form gespeicherten Beschreibungen validieren kann

→ **Beispiel**

Unser Beispiel enthält sehr wenige Elemente. Innerhalb einer so genannten `sammlung` befinden sich mehrere Elemente in unstrukturierter Folge. Sie enthält als Sammlungsinhalt ein oder mehrere Elemente des Typs `einheit`. Diese wiederum besitzt wie die `sammlung` einen Namen und speichert einzelne Werte in `wert`-Elementen, die entweder direkt einen Textknoten mit dem Wert enthalten oder die selbst wieder `wert`-Elemente als Kinder besitzen. Alle Elemente, die Werte speichern, geben zusätzlich zum `name`-Attribut auch den Datentyp des gespeicherten Werts in einem `typ`-Attribut und in den XML Schema-Datentypen an.

Damit das Beispiel leicht zu verstehen ist, haben wir einfach die bereits bestehende XML-Datei des vorherigen Beispiels in dieses attributorientierte Format übertragen. Sie können also mit einem direkten Vergleich die veränderte Struktur nachvollziehen.

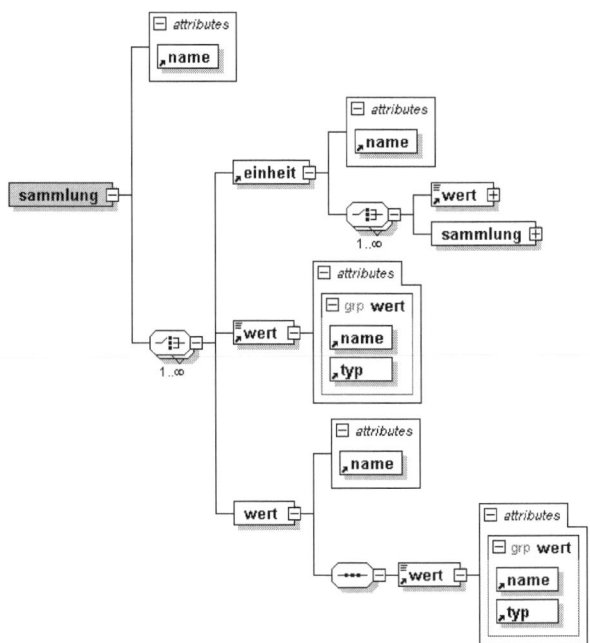

Abbildung 11.15: Element- und Attributstruktur

```
<sammlung name="Monatliste" xmlns:xsi="http://www.w3.org/2001/
XMLSchema-instance" xsi:noNamespaceSchemaLocation="1124_01.xsd">
  <einheit name="Monat">
    <wert name="Datum" typ="xs:gYearMonth">2004-01</wert>
    <wert name="Kunden" typ="xs:integer">25649</wert>
    <sammlung name="Tarifliste">
      <einheit name="Tarif">
        <wert name="Umsatz">
          <wert name="Pro-Kopf" typ="xs:decimal">0.0251</wert>
          <wert name="Gesamt" typ="xs:decimal">644.69</wert>
        </wert>
        <wert name="Beschreibung">
          <wert name="Name" typ="xs:string">Mondschein1</wert>
        </wert>
      </einheit>
      ...
```

Listing 11.21: 1124 _ 01.xml – Attributorientierte Modellierung

Innerhalb der Startvorlage wird lediglich sehr allgemein nach passenden Vorlagen für die einzelnen Elemente gesucht.

```
<!-- Startvorlage -->
<xsl:template match="/">
  <html>
    ...
    <body>
      <xsl:apply-templates/>
    </body>
  </html>
</xsl:template>
```

Listing 11.22: 1124 _ 01.xslt – Startvorlage

Der gesamte Algorithmus basiert nun nicht auf längeren Fallunterscheidungen wie zuvor, die teilweise auch schwierig aufzubauen sind oder deren Pflege auch schon einmal zu nicht erkannten Nebeneffekten durch unberücksichtigte Fälle und Zustände führen kann, sondern auf sehr kurzen einzelnen Vorlagen für die verschiedenen Elemente. Für das Element einheit ruft die passende Vorlage zunächst eine passende Vorlage für das Attribut name auf, um dann allgemein nach passenden Vorlagen für ihre Kinder zu suchen.

```
<!-- Vorlage für einheit -->
<xsl:template match="einheit">
  <xsl:apply-templates select="@name"/>
  <xsl:apply-templates/>
</xsl:template>
```

Listing 11.23: 1124 _ 01.xslt – Vorlage für Element einheit

Für das Element sammlung existiert eine Vorlage, die ebenfalls zunächst eine passende Vorlage für das Attribut name sucht, um danach eine nicht nummerierte Liste auszugeben. Kinder von sammlung sollen dann in dieser Liste verarbeitet werden.

```
<!-- Vorlage für sammlung -->
<xsl:template match="sammlung">
  <xsl:apply-templates select="@name"/>
  <ul>
    <xsl:apply-templates/>
  </ul>
</xsl:template>
```

Listing 11.24: 1124 _ 01.xslt – Vorlage für Element sammlung

Normalerweise hätten wir wie in den zurückliegenden Beispielen eine einzige Vorlage für das Element wert erstellt, in der mit einer Fallunterscheidung die verschiedenen Zustände dieses Elements untersucht und dann passend verarbeitet werden. Als Alternative stellen wir hier Vorlagen vor, die die verschiedenen Fälle bereits im match-Attribut in Form eines XPath-Prädikats besitzen. Dies verkürzt den Quelltext, was die eine einzige Vorlage anbetrifft, verringert allerdings durchaus nicht das Problem, dass durch die verschiedenen Zustände dieses Elements auch verschiedene Fallunterscheidungen – nun in Form von Vorlagen – notwendig sind.

Der erste Fall betrifft die wert-Elemente, die einen Textknoten enthalten und daher sofort als Listenpunkt unter Zugriff auf das name-Attribut ausgegeben werden können.

```
<!-- Vorlage für wert mit Textknoten -->
<xsl:template match="wert[exists(text())]">
```

```
<li>
  <xsl:value-of select="(@name, ': ')"/>
  <xsl:apply-templates/>
</li>
</xsl:template>
```

Listing 11.25: 1124 _ 01.xslt – Vorlage für verschiedene wert-Elemente

Die zweite Vorlage für das wert-Element behandelt den Fall, in der kein Textknoten, sondern weitere wert-Elemente als Kinder auftreten. In diesem Fall soll eine nummerierte Liste ausgegeben werden, vor der eine passende Vorlage für das allgemein beschreibende name-Attribut gesucht wird. Innerhalb dieser Liste werden dann passende Vorlagen gesucht, die sich – in der aktuellen Variante des Dokuments – auf wert-Elemente beziehen. Daher wird die vorher vorgestellte Vorlage aufgerufen, die nach passenden Vorlagen sucht.

Eine passende Vorlage für Textknoten findet sich auch. Diese ist hier extra angegeben, damit nicht auch Attributwerte durch eine simple Vorlagensuche einfach ausgegeben werden, obwohl dies nicht erwünscht ist.

```
<!-- Vorlage für wert ohne Textknoten -->
<xsl:template match="wert[not(exists(text()))]">
  <xsl:apply-templates select="@name"/>
  <ol>
    <xsl:apply-templates/>
  </ol>
</xsl:template>
<!-- Vorlage für text() -->
<xsl:template match="text()">
  <xsl:value-of select="."/>
</xsl:template>
```

Listing 11.26: 1124 _ 01.xslt – Ausgabe von Textknoten

Die Vorlage für das name-Attribut, die bereits sehr oft aufgerufen wurde, gibt den Attributwert einfach in einem einfachen Listenpunkt aus.

```
<!-- Vorlage für @name) -->
<xsl:template match="@name">
  <li>
```

```
        <xsl:value-of select="."/>
      </li>
  </xsl:template>
```

Listing 11.27: 1124 _ 01.xslt – Ausgabe des Attributs name

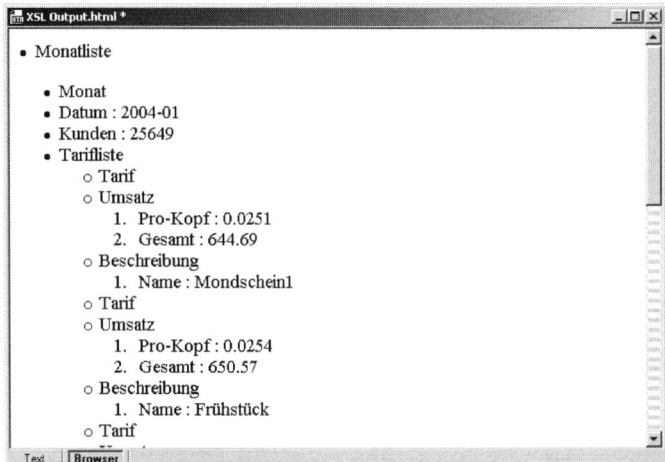

Abbildung 11.16: Ausgabe in HTML

Als Ergebnis erhält man eine längere Liste, die ihrerseits wiederum Unterlisten enthält. Wir halten persönlich die einfache Ausgabe für sehr gelungen, weil das Dokument gut lesbar erscheint. In diesem besonderen Fall ist eine solch gute Lesbarkeit angesichts der eher schwierigen Lesbarkeit der Originaldaten überaus wichtig.

Eigene XSLT-Funktionen

12. Eigene XSLT-Funktionen

Trotz des sehr stark erweiterten Funktionsumfangs von XPath gibt es natürlich immer Bedarf an wiederverwendbaren Komponenten, die man entweder in einer einzigen Transformation mehrfach verwenden möchte oder die für eine ganze Anwendung in verschiedenen Transformationen zum Einsatz kommen können. Mithilfe der allgemeinen Vorlagen haben wir Ihnen bereits ein Konzept vorgestellt, wie man wiederverwendbare Komponenten in XSLT erstellen kann. Diese hingen allerdings doch sehr vom Ping-Pong-Spiel und damit der Vorlagenautomatik ab. In diesem Kapitel wollen wir uns noch einmal mit der Erstellung von wiederverwendbaren Komponenten beschäftigen, dabei jedoch benannte Vorlagen und Stylesheet-Funktionen (neu in XSLT 2.0) diskutieren.

12. 1. Benannte Vorlagen in XSLT 1.0

Das Ziel dieses Kapitels besteht darin, Ihnen Techniken mit XSLT zu zeigen, mit denen Sie in die Lage versetzt werden, wiederverwendbare Komponenten zu erstellen. Dies könnten natürlich ganz einfache XSLT-Dateien sein, die über Import oder Inklusion in eine andere XSLT-Datei eingebunden werden. Solche Techniken werden im ersten Band dieser Reihe ausführlich erläutert und sollen hier nicht noch einmal Gegenstand einer Diskussion sein.

Tatsächlich können sich hinter solchermaßen eingebundenen Vorlagen auch sehr spezialisierte und aufgrund der Bezeichnerverwendung innerhalb der Vorlagen keine allgemeinen Bausteine verbergen. Unser Ziel sind allerdings genau solche allgemeinen Bausteine, wobei es jetzt nicht darauf ankommt, sie über Platzhalter wie im vorherigen Kapitel aufzubauen, sondern ihnen einen Namen zu geben und sie über diesen aufzurufen.

12. 1. 1. Grundlagen

Die einfachste Möglichkeit, auch in XSLT 1.0 schon solche benannten wiederverwendbaren Vorlagen zu erstellen, stellen benannte Vorlagen dar. Wir werden in diesem Abschnitt solche Ihnen schon bekannten Vorlagen noch einmal aus einer ganz anderen Perspektive betrachten, nämlich in Form von Funktionen oder Prozeduren, wie sie auch zur Erledigung von wiederholt auftretenden Anweisungen in anderen Programmiersprachen zum Einsatz kommen. Es soll also eine Vorlage entstehen, die in einer anderen Vorlage eine Methode einer Hilfsklasse oder eine Unterroutine, eine DB-Funktion oder überhaupt eine Funktion wäre. Da wir natürlich in XSLT keine objektorientierten und nicht einmal prozedurale Strukturen, sondern deklarative Strukturen zur Algorithmenbildung besitzen, ist der Vergleich nur sehr einfach und sehr oberflächlich zu machen. Man wird diesen benannten Vorlagen nicht notwendigerweise ansehen, dass sie spezielle Vorlagen für unsere Anwendung darstellen. Vielleicht liegen sie in einer entsprechend benannten Datei, die von mehreren anderen XSLT-Dateien eingebunden wird, sie weisen einen besonderen Namensraum auf oder befolgen spezielle Namenskonventionen.

Lediglich der Programmierer wird wissen, dass dies spezialisierte Vorlagen für allgemeine Umwandlungen, Transformationen oder Berechnungen sind. Sie bestehen aus folgenden Bestandteilen:

- Ein möglichst allgemeiner Name, der auf ihre Wiederverwendbarkeit deutlich hinweist. Dieser Name könnte genauso gut in einer anderen Programmiersprache für eine ähnlich aufgebaute oder mit ähnlichen Algorithmen ausgestattete Methode/Funktion/ Routine stehen.

- Eine Parameterliste, die einzelne Werte oder ganze Knoten bzw. Knotensätze erwartet. Diese Parameter tragen auch Namen, die nicht mit Namen aus dem XML-Datenstrom Ähnlichkeiten aufweisen, sondern eher allgemeiner Natur sind. Dies soll verdeutlichen, dass eine universelle Einsetzbarkeit der Vorlage durch diese Schnittstellen gegeben ist.

- Der Aufruf erfolgt dann gerade nicht über das Ping-Pong-Spiel, sondern mithilfe des Vorlagennamens unter Verwendung der benötigten Parameter.

- Der Rückgabewert einer solchen Vorlage erfolgt dann über die Ausgabe im XML-Ausgabestrom mithilfe von `xsl:text`, `xsl:value-of` oder einer Textknoten-Ausgabe in einem Element.

Damit Sie einen Überblick über die verschiedenen Syntax-Strukturen erhalten, haben wir für die drei Bausteine die unterschiedlichen XSLT-Elemente noch einmal in der nachfolgenden Aufstellung zusammengefasst.

Mithilfe von `xsl:template`[1] legt man eine Vorlage in XSLT an. In unserem Fall besitzt sie das optionale `name`-Attribut zur Angabe eines Namens, verzichtet allerdings auf das `match`-Attribut (Angabe eines XPath-Ausdrucks zur automatischen Vorlagenauswahl bzw. zur Angabe einer Vorlagenregel) und das `mode`-Attribut (unterscheidender Bezeichner für eine Vorlagenvariante). Mithilfe des Attributs `priority` lässt sich die Wichtigkeit numerisch und damit absolut ohne die automatische Einstufung durch den Prozessor vorgeben. Mithilfe des `as`-Attributs lässt sich der Rückgabewert angeben (neu in XSLT 2.0).

Die allgemeine Syntax für das `xsl:template`-Element lautet:

```
<!-- Kategorie: Deklaration -->
<xsl:template
  match = pattern
  name = qname
  priority = number
  mode = tokens
  as = sequence-type>
  <!-- Content: (xsl:param*, sequence-constructor) -->
</xsl:template>
```

Ein Parameter lässt sich für eine benannte Vorlage wie auch eine Vorlagenregel über `xsl:param` angeben. Das `name`-Attribut legt den Parameternamen fest. Das `select`-Attribut wählt einen Standardwert aus, der überschrieben werden kann, sobald die Vorlage mit diesem Parameter aufgerufen wird. Das Attribut `required` gibt an, ob der Parameter für die Vorlage verpflichtend beim Aufruf übergeben werden muss (neu in XSLT 2.0). Das Attribut `as` gibt den erwarteten Datentyp an (neu in XSLT 2.0).

Die allgemeine Syntax für das `xsl:param`-Element[2] lautet:

```
<!-- Kategorie: Deklaration -->
<xsl:param
  name = qname
  select = expression
  as = sequence-type
  required = "yes" | "no">
```

---

1 Vgl. XSL Transformations (XSLT) Version 2.0 W3C Recommendation 23 January 2007 im Abschnitt 6.1 Defining Templates unter http://www.w3.org/TR/xslt20/#defining-templates.
2 Vgl. XSL Transformations (XSLT) Version 2.0 W3C Recommendation 23 January 2007 im Abschnitt 9.2 Parameters unter http://www.w3.org/TR/xslt20/#parameters

```
   <!-- Content: sequence-constructor -->
</xsl:param>
```

Mithilfe des Elements `xsl:with-param` lässt sich innerhalb eines `xsl:apply-templa-tes`- oder `xsl:call-template`-Elements eine Vorlage unter Zuführung von Parameter-werten aufrufen. Mit dem Attribut `name` gibt man den zu übergebenden Parameter an, während das Attribut `select` den Wert in Form eines XPath-Ausdrucks (Knoten, Knoten-satz, Zeichenkette, Zahl) vorgibt.

Die allgemeine Syntax für das `xsl:with-param`-Element[3] lautet:

```
<xsl:with-param
   name = qname
   select = expression>
   <!-- Content: sequence-constructor -->
</xsl:with-param>
```

Durch das Element `xsl:call-template` kann man eine benannte Vorlage aufrufen. Ihr Name sitzt im `name`-Attribut. Als Kindelement sind ein oder mehrere `xsl:with-param`-Elemente optional zugelassen. Sie erlauben die Übergabe von Werten an Parameter.

Die allgemeine Syntax für das `xsl:call-template`-Element[4] lautet:

```
<!-- Kategorie: Instruktion -->
<xsl:call-template
   name = qname>
   <!-- Content: xsl:with-param* -->
</xsl:call-template>
```

Mithilfe dieser Bestandteile lässt sich das anlegen, was wir seit vielen Jahren in Seminaren und bei Kunden als »missbrauchte Vorlagen« vorstellen. Auf der einen Seite sind es ganz gewöhnliche Vorlagen, die keine besondere Syntax besitzen oder in irgendeiner Art und Weise syntaktisch aus dem Raster fallen. Auf der anderen Weise bieten sie einen erhöhten Nutzen bei der täglichen Arbeit mit ihnen, der sie in die Nähe von Routinen/Funktionen etc. bringt. Wir nennen sie deswegen missbrauchte Vorlagen, weil sie anders sind als gewöhn-

---

3   Vgl XSL Transformations (XSLT) Version 2.0 W3C Recommendation 23 January 2007 im Abschnitt 10.1.1 Passing
     Parameters to Templates unter http://www.w3.org/TR/xslt20/#with-param.
4   Vgl. XSL XSL Transformations (XSLT) Version 2.0 W3C Recommendation 23 January 2007 im Abschnitt 10.1 Named
     Templates unter http://www.w3.org/TR/xslt20/#named-templates.

liche benannte Vorlagen und für sehr viele Dinge eingesetzt, also sozusagen missbraucht werden.

Es hat sich nach den vielen Jahren Arbeit mit XSLT 1.0 herausgestellt, dass der Name eine durchaus gute Wahl war, denn das Wort Stylesheet-Funktionen ist nun in XSLT 2.0 nicht nur als Konzept, sondern sogar als neues Element in die Sprache eingeführt worden. Daher scheint unser Name auch weiterhin seine Daseinsberechtigung zu besitzen.

12. 1. 2. Verwendung

In einem längeren Beispiel möchten wir die gesamte Philosophie einführen, die sich hinter den missbrauchten Vorlagen verbirgt. Als Datenbasis greifen wir auf ein XML-Dokument zurück, das eine Liste aller Telefontarife der RuhrFon GmbH enthält, ergänzt um einige Umsatzinformationen. Die Struktur des Dokuments ist für dieses Beispiel weniger wichtig als seine genauen Daten, denn die verschiedenen Textknoten enthalten Inhalte, die nicht mit den Datentypen von XML Schema übereinstimmen. Wenn Sie einen Blick in das nachfolgende Dokument werfen, dann sehen Sie, dass es Datums- und Uhrzeitwerte gibt, die genau nicht den Datentypen `xs:date` oder `xs:time` entsprechen, sondern entweder ein deutsches Format besitzen oder sogar nur einfache Ganzzahlwerte sind. Ähnliches gilt für die Umsatz- bzw. Kundenzahlen im unteren Bereich des Dokuments, wo nicht nur Gruppentrennzeichen, sondern auch Dezimaltrennzeichen deutschen Formats verwendet werden.

```
<Tarifliste xmlns:xsi="http://www.w3.org/2001/XMLSchema-instance"
                    xsi:noNamespaceSchemaLocation="1212_01.xsd">
  <Tarif>
    <Name Nr="7" Typ="g">Schicht1</Name>
    <Gueltigkeit>
      <Von>01.01.03</Von>
      <Bis>31.12.03</Bis>
    </Gueltigkeit>
    <Uhrzeit>
      <Von>7</Von>
      <Bis>15</Bis>
    </Uhrzeit>
    <Preis/>
    <Umsatz>
      <Summe>2.313,50</Summe>
      <Kunden>787</Kunden>
```

```
    <Durchschnitt>2,94</Durchschnitt>
  </Umsatz>
</Tarif>
...
```

Listing 12.1: 1212 _ 01.xml – Tarifliste

Das Dokument an sich ist sehr simpel aufgebaut. Innerhalb eines Wurzelelements `Tarif-`
`liste` befinden sich mehrere `Tarif`-Elemente in Folge. Sie enthalten einige Kinder mit
Textknoten und andere Kinder mit weiteren abhängigen Kindern. Diese beschreiben die
`Gueltigkeit`, also in welchem Jahreszeitraum ein Tarif angeboten wurde, und die `Uhr-`
`zeit`, also wann am Tag ein Tarif innerhalb des Gültigkeitszeitraumes benutzt werden
konnte. Felder für `Name` und `Preis` des Tarifs sind dann genauso vorhanden wie ein Element `Umsatz`, in dem die gesamte Umsatzsumme, die Anzahl der Kunden, die diesen Tarif
genutzt haben, sowie der durchschnittliche Umsatz des Tarifs enthalten sind.

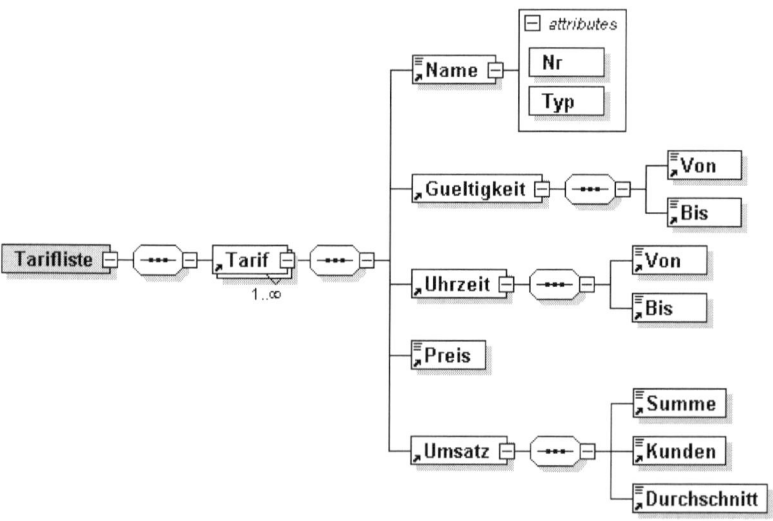

Abbildung 12.1: Dokumentstruktur

In diesem Fall möchten wir zur Abwechselung einmal kein HTML-Dokument als Ausgabe
erzeugen, sondern ein XML-Dokument mit gleicher Struktur, aber wesentlich besseren und
vor allen Dingen einfach zu validierenden Textknoten. Das heißt, die vorhandenen Textkno-

ten sollen fast alle in solche umgewandelt werden, die mit XML Schema-Datentypen überprüft werden können. Sollten Sie für die beiden genannten Typen nicht das korrekte Format
wissen, dann werden Sie sich die Struktur anhand des nachfolgenden Beispiels leicht denken können. Für das Datum gilt das ISO-Format (amerikanische Format), für die Uhrzeit ein
digitales mit Doppelpunkten und für die Dezimalzeichen das amerikanische.

```xml
<Tarifliste xmlns:xsi="http://www.w3.org/2001/XMLSchema-instance"
            xsi:noNamespaceSchemaLocation="1212_02.xsd">
  <Tarif>
    <Name Nr="7" Typ="g">Schicht1</Name>
    <Gueltigkeit>
      <Von>2003-01-01</Von>
      <Bis>2003-12-31</Bis>
    </Gueltigkeit>
    <Uhrzeit>
      <Von>07:00:00</Von>
      <Bis>15:00:00</Bis>
    </Uhrzeit>
    <Umsatz>
      <Summe>2313.50</Summe>
      <Kunden>787</Kunden>
      <Durchschnitt>2.94</Durchschnitt>
    </Umsatz>
  </Tarif>
  ...
```

Listing 12.2: 1212_02.xml – Korrekte Datentypen

In der Startvorlage steckt dieses Mal gleich die gesamte Ausgabe. Lediglich die genaue Aus-
programmierung der Umwandlung wird in speziellen Vorlagen geregelt. Aus Gründen der
Lesbarkeit erzeugen wir die XML-Elemente im Ausgabestrom nicht mit dem xsl:element-
Element, sondern mit einfachen Tags wie in HTML. Die Umwandlungen der Texte erfolgt
dann über die missbrauchten Vorlagen, in denen natürlich die interessantesten Punkte des
Beispiels stecken.

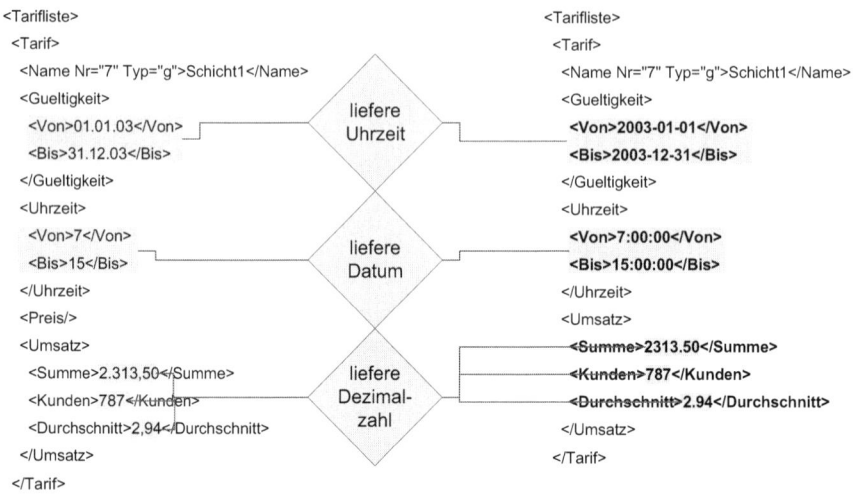

Abbildung 12.2: Umwandlungsprozess

Innerhalb der Startvorlage befinden sich dann selbstverständlich auch die Aufrufe der missbrauchten Vorlagen. Sinn und Zweck dieser Vorlagen ist die Vereinfachung des Lebens allgemein. Diese Vereinfachung zeigen wir jetzt nur einmal ganz kurz mithilfe der Verwendung unserer missbrauchten Vorlagen. Die fett gedruckten Aufrufe dieser Vorlagen führen dazu, dass die unter ihrem Namen verdeckten Algorithmen zur Datenumwandlung aufgerufen werden. In der Syntax von XSLT 2.0 gibt es neue Techniken für ähnliche Strukturen, deren Aufruf deutlich als Aufruf ausgelagerter Funktionen auffällt. In diesem Fall könnte sich dies im Vergleich zu einer Vorlage wie `Namensausgabe` oder `Tabellentitel` nicht so deutlich widerspiegeln.

```
<!-- Startvorlage -->
<xsl:template match="/Tarifliste">
  <Tarifliste xsi:noNamespaceSchemaLocation="1212_02.xsd">
    <xsl:for-each select="Tarif">
      <Tarif>
        <xsl:copy-of select="Name"/>
        <Gueltigkeit>
          <!-- Umwandlung in xs:date -->
          <xsl:for-each select="Gueltigkeit/child::*">
            <xsl:call-template name="lievereDatum">
              <xsl:with-param name="deutschesDatum" select="."/>
```

```
                </xsl:call-template>
              </xsl:for-each>
          </Gueltigkeit>
          <Uhrzeit>
              <!-- Umwandlung in xs:time -->
              <xsl:for-each select="Uhrzeit/child::*">
                <xsl:call-template name="lieferеUhrzeit">
                    <xsl:with-param name="Stunde" select="."/>
                </xsl:call-template>
              </xsl:for-each>
          </Uhrzeit>
          <!-- Umwandlung in xs:decimal -->
          <Umsatz>
              <xsl:for-each select="Umsatz/child::*">
                <xsl:copy>
                    <xsl:call-template name="liefereDezimalzahl">
                      <xsl:with-param name="deutscheZahl" select="."/>
                    </xsl:call-template>
                </xsl:copy>
              </xsl:for-each>
          </Umsatz>
        </Tarif>
      </xsl:for-each>
    </Tarifliste>
  </xsl:template>
```

Listing 12.3: 1212 _ 01.xslt – Umfangreiche Startvorlage

Die erste missbrauchte Vorlage `liefereDatum` dient der Erzeugung von Elementen mit Namen des übergebenen Elements und der Umwandlung vom deutschen Datumsformat in das ISO-Datumsformat. Die Schnittstelle nach außen bildet der Parameter `deutschesDatum`, der einen Elementknoten und nicht nur einen Textknoten erwartet. Der Algorithmus zur Umwandlung ist – wir sind ganz ehrlich – besonders simpel und unspektakulär. Zur besseren Lesbarkeit haben wir drei Variablen erstellt, die mithilfe der einfachen `substring`-Funktion die passenden Felder aus dem vorhandenen Datum unter einem passenden Namen – `Tag`, `Monat` und `Jahr` – speichern. Die Ausgabe bzw. der Rückgabewert ist dann ebenso einfach ein Element, das so heißt wie das übergebene Element, und ein Textknoten im passenden Format, den wir mit der `concat`-Funktion aus den drei Variablen zusammensetzen.

447

```
<!-- Vorlage zur Datumsumwandlung -->
<xsl:template name="liefereDatum">
  <!-- Parameter -->
  <xsl:param name="deutschesDatum"/>
  <!-- Variablen zu Ausgabe -->
  <xsl:variable name="Tag" select="substring($deutschesDatum/
                                    text(), 1,2)"/>
  <xsl:variable name="Monat" select="substring($deutschesDatum/
                                      text(), 4,2)"/>
  <xsl:variable name="Jahr"
             select="concat('20',substring($deutschesDatum/
                                    text(), 7,2))"/>
  <!-- Ausgabe -->
  <xsl:element name="{local-name($deutschesDatum)}">
    <xsl:value-of select="concat($Jahr, '-', $Monat, '-', $Tag)"/>
  </xsl:element>
</xsl:template>
```

Listing 12.4: 1212 _ 01.xslt – Umwandlung in xs:date

Beim gerade abgedruckten Beispiel kommt es auch weniger auf die genaue Programmierung der Syntax in XSLT an, sondern darauf, dass dies eine Vorlage ist, die sich tatsächlich in
keiner Weise mit genauen Elementstrukturen auseinander setzt. Tatsächlich kann man sie
immer aufrufen, wenn man in einem Feld ein deutsches Datum findet und ein ISO-Datum
benötigt. Das Ergebnis im Ziel-XML-Dokument entspricht dann der Struktur, die im nachfolgenden XML Schema-Auszug angegeben ist.

```
<xs:element name="Gueltigkeit">
  <xs:complexType>
    <xs:sequence>
      <xs:element name="Von" type="xs:date"/>
      <xs:element name="Bis" type="xs:date"/>
    </xs:sequence>
  </xs:complexType>
</xs:element>
```

Listing 12.5: 1212 _ 02.xsd – XML Schema-Komponente zur Validierung

Die missbrauchte Vorlage `liefereUhrzeit` erledigt eine ähnliche Arbeit für die Umwandlung von Ganzzahlen in das `xs:time`-Format `hh:mm:ss` wie die zuvor präsentierte `liefereDatum`-Vorlage. Auch diese Vorlage lässt sich überall einsetzen, wo ein komplettes Element mit korrigierter Stundenangabe erzeugt werden soll, unabhängig davon, wie es heißt. Innerhalb der Vorlage gibt es einen Test auf den genauen Wert der Stundenangabe, weil im ISO-Format keine 24 zulässig ist, sondern der Tag mit 0 Uhr beginnt und endet. Im XML-Dokument bzw. in der Spieldatenbank ist allerdings die Stunde 24 zulässig.

```
<!-- Vorlage zur Stundenumwandlung -->
<xsl:template name="liefereUhrzeit">
  <!-- Parameter -->
  <xsl:param name="Stunde"/>
  <!-- Ausgabe -->
  <xsl:element name="{local-name($Stunde)}">
    <xsl:choose>
      <xsl:when test="not($Stunde = 24)">
        <xsl:value-of select="concat($Stunde/text(),':00:00')"/>
      </xsl:when>
      <xsl:otherwise>
        <xsl:text>00:00:00</xsl:text>
      </xsl:otherwise>
    </xsl:choose>
  </xsl:element>
</xsl:template>
```

Listing 12.6: `1212_01.xslt` *– Umwandlung in* `xs:time`

Im Ergebnis entspricht dann die Ausgabe der `liefereDatum`-Vorlage der Struktur, wie sie im nachfolgenden XML Schema-Auszug angegeben ist.

```
<xs:element name="Uhrzeit">
  <xs:complexType>
    <xs:sequence>
      <xs:element name="Von" type="xs:time"/>
      <xs:element name="Bis" type="xs:time"/>
    </xs:sequence>
  </xs:complexType>
</xs:element>
```

Listing 12.7: `1212_02.xsd` *– XML Schema-Komponente zur Validierung*

449

Abbildung 12.3: Struktur des Vorlagenaufrufs

Für die Umwandlung von deutschen Zahlen mit Dezimalkomma und dem Punkt als Gruppentrennzeichen muss man einen aufwändigeren Algorithmus verwenden, der in XSLT 2.0 völlig überflüssig wäre. Dort gibt es nämlich eine passende `replace`-Funktion, die einfach die benötigten Zeichen in der Zeichenkette austauschen kann. Für XSLT 1.0 ist dies leider nicht möglich – oder zum Glück, denn so können wir kurz ein Beispiel mit Rekursion einfügen. Weil die Ersetzung von Unterzeichenketten in XSLT 1.0 nicht ganz so einfach ist wie in der Nachfolgerversion, lohnt sich hier ganz deutlich die Verwendung einer missbrauchten Vorlage, weil jeder andere Quelltext mit solchen Dingen wie Rekursion immer sehr schnell überfrachtet wirkt.

Zur Erklärung des Inhalts der Vorlage ist so viel zu sagen, dass diese Vorlage nicht einen Elementknoten, sondern einen Textknoten erwartet. Von ihm erhält die lokale Variable `Zeichen` das erste Zeichen, das dann innerhalb der `xsl:choose`-Anweisung untersucht wird. Ein Punkt wird gelöscht, ein Komma wird zu einem Punkt umgewandelt, und ein anderes

Zeichen wird ohne Änderung ausgegeben. Diese Fallunterscheidung und ebenso der rekursive Aufruf der Vorlage sind davon abhängig, dass die Länge der übergebenen Zeichenkette wenigstens ein Zeichen enthält. Die Länge wird aus Gründen der besseren Lesbarkeit in einer eigenen lokalen Variablen Laenge gespeichert. Für den rekursiven Aufruf benötigt man die um das bearbeitete Zeichen verkürzte Zeichenkette des ursprünglichen Parameterwerts. So wird jedes Zeichen der Reihe nach verarbeitet und die Vorlage immer wieder mit einer kürzeren Zeichenkette aufgerufen.

```
<!-- Vorlage zur Zahlenumwandlung -->
<xsl:template name="liefereDezimalzahl">
  <!-- Parameter -->
  <xsl:param name="deutscheZahl"/>
  <!-- Variablen -->
  <xsl:variable name="Zeichen" select="substring($deutscheZahl,
                                       1,1)"/>
  <xsl:variable name="Laenge"
              select="string-length($deutscheZahl)"/>
  <xsl:variable name="neueDeutscheZahl"
              select="substring($deutscheZahl, 2, $Laenge)"/>
  <!-- Ausgabe -->
  <xsl:if test="not($Laenge = 0)">
    <!-- Ersetzung -->
    <xsl:choose>
      <xsl:when test="$Zeichen = ','">
        <xsl:text>.</xsl:text>
      </xsl:when>
      <xsl:when test="$Zeichen = '.'"/>
      <xsl:otherwise>
        <xsl:value-of select="$Zeichen"/>
      </xsl:otherwise>
    </xsl:choose>
    <!-- Rekursiver Aufruf -->
    <xsl:call-template name="liefereDezimalzahl">
      <xsl:with-param name="deutscheZahl"
                    select="$neueDeutscheZahl"/>
    </xsl:call-template>
  </xsl:if>
</xsl:template>
```

Listing 12.8: 1212 _ 01.xslt – Umwandlung in Dezimalzahl

451

Das Ergebnis entspricht dann folgender Struktur in XML Schema. Alle drei Elemente, die Zahlen enthalten, speichern diese nun korrekt im Dezimalformat des Datentyps `xs:decimal` mit Dezimalpunkt, wo es notwendig ist.

```
<xs:element name="Umsatz">
  <xs:complexType>
    <xs:sequence>
      <xs:element ref="Summe"/>
      <xs:element ref="Kunden"/>
      <xs:element ref="Durchschnitt"/>
    </xs:sequence>
  </xs:complexType>
</xs:element>
<xs:element name="Durchschnitt" type="xs:decimal"/>
<xs:element name="Summe" type="xs:decimal"/>
<xs:element name="Kunden" type="xs:decimal"/>
```

Listing 12.9: 1212 _ 02.xsd – XML Schema-Komponente zur Validierung

12. 2. Komplexer Aufbau von Vorlagen

In vielen Punkten lassen sich in XSLT Algorithmen so entwickeln wie in anderen Programmiersprachen auch. Bisweilen findet man Lösungen, die tatsächlich an die Grenze des Machbaren gehen und teilweise vielleicht auch mehr um den Beweis des Umsetzbaren ausgeführt wurden. XSLT bietet keine sonderlich komplexe Struktur, als dass man nun versuchen müsste, alle theoretisch möglichen Berechnungen, die mit hauseigenen Mitteln nicht zu bewerkstelligen sind, über entsprechend umständliche Transformationen und mit den vier Grundrechenarten doch noch zu berechnen. Ebenso gibt es sicherlich auch auf der Seite des Entwurfs Grenzen, die weniger durch eine zu geringe Syntaxkomplexität gesteckt werden als durch den gesunden Menschenverstand.

In diesem Abschnitt wollen wir uns den Grenzen des gesunden Menschenverstands nähern, ihn aber sicherlich nicht überschreiten. Stattdessen sollen Sie sehen, wie Sie mit dem Wissen aus den ersten beiden Büchern auch Programmabläufe realisieren, die Sie unter Garantie bereits in anderen Programmiersprachen umgesetzt haben. Dazu zählen solche Techniken wie die Programmierung von Algorithmenvarianten, die sich nur in wenigen Zeilen unterscheiden und daher entweder mithilfe von Parameterwerten geschaltet oder über unterschiedliche, aber ähnliche, Vorlagen-/Methoden-/Routinennamen differenziert werden. Dann werden wir Ihnen Möglichkeiten zeigen, eine Art von Vielgestaltigkeit bzw. Überladung von Vorlagen zu erreichen, wobei die einfache Überladung in der XSLT-Syntax auch in Version 2.0 überhaupt nicht vorgesehen ist. Zum Schluss nähern wir uns dann der generischen Programmierung von Vorlagen, mit der dann sicherlich die höchste Stufe der Wiederverwendbarkeit in einer Transformation erreicht werden kann.

Die Quelltexte selbst können nicht im Sinne eines Kochbuchs verstanden werden. Dazu sind sie zu wenig zahlreich und nicht unterschiedlich genug. Stattdessen sollen sie Ihnen helfen, sich selbst ein Bild vom möglichen Aufbau von Transformationsdateien zu machen, die darüber hinausgehen sollen, für jedes neue XML-Dokument, das Sie verarbeiten sollen, auch prompt eine komplett neue XSLT-Datei zu entwerfen. Möglicherweise werden Sie auch im Internet oder in der Literatur Kochbuchbeispiele finden, die Sie mit dem Grundverständnis dieses Kapitels dann besser verstehen und einsetzen können.

12. 2. 1. Variantenauswahl über Vorlagennamen

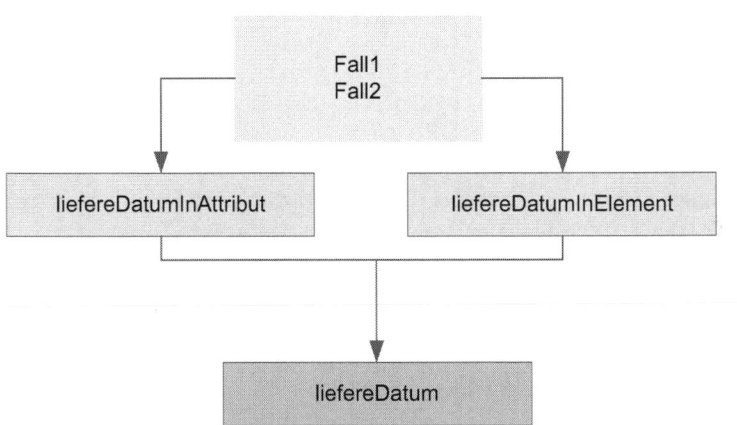

Abbildung 12.4: Variantenauswahl über Namen

Eine häufige Aufgabe besteht darin, dass verschiedene Varianten eines Algorithmus zu erstellen sind. In unserem Fall betrifft dies die Ausgabe von Werten in einem korrekten ISO-Datum, um dem Datentyp xs:date von XML Schema Genüge zu tun. Dabei haben wir bislang nur eine Lösung, in der ein neues Kindelement erzeugt wird. Was soll aber getan werden, wenn kein neues Kindelement, sondern ein Attribut benötigt wird?

Ab und an kommt man in solchen Situationen auf die Idee, einfach den gesamten Quelltext, der bereits für die erste Lösung fertig ist und funktioniert, zu kopieren und ihn mit kleinen Änderungen zu versehen. In späteren Berufsjahren oder bei komplexeren Sprachen könnte man entweder einen ganz anderen Entwurf der verschiedenen Methoden/Funktionen etc. verwenden oder mit einem Parameter eine Variante auswählen. In diesem Abschnitt stellen wir Ihnen den Lösungsweg vor, auf dem Sie mit verschiedenen Vorlagen und dem gleichen Parameter arbeiten.

In unserer Anwendung haben wir also den Fall, dass wir bisweilen ein Element und bisweilen ein Attribut mit einem ISO-Datum erzeugen wollen. Der Inhalt (Attributwert und Textknoten) beider Knoten ist identisch, sodass wir diesen Teil des Algorithmus in eine eigene Vorlage auslagern können. Mithilfe geeigneter Namen für die Vorlagen können wir dann für jede Variante eine Vorlage erstellen. Jede dieser Vorlagen hat zurzeit die gleiche Parameterstruktur. Dies vereinfacht ebenfalls den Aufruf, weil man sehr leicht durch die simple Änderung des Namens oder auch nur – bei guter Namenskonvention – eines Namensbestandteils die Ausgabe beeinflussen kann. Durch die verschiedenen Namen erreicht man auch möglicherweise eine bessere Selbstdokumentation des Quelltextes. Dies könnte allerdings auch durch gute Parameterwerte erreicht werden, wobei allerdings diese Parameterwerte schon wieder von vornherein einem anderen Programmierer bekannt und damit irgendwo genauestens dokumentiert werden müssen. Auch müsste man sich hinsichtlich des Parametereinsatzes innerhalb der Vorlage auf Fehler einstellen, die sich speziell auf die übergebenen Werte beziehen.

Sollte jemals der Fall eintreten, dass für eine bestimmte Ausgabe verschiedene Parameter notwendig sind, dann lässt sich diese Notwendigkeit mit der vorliegenden Lösung ebenfalls einfach realisieren. Da für jede Variante nur die für sie notwendigen Parameter erwartet werden, können solche Spezialfälle problemlos für andere Varianten umgesetzt werden. Es kann also nicht der Fall auftreten, dass für eine Variante bzw. für einen Parameterwert automatisch auch ein anderer Parameter überhaupt gesetzt oder auch mit einem bestimmten Wert gesetzt werden muss. Dieses eher ungünstige Design führt leicht zu entsprechenden Laufzeitfehlern, weil man solche Abhängigkeiten nur schlecht selbstdokumentierend programmieren kann.

Es kommt offensichtlich deutlich heraus, dass der nun vorgestellte Aufbau unsere Empfehlung für das Design von Variantenprogrammierung darstellt. Nichtsdestoweniger gibt es verschiedene Fälle, in denen die im nächsten Abschnitt umgesetzte Parameteralternative ebenfalls eine gute Modellierung bedeutet.

Den Aufruf der noch zu erstellenden Vorlagen zeigt das nachfolgende Skript, in dem die Vorlage `liefereDatumInAttribut` anstelle ihrer Schwestervorlage `liefereDatumIn-Element` aufgerufen wird. Der Name des zu erzeugenden Knotens wird im neuen Parameter `Name` abgefragt. Den Wert dagegen übergeben wir weiterhin mithilfe des Parameters `deutschesDatum`.

```
<Gueltigkeit>
  <!-- Umwandlung in xs:date -->
  <xsl:call-template name="liefereDatumInAttribut">
    <xsl:with-param name="deutschesDatum"
                     select="Gueltigkeit/Von"/>
    <xsl:with-param name="Name" select="'Start'"/>
  </xsl:call-template>
  <xsl:call-template name="liefereDatumInAttribut">
    <xsl:with-param name="deutschesDatum"
                     select="Gueltigkeit/Bis"/>
    <xsl:with-param name="Name" select="'Ende'"/>
  </xsl:call-template>
</Gueltigkeit>
```

Listing 12.10: 1221 _ 01.xslt – Aufruf von ähnlichen Vorlagen

Es existieren also zwei Vorlagen `liefereDatumInElement` und `liefereDatumInAttribut`. Sie weisen beide die gleiche Parameterliste auf und unterscheiden sich lediglich in der Ausgabe. Während die erste Vorlage mithilfe des Elements `xsl:element` einen Kindknoten als Rückgabewert erzeugt, gibt die zweite Vorlage mithilfe des Elements `xsl:attribute` ein Attribut im Ausgabestrom aus. Der Parameter `deutschesDatum` wird in den beiden äußeren Vorlagen gar nicht verarbeitet, sondern lediglich an die nachfolgend aufgerufene Vorlage `liefereDatum` weitergeleitet, also durchgetunnelt.

Die Vorlage `liefereDatum` entspricht weitestgehend ihrer Vorgängerin aus dem letzten Abschnitt, sodass wir hier den Quelltext nur als Auszug wiedergeben. Der einzige relevante Unterschied besteht freilich darin, dass nur der Wert, nicht aber der umschließende Knoten (Attribut oder Element) ausgegeben wird.

```
<xsl:template name="liefereDatumInElement">
  <!-- Parameter -->
  <xsl:param name="deutschesDatum"/>
```

```
      <xsl:param name="Name"/>
      <!-- Ausgabe -->
      <xsl:element name="{$Name}">
        <xsl:call-template name="liefereDatum">
          <xsl:with-param name="deutschesDatum"
                          select="$deutschesDatum"/>
        </xsl:call-template>
      </xsl:element>
    </xsl:template>
    <xsl:template name="liefereDatumInAttribut">
      <!-- Parameter -->
      <xsl:param name="deutschesDatum"/>
      <xsl:param name="Name"/>
      <!-- Ausgabe -->
      <xsl:attribute name="{$Name}">
      <xsl:call-template name="liefereDatum">
      <xsl:with-param name="deutschesDatum"
                      select="$deutschesDatum"/>
  </xsl:call-template></xsl:attribute>
    </xsl:template>
    <xsl:template name="liefereDatum">
      <!-- Parameter -->
      <xsl:param name="deutschesDatum"/>
      <!-- Variablen zu Ausgabe -->
      ...
      <!-- Ausgabe -->
      <xsl:value-of select="concat($Jahr, '-', $Monat, '-', $Tag)"/>
    </xsl:template>
```

Listing 12.11: 1221 _ 01.xslt – Varianten ähnlicher Verarbeitung

Das Ergebnis für die Attribute entspricht dem nachfolgenden sehr kurzen Quelltextauszug, in dem für eines der vielen Gueltigkeit-Elemente in der Datendatei seine zwei Attribute Start und Ende mit ISO-Datumswerten ausgegeben werden.

```
<Gueltigkeit Start="2003-01-01" Ende="2003-12-31"/>
```

Listing 12.12: 1221 _ 01.xml – Ausgabe in XML

Das Ziel der gesamten Transformation war also eine Datei, in der die beiden Zeitbegrenzungen als Attribute ausgegeben wurden. Der gesamte Rest der Datei erzeugt die gleiche Ausgabe wie zuvor, was in Abbildung 12.5 deutlich wird.

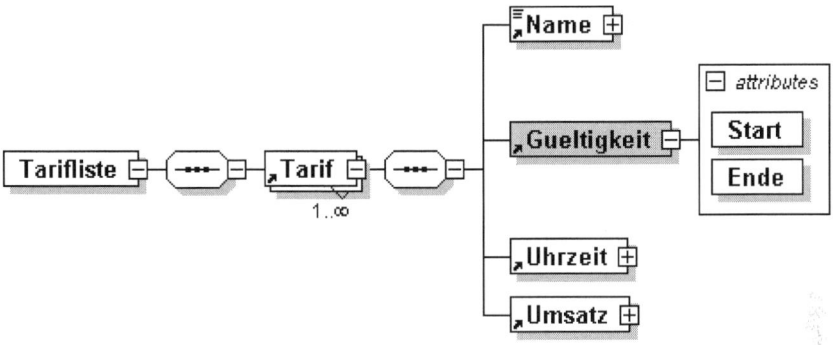

Abbildung 12.5: Dokumentstruktur

12. 2. 2. Variantenauswahl über Parameter

Auch wenn wir uns gerade weder fein noch nett über die Modellierung von Varianten mithilfe von Parametern ausgelassen haben, so wollen wir dies als einfache Lösung hier vorstellen. Das Vorlagendesign zur Variantenprogrammierung unter Einsatz eines Schaltparameters, der die verschiedenen Varianten auswählt, ist insoweit angenehm, als dass nur eine einzige Vorlage und nicht ein ganzer Strauß aus Vorlagen entsteht, die möglicherweise aufgrund ihrer Vielzahl verwirrend sind.

Ein großes Problem, das nicht immer von vorneherein bei der Planung ausgeschlossen werden kann, ist die Notwendigkeit von zusätzlichen Parametern. Als Beispiel wollen wir hier eine HTML-Ausgabevorlage nennen, die für eine bestimmte Eltern-Kind-Struktur oder auch für bestimmte gegebene Element- und Attributnamen verschiedene HTML-Ausgaben erzeugen kann. Hier könnte man in einer ersten Version der Software nur sortierte (Elternelement `ol`) oder nicht sortierte Listen (Elternelement `ul`) berücksichtigen, die jeweils auch nur ein `type`-Attribut (Art der Aufzählungszeichen bzw. Art der Nummerierung) in HTML und damit auch einen zusätzlichen `typ`-Parameter in der XSLT-Volage benötigen. Was soll allerdings geschehen, wenn auch Definitionslisten (Elternelement `dl` mit zwei verschiedenen Kindern `dt` und `dd`) ausgegeben werden sollen? In diesem Fall ist in HTML kein `type`-Attribut vorhanden und muss auch nicht übergeben werden. Wenn zu viele Parameterwerte übergeben werden, muss dies keine Katastrophe sein, schön ist es beim Aufruf allerdings auch nicht. Sollte dann auch noch eine Tabellenausgabe realisiert werden, sind plötzlich derart viele Parameterwerte für eine flexible Ausgabe interessant, dass die ursprüngliche Parameteranzahl um ein Vielfaches übertroffen wird (Breite, Ausgabe Spaltenköpfe, Rahmen, Farbe etc.).

- Bisweilen kann man solche Missgeschicke lösen, indem Sie einige Parameterwerte, wenn sie fälschlicherweise unnötig übergeben werden, einfach nicht beachten. In unserem Fall würde dies bedeuten, dass man ausgehend vom wichtigsten Parameter – nämlich dem `Ausgabetyp` – nur die für ihn wichtigen Parameter überhaupt in der Fallunterscheidung berücksichtigt.

- Manchmal lässt sich eine gewisse Selbstdokumentation auch mithilfe von guten Namenskonventionen lösen, sodass der Wert im wichtigsten Parameter gleichzeitig das Präfix von anderen Parametern ist. In unserem Fall könnte also im `Ausgabetyp` der Wert `tab` für Tabelle erwartet werden. Gleichzeitig würden alle anderen Parameter, die speziell für die Tabellenformatierung sind, mit `tab` beginnen wie `tabBreite`, `tabSpaltenkoepfe` usw.

Nichtsdestotrotz entstehen so Konstruktionen, die immer mehr Parameter und Arbeit mit der Dokumentation erfordern als notwendig. In unserem Beispiel haben einige Parameter numerische, prozentuale, hexadezimale oder boolesche Werte. Diese sind eigentlich einfach zu überprüfen und anzuwenden. Ein Wert von 100% in einem Parameter, der sich um die Breite einer Tabelle kümmert, ist sehr einfach zu verstehen. Ebenso kann man leicht einen Parameter für die Breite von Rahmen einsetzen, der numerische Werte für Pixel erwartet. Es sind eher solche Werte kompliziert und fehlerträchtig, die standardisierte Zeichenketten erwarten. Dies betrifft sowohl den wichtigsten Parameter Ausgabetyp als auch solche Parameter wie Schaltparameter (Spaltenköpfe ja/nein).

Es ist nun mal nicht so einfach zu merken, ob der Wert zur Textfettung `fett` oder `dick` oder der Wert für die Spaltenkopfausgabe `true`, `0` oder `ja` war. Ebenso ist es schwierig zu merken, ob für die Ausgabe einer Liste die Werte `ul`, `UL` oder `einfacheListe` waren. Natürlich muss man auch die Namen von Vorlagen kennen, doch könnten diese in einer Entwicklungsumgebung auch angezeigt werden und lassen sich meist einfacher dokumentieren bzw. standardisiert ausgeben als Parameternamen und ihre möglichen Werte, die tief im Quelltext der Vorlage in Fallunterscheidungen nachgeprüft werden.

Zusammenfassend lässt sich also sagen, dass in einigen Fällen die Parameterlösung durchaus denkbar ist. In vielen Fällen allerdings führt sie zu unschöner Modellierung, die sowohl schwer wartbar als auch schwer verwendbar ist, und sollte daher vermieden werden. Die wenigen Fälle, in denen die Parameterlösung gut einsetzbar ist, beschränken sich auf die folgenden:

- wenige Parameter

- in späteren Software-Versionen unveränderliche Anzahl an Parametern

- Erwartung von einfachen Datentypen und wenig Einsatz von Zeichenketten

- Verwendung von guten Bezeichnernamen bei unterschiedlichen Parametergruppen

- Verwendung von Wahrheitswerten für Parameterwerte, so weit möglich

Wir verwenden in unserem Beispiel einen Parameter `Ausgabetyp`, der die beiden Werte `Element` oder `Attribut` erwartet. Sie entscheiden, welche Art von Element mit dem übergebenen Knotennamen erzeugt werden soll.

```
<Gueltigkeit>
  <!-- Umwandlung in xs:date -->
  <xsl:for-each select="Gueltigkeit/child::*">
    <xsl:call-template name="liefereDatum">
      <xsl:with-param name="deutschesDatum" select="."/>
      <xsl:with-param name="Ausgabetyp" select="'Element'"/>
    </xsl:call-template>
  </xsl:for-each>
</Gueltigkeit>
```

Listing 12.13: 1222 _ 01.xslt – Aufruf des Schaltparameters

Anstelle mehrerer Vorlagen gibt es jetzt nur noch eine einzige. Diese enthält den gesamten Quelltext, der notwendig ist, um verschiedene Knotenarten anhand des Parameters `Ausgabetyp` auszugeben. Das Kernstück einer solchen Vorlage ist eine längere Fallunterscheidung, die die verschiedenen Fälle, wie sie von den Werten der Variantenparameter abgebildet werden, untersucht und dementsprechende Anweisungen ausführt. Als sehr einfache Fehlerbehandlung gibt die nachfolgende Vorlage in einem Debugger eine Meldung aus, dass keiner der beiden erwarteten Parameter übergeben wurde.

```
<xsl:template name="liefereDatum">
  <!-- Parameter -->
  <xsl:param name="deutschesDatum"/>
  <xsl:param name="Ausgabetyp" select="'Element'"/>
  <!-- Variablen zu Ausgabe -->
  ...
  <xsl:variable name="ISODatum"
              select="concat($Jahr, '-', $Monat, '-', $Tag)"/>
  <!-- Ausgabe -->
  <xsl:choose>
    <xsl:when test="$Ausgabetyp = 'Element'">
      <xsl:element name="{local-name($deutschesDatum)}">
        <xsl:value-of select="$ISODatum"/>
      </xsl:element>
    </xsl:when>
    <xsl:when test="$Ausgabetyp = 'Attribut'">
      <xsl:attribute name="{local-name($deutschesDatum)}">
        <xsl:value-of select="$ISODatum"/>
      </xsl:attribute>
    </xsl:when>
    <xsl:otherwise>
      <xsl:message>Falscher Parameterwert für Ausgabetyp {Element |
              Attribut}</xsl:message>
    </xsl:otherwise>
  </xsl:choose>
</xsl:template>
```

Listing 12.14: 1222 _ 01.xslt – Verwendung einer Schaltvariable für Varianten

12. 2. 3. Überladen von Vorlagen

Um es gleich vorwegzunehmen: In der Dokumentation wird für die neuen Stylesheet-Funktionen sehr deutlich darauf hingewiesen, dass keine Überladung für Funktionen möglich ist.[5] Genauso verhält es sich auch mit Vorlagen. Dennoch gibt es natürlich wie immer Tricks und Kniffe, mit denen eine Art von Überladung dennoch in XSLT eingerichtet werden kann. Für XSLT 1.0 und 2.0 stellen wir jeweils unterschiedliche Lösungsansätze vor.

---

5   Vgl.: XSL Transformations (XSLT) Version 2.0 W3C Recommendation 23 January 2007, Abschnitt 10.3.1 Defining a
     Stylesheet Function unter http://www.w3.org/TR/xslt20/#stylesheet-functions.

Da grundsätzlich keine Überladung möglich ist, ist das Ergebnis der Tricksereien insoweit beschränkt, als dass nur solche Überladung eingerichtet werden kann, bei der die einzelnen Parameter unterschiedliche Datentypen aufweisen. Zusätzlich funktioniert die Lösung nur mit der Vorlagenautomatik, nicht jedoch mit benannten Vorlagen. Damit ist die gesamte Diskussion in diesem Kapitel eigentlich fehl am Platz, weil bisher die ausgelagerten Komponenten stets als benannte Vorlagen auftraten. Da jedoch diese Vorlagen ohne Namen allgemeine Ausführungseinheiten umschließen und darüber hinaus mit einer Art von Überladungstechnik aufwarten können, wollen wir sie dennoch hier erwähnen.

→ **Lösung für XSLT 1.0**

In XSLT 1.0 benötigt die Lösung zur Einrichtung von überladenen benannten Vorlagen für die Datentypen, mit denen die verschiedenen Parameter auseinander gehalten werden, Voraussetzungen in den XML-Daten. Dies ist natürlich sofort ein Nachteil, weil damit die Daten spezielle Informationen besitzen müssen, die lediglich für die Verarbeitung interessant sind und ansonsten für niemanden von Bedeutung sind.

Als Beispiel beschäftigen wir uns erneut mit einer Tarifliste, in der für Zeitangaben zwei verschiedene Datentypen in gleichen Elementen gespeichert werden. Dies betrifft den Zeitraum der Gültigkeit eines Telefontarifs, der sich zum einen durch eine Kalenderperiode in einem Geschäftsjahr und zum anderen durch Uhrzeiten an einem Tag beschreiben lässt. Während natürlich für die Kalenderinformationen Daten in Form des `xs:date`-Datentyps gespeichert werden, verwendet man für die Stundeninformationen Daten in Form von `xs:time`. Da die beiden atomaren Werte jeweils in einem `Von`- und `Bis`-Element gespeichert werden, deren Bedeutung nur durch das Elternelement ersichtlich ist, lohnt es sich, eine Vorlage zu erstellen, auf die beide Elemente gleichermaßen reagieren. Ihre Verarbeitung ist teilweise völlig gleich, da natürlich in beiden Fällen zunächst das `Von`-Element, gefolgt von einem Bindestrich und dann das `Bis`-Element ausgegeben werden soll. Ihre Verarbeitung ist allerdings auch unterschiedlich, wenn man die genaue Ausgabe der Textknoten betrachtet, weil hier nicht die Datentypformatierung benutzt werden soll, sondern eine deutsche Zeitformatierung. Genau für diese Formatierung sind die überladenen Vorlagen zu verwenden.

Damit nachher die verschiedenen Vorlagen automatisch anhand der Datentypen ausgewählt werden können, enthält das XML-Dokument die Datentypinformationen in einem `Typ`-Attribut der `Von`- und `Bis`-Elemente bereit.

Die gleichen Überlegungen gelten auch für sämtliche Kinder von Umsatz, das verschiedene Zahleninformationen enthält, die Ganzzahlen oder Dezimalzahlen umfassen. Auch sie sind in XML korrekt für die XML Schema-Datenypen gespeichert, was allerdings ihre Ausgabe erschwert.

```
<Tarifliste xmlns:xsi="http://www.w3.org/2001/XMLSchema-instance"
xsi:noNamespaceSchemaLocation="1223_01.xsd">
  <Tarif>
    <Name Nr="7" Typ="g">Schicht1</Name>
    <Gueltigkeit>
      <Von Typ="xs:date">2003-01-01</Von>
      <Bis Typ="xs:date">2003-12-31</Bis>
    </Gueltigkeit>
    <Uhrzeit>
      <Von Typ="xs:time">07:00:00</Von>
      <Bis Typ="xs:time">15:00:00</Bis>
    </Uhrzeit>
    <Umsatz>
      <Summe Typ="xs:decimal">2313.50</Summe>
      <Kunden Typ="xs:integer">787</Kunden>
      <Durchschnitt Typ="xs:decimal">2.94</Durchschnitt>
    </Umsatz>
  </Tarif>
  ...
```

Listing 12.15: 1223_ 01.xml – Vorbereitung für Überladen

Zur Formatierung von Zahlen besitzen wir zunächst eine allgemeine Formatierungsangabe unter dem Namen deutsch, in der für unsere Zwecke das Gruppentrennzeichen und das Dezimaltrennzeichen festgelegt werden. Die Startvorlage besteht dann ansonsten nur aus dem allgemeinen Aufruf, passende Vorlagen für alle drei Kinder von Tarif zu suchen. Wichtig ist uns, dass Sie an den sehr allgemeinen Aufrufen ohne Datentypbetrachtung erkennen, dass die Vorlagen tatsächlich quasi automatisch auf die verschiedenen Datentypen reagieren. Dass dies in XSLT 1.0 etwas brachial über die Angabe der Datentypen in den XML-Daten geschieht, ist ein kleines Manko, wird aber gleich für die Lösung in XSLT 2.0 verschwinden.

```
<xsl:decimal-format decimal-separator="," grouping-separator="."
                    name="deutsch"/>
```

```
<!-- Startvorlage -->
<xsl:template match="/Tarifliste">
  <html>
    ...
      <xsl:for-each select="Tarif">
        ...
        <xsl:apply-templates select="Gueltigkeit | Uhrzeit |
                                      Umsatz"/>
      </xsl:for-each>
    </body>
  </html>
</xsl:template>
```

Listing 12.16: 1223_ 01.xslt – Startvorlage

Die einzelnen Kinder sollen dann eine Liste erzeugen und zur Verarbeitung ihrer Kinder wieder passende Vorlagen finden. Hier sehen Sie auch wieder, dass auf Datentypproblematik kein Wert gelegt wird, da man ganz allgemein auf die Kinder verweist und nicht auf spezielle Elemente oder gar ihre Inhalte.

```
<xsl:template match="Gueltigkeit | Uhrzeit | Umsatz">
  <ul>
    <xsl:apply-templates select="child::*"/>
  </ul>
</xsl:template>
```

Listing 12.17: 1223_ 01.xslt – Umhüllende Vorlagen

Nun kommen wir zu den quasi-überladenen Vorlagen. Das Prinzip ist simpel und hängt ohnehin hauptsächlich von den Daten im XML-Dokument ab. Wenn hier eine falsche Zuordnung steht und einem ISO-Datumsformat der Datentyp xs:decimal zugeordnet ist, kommen sehr unschöne Formatierungen bzw. Fehler auf den Bildschirm. Jede Vorlage bezieht sich auf Elemente, deren Namen auch nicht genau angegeben werden, und kontrolliert ihre verschiedenen angegebenen Datentypen. Der Trick ist tatsächlich sehr simpel, weil nur die verschiedenen Typ-Attribute als Unterscheidungsmerkmal zum Einsatz kommen. Die Überladung ist dann mehr in dem Teil des Lokalisierungsschritts zu sehen, der außerhalb des Prädikats steht, denn in Wirklichkeit erstellt man für jeden Fall eine eigene Vorlage. Da jedoch die konkrete Vorlagenauswahl über die Datentypprüfung verläuft und dies in ande-

463

ren Programmiersprachen eine Möglichkeit ist, Funktionen/Methoden etc. zu überladen, wollen wir das hier auch so betrachten.

```
<!-- Vorlage für Datentyp xs:time -->
<xsl:template match="child::*[@Typ='xs:time']">
  <li>
    <xsl:value-of select="local-name(.)"/>: <xsl:value-of
                              select="substring-before(.,
                                      ':')"/> Uhr</li>
</xsl:template>
<!-- Vorlage für Datentyp xs:date -->
<xsl:template match="child::*[@Typ='xs:date']">
  <li>
    <xsl:value-of select="local-name(.)"/>:
    <xsl:value-of select="
        concat(substring(.,9,2),'.',substring(.,6,2),'.',
               substring(.,1,4))"/>
  </li>
</xsl:template>
<!-- Vorlage für Datentyp xs:decimal -->
<xsl:template match="child::*[@Typ='xs:decimal']">
  <li>
    <xsl:value-of select="local-name(.)"/>:
    <xsl:value-of select="format-
                          number(.,'#####,00##', 'deutsch')"/>
                          Euro</li>
</xsl:template>
<!-- Vorlage für Datentyp xs:integer -->
<xsl:template match="child::*[@Typ='xs:integer']">
  <li>
    <xsl:value-of select="local-name(.)"/>:
    <xsl:value-of select="."/>
  </li>
</xsl:template>
```

Listing 12.18: 1223_01.xslt – Überladene Vorlagen

Die Ausgabe in HTML ergibt, dass tatsächlich durch die verschiedenen `Typ`-Attribute passende Vorlagen ausgewählt wurden und die einzelnen Textknoten in passender Formatierung erscheinen.

Abbildung 12.6: Ausgabe in HTML

➔ **Lösung für XSLT 2.0**

Mit XSLT 2.0 kann man auf Änderungen in der XML-Datei verzichten, da hier Möglichkeiten bestehen, Datentypen aus XML Schema bzw. eigene und auch die neuen XPath-Datentypen zu verwenden. Insbesondere das Testen auf bestimmte Datentypen stellt natürlich hier die Lösung dar. Daher verkürzen wir unsere XML-Datei um die Attribute zur Datentypspeicherung wieder auf das vorherige Maß.

```
<Uhrzeit>
  <Von>7:00:00</Von>
  <Bis>15:00:00</Bis>
</Uhrzeit>
```

Listing 12.19: 1223 _ 02.xslt – Einfache XML-Datei

In der XML Schema-Datei, die jetzt für diese Beispiele noch nicht direkt in die XSLT-Datei eingebunden wird, befinden sich die entsprechenden Datentypangaben für die einzelnen Textknoten.

```
<xs:element name="Uhrzeit">
  <xs:complexType>
    <xs:sequence>
      <xs:element name="Von" type="xs:time"/>
      <xs:element name="Bis" type="xs:time"/>
    </xs:sequence>
  </xs:complexType>
</xs:element>
```

Listing 12.20: 1223 _ 02.xslt – Validierung in XML Schema

Es gibt unterschiedliche Funktionen in der neuen Funktionsbibliothek von XPath, die für das Testen von Datentypen zur Verfügung stehen. Im nächsten Kapitel werden wir diese neuen Funktionen detaillierter vorstellen. Für dieses Beispiel haben wir uns nicht für eine Funktion, sondern für den Ausdruck `castable as` entschieden. Er liefert dann `true`, wenn ein Knoten sich in den angegebenen Datentyp umwandeln lässt. Auf diesen Ausdruck baut die gesamte Fallunterscheidung auf, die durch die verschiedenen Vorlagen für die einzelnen Datentypen existieren. Das heißt, das Fundament der einzelnen Vorlagen für die verschiedenen Quasi-Überladungen bleibt durchaus auch in XSLT 2.0 erhalten. Man spart allerdings ein, im XML-Dokument diese Datentypen in irgendeiner Form extra anzugeben, was auch als Vorteil zu sehen ist.

```
<!-- Vorlage für Datentyp xs:time -->
<xsl:template match="child::*[text() castable as xs:time]">
  <li>
    <xsl:value-of select="local-name(.)"/>:
    <xsl:value-of select="substring-before(xs:string(.), ':')"/>
    Uhr</li>
</xsl:template>
<!-- Vorlage für Datentyp xs:date -->
<xsl:template match="child::*[text() castable as xs:date]">
  <li>
    <xsl:value-of select="local-name(.)"/>:
    <xsl:value-of
        select="concat(substring(xs:string(.),9,2),'.',
```

```
                      substring(xs:string(.),6,2),'.',
                      substring(xs:string(.),1,4))"/>
    </li>
  </xsl:template>
```

Listing 12.21: 1223 _ 02.xslt – Überladen mit tatsächlicher Datentypprüfung

Die Ausgabe ist in diesem Fall die gleiche wie zuvor, sodass wir auf das Beweisfoto verzichten können.

12. 2. 4. Generische Programmierung

»Generische Programmierung« ist nicht nur ein dramatischer Titel für einen Unterabschnitt, sondern ein sehr spannendes Thema in XSLT. Man muss gleich zuerst feststellen, dass sowohl schon mit unserem kleinen Beispiel wie auch mit den Beispielen einiger anderer Autoren[6] hier sicherlich die Grenzen des guten Geschmacks (Lesbarkeit, Verständlichkeit) in XSLT erreicht oder vielleicht sogar überschritten werden. Bei solchen Grenzüberschreitungen wollen wir Sie natürlich gerne mitnehmen und Ihnen zeigen, wie prinzipiell XSLT auch generisch genutzt werden kann.

Das Ziel soll also sein, dass eine Vorlage nicht direkt über ihren Bezeichner aufgerufen wird, sondern dass der Bezeichner als Parameter für einen Aufruf dient. Die einfachste Lösung in Form von `xsl:call-template name="{$meineVorlage}"` schlägt leider fehl, weil eine Attributwertvorlage ja nur für die Ausgabe und nicht für die Laufzeit als Aufruf eingesetzt werden kann. Dennoch gibt es natürlich verschiedene Lösungsansätze, von denen wir einen hier vorstellen wollen. Es ist mit ihm möglich, eine Vorlage mit dem Namen als Parameterwert aufzurufen und sogar weitere Werte zu übergeben. Man benutzt dabei einen sehr trickreichen XPath-Ausdruck sowie spezielle Vorlagenköpfe, die gleichzeitig ein `name`- und ein `match`-Attribut besitzen.

Damit der Einsatz auch sinnvoll erscheint, möchten wir die bekannte Tarifliste nun nicht wieder in HTML, sondern in XML umwandeln. Dabei soll eine Möglichkeit bestehen, mithilfe einer einfachen Vorlage aus Kindelementen mit Textknoten oder Attributen wieder Kinder oder Attribute gleichen Namens zu machen. Dabei soll die Ausgabeart (Elemente oder Attribute) ebenso wie die zu verarbeitenden Knoten als Parameter übergeben werden. Im

---

6   Vgl. Mike Kay, Sal Mangano (XSLT Cookbook, O´Reilly) oder Dimitre Novatchev (http://www.topxml.com/members/profile.asp?id= i1005).

einen Fall besitzt man einen temporären Baum (Menge an Kindern oder Attributen); im anderen Fall übergibt man eine standardisierte Zeichenkette für die Ausgabeart.

Die Startvorlage ist in diesem Fall relativ lang, damit die anderen Vorlagen wirklich nur für die Vorführung der neuen Syntax bereitstehen und so die einzelnen Bereiche der Transformation sehr schön getrennt sind. Innerhalb der Startvorlage erstellen wir ein sehr ähnliches XML-Dokument wie das ursprüngliche und bestimmen, dass für die Elemente Gueltigkeit und Uhrzeit aus Kindern Attribute werden sollen, während die Kinder des Elementes Umsatz zu Elementen werden sollen, was ja schon gegeben ist. Während für das Element Umsatz einfach nur ein Kopiervorgang stattfinden soll, legen wir auch noch fest, dass aus den Attributen des Elements Name Kindelemente werden sollen. Dies alles kann (angeblich) unsere KnotenFabrik-Vorlage, die sich über zwei Parameter steuern lässt: Mithilfe des Parameters Art gibt man, ob Elemente oder Attribute zu erzeugen sind; mithilfe von Material übergibt man in Form eines temporären Baums die zu verarbeitenden Knoten.

```
<!-- Startvorlage -->
<xsl:template match="/Tarifliste">
  <Tarifliste>
    <xsl:for-each select="Tarif">
      <Tarif>
        <Name>
          <xsl:call-template name="KnotenFabrik">
            <xsl:with-param name="Art" select="'Elemente'"/>
            <xsl:with-param name="Material"
                            select="Name/attribute::*"/>
          </xsl:call-template>
        </Name>
        <Gueltigkeit>
          <xsl:call-template name="KnotenFabrik">
            <xsl:with-param name="Art" select="'Attribute'"/>
            <xsl:with-param name="Material"
                            select="Gueltigkeit/child::*"/>
          </xsl:call-template>
        </Gueltigkeit>
        ...
        <Umsatz>
          <xsl:call-template name="KnotenFabrik">
```

```
            <xsl:with-param name="Art" select="'Elemente'"/>
            <xsl:with-param name="Material"
                    select="Umsatz/child::*"/>
        </xsl:call-template>
      </Umsatz>
    </Tarif>
  </xsl:for-each>
 </Tarifliste>
</xsl:template>
```

Listing 12.22: 1224 _ 01.xslt – Startvorlage

Die KnotenFabrik-Vorlage enthält nun den generischen Aufruf der weiter unten angegebenen Vorlagen Elemente und Attribute. Der XPath-Ausdruck, um eine Vorlage mithilfe eines Parameterwertes aufzurufen, ist leider nicht so trivial, stellt allerdings auch schon die Hälfte des ganzen Tricks dar. Da nur eine einzige Vorlage vorhanden ist, können wir sie im gesamten Dokument suchen. Man könnte sich jetzt noch vorstellen, Überladung zu realisieren, aber das gehört jetzt nicht zum Thema, es würde überdies noch weitere Prädikate erfordern. Die Herausforderung besteht darin, dass wir nicht eine passende Vorlage für eine Struktur im XML-Dokument suchen, sondern ganz im Gegenteil an dieser Stelle eine Vorlage mithilfe von apply-templates aufrufen, die allerdings einen bestimmten Namen besitzt. Deswegen sind wir gezwungen, über die document()-Funktion auf das XSLT-Dokument selbst zuzugreifen und hier innerhalb desselben die XML-Struktur xsl:template anzusprechen, die unsere Bedingungen erfüllt. So gelingt es, den Parameterwert $Art tatsächlich in den XPath-Ausdruck einzuschmuggeln – und zwar als Attributwert für das name-Attribut von xsl:template.

```
<!-- Vorlage KnotenFabrik -->
<xsl:template name="KnotenFabrik">
  <xsl:param name="Art" required="yes" as="xs:string"/>
  <xsl:param name="Material" required="yes"/>
  <xsl:apply-templates
          select="document('')/*/xsl:template[@name=$Art]">
    <xsl:with-param name="Material" select="$Material"/>
  </xsl:apply-templates>
</xsl:template>
```

Listing 12.23: 1224 _ 01.xslt – Aufruf durch Zeichenkette

Die beiden Vorlagen, deren Namensaufruf hier diskutiert wird, heißen tatsächlich so wie die beiden Parameterwerte `Elemente` und `Attribute`, mit denen zuvor die `KnotenFabrik`-Vorlage beliefert wurde. Damit allerdings der gerade gezeigte Aufruf funktioniert, benötigen wir neben dem `name`-Attribut auch noch ein `match`-Attribut, in dem sich der gerade vorgeführte XPath-Ausdruck widerspiegelt.

Als Inhalte der beiden Vorlagen haben wir eine relativ triviale Verarbeitung des der `KnotenFabrik` gelieferten `Material`-Parameters. Jeder Knoten des temporären Baums wird in ein gleichnamiges Attribut oder Element umgewandelt, das als Wert oder Textknoten den ursprünglichen Inhalt besitzt.

```
<!-- Vorlage Elemente -->
<xsl:template name="Elemente"
              match="xsl:template[@name='Elemente']">
  <xsl:param name="Material" required="yes"/>
  <xsl:for-each select="$Material">
    <xsl:element name="{local-name(.)}">
      <xsl:value-of select="."/>
    </xsl:element>
  </xsl:for-each>
</xsl:template>
<!-- Vorlage Attribute -->
<xsl:template name="Attribute"
              match="xsl:template[@name='Attribute']">
  <xsl:param name="Material" required="yes"/>
  <xsl:for-each select="$Material">
    <xsl:attribute name="{local-name(.)}"><xsl:value-of
              select="."/></xsl:attribute>
  </xsl:for-each>
</xsl:template>
```

Listing 12.24: 1224 _ 01.xslt – Einzelne Untervorlagen

Als Ergebnis erhält man tatsächlich eine Tarifliste aus mehreren Tarifen, in denen die Elemente `Name` und `Umsatz` Kindelemente und die Elemente `Gueltigkeit` und `Uhrzeit` Attribute mit den ursprünglichen Inhalten aufweisen.

```
<Tarif>
  <Name>
```

```
    <Nr>7</Nr>
    <Typ>g</Typ>
  </Name>
  <Gueltigkeit Von="2003-01-01" Bis="2003-12-31"/>
  <Uhrzeit Von="7:00:00" Bis="15:00:00"/>
  <Umsatz>
    <Summe>2313.50</Summe>
    <Kunden>787</Kunden>
    <Durchschnitt>2.94</Durchschnitt>
  </Umsatz>
</Tarif>
```

Listing 12.25: Ausgabe in XML

12. 3. Stylesheet-Funktionen in XSLT 2.0

Auch in XSLT 2.0 hat die Technik der missbrauchten Vorlagen ihre Bedeutung noch nicht verloren. Die neu in dieser Version eingeführten, so genannten Stylesheet-Funktionen[7] erlauben die Erstellung von Funktionen, die in XPath aufgerufen werden können. Dies erfordert die Angabe eines eigenen Namensraums für diese Funktionen, damit ihre Bezeichner unter gar keinen Umständen mit bereits vorhandenen Funktionen kollidieren.

12. 3. 1. Grundlagen

Die allgemeine Syntax des neuen `xsl:function`-Elements lautet:

```
<!-- Kategorie: Deklaration -->
<xsl:function
  name = qname
  as = sequence-type
  override = "yes" | "no">
  <!-- Content: (xsl:param*, sequence-constructor) -->
</xsl:function>
```

---

7   Vgl.: XSL Transformations (XSLT) Version 2.0 W3C Recommendation 23 January 2007 Abschnitt 10.3 Stylesheet Functions unter http://www.w3.org/TR/xslt20/#stylesheet-functions.

471

Die Deklaration stellt ein Element der obersten Ebene dar, damit es von XPath-Ausdrücken im ganzen Transformationsdokument aufgerufen werden kann.

Folgende Attribute sind vorhanden:

- `name` enthält den Namen der Funktion in Form eines QName, der auch ein Namensraumpräfix enthalten muss.

- `as` gibt optional den Rückgabedatentyp an, in den der erstellte Wert umgewandelt wird, ansonsten wird einfach der Wert so zurückgeliefert, wie er ermittelt wurde.

- `override` legt optional mit dem Wert `yes` fest, dass die so auszeichnete Funktion eine andere Funktion gleichen Namens und Stelligkeit überschreibt und diese Funktion stattdessen verwendet wird.

Als Inhaltsmodell kann es ein, kein oder mehrere `xsl:param`-Elemente[8] enthalten. Die Anzahl der Parameter bestimmt die Stelligkeit (engl. arity) der Funktion. Optionale Parameter oder solche mit Standardwerten sind nicht erlaubt. Das `select`-Attribut ist in diesem Fall für das `xsl:param`-Element unzulässig. Eine solchermaßen angelegte Funktion kann vom ganzen Dokument aus in XPath aufgerufen werden, sofern keine andere Funktion mit gleichem Namen, Stelligkeit und höherer Wichtigkeit (engl. precedence) existiert oder das `override`-Attribut den Wert `no` aufweist und bereits eine gleichnamige Funktion und Stelligkeit existiert.

Innerhalb der Funktion gibt es keine Möglichkeit, auf den Kontextknoten zurückzugreifen oder Funktionen zu seiner Verarbeitung zu nutzen, da der gesamte Kontextbereich nicht verfügbar ist. Dies erfordert in manchen Bearbeitungen im Vergleich zu Vorlagen eine andere Vorgehensweise oder auch einen neuen Parameter, in dem der entsprechende Knoten übergeben wird. Allerdings sorgt diese Einschränkung dafür, dass wirklich nur die Schnittstellen über die Parameter als Zugangswege zur Funktion bereit stehen und man nicht auf sozusagen global vorhandene Werte zurückgreifen kann.

Im Anschluss an diese Parameter, die der Funktion zu übergeben sind, folgen die Anweisungen der Verarbeitung in Form eines Sequenzkonstruktors, um den Rückgabewert zu bestimmen. Dies kann tatsächlich über das Element `xsl:sequence` geschehen, ist aber keine Voraussetzung. Vielmehr lassen sich sämtliche Elemente, die man gewöhnlicherweise für

---

8   Vgl.: XSL Transformations (XSLT) Version 2.0 W3C Recommendation 23 January 2007Abschnitt 9.2 Parameters
unter http://www.w3.org/TR/xslt20/#parameters.

die Ausgabe von Ergebnissen benötigt, zum Einsatz bringen. Dazu zählen `xsl:value-of`, `xsl:text`, `xsl:element`, `xsl:attribute`, `xsl:copy` usw.

Was den Aufbau von Funktionen bzw. Funktionssammlungen und -bibliotheken betrifft, so gelten die gleichen Hinweise, die wir schon für die Vorlagen gegeben haben. Ob man umhüllende Funktionen verwendet, unterschiedliche Verarbeitungsvarianten durch Parameter auslöst oder lieber auf unterschiedliche Funktionsnamen setzt, ist bei den Stylesheet-Funktionen genauso zu überlegen wie bei missbrauchten Vorlagen. Techniken der Überladung lassen sich bei Stylesheet-Funktionen ausdrücklich nicht verwenden.

12. 3. 2. Ersatz von benannten Vorlagen

Die in XSLT 2.0 neu eingeführten Stylesheet-Funktionen bieten eigentlich die gleichen Vorzüge wie die Ihnen schon bekannten benannten Vorlagen, die in Form von missbrauchten Vorlagen auch wiederverwendbare Bausteine für Transformationen bilden. Allerdings ist an der Syntax der Funktionen bereits zu erkennen, dass es sich hierbei um eher allgemeine Verarbeitungen handeln, die nicht direkt mit den Bezeichnern der XML-Struktur arbeiten und auf diese auch nicht angewiesen sind. Wenn man also in XSLT 2.0 solche Komponenten erstellen will, dann lohnt es sich aus Gründen einer besseren Selbstdokumentation, die Funktionssyntax zu verwenden und gerade nicht die Syntax zur Erstellung benannter Vorlagen.

Der gesamte Algorithmus innerhalb ehemaliger oder von Ihnen neu erstellter missbrauchter Vorlagen kann völlig gleich bleiben. Es gibt natürlich einige kleine Extra-Arbeiten bei der Verwendung, aber diese sind tatsächlich minimal und sollen mit dem allerersten XML-Dokument dieses Kapitels aufgezeigt werde. Wir gehen also von folgendem XML-Dokument aus, das bereits im ersten Beispiel zum Einsatz kam. Es enthält die Tarifliste mit völlig ungünstigen und schlecht zu validierenden Textinhalten. Entstehen soll eine XML-Datei, in der die XML Schema-Datentypen `xs:date`, `xs:time` und `xs:decimal` validiert werden können.

```
<Tarif>
  ...
  <Uhrzeit>
    <Von>7</Von>
    <Bis>15</Bis>
  </Uhrzeit>
  <Preis/>
```

```
<Umsatz>
  <Summe>2.313,50</Summe>
  <Kunden>787</Kunden>
  <Durchschnitt>2,94</Durchschnitt>
</Umsatz>
</Tarif>
```

Listing 12.26: 1232 _ 01.xml – Dokument mit einfachen Zeichenketten

Die Stylesheet-Funktionen müssen in einem eigenen Namensraum liegen, damit keine Verwechselung mit der heutigen und sich entwickelnden Funktionsbibliothek auftreten kann. Daher erstellen wir einen Namensraum für die RuhrFon GmbH, den wir nachher für die verschiedenen Funktionen verwenden können.

Der Aufruf einer Stylesheet-Funktion ist genauso einfach wie bei jeder anderen Funktion auch. Lediglich das Namensraum-Präfix muss genannt werden. Man benötigt ansonsten also kein `xsl:call-template` oder Ähnliches, sondern kann die eigenen Funktionen genauso wie fertige Funktionen als Teil eines Ausdrucks aufrufen. In runden Klammern übergibt man per Positionsnotation die einzelnen Parameterwerte an die Funktion in Form von Zeichenketten, Zahlen, XPath-Ausdrücken. Alle Parameter müssen innerhalb der runden Klammern genannt werden. Da es keine Möglichkeit gibt, Standardwerte in der Funktion zu deklarieren, stellt sich auch nicht die Frage, wie man auf diese Standardwerte zugreifen kann.

```
<xsl:stylesheet version="2.0" xmlns:xs="http://www.w3.org/2001/
XMLSchema" xmlns:xsl="http://www.w3.org/1999/XSL/Transform"
xmlns:xsi="http://www.w3.org/2001/XMLSchema-instance" exclude-re
sult-prefixes="rf" xmlns:rf="http://www.ruhrfon.biz">
  <xsl:output method="xml" version="1.0" encoding="ISO-8859-1"
              indent="yes"/>
  <!-- Startvorlage -->
  <xsl:template match="/Tarifliste">
    <Tarifliste xsi:noNamespaceSchemaLocation="212_01.xsd">
      <xsl:for-each select="Tarif">
        <Tarif>
          ...
          <Uhrzeit>
            <!-- Umwandlung in xs:time -->
            <xsl:for-each select="Uhrzeit/child::*">
```

```
            <xsl:copy>
                <xsl:value-of select="rf:liefereUhrzeit(.)"/>
            </xsl:copy>
        </xsl:for-each>
    </Uhrzeit>
    <!-- Umwandlung in xs:decimal -->
    <Umsatz>
        <xsl:for-each select="Umsatz/child::*">
            <xsl:copy>
                <xsl:value-of select="rf:liefereDezimalzahl(.)"/>
            </xsl:copy>
        </xsl:for-each>
    </Umsatz>
    </Tarif>
    </xsl:for-each>
</Tarifliste>
</xsl:template>
```

Listing 12.27: 1232 _ 01.xslt – Startvorlage mit Funktionsaufrufen und Namensraum

Die Vorlage für das Erzeugen des Datums lassen wir aus Platzgründen aus. Sie finden es in der Datei 232 _ 01.xslt und es entspricht inhaltlich dem Beispiel 222 _ 01.xslt. Wir haben die einzelnen Funktionen möglichst einfach aus den bereits vorhandenen benannten Vorlagen der 222 _ 01.xslt-Datei entwickelt. Dabei blieb der Mittelteil, der den Algorithmus enthält, gleich, und lediglich die Signatur wurde geändert. Sie werden für das gleiche Beispiel später noch eine wesentlich kürzere Version finden, aber es ist jetzt nur wichtig, dass Sie sehr leicht aus Ihren bestehenden Vorlagen solche Funktionen machen können.

```
<!-- Vorlage zur Stundenumwandlung -->
<xsl:function name="rf:liefereUhrzeit">
    <!-- Parameter -->
    <xsl:param name="Stunde"/>
    <!-- Ausgabe -->
    <xsl:element name="{local-name($Stunde)}">
        <xsl:choose>
            <xsl:when test="not($Stunde = 24)">
                <xsl:value-of select="concat($Stunde/text(),':00:00')"/>
            </xsl:when>
            <xsl:otherwise>
```

```
            <xsl:text>00:00:00</xsl:text>
          </xsl:otherwise>
        </xsl:choose>
      </xsl:element>
    </xsl:function>
```

Listing 12.28: 1232 _ 01.xslt – Stundenumwandlung

Auch die Rekursion lässt sich mit den Funktionen durchführen, sofern man nicht auf den for-Ausdruck in XPath zurückgreifen kann oder möchte. Ein Rekursionsbeispiel bietet die Ermittlung der Dezimalzahl, bei der zeichenweise auf Kommas und Punkte kontrolliert wird, um sie auszutauschen.

```
<!-- Vorlage zur Zahlenumwandlung -->
<xsl:function name="rf:liefereDezimalzahl">
  <!-- Parameter -->
  <xsl:param name="deutscheZahl"/>
  <!-- Variablen -->
  <xsl:variable name="Zeichen"
              select="substring($deutscheZahl, 1,1)"/>
  <xsl:variable name="Laenge"
              select="string-length($deutscheZahl)"/>
  <xsl:variable name="neueDeutscheZahl"
              select="substring($deutscheZahl, 2, $Laenge)"/>
  <!-- Ausgabe -->
  <xsl:if test="not($Laenge = 0)">
    <!-- Ersetzung -->
    <xsl:choose>
      <xsl:when test="$Zeichen = ','">
        <xsl:text>.</xsl:text>
      </xsl:when>
      <xsl:when test="not($Zeichen = ',' or $Zeichen = '.')">
        <xsl:value-of select="$Zeichen"/>
      </xsl:when>
    </xsl:choose>
    <!-- Rekursiver Aufruf -->
    <xsl:value-of
        select="rf:liefereDezimalzahl($neueDeutscheZahl)"/>
  </xsl:if>
```

```
</xsl:function>
```

Listing 12.29: 1232 _ 01.xslt – Dezimalzahlumwandlung mit Rekursion

Im Ergebnis erhält man dann die Ihnen sicherlich noch bekannte Ausgabe mit `xs:time`, `xs:date` und `xsl:decimal`-Textknoten.

```
<Tarif>
  ...
  <Uhrzeit>
    <Von>7:00:00</Von>
    <Bis>15:00:00</Bis>
  </Uhrzeit>
  <Umsatz>
    <Summe>2313.50</Summe>
    <Kunden>787</Kunden>
    <Durchschnitt>2.94</Durchschnitt>
  </Umsatz>
</Tarif>
```

Listing 12.30: Ausgabe in XML

12. 3. 3. Verkürzungen in XPath/XSLT 2.0

Da man die Stylesheet-Funktionen ohnehin nur in XSLT 2.0 nutzen kann, bietet es sich an, gleichzeitig auch weitere Techniken aus dem neuen Sprachumfang einzusetzen. Mit ihnen lässt sich das in diesem Kapitel diskutierte Beispiel nun endgültig abschließen und an zwei exemplarischen Stellen mit einer beeindruckend kurzen Syntax ausdrücken.

Die erste Möglichkeit besteht darin, Fallunterscheidungen aus XSLT in solche von XPath umzuformulieren und somit die vielen Aufrufe der Kontrollanweisungselemente zu vermeiden. Wenn die Rückgabewerte ohnehin über `xsl:text` oder `xsl:value-of` ermittelt werden, dann lässt sich dies genauso mit einem einfachen Rückgabewert einer solchen XPath-Fallunterscheidung erledigen. Dies zeigt das nächste Beispiel, das die `liefereUhrzeit`-Funktion radikal verkürzt.

```
<!-- Vorlage zur Stundenumwandlung -->
<xsl:function name="rf:liefereUhrzeit">
```

```
<!-- Parameter -->
<xsl:param name="Stunde"/>
<!-- Ausgabe -->
<xsl:element name="{local-name($Stunde)}">
  <xsl:sequence select="if (not($Stunde = '24'))
                        then concat($Stunde/text(),':00:00')
                        else('00:00:00')"/>
</xsl:element>
</xsl:function>
```

Listing 12.31: 1232 _ 01.xslt – Verwendung von XPath-Fallunterscheidungen

Die Syntaxverkürzung stellt im nächsten Beispiel eine weitaus beeindruckendere Leistung dar. Allerdings liegt dies daran, weil wir die neue `replace`-Funktion zum Einsatz bringen und damit völlig ohne Rekursion arbeiten können. Neben dieser von Stylesheet-Funktionen unabhängigen Begründung wird der Rückgabewert hier über `xsl:sequence` erledigt. Dies ersetzt – und wirklich auch nicht mehr – eine Ausgabe mit `xsl:value-of`. Da man innerhalb von `xsl:value-of` ebenfalls mit einem Sequenzkonstruktor in der Form `select="(einheit, einheit)"` arbeiten kann, betrifft die Entscheidung für das Element `xsl:sequence` weniger die Quelltextverkürzung als die Heraushebung, dass hier der Rückgabewert bearbeitet wird.

```
<!-- Vorlage zur Zahlenumwandlung -->
<xsl:function name="rf:liefereDezimalzahl">
  <!-- Parameter -->
  <xsl:param name="deutscheZahl"/>
  <!-- Rückgabe -->
  <xsl:sequence select="replace(replace(., '\.', ''), ',', '.')"/>
</xsl:function>
```

Listing 12.32: 1232 _ 01.xslt – Verwendung eines Sequenzkonstruktors

XML Schema

13. XML Schema

Ganz neu in XSLT 2.0 ist auch ein Element, das eine XML Schema-Datei[1] einbindet und das die zu transformierenden Instanzdokumente damit beschreibt. Dadurch ist es möglich, auf globale Strukturen im Regeldokument zuzugreifen und die Bezeichner in beispielsweise Fallunterscheidungen zu nutzen. Man hat so eine Möglichkeit, sehr intensiv mit den modellierten Strukturen zu arbeiten und Modellierung und Transformation enger zusammenzuführen. Da in vielen XML-Projekten der Bereich der Modellierung stark vernachlässigt wird, ist hier vielleicht endlich eine Technologie, die auch Zweifler oder Anhänger der Theorie, XML-Modellierung sei nur etwas für die Dokumentation, überzeugt, dass die Arbeit und Zeit, die in die Modellierung gesteckt wird, durchaus sinnvoll investiert sein kann.

13. 1. Verwendung

Da es sich bei der Einbindung von XML Schema-Dateien letztendlich nur um einen Einbindungsvorgang wie früher schon bei XSLT 1.0 für andere XSLT-Dateien handelt, ist die Syntax für die Einbindung selbst natürlich sehr einfach. Es gibt ein neues Element, das den Einbindungsvorgang mit einigen Attributen und alternativen Verwendungen durchführt. Die eigentlichen Angaben sind dann natürlich innerhalb der XML Schema-Datei oder – ebenfalls eine Variante – innerhalb der XML Schema-Kinder (!) des Einbindeelements `xsl:import-schema` zu erledigen.

13. 1. 1. Grundlagen

Ein XML Schema für eine gesamte XML-Datei oder auch nur interessante globale Strukturen wie z. B. spezielle Datentypen lässt sich mithilfe des neuen Elements `xsl:import-schema` durchführen. Seine konkrete Verwendung kann in Varianten auftreten. Seine allgemeine Syntax lautet:

---

1   Vgl. XSL Transformations (XSLT) Version 2.0 W3C Recommendation 23 January 2007, Abschnitt 3.14 Importing Schema Components unter http://www.w3.org/TR/xslt20/#import-schema.

```
<!-- Kategorie: Deklaration -->
<xsl:import-schema
  namespace = uri-reference
  schema-location = uri-reference />
```

In XPath 2.0 gibt es verschiedene Strukturen, die explizit auf Bezeichner des XML Schemas fokussiert sind, das das Instanzdokument beschreibt, das transformiert werden soll. Dies erfordert natürlich irgendeine Möglichkeit, dieses XML Schema einzubinden, um die Bezeichner der Strukturen wie z. B. die globalen Datentypen bekannt zu machen. Eine Möglichkeit für den XSLT-Prozessor wäre es, auf die Schema-Verknüpfung im Instanzdokument zu setzen und das Dokument dynamisch einzubinden. Dies ist allerdings nicht der Weg, der hier bei XSLT gegangen wird. Stattdessen sollen die Bezeichner, die Schema-Komponenten identifizieren, statisch vor der Transformation bekannt gemacht werden, um beispielsweise fehlerhafte, unbekannte oder unpassende Bezeichner/Strukturen vorab zu bemerken.

Die Verknüpfung wird über das `xsl:import-schema`-Element eingerichtet, dessen Strukturen ähnlich der Verknüpfung im Instanzdokument sind. Es importiert die Bezeichner, die auf der obersten Ebene eingerichtet sind, in das XSLT-Dokument. Dies betrifft einfache und komplexe Datentypen genauso wie globale Elemente und Attribute.

Beide vorhandenen Attribute `namespace` und `schema-location` sind optional, wobei natürlich die fehlende Angabe einer Datei- und Pfadangabe für die Funktionsweise sehr wichtig ist und das Element ansonsten überflüssig macht, wenn nicht innerhalb des Elements XML Schema-Angaben gemacht werden. Im Attribut `schema-location` befindet sich die Verknüpfung zu einer XML Schema-Datei, während das `namespace`-Attribut einen möglichen Namensraum/den Zielnamensraum des XML Schema-Dokuments enthalten kann. Sollten zwei verschiedene Verknüpfungen den gleichen Namensraum benutzen, wird nur die Angabe mit der höchsten Priorität verwendet. Die Priorisierung wird dabei ebenfalls durch die Dokumentrichtung und damit durch die Reihenfolge der Verknüpfungen bestimmt.

Bei der Verknüpfung von XML Schema-Dateien innerhalb von XML Schema-Dateien (`xs:import`, `xs:include` und `xs:redefine`) werden zusätzliche Regelungen benötigt, um virtuell weitere Verknüpfungen für das XSLT-Dokument zu erstellen. Prinzipiell werden einfach weitere verknüpfte XML Schema-Dokumente der Reihe nach geladen, wie dies auch bei importierten XSLT-Dokumenten der Fall ist. Die vier Regelungen zielen darauf ab, quasi zusätzliche `xsl:import-schema`-Elemente mit Werten zu erzeugen, die sich aus den im XML Schema-Dokument vorhandenen Angaben rekrutieren:

- Sollte in einem `xs:import`-Element im XML Schema-Dokument ein Namensraum enthalten sein, wird das `namespace`-Attribut des virtuellen `xsl:import-schema`-Elements damit gefüllt. Ansonsten wird es nicht erzeugt. Die leere Zeichenkette ist dabei kein gültiger Wert, wenn kein Namensraum angegeben werden soll. In diesem Fall muss das Attribut stets fehlen. Sobald ein Namensraum angegeben ist, muss auch ein XML Schema für diesen Namensraum verwendet werden.

- Das Attribut `schemaLocation` im `xs:import`-Element füllt das entsprechende `schema-location`-Attribut des `xsl:import-schema`-Elements. Sollte es im XML Schema-Dokument nicht vorhanden sein, wird es (natürlich) nicht gefüllt.

- Das Basisverzeichnis, das im `base` URI-Attribut des `xs:import`-Elements in der XML Schema-Datei angegeben ist, dient als Wert für das gleich bedeutende Attribut in dem `xsl:import-schema`-Element, wenn es auch nicht in der allgemeinen Syntax vorhanden ist.

Es gilt der Konfliktlösungsmechanismus für im XML Schema-Dokument doppelt vergebene Bezeichner von XML Schema.

13. 1. 2. Beispiel

Wie gerade schon erwähnt, sind unterschiedliche Möglichkeiten vorhanden, das `xsl:import-schema`-Element zu nutzen. Der einfachste Weg ist sicherlich, über das Attribut `schema-location` eine Datei aufzurufen. In dieser Datei dürfte im Normalfall die gesamte XML-Struktur beschrieben sein, die im XSLT-Dokument zu verarbeiten ist. Alternativ könnte es sich genauso gut um eine Aufzählung von für die Transformation wichtigen Datentypen handeln, die unabhängig vom restlichen XML-Dokument und seinen konkreten Strukturen eingebunden werden. Ein entsprechendes Beispiel ist besonders kurz und besteht nur aus einer Zeile.

```
<xsl:import-schema schema-location="1312_02.xsd"/>
```

Listing 13.1: 1312 _ 01.xslt – Einbinden einer externen Datei

Eine grundsätzliche Alternative ist, auf die externe Datei zu verzichten, und die Angaben lokal zu machen. Dabei benötigt man kein `schema-location`-Attribut, sondern setzt das gesamte XML Schema-Dokument als Inhalt von `xsl:import-schema`. Ob dies notwendigerweise auch für die Modellierung einer gesamten XML-Datei die beste oder gar nur eine gute Lösung ist, muss mit Sicherheit eine Frage bleiben. Auf der einen Seite sind jetzt die Datenstrukturen überhaupt nicht ausgelagert, auf der anderen Seite sind sie auch in der gleichen Datei vorhanden, sodass beim Einbindungsvorgang kein Fehler auftreten kann. Wenn man nun allerdings diese Strukturen weiterverwenden möchte, müsste man diese XSLT-Datei an anderer Stelle importieren, was zwar technisch möglich, aber sicherlich nicht sinnvoll ist, wenn lediglich die Schema-Strukturen für eine mehrfache Nutzung interessant sind.

Einen solchen Weg sollte man eher dann gehen, wenn man ausschließlich auf einige wenige Strukturen zurückgreifen möchte. Dies können beispielsweise Datentypen sein, die – bis auf Ableitungen – unabhängig voneinander existieren. Im nachfolgenden Beispiel ist dies ein Datentyp Waehrung. Ansonsten ist in der XML Schema-Struktur nichts vorhanden. Man könnte mit ihr auch kein einziges XML-Dokument validieren, da ja nicht einmal ein Wurzelelement deklariert wird.

```
<xsl:stylesheet version="2.0" xmlns:xsl="http://www.w3.org/1999/
XSL/Transform" xmlns:xs="http://www.w3.org/2001/XMLSchema" ...>
  <xsl:output method="xml" version="1.0"
              encoding="UTF-8" indent="yes"/>
  <xsl:import-schema>
    <xs:schema>
      <xs:simpleType name="Waehrung">
        <xs:restriction base="xs:decimal">
          <xs:totalDigits value="10"/>
          <xs:fractionDigits value="2"/>
        </xs:restriction>
      </xs:simpleType>
    </xs:schema>
  </xsl:import-schema>
  <xs:variable name="Total" select="sum(//Umsatz)" as="Waehrung"/>
</xsl:stylesheet>
```

Listing 13.2: 1312 _ 02.xslt – Einbinden eines lokalen Schemas

Eine weitere Alternative ergibt sich bei der Verwendung von Namensräumen. Im folgenden Beispiel existiert ein zusätzlicher Namensraum im Dokument, der als Zielnamensraum des XML Schemas benutzt wird. Damit liegt also der deklarierte Datentyp in diesem Namensraum und muss auch später bei seiner Verwendung mit dem Namensraumpräfix aufgerufen werden.

```
<xsl:stylesheet version="2.0"
                xmlns:xsl="http://www.w3.org/1999/XSL/Transform"
                xmlns:xs="http://www.w3.org/2001/XMLSchema"
                xmlns:rf="http://www.ruhrfon.biz">
  <xsl:output method="xml" version="1.0"
                encoding="UTF-8" indent="yes"/>
  <xsl:import-schema>
    <xs:schema targetNamespace="http://www.ruhrfon.biz">
      <xs:simpleType name="rf:Waehrung">
        ...
      </xs:simpleType>
    </xs:schema>
  </xsl:import-schema>
  <xs:variable name="Total" select="sum(//Umsatz)"
                as="rf:Waehrung"/>
```

Listing 13.3: 1312 _ 03.xslt – Verwendung eines Namensraums

13. 2. Mögliche XML Schema-Strukturen

Die Möglichkeiten, die XML Schema-Strukturen in XSLT einzubinden, scheinen zwar für die Zukunft von XSLT und auch für die Entwicklung von Schema-basierten Algorithmen sehr nützlich zu sein, doch die eigentliche Syntax steckt natürlich nicht in XSLT, sondern in XML Schema. Für die Verwendung der in der XML Schema-Datei global vorhandenen Strukturen lassen sich letztendlich alle die Funktionen und Ausdrücke aus XPath nutzen, die sich beispielsweise mit dem Testen, Zuweisungen und Umwandeln von Datentypen befassen. Anstelle der in XPath und XML Schema vorhandenen Datentypen lassen sich nun die eigenen Datentypen aufrufen. Dies ermöglicht es beispielsweise auf sehr elegante Art und Weise, reguläre Ausdrücke, Wertelisten und Längenbeschränkungen zur Überprüfung in einfachen globalen Datentypen unterzubringen und diese nachher zu prüfen. Man muss so nicht die Überprüfung innerhalb der Transformation ausführen, sondern sie steckt dort, wo sie ohnehin hingehört, nämlich in der Modellierung.

Es ist nicht Sinn dieses Kapitels, XML Schema grundlegend zu erklären. Es ist zwar nicht besonders schwierig, auch wenn es einige Spezialthemen besitzt, die zunächst Stirnrunzeln hervorrufen könnten, doch ist die mögliche Syntax zu umfangreich. Allerdings wollen wir ein wenig Geschmack auf XML Schema machen und kurz die Themen überfliegen, die man in XSLT 2.0 auch nutzen kann, damit Sie einen allgemeinen Eindruck gewinnen.

13. 2. 1. Vordefinierte Datentypen

Im Gegensatz zur DTD, in der die wenigen vorhandenen Datentypen nur für Attribute und dann auch nur für Spezialfälle wie XML-Listen oder Schlüssel(verweise) vorhanden waren, gibt es in XML Schema eine ganze Reihe an Datentypen, die in einem eigenen Standard (Datentypen: http://www.w3c.org/TR/xmlschema-2/) definiert wurden und die auch in XSLT bzw. XPath sowie in solchen Standards wie RDF oder OWL zum Einsatz kommen können.

Einerseits dürften Ihnen die meisten Datentypen aus anderen Programmiersprachen oder Datenbanken schon bekannt sein. Auf der anderen Seite würde eine ausführliche Erklärung den Kapitelrahmen sprengen. Daher listen wir sie nur sehr kurz auf.

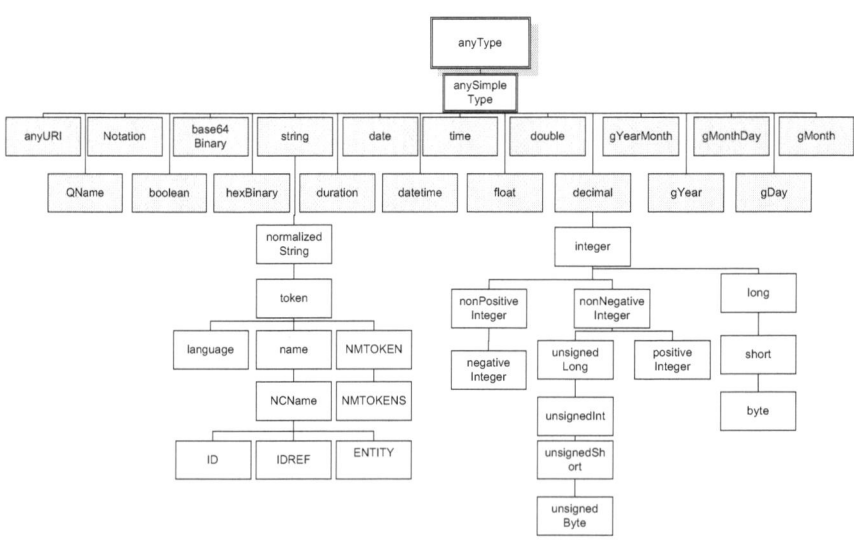

Abbildung 13.1: Übersicht über die XML Schema-Datentypen

→ **Einfache Datentypen**

In der Liste der einfachen Datentypen gibt es die in vielen anderen Datentypbeschreibungen auch vorhandenen grundlegenden Typen sowie einige spezielle, die in anderen Standards nicht vorhanden sind. Dazu zählen die speziellen Datumstypen, die Feldkombinationen enthalten, und die Sonder-XML-Typen.

Zahlen	Zeichenketten	Zeit	Logik
decimal	string	duration	boolean
float	anyURI	dateTime	
double	QName	time	
hexBinary	NOTATION	date	
base64Binary		gYearMonth	
		gYear	
		gMonthDay	
		gDay	
		gMonth	

Tabelle 13.1: Vordefinierte einfache Datentypen

→ **Abgeleitete Datentypen**

Die abgeleiteten Typen sind bereits vordefinierte Einschränkungen von einfachen Datentypen. Hier befinden sich auch die DTD-Datentypen (in Großbuchstaben) sowie viele Zahlendatentypen. Insbesondere für die vielen verschiedenen Zahlen lohnt sich ein intensiver Blick in die Dokumentation.

Zahlen	
	integer
	nonPositiveInteger
	negativeInteger
	long
	int
	short
	byte
	nonNegativeInteger
	unsignedLong
	unsignedInt
	unsignedShort
	unsignedByte
	positiveInteger

	normalizedString
Zeichenketten	token
	language
	NMTOKEN
	NMTOKENS
	Name
	NCName
	ID
	IDREF
	IDREFS
	ENTITY
	ENTITIES

Tabelle 13.2: Abgeleitete Datentypen

13. 2. 2. Benutzerdefinierte Datentypen

Auf Basis der vordefinierten Datentypen lassen sich nun eigene Datentypen erstellen, die dann wiederum in XSLT/XPath genutzt werden können. Dies ist der eigentlich interessante Teil, wobei dies sowohl XML Schema als auch XSLT betrifft. Dass man in XSLT 2.0 die vordefinierten Datentypen nutzen kann, ist bereits eine kolossale Verbesserung, aber das Nutzen eigener Typen setzt dem Ganzen noch ein Sahnehäubchen auf.

➜ Grundlagen

Ein globaler einfacher Typ definiert einen Datentyp, der später im `type`-Attribut aufgerufen werden kann. Die allgemeine Syntax lautet:

```
<xs:simpleType
   final = (#all | (list | union | restriction))
   id = ID
   name = NCName
   {Attribute mit einem Namensraum außerhalb des
   Schema-Namensraums}>
   Inhalt: (annotation?, (restriction | list | union))
</xs:simpleType>
```

Es ist natürlich möglich, einen eigenen Datentyp zu erstellen, der keine besonderen Eigenschaften hat. Dann benötigt man auch nicht die im nächsten Abschnitt beschriebenen Fassetten. Einen solchen eigenen, aber besonders einfachen Datentyp könnte man beispielsweise gut aus Gründen der Selbstdokumentation nutzen. Ein Schulbeispiel ist hier immer der Datentyp `Schluessel`, der einfach nur ein andere Name für `xs:positiveInteger` ist.

Dass ein Wert keine Dezimalzahl, sondern eine Ganzzahl und dazu noch positiv ungleich null ist, kann eine Eigenschaftsbeschreibung von anderen Werten sein wie z. B. von gerundeten absoluten Endsummen, die nachher weiterverarbeitet werden sollen. Aber mithilfe des zusätzlichen Namens `Schluessel` (oder natürlich auch `gerundeterAbsolutwert`) lässt sich nachher prüfen, ob ein Wert ein gültiger Schlüsselwert wäre, was im Quelltext von XSLT bzw. XPath einen besseren Eindruck macht als ein Kommentar, in dem die Überprüfung erklärt wird.

→ **Einschränkung durch Fassetten**

In den meisten Fällen wird man allerdings keine Selbstdokumentation mit Datentyphüllen durchführen, sondern vielmehr zusätzliche Einschränkungen angeben wollen. Dazu benutzt man ebenfalls XML-Elemente und z. B. keine Attribute. Sie tauchen als Kinder der direkten Kinder von `xs:simpleType` auf. Ihre Reihenfolge ist unerheblich, ebenso ihre Kombination, die natürlich sinnvoll und nicht widersprüchlich sein sollte.

In der nachfolgenden Tabelle fassen wir die einzelnen Fassetten kurz zusammen. Sie werden sehen, dass viele Dinge hier in Form von XML-Elementen modelliert werden, die in SQL mit `CHECK`-Bedingungen oder runden Klammern umgesetzt werden.

Typ	Verwendung
length	Gesamtlänge einer Zeichenkette
minLength	Minimale Länge einer Zeichenkette
maxLength	Maximale Länge einer Zeichenkette
pattern	Muster als regulärer Ausdruck für eine Zeichenkette
enumeration	Aufzählung von verwendbaren Werten
whiteSpace	Leerraumbehandlung
maxInclusive	Obere eingeschlossene Grenze
maxExclusive	Obere nicht eingeschlossene Grenze
minExclusive	Untere nicht eingeschlossene Grenze
minInclusive	Untere eingeschlossene Grenze
totalDigits	Gesamtstellenzahl einer Zahl

Typ	Verwendung
fractionDigits	Nachkommastellen einer Zahl

Tabelle 13.3: Übersicht der Fassetten

Wie man sich vermutlich denken kann, sind nicht alle Fassetten für jeden Datentyp zulässig. Die nachfolgende Tabelle gibt eine komprimierte Übersicht für die möglichen Fassetten eines jeden einfachen Datentyps.

Datentyp	Einschränkende Fassetten
string	length, minLength, maxLength, pattern, enumeration, whiteSpace
boolean	pattern, whiteSpace
float	pattern, enumeration, whiteSpace, maxInclusive, maxExclusive, minInclusive, minExclusive
double	pattern, enumeration, whiteSpace, maxInclusive, maxExclusive, minInclusive, minExclusive
decimal	totalDigits, fractionDigits, pattern, whiteSpace, enumeration, maxInclusive, maxExclusive, minInclusive, minExclusive
duration	pattern, enumeration, whiteSpace, maxInclusive, maxExclusive, minInclusive, minExclusive
dateTime	pattern, enumeration, whiteSpace, maxInclusive, maxExclusive, minInclusive, minExclusive
time	pattern, enumeration, whiteSpace, maxInclusive, maxExclusive, minInclusive, minExclusive
date	pattern, enumeration, whiteSpace, maxInclusive, maxExclusive, minInclusive, minExclusive
gYearMonth	pattern, enumeration, whiteSpace, maxInclusive, maxExclusive, minInclusive, minExclusive
gYear	pattern, enumeration, whiteSpace, maxInclusive, maxExclusive, minInclusive, minExclusive
gMonthDay	pattern, enumeration, whiteSpace, maxInclusive, maxExclusive, minInclusive, minExclusive

Datentyp	Einschränkende Fassetten
gDay	pattern, enumeration, whiteSpace, maxInclusive, maxExclusive, minInclusive, minExclusive
gMonth	pattern, enumeration, whiteSpace, maxInclusive, maxExclusive, minInclusive, minExclusive
hexBinary	length, minLength, maxLength, pattern, enumeration, whiteSpace
base64Binary	length, minLength, maxLength, pattern, enumeration, whiteSpace
anyURI	length, minLength, maxLength, pattern, enumeration, whiteSpace
QName	length, minLength, maxLength, pattern, enumeration, whiteSpace
NOTATION	length, minLength, maxLength, pattern, enumeration, whiteSpace

Tabelle 13.4: Datentypen mit ihren anwendbaren einschränkenden Fassetten

→ **Fassetten im Detail**

Die einzelnen Fassetten stellen wir nun noch einmal im Detail vor, wobei wir jetzt auch einige Syntax-Beispiele geben, damit Sie einen Eindruck von XML Schema bekommen.

- Länge: Ein Wert vom Datentyp `nonNegativeInteger`, also einer Ganzzahl einschließlich der Null, gibt die Länge eines Wertes an. Bei Zeichenketten und `anyURI` ist dies die Anzahl der Zeichen und bei den Datentypen `hexBinary`, `base64Binary` bzw. davon abgeleiteten Datentypen die 8-Bit-Oktette.

```
<xs:length
  fixed = boolean : false
  id = ID
  value = nonNegativeInteger
  {Attribute mit einem Namensraum außerhalb des
   Schema-Namensraums}>
  Inhalt: (annotation?)
</xs:length>
```

Beispiel:

```
<xs:element name="Country">
  <xs:simpleType>
```

```
    <xs:restriction base="xs:string">
     <xs:length value="2"/>
    </xs:restriction>
   </xs:simpleType>
  </xs:element>
```

- Minimale Länge: Ein Wert vom Datentyp `nonNegativeInteger` (Ganzzahl einschließlich der Null), gibt die minimale Länge eines Wertes an. Bei Zeichenketten und `anyURI` ist dies die Anzahl der Zeichen und bei den Datentypen `hexBinary`, `base64Binary` bzw. davon abgeleiteten Datentypen die 8-Bit-Oktette.

```
<xs:minLength
  fixed = boolean : false
  id = ID
  value = nonNegativeInteger
  {Attribute mit einem Namensraum außerhalb des
   Schema-Namensraums}>
  Inhalt: (annotation?)
</xs:minLength>
```

Beispiel:
```
<xs:element name="PLZ">
 <xs:simpleType>
  <xs:restriction base="xs:integer">
   <xs:maxInclusive value="5"/>
   <xs:minInclusive value="4"/>
  </xs:restriction>
 </xs:simpleType>
</xs:element>
```

- Maximale Länge: Ein Wert vom Datentyp `nonNegativeInteger` (Ganzzahl einschließlich der Null), gibt die maximale Länge eines Wertes an. Bei Zeichenketten und `anyURI` ist dies die Anzahl der Zeichen und bei den Datentypen `hexBinary`, `base-64Binary` bzw. davon abgeleiteten Datentypen die 8-Bit-Oktette.

```
<xs:maxLength
  fixed = boolean : false
  id = ID
  value = nonNegativeInteger
  {Attribute mit einem Namensraum außerhalb des
   Schema-Namensraums}>
```

```
   Inhalt: (annotation?)
</xs:maxLength>
```

Beispiel:

```
<xs:element name="Beschreibung">
 <xs:simpleType>
  <xs:restriction base="xs:string">
   <xs:maxLength value="255/>
  </xs:restriction>
 </xs:simpleType>
</xs:element>
```

- Muster: Mithilfe eines regulären Ausdrucks schränkt man den lexikalischen Bereich und Wertebereich ein.

```
<xs:pattern
  id = ID
  value = anySimpleType
  {Attribute mit einem Namensraum außerhalb des
   Schema-Namensraums}>
  Inhalt: (annotation?)
</xs:pattern>
```

Beispiel:

```
<xs:element name="PLZ">
 <xs:simpleType>
   <xs:restriction base="xs:positiveInteger">
    <xs:pattern value="[0-9]{5}"/>
   </xs:restriction>
 </xs:simpleType>
</xs:element>
```

- Aufzählung: Für die genaue Angabe der zulässigen Werte eines Datentyps gibt man in einzelnen Aufzählungselementen die genauen Werte vor.

```
<xs:enumeration
  id = ID
  value = anySimpleType
  {Attribute mit einem Namensraum außerhalb des
   Schema-Namensraums }>
```

```
    Content: (annotation?)
  </xs:enumeration>
```

Beispiel:

```
<xs:element name="Anrede">
 <xs:simpleType>
   <xs:restriction base="xs:string">
    <xs:enumeration value="Herr"/>
    <xs:enumeration value="Frau"/>
   </xs:restriction>
 </xs:simpleType>
</xs:element>
```

- Leerzeichen: Zeichenketten, die Leerzeichen enthalten, können mit der Leerzeichen-fassette unter Angabe der Leerzeichenbehandlung überprüft werden.

```
<xs:whiteSpace
  fixed = boolean : false
  id = ID
  value = (collapse | preserve | replace)
  {Attribute mit einem Namensraum außerhalb des
  Schema-Namensraums}>
  Inhalt: (annotation?)
</xs:whiteSpace>
```

- Ausgeschlossene Obergrenze/Untergrenze: Die ausgeschlossene Unter-/Obergrenze begrenzt den möglichen Wertebereich nach oben/unten, wobei die Grenze als Wert selbst nicht auftreten darf.

```
<xs:maxExclusive | xs:minExclusive
  fixed = boolean : false
  id = ID
  value = anySimpleType
  {Attribute mit einem Namensraum außerhalb des
  Schema-Namensraums}>
  Inhalt: (annotation?)
</xs:maxExclusive | xs:minExclusive >
```

- Eingeschlossene Unter-/Obergrenze: Die eingeschlossene Unter-/Obergrenze be-grenzt den möglichen Wertebereich nach oben/unten, wobei die Grenze als Wert selbst nicht auftreten darf.

```
<xs:minInclusive | xs:maxInclusive
  fixed = boolean : false
  id = ID
  value = anySimpleType
  {Attribute mit einem Namensraum außerhalb des
   Schema-Namensraums}>
  Inhalt: (annotation?)
</xs:minInclusive | xs:maxInclusive >
```

Beispiel:

```
<xs:element name="PLZ">
 <xs:simpleType>
   <xs:restriction base="xs:positiveInteger">
    <xs:minInclusive value="42553"/>
    <xs:maxInclusive value="45128"/>
   </xs:restriction>
 </xs:simpleType>
```

- Maximale Anzahl der Dezimalstellen: Für die Eigenschaften von Dezimalzahlen gibt man mit der `totalDigits`-Fassette in einem `positiveInteger`-Wert (positive Ganzzahl ohne null) die Anzahl der Dezimalstellen an.

```
<xs:totalDigits
  fixed = boolean : false
  id = ID
  value = positiveInteger
  {Attribute mit einem Namensraum außerhalb des
   Schema-Namensraums}>
  Inhalt: (annotation?)
</xs:totalDigits>
```

- Maximale Anzahl der Nachkommastellen: Für die Eigenschaften von Dezimalzahlen gibt man mit der `fractionDigits`-Fassette in einem `nonNegativeInteger`-Wert (positive Ganzzahl mit null) die Anzahl der Nachkommastellen an.

```
<xs:fractionDigits
  fixed = boolean : false
  id = ID
  value = nonNegativeInteger
  {Attribute mit einem Namensraum außerhalb des
   Schema-Namensraums}>
```

```
   Inhalt: (annotation?)
 </xs:fractionDigits>
```

Beispiel:

```
<xs:element name="Preis">
 <xs:simpleType>
  <xs:restriction base="xs:decimal">
   <xs:totalDigits value="10"/>
   <xs:fractionDigits value="2"/>
  </xs:restriction>
 </xs:simpleType>
</xs:element>
```

13. 2. 3. Komplexe Datentypen

Ein globaler komplexer Typ lässt sich im `type`-Attribut lokal aufrufen und stellt dort seine Eigenschaften zur Verfügung. Er beschreibt global ein Inhaltsmodell von Elementen in Form eines Datentyps, also eines Typs mit Feldern.

```
<xs:complexType
  abstract = boolean : false
  block = (#all | Liste von (extension | restriction))
  final = (#all | Liste von (extension | restriction))
  id = ID
  mixed = boolean : false
  name = NCName
  {Attribute mit einem Namensraum außerhalb des
   Schema-Namensraums}>
  Inhalt: (annotation?, (simpleContent | complexContent |
          ((group | all | choice | sequence)?,
          ((attribute | attributeGroup)*, anyAt
tribute?))))
</xs:complexType>
```

Ein Beispiel alleine reicht für das Verständnis, aber natürlich nicht für die Verwendung der Syntax, da innerhalb eines globalen komplexen Typs Inhaltsmodelle, Datentypen und Attribute in Form von Kindern und Kindeskindern auftauchen und damit fast die gesamte XML Schema-Syntax enthalten.

Beispiel:

```
<xs:complexType name="StadtlisteTyp">
  <xs:sequence>
    <xs:element name="Privat">
      <xs:complexType>
        <xs:sequence>
          <xs:element name="Stadt" type="UmsatzTyp"
                      maxOccurs="unbounded"/>
        </xs:sequence>
      </xs:complexType>
    </xs:element>
    <xs:element name="Geschaeftlich">
      <xs:complexType>
        <xs:sequence>
          <xs:element name="Stadt"
                      type="UmsatzTyp" maxOccurs="unbounded"/>
        </xs:sequence>
      </xs:complexType>
    </xs:element>
  </xs:sequence>
</xs:complexType>
```

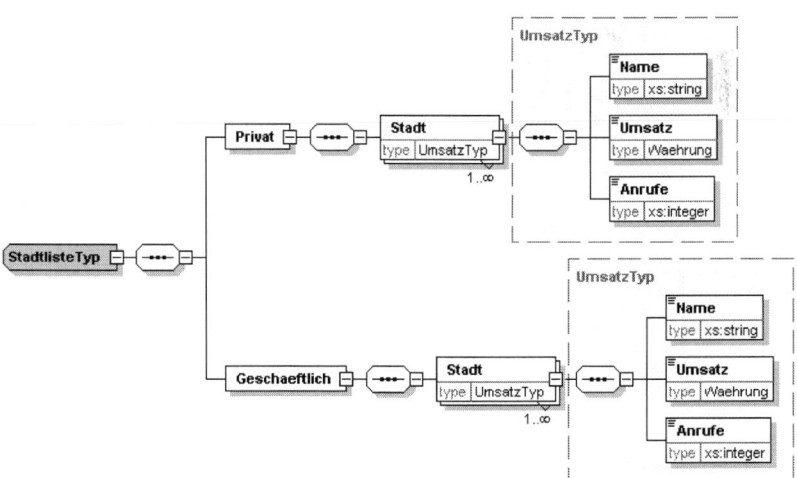

Abbildung 13.2: Struktur des Typs `StadtlisteTyp`

13. 2. 4. Globale Elemente und Attribute

Neben den einfachen und komplexen Typen können auch Elemente und Attribute sowohl lokal als auch global vorliegen. Global bedeutet, dass sie auf der obersten Ebene innerhalb einer XML Schema-Datei liegen und damit direkte Kinder des Wurzelelements sind. Nur wenn sie global sind, können ihre Eigenschaften in einer XML Schema-Datei per Referenz im `ref`-Attribut (bei den Datentypen war es per Typaufruf im `type`-Attribut) verwendet werden. Nur solche Elemente und Attribute können dann auch innerhalb von XSLT bzw. XPath zum Einsatz kommen.

→ **Elementdeklaration**

Natürlich kann man auch mithilfe von XPath 1.0 Elemente über ihren Namen auswählen. Das ist nicht sonderlich interessant. Aber in XPath 2.0 bzw. durch das Einbinden von XML Schema kann man zusätzlich auch noch auf die Datentypangabe zurückgreifen und daher zwischen verschiedenen gleichnamigen Elementen mit unterschiedlichen Datentypen unterscheiden.

Das Element `xs:element` erlaubt, Elemente zu deklarieren. Es enthält sowohl sehr viele Attribute als auch die verschiedenen Elemente für die Inhaltsmodelle (Reihenfolge, Auswahl oder Zusammenstellung) und damit einen Großteil der gesamten XML Schema-Syntax.

```
<element
  abstract = boolean : false
  block = (#all | List of (extension | restriction | substitution))
  default = string
  final = (#all | List of (extension | restriction))
  fixed = string
  form = (qualified | unqualified)
  id = ID
  maxOccurs = (nonNegativeInteger | unbounded)  : 1
  minOccurs = nonNegativeInteger : 1
  name = NCName
  nillable = boolean : false
  ref = QName
  substitutionGroup = QName
  type = QName
  {any attributes with non-schema namespace . . .}>
```

```
Content: (annotation?, ((simpleType | complexType)?,
                        (unique | key | keyref)*))
</element>
```

Einige wichtige Attribute stellen wir kurz vor:

- `name`: Name des Elements

- `type`: Datentyp in Form eines vordefinierten oder benutzerdefinierten einfachen Datentyps oder eines komplexen Typs

- `ref`: Referenzierung auf ein global vorhandenes Element

- `nillable`: Zulässigkeit des leeren Inhaltsmodells, also leeren Elements

- `minOccurs`: minimales Auftreten des Elements in einer Reihenfolge, Standard: 1

- `maxOccurs`: maximales Auftreten des Elements in einer Reihenfolge, Standard: 1

Beispiel:

```
<xs:element name="Stadt" type="StadtTyp"/>
<xs:element name="Umsatz">
  <xs:sequence>
    <xs:element name="Name" type="xs:string"/>
    <xs:element name="Umsatz" type="Waehrung"/>
    <xs:element name="Anrufe" type="xs:integer"/>
  </xs:sequence>
</xs:element>
```

→ **Attributdeklaration**

Natürlich kann man auch mit XPath 1.0 Attribute über ihren Namen auswählen. Das ist nicht sonderlich interessant. Aber in XPath 2.0 bzw. durch das Einbinden von XML Schema kann man zusätzlich auch noch auf die Datentypangabe zurückgreifen und daher zwischen verschiedenen gleichnamigen Attributen mit unterschiedlichen Datentypen unterscheiden.

```
<attribute
  default = string
  fixed = string
  form = (qualified | unqualified)
  id = ID
  name = NCName
  ref = QName
  type = QName
  use = (optional | prohibited | required) : optional
  {any attributes with non-schema namespace . . .}>
  Content: (annotation?, simpleType?)
</attribute>
```

Einige wichtige Attribute stellen wir kurz vor:

- name: Name des Elements

- type: Datentyp in Form eines vordefinierten oder benutzerdefinierten einfachen Datentyps oder eines komplexen Typs

- ref: Referenzierung auf ein global vorhandenes Element

- fixed: fester Standardwert

- default: Standardwert des Attributs

- use: Verwendungsweise des Attributs: optional, verboten oder verpflichtend

Beispiel:

```
<xs:element name="Umsatzuebersicht">
  <xs:complexType>
    <xs:sequence>
      <xs:element name="Stadtliste" type="StadtlisteTyp"/>
      <xs:element name="Tarifliste">
         . . .
      </xs:element>
    </xs:sequence>
    <xs:attribute name="Datum" use="required"/>
```

```
<xs:attribute name="Kommentar" type="xs:string"
               use="optional"/>
</xs:complexType>
</xs:element>
```

13. 3. Verwendung eingebundener Strukturen

Letztendlich läuft die Verwendung der eingebundenen Strukturen auf die Verwendung der Datentypnamen hinaus. Daher genügt es, sich sämtliche Möglichkeiten in XPath anzusehen, die mit Datentypen umzugehen wissen. Da wir an verschiedenen Stellen in Band 1 und 3 bereits auf diese Techniken hingewiesen haben, wollen wir es auch dieses Mal bei einer kurzen Übersicht belassen. Der Blickwinkel ist dieses Mal nicht die Verwendung der XML Schema- oder XPath-Datentypen, sondern unserer eigenen, persönlichen, privaten Datentypen.

13. 3. 1. Datentyp-Ausdrücke

Mithilfe der Ausdrücke für Datentypen[2] hat man Operator-ähnliche Konstrukte, die für unterschiedliche Tests im z. B. `test`-Attribut von `xsl:if` oder `xsl:when` genutzt werden können. Ebenfalls nutzen kann man sie bei Prädikaten von XPath im `select`-Attribut.

- `Instance Of` prüft darauf, ob ein Wert einem möglichen Datentyp entspricht bzw. eine Instanz von ihm ist. Dies ist keine Umwandlung und auch keine Umwandlungsprüfung, sondern ein reiner Test, ob der übergebene Wert bzw. XPath-Ausdruck einem vorhandenen Datentyp entspricht.

```
InstanceofExpr    ::=    TreatExpr ( "instance" "of"
                                     SequenceType )?
```

Beispiel:

```
7.5 instance of xs:decimal
@Datum instance of xs:date
@Datum instance of rf:BerichtdatumTyp
```

---

2   Vgl.: XML Path Language (XPath) 2.0 W3C Recommendation 23 January 2007Abschnitt 3.10 Expressions on SequenceTypes unter http://www.w3.org/TR/xpath20/#id-expressions-on-datatypes.

- `Cast` wandelt einen Wert in einen anderen Datentyp um. Dies ist also keine Überprüfung, sondern der tatsächliche Umwandlungsvorgang.

```
CastExpr    ::=    ComparisonExpr ( "cast" "as" AtomicType)?
```

Beispiel:
```
if (ElementName castable as TypName)
then ElementName cast as TypName
```

- `Castable` wandelt einen Wert nicht direkt in einen anderen Datentyp um, sondern prüft, ob man ihn umwandeln könnte. Dies ist ähnlich, als wenn man prüfen würde, ob ein Wert eine Instanz eines Datentyps ist, zielt jedoch ausdrücklich auf die Umwandlungsmöglichkeit in einen Zieldatentyp ab.

```
CastableExpr    ::=    CastExpr ( "castable" "as" AtomicType )?
```

- Konstruktorfunktionen legen fest, dass eine gegebene Zeichenkette einem bestimmten Datentyp entspricht:

```
T($x as item) as T
```

Beispiel:
```
xdt:dayTimeDuration("P21D")
xs:date("2005-12-24")
rf:waehrung("21.99")
```

- `Treat` wandelt einen Wert nicht in einen anderen Datentyp um und prüft auch nicht, ob eine Umwandlung funktionieren würde, sondern behandelt den gegebenen Wert so, als wenn er eine Instanz von einem bestimmten Datentyp wäre.

```
TreatExpr ::= CastableExpr ( "treat" "as" SequenceType )?
```

Beispiele:
```
Umsatz treat as element(*, ProKopfUmsatzTyp)
Datum treat as attribute(*, BerichtsdatumTyp)
```

Die folgenden Abkürzungen gelten in allen Fällen der Syntax:

- Darstellung eines Inhaltsmodells: `SequenceType    ::=    (ItemType OccurrenceIndicator?)| ("empty" "(" ")")`

- Angabe zur Häufigkeit des Auftretens: `OccurrenceIndicator ::= "?" | "*" | "+"`

- Art eines Knotens: `ItemType ::= AtomicType | KindTest | ("item" "(" ")")`

- Atomarer Typ in Form eines Typ-Namens: `AtomicType ::= QName`

- Test auf die Knotenart: `KindTest ::= DocumentTest | ElementTest | AttributeTest | PITest | CommentTest | TextTest | AnyKindTest`

→ **Element-Tests**

Ein Element-Test[3] wird ausgeführt, um ein Element anhand seines Namens oder seines Typs zu finden. Dabei sind folgende Formen möglich:

- Auffinden eines Elements ohne Angabe von Namen und Datentyp: `element()` oder `element(*)` oder `element(*,*)`

- Auffinden eines Elements mit Angabe von Namen und Datentyp: `element(N, T)`, wobei `N` ein gültiger QName (Bezeichner) und `T` ebenfalls ein gültiger QName ist, wobei Letzterer zusätzlich von `nillable` (leeres Inhaltsmodell) gefolgt werden kann. Der Datentyp muss dabei global vorhanden sein. Der Test ist erfolgreich, wenn:

  - Angegebener Name ist gleich oder es ist der Name der Element-Ersetzungsgruppe in XML Schema.

  - Angegebener Typname ist gleich oder es ist ein Typ, der durch Ableitung, durch Erweiterung oder Einschränkung von `T` gebildet wird. Sobald die Eigenschaft `nilled` angegeben wurde, vorhanden ist und der Datentyp dies zulässt.

Beispiele:
`element(Name, PersonTyp)` findet das Element `Name`, wenn es dem `PersonTyp` entspricht. Dies kann sowohl ein atomarer Typ (Zeichenkette) wie auch ein komplexer Typ (bestehend aus den Kindern `Vorname` und `Nachname`) sein.
`element(Umsatz, UmsatzTyp nillable)` findet das Element `Umsatz`, wenn es dem `UmsatzTyp` entspricht. Wenn das Element leer ist, muss dies der Datentyp zulassen, damit das Element gefunden wird.

---

3   Vgl.: XML Path Language (XPath) 2.0 W3C Recommendation 23 January 2007 Abschnitt 2.5.4 SequenceType Matching unter http://www.w3.org/TR/xpath20/#id-sequencetype-matching

- Auffinden eines Elements anhand seines Namens ohne Typ-Angabe: `element(N)`, wobei `N` ein gültiger QName (Bezeichner) ist. Der Test ist erfolgreich, wenn:

  - Angegebener Name ist gleich oder es ist der Name der Element-Ersetzungsgruppe in XML Schema.

  - Angegebener Typname ist gleich der Element-Deklaration oder es ist ein Typ, der durch Ableitung, durch Erweiterung oder Einschränkung dieses Typs gebildet wird. Sobald die Eigenschaft `nilled` angegeben wurde, vorhanden ist und der Datentyp dies nicht zulässt, wird der Knoten gefunden.

  Beispiel:
  `element(Name)` findet das Element `Name`.

- Auffinden eines Elements anhand seines Namens ohne Datentypangabe bzw. mit beliebigem Datentyp: `element(Name, *)`, wobei `N` ein gültiger QName (Bezeichner) ist.

  Beispiel:
  `element(Name, *)` findet das `Name`-Element oder die Element-Ersetzungsgruppe `Name`.

- Auffinden eines Elements anhand seines Datentyps ohne Angabe des Namens: `element(*, T)`, wobei `T` ebenfalls ein gültiger QName ist, wobei Letzterer zusätzlich von `nillable` (leeres Inhaltsmodell) gefolgt werden kann. Ein Element wird dann gefunden, wenn: Angegebener Typname ist gleich oder es ist ein Typ, der durch Ableitung durch Erweiterung oder Einschränkung von `T` gebildet wird. Sobald die Eigenschaft `nilled` angegeben wurde, vorhanden ist und der Datentyp dies zulässt.

  Beispiele:
  `element(*, PersonTyp)` findet jedes Element, das dem Datentyp `PersonTyp` entspricht.
  `element(*, NameTyp nillable)` findet jedes Element, das dem Datentyp `NameTyp` entspricht. Es werden dann auch die leeren Elemente gefunden, wenn dies `NameTyp` zulässt.

- Auffinden eines Elements anhand eines XPath-Ausdrucks: `element(P)`, wobei der XPath-Ausdruck `P` von einem global vorhandenen Element- oder Typnamen aus beginnen muss. Der Test ist erfolgreich, wenn:

- Der Name des Elements entspricht dem letzten Namen des Pfades/dem ausgewählten Element.

- Der Datentyp des gefundenen Elements entspricht dem des über den XPath-Ausdruck gesuchten und dem global deklarierten Element.

Beispiele:

`element(Person/Name/Vorname)` findet die `Vorname`-Elemente, die dem Typ vom global deklarierten Element `Vorname` innerhalb von `Person` entsprechen.

`element(type(NameTyp)/Vorname)` findet das Element `Vorname`, das den Datentyp des global deklarierten `Vorname`-Elements hat und innerhalb der `NameTyp`-Struktur sitzt.

13. 3. 2. Attribut-Tests

Ein Attribut-Test[4] wird ausgeführt, um ein Attribut anhand seines Namens oder seines Typs zu finden. Dabei sind folgende Formen möglich:

- Auffinden eines Attributs ohne Angabe von Namen und Datentyp: `attribute()` oder `attribute(*)` oder `attribute(*,*)`

- Auffinden eines Attributs mit Angabe von Namen und Datentyp: `attribute(@N, T)`, wobei `@N` ein gültiger QName (Bezeichner) und `T` ebenfalls ein gültiger QName ist. Der Test ist erfolgreich, wenn:

  - Angegebener Name wird gefunden.

  - Angegebener Typname ist gleich oder es ist ein Typ, der durch Ableitung, durch Erweiterung oder Einschränkung von `T` gebildet wird.

Beispiel:

`attribute(@Name, BezeichnungTyp)` findet das Attribut `Name`, wenn es dem `Bezeichnung Typ` entspricht. Dies kann nur ein atomarer Typ (Zeichenkette) sein.

- Auffinden eines Attributs anhand seines Namens ohne Typ-Angabe: `attribute(@N)`, wobei `@N` ein gültiger QName (Bezeichner) ist. Der Test ist erfolgreich, wenn:

---

4   Vgl.: XML Path Language (XPath) 2.0 W3C Recommendation 23 January 2007Abschnitt 2.5.4 SequenceType Matching unter http://www.w3.org/TR/xpath20/#id-sequencetype-matching

- Angegebener Name ist gleich.

- Angegebener Typname ist gleich der Attributdeklaration oder es ist ein Typ, der durch Ableitung, durch Erweiterung oder Einschränkung dieses Typs gebildet wird.

Beispiel:
`attribute(@Name)` findet das Attribut `Name` mit dem Datentyp aus der Deklaration.

- Auffinden eines Attributs anhand seines Namens ohne Datentypangabe bzw. mit beliebigem Datentyp: `attribute(@N, *)`, wobei `@N` ein gültiger QName (Bezeichner) ist.

  `attribute(@Name, *)` findet das `Name`-Attribut.

- Auffinden eines Attributs anhand seines Datentyps ohne Angabe des Namens: `attribute(@*, T)`, wobei `T` ein gültiger QName ist. Ein Attribut wird dann gefunden, wenn: Angegebener Typname ist gleich oder es ist ein Typ, der durch Ableitung, durch Erweiterung oder Einschränkung von `T` gebildet wird.

Beispiel:
`attribute(*, BenzinpreisTyp)` findet jedes Attribut, das dem Datentyp `Benzin-preisTyp` entspricht.

- Auffinden eines Attributs anhand eines XPath-Ausdrucks: `attribute(P)`, wobei der XPath-Ausdruck `P` von einem global vorhandenen Attribut- oder Typnamen aus beginnen muss. Der Test ist erfolgreich, wenn:

  - Der Name des Attributs entspricht dem letzten Namen des Pfades/dem ausgewählten Attribut.

  - Der Datentyp des gefundenen Attributs entspricht dem des über den XPath-Ausdruck gesuchten und dem global deklarierten Attribut.

Beispiele:
`attribute(Person/Name/@Anrede)` findet das `Anrede`-Attribut, das dem Typ vom global deklarierten Attribut `Anrede` innerhalb von `Name` entspricht.
`attribute(type(NameTyp)/@Anrede)` findet das Attribut `Anrede`, das den Datentyp des global deklarierten `Anrede`-Attributs hat und innerhalb der `NameTyp`-Struktur sitzt.

XPath- und XQuery-Funktionen

14. XPath- und XQuery-Funktionen

XPath 2.0 zeichnet sich, wie schon an anderer Stelle erwähnt, insbesondere durch die sehr erweiterte Funktionsbibliothek aus. Im Anhang dieses Buches finden Sie eine umfangreiche Funktionssammlung bzw. eine Übersicht zu den neuen Funktionen, die in XPath 2.0 vorhanden sind und die eine Verwendung der Sprache um ein Vielfaches eleganter machen. Wie es sich immer mit solchen Funktionen verhält, sagt ein Beispiel mehr als jede allgemeine Syntax. Daher haben wir uns in diesem Kapitel zum Ziel genommen, die wesentlichen neuen Funktionsbereiche – Dinge, die man sich früher mühsam mit raffinierten Algorithmen zusammengestellt hat – hier mithilfe der Funktionen vorzuführen. Sie werden sehen, dass zwar auf der einen Seite deutlich weniger Bedarf an raffinierten Algorithmen besteht, dass aber auf der anderen Seite die Funktionen auch bisweilen raffinierte Parameterfolgen erwarten, damit sie zur Zufriedenheit des Programmierers funktionieren.

14. 1. Arbeiten mit Zahlen

In XSLT lassen sich Zahlwerte von Textknoten und Attributen mit den gewöhnlichen Grundrechenarten bearbeiten. Neben diesen Operatoren war es bisher immer etwas mühselig, Aggregate aus Zahlenreihen zu bestimmen oder auch Rundungen vorzunehmen. Die sehr beschränkten Möglichkeiten aus XPath 1.0 wurden nun in der Version 2.0 insoweit stark erweitert, dass man die Bearbeitungsroutinen, die in SQL Standard sind, nun auch für XML-Daten durchführen kann.

14. 1. 1. Berechnungen

Mithilfe der mathematischen Funktionen[1] lassen sich neben den verfügbaren mathematischen Operatoren Berechnungen durchführen. Das Gros der vorhandenen Funktionen in diesem Bereich beschäftigt sich mit der Rundung.

---

1   Vgl.: XQuery 1.0 and XPath 2.0 Functions and Operators, W3C Recommendation 23 January 2007Abschnitt 6.4 Functions on Numeric Values unter http://www.w3.org/TR/xpath-functions/#numeric-value-functions.

→ Übersicht

Funktion	Bedeutung	Syntax
fn:abs	Liefert den Absolutwert.	fn:abs($arg as numeric?) as numeric?
fn:ceiling	Liefert die nächsthöhere Ganzzahl oder die Zahl selbst.	fn:ceiling($arg as numeric?) as numeric?
fn:floor	Liefert die nächstkleinere Ganzzahl oder die Zahl selbst.	fn:floor($arg as numeric?) as numeric?
fn:round	Rundet ohne Dezimalstellen.	fn:round($arg as numeric?) as numeric?
fn:round-half-to-even	Rundet unter Angabe von Dezimalstellen.	fn:round-half-to-even($arg as numeric?) as numeric? fn:round-half-to-even($arg as numeric?, $precision as xs:integer) as numeric?

Tabelle 14.1: Mathematische Funktionen

→ Beispiel

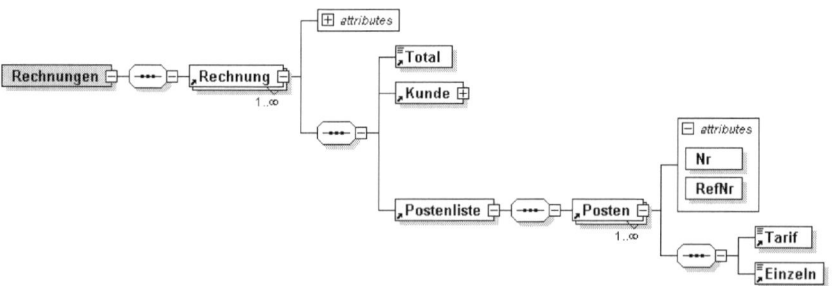

Abbildung 14.1: Rechnungsübersicht

Als Beispiel verwenden wir für diese und die nächsten Funktionsgruppen eine Liste von Rechnungen, in denen Kunden und ihre benutzten Telefontarife aufgelistet sind. Für die

514

Rechenoperationen ist insbesondere die `Postenliste` von Bedeutung, da sich hier als Kinder Rechnungsposten verbergen, die Tarife und Kosten enthalten.

Für jede Rechnung, die wir über den Zugriff auf das nur einmal auftretende Element `Name` erhalten, speichern wir in einer Variablen `Anteil` das Verhältnis von individuellem Rechnungsbetrag zur Summe aller Rechnungen in der Datei. Wir geben dann für jede Rechnung eine Übersicht aus, in der mit den verschiedenen Rundungsfunktionen dieser prozentuale Anteilswert ausgegeben wird. Davon runden einige Funktionen auf Ganzzahlen `ceiling` oder `floor`, während andere wie `round-half-to-even` durchaus auch mit einer Präzisionsangabe so runden, wie man sich das für eine konkrete Ausgabe wünschen würde.

```
<xsl:for-each select="//Name">
  <xsl:variable name="Anteil"
                select="ancestor::Rechnung/Total div
                        $Gesamtumsatz"/>
  <tr>
    <td>
      <xsl:value-of select="(@Anrede, Vorname, Nachname)"
                    separator=" "/>
    </td>
    <td>
      <xsl:value-of select="ancestor::Rechnung/Total"/>
    </td>
    <td>
      <xsl:value-of select="round-half-to-even($Anteil*100, 2)"/>
    </td>
    <td>
      <xsl:value-of select="round($Anteil*100)"/>
    </td>
    <td>
      <xsl:value-of select="ceiling($Anteil*100)"/>
    </td>
    <td>
      <xsl:value-of select="floor($Anteil*100)"/>
    </td>
  </tr>
</xsl:for-each>
```

Listing 14.1: `1411 _ 01.xslt` – Rundungen

Als Ergebnis erhält man im Browser eine Tabelle aller Rechnungen mit den ermittelten und gerundeten Werten. Für den konkreten Fall sind natürlich die groben Auf- und Abrundungen nicht zu verwenden, doch wird es Fälle geben, in denen genau dies gewünscht wird.

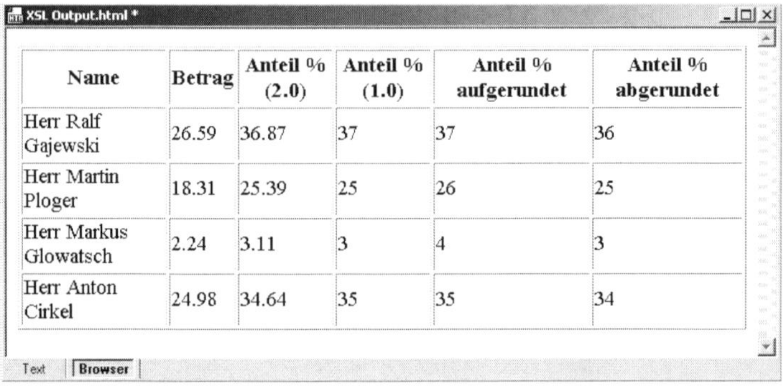

Name	Betrag	Anteil % (2.0)	Anteil % (1.0)	Anteil % aufgerundet	Anteil % abgerundet
Herr Ralf Gajewski	26.59	36.87	37	37	36
Herr Martin Ploger	18.31	25.39	25	26	25
Herr Markus Glowatsch	2.24	3.11	3	4	3
Herr Anton Cirkel	24.98	34.64	35	35	34

Abbildung 14.2: Ausgabe in HTML

14. 1. 2. Aggregate

Mithilfe der Aggregatfunktionen[2] lassen sich auf Basis einer Sequenz von gleich oder auch nur ähnlich typisierten Einheiten Werte zusammenfassen oder zählen sowie spezielle Werte heraussuchen. Diese Funktionsgruppe setzt eine Vielzahl der in SQL vorhandenen Standardfunktionen um, die bisher in XPath nicht vorhanden waren und nur über rekursiven Durchlauf aller vorhandenen Elemente oder Attribute ermittelt werden konnten.

➔ Übersicht

Funktion	Bedeutung	Allgemeine Syntax
`fn:count`	Liefert die Anzahl Einheiten, die in einer Sequenz enthalten sind.	`fn:count($arg as item()*) as xs:integer`
`fn:avg`	Liefert den Durchschnitt von Werten einer Sequenz.	`fn:avg($arg as xdt:anyAtomicType*) as xdt:anyAtomicType?`

2 Vgl.: XQuery 1.0 and XPath 2.0 Functions and Operators, W3C Recommendation 23 January 2007Abschnitt 15.4 Aggregate Functions unter http://www.w3.org/TR/xpath-functions/#aggregate-functions.

Funktion	Bedeutung	Allgemeine Syntax
fn:max	Liefert den maximalen Wert einer Sequenz von gleich typisierten Werten.	`fn:max($arg as xdt:anyAtomicType*) as xdt:anyAtomicType?` `fn:max($arg as xdt:anyAtomicType*, $collation as string) as xdt:anyAtomicType?`
fn:min	Liefert den minimalen Wert einer Sequenz von gleich typisierten Werten.	`fn:min($arg as xdt:anyAtomicType*) as xdt:anyAtomicType?` `fn:min($arg as xdt:anyAtomicType*, $collation as string) as xdt:anyAtomicType?`
fn:sum	Liefert den summierten Wert einer Sequenz von gleich typisierten Werten.	`fn:sum($arg as xdt:anyAtomicType*) as xdt:anyAtomicType` `fn:sum($arg as xdt:anyAtomicType*, $zero as xdt:anyAtomicType?) as xdt:anyAtomicType`

Tabelle 14.2: Aggregatfunktionen

→ **Beispiel**

Aus den vorhandenen Rechnungen sollen pro Rechnung die unterschiedlichen Aggregate ermittelt werden. Es entsteht eine Tabellenreihe mit Minimum, Maximum, Durchschnitt, Anzahl und Summe der verschiedenen Posten.

```
<xsl:template match="Postenliste">
  <td>
    <xsl:value-of select="avg(Posten/Einzeln)"/>
  </td>
  <td>
    <xsl:value-of select="min(Posten/Einzeln)"/>
  </td>
  <td>
    <xsl:value-of select="max(Posten/Einzeln)"/>
  </td>
  <td>
```

517

```
        <xsl:value-of select="max(Posten/Einzeln)-min(Posten/Einzeln)"/>
      </td>
      <td>
        <xsl:value-of select="count(Posten)"/>
      </td>
      <td>
        <xsl:value-of select="sum(Posten/Einzeln)"/>
      </td>
    </xsl:template>
```

Listing 14.2: `1412 _ 01.xslt` – Aggregatfunktionen

Man erhält im Browser eine ähnliche Ausgabe wie im vorherigen Beispiel, wobei allerdings jetzt Aggregatwerte und keine Rundungen von Anteilswerten ausgegeben werden.

XSL Output.html *

Name	Durchschnitt	Minimum	Maximum	Spannweite	Anzahl	Summe
Herr Ralf Gajewski	6.6475	3.76	10.11	6.35	4	26.59
Herr Martin Ploger	4.5775	2.14	8.95	6.81	4	18.31
Herr Markus Glowatsch	5.6	2.96	8.97	6.01	4	22.4
Herr Anton Cirkel	6.245	3.25	9.66	6.41	4	24.98

Text | Browser

Abbildung 14.3: Ausgabe in HTML

14. 2. Arbeiten mit Zeichenketten

Auch bei den Funktionen zur Zeichenkettenauswahl sind neue Funktionen hinzugekommen, die für SQL-Benutzer zum Standard gehören. Da allerdings bereits in XPath 1.0 die vorhandenen Funktionen zur Unterzeichenkettenauswahl sehr ausgefeilt waren, hat sich hier weniger getan als beim gegenteiligen Verfahren, dem Zusammensetzen von Zeichenketten.

14. 2. 1. Zeichenkettenwerte

Mithilfe der Funktionen zur Bearbeitung von Zeichenkettenwerten3 lassen sich allgemeine Operationen und Umwandlungen auf Zeichenketten ausüben.

➔ **Übersicht**

Funktion	Bedeutung	Syntax
`fn:concat`	Verkettung von mehreren `xdt:anyAtomic-Typestring`-Werten zu `xs:string`	`fn:concat($arg1 as xdt:anyAtomicType?, $arg2 as xdt:anyAtomicType?, ... ) as xs:string`
`fn:string-join`	Liefert `xs:string` aus einer Verkettung unter Verwendung eines optionalen Trennzeichens.	`fn:string-join($arg1 as xs:string*, $arg2 as xs:string) as xs:string`
`fn:substring`	Liefert `xs:string` aus einem Teilbereich eines `xs:string`.	`fn:substring( $sourceString as xs:string?, $startingLoc as xs:double) as xs:string` `fn:substring ($sourceString as xs:string?, $startingLoc as xs:double, $length as xs:double) as xs:string`
`fn:string-length`	Liefert die Länge von `xs:string`.	`fn:string-length() as xs:integer` `fn:string-length($arg as xs:string?) as xs:integer`
`fn:normalize-space`	Liefert einen normalisierten `xs:string`.	`fn:normalize-space() as xs:string` `fn:normalize-space($arg as xs:string?) as xs:string`
`fn:normalize-unicode`	Liefert einen normalisierten `xs:string` aus dem ersten Argument in der Form des zweiten Arguments.	`fn:normalize-unicode($arg as xs:string?) as xs:string` `fn:normalize-unicode($arg as xs:string?, $normalizationForm as xs:string) as xs:string`
`fn:upper-case`	Großschreibung	`fn:upper-case($arg as xs:string?) as xs:string`

---

3   Vgl.: XQuery 1.0 and XPath 2.0 Functions and Operators, W3C Recommendation 23 January 20072004 Abschnitt 7.4 Functions on String Values unter http://www.w3.org/TR/xpath-functions/#string-value-functions.

Funktion	Bedeutung	Syntax
fn:lower-case	Kleinschreibung	fn:lower-case($arg as xs:string?) as xs:string
fn:translate	Liefert einen xs:string anhand einer Übersetzungsvorschrift.	fn:translate($arg as xs:string?, $mapString as xs:string, $transString as xs:string) as xs:string
fn:escape-uri	Liefert den xs:string aus xs:anyURI mit Fluchtzeichen.	fn:escape-uri($uri-part as xs:string?, $escape-reserved as xs:boolean) as xs:string
fn:codepoints-to-string	Liefert xs:string aus einer Sequenz Zeichenpunkte.	fn:codepoints-to-string($arg as xs:integer*) as xs:string
fn:string-to-codepoints	Liefert eine Sequenz Zeichenpunkte aus einem xs:string.	fn:string-to-codepoints($arg as xs:string?) as xs:integer*

Tabelle 14.3: Funktionen für Zeichenkettenwerte

➜ **Beispiel**

Aus der Sammlung Rechnungen beschäftigt sich dieses Beispiel nun mit der Adresse von Kunden der RuhrFon GmbH. Wir haben in den Feldern Vorname und Nachname einige Leerzeichen eingefügt, die nachher in der Ausgabe natürlich nicht erscheinen sollen. Sie sind oft in XML-Dateien zu finden, wenn in der Datenbank solche Leerzeichen zu finden sind und beim Datenexport leider kein Abschneiden dieser Zeichen durchgeführt wird.

```
<Name Anrede="Herr">
  <Vorname>Ralf        </Vorname>
  <Nachname>Gajewski        </Nachname>
</Name>
```

Listing 14.3: 1421 _ 01.xml – Eingefügte Leerzeichen

Im Dokumentbaum erkennt man, dass innerhalb des Elements Kunde zwei Kinder namens Adresse und Name auftauchen, die die üblichen Adress- und Namensbestandteile als weitere Kinder besitzen. Sie sollen im Ergebnis als Liste von Kundenadressen ausgegeben werden.

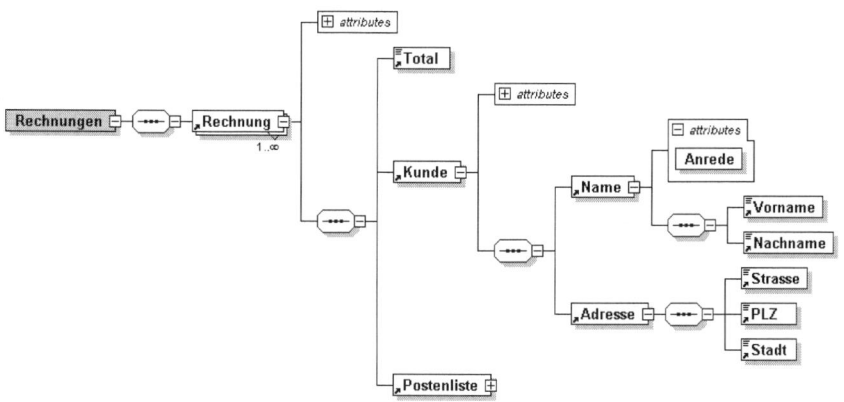

Abbildung 14.4: Kundenname und -adresse

Ziel der Ausgabe ist eine Textdatei, damit insbesondere die Leerzeichenproblematik und die typografische Formatierung deutlich im Ergebnis zu sehen ist.

Für die Ausgabe des Namens wird aus Gründen der mehrfachen Verwendung eine Variable benutzt, die aus den Feldern `Vorname` und `Nachname` eine einzige Zeichenkette erzeugt. Dabei werden zunächst die jeweiligen Leerzeichen mithilfe einer Funktion gelöscht und die Zeichenkette zusammengesetzt. Alternativ hätte man genauso gut die Funktion `concat` anstelle von `string-join` benutzen können, wobei allerdings das Leerzeichen nicht als eigenes Trennzeichen angegeben werden muss, sondern als Parameter genauso wie die zusammenzusetzenden Zeichenketten. Bei mehr als zwei Zeichenketten, die miteinander verknüpft werden sollen und die immer mit dem gleichen Trennzeichen wie ein Leerzeichen verbunden werden sollen, lohnt sich der Einsatz von `string-join` im Vergleich zu `concat`.

Dieser zusammengesetzte Name wird danach aus gestalterischen und pädagogischen Gründen in Großbuchstaben ausgegeben. Danach setzen wir die Funktion `string-to-codepoints` ein, die jeden einzelnen Buchstaben in eine Einheit einer Sequenz aus Unicode-Zeichenpunkten umsetzt. Dies hilft uns, einen XPath-`for`-Ausdruck dafür zu verwenden, so viele Gedankenstriche auszugeben wie Namensbuchstaben vorhanden sind, um eine Linie unter dem Namen zu erhalten.

```
<!-- Vorlage für Name -->
<xsl:template match="Name">
```

521

```
<xsl:variable name="Name"
              select="string-join((normalize-space(Vorname),
                                    normalize-space(Nachname)),
                                                      ' ')"/>
  <xsl:value-of select="upper-case($Name)"/>
  <xsl:text>&#xD;</xsl:text>
  <xsl:value-of select="for $i in string-to-codepoints($Name)
                        return '-'"/>
  <xsl:text>-&#xD;</xsl:text>
</xsl:template>
<!-- Vorlage für Adresse -->
<xsl:template match="Adresse">
  <xsl:value-of select="(Strasse, concat(PLZ, ' ', Stadt))"
                separator="&#xD;"/>
  <xsl:text>&#xD;</xsl:text>
</xsl:template>
```

Listing 14.4: 1421 _ xslt – Zeichenkettenfunktionen

Man erhält eine sehr einfache Textausgabe einer Kundenadresse mit einem in Großbuchstaben geschriebenen Namen, einer Unterstreichung und natürlich der eigentlichen Adresse.

```
ANTON CIRKEL
------------
Otte-Str. 50
45897 Gelsenkirchen
```

Listing 14.5: Ausgabe in Text

14. 2. 2. Unterzeichenketten

Mithilfe der Funktionen zur Bearbeitung von Unterzeichenkettenwerten[4] lassen sich verschiedene Arten von Unterzeichenketten aus Zeichenketten auswählen. Hier sind keine Neuerungen in XPath 2.0 zu verzeichnen, da relativ umfangreiche Unterzeichenkettenbear-

---

4   Vgl.: XQuery 1.0 and XPath 2.0 Functions and Operators, W3C Recommendation 23 January 2007Abschnitt 7.5
    Functions Based on Substring Matching unter http://www.w3.org/TR/xpath-functions/#substring.functions.

beitungen schon früher möglich waren und hier kein großer Bedarf an weiteren Funktionen war.

➔ **Übersicht**

Funktion	Bedeutung	Syntax
`fn:contains`	Prüft auf die Existenz einer Zeichenkette in einer anderen.	`fn:contains($arg1 as xs:string?, $arg2 as xs:string?) as xs:boolean` `fn:contains($arg1 as xs:string?, $arg2 as xs:string?, $collation as xs:string) as xs:boolean`
`fn:starts-with`	Prüft, ob eine Zeichenkette mit einer anderen beginnt.	`fn:starts-with($arg1 as xs:string?, $arg2 as xs:string?) as xs:boolean` `fn:starts-with($arg1 as xs:string?, $arg2 as xs:string?, $collation as xs:string) as xs:boolean`
`fn:ends-with`	Prüft, ob eine Zeichenkette mit einer anderen endet.	`fn:ends-with($arg1 as xs:string?, $arg2 as xs:string?) as xs:boolean` `fn:ends-with($arg1 as xs:string?, $arg2 as xs:string?, $collation as xs:string) as xs:boolean`
`fn:substring-before`	Liefert Unterzeichenkette vor einer anderen.	`fn:substring-before($arg1 as xs:string?, $arg2 as xs:string?) as xs:string` `fn:substring-before($arg1 as xs:string?, $arg2 as xs:string?, $collation as xs:string) as xs:string`
`fn:substring-after`	Liefert Unterzeichenkette nach einer anderen.	`fn:substring-after($arg1 as xs:string?, $arg2 as xs:string?) as xs:string` `fn:substring-after($arg1 as xs:string?, $arg2 as xs:string?, $collation as xs:string) as xs:string`

Tabelle 14.4: Funktionen für Unterzeichenketten

→ **Beispiel**

Für die Darstellung der verschiedenen Funktionen haben wir uns ein – wie wir hoffen – sehr schönes Beispiel ausgedacht, in dem nicht nur die Funktionen, sondern auch die neue Gruppierung von XSLT 2.0 zum Einsatz kommt. Es soll erneut eine Textdatei entstehen, in der die vorhandenen Tarife alphabetisch ausgegeben werden sollen, wobei die Buchstaben A, B, C etc. als Titel wie in einem Lexikon oder Wörterbuch erscheinen sollen. Dies ist natürlich nur mithilfe von Gruppierungen und Sortierungen möglich.

Der Textausschnitt, der für dieses Beispiel zu bearbeiten ist, stammt erneut aus der Postenliste und bearbeitet insbesondere das Element `Tarif`, das den Namen des verbrauchten Tarifs enthält.

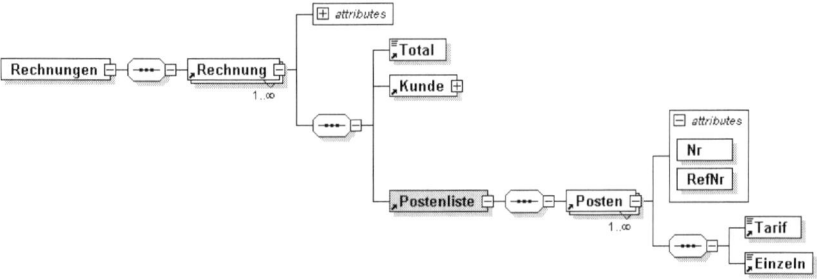

Abbildung 14.5: Struktur der Postenliste

Zunächst erstellen wir eine Gruppierung, indem wir mithilfe der `substring`-Funktion aus allen Tarifen den ersten Buchstaben auswählen. Diese Buchstaben werden im Anschluss sortiert, damit ein Lexikonanschein entsteht. Normalerweise werden dann einfach die entsprechenden Tarife und ihre Umsätze pro Rechnung ausgegeben. Zusätzlich sollen allerdings die beiden Tarife `Mondschein1` und `Mondschein2` zusammen in einem Mondschein-Tarif ausgegeben werden, der die Summe aus beiden Einzeltarifen pro Rechnung enthält. Wenn also ein Kunde vor und nach Mitternacht mit `Mondschein1` und `Mondschein2` telefoniert hat, dann erscheint in unserer Ausgabe nur ein Mondschein-Tarif mit der Summe aus beiden Einzeltarifen. Dies alles regeln die Funktionen `starts-with` und `ends-with`, die genau auf gemeinsame Unterzeichenketten vorher oder nachher reagieren. Verwendbar ist auch noch die Funktion `contains`, die darauf prüft, ob eine bestimmte Unterzeichenkette in einer anderen Zeichenkette enthalten ist.

```
<xsl:for-each-group select="//Posten"
                    group-by="substring(Tarif,1,1)">
  <xsl:sort select="current-grouping-key()"/>
  <xsl:value-of select="('&#xD;[', current-grouping-key(),
                          ']&#xD;')"/>
  <xsl:for-each select="current-group()">
    <xsl:choose>
      <xsl:when test="starts-with(Tarif, 'Mondschein')
                      and not(ends-with(Tarif, '2'))">
        <xsl:value-of select="('- (', @RefNr, ')',
                                substring-before(Tarif, '1'),
                           ': ', sum(ancestor::Postenliste/
                               Posten[contains(Tarif,
                               'Mondschein')]/Einzeln), '&#xD;')"/>
      </xsl:when>
      <xsl:otherwise>
        <xsl:value-of select="('- (', @RefNr, ')', Tarif, ':
                                       ', Einzeln,
                         '&#xD;')"/>
      </xsl:otherwise>
    </xsl:choose>
  </xsl:for-each>
</xsl:for-each-group>
```

Listing 14.6: 1422 _ 01.xslt – Bearbeitung von Unterzeichenketten

Wir sind von der Ausgabe ganz begeistert, vor allen Dingen deshalb auch, weil die Gruppierung mit XSLT 2.0 so einfach ist. Abgesehen davon halten auch die schon bekannten Funktionen, was sie immer schon versprochen haben.

```
[ M ]
- ( 12212 ) Mittagspause :  10.11
- ( 12212 ) Mondschein :  3.94
...
- ( 12941 ) Mittagspause :  8.01
- ( 12941 ) Mondschein :  3.25
```

Listing 14.7: Ausgabe in Text

14. 3. Arbeiten mit Knoten

Während die vorher präsentierten Funktionen sich mit den Werten von Attributwerten und Inhalten von Textknoten beschäftigten, gibt es einen großen Bedarf an Knotenfunktionen, die Knoten an sich ohne Berücksichtigung ihres Inhalts bearbeiten sollen. Durch die Einführung der Sequenzen hat sich hier sehr vieles getan und eine Vielzahl an neuen Funktionen ist hinzugekommen. Meistens benutzt man für die Auswahl, Anordnung und Vorbereitung von Knoten vor der eigentlichen Verarbeitung ihrer Inhalte diese Knotenfunktionen, wobei die erweiterten Möglichkeiten in vielen Fällen zu ganz neuen Algorithmen führen können.

14. 3. 1. Knotenfunktionen

Mithilfe der Knotenfunktionen[5] ist es möglich, allgemeine Informationen über Knoten in Erfahrung zu bringen. Insbesondere die Ermittlung des Namens ist wichtig für die Entwicklung allgemeiner Vorlagen, die auf die Namen in der Ausgabe zugreifen.

➜   Übersicht

Funktion	Bedeutung	Syntax

`fn:name`	Liefert den Namen des Knotens mit Namensraum-Präfix.	`fn:name() as xs:string`
		`fn:name($arg as node()?)`
		`as xs:string`

`fn:local-name`	Liefert den Namen des Knotens ohne Namensraum-Präfix.	`fn:local-name() as`
		`xs:string`
		`fn:local-name($arg as`
		`node()?) as xs:string`

`fn:namespace-uri`	Liefert den Namensraum-URI.	`fn:namespace-uri() as`
		`xs:anyURI`
		`fn:namespace-uri($arg as`
		`node()?) as xs:anyURI`

`fn:number`	Wandelt Wert in `xs:double` um.	`fn:number() as xs:double`
		`fn:number($arg as`
		`xdt:anyAtomicType?) as`
		`xs:double`

---

5   Vgl.: XQuery 1.0 and XPath 2.0 Functions and Operators, W3C Recommendation 23 January 2007Abschnitt 14.1
     Functions and Operators on Nodes unter http://www.w3.org/TR/xpath-functions/#node-functions.

Funktion	Bedeutung	Syntax
fn:lang	Prüft auf die angegebene Sprache im xml:lang-Attribut.	`fn:lang($testlang as xs:string?) as xs:boolean` `fn:lang($testlang as xs:string?, $node as node()) as xs:boolean`
fn:root	Liefert Wurzelelement des Baums.	`fn:root() as node()` `fn:root($arg as node()?) as node()?`

Tabelle 14.5: Knotenfunktionen

→ **Beispiel**

Die XML-Datei wird an einer Stelle ein wenig geändert. Für die Angabe, aus welcher Sprache die gespeicherten Werte stammen, setzen wir für den Namen das xml:lang-Attribut mit den ISO-Sprachkürzeln ein.

```
<Name xml:lang="de" Anrede="Herr">
  <Vorname>Ralf</Vorname>
  <Nachname>Gajewski</Nachname>
</Name>
```

Listing 14.8: 1431 _ 01.xml – Verwendung eines Sprachattributs

Für den Test auf den Wert des xml:lang-Attributs kann man die lang-Funktion einsetzen, spart sich also explizit den Aufruf des Attributs und seines Werts. Ist der Wert de, wird also ein deutscher Text gespeichert, was dazu führt, dass die deutschen Elementnamen ebenfalls ausgegeben werden. In allen anderen Fällen nützen die deutschen Elementnamen nichts, und man gibt – ganz verkürzt – nur die Werte und Mr. aus. Auf den Test von »Herr« und »Frau« verzichten wir ganz kurz, weil dafür keine passenden Knotenfunktionen existieren.

```
<xsl:template match="Name">
  <xsl:choose>
    <xsl:when test="lang('de')">
      <xsl:value-of select="(@Anrede, ' ')"/>
      <xsl:for-each select="child::*">
        <xsl:value-of select="(local-name(.), ': ', ., ' ')"/>
      </xsl:for-each>
```

527

```
    </xsl:when>
    <xsl:otherwise>
      <xsl:value-of select="('Mr. ', Vorname, ' ', Nachname)"/>
    </xsl:otherwise>
  </xsl:choose>
</xsl:template>
```

Listing 14.9: 1431 _ 01.xslt – Knotenfunktionen

In der Ausgabe erhält man eine HTML-Ansicht mit Kunden und ihren verbrauchten Tarifen. Die hier vorgestellte Knotenfunktion `local-name` ist wie ihr Pendant `name` besonders gut einzusetzen bei allgemeinen Vorlagen, die auf die Element- und Attributnamen zugreifen und sie z. B. wie hier auch für die Ausgabe nutzen.

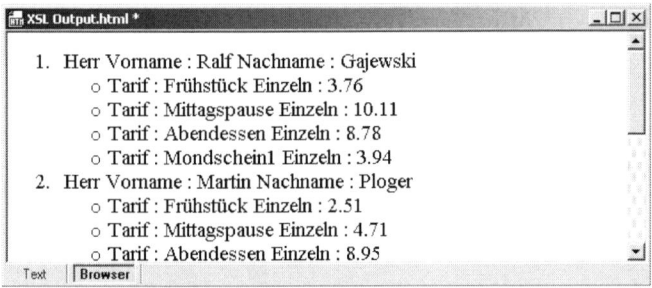

Abbildung 14.6: Ausgabe in HTML

14. 3. 2. Sequenzfunktionen

Mithilfe der Sequenzfunktionen[6] ist es möglich, Einheiten und ganze Sequenzen zu verarbeiten. Da die Sequenzen ganz neu als Konzept in XPath 2.0 eingeführt worden sind, sind diese Funktionen daher alle neu und müssen auf ihre Praxistauglichkeit sozusagen noch getestet werden.

---

6   Vgl.: XQuery 1.0 and XPath 2.0 Functions and Operators, W3C Recommendation 23 January 2007Abschnitt 15.1 General Functions and Operators on Sequences unter http://www.w3.org/TR/xpath-functions/#general-seq-funcs.

528

➔ **Übersicht**

Funktion	Bedeutung	Syntax
`fn:boolean`	Wandelt in einen Wahrheitswert um.	`fn:boolean($arg as item()*) as xs:boolean`
`fn:index-of`	Liefert eine Sequenz von `xs:integer`-Werten in Form von Index-Werten für Einheiten.	`fn:index-of($seqParam as xdt:anyAtomicType*,$srchParam as xdt:anyAtomicType) as xs:integer*` `fn:index-of($seqParam as xdt:anyAtomicType*, $srchParam as xdt:anyAtomicType, $collation as xs:string) as xs:integer*`
`fn:empty`	Prüft auf vorhandene Einheiten.	`fn:empty($arg as item()*) as xs:boolean`
`fn:exists`	Prüft auf Existenz einer Sequenz.	`fn:exists($arg as item()*) as xs:boolean`
`fn:distinct-values`	Liefert die Werte ohne Duplikate.	`fn:distinct-values($arg as xdt:anyAtomicType*) as xdt:anyAtomicType*` `fn:distinct-values($arg as xdt:anyAtomicType*, $col-lation as xs:string) as xdt:anyAtomicType*`
`fn:insert-before`	Setzt eine Einheit vor eine andere.	`fn:insert-before($target as item()*, $position as xs:integer, $inserts as item()*) as item()*`
`fn:remove`	Entfernt eine Einheit.	`fn:remove($target as item()*, $position as xs:integer) as item()*`
`fn:reverse`	Kehrt Reihenfolge um.	`fn:reverse($arg as item()*) as item()*`
`fn:subsequence`	Liefert einen Teil der Sequenz.	`fn:subsequence($sourceSeq as item()*, $startingLoc as xs:double) as item()*` `fn:subsequence($sourceSeq as item()*, $startingLoc as xs:double, $length as xs:double) as item()*`
`fn:unordered`	Prüft auf Ordnung von Einheiten.	`fn:unordered($sourceSeq as item()*) as item()*`

Tabelle 14.6: Sequenzfunktionen

→ **Beispiel**

Unser Beispiel untersucht die insgesamt verbrauchten Tarife innerhalb der gesamten Rechnungen. Dabei prüft die Funktion `exists` zunächst darauf, ob überhaupt `Tarif`-Elemente vorhanden sind. Hier hätte man früher mit `count` gearbeitet. Die neue Funktion `distinct-values` ist sehr raffiniert und ermittelt tatsächlich wie das `DISTINCT`-Schlüsselwort in SQL die überhaupt vorhandenen Tarife, das heißt, sie blendet die Duplikate aus. Dies war früher nur rekursiv mit einer eigenen Vorlage möglich und stellt eine solche Erleichterung dar, dass man die Funktion nur um ihrer selbst willen immer mal wieder einsetzen könnte.

Mithilfe der Funktion `index-of` füllen wir eine Variable für jeden Tarif. Sie enthält die Positionsnummern der verschiedenen Posten, die den gerade verarbeiteten Tarif enthalten. Daher weiß man gleichzeitig, wie viele Posten gleichen Namens verfügbar sind und wo sie liegen. Dies wird genutzt, um in der Ausgabe die Anzahl der Fundstellen sowie diese Positionen auszugeben.

Die verschiedenen Funktionen liefern entweder Zeichenketten/Zahlen bzw. Wahrheitswerte oder wiederum Sequenzen zurück. Es ist daher unerlässlich, vorab aus der allgemeinen Syntax genau herauszulesen, was als Ergebnis präsentiert wird, um zu wissen, wie man es verarbeiten kann. Dies ist natürlich immer der Fall, stellt allerdings bei den Sequenzen eine Herausforderung dar, weil zunächst noch nicht allzu viele Beispiele in der Literatur oder im Internet verfügbar sind.

```xsl
<xsl:template match="/Rechnungen">
    <Umsatz>
      <xsl:choose>
        <xsl:when test="exists(//Tarif)">
          <Verwendete-Tarife>
            <xsl:for-each select="distinct-values(//Tarif)">
              <Tarif>
                <xsl:variable name="Tarif" select="."/>
                <xsl:variable name="Indizes"
                              select="index-of(//Tarif, $Tarif)"/>
                <Name>
                  <xsl:value-of select="$Tarif"/>
                </Name>
                <xsl:if test="not(empty($Indizes))">
                  <Fundstellen>
                    <xsl:attribute name="Zahl"><xsl:value-of
```

```
          select="count($Indizes)"/></xsl:attribute>
       <xsl:for-each select="$Indizes">
        <Fundstelle>
          <xsl:value-of select="."/>
        </Fundstelle>
      ...
```

Listing 14.10: 1432 _ 01.xslt – Sequenzfunktionen

Heraus kommt eine Liste `Verwendete-Tarife`, in der die einzelnen Tarife benannt werden, wobei auch ihre Fundstellen sowie die Anzahl aufgezeichnet wird.

```
<Verwendete-Tarife>
  <Tarif>
    <Name>Frühstück</Name>
    <Fundstellen Zahl="4">
      <Fundstelle>1</Fundstelle>
      <Fundstelle>5</Fundstelle>
      <Fundstelle>9</Fundstelle>
      <Fundstelle>13</Fundstelle>
    </Fundstellen>
  </Tarif>
  ...
</Verwendete-Tarife>
```

Listing 14.11: Ausgabe in XML

Als zweites Beispiel schneiden wir in einem temporären Baum namens `Tarife-Lang` die einzelnen Posten aus. In einem zweiten temporären Baum namens `Tarife-Kurz` speichern wir dagegen nur einen Ausschnitt der gesamten Posten von der ersten bis zur fünften Position. Die Ausgabe soll eine übersichtliche Tabelle erzeugen, die die eindrucksvollen Möglichkeiten der verschiedenen Sequenzfunktionen aufzeigen soll. Mithilfe der Funktion `distinct-values` geben wir erneut die überhaupt vorhandenen Tarife aus. Dabei ist zu beachten, dass wir als Parameter im temporären Baum die Kinder `Tarif` angeben.

```
<tr>
  <xsl:variable name="Tarife-Lang" select="//Posten"/>
  <xsl:variable name="Tarife-Kurz"
              select="subsequence($Tarife-Lang,1,5)"/>
```

```
<td>
  <xsl:for-each select="distinct-values($Tarife-Lang/Tarif)">
    ...
<td>
  <xsl:for-each select="$Tarife-Kurz">
    ...
<td>
  <xsl:for-each select="reverse($Tarife-Kurz)">
    ...
<td>
  <xsl:for-each select="remove($Tarife-Kurz,1)">
    ...
<td>
  <xsl:for-each select="insert-before($Tarife-Kurz/
                                        Tarif,2,'Test')">
    ...
<td>
  <xsl:for-each select="unordered($Tarife-Kurz/Tarif)">
    ...
</tr>
```

Listing 14.12: 1432 _ 02.xslt – Sequenzfunktionen

Es lohnt sich, wenn Sie sich das Ergebnis genau daraufhin ansehen, welche Ausgabe jede einzelne Funktion hervorruft. Letztendlich arbeiten verschiedene Funktionen genauso wie einige Zeichenkettenfunktionen, wobei als zu bearbeitende Einheiten keine Zeichen-Einheiten, sondern Knoten-Einheiten bearbeitet werden, die bisweilen auch schon einmal Zeichen(folgen) sein können.

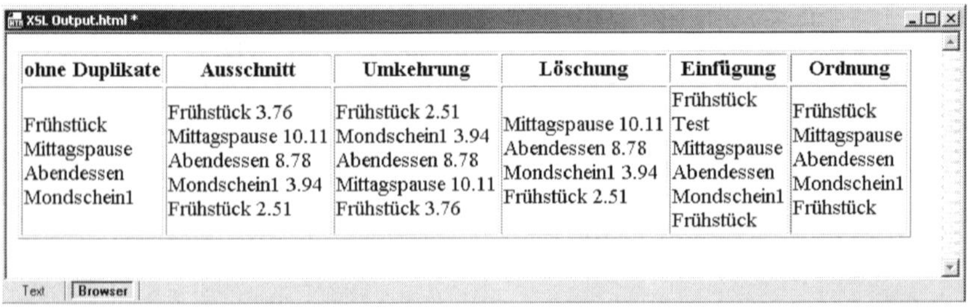

ohne Duplikate	Ausschnitt	Umkehrung	Löschung	Einfügung	Ordnung
Frühstück Mittagspause Abendessen Mondschein1	Frühstück 3.76 Mittagspause 10.11 Abendessen 8.78 Mondschein1 3.94 Frühstück 2.51	Frühstück 2.51 Mondschein1 3.94 Abendessen 8.78 Mittagspause 10.11 Frühstück 3.76	Mittagspause 10.11 Abendessen 8.78 Mondschein1 3.94 Frühstück 2.51	Frühstück Test Mittagspause Abendessen Mondschein1 Frühstück	Frühstück Mittagspause Abendessen Mondschein1 Frühstück

Abbildung 14.7: Ausgabe in HTML

14. 3. 3. Kardinalität von Sequenzen

Mithilfe der Kardinalitätsfunktionen[7] ist es möglich, auf die Häufigkeit von Knoten Rücksicht zu nehmen. Dabei reagieren diese Funktionen auf die Zustände, die als Kardinalität bei einer Document Type Definition angegeben werden können: 1 oder 0, 1 oder mehr und genau 1. Die Funktionen lösen einen Fehler aus oder liefern die Knotenmenge zurück; sie liefern leider keinen Wahrheitswert zurück, wenn die Bedingung, auf die sie eine Knotenmenge überprüfen, erfüllt oder nicht erfüllt wird. Dass ein Fehler ausgelöst wird, ist möglicherweise ein Grund dafür, warum die Funktionen in gewöhnlichen XSLT ohne umfangreiche Programmierung außerhalb der eigentlichen Transformationsdatei sicherlich wenig Einsatzmöglichkeiten finden werden.

➔ Übersicht

Funktion	Bedeutung	Syntax
fn:zero-or-one	Liefert die Eingabe-Sequenz, wenn sie keine oder eine Einheit enthält, oder einen Fehler.	fn:zero-or-one($arg as item()*) as item()?
fn:one-or-more	Liefert die Eingabe-Sequenz, wenn sie eine oder mehr Einheiten enthält, oder einen Fehler.	fn:one-or-more($arg as item()*) as item()+
fn:exactly-one	Liefert die Eingabe-Sequenz, wenn sie genau eine Einheit enthält, oder einen Fehler.	fn:exactly-one($arg as item()*) as item()

Tabelle 14.7: Kardinalitätsfunktionen

➔ Beispiel

Als Beispiel haben wir im XML Schema die mögliche Kardinalität innerhalb der Posten-liste auf optional gesetzt, was die Posten anbelangt. Dies führt zwar nicht gerade zu sinnvollen Rechnungen, wenn gar keine Posten-Elemente vorhanden sind, ermöglicht aber einen Einsatz der verschiedenen Funktionen.

---

7   Vgl.: XQuery 1.0 and XPath 2.0 Functions and Operators, W3C Recommendation 23 January 2007Abschnitt 15.2 Functions That Test the Cardinality of Sequences unter http://www.w3.org/TR/xpath-functions/#cardinality-functions.

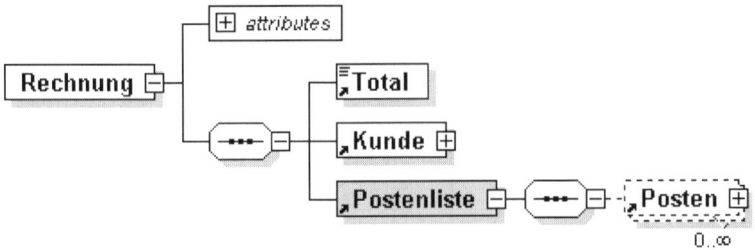

Abbildung 14.8: Optionales `Posten`*-Element*

Mit dieser Änderung in der XML Schema-Datei ist es nun möglich, alle Varianten in der XML-Datei einzurichten. Wir löschen also in der Datei `433 _ 01.xml` für eine `Postenliste` alle Kinder, entfernen in einer anderen Liste alle Elemente bis auf ein einziges und belassen in allen anderen die Knoten, wie sie bereits vorhanden waren.

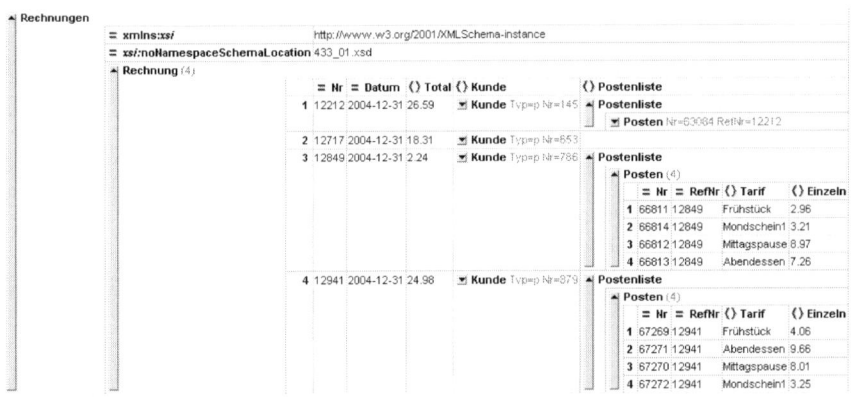

Abbildung 14.9: Veränderter Dokumentinhalt

In der Transformationsdatei sorgen wir dafür, dass kein Fehler ausgelöst wird, wenn wir die einzelnen Funktionen testen. Tatsächlich soll dies nachweisen, dass bei gelungenem Test auf die verschiedenen Kardinalitäten die einzelnen Knoten, auf die getestet wurde, zurückgeliefert wurden und dadurch sehr ungewöhnliche XPath-Ausdrücke möglich sind. Da die Funktionen eine Sequenz bzw. eine Knotenmenge zurückliefern, kann man Lokalisierungsschritte an diese Funktion anhängen.

534

```
<xsl:template match="Postenliste">
  <xsl:variable name="Anzahl" select="count(Posten)"/>
  <xsl:choose>
    <xsl:when test="$Anzahl = 0">
      <xsl:value-of select="zero-or-one(Posten)/Tarif"/>
    </xsl:when>
    <xsl:when test="$Anzahl &gt; 1">
      <p>
        <xsl:value-of select="one-or-more(Posten)/Tarif"
                      separator=" | "/>
      </p>
    </xsl:when>
    <xsl:when test="$Anzahl = 1">
      <xsl:value-of select="exactly-one(Posten)/Tarif"/>
    </xsl:when>
    <xsl:otherwise>
      <xsl:message>Keine Knoten</xsl:message>
    </xsl:otherwise>
  </xsl:choose>
</xsl:template>
```

Listing 14.13: 1433 _ 01.xslt – Kardinalitätsfunktionen

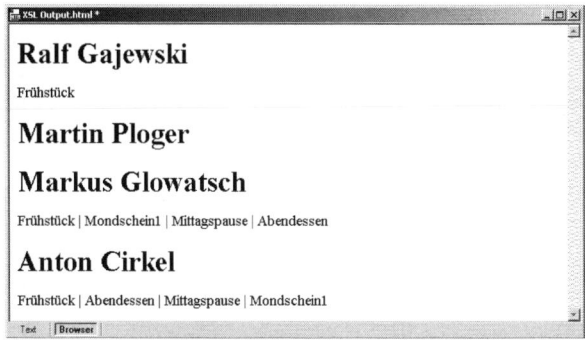

Abbildung 14.10: Ausgabe in HTML

Im Ergebnis erhalten wir jeweils eine Liste der einzelnen `Tarif`-Elemente, die in den von den Funktionen zurückgelieferten Knotenmengen enthalten waren. Hätten wir nicht um

535

die einzelnen Funktionsaufrufe die zusätzlichen Tests eingefügt, die die vorhandenen Knoten extra zählen, wäre ein Fehler ausgelöst worden.

14. 4. Arbeiten mit der Zeit

Besonders die Zeitformatierung musste in XSLT 1.0 immer sehr mühselig mit Zeichenkettenformatierungen durchgeführt werden. Für die einfache Ausgabe wird man zwar sicherlich weiterhin die entsprechende Formatierungsfunktion zum Einsatz bringen wie früher, doch muss man nicht ausschließlich auf Zeichenkettenfunktionen oder die Formatierung zurückgreifen, um einzelne Zeitbestandteile oder gar Berechnungen durchzuführen. Insbesondere die Zeitberechnungen, die früher mit entsprechend komplizierten Algorithmen in XSLT-Vorlagen zu erledigen waren und für die auch Beispiele im Internet und in Büchern bereitstanden, lassen sich heute in vielen Fällen deutlich einfacher über die neuen Funktionen bewerkstelligen.

14. 4. 1. Zeitbestandteile auslesen

Mit den Funktionen zur Zeitextraktion[8] lassen sich Bestandteile von Zeitinformationen auslesen, ohne die Zeichenketten, die die Zeiten bilden, zu verwenden. Die Funktionen sind zwar sehr zahlreich, liefern aber letztlich nur einzelne Bestandteile aus einer Zeitinformation.

→ Übersicht

Funktion	Bedeutung	Syntax
fn:years-from-duration	Liefert Jahr eines xdt:yearMonthDuration.	fn:years-from-duration($arg as xdt:yearMonthDuration?) as xs:integer?
fn:months-from-duration	Liefert Monate eines xdt:yearMonthDuration.	fn:months-from-duration($arg as xdt:yearMonthDuration?) as xs:integer?
fn:days-from-duration	Liefert Tage eines xdt:dayTimeDuration.	fn:days-from-duration($arg as xdt:dayTimeDuration?) as xs:integer?

---

8   Vgl.: XQuery 1.0 and XPath 2.0 Functions and Operators, W3C Recommendation 23 January 2007Abschnitt 10.4 Component Extraction Functions on Durations, Dates and Times unter http://www.w3.org/TR/xpath-functions/#comp.duration.datetime.

Funktion	Bedeutung	Syntax
fn:hours-from-duration	Liefert Stunden eines xdt:dayTimeDuration.	fn:hours-from-duration($arg as xdt:dayTimeDuration?) as xs:integer?
fn:minutes-from-duration	Liefert Minuten eines xdt:dayTimeDuration.	fn:minutes-from-duration($arg as xdt:dayTimeDuration?) as xs:integer?
fn:seconds-from-duration	Liefert Sekunden eines xdt:dayTimeDuration.	fn:seconds-from-duration($arg as xdt:dayTimeDuration?) as xs:decimal?
fn:year-from-dateTime	Liefert Jahr eines xs:dateTime.	fn:year-from-dateTime($arg as xs:dateTime?) as xs:integer?
fn:month-from-dateTime	Liefert Monat eines xs:dateTime.	fn:month-from-dateTime($arg as xs:dateTime?) as xs:integer?
fn:day-from-dateTime	Liefert Tag eines xs:dateTime.	fn:day-from-dateTime($arg as xs:dateTime?) as xs:integer?
fn:hours-from-dateTime	Liefert Stunden eines xs:dateTime.	fn:hours-from-dateTime($arg as xs:dateTime?) as xs:integer?
fn:minutes-from-dateTime	Liefert Minuten eines xs:dateTime.	fn:minutes-from-dateTime($arg as xs:dateTime?) as xs:integer?
fn:seconds-from-dateTime	Liefert Sekunden eines xs:dateTime.	fn:seconds-from-dateTime($arg as xs:dateTime?) as xs:decimal?
fn:timezone-from-dateTime	Liefert Zeitzone eines xs:dateTime.	fn:timezone-from-dateTime($arg as xs:dateTime?) as xdt:dayTimeDuration?
fn:year-from-date	Liefert Jahr eines xs:date.	fn:year-from-date($arg as xs:date?) as xs:date?
fn:month-from-date	Liefert Monat eines xs:date.	fn:month-from-date($arg as xs:date?) as xs:integer?
fn:day-from-date	Liefert Tag eines xs:date.	fn:day-from-date($arg as xs:date?) as xs:integer?
fn:timezone-from-date	Liefert Zeitzone eines xs:date.	fn:timezone-from-date($arg as xs:date?) as xdt:dayTimeDuration?
fn:hours-from-time	Liefert Stunden eines xs:time.	fn:hours-from-time($arg as xs:time?) as xs:integer?

537

Funktion	Bedeutung	Syntax
fn:minutes-from-time	Liefert Minuten eines xs:time.	fn:minutes-from-time($arg as xs:time?) as xs:integer?
fn:seconds-from-time	Liefert Sekunden eines xs:time.	fn:seconds-from-time($arg as xs:time?) as xs:decimal?
fn:timezone-from-time	Liefert Zeitzone eines xs:time.	fn:timezone-from-time($arg as xs:time?) as xdt:dayTimeDuration?

Tabelle 14.8: Funktionen zur Zeitextraktion

→ **Beispiel**

Für dieses Beispiel verwenden wir ein neues, sehr einfaches Dokument, mit dem wir nachher wieder die XSLT 2.0-Gruppierungen eindrucksvoll vorführen können. Innerhalb einer Umsatz-Pro-Stadt-Liste finden wir beliebig viele Umsatz-Elemente, in denen für eine bestimmte Minute in einer bestimmten Stadt ein Telefongespräch aufgelistet ist. Dieser sehr einfache Aufbau erlaubt uns nachher, Umsätze pro Stadt, pro Minute, pro Stunde etc. aufzuführen.

```
<Umsatz-Pro-Stadt>
  <Umsatz>
    <Stadt>Bochum</Stadt>
    <Beginn>2003-11-01T01:11:00</Beginn>
    <Dauer>7</Dauer>
    <Umsatz>11</Umsatz>
  </Umsatz>
  ...
```

Listing 14.14: 1441 _ 01.xml – Umsatzübersicht

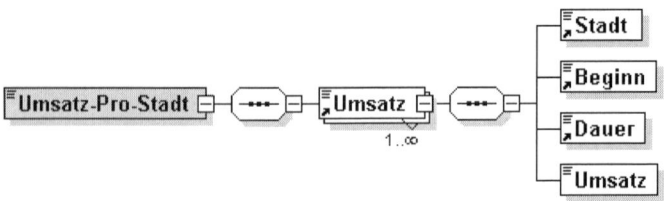

Abbildung 14.11: Umsatzübersicht

Mithilfe der Gruppierungen in XSLT 2.0 und den verschiedenen Funktionen zur Extraktion von Zeitbestandteilen erzeugt unsere Transformation eine Übersicht für jedes Jahr, jeden Monat, jeden Tag und jede Stunde, um dann auf Stundenbasis die Minuten und Cents zu summieren. Sicherlich hätte man diese Aggregation auch innerhalb der SQL-Abfrage bei der Datenerzeugung durchführen können, aber es ist interessant zu sehen, dass mit den neuen Funktionen und dem Element `xsl:for-each-group` solche früher sehr umständlichen Anforderungen leicht umgesetzt werden können.

```
<xsl:for-each-group select="Umsatz"
                    group-by="year-from-dateTime(Beginn)">
  <h1>
    <xsl:value-of select="('Jahr', year-from-dateTime(Beginn))"
                    separator=" "/>
  </h1>
  <xsl:for-each-group select="current-group()"
                      group-by="month-from-dateTime(Beginn)">
    <h2>
      <xsl:value-of select="('Monat ',
                            month-from-dateTime(Beginn))"/>
    </h2>
    <xsl:for-each-group select="current-group()"
                        group-by="day-from-dateTime(Beginn)">
      <h3>
        <xsl:value-of select="('Tag ',
                              day-from-dateTime(Beginn))"/>
      </h3>
      <table border="1" bgcolor="wheat">
        <tr>
          <xsl:for-each-group select="current-group()"
                              group-by="hours-from-
                                        dateTime(Beginn)">
            <td>
              <b>
                <xsl:value-of select="('Stunde ',
                              hours-from-dateTime(Beginn))"/>
              </b>
              <br/>
              <ul>
                <li>
```

```
            <xsl:value-of select="('Dauer: ', sum(Dauer))"/>
         </li>
         <li>
            <xsl:value-of select="('Cent: ', sum(Umsatz))"/>
         </li>
        </ul>
      </td>
     </xsl:for-each-group>
    </tr>
   </table>
  </xsl:for-each-group>
 </xsl:for-each-group>
</xsl:for-each-group>
```

Listing 14.15: 1441 _ 01.xslt – Extraktion von Zeitdaten

Als Ergebnis erhält man im Browser eine Auflistung der einzelnen Jahre, die gefundenen Monate und Stunden in Form einer Tabelle mit den entsprechend aggregierten Zahlen. Da der Detaillierungsgrad für die einzelnen Umsätze auf Anruf-Ebene lag, war das ursprüngliche XML-Dokument, das aus unserer Datenbank hervorsprudelte, so groß, dass es den Prozessor leider überrannte und wir die Daten stark eingeschränkt haben. Daher sind natürlich große Lücken in den Zeitfolgen und es sind nicht alle Monate, Tage und Stunden zu finden.

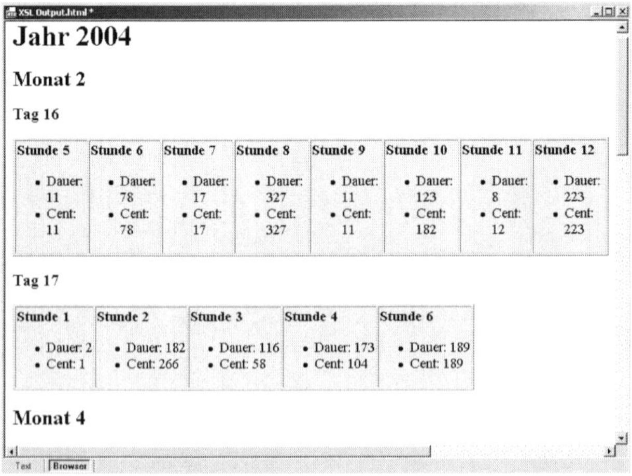

Abbildung 14.12: Ausgabe in HTML

540

14. 4. 2. Angleichung von Zeitzonen

Mit den Funktionen zur Angleichung von Zeitzonen[9] ist es möglich, bestehende Zeitinformationen in andere Zeitinformationen zu übertragen. Diese Funktionen entsprechen ähnlichen Funktionen in Datenbanken, die man immer dann verwenden muss, wenn tatsächlich einmal weltweit Informationen gesammelt werden oder Transaktionen rund um die Uhr und rund um den Globus von einer einzigen Software/Datenbank abgearbeitet werden.

→ Übersicht

Funktion	Bedeutung	Syntax
`fn:adjust-date-Time-to-timezone`	Gleicht `xs:dateTime` an (k)eine Zeitzone an.	`fn:adjust-dateTime-to-timezone($arg as xs:dateTime?) as xs:dateTime?` `fn:adjust-dateTime-to-timezone($arg as xs:dateTime?, $timezone as xdt:dayTimeDuration?) as xs:dateTime?`
`fn:adjust-date-to-timezone`	Gleicht `xs:date` an (k)eine Zeitzone an.	`fn:adjust-date-to-timezone($arg as xs:date?) as xs:date?` `fn:adjust-date-to-timezone($arg as xs:date?, $timezone as xdt:dayTimeDuration?) as xs:date?`
`fn:adjust-time-to-timezone`	Gleicht `xs:time` an (k)eine Zeitzone an.	`fn:adjust-time-to-timezone($arg as xs:time?) as xs:time?` `fn:adjust-time-to-timezone($arg as xs:time?, $timezone as xdt:dayTimeDuration?) as xs:time?`

Tabelle 14.9: Funktionen zur Angleichung von Zeitzonen

Der Datentyp `xdt:dayTimeDuration` ist ein Kind von `xs:duration`, wobei die lexikalische Repräsentation so verringert wurde, dass nur Tage, Stunden, Minuten und Sekunden gespeichert werden können. Die Kurzschreibweise – im Gegensatz zum regulären Ausdruck in der allgemeinen Syntax – lautet `PnDTnHnMnS`, wobei `nD` für die Anzahl der Tage, `T` für den Trenner von Datum und Zeit, `nH` für die Anzahl von Stunden, `nM` für die Anzahl von Minuten und `nS` für die Anzahl von Sekunden stehen. Für die Wertermittlung werden einfache Umrechnungen wie 60 Sekunden für eine Minute oder 24 Stunden für einen Tag vorgenommen.

---

9   Vgl.: XQuery 1.0 and XPath 2.0 Functions and Operators, W3C Recommendation 23 January 2007Abschnitt 10.7 Timezone Adjustment on Dates and Time Values unter http://www.w3.org/TR/xpath-functions/#timezone.functions.

→ **Beispiel**

Wir gruppieren im Beispiel sämtliche Zeitinformationen ohne besondere zusätzliche Verarbeitung und verändern die Zeitzone so, dass einmal fünf Stunden abgezogen und einmal zehn Stunden addiert werden.

```
<xsl:for-each select="current-group()">
  <tr>
    <td>
      <xsl:value-of select="Beginn"/>
    </td>
    <td>
      <xsl:value-of select="adjust-dateTime-to-
                            timezone(xs:dateTime(Beginn),
                            xdt:dayTimeDuration('PT5H'))"/>
    </td>
    <td>
      <xsl:value-of select="adjust-dateTime-to-
                            timezone(xs:dateTime(Beginn),
                            xdt:dayTimeDuration('+PT10H0M'))"/>
    </td>
  </tr>
</xsl:for-each>
```

Listing 14.16: 1442 _ 01.xslt – Angleichung von Zeitzonen

14. 4. 3. Berechnung von Zeitdauern

Mit den Funktionen zur Berechnung von Zeitdauern[10] ist es möglich, Zeitinformationen mit mathematischen Operationen zu bearbeiten. Dies eröffnet Möglichkeiten, genau anzugeben, welche Art von Dauern (Tage, Monate etc.) aus zwei Zeitinformationen zu berechnen sind und diese Dauern natürlich dann auch tatsächlich zu berechnen. Man erspart sich allerhand komplizierte Umrechnungen, die man möglicherweise sogar aus Gründen der Komplexität gar nicht erst in XSLT gemacht hätte.

---

10 Vgl.: XQuery 1.0 and XPath 2.0 Functions and Operators, W3C Recommendation 23 January 2007Abschnitt 10.7 Arithmetic Functions on Durations, Dates and Times unter http://www.w3.org/TR/xpath-functions/#dateTime-arithmetic.

→ **Übersicht**

Funktion	Bedeutung	Syntax
`fn:subtract-dateTimes-yielding-yearMonth-Duration`	Liefert Differenz zwischen zwei `xs:dateTimes` als `xdt:yearMonth-Duration`.	`fn:subtract-dateTimes-yielding-yearMonthDuration($arg1 as xs:dateTime?, $arg2 as xs:dateTime?) as xdt:yearMonthDuration?`
`fn:subtract-dateTimes-yielding-dayTimeDuration`	Liefert Differenz zwischen zwei `xs:dateTimes` als `xdt:dayTime-Duration`.	`fn:subtract-dateTimes-yielding-dayTimeDuration($arg1 as xs:dateTime?, $arg2 as xs:dateTime?) as xdt:dayTimeDuration?`
`fn:subtract-dates-yielding-dayTimeDuration`	Liefert Differenz zwischen zwei `xs:dateTimes` als `xdt:dayTime-Duration`.	`fn:subtract-dates-yielding-yearMonthDuration($arg1 as xs:date?, $arg2 as xs:date?) as xdt:yearMonthDuration?`
`fn:subtract-dates-yielding-yearMonth-Duration`	Liefert Differenz zwischen zwei `xs:dates` als `xdt:yearMonth-Duration`.	`fn:subtract-dates-yielding-dayTimeDuration($arg1 as xs:date?, $arg2 as xs:date?) as xdt:dayTimeDuration?`

Tabelle 14.10: Funktion für Zeitdauern

→ **Beispiel**

Im Beispiel verwenden wir alle vier Funktionen in Form von Übersichten, um zu sehen, über welchen Zeitraum sich die einzelnen Rechnungen erstrecken. Dies ermöglicht zunächst auch eine Vorführung der überladenen Fähigkeiten der beiden Aggregatfunktionen `min` und `max`. Um die Funktionsaufrufe der Differenzen zu vereinfachen, erstellen wir hierfür insgesamt vier Variablen, in denen die jeweils kleinsten und größten Werte für die benötigten `xs:date`- und `xs:dateTime`-Werte ermittelt und gespeichert werden. Hierzu ist es unerlässlich, dass über die Konstruktorfunktionen, die den Namen der Datentypen entsprechen, die im Element `Beginn` gefundene Zeichenkette in den passenden Datentyp umgewandelt wird. Lediglich für die `xs:date`-Werte muss zusätzlich noch der Stunden- und Minuten-Anteil ausgelassen werden. Dies lässt sich mit einer einfachen Unterzeichenkettenauswahl bewerkstelligen.

543

Die einzelnen Funktionsaufrufe werden durch die Variablen dann sehr übersichtlich und kurz. Sie liefern die entsprechenden Dauern in Tagen oder Monaten.

```
<body>
  <xsl:variable name="MaxDateTime"
                select="max(//xs:dateTime(Beginn))"/>
  <xsl:variable name="MinDateTime"
                select="min(//xs:dateTime(Beginn))"/>
  <xsl:variable name="MaxDate"
                select="max(//Beginn/xs:date(substring-
                                   before(text(), 'T')))"/>
  <xsl:variable name="MinDate"
                select="min(//Beginn/xs:date(substring-
                                   before(text(), 'T')))"/>
  <h2>Basis xs:dateTime</h2>
  <ul>
    <li>
      <xsl:value-of select="('Differenz Tage: ',
          subtract-dateTimes-yielding-dayTimeDuration($MaxDateTime,
                                          $MinDate
                                          Time))"/>
    </li>
    <li>
      <xsl:value-of select="('Differenz Monate: ',
          subtract-dateTimes-yielding-yearMonthDuration
                                          ($MaxDateTime,
                                          $MinDateTime))"/>
    </li>
  </ul>
  <h2>Basis xs:date</h2>
  <ul>
    <li>
      <xsl:value-of select="('Differenz Tage: ',
            subtract-dates-yielding-dayTimeDuration($MaxDate,
                                          $MinDate))"/>
    </li>
    <li>
      <xsl:value-of select="('Differenz Monate: ',
            subtract-dates-yielding-yearMonthDuration($MaxDate,
```

```
                                                $MinDate))"/>
   </li>
  </ul>
</body>
```

Listing 14.17: 1443 _ 01.xslt – Zeitdauernberechnung

Hierdurch erhält man in dieser Variante ohne Formatierung bzw. auch ohne Zeitextraktion über die entsprechenden und bereits vorgestellten Funktionen die Angabe der Ergebnisse im entsprechenden Zeichenkettenformat mit Ganzzahlen und Buchstaben als Maßeinheiten.

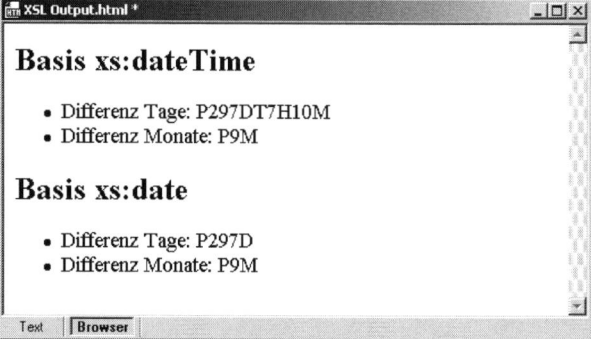

Basis xs:dateTime

- Differenz Tage: P297DT7H10M
- Differenz Monate: P9M

Basis xs:date

- Differenz Tage: P297D
- Differenz Monate: P9M

Abbildung 14.13: Ausgabe in HTML

Möchte man also nicht die sehr unglücklich aussehenden Datentyp-gemäßen Dauerangaben in der Ausgabe lesen, ist es notwendig, mit den Funktionen zur Zeitextraktion die benötigten Feldinformationen auszulesen. Dies zeigt das nächste Beispiel exemplarisch für eine Liste. Für die andere Liste verwendet man die gleichen Funktionen.

```
<ul>
  <li>
    <xsl:value-of select="(,Differenz Tage: , , days-from-duration(
        subtract-dates-yielding-dayTimeDuration($MaxDate,
                                                $MinDate))"/>
  </li>
  <li>
    <xsl:value-of select="('Differenz Monate: ' ,
```

545

```
          months-from-duration(
    subtract-dates-yielding-yearMonthDuration($MaxDate,
                              $MinDate))) "/>
  </li>
</ul>
```

Listing 14.18: Zeitextraktionsfunktionen

Im Browser erhält man sodann die erwarteten Ganzzahlen für Tage und Monate.

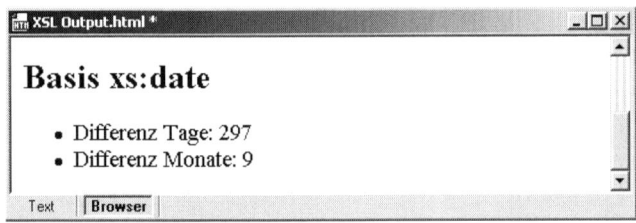

Abbildung 14.14: Ausgabe in HTML

14. 4. 4. Kontextfunktionen

Mit den Kontextfunktionen[11] ist es möglich, einige nützliche Systeminformationen sowie Knotenkontextinformationen abzurufen. Insbesondere solche Funktionen wie die Ermittlung der aktuellen Zeit, die früher entweder als Parameter der Transformation beigefügt wurde oder als spezielle Prozessorfunktion definiert und damit nicht standardisiert war, dürfte sich allergrößter Beliebtheit erfreuen. Daher gibt es auch für die verschiedenen Zeitdatentypen jeweils eine eigene Funktion.

Die bisherigen Kontextfunktionen für die Ermittlung der aktuellen bzw. der letzten Position von Elementen in einer Reihenfolge bleiben natürlich erhalten und lassen sich weiterhin gut für allgemeine Vorlagen und auf der Position basierende Algorithmen einsetzen.

---

11 Vgl.: XQuery 1.0 and XPath 2.0 Functions and Operators, W3C Recommendation 23 January 2007Abschnitt 16 Context Functions unter http://www.w3.org/TR/xpath-functions/#context.

→ **Übersicht**

Funktion	Bedeutung	Syntax
fn:position	Aktuelle Knotenposition	fn:position() as xs:integer
fn:last	Liefert die Anzahl der zu verarbeitenden Knoten.	fn:last() as xs:integer
fn:current-dateTime	Aktueller xs:dateTime-Wert	fn:current-dateTime() as xs:dateTime
fn:current-date	Aktueller xs:date-Wert	fn:current-date() as xs:date
fn:current-time	Aktueller xs:time-Wert	fn:current-time() as xs:time
fn:default-collation	Aktuelle Standard-Collation	fn:default-collation() as xs:string
fn:implicit-timezone	Aktuelle Zeitzone	fn:implicit-timezone() as xdt:dayTimeDuration?

Tabelle 14.11: Kontextfunktionen

→ **Beispiel**

Eine häufige Lösung besteht darin, eine Liste in Textform auszugeben, bei der folgende Anforderungen umgesetzt werden sollen: Ein einziger Knoten erhält kein Trennzeichnen, ein letzter Knoten wird mit und angeschlossen, die mittleren Knoten werden durch ein Komma verbunden, so weit es nicht der vorletzte Knoten ist. Dies wollen wir mithilfe einer xsl:choose-Fallunterscheidung und der position()-Funktion nachvollziehen.

```
<xsl:template match="/Umsatz-Pro-Stadt">
  <xsl:variable name="Tarife" select="insert-before(distinct-
                values(//xs:string(Stadt)), 2, 'Düsseldorf')"/>
  <xsl:for-each select="$Tarife">
    <xsl:choose>
      <!-- Letzter Knoten -->
      <xsl:when test="position() = count($Tarife)">
        <xsl:value-of select="(' und ', .)"/>
      </xsl:when>
```

547

```
  <!-- Einziger Knoten -->
  <xsl:when test="position() = 1 and position() =
                                        count($Tarife)">
    <xsl:value-of select="."/>
  </xsl:when>
  <!-- Erster Knoten -->
  <xsl:when test="position() = 1">
    <xsl:value-of select="(., ', ')"/>
  </xsl:when>
  <!-- Vorletzter Knoten -->
  <xsl:when test="position() = count($Tarife) -1">
    <xsl:value-of select="."/>
  </xsl:when>
  <!-- Mittlerer Knoten -->
  <xsl:when test="position() &gt; 1 and position() &lt;
                              count($Tarife) -1">
    <xsl:value-of select="(., ', ')"/>
  </xsl:when>
 </xsl:choose>
 </xsl:for-each>
</xsl:template>
```

Listing 14.19: `1444 _ 01.xslt` – Positionsfunktionen

Man erhält als Ausgabe eine Liste, wie man es sich wünscht, also mit Kommata als Aufzäh-lungszeichen und einem und zwischen dem vorletzten und letztem Wort.

```
Bochum, Düsseldorf und Duisburg
```

Listing 14.20: Ausgabe als Text

Die verschiedenen Funktionen, mit deren Hilfe man Zeitinformationen des aktuellen Sys-tems herausfinden kann, rufen wir einfach in einer Liste auf, um zu sehen, welche Rückga-bewerte die einzelnen Funktionen besitzen. Dies kann man natürlich auch in der allgemei-nen Syntax nachlesen, aber es lohnt sich immer, einen genauen Blick auf die tatsächliche Zeichenkette zu werfen. Dies gilt insbesondere dann, wenn man nicht nur wie hier eine simple Ausgabe machen möchte, sondern diese formatieren oder in einer Bedingung als Vorgabewert nutzen will.

```
<ul>
  <li>Aktuelles Datum: <xsl:value-of select="current-date()"/>
  </li>
  <li>Aktuelle Zeit: <xsl:value-of select="current-time()"/>
  </li>
  <li>Aktueller Zeitstempel: <xsl:value-of
                            select="current-dateTime()"/>
  </li>
  <li>Aktuelle Zeitzone: <xsl:value-of
                            select="implicit-timezone()"/>
  </li>
</ul>
```

Listing 14.21: 1444 _ 02.xslt – Aktuelle Zeitinformationen

Im Browser erhält man Werte, die für die einfache Ausgabe überhaupt nicht zu gebrauchen sind. Sie müssen erst noch formatiert werden.

Abbildung 14.15: Ausgabe in HTML

14. 4. 5. Formatierung von Zeit

Mit den XSLT-Funktionen[12] zur Zeitformatierung lassen sich die Ausgaben in den zurückliegenden Beispielen alle deutlich schneller in ein lesbares und auch nationalsprachliches Format bringen, als es eine mehrfache Anwendung der Zeitextraktionsfunktionen bieten könnte.

---

12 Vgl.: XSL Transformations (XSLT) Version 2.0 W3C Recommendation 23 January 2007Abschnitt 16.5 Formatting Dates and Times unter http://www.w3.org/TR/xslt20/#format-date.

Allgemeine Beispiele und Wertetabellen finden Sie auch im ersten Band. Wir fassen hier nur kurz die wichtigsten Einstellungen zusammen.

Die allgemeine Syntax für das `date-format`-Element lautet:

```
<!-- Kategorie: Deklaration -->
<xsl:date-format
  name = qname
  language = nmtoken
  calendar = qname />
```

Das `date-format`-Element speichert ein benanntes Format für die Ausgabe von Datumswerten. Sollte das `name`-Attribut fehlen, stellt es die Standardwerte für die Formatierungsangaben dar. Folgende Attribute lassen sich verwenden:

- `language` enthält eine Sprachangabe, wie sie im `xml:lang`-Attribut verwenden werden kann (`de`, `en`, `fr` etc.), um sprachbezogene Formatierungen anzugeben. Die Funktionsweise und Funktionstüchtigkeit hängt vom XSLT-Prozessor ab. Dies bezieht sich auf Informationen wie

  - Namen von Monaten und Tagen

  - Ordnungsform von Zahlen

  - Stundendarstellung (0–23 oder 1–24, 0–11 oder 1–12)

  - Erster Tag der Woche und des Jahres

- `calendar` gibt an, dass der übergebene Wert in den angegebenen Kalender konvertiert und dann gemäß seinen Einstellungen ausgegeben werden soll.

Für den Platzhaltertext werden – wie in anderen Syntaxstrukturen auch – spezielle Platzhalterzeichen für die Angabe von Zeitbestandteilen verwendet. Die Platzhalternamen in XSLT entsprechen den aus anderen Strukturen bekannten Namen.

Standard-Platzhalter	Besondere Platzhalter
Y Jahr	Z Zeitzone als Unterschied von der Stan-
M Monat in Jahr	dardzeit oder als Name einer Zeitzone
D Tag in Monat	z Zeitzone als Unterschiedsangabe, die
d Tag in Jahr	GMT benutzt: GMT+1
F Tag der Woche	C Kalender mit seiner Abkürzung/seinem
W Woche in Jahr	Namen
w Woche in Monat	E Ära als Angabe für die Startlinie einer
H Stunde in Tag (24 Stunden)	Jahresreihe
h Stunde in halbem Tag (12 Stunden)	
P am/pm-Angaben	
m Minuten in Stunde	
s Sekunden in Minute	
f anteilige Sekunden	

Nach Angabe der allgemeinen Formate im `date-format`-Element lassen sich dann die be-nötigten Ausgaben mithilfe verschiedener Funktionen erzeugen. Folgende Funktionen sind für die Zeitformatierung möglich:

- ```
  format-dateTime( $value  as xs:dateTime?, $picture  as xs:string,
  $date-format-name  as xs:string) as xs:string?
  ```

- ```
  format-dateTime($value as xs:dateTime?, $picture as xs:string) as
  xs:string?
  ```

- ```
  format-date( $value  as xs:date?, $picture  as xs:string, $date-
  format-name  as xs:string) as xs:string?
  ```

- ```
  format-date($value as xs:date?, $picture as xs:string) as xs:string?
  ```

- ```
  format-time( $value  as xs:time?, $picture  as xs:string, $date-
  format-name  as xs:string) as xs:string?
  ```

- ```
  format-time($value as xs:time?, $picture as xs:string) as xs:string?
  ```

→ **Beispiel**

```
<ul>
  <li>Aktuelles Datum: <xsl:value-of
                        select="format-date(current-date(),
                               '[M].[D].[Y]')"/>
  </li>
  <li>Aktuelle Zeit: <xsl:value-of
                       select="format-time(current-time(),
                              '[H]:[m]:[s]')"/>
  </li>
</ul>
```

Listing 14.22: 1445 _ 01.xslt – Zeitformatierung

Einsatz von XSLT 2.0-Funktionen

15. Einsatz von XSLT 2.0-Funktionen

Einige Beispiele zeigten bereits die in XSLT 1.0 und 2.0 vorhandenen Funktionen für die Formatierung von Zahlen und die Verarbeitung mehrerer Dateien. Auf die allzu trivialen Funktionen, zu denen die Zahlenformatierung gehört, gehen wir in diesem Kapitel nicht erneut ein. Allerdings werfen wir noch einmal einen Blick auf die Möglichkeit, Dateien zu laden, sowie auf die genauen Möglichkeiten der Schlüssel- und ID-Funktionen, die bislang nur für die XSLT 1.0-Gruppierung von Interesse waren.

15. 1. Entitäten

Auslagerung und Wiederverwendung gelingt in der Document Type Definition über mehrere Wege. Zunächst kann man eine gesamte DTD auslagern und in einer XML-Datei aufrufen, sodass nicht jede XML-Datei einer Reihe von gleichartigen Dateien stets die gesamte DTD enthalten muss. Der entsprechende Pflegeaufwand wäre ja katastrophal. Dann ist es möglich, sowohl in der DTD selbst als auch im XML-Dokument auf ausgelagerte Textbausteine zurückzugreifen. Dies wird immer gerne mit schönen Schulbeispielen wie mit einer Anrede für Briefe, E-Mails usw. vorgeführt. Wir wollen dies im Beispiel genauso handhaben.

Auch wenn man möglicherweise in seiner Anwendung keine DTD mehr verwendet, sondern das (wesentlich bessere) XML Schema zur Validierung einsetzt, möchte man möglicherweise in bestimmten Fällen gerne mit Entitäten in XSLT und weniger mit Variablen arbeiten. Allerdings ist durch den Einsatz von Variablen sowie die Möglichkeit globaler Stylesheet-Parameter oder das Einbinden von externen Dateien (siehe nächsten Abschnitt) vermutlich das Ende der Entitäten und DTDs in XSLT erreicht. Dennoch wollen wir ein Beispiel zu Entitäten geben, da in vielen älteren Anwendungen diese Technik eingesetzt wurde und man mit ihnen auch durchaus weiter arbeiten kann, ohne notwendigerweise auf XSLT-Variablen umzusteigen.

15. 1. 1. Einsatz in XML

Wir beginnen die Diskussion dieser Technik, indem wir noch einmal rekapitulieren, wie die Verwendung von Entitäten in XML ausgesehen hat. Dort besitzen wir zunächst eine externe Document Type Definition, in der auf der einen Seite die Dokumentstruktur (Elemente, Attribute) deklariert wird und in der auf der anderen Seite auch die benutzten Entitäten zum Einsatz kommen. Dies ist – typisches Schulbeispiel – eine Auslagerung der Begriffe Herr und Frau in die Entitäten de _ Frau und de _ Herr mit der Option, anderssprachiger Übersetzungen auf einfache Weise mithilfe der ISO-Sprachkürzel (en, fr, nl) zu ergänzen.

```
<!-- Entitäten -->
<!ENTITY de _ Herr "Herr">
<!ENTITY de _ Frau "Frau">
<!-- Elemente -->
<!ELEMENT Name (Vorname, Nachname)>
<!ELEMENT Vorname (#PCDATA)>
<!ELEMENT Nachname (#PCDATA)>
<!ATTLIST Name
   Anrede CDATA #REQUIRED
>
```

Listing 15.1: 1511 _ 01.dtd – Entitäten für Anreden

In der XML-Datei wird diese externe DTD dann eingebunden. Alternativ hätte man genauso gut eine interne DTD erstellen können, wobei allerdings die oben gemachten Angaben nur für diese XML-Datei gültig gewesen wären. Später im Dokument greift man im zuvor für das Element Name deklarierten Attribut Anrede auf die beiden Entitäten mithilfe von &ENTI-TÄTSNAME; zu und kopiert die in Entitäten ausgelagerten Textbausteine in die XML-Datei.

```
<?xml version="1.0" encoding="ISO-8859-1"?>
<!DOCTYPE Rechnungen SYSTEM "511 _ 01.dtd">
<Rechnungen>
...

   <Kunde Typ="p" Nr="856">
      <Name Anrede="&de _ Herr;">
         <Vorname>Horst</Vorname>
         <Nachname>Weiá</Nachname>
      </Name>
      ...
```

```
<Kunde Typ="p" Nr="1024">
  <Name Anrede="&de _ Frau;">
    <Vorname>Claudia</Vorname>
    <Nachname>Kaveh</Nachname>
  </Name>
...
```

Listing 15.2: 1511 _ 01.xml – Verwendung von Entitäten

In der in einem Texteditor angezeigten XML-Datei sieht man natürlich das Ergebnis, das man gerade bei der Verwendung der Entitäten bereits sah. Hier verändert sich nichts. Man wird auch die XML-Datei nicht einfacher lesen können, weil die Entitäten natürlich nicht auf geheimnisvolle Art und Weise quasi im Texteditor aufgelöst werden. Diese Auflösung führt dagegen ein Browser durch, in dem man die XML-Datei öffnet. Hier sieht man zwar oben noch die Verknüpfung zur DTD, aber anstelle der seltsam anmutenden Entitätsnamen stehen nun – tatsächlich geheimnisvoll – die Übersetzungen an den passenden Stellen im Dokument.

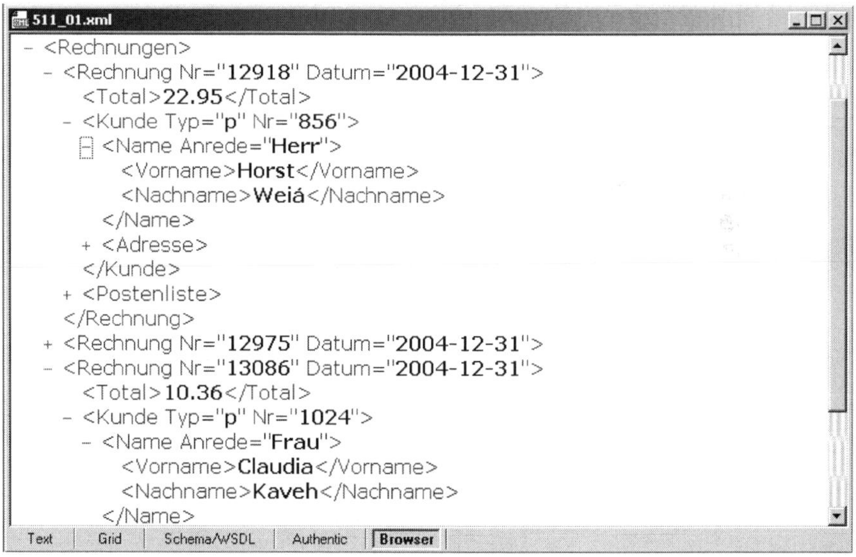

```
511_01.xml                                                    _|□|×|
- <Rechnungen>
  - <Rechnung Nr="12918" Datum="2004-12-31">
      <Total>22.95</Total>
    - <Kunde Typ="p" Nr="856">
      ⊟ <Name Anrede="Herr">
          <Vorname>Horst</Vorname>
          <Nachname>Weiá</Nachname>
        </Name>
      + <Adresse>
      </Kunde>
    + <Postenliste>
    </Rechnung>
  + <Rechnung Nr="12975" Datum="2004-12-31">
  - <Rechnung Nr="13086" Datum="2004-12-31">
      <Total>10.36</Total>
    - <Kunde Typ="p" Nr="1024">
      - <Name Anrede="Frau">
          <Vorname>Claudia</Vorname>
          <Nachname>Kaveh</Nachname>
        </Name>
  Text    Grid    Schema/WSDL    Authentic    Browser
```

Abbildung 15.1: Ausgabe im Browser mit aufgelösten Entitäten

15. 1. 2. Einsatz in XSLT

Das gerade beschriebene Vorgehen ist natürlich nicht nur auf XML-Datendateien beschränkt, die mithilfe von XSLT verarbeitet werden, sondern kann selbstverständlich sinnvoll in jeder anderen XML-Datei zum Einsatz kommen. Eine sehr wichtige Voraussetzung ist allerdings, dass der Prozessor, der die Datei für die Anzeige oder sonstige Anforderungen verarbeitet, die aufgerufenen Entitäten verarbeiten kann. Dann ist es möglich, auch in XSLT auf solche Entitäten für Ausgabeübersetzungen etc. in Form von ausgelagerten Textbausteinen zurückzugreifen.

Eine grundsätzliche Alternative stellen natürlich die XSLT-Variablen dar, die auch für die Version 1.0 verfügbar sind. Allerdings gibt es Situationen, die den Einsatz von Entitäten durchaus mit einer Vereinfachung der XSLT-Arbeit zusammenbringen. Dies ist der Fall, wenn die gesamte Anwendung mithilfe einer DTD validiert wird, in der zahlreiche Entitäten definiert sind. Sofern man diese Entitäten nun auch in XSLT aufrufen und nicht nur aus dem XML-Datenstrom übernehmen möchte, lohnt es sich, die externe Entitätendatei ebenfalls in XSLT verfügbar zu machen und nicht für eine Vielzahl von Textbausteinen jeweils Variablen zu erstellen. Dies lohnt sich umso mehr, wenn die Textbausteinbibliothek weiterhin gepflegt wird und daher Änderungen in XSLT keinesfalls durchgeführt werden müssen.

→ Lösung: Interne Entitäten

Die einfachste Möglichkeit, auf Entitäten in XSLT zurückzugreifen, besteht darin, in der Stylesheet-Datei eine DTD anzugeben. Diese bezieht sich auf das Wurzelelement `xsl:stylesheet` und enthält natürlich nicht etwa die gesamten Angaben, wie eine XSLT-Datei aufgebaut sein kann, sondern ausschließlich die Entitäten. Die Syntax bleibt dann weiterhin genauso erhalten wie bei einer internen DTD in einer XML-Datendatei.

Im nächsten Beispiel greifen wir erneut auf die zuvor erstellten Entitäten für die deutschen Anreden `Herr` und `Frau` zurück. Allerdings ergänzen wir beide Entitäten noch um den Textbaustein `Sehr geehrte`, wobei zusätzliche Leerzeichen und das notwendige `r` für die Herren in den Entitäten `de_Herr` und `de_Frau` untergebracht wird. Hier sieht man auch sehr schön, wie man aus Entitäten andere Entitäten erstellen kann.

Einige Quelltextzeilen in der XSLT-Datei später greift man dann auf die solchermaßen erstellten Entitäten genauso zu wie in einer gewöhnlichen XML-Datendatei. Wenn Sie schon einmal die HTML-Entitäten für die Ausgabe von Sonderzeichen benutzt haben, wird Ihnen dieses Prinzip bekannt erscheinen.

```
<?xml version="1.0" encoding="ISO-8859-1"?>
<!DOCTYPE xsl:stylesheet [
  <!-- Entitäten Textbausteine -->
  <!ENTITY de _ Anrede "Sehr geehrte">
  <!-- Entitäten Übersetzungen -->
  <!ENTITY de _ Herr "&de _ Anrede;r Herr ">
  <!ENTITY de _ Frau "&de _ Anrede; Frau ">
]>
<xsl:stylesheet version="2.0" ...>
  <xsl:output method="text" version="1.0"
              encoding="UTF-8" indent="yes"/>
  <xsl:template match="/Rechnungen">
    <xsl:for-each select="//Name">
      <xsl:choose>
        <xsl:when test="@Anrede = 'Herr'">&de _ Herr;<xsl:value-of
               select="(Vorname, Nachname)"/>&#xD;</xsl:when>
        <xsl:when test="@Anrede='Frau'">&de _ Frau;<xsl:value-of
               select="(Vorname, Nachname)"/>&#xD;</xsl:when>
        <xsl:otherwise>
          <xsl:value-of select="(Vorname, Nachname)"/>&#xD;
        </xsl:otherwise>
      </xsl:choose>
    </xsl:for-each>
  </xsl:template>
</xsl:stylesheet>
```

Listing 15.3: 1512 _ 01.xslt – Entitäten in XSLT

In der einfachen Textdatei, die das Ergebnis bildet, erhält man tatsächlich den benötigten Text für die Brief- oder E-Mail-Anreden.

```
Sehr geehrter Herr Horst Weiá
Sehr geehrter Herr Heinrich Flach
Sehr geehrte Frau Claudia Kaveh
```

Listing 15.4: Ausgabe als Text

561

→ **Lösung: Externe Entitäten**

Nun ist es sicherlich nicht unbedingt lohnenswert, die Entitäten ausschließlich in einer einzelnen XSLT-Datei zu platzieren, wenn man sie auch in anderen Dateien benutzen kann. Hier besteht auch die Lösung, die Entitäten in einer Entitätsdatei mit der Endung .ent auszulagern und sie wiederum in der XSLT-Datei aufzurufen. Eine vergleichbare Lösung mithilfe von XSLT-Variablen bestünde in der Auslagerung der Variablen in eine anderen Datei, die dann über xsl:include, xsl:import oder über das Zuladen der Datei per Dateifunktion wieder in die XSLT-Datei eingebunden wird. In Grenzen lässt sich hier auch immer bei sehr wenigen und von der Zahl her bekannten Textbausteinen auf globale Stylesheet-Parameter setzen.

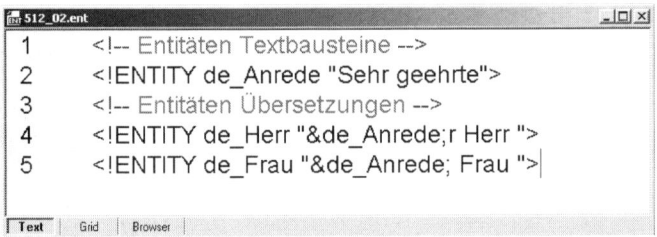

```
1    <!-- Entitäten Textbausteine -->
2    <!ENTITY de_Anrede "Sehr geehrte">
3    <!-- Entitäten Übersetzungen -->
4    <!ENTITY de_Herr "&de_Anrede;r Herr ">
5    <!ENTITY de_Frau "&de_Anrede; Frau ">
```

Abbildung 15.2: 1512 _ 012.ent

Diese Entitätsdatei stellt aufgrund der Syntax gar keine XML-Datei und auch keine DTD-Datei dar, sondern enthält dagegen – so ähnlich wie eine CSS-Datei – als überaus einfache Textdatei nur die verschiedenen Entitäten. Es ist vor allen Dingen auch keine XML-Deklaration in dieser Datei zu finden.

Mit einer speziellen Syntax lässt sich dann diese Entitätsdatei wieder in jede andere beliebige XSLT- bzw. XML-Datei einfügen. Dazu verwendet man das Schlüsselwort SYSTEM unter Angabe des Dateinamens und des notwendigen relativen oder absoluten Pfades zu dieser Datei. Der Aufruf der Datei stellt auch wieder eine Entität dar und erhält ebenfalls einen Namen, der durch ein Prozentzeichen eingeführt und später – in unserem Fall eine Zeile später – genauso mit %ENTITÄTSNAME; noch innerhalb der DTD wieder aufgerufen wird.

Solchermaßen ausgelagerte Textbausteine in der DTD selbst, die also mit den XML-Daten in keiner Berührung stehen, lassen sich in XML Schema durch Einbindung und Import ausdrücken, wenn ganze Dateien ausgelagert und wieder eingebunden werden sollen, oder auch mithilfe von globalen Strukturen umsetzen, wenn diese in XML Schema mehrfach zum Einsatz kommen sollen. Beide Techniken lassen sich miteinander kombinieren.

Der eigentliche Aufruf der Entitäten für die beiden Anreden ändert sich in der Transformationsdatei nicht, sodass wir auf einen erneuten Abdruck verzichten.

```
<?xml version="1.0" encoding="ISO-8859-1"?>
<!DOCTYPE xsl:stylesheet [
  <!ENTITY % textbausteine SYSTEM "512 _ 02.ent">
  %textbausteine;
]>
<xsl:stylesheet version="2.0" ...>
...
```

Listing 15.5: 1512 _ 02.xslt – Verwendung von externen Entitäten

15. 1. 3. Funktionen für Entitäten

Es sind insgesamt zwei verschiedenen Funktionen für die Bearbeitung von Entitäten in XSLT vorhanden. Sie erlauben nichts weiter, als den Aufruf einer Entität auch in Form eines Parameters zu ermöglichen.

- `unparsed-entity-uri`[1] gibt eine Entität in Form eines URI aus. Allgemeine Syntax: `unparsed-entity-uri($entity-name as xs:string) as xs:string`. Der Name der Entität wird direkt und ohne kaufmännisches Und bzw. Semikolon angegeben.

- `unparsed-entity-public-id`[2] liefert den öffentlichen Schlüssel einer Entität. Allgemeine Syntax: `unparsed-entity-public-id($entity-name as xs:string) as xs:string`. Der Name der Entität wird direkt und ohne kaufmännisches Und bzw. Semikolon angegeben.

Um auch besonders die Funktionsweise der URI-Ausgabe zu zeigen, verwenden wir eine Entität für eine Datei. Dazu setzen wir eine Notation für die Dateiendung `.jpg` ein, die im gleichen Verzeichnis liegen soll wie die XML-Datei.

---

1 Vgl. XSL Transformations (XSLT) Version 2.0 W3C Recommendation 23 January 2007 Abschnitt 16.6.2 unparsed-entity-uri unter http://www.w3.org/TR/xslt20/#unparsed-entity-uri.
2 Vgl. XSL Transformations (XSLT) Version 2.0 W3C Recommendation 23 January 2007Abschnitt 16.6.3 unparsed-entity-public-id unter http://www.w3.org/TR/xslt20/#unparsed-entity-public-id.

```
<!DOCTYPE bild [
<!ELEMENT bild (#PCDATA)>
<!NOTATION JPEG SYSTEM "urn:rf">
<!ENTITY pic SYSTEM "logo.jpg" NDATA JPEG>
]>
<bild>
&pic;
</bild>
```

Listing 15.6: 1513 _ 01.xml – Verwendung einer Entität

Die Funktion wird in XSLT einfach aufgerufen und erwartet als Parameter den Namen der Entität als Zeichenkette. Wie man sieht, lässt sich solchermaßen eine Entität auch einfach in Form eines Parameters dynamisch aufrufen. Die Ausgabe des Pfades ist hier nur deswegen möglich, weil wir in XML eine Datei und nicht nur eine einfache Zeichenkette ausgeben.

```
<xsl:template match="/">
  <html>
    <body>
      <h3>unparsed-entity-uri()</h3>
      <b>unparsed-entity-uri(,pic')</b> =
              <xsl:value-of select="unparsed-entity-uri('pic')"/>
    </body>
  </html>
</xsl:template>
```

Listing 15.7: 1513 _ 01.xslt – Aufrufen einer Entität

In der HTML-Ausgabe hat man einen langen absoluten Pfad bis zu der verknüpften Datei. Ob diese existiert, wird natürlich nicht kontrolliert.

```
<h3>unparsed-entity-uri()</h3><b>unparsed-entity-uri(,pic')</b> =
C:\Dokumente und Einstellungen\...\Uebungen\5_XSLT-Funktionen\513\
logo.gif
```

Listing 15.8: Ausgabe in HTML

15. 2. Arbeiten mit Dateien

In vielen Anwendungen steht XSLT in Konkurrenz zu anderen Programmiersprachen, mit denen die Transformation bzw. die Anwendung genauso gut bzw. vielleicht sogar besser umgesetzt werden könnte. Der Vorteil bei XSLT liegt nun darin, dass man an einem XML-Projekt mitarbeiten kann, dessen Hauptsprache dem XSLT-Programmierer völlig unbekannt ist. Dennoch sind die XML-Transformationen von ihm mithilfe von XSLT wunderbar zu erledigen. Seine Kollegen müssen außerhalb seiner eigenen Anwendung lediglich den XSLT-Prozessor verwalten, seine Dateien aufrufen, mit den XML-Daten verknüpfen und das Ergebnis in Empfang nehmen. Es lassen sich sogar Parameter an die Transformationsdatei übergeben, sodass auch weitere Schnittstellen zur Transformation bereit stehen, die über die eigentlichen XML-Daten hinausgehen.

Uns ist aufgefallen, dass insbesondere das Arbeiten mit zusätzlichen XML-Dateien oder mehreren XML-Dateien gleichzeitig immer mal wieder eine Lösung für eine unangenehme Diskussion war, in der XSLT mit seinen Syntaxmöglichkeiten nicht im besten Licht erschien. Im Vergleich zu einer »richtigen« Programmiersprache, die entweder Tausende von Funktionen oder Klassen/Methoden besitzt, sind in XSLT natürlich viele Algorithmen gar nicht zu realisieren. Ob dies immer notwendig sein muss, steht auf einem anderen Blatt. Oft genug muss man auch tatsächlich das DOM benutzen und die XML-Verarbeitung direkt mit Java, C# usw. erledigen, weil die Anforderungen an die Transformation schlichtweg zu hoch sind. In vielen Situationen lässt sich allerdings doch wieder eine XSLT-Lösung denken, wobei – wie erwähnt – die vorhandenen Dateifunktionen eine wichtige Rolle spielen.

Zwei überladene Funktionen[3] sind in XSLT verfügbar:

- `document($uri-sequence as item()*) as node()*` lädt eine andere XML-Datei anhand einer URI-Angabe in Form eines `xs:string`, `xs:anyURI` oder `xs:untypedAtomic`, die alle zu einem `xs:anyURI`-Wert konvertiert werden.

- `document($uri-sequence as item()*, $base-node as node()) as node()*` lädt ebenfalls eine XML-Datei mit einem URI aus den angegebenen Datentypen, erlaubt aber zusätzlich die Angabe eines Basis-URI, der sich von dem ansonsten angenommenen Dokument-URI unterscheiden kann.

---

3   Vgl.: XSL Transformations (XSLT) Version 2.0 W3C Recommendation 23 January 2007Abschnitt 16.1 Multiple Source Documents unter http://www.w3.org/TR/xslt20/#document.

Eher selten, aber wie bereits an einigen wenigen Beispielen gezeigt, ist der Aufruf in der Form `document("")`, also mit ausdrücklich leerer Zeichenkette. Dies bewirkt einen Aufruf der aktuellen XSLT-Datei, als wäre sie eine fremde Datei.

15. 2. 1. Statischer Dateiname

Im ersten Band haben wir bereits ein Standardbeispiel vorgeführt, in dem mehrere Dateien einer Umsatzübersicht nacheinander geladen und der Reihe nach verarbeitet werden. Ein ähnliches Beispiel enthält auch dieser Abschnitt, in dem wir solche Dateiaufrufe als statisch bezeichnen, weil der Dateiname direkt in den zu verarbeitenden XML-Daten enthalten ist. In den Übungsdateien finden Sie dieses Beispiel in einem eigenen Ordner im Kapitelordner, um die Übersichtlichkeit angesichts der vielen Dateien zu gewährleisten.

Alles beginnt mit einer XML-Datei, in der in Attributwerten oder Textknoten ganze oder teilweise Dateinamen enthalten sind. Dies ist für das nachfolgende Dokument für das `Datei`-Attribut der beiden Elemente `Kunde` und `Postenliste` der Fall. Wir bezeichnen dies als statische Dateiangabe, weil die Angabe, welche Datei zu laden ist, sich innerhalb der zu bearbeitenden XML-Daten befindet. Ob diese Daten wiederum dynamisch aus einer Datenbank o.Ä. geladen werden, soll nicht weiter interessieren. Wichtig ist nur, dass die Dateien direkt in den XML-Daten in irgendeiner Art und Weise referenziert werden.

```
<Rechnungen>
  <Rechnung Nr="12918" Datum="2004-12-31">
    <Total>22.95</Total>
    <Kunde Datei="k_856"/>
    <Postenliste Datei="pl_12918"/>
  </Rechnung>
  ...
```

Listing 15.9: 1521 _ 01.xml – XML-Datei mit Dateiaufrufen

Daher ist auch der gesamte Dokumentbaum im Gegensatz zum vorherigen Beispiel im letzten Abschnitt praktisch in sich zusammengefallen, weil die früher sehr tief verschachtelten Strukturen sich nun in anderen Dateien wiederfinden.

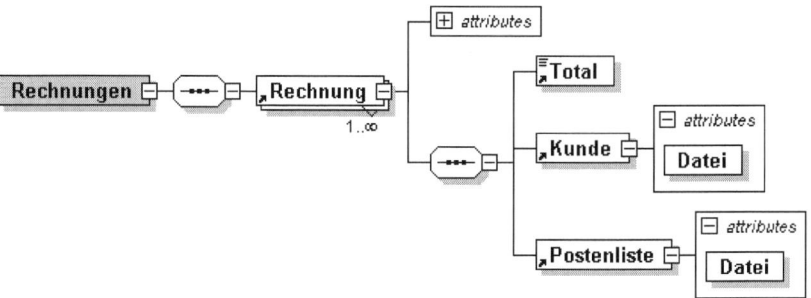

Abbildung 15.3: Dokumentstruktur

Es existieren neben dieser XML-Datei noch zwei weitere Dateien, die genauso heißen wie gerade im XML-Dokument angegeben. Zum einen gibt es eine Datei namens `k_856.xml`, in der die Kundendaten mit Name und Adresse in tiefer verschachtelten Elementen enthalten sind. Zum anderen gibt es die `pl_12918.xml`-Datei, in der die wiederholt auftretenden `Posten`-Eemente in einer Postenliste gespeichert wurden. Alle drei Dokumente bilden für die Verarbeitung eine Einheit, da eine Rechnung ohne Postenaufstellung genauso wenig Sinn für die Anwendung macht wie eine Rechnung ohne Kundenadresse.

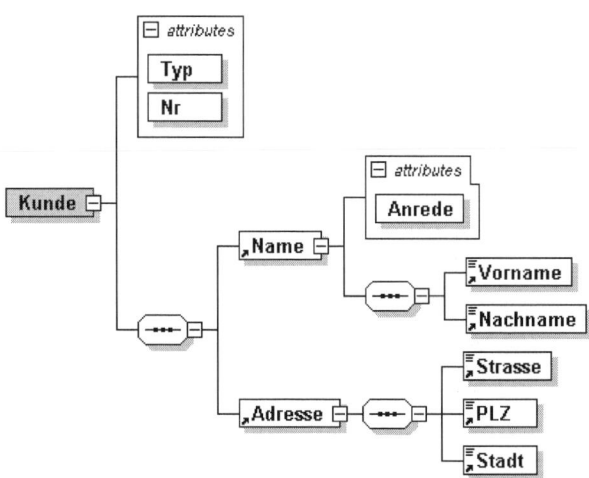

Abbildung 15.4: Struktur `Kunde`

In der Praxis könnten solche Dateien von unterschiedlichen Datenbankprozeduren automatisch oder durch Benutzeraufruf erstellt und dann im Dateisystem gespeichert werden. Da keine umständlichen Abfragen benötigt werden, um die einzelnen Daten miteinander zu verknüpfen, sondern jeweils nur eine einzige Tabelle anhand der Rechnungsnummer oder der Kundennummer befragt wird, kann es in unserem Fall sein, dass die drei Abfragen deutlich schneller verarbeitet werden als eine Abfrage über drei Tabellen. Wichtig ist lediglich, dass die beiden referenzierten Dateien existieren und in der Startdatei nur tatsächlich vorhandene Dateien aufgerufen werden.

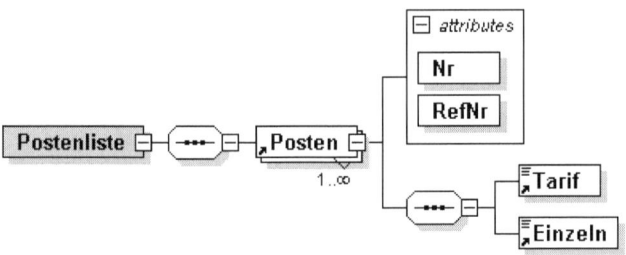

Abbildung 15.5: Struktur `Postenliste`

Mit der `document`-Funktion lassen sich dann beide Dateien laden. In diesem Fall haben wir ja den Dateinamen nicht mit Endung in der Startdatei angegeben, sodass durch die `concat`-Funktion die passende Dateiendung erst noch innerhalb des Funktionsaufrufs von `document` an den Dateinamen angehängt werden muss. Es ist zusätzlich möglich, das Teildokument in einer Variablen zu speichern bzw. in Parameterform an eine andere Vorlage zu übergeben oder natürlich auch direkt in einem `value-of`- oder `for-each`-Element zu verwenden. Letzteres schließt sich allerdings aufgrund der mehrfachen Verwendung aus, damit die XPath-Adressierungen nicht zu lang werden. Die eigentliche Verarbeitung solchermaßen aufgerufener Dateien verläuft dann exakt so wie bei temporären Bäumen auch.

```
<xsl:for-each select="Rechnung">
  <xsl:variable name="kundendaten"
              select="document(concat(Kunde/@Datei,'.xml'))/
                        Kunde"/>
  <h1>
    <xsl:value-of select="($kundendaten/Name/Vorname,
                          $kundendaten/Name/Nachname)"/>
  </h1>
```

```
<xsl:variable name="postendaten"
                select="document(concat(Postenliste/@Datei,'.xml'))
                    /Postenliste"/>
<ul>
  <xsl:for-each select="$postendaten/Posten">
    <li>
      <xsl:value-of select="(Tarif, Einzeln, 'Euro')"/>
    </li>
  </xsl:for-each>
</ul>
</xsl:for-each>
```

Listing 15.10: `1521 _ 01.xslt` *– Laden externer Dateien*

Im Browser erhält man eine Liste von Kunden und ihren Rechnungsposten, wobei alle Daten aus externen Dateien stammen.

Abbildung 15.6: Ausgabe im Browser

15. 2. 2. Dynamischer Dateiname

In einer Variante des vorherigen Beispiels wollen wir Ihnen nun einen so genannten dynamischen Dateinamen vorstellen. Dies ist weder Zauberei, noch erfordert es eine bestimmte neue Syntax, sondern in Wirklichkeit sollen Sie dieses Beispiel mehr als Anregung verstehen, die Zusammenarbeit mit mehreren Dateien kreativ zu nutzen. Grundprinzip ist dabei, dass der Dateiname gerade nicht fest (statisch) in einer XML-Struktur steht oder aus ihr ermittelt werden kann, sondern zur Laufzeit über einen globalen Parameter übergeben wird.

Die XML-Datei, die in diesem Beispiel verarbeitet werden soll, ist besonders kurz und kompakt. Sie enthält ausschließlich die Gesamtsumme sowie Datum und Nummer. Kundennummer und Postenliste werden beispielsweise aus einer Datenbankabfrage in der aufrufenden Umgebung ermittelt und der Transformation übergeben.

```
<Rechnung Nr="12918" Datum="2004-12-31">
  <Total>22.95</Total>
</Rechnung>
```

Listing 15.11: 1522 _ 01.xml – Sehr kurze Rechnung

In der XSLT-Datei befinden sich so viele globale Parameter, wie Dateien geladen werden sollen. Dies bedeutet für das vorliegende Beispiel die Verwendung von zwei solchen Parametern für die Kundendatei und die Postendatei. Die eigentliche Verarbeitung verläuft dann – wie bereits erwähnt – im Grunde genommen wie im statischen Fall. An der Syntax ändert sich nichts, allerdings ist der Anwendungsaufbau ein ganz anderer und für eine sehr dynamisierte Anwendung muss nicht zunächst eine XML-Datei erzeugt werden, in der die Dateinamen in irgendeiner Form enthalten sind.

```
<xsl:stylesheet version="2.0" ...>
  <xsl:output method="html" version="1.0" encoding="UTF-8"
              indent="yes"/>
  <!-- Globale Parameter -->
  <xsl:param name="k-datei" required="yes" as="xs:string"/>
  <xsl:param name="p-datei" required="yes" as="xs:string"/>
  <!-- Globale Variablen -->
  <xsl:variable name="kundendaten"
              select="document(concat($k-datei,'.xml'))/Kunde"/>
  <xsl:variable name="postendaten"
              select="document(
                      concat($p-datei,'.xml'))/Postenliste"/>
  <!-- Startvorlage -->
  <xsl:template match="/Rechnung">
    ...
```

```
<h1>
    <xsl:value-of select=" ($kundendaten/Name/Vorname,
                          $kundendaten/Name/Nachname)"/>
</h1>
...
```

Listing 15.12: `1522 _ 01.xslt` *– Übergabe von Dateinamen per Parameter*

15. 2. 3. Array-Strukturen als Parameter übergeben

Eine Frage, die relativ schnell in einem Seminar zum Thema globale Parameter gestellt wird, beschäftigt sich mit der Übergabe von Array-Strukturen bzw. überhaupt für die Übergabe von vielen Werten, die möglicherweise in ihrer genauen Anzahl schwanken können. Da nur die Übergabe von einfachen, atomaren Werten möglich ist und daher keine Wertelisten übergeben werden können, scheint der Einsatz der globalen Parameter begrenzt. Dies wird umso deutlicher, wenn man berücksichtigt, dass neben mehrfach auftretenden gleichartigen Strukturen (numerische Arrays) auch solche mit unterschiedlichen Strukturen (assoziative Arrays) übergeben werden sollen. Dies ist natürlich auch nicht möglich, weil in der XSLT-Datei immer eine klar begrenzte Menge an Parametern vorhanden ist.

Zwar könnte man hier vorsorglich schon einmal fünfzig oder gar hundert Parameter vorbereiten, aber dies ist natürlich eine Begrenzung in mehrfacher Hinsicht: Die Namen der Parameter sind definitiv bekannt. Man muss also gleichartige Strukturen in Form von Wertelisten mühselig entweder aus XML-Listen (falls es die Daten überhaupt erlauben) oder über unterschiedliche Namen, die einem bestimmten Benennungsschema unterliegen, verarbeiten. Beide Varianten stellen keine Arbeitserleichterung dar, sondern bedeuten viel Aufwand und stellen möglicherweise auch in vielen Fällen nicht einmal eine schlechte, sondern gar keine Lösung dar.

Ohne auf die Verarbeitung einzugehen, da diese dem vorangegangenen Beispiel entspricht und keine neue Syntax bietet, stellen wir nur noch einmal die bereits verwendeten eingebundenen XML-Dateien vor. Wir betrachten sie allerdings unter dem Blickwinkel, welche Datenstruktur sie übermitteln. Daraus lassen sich dann sehr leicht grobe Gruppen ableiten, die bei der Planung entsprechender Strukturen und ihrer Verarbeitung helfen sollen. Letztendlich steht für die konkrete Anwendung natürlich das gesamte Spektrum an Datenmodellierungen zur Verfügung. Interessant ist allerdings immer, einen Vergleich mit anderen Programmiersprachen zu ziehen, um abzuschätzen, in welchem Bereich (Array, einfacher

Wert, Wert mit mehreren Feldelementen usw.) man sich gerade bei der XSLT-Verarbeitung befindet.

Die relativ komplex aufgebaute Struktur zur Übergabe der Kundeninformationen bietet ein Beispiel für einen einzelnen Wert, der aus mehreren Feldern besteht, die ihrerseits einen relativ komplexen Aufbau haben. Eine solche Datenfülle und ihr Aufbau lässt sich mit einer anderen Programmiersprache nur sehr umständlich in Form von verschachtelten Array-Strukturen abbilden und führt zu einer umständlichen Verarbeitung, die in XSLT durch XPath nicht weiter kompliziert ist. Es wäre in XML unnötig und für die Verarbeitung eher hinderlich, wenn man hier eine ganz flache Struktur wie bei einem eindimensionalen assoziativen Array aufbauen würde, in dem alle Baumblätter des Baums Kunde als direkte Elemente des Wurzelelements auftreten und auch die Attribute wiederum zu Kindern werden. Ein wie im Beispiel vorhandener komplexer Aufbau erlaubt die Verwendung des Ping-Pong-Spiels bei der Verarbeitung und trennt die verschiedenen Datenbereiche deutlich voneinander wie bei Name und Adresse.

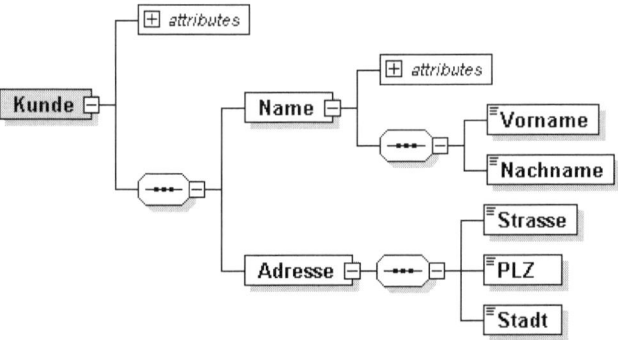

Abbildung 15.7: Komplexe Struktur

Während in der Datei für die Speicherung des Kunden lediglich ein einziges Element Kunde enthalten war, so befinden sich in der Postenliste mehrere Posten-Elemente. Sie haben ihrerseits zwar wieder Kinder und beinhalten nicht etwa nur Textknoten, doch wird an diesem Aufbau deutlich, dass ihr ein einfaches Array übergeben wird, das mithilfe eines zweidimensionalen Aufbaus auch in einer anderen Programmiersprache umgesetzt werden könnte. Dabei müssten natürlich die vorhandenen Attribute ebenfalls zu Feldern in der zweiten Dimension werden.

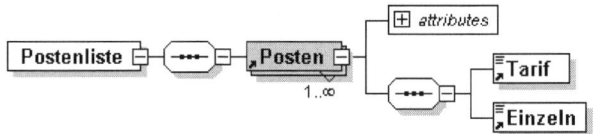

Abbildung 15.8: Einfache, sich wiederholende Struktur

Eine weitere Vereinfachung dieser `Postenliste` bestünde aus `Posten`-Elementen, die nur Textknoten aufweisen. Hier bieten wir noch eine weitere Variante an, in der nur Attribute auftauchen. Dies würde zwar in einer anderen Programmiersprache erneut zweidimensionale Arrays erfordern, aber die Verarbeitung in XSLT ist natürlich mit der vorliegenden Struktur überaus simpel.

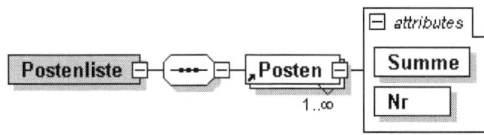

Abbildung 15.9: Sehr einfache, sich wiederholende Struktur

Zusammenfassend lässt sich also sagen, dass die Antwort auf die Frage, wie an XSLT-Dateien Array-Werte übergeben werden können, ebenfalls mit externen XML-Dateien zu lösen ist. Damit die Werte tatsächlich dynamisch übergeben werden und ihr Aufruf nicht statisch in der XML- oder der XSLT-Datei festgehalten werden muss, lassen sich globale Variablen einsetzen, deren Wert dann für die `document`-Funktion zum Einsatz kommt. Da in den geöffneten Dateien XML-Strukturen gemeint sind, steht es dem Programmierer völlig frei, nicht nur einfache Array-Werte, sondern beliebig komplex aufgebaute Strukturen an die Transformation zu übermitteln.

15. 2. 4. Textdateien einlesen

Neben den gerade gezeigten Möglichkeiten der Verarbeitung von externen XML-Daten mithilfe der `document`-Funktion bietet XSLT noch eine weitere Funktion, mit der sich externe Dateien öffnen lassen.[4] Mit der `unparsed-text`-Funktion besteht die Möglichkeit, belie-

---

4 Vgl.: XSL Transformations (XSLT) Version 2.0 W3C Recommendation 23 January 2007Abschnitt 16.2 Reading Text Files unter http://www.w3.org/TR/xslt20/#unparsed-text.

bige Textdateien zu öffnen und diesen Text beispielsweise einfach in den Ausgabestrom zu schreiben. Die Funktion liegt in zwei überladenen Versionen vor:

- `unparsed-text($href as string?) as string` erlaubt die Angabe von Pfad und Dateinamen zum Laden der externen Datei.

- `unparsed-text($href as string?, $encoding as xs:string) as string` erlaubt die Angabe von Pfad und Dateinamen zum Laden der externen Datei und die Angabe eines Zeichensatzes, in der die Datei geöffnet werden soll.

→ **Variante mit unparsed-text-Funktion**

Die `unparsed-text`-Funktion arbeitet allgemeiner als die `document`-Funktion mit externen Dateien. In den meisten Fällen lässt sich allerdings die `document`-Funktion quasi als Allzweckwaffe einsetzen, wobei allerdings – siehe übernächstes Beispiel – fein zwischen `xsl:value-of` und `xsl:copy-of` unterschieden werden muss. Im ersten Beispiel besitzen wir zwei HTML-Dateien, die den Kopf-Bereich des HTML-Dokuments und einen Einleitungstext enthalten. In der XML-Datei selbst steckt eine Tabelle mit Kundenzahlen.

Die sehr einfache `head.html`-Datei besteht nur aus drei Zeilen.

```
<head>
  <title>RuhrFon GmbH</title>
</head>
```

Listing 15.13: head.html

Diese beiden HTML-Bestandteile sollen in einer anderen Datei ohne weitere Verarbeitung genauso ausgegeben werden, wie man in PHP oder JSP etc. ebenfalls komplette HTML-Bestandteile einfügen und ausgeben könnte, ohne großartige Verarbeitungsmechanismen in Gang setzen zu müssen bzw. zu wollen. Um zu zeigen, dass man wie bei der `document`-Funktion auch die fortgeschrittene Variante mit dynamischen Dateinamen, die mithilfe von globalen Parametern übergeben werden, einsetzen kann, befinden sich zunächst entsprechende Parameter auf der obersten Ebene der XSLT-Datei. Die Angabe `disable-output-escaping` muss den Wert `yes` aufweisen, damit die HTML-Tags auch als solche und nicht in Entitäten in den Ausgabestrom geschrieben werden.

```
<!-- Globale Parameter -->
<xsl:param name="head"/>
<xsl:param name="logo"/>
<!-- Startvorlage -->
<xsl:template match="/table">
  <html>
    <xsl:value-of select="unparsed-text($head, 'ISO-8859-1')"
                  disable-output-escaping="yes"/>
    <body>
      <xsl:value-of select="unparsed-text($logo, 'ISO-8859-1')"
                    disable-output-escaping="yes"/>
      <xsl:apply-templates/>
    </body>
  </html>
</xsl:template>
```

Listing 15.14: 1524 _ 01.xslt – Einbinden von externen Textdateien

→ **Variante mit document-Funktion**

Die gleiche Ausgabe ließe sich auch mit der `document`-Funktion erzeugen. Würde man hier allerdings einfach ebenfalls `xsl:value-of` verwenden, so würden sämtliche XML-bzw. HTML-Tags nicht im Ausgabestrom erscheinen. Das bedeutet, dass nur alle Textknoten und Attributwerte des eingebundenen Dokuments ausgegeben werden. Stattdessen ist hier wichtig, das gesamte Dokument auszuwählen und auch das HTML als XML-Struktur zu verstehen und den gesamten Inhalt mit XPath auszuwählen und mit `xsl:copy-of` in den Ausgabestrom zu kopieren.

```
<xsl:template match="/table">
  <html>
    <xsl:copy-of select="document($head)/*"/>
    <body>
      <xsl:copy-of select="document($logo)/*"/>
      <xsl:apply-templates/>
    </body>
  </html>
</xsl:template>
```

Listing 15.15: 1524 _ 02.xslt – Lösung im XML-Fall mit document

575

In beiden Fällen – sofern die `unparsed-text`-Funktion unterstützt wird! – erhält man eine Webseite mit eingebundenem Logo wie in der Datei `logo.html` angegeben und die verarbeitenden Kundenzahlen.

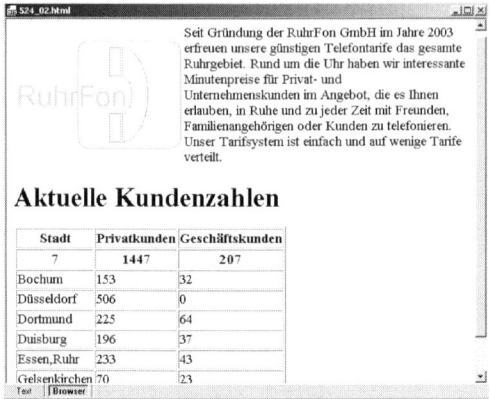

Abbildung 15.10: Ausgabe in HTML

Es ist übrigens auch möglich, mit der `document`-Funktion reine Textdaten auszugeben, sollte die `unparsed-text`-Funktion nicht verfügbar sein. In der Datei `head.txt` steht tatsächlich nur einfacher Text ohne eine einzige Auszeichnung.

```
<title>
  <xsl:value-of select="document($head)"/>
</title>
```

Listing 15.16: 1524 _ 03.xslt – Ausgabe von reinen Textdaten

Es bestehen in XSLT 2.0 auch Möglichkeiten, mehrere Ausgabedateien zu erzeugen. Beispiele für eine Anwendung mit Frames finden Sie im ersten Band ab S. 230.

15. 3. Schlüssel und Verweise

In sehr vielen Fällen, in denen die XML-Daten für komplexe Anwendungen eingesetzt werden, in denen es nicht nur darum geht, eine einfache Ausgabe zu erzeugen, und in denen die tatsächlich gespeicherten Daten nicht nur einfache Texte oder Daten beschreiben, benötigt man schnelle Referenzierung von Daten innerhalb des Dokuments. Ein sehr häufiger Fall, in dem eine Indizierung/Referenzierung notwendig ist, liegt dann vor, wenn zunächst eine Menge an möglichen Ausprägungen vorliegt und dann an ganz anderer Stelle im Dokument eine Auswahl dieser Ausprägungen aufgerufen wird. Dies wird man dann einsetzen, wenn die Ausprägungen detailreiche Informationen enthalten, die – wie im relationalen Datenmodell – verlinkt werden.

Mit XPath wird man schnell eine entsprechende Lösung und damit auch die passende Verknüpfung finden. Für kurze Transformationen bzw. wenige Daten wird sich auch der Einsatz von Schlüsseln nicht notwendigerweise in deutlichen und nicht nur prozentualen Leistungssteigerungen bemerkbar machen. Dennoch ist es vermutlich sinnvoll, die Schlüsseltechnik häufiger einzusetzen, als es im Normalfall geschieht. XPath-Formulierungen gehen bisweilen einfacher von der Hand und lassen sich auch leicht im Trockendock als Ausdruck testen, bevor sie tatsächlich in die XSLT-Datei eingefügt werden. Ein solcher Test ist bei Schlüsseln leider nur bei der Ausführung möglich, was teilweise die Fehlerkorrektur erschwert.

> Beachten Sie, dass die Lösung mit Schlüsseln und der Schlüsselfunktion auch Techniken sind, die für die Verknüpfung von Daten benötigt werden, wie sie im nächsten Kapitel vorgestellt werden. Dort haben wir allerdings XPath eingesetzt, um die Verknüpfungsbedingungen sehr einfach zu halten. Hierbei ist dann auch eine Leistungssteigerung durch Schlüsseleinsatz zu erwarten.

15. 3. 1. Einsatz von XSLT-Funktionen

Eine Variante, Indizierungen und Referenzierungen in XSLT umzusetzen, besteht aus dem Paar `xsl:key` für die allgemeine Angabe des Schlüssels und `key` als Funktion zum Auffinden desselben. Dabei muss die Angabe des Schlüssels mehr wie ein Index in einer Datenbank betrachtet werden, da hier nur einfachste XPath-Ausdrücke benötigt werden. Die Funktion `key` erlaubt den Anschluss von weiteren Lokalisierungsschritten, um innerhalb der durch den Schlüssel gefundenen Knotenmenge einzelne Felder auszuwählen.

Für die Angabe eines Schlüssels existiert folgende allgemeine Syntax.[5]

```
<!-- Kategorie: Deklaration -->
<xsl:key
  name = qname
  match = pattern
  use = expression
  as = qname
  collation = uri />
```

Mit dem Attribut `name` muss ein gültiger QName als Bezeichner für den Schlüssel verge-ben werden. Er wird nachher in der `key`-Funktion für den Schlüsselaufruf verwendet. Im `match`-Attribut steht ein XPath-Ausdruck, mit dem die Knotenmenge beschrieben wird, die durch den Schlüssel referenziert werden soll. In den meisten Fällen dürfte dies ein Elter-nelement mit detaillierten Feldinformationen als Kinder oder ein Element mit Attributen sein. Das Attribut `use` dagegen gibt das Feld innerhalb der referenzierten Knotenmenge an, in dem der Schlüsselwert sitzt, der nachher für die Referenzierung herangezogen wird.

Etwas ungewöhnlich mag sein, dass nicht etwa vom Wurzelknoten aus die Lokalisierung für das im `match`-Attribut angegebene Element benötigt wird, sondern vielmehr nur eine einfache Benennung des Elementnamens. Im ganzen XML-Dokument werden dann die Elemente dieses Namens gesucht und im Index aufgenommen. Die Feldangabe im `use`-Attribut dagegen bezieht sich natürlich relativ auf die Angabe im `match`-Attribut.

Die Schlüssel lassen sich dann mit der Funktion[6] `key` aufrufen:

```
key($key-name as xs:string, $key-value as xdt:anyAtomicType*) as
node*
```

Der erste Parameter `$key-name` erwartet als Zeichenkette den Schlüsselnamen, der für die Referenzierung verwendet werden soll. Der Wert aus dem aktuellen Kontextknoten, der für den Bezug zum Einsatz kommen soll, stellt den zweiten Parameter. Dies wäre der Fremdschlüssel im Kontextknoten, der dem Primärschlüssel in der aufzurufenden Knoten-menge entspricht.

---

5   Vgl. XSL Transformations (XSLT) Version 2.0 W3C Recommendation 23 January 2007Abschnitt 16.3.1 The xsl:key Declaration unter http://www.w3.org/TR/xslt20/#xsl-key.
6   Vgl. XSL Transformations (XSLT) Version 2.0 W3C Recommendation 23 January 2007Abschnitt 16.3.2 The key Function unter http://www.w3.org/TR/xslt20/#keys.

Als Beispiel verwenden wir erneut eine Rechnungsliste, wobei nun das Element `Rechnungen` selbst innerhalb eines `Umsatz`-Elements liegt, das zusätzlich auch noch eine Tarifliste enthält. In dieser Liste befinden sich mehrere `Tarif`-Elemente, die Detailinformationen zu dem im `Tarif`-Element des `Posten`-Elements verknüpften Tarif enthalten. Dies ist ein typischer Aufbau eines solchen Dokuments, in dem Detailinformationen in einem gesonderten Bereich liegen und nur durch einen Wert verknüpft werden, damit die Detailinformationen nicht mehrfach im Dokument erscheinen.

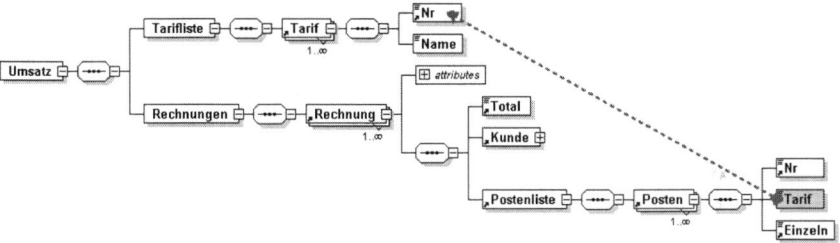

Abbildung 15.11: Dokumentstruktur mit Verbindung

Einen kurzen Auszug aus einem zu diesem XML Schema gültigen XML-Dokument geben wir auch, wobei die gefetteten Zeilen die Primär- und Fremdschlüssel in den Elementen `Tarif` und `Posten` widerspiegeln.

```
<Umsatz>
  <Tarifliste>
    <Tarif>
      <Nr>23</Nr>
      <Name>Frühstück</Name>
    </Tarif>
    ...
  </Tarifliste>
  <Rechnungen>
    <Rechnung Nr="12717" Datum="2004-12-31">
      ...
      <Postenliste>
        <Posten>
          <Nr>66155</Nr>
          <Tarif>23</Tarif>
```

579

```
        <Einzeln>2.51</Einzeln>
      </Posten>
    </Postenliste>
  </Rechnung>
 </Rechnungen>
</Umsatz>
```

Listing 15.17: 1531 _ 01.xml – Rechnungen mit verknüpften Inhalten

→ **Einsatz von XPath**

Die einfachste Lösung in solchen Fällen besteht aus einem XPath-Ausdruck, den wir im nächsten Beispiel angegeben haben. Er ruft genau die Tarif-Elemente aus der Tariflis-te auf, deren Textknoten im Nr-Element dem Textknoten vom Tarif-Element des Kontext-knotens entspricht. Da der Textknoten des Name-Elements als Detailinformation benötigt wird, ruft man dann aus dem gefundenen Tarifknoten genau dieses Element auf. Der Aus-druck an sich ist nicht weiter schwierig, das Skript wird funktionieren und die benötigten Informationen ausgeben. Allerdings kann dies bei umfangreichen XML-Daten zu langsamer Verarbeitung führen, weil die Suche nicht über einen Index organisiert wird.

```
<Postenliste>
  <xsl:for-each select="Postenliste/Posten">
    <Posten>
      <xsl:copy-of select="Nr | Einzeln"/>
      <Tarif>
        <xsl:value-of select="//Tarif[Nr=current()/Tarif]/Name"/>
      </Tarif>
    </Posten>
  </xsl:for-each>
</Postenliste>
```

Listing 15.18: 1531 _ 01.xslt – Schlüsselzuordnung mit XPath

Das Ergebnis des gerade gezeigten und des hiernach abgedruckten Quelltextes ist im nach-folgenden Auszug abgedruckt. Im Grunde genommen findet nur ein Austausch von Infor-mationen statt. Anstelle der Tarifnummer befindet sich nun der Name des verbrauchten Tarifs im Ausgabestrom.

```
<Posten>
  <Nr>63084</Nr>
  <Einzeln>3.76</Einzeln>
  <Tarif>Frühstück</Tarif>
</Posten>
```

Listing 15.19: Ausgabe in XML

→ **Einsatz von xsl:key**

Verwendet man anstelle von XPath Schlüssel, dann benötigt man zunächst eine entsprechende Schlüsselangabe mithilfe des `xsl:key`-Elements. Hier legt man seinen Namen fest, mit dem er nachher aufzurufen ist, legt das Element an, das gesucht wird, und gibt das Kindelement oder Attribut an, in dem der Schlüsselwert zu finden ist. Alternativ kann hier natürlich auch der eigene Textknoten verwendet werden.

Für den eigentlichen Schlüsselaufruf setzt man dann die `key`-Funktion ein. Hier sieht man auch wieder sehr deutlich, dass der Name des Schlüssels tatsächlich wie ein Index oder wie ein eigenständiges Objekt in der XSLT-Datei oder im Speicher vorliegt. Man benötigt nur den Schlüsselnamen und kann dann den Wert übergeben, für den irgendwo im Dokument ein passender Wert gesucht werden soll.

```
<!-- Schlüssel -->
<xsl:key name="TSchluessel" match="Tarif" use="Nr"/>
<!-- Umwandlung -->
<xsl:template match="/Umsatz">
  <Rechnungen>
    <xsl:for-each select="Rechnungen/Rechnung">
      <xsl:copy-of select="Total | Kunde | @*"/>
      <Postenliste>
        <xsl:for-each select="Postenliste/Posten">
          <Posten>
            <xsl:copy-of select="Nr | Einzeln"/>
            <Tarif>
              <xsl:value-of select="key('TSchluessel', Tarif)/Name"/>
            </Tarif>
          </Posten>
        </xsl:for-each>
```

581

```
    </Postenliste>
  </xsl:for-each>
 </Rechnungen>
</xsl:template>
```

Listing 15.20: 1531 _ 02.xslt – Indizierung mit Schlüsseln

→ **Laden aus externer Datei**

Eine Alternative besteht darin, die Detailinformationen in einer anderen Datei zu verwalten und diese dann über die document-Funktion dynamisch zu laden. Da allerdings die key-Funktion den Schlüssel für den Kontextknoten nur im gleichen Dokument sucht, muss über einen Umweg und damit eine hässliche Syntax der Kontextknoten und das Dokument gewechselt werden. Dies ist mithilfe von xsl:for-each möglich, wenngleich auch die Syntax nicht gerade zum Besten gehört, was man in XSLT formulieren kann.

```
<!-- Schlüssel -->
<xsl:key name="TSchluessel" match="Tarif" use="Nr"/>
<!-- Umwandlung -->
...
<Posten>
  <xsl:copy-of select="Nr | Einzeln"/>
  <Tarif>
    <xsl:variable name="aktuellerTarif" select="Tarif"/>
    <xsl:for-each select="document('tarifliste.xml')">
      <xsl:value-of select="key('TSchluessel',
                                 $aktuellerTarif)/Name"/>
    </xsl:for-each>
  </Tarif>
</Posten>
```

Listing 15.21: 1531 _ 03.xslt – Laden von Werten aus externer Datei

15. 3. 2. Einsatz von IDs

Im Zusammenhang mit den Verweisen und Schlüsseln lassen sich auch die XPath-Funktion id und die XSLT-Funktion generate-id verwenden.

→ **Einsatz von id und festen IDs**

XPath stellt zwei Funktionen zur Verfügung, mit denen Schlüssel und Schlüsselverweise bearbeitet werden können.

Die `id`-Funktion[7] hat in zwei überladenen Formen die folgende allgemeine Syntax. Beide Funktionen liefern den Knoten für die übergebene ID zurück.

- `fn:id($arg as xs:string*) as element()*` erwartet einen `xs:ID`-Wert in Form einer Zeichenkette.

- `fn:id($arg as xs:string*, $node as node()) as element()*` erwartet einen `xs:ID`-Wert in Form einer Zeichenkette und einen Knoten.

Die `idref`-Funktion[8] hat die folgende allgemeine Syntax. Beide Funktionen liefern die Knoten zu den übergebenen `xs:ID`-Werten.

- `fn:idref($arg as xs:string*) as node()*` erwartet einen `xs:ID`-Wert in Form einer Zeichenkette.

- `fn:idref($arg as xs:string*, $node as node()) as node()*` erwartet einen `xs:ID`-Wert in Form einer Zeichenkette und einen Knoten.

→ **Einsatz von generate-id und erzeugten IDs**

Die Funktion `generate-id`[9] erzeugt automatisch ID-Werte und lässt sich daher in Dokumenten einsetzen, in denen keine festen ID-Werte vorhanden sind. Bisweilen ist es ein wenig schwierig herauszufinden, ob man gerade eine Fragestellung bearbeitet, in der sie Nutzen stiften könnte. Üblicherweise würde für die Lösung einer Aufgabe notwendig sein, Knoten auf Gleichheit zu prüfen oder Knoten in Kombination mit der `key`-Funktion und einem Schlüssel zu suchen. Sie liegt in zwei überladenen Formen vor:

- `generate-id() as xs:string` erzeugt automatisch eine ID für den Kontextknoten.

---

7   XQuery 1.0 and XPath 2.0 Functions and Operators, W3C Recommendation 23 January 2007Abschnitt 15.5.2
    fn:id unter http://www.w3.org/TR/xpath-functions/#func-id.
8   XQuery 1.0 and XPath 2.0 Functions and Operators, W3C Recommendation 23 January 2007Abschnitt 15.5.3
    fn:idref unter http://www.w3.org/TR/xpath-functions/#func-idref.
9   Vgl. XSL Transformations (XSLT) Version 2.0 W3C Recommendation 23 January 2007Abschnitt 16.6.4 generate-id
    unter http://www.w3.org/TR/xslt20/#generate-id.

- `generate-id($node as node()?) as xs:string` erzeugt eine automatische ID für den angegebenen Knoten.

Im Beispiel soll eine Liste entstehen, die pro `Rechnung` das vorhandene `Tarif`-Element zeigt und mit welchen anderen Tarifen aus der gleichen Rechnung oder aus allen anderen Rechnungen dieser Tarif auftritt. Dabei soll natürlich der eigene Wert unberücksichtigt bleiben. Für diese Selbstverknüpfung der verschiedenen Tarife miteinander ist es jetzt sehr nützlich, eine Funktion wie die `generate-id`-Funktion verwenden zu können, weil man so beide Tarifmengen ineinander verschachtelt durchlaufen kann und genau für die Tarife, die gleich sind – also nicht aus der gleichen Rechnung stammen – keine Ausgabe produziert. Somit bleiben alle anderen Tarife der gleichen Rechnung sowie natürlich alle andere Tarife der anderen Rechnung übrig.

```
<!-- Attributgruppe für mehrfach auftretendes R-Attribut -->
<xsl:attribute-set name="R-Attribut">
  <xsl:attribute name="R"><xsl:value-of
      select="ancestor::Rechnung/@Nr"/></xsl:attribute>
</xsl:attribute-set>
<!-- Verarbeitung -->
<xsl:template match="/">
  <Umsatz>
    <!-- Jedes Produkt ... -->
    <xsl:for-each select="//Posten/Tarif">
      <Tarifliste xsl:use-attribute-sets="R-Attribut">
        <xsl:attribute name="T"><xsl:value-of select="."/>
        </xsl:attribute>
        <xsl:variable name="tarif1" select="."/>
        <!-- ... mit jedem Produkt vergleichen ... -->
        <xsl:for-each select="//Posten/Tarif">
          <xsl:variable name="tarif2" select="."/>
          <!-- ... aber nicht gleiche Produkte miteinander -->
          <xsl:if test="generate-id($tarif1) !=
                                      generate-id($tarif2)">
            <Tarif xsl:use-attribute-sets="R-Attribut">
              <xsl:value-of select="$tarif2"/>
            </Tarif>
          </xsl:if>
        </xsl:for-each>
      </Tarifliste>
```

```
    </xsl:for-each>
  </Umsatz>
</xsl:template>
```

Man erhält als XML-Ausgabe eine lange Auflistung, die wir stark zusammengestrichen haben. Interessant ist, dass jede Kombination aus `Tarif` und `Rechnung` in Form einer `Tarifliste` durchlaufen wird und dann als Kinder die anderen Tarife der anderen Rechnungen sowie die Tarife der gleichen Rechnung erscheinen.

```
<Umsatz>
  <Tarifliste R="12212" T="23">
    <Tarif R="12212">24</Tarif>
    <Tarif R="12212">25</Tarif>
    <Tarif R="12212">26</Tarif>
    <Tarif R="12717">23</Tarif>
    <Tarif R="12717">24</Tarif>
    <Tarif R="12717">25</Tarif>
    <Tarif R="12717">26</Tarif>
    ...
  </Tarifliste>
  <Tarifliste R="12212" T="24">
    <Tarif R="12212">23</Tarif>
    <Tarif R="12212">25</Tarif>
    <Tarif R="12212">26</Tarif>
    ...
  </Tarifliste>
```

Listing 15.22: Ausgabe in XML

Wollte man zusätzlich nur jeden Tarif ein einziges Mal in der Liste erscheinen lassen und daher die Rechnungsnummer auslassen, so könnte man die neue `distinct-values`-Funktion zu diesem Zweck verwenden.

585

SQL-ähnliche Abfragen von XML

16. SQL-ähnliche Abfragen von XML

In vielen Zusammenhängen werden XML-Daten tatsächlich nur in reiner datenorientierter Form verwendet. Sie stellen dann keine Aufbereitungen von Fließtexten dar, sondern ähneln vielmehr Datenbankabfragen in XML-Struktur oder überhaupt Datenübersichten mit sehr einfachen und wiederkehrenden Strukturen sowie atomaren Werttypen. Mehr für diese als für dokumentenorientierte Dokumente wollen wir in diesem Kapitel Techniken der Abfrage mithilfe von XPath umsetzen, die für einen SQL-Kenner möglicherweise besonders häufig umzusetzen sind.

16. 1. Bedingungen

Die einfachsten Abfragen von XML mithilfe von XPath, wie sie auch schon in der Version 1.0 möglich waren, setzen die verschiedenen Operatoren ein. Hier ist eine große Ähnlichkeit zwischen XPath und SQL, allerdings auch mit vielen anderen Syntaxstrukturen, die es ermöglichen, Bedingungen zu formulieren. Letztendlich entsprechen die Operatoren den einfachen Syntaxmöglichkeiten, die in der WHERE-Klausel von SQL auftauchen können. Weitere Operatoren sind in XPath hinzugekommen, werden allerdings in einem der nächsten Abschnitte erläutert.

16. 1. 1. Grundlagen

Da wir gerade die WHERE-Klausel erwähnt haben, ist es nötig, die Operatoren anzusprechen, mit denen Werte in XPath-Ausdrücken verglichen bzw. auch verarbeitet werden können. Sie entsprechen weitestgehend den Operatoren in vielen anderen Sprachen und Syntaxstrukturen für Bedingungen. Die einzige Novität besteht darin, dass innerhalb der Rechenzeichen die Division über den Operator div erledigt wird. Dies ist dem Umstand geschuldet, dass die einzelnen Lokalisierungsschritte durch den eigentlich erwarteten Schrägstrich getrennt werden.

Vergleich	Bedeutung	Kalkül	Bedeutung	Logik	Bedeutung
=	Gleichheit	+	Addition	`and`	Und
!=	Ungleichheit	–	Subtraktion	`or`	Oder
< bzw. <	kleiner	*	Multiplikation	`not`	Nicht
> bzw. >	größer	`div`	Division		
<= bzw. <	kleiner gleich	`mod`	Modulo		
>= bzw. &gt	größer gleich				

Tabelle 16.1: Operatoren für Vergleich, Kalkül und Logik

16. 1. 2. Beispiel

Wir verwenden für dieses Thema wie auch für die anderen eine Zusammenstellung in XML, die aus unserer Datenbank direkt extrahiert wurde, ohne dass eine Verschachtelung oder Gruppierung der Daten vorgenommen wurde. Dies ist keine schöne Variante von XML, da die Daten letztendlich in der Datei so vorliegen wie auch in der Datenbank, doch erlaubt diese Struktur sehr einfache Exporte. Es handelt sich um die drei Tabellen für TARIF, POS-TEN und RECHNUNG, aus denen wir – ausgehend von sechs Rechnungen – die entsprechenden Posten wenigstens für alle benutzten Tarife verwendet haben. Damit das Dokument gut lesbar bleibt, sind die einzelnen Werte bzw. Tabellenfelder in Attributform in die Kindelemente (Reihen) der Tabellen (direkte Kinder des Wurzelelements) eingetragen.

```
<Umsatzliste>
  <Rechnungsliste>
    <Rechnung R_Nr="7" R_Datum="31.03.03" R_Summe="8.61"/>
    <Rechnung R_Nr="115" R_Datum="31.05.03" R_Summe="19.16"/>
    ...
  </Rechnungsliste>
  <Postenliste>
    <Posten P_Nr="33" R_Nr="7" P_Summe="2.28" T_Nr="2"/>
    <Posten P_Nr="34" R_Nr="7" P_Summe="0.17" T_Nr="3"/>
    ...
    <Posten P_Nr="559" R_Nr="115" P_Summe="4.49" T_Nr="8"/>
    <Posten P_Nr="560" R_Nr="115" P_Summe="2.93" T_Nr="10"/>
  </Postenliste>
  <Tarifliste>
    <Tarif T_Nr="8" T_Name="Schicht2" T_GueBis="31.12.03"/>
    <Tarif T_Nr="9" T_Name="Nachtschicht1" T_GueBis="31.12.03"/>
```

```
    <Tarif T_Nr="10" T_Name="Nachtschicht2" T_GueBis="31.12.03"/>
  </Tarifliste>
</Umsatzliste>
```

Listing 16.1: 1611 _ 01.xml – Nicht verbundene Daten

In der Baumansicht des Dokuments erkennt man sehr deutlich, wie ähnlich sich die XML-Struktur und die Datenbankorganisation sind. Innerhalb der einzelnen Kinder des Wurzelelements verbergen sich die Tabelleninhalte der drei benannten Tabellen. Jedes Kind dieser Elemente wiederum stellt eine Zeile in der Datenbank dar. Es wurde keine Ausgabeverknüpfung vorgenommen, sodass diese Arbeiten mit XSLT bzw. XPath zu erledigen sind.

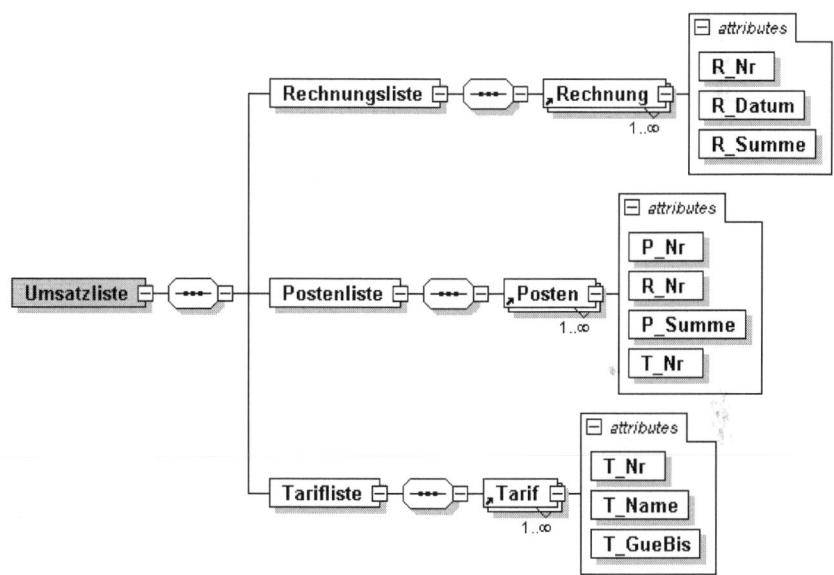

Abbildung 16.1: Dokumentstruktur

Da die Operatoren bereits ausführlich benutzt und im ersten Band mit der XPath-Syntax vorgestellt wurden, wollen wir an dieser Stelle nur der Vollständigkeit halber einige Beispiele geben. In Abhängigkeit der zu bearbeitenden Datentypen lassen sich unterschiedliche Operatoren sinnvoll einsetzen, wobei hier nur in der Syntax Unterschiede zu SQL vorliegen. Insbesondere die diversen Funktionen und auch Datentypkonstruktoren lassen dann allerhand Flexibilität in die Syntax einfließen, sodass auch aus ungünstigen Zeichenketten plötzlich noch nützliche bzw. verwertbare Datentypangaben werden können.

Alle Rechnungen mit mehr als fünf Euro Summe

```
//Rechnung[@R _ Summe > 5]
```

Alle Rechnungen mit einer Summe zwischen 2 und 5

```
//Rechnung[@R _ Summe > 2 and @R _ Summe < 5]
```

Jede zweite Rechnung

```
//Rechnung[position() mod 2 = 0]
```

Alle Rechnungen nach dem 01.04.03

```
//Rechnung[xs:date(string-join((substring(@R _ Datum, 7,2),
substring(@R _ Datum, 4,2), substring(@R _ Datum, 1,2)),'-')) >
xs:date('03-04-01')]
```

Alle Posten, deren Summe größer als der Durchschnitt ist

```
//Posten[@P _ Summe > avg(//Posten/@P _ Summe)]
```

16. 1. 3. Mehrstufige Gleichheit

Die neu in XPath 2.0 eingeführte Funktion `fn:deep-equal` prüft auf mehrstufige Gleichheit. Früher hätte man solche Überprüfungen anhand einer eigenen Untersuchung für jeden Knoten und seine Abkömmlinge durchführen müssen.

→ Grundlagen

Eine solche Untersuchung zielt auf die Gleichheit von zwei Knoten, was auf den ersten Anschein keine besondere Herausforderung bietet und offensichtlich mit einem Gleichheitszeichen gelöst werden kann. Eine solche Herausforderung bietet sich allerdings dann, wenn man nicht die Textknoten von Knoten vergleichen möchte, sondern auch die nachgelagerten Strukturen, die über einen Textknoten deutlich hinausgehen können, in die Überprüfung mit einbeziehen will.

- Allgemeine Syntax:

  - ```
    fn:deep-equal($parameter1    as    item()*,    $parameter2    as
    item()*) as xs:boolean
    ```

  - ```
    fn:deep-equal( $parameter1    as item()*,  $parameter2    as
    item()*, $collation  as string) as xs:boolean
    ```

- Bedeutung: Diese Funktion prüft, ob zwei Sequenzen gleich sind. Diese Gleichheit bezieht sich auf verschiedene Bereiche: gleiche atomare Datentypen, Knoten gleicher Art, Knoten gleichen Namens und gleicher Kinder.

  - Leere Sequenzen liefern `true`.

  - Sequenzen unterschiedlicher Länge liefern `false`.

  - Sequenzen gleicher Länge liefern nur dann `true`, wenn die einzelnen Einheiten selbst wieder gleich ihren gespiegelten Partnern sind. Dies geschieht nach folgenden Regelungen:

    Gleiche Werte bei atomischen Werten in den beiden Einheiten, wobei sprachbezogene Besonderheiten berücksichtigt werden können (Konzept der Collations), liefern `true`.

    Gleiche Art von Knoten liefert `true`.

    Gleiche Textwerte für Dokumentknoten bei `$i1/(*|text())` und `$i2/(*|text())` liefern `true`.

    Gleiche Elementknoten haben den gleichen Namen, die gleiche Anzahl, Art, Namen und Datentypen für Attribute. Bezüglich der Textinhalte gilt entweder, dass bei Speicherung keines Textknotens `$i1/(*|text())` gleich `$i2/(*|text())` sein muss oder dass bei Speicherung eines Textknotens beide Knoten den gleichen Datentyp und Wert haben müssen.

- Attribute müssen den gleichen Namen und den gleichen Datentyp und Wert haben.

- Prozessoranweisungen oder Namensraumknoten müssen den gleichen Namen und den gleichen Zeichenkettenwert haben.

- Text- und Kommentarknoten müssen den gleichen Zeichenkettenwert haben.

Triviale Beispiele sind die folgenden.

`fn:deep-equal((1,2,"a"),(1,2, "a"))` liefert `true`

`fn:deep-equal((1,2,"a"),(1,2, "b"))` liefert `false`

➜ **Beispiel**

Das menschliche Auge ist für die Erkenntnis, ob zwei Knoten mehrstufig gleich sind, wie geschaffen. Mit einem Blick können wir daher erkennen, dass die beiden Rechnungsknoten tatsächlich zwar in ihrer Struktur völlig gleich, aber in ihren Werten ebenso völlig unterschiedlich sind.

```
<Rechnungsliste>
  <Rechnung R_Nr="7" R_Datum="31.03.03" R_Summe="8.61"/>
  <Rechnung R_Nr="8" R_Datum="31.03.03" R_Summe="5.85"/>
  ...
</Rechnungsliste>
```

Listing 16.2: 1612 _ 01.xml – Rechnungsliste

Diese Erkenntnis kann man sich jetzt auch von der Funktion `deep-equal` ausgeben lassen. Dabei greifen wir beispielsweise auf den gleichen Knoten zu, was natürlich zur Ausgabe von `true` führt. Dies gilt ebenso für den temporären Baum und den gleichen Knoten sowie die Frage, ob alle Rechnungen untereinander gleich sind, wenn wir sie jeweils als Knotensätze übergeben. Lediglich zwei verschiedene Rechnungen liefern `false` (bzw. ließen unseren Prozessor abstürzen).

```
...
  <tr>
    <td>
      <xsl:value-of select="deep-equal(//Rechnung[1],
                                        //Rechnung[1])"/>
    </td>
    <td>
      <xsl:value-of select="deep-equal(//Rechnung[1],
                                        //Rechnung[2])"/>
    </td>
    <td>
      <xsl:variable name="knoten" select="//Rechnung[1]"/>
      <xsl:value-of select="deep-equal($knoten, //Rechnung[1])"/>
    </td>
    <td>
      <xsl:value-of select="deep-equal(//Rechnungsliste/*,
                                        //Rechnungsliste/*)"/>
    </td>
  </tr>
```

Listing 16.3: 1613 _ 01.xslt – Mehrstufige Gleichheit

In der Ausgabe erhält man eine übersichtliche Tabelle mit den verschiedenen Ergebnissen der Testaufrufe.

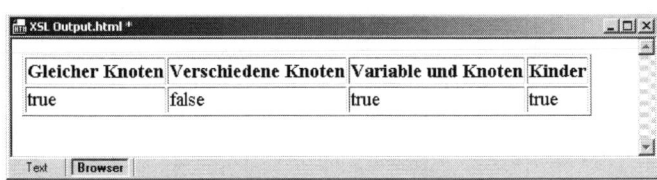

Gleicher Knoten	Verschiedene Knoten	Variable und Knoten	Kinder
true	false	true	true

Abbildung 16.2: Ausgabe im Browser

595

16. 2. Verknüpfungen

Normalerweise dürften die zu verarbeitenden XML-Dokumente so aufgebaut sein, dass keine besonderen Verknüpfungen wie bei relationalen Daten notwendig sind. Das bedeutet für unser aktuelles Beispiel, dass im Normalfall die Posten nicht in einer gesonderten Postenliste aufbewahrt werden, sondern vielmehr direkt bei ihren Rechnungen zugeordnet sind. Dies erleichtert die reihenweise Verarbeitung der Rechnungen und ihrer Posten, wobei die Posten alleine ohnehin für eine Ausgabe wenig Sinn machen. Man könnte allgemeine Aggregate wie Durchschnitte und Summe bilden, doch dies ließe sich mit XPath auch auf den untergeordneten Posten anwenden.

Nichtsdestoweniger gibt es immer wieder Situationen, in denen man gerade eine solche aufgetrennte Datenhaltung aus Gründen der Abstraktion oder der Wiederverwendbarkeit verwenden möchte. Dies eignet sich immer dann, wenn allgemeine Elemente zentral gesammelt werden, auf die sich nachher in Form von Ressourcen bezogen werden soll. Hier wäre eine doppelte Datenhaltung, die bei lokaler Speicherung notwendig würde, unnütz. Stattdessen verweise man mithilfe von Referenzen auf die global verfügbaren Ressourcen.

In vielen Fällen hat man allerdings auch mit ungünstiger Datenmodellierung zu tun, sodass man eher unfreiwillig in den zweifelhaften Genuss kommt, sich mit relationalen Strukturen in XML-Daten zu beschäftigen. Dies erfordert dann einige Syntaxoperationen, um an die entsprechenden Daten zu gelangen, die man tatsächlich benötigt. Wir wollen die verwendbaren XPath-Ausdrücke und XSLT-Strukturen, die in solchen Fällen möglich sind, an Beispielen aufzeigen.

16. 2. 1. Innere Verknüpfung

Die einfachste und sicherlich häufigste Verknüpfungsart bei Datenstrukturen wie im aktuellen Beispiel ist sicherlich die *innere Verknüpfung*. Dabei werden Daten gleichen Wertes zusammengeführt. Es soll also genau eine Ausgabe entstehen, die man im Normalfall ohnehin viel lieber hätte anstatt der aufgetrennten Daten in Form von Elternelementen. Innerhalb einer Umsatzliste sollen also die verschiedenen Rechnungen mit ihren Posten erscheinen, wobei also für jede Rechnung die zugehörigen Posten aus der Postenliste ausgesucht werden müssen. Dabei muss für diese Posten jeweils die Bedingung gelten, dass ihr Wert im R _ Nr-Attribut mit dem Wert im R _ Nr-Attribut der Rechnung übereinstimmt.

Aus Gründen der Vereinfachung geben wir in den nachfolgenden Beispielen immer XML und nicht HTML oder Text aus, weil nur so einfache Kopiervorgänge durchgeführt werden können und der Text nicht durch unnötige Ausgabeanweisungen verlängert wird.

```xml
<Umsatzliste>
  <Rechnung R_Nr="7" R_Datum="31.03.03" R_Summe="8.61">
    <Posten P_Nr="33" R_Nr="7" P_Summe="2.28" T_Nr="2" />
    <Posten P_Nr="34" R_Nr="7" P_Summe="0.17" T_Nr="3" />
    ...
  </Rechnung>
  <Rechnung R_Nr="8" R_Datum="31.03.03" R_Summe="5.85">
    <Posten P_Nr="41" R_Nr="8" P_Summe="1.18" T_Nr="2" />
    <Posten P_Nr="42" R_Nr="8" P_Summe="0.02" T_Nr="3" />
    ...
  </Rechnung>
  ...
```

Listing 16.4: 1621 _ 01.xml – Ausgabe in XML

Im Dokumentbaum kann man diese typische Struktur sehr deutlich erkennen. Sie wirkt genauso wie die vielen anderen Beispiele, die bereits verarbeitet wurden.

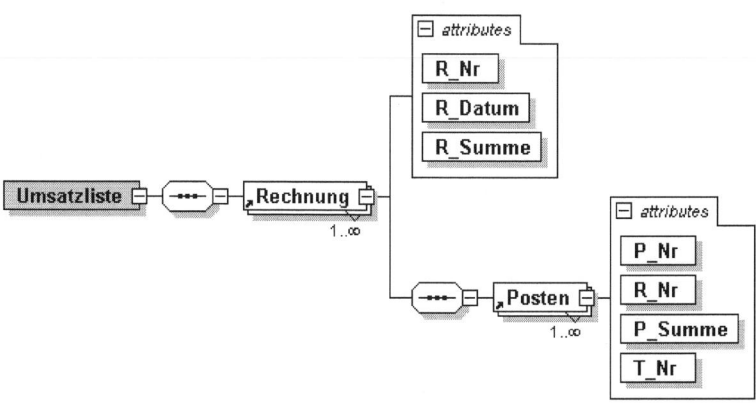

Abbildung 16.3: Dokumentstruktur

597

→ **Verwendung von Wiederholung**

Eine erste Möglichkeit, aus den in Quasi-Tabellen aufbereiteten Daten eine verknüpfte Ausgabe zu erstellen, besteht darin, `for-each`-Wiederholungen zu verwenden. Dabei durchläuft eine erste Wiederholung alle Rechnungselemente und sucht für deren Attribut `R _ Nr` `Posten`-Elemente mit gleichem Wert. Als Ausgabe finden nur eine einfache Verschiebung der Elemente und eine vollständige Übernahme ihrer Attribute statt. In diesem Fall hätte man genauso gut auch nur einen Kopiervorgang für die benötigten `Posten`-Elemente machen können, da ja keine Strukturänderungen an den `Posten`-Elementen durchgeführt werden, sondern man nur ihre Position verändert.

```
<xsl:template match="/*">
  <Umsatzliste>
    <xsl:for-each select="//Rechnung">
      <xsl:copy>
        <xsl:copy-of select="@*"/>
        <xsl:for-each select="//Posten[@R _ Nr = current()/@R _ Nr]">
          <xsl:copy-of select="."/>
        </xsl:for-each>
      </xsl:copy>
    </xsl:for-each>
  </Umsatzliste>
</xsl:template>
```

Listing 16.5: 1621 _ 01.xslt – Verknüpfung mit Wiederholungen

→ **Verwendung von Vorlagenautomatik**

Die gleiche Ausgabe lässt sich mithilfe des Ping-Pong-Spiels genauso erreichen. Dabei sucht man zunächst nach passenden Vorlagen für das `Rechnung`-Element und findet diese dann in einer entsprechenden Vorlage. Diese wiederum wendet nur für solche `Posten`-Elemente eine geeignete Vorlage an, deren `R _ Nr`-Wert dem Wert aus dem Rechnungselement entspricht.

```
<!-- Startvorlage -->
<xsl:template match="/*">
  <Umsatzliste>
    <xsl:apply-templates select="Rechnungsliste/Rechnung"/>
```

```
    </Umsatzliste>
  </xsl:template>
  <!-- Vorlage für Rechnung -->
  <xsl:template match="Rechnung">
    <xsl:copy>
      <xsl:copy-of select="@*"/>
      <xsl:apply-templates select="//Posten[@R _ Nr = current()
                                   /@R _ Nr]"/>
    </xsl:copy>
  </xsl:template>
  <!-- Vorlage für Posten -->
  <xsl:template match="Posten">
    <xsl:copy-of select="."/>
  </xsl:template>
```

Listing 16.6: 1621 _ 02.xslt – Verwendung von Vorlagenautomatik

➜ Verwendung von Schlüsseln

Bei umfangreichen Dateien können die ersten beiden Varianten möglicherweise zu langsam sein, sodass eine Verwendung von Schlüsseln für jeden Wert sinnvoll sein kann, der für
die Zuordnung zum Einsatz kommt. Dazu erstellt man also zunächst mithilfe von xsl:key
einen Schlüssel für die Posten-Elemente und ihren Fremdschlüssel R _ Nr.

In einer Wiederholung für alle Rechnung-Elemente greift man dann wie zuvor bei den zwei
Wiederholungen auch wieder in einer Wiederholung auf alle Posten-Elemente zu, die den
gleichen R _ Nr-Wert besitzen. Anstatt nun aber sämtliche Posten-Elemente zu untersuchen, kommt man mithilfe des Schlüssels direkt und schneller zum Ziel. Dabei kommt die
key-Funktion zum Einsatz, die den Schlüsselnamen und den zu vergleichenden Wert erwartet.

```
<!-- Schlüssel -->
<xsl:key name="r-nr" match="Posten" use="@R _ Nr"/>
<!-- Startvorlage --> <xsl:template match="/*">
  <Umsatzliste>
    <xsl:for-each select="//Rechnung">
      <xsl:copy>
        <xsl:copy-of select="@*"/>
```

```
    <xsl:for-each select="key('r-nr', @R _ Nr)">
        <xsl:copy-of select="."/>
      </xsl:for-each>
    </xsl:copy>
  </xsl:for-each>
  </Umsatzliste>
</xsl:template>
```

Listing 16.7: 1621 _ 03.xslt – Verwendung von Schlüsseln

➜ **Natürliche Verknüpfung**

Eine Besonderheit der inneren Verknüpfung stellt in SQL die *natürliche Verknüpfung* dar, weil mit ihrer Hilfe die Syntax in der FROM-Klausel besonders kurz wird. Dies ist leider in XSLT nicht zu beobachten, sofern man keine benannte Vorlage erzeugt, die die Arbeit an mehreren Stellen übernimmt. Die natürliche Verknüpfung zeichnet sich dadurch aus, dass sie die Felder gleichen Namens verknüpft. Dabei findet natürlich keine Überprüfung statt, ob dies in irgendeiner Weise auch zu sinnvollen Ergebnissen führt, weswegen dieser Mechanismus auch in unbekannten oder sich ändernden Systemen bzw. in Strukturen, die nicht extra dafür optimiert wurden, immer wieder zu ungeahnten Falschinformationen führen kann.

In XSLT können wir uns dieses Mechanismus ebenfalls bedienen. Dabei steckt allerdings keine Vereinfachung der eigentlichen Verknüpfung dahinter. Für den Fall von nur zwei Elementen, deren Kinder miteinander verschränkt werden sollen, findet man im nächsten Beispiel eine benannte Vorlage, die die Verknüpfung unter Angabe eines Elementnamens vornimmt. In der Startvorlage befinden sich nur das Grundgerüst der XML-Ausgabe und natürlich die Ausgabe dieser benannten Vorlage namens natural-join. Sie erwartet in einem Parameter tabelle den Namen eines Elements, das in unserem Fall wie eine Tabelle fungiert.

```
<!-- Startvorlage -->
<xsl:template match="/*">
  <Umsatzliste>
    <xsl:for-each select="//Rechnung">
      <xsl:copy>
        <xsl:copy-of select="@*"/>
        <Postenliste>
```

```
      <xsl:call-template name="natural-join">
        <xsl:with-param name="tabelle" select="'Posten'"/>
      </xsl:call-template>
      </Postenliste>
    </xsl:copy>
  </xsl:for-each>
 </Umsatzliste>
</xsl:template>
```

Listing 16.8: 1621 _ 04.xslt – Startvorlage

Die Vorlage besteht aus einem eigentlich einfachen Test, der für jedes Attribut durchgeführt wird. Wie bei der natürlichen Verknüpfung in einer Datenbank wird auch hier jedes Attribut/Feld des einen Elements/der einen Zeile mit allen Attributen/Feldern des anderen Elements/der anderen Zeile verglichen, ob sie den gleichen Namen tragen. Beim gleich benannten Attribut/Feld wird hiernach nur die Verarbeitung angestoßen, ob die beiden Werte gleichen Inhalts sind.

```
<!-- Vorlage zur Auswahl -->
<xsl:template name="natural-join">
  <xsl:param name="tabelle"/>
  <xsl:for-each select="@*">
    <xsl:variable name="att-name" select="local-name(.)"/>
    <xsl:variable name="schluessel" select="."/>
    <xsl:for-each select="//*[local-name()=$tabelle]">
      <xsl:if test="@*[local-name()=$att-name]=$schluessel">
        <xsl:copy-of select="."/>
      </xsl:if>
    </xsl:for-each>
  </xsl:for-each>
</xsl:template>
```

Listing 16.9: 1621 _ 04.xslt – Natürliche Verknüpfung

16. 2. 2. Äußere Verknüpfung

Bei einer inneren Verknüpfung werden nur diejenigen Tupel (Reihen bzw. in unserem Fall Elemente) in das Ergebnis bzw. in die Ausgabe übernommen, die bei der Verknüpfung auch einen Partner in der zu verknüpfenden Relation, Tabelle, Elementliste finden. Das heißt, es werden nur solche Tarife in eine Rechnung übernommen, die auch tatsächlich benutzt wurden. Dies macht natürlich Sinn, weil man bei einer Rechnung normalerweise die noch zur Verfügung stehenden, aber nicht benutzten Tarife nicht ausdrucken will. Dies wäre vielmehr einem Werbeschreiben vorbehalten, das einen Kunden darauf aufmerksam machen möchte, doch endlich einmal den Mitternachtstarif zu nutzen, um mit seinen Freunden zu telefonieren, weil der so besonders günstig ist ...

Die Abfragen, die genau oder auch auf die Tupel abzielen, die keinen Partner in der anderen Relation finden, bezeichnet man als *äußere Verknüpfungen*. Je nach Wunsch kann man dabei herausfinden, welche Tupel keinen Partner finden (Welche Tarife wurden nicht benutzt? Welche Produkte wurden nicht gekauft? Welche Termine wurden nicht gebucht?) und nur diese ausgeben, oder man möchte eine vollständige Liste aller Tupel, wobei zusätzliche Informationen, die normalerweise ausschließlich bei einer inneren Verknüpfung in die Ergebnismenge aufgenommen würden, ebenfalls ausgegeben werden. Bei einer äußeren Verknüpfung werden also gerade auch die Tupel, die keinen Partner in der anderen Relation finden, in die Ergebnismenge übernommen. In SQL unterscheidet man dann auch noch linke, rechte und volle äußere Verknüpfungen, was sich darauf bezieht, welche Tabellen eine so genannte *Wertedominanz* erhalten sollen, das heißt, welche Relation ihre Tupel auf jeden Fall in die Ergebnismenge bringen soll. Je nach Position dieser Tabelle innerhalb der FROM-Klausel (linke Seite, rechte Seite) muss man eine andere Syntax wählen, wobei dies teilweise von Datenbanksystem zu Datenbanksystem unterschiedlich ausfallen kann.

Mithilfe von XSLT wollen wir diese Varianten nun auch in Ansätzen nachbauen, wobei es hier hauptsächlich auf die Ausgabe bzw. die zur Verarbeitung stehenden Elemente ankommt.

→ Werte beibehalten

Mit dem nächsten Beispiel wollen wir die Ausgabe nachzeichnen, die entsteht, wenn alle Werte aus einer Relation (Elementliste) in die Ergebnismenge übernommen werden. Dabei ist unwichtig, ob sie jeweils einen Verknüpfungspartner finden. Dies lässt sich vermutlich am einfachsten anhand der anvisierten Ausgabe nachvollziehen, weswegen im nächsten Quelltext zunächst das Ergebnis abgedruckt wird. Innerhalb einer Umsatzliste sollen die einzelnen Tarife enthalten sein, wobei zusätzlich die – falls vorhanden! – Rechnungen aufgelistet werden, in denen sie benutzt wurden. Bei einer inneren Verknüpfung wären nur die Tarife in der Ausgabe erschienen, die auch tatsächlich benutzt wurden.

```
<Umsatzliste>
  <Tarif T_Nr="1" T_Name="Frühstück" T_GueBis="30.06.03">
    <Rechnungsliste/>
  </Tarif>
  <Tarif T_Nr="2" T_Name="Mittagspause" T_GueBis="30.06.03">
    <Rechnungsliste>
      <Rechnung R_Nr="7" R_Datum="31.03.03" R_Summe="8.61"/>
      <Rechnung R_Nr="8" R_Datum="31.03.03" R_Summe="5.85"/>
      ...
    </Rechnungsliste>
  </Tarif>
```

Listing 16.10: 1622 _ 01.xml – Ausgabe in XML

Im Dokumentbaum ergibt diese Form ein optionales Element. Es hätte sowohl das Element Rechnungsliste wie auch das Element Rechnung treffen können. Da wir in diesem Fall mit dem leeren Element Rechnungsliste deutlich machen wollen, dass es tatsächlich keine einzige Rechnung gibt, die den Tarif benutzt, haben wir uns dafür entschieden, das Element Rechnung optional zu machen.

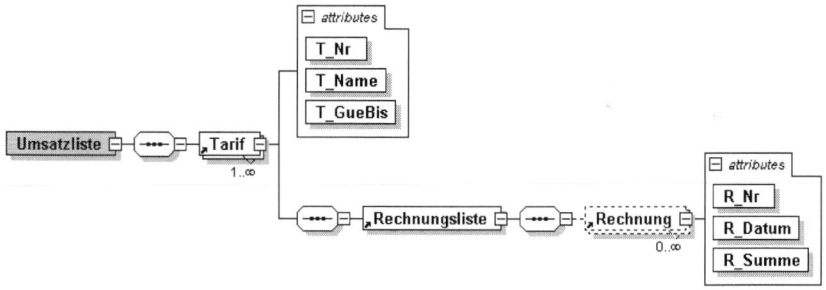

Abbildung 16.4: Dokumentstruktur

Obwohl die Theorie rund um die äußeren Verknüpfungen besonders dramatisch war und von uns lange ausgeführt wurde, ist die Umsetzung mit XSLT besonders einfach. Man muss lediglich wissen, wie man überhaupt solchermaßen modellierte Elementlisten miteinander verbindet. Es ist allerdings keine besondere Syntax wie bei SQL erforderlich, um die benötigte Ausgabe von partnerlosen Elementen zu bewerkstelligen. Es lässt sich wiederum mit der zuvor eingeführten benannten Vorlage natural-join arbeiten.

```
<xsl:template match="/*">
  <Umsatzliste>
    <xsl:for-each select="//Tarif">
      <xsl:copy>
        <xsl:copy-of select="@*"/>
        <Rechnungsliste>
          <xsl:for-each select="//Posten[@T _ Nr = current()/@T _ Nr]">
            <xsl:call-template name="natural-join">
              <xsl:with-param name="tabelle" select="'Rechnung'"/>
            </xsl:call-template>
          </xsl:for-each>
        </Rechnungsliste>
      </xsl:copy>
    </xsl:for-each>
  </Umsatzliste>
</xsl:template>
```

Listing 16.11: 1622 _ 01.xslt – Äußere Verknüpfung

→ **Restwerte anzeigen**

In SQL muss man für eine Restliste (Welche Tarife wurden nicht benutzt? Welche Tupel finden keinen Partner?) extra auf NULL für die Tupel in der vorläufigen Ergebnismenge abfragen, um in der endgültigen Ausgabe nur die Tupel zu erhalten, die ursprünglich keinen Partner fanden und nur durch die äußere Verknüpfung überhaupt in die Ergebnismenge aufgenommen wurden. Eine solche Abfrage muss in XSLT ebenfalls mit einer passenden XPath-Funktion durchgeführt werden.

Im Beispiel lässt sich ganz ohne Verknüpfung und stattdessen nur mit einer verschachtelten Funktion im select-Attribut einer for-each-Wiederholung darauf testen, welche Tarifnummern nicht in einer Rechnung auftauchen. Dabei bedient sich der Ausdruck der string-join-Funktion, die die einzelnen in den Posten vorhandenen Tarif-Nummern zusammenfasst. Hier hätte man zusätzlich auch noch mit distinct-values arbeiten können, was aber für den einfachen Test nicht notwendig ist. Dann prüft man mit der Funktion `contains`, welche Tarifnummern in dieser Liste nicht auftauchen, denn dies müssen dann diejenigen Tarife sein, die nicht benutzt wurden und daher in die Ausgabe gehören.

```
<xsl:template match="/*">
  <Tarifliste>
    <xsl:for-each select="//Tarif[
                           not(
                           contains(
                           string-join(//Posten/@T_Nr, '|'),
                                       @T_Nr))]">
      <xsl:copy-of select="current()"/>
    </xsl:for-each>
  </Tarifliste>
</xsl:template>
```

Listing 16.12: `1622_02.xslt` *– Restwerte anzeigen*

Man erhält eine Liste aus Tarifen, die wir nicht abdrucken, die allerdings tatsächlich aus den unbenutzten Tarifen besteht. Ihren Aufbau erkennt man in der XML Schema-Grafik.

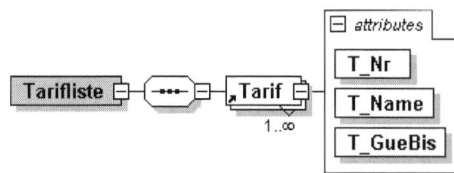

Abbildung 16.5: Dokumentstruktur

16. 2. 3. Selbstverknüpfung

Eine letzte Verknüpfungsmöglichkeit ist die so genannte *Selbstverknüpfung*. Hier wird eine Relation (Elementliste, Wertemenge) mit sich selbst anhand eines oder mehrerer Merkmale verknüpft. Die Notwendigkeit zu solchen Verknüpfungen tritt nicht häufig auf, sodass sicherlich für die entsprechende Einrichtung immer viel Aufmerksamkeit und Testarbeit benötigt wird, weil die Übung fehlt. Wir zeigen diese Technik an der `Tarifliste`, in der wir eine Übersicht aller `Tarif`-Elemente haben wollen, die den gleichen Namen haben. Wir benötigen also eine Liste der Duplikate, wobei sich die Duplikateigenschaft nicht auf die gesamten Felder, sondern ausschließlich auf den Namen bezieht. Da die Tarife innerhalb eines Jahres mit unterschiedlichen Gültigkeitszeiträumen und daher auch mit unterschiedlichen Minutenpreisen auftreten, gibt es eine Vielzahl an Tarifen, die den gleichen Namen tragen, aber unterschiedliche Werte für Nummer, Preis, Uhrzeit und vor allen Dingen Gültigkeit besitzen.

Die Frage nach allen Tarifen, deren Namen mehrfach auftritt, erfordert in XSLT ein umständlicheres Vorgehen als in SQL, wo die gleiche Menge mit zwei Aliasnamen ausgezeichnet und dann verknüpft wird. Wir erstellen eine Variable, die alle Attribute und insbesondere das Suchfeld »Tarifnamen« enthält. Diese Variable können wir nachher per Wiederholung durchlaufen. Als weitere Information besitzt diese besondere Tarifliste eine weitere Information, nämlich die Anzahl der gefundenen Tarife gleichen Namens. Das zusätzliche Attribut enthält die Datenstruktur, die der eigentliche Grund für die Selbstverknüpfung ist. Wir suchen nicht Tarife mit einem bestimmten Wert, der über ein einfaches XPath-Prädikat ermittelt werden kann, sondern wir interessieren uns für einen rück- oder selbstbezüglichen Wert, der nur im Vergleich aller Werte untereinander untersucht werden kann.

Damit haben wir – von SQL ausgehend – quasi eine abgeleitete Tabelle erstellt, auf die wir nachher eine weitere Abfrage ausführen. Dies erfolgt dann wiederum mit einer überaus einfachen Einschränkung auf das zusätzliche Attribut. Dieses Attribut heißt anzahl und wird auch nachher als Beweis mit den anderen Attributen ausgegeben. Es muss Werte größer als 1 enthalten, da nur Werte gleichen Namens mit verschiedenen Gültigkeitszeiträumen etc. gesucht werden.

```
<xsl:template match="/*">
  <Tarifliste>
    <!-- Werteliste -->
    <xsl:variable name="tarif-liste">
      <xsl:for-each select="//Tarif">
        <Tarif>
          <xsl:copy-of select="@*"/>
          <xsl:attribute name="anzahl"><xsl:value-of
          select="count(//Tarif[
                  @T_Name = current()/@T_Name])"/></xsl:attribute>
        </Tarif>
      </xsl:for-each>
    </xsl:variable>
    <!-- Ausgabe -->
```

```
    <xsl:for-each select="$tarif-liste[Tarif/@anzahl &gt; 1]">
      <xsl:copy-of select="current()"/>
    </xsl:for-each>
  </Tarifliste>
</xsl:template>
```

Listing 16.13: 1623 _ 01.xslt – Selbstverknüpfung

Tatsächlich erhalten wir eine `Tarifliste`, die um einiges kürzer ist als die ursprüngliche. Es fehlen genau die Tarife, die nur einmal genannt werden und daher das gesamte Jahr über gültig sein müssen. Andersherum gesagt, die Liste enthält genau die gesuchten Tarife, die mit dem gleichen Namen mehrfach auftreten und ansonsten andere Werte besitzen.

```
<Tarifliste>
  <Tarif T_Nr="1" T_Name="Frühstück" T_GueBis="30.06.03"
                  anzahl="2"/>
  <Tarif T_Nr="2" T_Name="Mittagspause" T_GueBis="30.06.03"
                  anzahl="2"/>
  <Tarif T_Nr="12" T_Name="Frühstück" T_GueBis="31.12.03"
                  anzahl="2"/>
  <Tarif T_Nr="13" T_Name="Mittagspause" T_GueBis="31.12.03"
                  anzahl="2"/>
  ...
</Tarifliste>
```

Listing 16.14: 1623 _ 01.xml – Ausgabe in XML

16. 3. Mengen

In SQL arbeitet man ohnehin mit Mengen, so wie es die relationale Theorie bzw. die *Relationenalgebra* beschreibt. Im Grunde genommen sind auch die Verknüpfungen Mengenoperationen, sodass wir in diesem Abschnitt den Titel etwas unscharf gewählt haben. Hier sollen Mengenoperationen solche sein, die man mit Kreisen aufmalen könnte, also die berühmten Vereinigungs-, Schnitt- und Differenzmengen. In XSLT und XPath 1.0 konnte man die Schnitt- und Differenzmenge ebenfalls erhalten, allerdings waren dazu beeindruckend umständliche Formulierungen notwendig. In XPath 2.0 sind dagegen ganz einfache Operatoren neu hinzugekommen, für die – wie man gleich sehen wird – nicht einmal ein langwieriges XSLT-Beispiel notwendig ist, um ihre Funktionsweise vorzuführen und zu beweisen, sondern der einfache XPath-Ausdruck bereits alles erklärt.

16. 3. 1. Mengen verarbeiten

In XPath 2.0 sind also nun Operatoren vorhanden, die früher überaus komplizierte Mengenverarbeitungen sehr vereinfachen.[1] Die nachstehenden Operatoren sind vorhanden, wobei sie keine Funktionen darstellen wie in der allgemeinen Syntax. Dies ist die übliche Schreibweise von Operatoren in der XPath-Dokumentation. Sie sollen vielmehr den Operatoren einen eigenständigen Namen geben, wenn er aus einem Sonderzeichen besteht. Dies betrifft allerdings nur die Vereinigungsmenge, die auch durch den senkrechten Strich in XPath ausgedrückt werden kann.

- Schnittmenge (Menge der Elemente, die in beiden Mengen vorhanden ist): `op:intersect($parameter1 as node()*, $parameter2 as node()*) as node()*`

- Vereinigungsmenge (Menge aller Elemente beider Mengen): `op:union($parameter1 as node()*, $parameter2 as node()*) as node()*`

- Differenzmenge (Menge der Elemente, die in der einen, nicht aber in der anderen Menge enthalten sind): `op:except($parameter1 as node()*, $parameter2 as node()*) as node()*`

Die tatsächliche allgemeine Syntax hat die folgende Form, wobei die einzelnen Zeilen wie bei einem Gleichungssystem ineinander gesetzt werden können. Der kleinste Baustein ist die `ValueExpr` (Wert-Ausdruck), der einen XPath-Ausdruck erwartet. Dieser XPath-Ausdruck kennzeichnet die Menge und wird in der Schnittmenge bzw. der Differenzmenge verwendet, die ihrerseits wieder in der Vereinigungsmenge auftauchen können.

```
UnionExpr ::= IntersectExceptExpr ( ("union" | "|")
                                     IntersectExceptExpr )*
IntersectExceptExpr ::= ValueExpr ( ("intersect" | "except")
                                     ValueExpr )*
ValueExpr ::= PathExpr
```

---

1   Vgl.: XQuery 1.0 and XPath 2.0 Functions and Operators, W3C Recommendation 23 January 2007Abschnitt 15.3 Equals, Union, Intersection and Except unter http://www.w3.org/TR/xpath-functions/#union-intersection-except.

Vereinigungsmenge

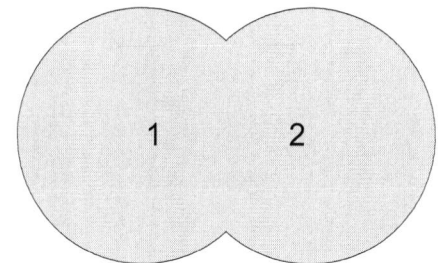

1 = {A,B,C}

2 = {C, D}

---

1 union 2 = {A,B,C, D}

Schnittmenge

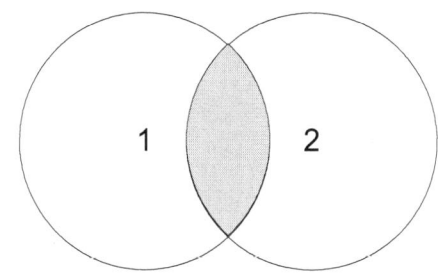

1 = {A,B,C}

2 = {C, D}

---

1 intersect 2 = {C}

Differenzmenge

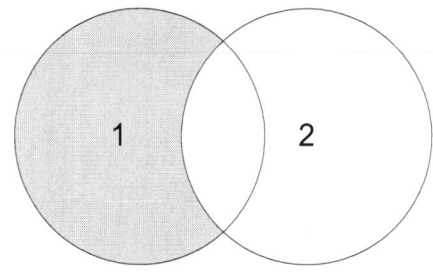

1 = {A,B,C}

2 = {C, D}

---

1 except 2 = {A,B}

Abbildung 16.6: Mengenoperationen

Einige Beispiele sollen die Verwendung und Funktionsweise der Operatoren charakterisieren. $seq1 und $seq2 enthalten jeweils die Sequenz (A,B,C), während $seq3 die Menge (B,C) enthält. Mit diesen einfachen Inhalten lassen sich die folgenden Beispiele umsetzen:

- `$seq1 union $seq2` liefert eine Sequenz mit den Elementen A, B und C, weil dies alle Elemente sind, die in den Mengen auftauchen.

- `$seq2 union $seq3` liefert eine Sequenz mit den Elementen A, B und C.

- `$seq1 intersect $seq2` liefert eine Sequenz mit den Elemente B und C, weil sie in beiden Mengen auftauchen.

- `$seq1 except $seq2` liefert eine leere Menge, weil alle Elemente in beiden Sequenzen auftauchen.

- `$seq1 except $seq3` liefert eine Sequenz mit A, weil B und C in beiden Sequenzen auftauchen.

Als konkretes Text-Beispiel nehmen wir wieder die Rechnungsliste und achten bei der Auswahl der Rechnungen darauf, dass die Postenliste sich für Mengenoperationen eignet. Es sollten insgesamt nicht zu viele verschiedene Posten sein, das heißt, es sollen nicht zu viele Tarife auftreten.

```
<Umsatzliste>
  <Rechnung R_Nr="9" R_Datum="31.03.03" R_Summe="4.69">
    <Posten P_Nr="49" R_Nr="9" P_Summe="1.96" T_Nr="2"/>
    <Posten P_Nr="50" R_Nr="9" P_Summe="1.59" T_Nr="3"/>
    <Posten P_Nr="51" R_Nr="9" P_Summe="1.14" T_Nr="4"/>
  </Rechnung>
  <Rechnung R_Nr="113" R_Datum="31.05.03" R_Summe="1.42">
    <Posten P_Nr="544" R_Nr="113" P_Summe="1.42" T_Nr="2"/>
  </Rechnung>
  <Rechnung R_Nr="114" R_Datum="31.05.03" R_Summe="4.57">
    <Posten P_Nr="549" R_Nr="114" P_Summe="3.39" T_Nr="2"/>
    <Posten P_Nr="550" R_Nr="114" P_Summe="1.18" T_Nr="3"/>
  </Rechnung>
</Umsatzliste>
```

Listing 16.15: 1631 _ 01.xml – Mengen

Die verschiedenen Mengen in Form von Rechnungslisten sammeln wir zunächst in Variablen, damit nachher die Ausdrücke umso kürzer formuliert werden können. Innerhalb der Tabelle geben wir die verschiedenen Tarifnummern so aus, dass die Mengenoperationen für Vereinigung, Durchschnitt und Differenz sichtbar werden. Interessant ist nur, dass tatsächlich beliebige XPath-Ausdrücke, die eine sinnvolle Menge beschreiben, zum Einsatz kommen und durch die drei Operatoren verbunden werden.

```
<xsl:template match="/Umsatzliste">
  <xsl:variable name="RL1" select="Rechnung[@R _ Nr=9]"/>
  <xsl:variable name="RL2" select="Rechnung[@R _ Nr=113]"/>
  <xsl:variable name="RL3" select="Rechnung[@R _ Nr=114]"/>
  <html>
    <head>
      <title>Mengenoperationen</title>
    </head>
    <body>
      <table border="1">
        <tr>
          <th>Vereinigung</th>
          <th>Differenz</th>
          <th>Durchschnitt</th>
        </tr>
        <tr>
          <td>
            <xsl:value-of select="($RL1/Posten/@T _ Nr union $RL2/
                                  Posten/@T _ Nr )"
                         separator=" | "/>
          </td>
          <td>
            <xsl:value-of select="($RL1/Posten/@T _ Nr except $RL3/
                                  Posten/@T _ Nr )"
                         separator=" | "/>
          </td>
          <td>
            <xsl:value-of select="($RL1/Posten/@T _ Nr intersect
                                  $RL3/Posten/@T _ Nr
                                  )" separator=" | "/>
          </td>
        </tr>
      </table>
    </body>
```

611

```
    </html>
  </xsl:template>
```

Listing 16.16: 1631 _ 01.xslt – Verwendung der Mengenoperatoren

Als Ergebnis erhält man die Tarifnummern, die die Mengenoperation zusammengesetzt hat.

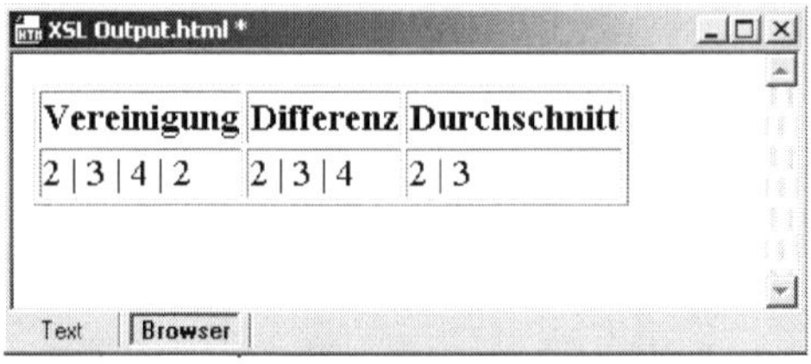

Abbildung 16.7: Ausgabe in HTML

16. 3. 2. Mengentests

Mengentests, die Wahrheitswerte zurückliefern, lassen sich mit den beiden quantifizierenden Operatoren `some` und `every` sowie einer speziellen Syntax, die dem neuen `for`-Ausdruck in XPath 2.0 ähnelt, durchführen.

→ Grundlagen

Im Gegensatz zu SQL, in denen ähnlich klingende Operatoren für Unterabfragen eingesetzt werden, liefern diese Operatoren also gerade nicht die Knoten zurück, die sie untersucht haben, sondern ausschließlich `true` oder `false`. Sie lassen sich damit nur sinnvoll in Fallunterscheidungen einsetzen. In SQL wird dagegen bei erfüllter Bedingung die Ergebnismenge der Unterabfrage zurückgeliefert bzw. diese ausgeführt.

Zum Vergleich lässt sich noch an die neuen Funktionen zur Untersuchung der Knotenkardinalität erinnern. Mit `zero-or-one`, `one-or-more` und `exactly-one` testet man auf die Anzahl von Knoten, erhält allerdings bei einem erfolgreichen Test die untersuchte Knotenmenge und einen Fehler, wenn der Test fehlschlägt, und nicht etwa `false` oder eine leere Sequenz.

Da alle diese Konstruktionen noch sehr neu sind, lässt sich noch nicht sagen, in welchen Fällen sie ihren regelmäßigen Auftritt haben werden. Auf der einen Seite erleichtern sie durch eine spezialisierte Syntax die Formulierung von Bedingungen, die früher vor allen Dingen mit der `count`-Funktion umgesetzt werden mussten. Auf der anderen Seite ist der Rückgabewert vielleicht nicht immer eine Vereinfachung, weil man trotz der auch nicht gerade einfachen Syntax ebenfalls nur wie früher einen Wahrheitswert oder sogar einen Fehler erhält. Auf jeden Fall kann man durch Verwendung der neuen Funktionen und Operatoren im Quelltext sehr gut verdeutlichen, was der eigentliche Sinn einer Testbedingung sein soll. Es geht nicht um eine einfache Ermittlung von Knotenanzahlen für die Ausgabe, sondern um eine die weitere Verarbeitung antreibende Bedingung.

Die allgemeine Syntax der beiden neuen Operatoren hat die Form:

```
QuantifiedExpr    ::=    (("some" "$") | ("every" "$")) VarName "in"
ExprSingle ("," "$" VarName "in" ExprSingle)* "satisfies" ExprSingle
```

Ein quantifizierter Ausdruck wird durch einen der beiden Operatoren `some` oder `every` eingeleitet. Dann folgt die Angabe einer oder mehrerer lokalen Bindevariablen in Form einer `in`-Klausel. Sie werden entweder direkt lokal in runden Klammern als Sequenzkonstruktor vorgegeben oder mithilfe eines XPath-Ausdrucks aus dem XML-Dokument ausgewählt. Mehrere Bindevariablen werden für die Verarbeitung mit einem kartesischen Produkt untereinander verknüpft. Mit dem Schlüsselwort `satisfies` schließt man die eigentliche Bedingung an. Sie greift die vorhandenen Bindevariablen in XPath-Ausdrücken in Form von Lokalisierungspfaden oder Berechnungen wieder auf und liefert `true` oder `false` zurück. Dabei hängt der Rückgabewert von folgenden Bedingungen ab:

- Bei `some` ist der quantifizierte Ausdruck `true`, sobald mindestens eine Untersuchung des Testausdrucks einen Treffer findet bzw. die Bedingung erfüllt ist.

- Bei `every` ist der quantifizierte Ausdruck `true`, sobald alle Untersuchungen des Testausdrucks einen Treffer finden bzw. die Bedingung erfüllt ist.

→ Beispiel

Im Beispiel greifen wir noch einmal auf das in einem vorherigen Beispiel erzeugte Dokument zurück, in dem jeder `Tarif` die für ihn ausgestellten Rechnungen enthält, wobei – aufgrund der Kürze der Rechnungsliste – durchaus auch Tarife einmal in keiner einzigen

Rechnung auftreten können. Dies ist im vorliegenden Dokument durch ein leeres Element Rechnungsliste vermerkt.

```
<Umsatzliste>
  <Tarif T_Nr="1" T_Name="Frühstück" T_GueBis="30.06.03">
    <Rechnungsliste/>
  </Tarif>
  <Tarif T_Nr="2" T_Name="Mittagspause" T_GueBis="30.06.03">
    <Rechnungsliste>
      <Rechnung R_Nr="7" R_Datum="31.03.03" R_Summe="8.61"/>
      <Rechnung R_Nr="8" R_Datum="31.03.03" R_Summe="5.85"/>
      ...
    </Rechnungsliste>
  </Tarif>
```

Listing 16.17: 1632 _ 01.xml – Umsatzliste

Die Untersuchung greift entweder auf die Rechnungen oder die Tarife zurück und prüft, ob beispielsweise für jedes Element Rechnungsliste Kindelemente namens Rechnung vorliegen. Hierbei bindet die lokale Variable $r alle Elemente Rechnungsliste, sodass man mit der Kind-Achse im Testausdruck die möglichen Kindelemente angeben kann. Dieser Test schlägt im every-Fall fehl, führt aber im some-Fall durchaus zu einem true, da ja tatsächlich wenigstens ein Tarif-Element in seinem Rechnungsliste-Element auch wiederum Rechnung-Kinder besitzt.

In einer Untersuchung mit deutlich komplizierteren Syntax überprüft man, ob für die Tarif-Elemente, die tatsächlich auch Rechnung-Elemente als Abkömmlinge besitzen, die Summe aller Rechnungen zwei Euro übersteigt. Dabei bindet man in einer Variable $t genau die Tarife mit der gerade formulierten Bedingung, setzt also noch ein Prädikat ein. In der satisfies-Klausel ist zusätzlich auch die Verwendung der sum-Funktion – wie auch jeder anderen sinnvollen Funktion für eine Untersuchung – möglich. Auch dies liefert true, weil zwei Euro jetzt auch eine relativ kleine Rechnungsmenge für die spektakulären Telefonprodukte der RuhrFon GmbH sind.

Ähnlich verläuft auch der letzte Test, bei dem man untersucht, ob die mit Mehrwertsteuer belastete – in diesem Fall fiktive Netto-Summe – Rechnung in einigen bzw. in wenigstens einem Fall die 20-Euro-Grenze überschreitet.

```
<tr>
  <td>
    <xsl:value-of select="every $r in //Rechnungsliste satisfies $r/
                          Rechnung"/>
  </td>
  <td>
    <xsl:value-of select="some $r in //Rechnungsliste satisfies $r/
                          Rechnung"/>
  </td>
  <td>
    <xsl:value-of select="every $t in //Tarif[Rechnungsliste/
                          exists(child::*)]
                          satisfies (sum($t//Rechnung/@R _ Summe)
                          &gt; 2)"/>
  </td>
  <td>
    <xsl:value-of select="some $t in //Tarif, $m in   (1.16)
                          satisfies (sum($t//Rechnung/@R _ Summe) *
                          $m &gt; 20)"/>
  </td>
</tr>
```

Listing 16.18: 1632 _ 01.xslt – Mengentests

Im Ergebnis erhält man im Browser die gerade beschriebenen Ergebnisse in Wahrheitswerten zurück.

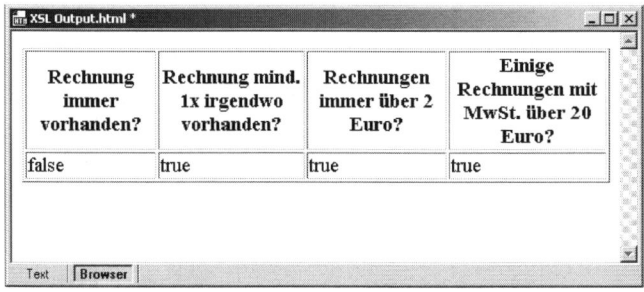

Rechnung immer vorhanden?	Rechnung mind. 1x irgendwo vorhanden?	Rechnungen immer über 2 Euro?	Einige Rechnungen mit MwSt. über 20 Euro?
false	true	true	true

Abbildung 16.8: Ausgabe in HTML

615

Dynamisches XSLT

17. Dynamisches XSLT

So lange wir XSLT-Projekte durchführen und Teilnehmern in Seminaren von dieser herrlichen Technologie berichten, so lange erzählen wir auch von einer bestimmten Technik, die sich in vielen verschiedenen vergangenen Einsatzbeispielen hervorragend bewährt und zu sehr schönen Ergebnissen geführt hat. Bis zum Schreiben dieses Kapitels hatten wir zwar vor, davon auch in einigen Anmerkungen zu berichten, waren allerdings nicht sicher, wie man ein solches Kapitel nennen könnte. Wir werden auch in dieser Einleitung nicht verraten, worum es geht, sondern uns vielmehr einige Zeilen damit beschäftigen, dass wir ein Kapitel über ein Thema schreiben, für das wir uns jetzt sogar einen Titel überlegt haben. Das Thema heißt: dynamisches XSLT.

17. 1. Grundlagen

Es ist nicht klar zu sagen, ob nur Projekte, mit denen wir zu tun haben, dynamisches XSLT gut einsetzen können oder ob überhaupt dynamisches XSLT eine raffinierte Variante ist, XML-Projekte aufzubauen. Es lohnt sich allerdings in jedem Fall, über die Techniken, den Algorithmus nur in Dateien unterzubringen oder das XSLT vollständig selbst vorzugeben, hinaus auch nach Alternativen zu suchen.

17. 1. 1. Besonderheiten von XSLT

Auf der einen Seite ist XSLT keine wirkliche Programmiersprache bzw. unterscheidet sich natürlich grundlegend von solchen Skriptsprachen wie PHP und vollständig objektorientierten Sprachen wie Java oder C#.

Man kann hier nicht nur die viel umfangreichere Syntax, die objektorientierte Struktur, sondern natürlich auch die beeindruckend vielen Funktionen bzw. die umfangreiche Klassenbibliothek anführen. Mit XSLT lässt sich vieles im XML-Bereich umsetzen, interessante Algorithmen lassen sich ebenfalls entwickeln, ohne auf das DOM und eine andere Sprache zu setzen. Besonders vorteilhaft ist immer, dass man XML mit XML-Techniken verarbeitet und einen von der umgebenen Anwendung quasi losgelösten Baustein bearbeitet. Dies erleichtert in vielfältiger Hinsicht auch die Arbeit im Team und schafft klare Strukturen in der Anwendung.

Lediglich wenn solche Anforderungen bestehen, dass bestimmte Werte noch aus einer Datenbank benötigt werden und man also während einer Transformation noch eine Datenbankabfrage absetzen möchte, lässt sich nicht verhindern, dass man entweder auf eigene oder vordefinierte Prozessor-Erweiterungen zurückgreifen muss. Diese sind dann zwar innerhalb des Projekts nur ein syntaktisches, aber kein technisches oder sonst wie unlösbares Problem, fußen allerdings ausdrücklich auf einer anderen Programmiersprache und benötigen spezielle Prozessoren. Dies erschwert dann die Portabilität der Anwendung und die Wiederverwendung des Algorithmus mit anderer Technik, die möglicherweise diese Erweiterung nicht kennt oder – noch viel schlimmer – auch nicht zulässt.

Ein wichtiges Merkmal von XSLT ist natürlich wie bei einer Skriptsprache, dass der Quelltext nicht vorab kompiliert wird, sondern erst zur Laufzeit interpretiert wird. Dies erleichtert Quelltextkonstruktionen, die theoretisch in allen Skriptsprachen möglich wären, dort allerdings nicht oder zumindest unseres Wissens nicht tagtäglich eingesetzt werden. Oder haben Sie schon einmal von jemanden gehört, dass er ein PHP-Programm geschrieben hat, das passenden anderen PHP-Quelltext generiert und dann dieses generierte Programm verarbeiten lässt? Dies ist schon nicht mehr generische Programmierung, sondern die Entwicklung einer Programmiermaschine.

Wir wollen in diesem Kapitel nicht notwendigerweise eine XSLT-Programmiermaschine vorstellen. Auch wollen wir nicht mit der aufblitzenden Überlegung im letzten Absatz darauf hinweisen, dass die Techniken, die wir in diesem Kapitel vorstellen, auch mit anderen nicht-kompilierten Sprachen umgesetzt werden sollten, doch haben wir diese Techniken im Zusammenhang mit XSLT bereits vielfältig eingesetzt. Beide nachfolgenden Abschnitte zeigen, wie man kreativ mit XSLT umgehen kann, um komplexe Anwendungen zu entwickeln, in denen es offenbar nicht ausreicht, einfach nur einige XSLT-Dateien zu besitzen und den XSLT-Algorithmus daher dateibasiert vorzuhalten, sondern den Quelltext selbst wiederum dynamisch zu erzeugen. Dass dies überhaupt möglich ist, liegt vor allen Dingen an der sehr einfachen und – im Vergleich zu anderen Sprachen – sehr ungewöhnlichen Struktur von XSLT.

Folgende Bedingungen liegen in XSLT vor und lassen sich für den Zweck des *dynamischen XSLT* nutzen:

- Vorlagenbasierte Organisation von Strukturen, die in anderen Sprachen Unterroutinen, Funktionen, Methoden oder Prozeduren wären

- Beachtung der Ausführungsreihenfolge nur innerhalb von Vorlagen notwendig

- Keine tiefer gehende Verschachtelung des Programmiertextes notwendig, wenn man auf der Ebene der Vorlagen verbleibt

- Grundlegende Techniken von Überschreibung (Import) und dateibasierte Auslagerung und Wiederverwendung möglich

- Sehr einfache und nur auf die Hierarchieebenen bezogene Sichtbarkeits- und Gültigkeitsregelungen von Variablen und Parametern

17. 1. 2. Besonderheiten von XML-Technologien

Zusätzlich wollen wir neben der Beschreibung des dynamischen XSLT noch zwei weitere Begriffe einführen, die wir häufig bei der Beratung oder auch in Seminaren verwenden. Leider fehlt in Seminaren nur immer wieder Zeit, die hinter diesen Begriffen stehende Philosophie umfassend auch einmal mit Beispielen zu versehen. Vermutlich muss man auch seinen Weg im XML-Universum etwas länger voranschreiten, um das große Potenzial zu entdecken, das sich hinter den einfachen Textdateien versteckt.

Man erlebt es immer wieder, dass Kollegen, die zwar XML einsetzen, aber sich nicht in einem größeren Maße mit diesem Thema beschäftigen, sich wundern, welch große Anwendungen man mit einfachen Textdateien einrichten kann, die von der Syntax nicht einmal an Skriptsprachen wie PHP heranreichen. Natürlich – das muss man immer betonen – gibt es keine Lösungen, Anwendungen aufzubauen, die über die Verarbeitung von XML hinausgehen oder mit Datenbanken, IP-Adressen und auch noch mit Grafiken und Spielen umgehen können. Dies ist auch für gewöhnlich nicht notwendig, wenn man XML-Daten zu verarbeiten hat. Allerdings ist der vorhandene Werkzeugkasten aus dem XML-Universum schon so groß geworden, dass man bei jedem neuen Projekt neue Standards, fertige Lösungen und selbstverständlich Kombinationen und Varianten kennen lernt.

→ Unverstandenes XML

Für viele Leute, die sich nur für sehr einfache Datenstrukturen mit XML interessieren, stellt XML tatsächlich nur ein etwas besseres Textformat als kommagetrennte Werte dar. Viele verwechseln es auch oft mit HTML oder halten es für eine reine Verbesserung von HTML, »in dem man nun eigene Tags angeben kann«. Glücklicherweise hat die Masse der Veröffentlichungen stark nachgelassen, in denen genau diese Beschreibung oder Kurzdefinition von XML zu finden ist. Wir können uns noch sehr gut an die Zeiten erinnern, in denen völlig unnütze Bücher auf dem Markt auftauchten, in denen HTML und XML zusammen erklärt wurden, wobei sich natürlich die Erklärung von XML auf die obige Definition beschränkte und schnell noch die Erkenntnisse verbreitet wurden, die im XML-Standard zur allgemeinen Syntax zu finden waren. Dass man mit diesen Erkenntnissen leider aber auch gar nichts machen konnte, weil die XML-Daten in keinem Browser der damaligen Zeit transformiert wurden, man ja ohnehin im gleichen Buch kein XSLT fand und nicht einmal CSS für XML zur Darstellung verwendet werden konnte, weil auch dieser Standard noch ganz neu war, störte weder Autor noch Verlag. Denn XML war hauptsächlich die Antwort darauf, wie man mit dem Thema HTML ein Buch von 1000 Seiten füllen konnte. Hier wurden auch oft die restlichen Seiten flugs mit JavaScript aufgefüllt.

Nun muss man allerdings zugeben, dass keine Anwendung hauptsächlich aus der Erfassung, Speicherung und Transformation von XML-Daten besteht. Es ist allerdings ebenfalls zuzugeben, dass auch nicht jede Anwendung nur eine zehnzeilige XML-Struktur austauscht, weil einige Felder optional sind und dies in kommagetrennten Werten im konkreten Fall so ungünstig abzuprüfen ist. Wir beraten allerdings Unternehmen tatsächlich seit dem ersten Auftreten von XML auch bei der Entwicklung von Anwendungen, deren Hauptaugenmerk die XML-Daten sind und in denen es gerade nicht um all die schönen anderen Dinge geht, die mit Java oder C# viel besser oder überhaupt umgesetzt werden können.

Für diese Projekte haben wir die zwei Begrifflichkeiten eingeführt, die in den nachfolgenden Abschnitten beschrieben werden. Es sind keine herausragenden Fachbegriffe. Sie müssen auch nicht extra aus dem Englischen ins Deutsche übersetzt werden. Wir haben uns auch keine Mühe gemacht, sie in ein Akronym umzuwandeln und dieses dann in einer Fußnote zu erläutern, sondern wir benutzen es schon seit Jahren und kommen gut mit ihnen in deutscher Fassung und ohne typografische Anhübschung zurecht. Die Praxis hat auch gezeigt, dass insbesondere der zweite Begriff dazu neigt, schnell in das Kundenvokabular aufgenommen zu werden.

→ Kreativer Umgang mit XML-Techniken

Eine große Menge an Projekten im Software-Bereich versucht, Probleme zu lösen, die andere Projekte entweder schon genauso oder in ähnlicher Weise gelöst haben. Da man nicht jeden Quelltext im Internet veröffentlicht, den man selbst geschrieben hat, muss man sich nicht wundern, wenn man auch nicht jeden benötigten Quelltext dort findet. Schade ist es allerdings immer wieder, dass dies auch in beliebig großen und kleinen Unternehmen der Fall ist und dort ebenfalls so viele Räder neu erfunden werden, dass ganze Fahrrad-Marathons in der Mittagspause möglich wären.

Im Bereich von Open Source und auch XML ist dies ein völlig anderes Bild. Während bei Open Source tatsächlich ganze Quelltextbrocken im Internet, auf Buch-CD etc. zu finden sind, die teilweise sogar ganze Anwendungen umsetzen, findet man im XML-Bereich nicht notwendigerweise ganze XSLT-Projekte, sondern vor allen Dingen Datenmodelle. Es gibt zwar wie immer eine ganze Reihe von Webseiten, auf denen man gerade XSLT- oder auch SVG-Beispiele finden und auch für sich nutzen kann, doch gerade im XML-Umfeld sind die Datenmodelle von herausragender Bedeutung.

Man kann nicht erwarten, dass, wenn man eine XML-Schnittstelle programmieren soll, die zwischen Unternehmen(sbereichen) Daten standardisiert austauschen soll, genau eine passende Transformation für die eigenen Daten findet. Es lohnt sich allerdings immer wieder, im Internet oder teilweise auch nicht nur vor der eigenen Haustür, sondern sogar im eigenen Haus nach Standards zu suchen. Die meisten Probleme, die uns erschreckend individuell erscheinen, sind es in Wirklichkeit gar nicht, sondern sind bereits durch einen fertigen Standard gelöst. Man darf natürlich auch hier nicht erwarten, dass tatsächlich der gesamte Standard sofort für die eigenen Probleme benutzt werden kann. Doch vielleicht steckt entweder eine interessante Datensicht oder Modellierung im vorhandenen Standard oder man kann sich umfangreiche Anregungen für auf den Standard aufbauende Modellierungen holen. Es gibt Standardvorschläge von Industrieverbänden, Herstellerfirmen, Universitäten, unabhängigen Gremien, Standard-Organisationen, Vereinen und sonstigen Organisationen. Es gibt Standardvorschläge für Bestellungen, Kataloge, Finanz-/Bilanz-/Transaktionsdaten, Projektbeschreibungen, Artikel, Bücher, Lebensläufe/Profile.

Normalerweise kennt man allerdings nur solche Standards wie die für Webinhalte (HTML), Druckformate (XSL-FO) oder Grafiken (SVG). Das liegt natürlich daran, dass sie mit Veröffentlichungen in Form von Spezialartikeln oder auch ganzen Büchern einen so hohen Bekanntheitsgrad erreicht haben, dass sie wie natürlich vorgegebene Alternativen erscheinen. Doch nicht nur vom W3C, auch von ganz anderen Autoren sind Standardvorschläge vorhanden.

Die Kunst besteht darin, mögliche Standards zu finden, zu untersuchen und zu erkennen, ob die Struktur, über die man bei Google gestolpert ist, tatsächlich eine Trouvaille ist oder in Wirklichkeit völlig unbrauchbar. Nur weil man selbst diesen Standard nicht kennt oder von niemanden gehört hat, der jemanden kennt ..., kann es durchaus sein, dass genau in diesem fertigen Standard die passende Datenmodellierung steckt. Sollte man meinen, dass nur Teile oder viel zu viel umgesetzt wurde, kann man das Gefundene immer noch für sich selbst nutzen, indem man es variiert oder die Benennungskonventionen sowie raffinierte Strukturen weiterverwendet.

Im XML-Bereich muss man auch als Berater immer schnell reagieren bzw. sich schnell in fremde Datenstrukturen eindenken, die oftmals von den Kunden nicht vollständig verstanden werden. Daher erfordert es ja gerade eine Beratung, um für das XML-Projekt eine geeignete und für viele Fälle (Speicherung, Verarbeitung, Durchsuchung) gute Modellierung zu entwickeln. Hier lohnt es sich immer wieder, die Kunden zu fragen, inwieweit überhaupt bereits versucht wurde, Standards zu verwenden. Gibt es Standards? Haben Sie welche gefunden? Warum fanden Sie diese Standards ungeeignet? Gibt es noch Alternativen? Müssen Sie das Rad unbedingt neu erfinden? Oft scheitert die Fragestunde schon zu Beginn, weil gar nicht klar war, dass es neben dem W3C und der ISO überhaupt noch Organisationen gibt, die XML-Standards veröffentlichen. Die sind meistens natürlich auch nicht so aufregend wie XML Schema oder XSLT, weil man sie nicht auf einer Meta-Ebene einsetzen kann, sondern weil sie tatsächlich nur einen bestimmten Weltausschnitt modellieren.

Interessant und amüsant wird es immer dann, wenn man höflich vortragen kann, doch einmal jemanden zu beauftragen und im Unternehmen Erkundigungen einzuholen, ob möglicherweise irgendwo auf der Welt eine Kollegengruppe selbst wieder an einem passenden Standard mitarbeitet. Auch dies haben wir schon erlebt. Die Beratung hatte dann im ersten Schritt weniger mit XML, sondern mehr mit interner Kommunikation zu tun und förderte ganz neue Kooperationen und Qualitätszirkel hervor. Interessant und weniger amüsant ist es immer dann, wenn zwar das Rad neu erfunden werden soll, aber leider völlig ungeeignetes Material zum Einsatz kommen soll. Dies liegt dann vor, sobald der falsche Standard verwendet wird. Oftmals hängt es mit der Modellierung von eher abstrakten Daten zusammen, die nicht einen genauen fachlichen Bereich abbilden, sondern quasi metaphysischer Natur sind. Hier mussten wir eine Gruppe von Programmierern enttäuschen, dass XML Schema für die Abbildungen von Ontologien nicht geeignet ist bzw. ihnen erst einmal verdeutlichen, welche grundlegende Natur ihre Daten eigentlich aufwiesen. Solange diese Holprigkeiten am Anfang des Weges entdeckt und korrigiert werden, ist alles in Ordnung und hat sich auch die Beratung gelohnt. Ganz katastrophale Situationen gibt es aber leider auch immer wieder, wenn aus psychologischen Gründen mannigfaltiger Art ein eingeschlagener falscher Weg verbissen und aus Angst vor der Wahrheit konsequent weiter verfolgt wird und dann sozusagen nur noch die Verkaufsbroschüre so modifiziert werden kann, dass sie dem entstandenen Produkt entspricht. Für alle erwähnten Typen könnten wir von interessanten Beispielen erzählen, doch ist dies vermutlich nicht der richtige Ort für Plaudereien über Geschäftsreisen.

Was ist nun mit dem *kreativen Umgang mit XML-Technologien* gemeint?

Auf der einen Seite ist die Datenmodellierung ein fundamentaler Bestandteil von Software-Projekten. Dies gilt für XML-Daten umso mehr, weil hier normalerweise ganz banale Datenoperationen (Import, Export, Transformation zur Darstellung) durchgeführt werden sollen. Wenn diese Erkenntnis – wie auch sehr oft im XML-Bereich anzutreffen – nicht im Projekt gelebt wird und der Datenmodellierung nicht der von uns erkannte Stellenwert zugeschrieben wird, dann sind die Katastrophen, von denen wir nach der Geschäftsreise gerne bei der Mittagspause berichten, nicht zu verhindern.

Auf der anderen Seite gibt es eine Vielzahl an fertigen XML-Standards. Diese beziehen sich durchaus nicht immer auf die reine Datenmodellierung, sondern stellen auch mit entsprechenden Prozessoren etc. eigene Technologien dar. Hier ist wichtig, sich überhaupt einen Eindruck zu verschaffen, was in diesem immer noch sehr jungen und innovativen Software-Bereich überhaupt als Spielmaterial zu verwenden ist.

Diese vielen XML-Technologien, von denen die meisten bezüglich Spezifikationen, Beispielen und auch Prozessoren kostenlos zur Verfügung stehen, sollte man untersuchen und daraufhin abklopfen, ob sie für das eigene Projekt irgendeine Art von Nutzen bieten können. Kann man sie direkt verwenden, umso besser. Dies könnte beispielsweise bei solchen schon seit längerer Zeit eingeführten Standards wie DocBook, MathML, CML, XBRL, UBL, BMECat oder XForms der Fall sein. Sollten Sie einige dieser Standards noch nicht kennen, dann können Sie daran erkennen, dass es offensichtlich eine ganze Menge an Standards gibt, wobei diese tatsächlich seit längerer Zeit existieren und mit Sicherheit keine schlechte Wahl darstellen. Wenn allerdings kein Standard geeignet zu sein scheint, das aktuelle spezifische Problemfeld zu beschreiben, oder scheinbar keine geeignete fertige Lösung vorliegt, einen Algorithmus umzusetzen, dann kann man kreativ mit vorhandenen Strukturen umgehen und sie für andere Zwecke verwenden.

Als Beispiel wollen wir kreative Einsatzbereiche von XML Schema aufzählen. Dies lohnt sich insoweit, als dass XML Schema sicherlich bekannt ist und daher der Unterschied zwischen dem typischen Einsatz – Validierung/Modellierung von XML-Daten – umso deutlicher zu Tage tritt:

- Modellierung von relationalen Datenbankstrukturen zur Umwandlung in SQL

- Modellierung von objektrelationalen Datenbankstrukturen zur Umwandlung in SQL

- Modellierung von Formularstrukturen, die mithilfe von XSLT zu XForms- oder HTML-Formularen umgewandelt werden können

- Beschreibung von Datenbank-Abfrageergebnissen in Form von Meta-Daten der Abfrage

 Sie finden im ersten Band dieser Reihe Beispiele für die Erzeugung von HTML-Formularen aus XML Schema-Strukturen. Ebenso zeigen wir dort, wie aus XML Schema-Dateien SQL-Quelltext generiert wird. Dies sind keine Beispiele für dynamisches XSLT, weil schließlich keine Zeile XSLT-Syntax generiert wird, sondern dies sind Beispiele für den kreativen Einsatz von XML Schema für Situationen, in denen man auf bestimmte Eigenschaften seiner Syntax zurückgreift, die für Formulare und SQL nützlich sind.

Einige mögen anmerken, dass vielleicht das kreative Nutzen von vorhandenen XML-Strukturen intellektuell herausfordernd ist, weil man damit zeigen kann, dass man eine bestimmte Syntax augenscheinlich gut beherrscht. Allerdings lässt es sich auch als Zweckentfremdung und Missbrauch deuten, der im schlimmsten Fall gar nichts mit der ursprünglichen Sinngebung eines Standards zu tun hat. Andere mögen allerdings anmerken, dass dies – wie so oft – eine Frage des Einzelfalls ist und man letztendlich auch nur schwerlich eine vorhandene XML-Struktur so zweckentfremden kann, dass quasi das erreichte Ergebnis mehr Nach- als Vorteile bietet. Es wäre also mit Sicherheit weder zielführend noch sonderlich beeindruckend, XML Schema so zu verfremden, dass man es anstelle von XPath oder XQuery für die Abfrage von XML-Strukturen verwenden kann.

Kreativer Umgang mit vorhandenen XML-Strukturen kann sich also auf folgende Bereiche erstrecken, die sich in ihrer unterschiedlich intensiven oder originalen Nutzung des Standards messen lassen:

- Erkennen von Strukturen, die ähnlich ebenfalls für Modellierung genutzt werden

- Erweiterung mit zusätzlichen Eigenschaften in Form von Textknoten, Fremdattributen oder -elementen

- Einschränkung der vorhandenen Strukturen für bessere Abbildung oder einfacherer Verarbeitung für erweiterte Nutzungsmöglichkeiten

→ Syntax-Päckchen

Im Gegensatz zum kreativen Umgang mit XML-Technologien ist das Phänomen der *Syntax-Päckchen* weder psychologisch noch metaphysisch aufgeladen. Es ist vielmehr eine Erkenntnis, die in jedem Fall in XML Schema und XSLT zu finden ist. In anderen XML-Technologien kann man sie teilweise auch entdecken, allerdings gibt es keine Syntax, die an die Reinheit von XSLT-Päckchen heranreicht.

Offensichtlich gehört doch ein Schuss Esoterik in dieses Thema, denn, wie man gerade lesen konnte, gibt es verschiedene Reinheitsgrade bezüglich der Syntax-Päckchen, und XSLT scheint hier besonders vorbildliche Syntax aufzuweisen. In dieser Technologie stellen die Päckchen nämlich die einzigen Vorlagen dar. Lediglich die globalen Variablen, Parameter sowie mögliche Einbettungselemente wie `xsl:import` und `xsl:include` stören die Dateiorganisation. Ein Päckchen ist ein in sich abgeschlossener Bereich in einer XML-Struktur. Während dies bei XSLT eine Vorlage ist, so könnten dies bei XML Schema alle globalen Strukturen sein, die gerade keine Einbettungsvorgänge wie `xs:include`, `xs:import` oder `xs:redefine` darstellen. Bei XML Schema ist die Auswahl an globalen Strukturen besonders umfangreich, was für ihren Einsatz bisweilen ein höheres Maß an Sorgfalt verlangt. Globale Strukturen, die sinnvoll auch als Päckchen bezeichnet werden können, sind die folgenden primären Komponenten:

- Definition von einfachen Typen
- Definition von komplexen Typen
- Attribut-Deklarationen
- Element-Deklarationen

Zusätzlich könnten noch folgende sekundäre Komponenten für Sonderfälle oder auch die gleichen Ziele wie bei den primären Komponenten betrachtet werden:

- Attributgruppen-Definitionen
- Identitätsbeschränkungs-Definitionen
- Elementgruppen-Definitionen
- Notationsdeklarationen

Unabhängig davon, ob die betrachteten Päckchen zu XML Schema oder zu XSLT gehören, ihnen ist gemein, dass man eine entsprechende Datei zur Validierung oder Transformationen aus ihnen zusammensetzen kann. Da XML Schema hier sehr viele Kandidaten anbietet, lohnt es sich, die entsprechende Syntax für den speziellen Gebrauch zu vereinfachen.

Das Grundprinzip der Päckchen-Verwendung läuft darauf hinaus, dass man sie in einer Datenbank speichert. Die Anordnung und Datenmodellierung der Datenbank selbst könnte dann für ein Berichtssystem, für die Erstellung von dynamischen Formularen etc. optimiert werden. Dies eröffnet Möglichkeiten, XSLT und XML Schema dynamisch anhand einer Abfrage und Datenbankroutine zusammenzusetzen und somit eine datenbankbasierte Auslagerung und Wiederverwendung innerhalb der XML-Anwendung einzurichten. Dies erfordert einen sehr viel höheren Planungsaufwand und natürlich eine entsprechende Verwaltung der Päckchen in der Datenbank sowie die Erstellung eines Generators, der aus den einzelnen Päckchen funktionstüchtige Dateien erstellt. Dies erlaubt eine datenbankbasierte Speicherung von Algorithmenbestandteilen, ganz andere Pflegemechanismen und erfordert auf psychologischer Ebene eine ganz andere Art der Planung und Modellierung, die allerdings regelmäßig dem Projekt auf hervorragende Weise zugute kommt. Was die eigentliche Anwendungsentwicklung anbetrifft, so ist es zweckmäßig zu überprüfen, ob die Struktur der Päckchen tatsächlich dazu führt, dass die einzelnen Bausteine, aus denen die XML-Daten bestehen, in irgendeiner vorteilhaften Weise nun besser validiert und verarbeitet werden können. Grundsätzlich könnte man natürlich auch flexible Strukturen entsprechend modellieren und auch in der Transformation berücksichtigen. Übersteigt allerdings die Flexibilität eine kritische Schwelle, dann lohnt es sich durchaus, die vielfältigen Berichte, Formulare oder Texte auch mit individuellen, nach Päckchen sortierten und dynamisch für die Dokumentgruppe erstellten Transformationen und Validierungen zu verarbeiten.

Es besteht natürlich kein Zwang, unbedingt Päckchen von XML Schema und XSLT zu betrachten. Es gibt auch genug Situationen, in denen lediglich das XSLT dynamisch zusammengesetzt wird, weil sich nur die Verarbeitung unterscheidet, während die Modellierung völlig umfassend für das gesamte System ist. Allerdings ist es ein zusätzlicher Reiz, beispielsweise umfassenden Gebrauch von globalen komplexen Typen zu machen und sozusagen für einen jeden dieser Typen auch eine passende XSLT-Vorlage zu erstellen, die dann – ebenfalls ein zusätzlicher ästhetischer Reiz der Anwendung – in der gleichen Datenbankzeile gespeichert wird.

Diese Technik kann sich selbstverständlich auch für andere Technologien im XML-Bereich anbieten, doch oft stellen die Validierungs- und Transformationsdateien bereits das Kernstück der Anwendung dar oder lassen sich aus diesen Daten wiederum andere XML-Fomate wie z. B. SVG oder XForms erzeugen.

Ohne schon detailliert auf diesen datenbankgestützten Aufbau einzugehen, möchten wir diese Ausführung darauf beschränken, dass das Wort Päckchen im Sinne einer globalen Struktur zu verstehen ist, aus der ein XML-Dokument grundlegend zusammengesetzt ist. Man könnte es auch als kleinsten Baustein bezeichnen, was bei einer XSLT-Vorlage besonders deutlich hervorsticht. Andererseits kann dies wie im Fall von XML Schema auch wiederum eine zusammengesetzte Struktur aus z. B. globalen Elementen mit atomaren Datentypen bedeuten, die nur per Definition nun zu einem Grundbaustein der Anwendung wird. Wenn man die Päckchentheorie erst einmal verinnerlicht hat, dann wird man auch in vielen anderen XML-Strukturen plötzlich Päckchen entdecken und kann versuchen, diese für die Anwendung in einer besonderen Form zu verwenden. Ob dies auch einmal zu einer »päckchenorientierten Programmierung« führt, das vermögen wir allerdings noch nicht abzuschätzen.

17. 2. XSLT erzeugen

Eine erste Methode, in der mit XSLT eine besondere Art der Dynamik verbunden ist, ist sicherlich, das XSLT selbst komplett dynamisch zu erzeugen. Es ist damit nicht eine generische Programmierung gemeint, sondern ein Umgehen mit der Syntax und der XSLT-Technologie selbst, die in anderen Programmiersprachen grundsätzlich auch umgesetzt werden kann, die dort allerdings durch etwaige zusätzliche Kompilierung etc. schwerfällig, langsam und wenig zielführend wäre. Auch im XSLT-Bereich muss man natürlich die Anwendungsfälle suchen, in denen ein solches Vorgehen Sinn macht, bzw. es müssen überhaupt erst einmal bestimmte Voraussetzungen erfüllt sein, die einen XSLT-Generator als bessere Lösung erscheinen lassen als eine Änderung/Neu-Erstellung der Syntax von Hand. Uns geht es auch in diesem Abschnitt weniger darum, die konkreten Einsatzmöglichkeiten mit Projektbeispielen aufzulisten, sondern überhaupt dafür zu sensibilisieren, einen solchen Weg zu gehen.

17. 2. 1. Neu-Erzeugung aus XML Schema

Mit einem einfachen Beispiel, das allerdings dennoch relativ viel Quelltext erforderlich macht, zeigen wir zum einen den kreativen Umgang mit einem Standard wie XML Schema und zum anderen ein Beispiel für dynamisches XSLT. Normalerweise benötigt man XML Schema für die Modellierung von XML-Strukturen in planerischer Hinsicht. Das entstandene Modell kann dann später innerhalb der Anwendung auch für die Validierung von zu transformierenden/verarbeitenden XML-Daten zum Einsatz kommen. In dieser Hinsicht kann es selbstverständlich auch im folgenden Beispiel verwendet werden. Wir haben also noch keine Änderung an der Syntax durchgeführt, und auch der Einsatz für die Validierung bleibt erhalten. Allerdings verwenden wir die XML Schema-Datei auch noch dazu, um sie als Quelldatei für eine spezielle Transformation zu verwenden – nämlich für die Erzeugung von für dieses XML Schema zuständige XSLT-Anweisungen.

Das gesamte Beispiel ließe sich auch so umsetzen, dass man mehr von der allgemeinen Struktur der XML-Datei ausgeht und einige allgemeine Vorlagen entwickelt, die auf den Strukturen basieren und die gleiche Transformation durchführen. Allerdings ist per Annahme für dieses Beispiel überaus wichtig, dass am Ende eine XSLT-Datei entsteht, die eindeutig die Namen von Elementen und Attributen der Datei verwendet. Dies erleichtert die Lesbarkeit oder auch die Weiterverarbeitung der entstandenen Datei für andere oder anspruchsvollere Transformationen. Das Modell beschreibt eine einfache Erfolgsübersicht, die in dieser Form schon mehrfach in diesem Buch wie auch in anderen Büchern zum Einsatz kam. Sie enthält innerhalb des Wurzelelements `Erfolguebersicht` beliebige viele `Erfolg`-Elemente, die ihrerseits die Anzahl von `Gesamtkunden` und `Neukunden` sowie die `Stadt` und den `Monat` speichern, auf den sich die Kundenzahlen beziehen. Um die Syntax und damit auch die Verarbeitung in XSLT möglichst einfach zu halten, verwendet diese Datei einfachstes Babuschka-Design und überhaupt keine globalen Strukturen.

```
<?xml-stylesheet type="text/xsl" href="821_01.xslt"?>
<xs:schema xmlns:xs="http://www.w3.org/2001/XMLSchema"
elementFormDefault="qualified">
  <xs:element name="Erfolguebersicht">
    <xs:complexType>
      <xs:sequence>
        <xs:element name="Erfolg" maxOccurs="unbounded">
          <xs:complexType>
            <xs:sequence>
              <xs:element name="Gesamt" type="xs:string"/>
              <xs:element name="Neukunden" type="xs:string"/>
            </xs:sequence>
            <xs:attribute name="Stadt" type="xs:string"
                          use="required"/>
            <xs:attribute name="Monat" type="xs:string"
                          use="required"/>
          </xs:complexType>
        </xs:element>
      </xs:sequence>
    </xs:complexType>
```

```
    </xs:element>
</xs:schema>
```

Listing 17.1: 1721 _ 01.xsd – Einfache Umsatzübersicht

In Abbildung 17.1, die Attribute und Elemente zeigt, erkennt man ebenfalls sehr deutlich die einfache Struktur des Modells.

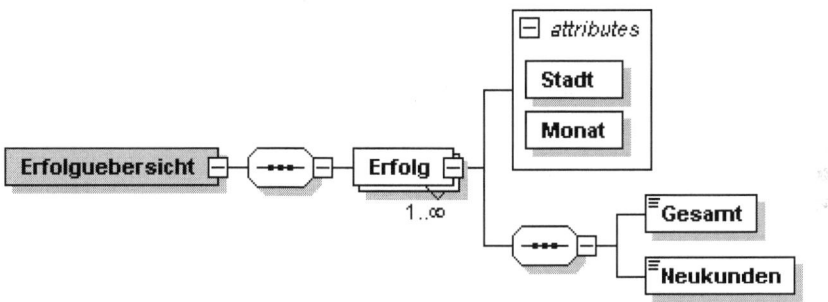

Abbildung 17.1: Baum-Struktur

Man strebt mit der nachfolgenden Transformationsdatei, die nicht einfache XML-Daten, sondern das gerade vorgestellte XML Schema verarbeiten soll, eine simple Ausgabe in Listenform an. Im Anschluss an dieses Beispiel finden Sie noch weitere Hinweise für anspruchsvollere Ziele als diese einfache Liste, doch die Syntax von XSLT ist zunächst an diesem einfachen Beispiel zu erklären, denn XSLT mit XSLT zu erzeugen ist noch um eine Stufe verwirrender als XML Schema-Dateien zu transformieren, um neue XML Schema-Dateien zu erzeugen.

Sie finden ein Beispiel für die Umwandlung von XML Schema-Dateien zur Verflachung von Hierarchien etc. im zweiten Band dieser Reihe.

Damit das gesamte Dokument verstanden wird, drucken wir es auch komplett ab, was normalerweise nicht der Fall ist. Innerhalb des Wurzelelements xsl:stylesheet befinden sich sowohl alle Namensräume wie auch die zusätzliche Anweisung `exclude-result-prefixes`, die verhindern soll, dass diese Namensraumangaben im HTML-Bereich im zu erzeugenden XSLT-Dokument erscheinen.

Die Ausgabe dieses Dokuments ist natürlich XML, weil XSLT ein spezieller und sehr nützlicher XML-Dialekt ist.

Es wäre nicht unbedingt notwendig, einen globalen Parameter für Elementnamen zu verwenden. Weil die XML Schema-Syntax unveränderlich ist und letztendlich nur auf die Angaben in solchen Attributen wie `name` oder `type` Bezug genommen wird, könnte gerade dieser Parameter bei dem vorgestellten XML Schema ausfallen. Man erreicht das Wurzelelement der aktuellen XML Schema-Datei über den Ausdruck `//xs:element[parent::xs:schema]`. Allerdings könnte es sein, dass verschiedene globale Elemente vorhanden sind, sodass bei einem XML Schema-Prozessor auch die Angabe des Wurzelelements notwendig ist, damit der Prozessor bzw. in diesem Fall die Transformation weiß, an welcher Stelle der Einsprungpunkt sein soll.

Danach folgen alle Angaben für das benötigte `xsl:stylesheet`-Element in der Zieldatei. Dies betrifft die Namensraumangaben, das `xsl:output`-Element sowie seine Attribute. Wir verwenden die etwas umständlichen Elemente `xsl:element` und `xsl:attribute`, um Elemente und Attribute zu erzeugen. Doch so kommen wir nicht in Konflikt mit den anderen Elementen aus dem `xsl`-Namensraum, müssen auch keinen neuen Namensraum angeben und können sehr deutlich in der Syntax sehen, was Ausgabe-XSLT und was Verarbeitungs-XSLT darstellt.

```
<xsl:stylesheet version="2.0"
    xmlns:xsl="http://www.w3.org/1999/XSL/Transform"
    xmlns:xs="http://www.w3.org/2001/XMLSchema"
    xmlns:fn="http://www.w3.org/2005/02/xpath-functions"
    xmlns:xdt="http://www.w3.org/2005/02/xpath-datatypes"
    exclude-result-prefixes="fn xdt xs">
<xsl:output method="xml" version="1.0" encoding="UTF-8"
            indent="yes"/>
<!-- Globale Parameter -->
<xsl:param name="Wurzel"/>
<!-- Startvorlage -->
<xsl:template match="/xs:schema/xs:element[parent::xs:schema]">
  <xsl:element name="xsl:stylesheet">
    <xsl:attribute name="version">2.0</xsl:attribute>
```

```
<xsl:namespace name="fn">http://www.w3.org/2005/02/xpath-
                      functions</xsl:namespace>
<xsl:namespace name="xdt">http://www.w3.org/2005/02/xpath-
                      datatypes</xsl:namespace>
<xsl:namespace name="xs">http://www.w3.org/2001/XMLSchema
</xsl:namespace>
<xsl:element name="xsl:output">
  <xsl:attribute name="method">html</xsl:attribute>
  <xsl:attribute name="version">1.0</xsl:attribute>
  <xsl:attribute name="encoding">UTF-8</xsl:attribute>
  <xsl:attribute name="indent">yes</xsl:attribute>
</xsl:element>
```

Listing 17.2: 1721 _ 01.xslt – Ausgabe der Ausgabe des Beginns

Im Anschluss an das Ausgabedokument folgt der in vielen Beispielen verwendete Kommentar `Startvorlage`. Zwar wird es nur eine Vorlage geben, doch wir haben ihn in den zurückliegenden Beispielen so oft ausgegeben, dass wir ihn auch einmal per XSLT erzeugen wollen. Hiernach schließt sich immer die Vorlage an, die als Erstes in der Transformation aufgerufen wird und beim Wurzelknoten und bisweilen auch beim Wurzelelement beginnt. Da eine XSLT-Datei zu erstellen ist, die HTML ausgeben soll (alles andere wäre vermutlich zu extrem gewesen), benötigen wir eine kurze Ausgabe bzw. eine Ausgabe der Ausgabe für den Seitentitel. Hier kann man schon erkennen, wie der Aufruf von XPath-Anweisungen aussieht, die nicht ausgeführt werden sollen: Sie befinden sich als einfache Zeichenketten im Dokument und werden genauso in den Ausgabestrom geschrieben.

```
<xsl:comment>Startvorlage</xsl:comment>
<xsl:element name="xsl:template">
  <xsl:attribute name="match"><xsl:value-of select="(,/',
                        $Wurzel)"/></xsl:attribute>
  <html>
    <head>
      <title>
        <xsl:element name="xsl:value-of">
          <xsl:attribute name="select">local-name(/*)
          </xsl:attribute>
        </xsl:element>
      </title>
```

```
</head>
<body>
```

Listing 17.3: 1721 _ 01.xslt – Ausgabe der HTML-Ausgabe

Innerhalb des `body`-Elements sollen dann die Verarbeitungsanweisungen für die einzelnen `Erfolg`-Elemente vorhanden sein. Wichtig ist hier, dass wir natürlich gerade nicht den Namen des `Erfolg`-Elements nennen, denn dann könnten wir genauso gut das Zieldokument unmittelbar verfassen. Stattdessen greifen wir in Form einer allgemeinen Vorlage auf die Strukturen zu und verarbeiten Kindelemente wie Attribute auf die gleiche Weise.

Die Attributdeklarationen sind nicht formatiert, weil keine Leerzeichen oder Zeilenumbrüche in den Ausgabestrom geschrieben werden sollen, die nur auf Basis der buchgerechten Formatierung entstanden wären.

Da in der XPath-Ausgabe die Attributachse komplett oder in Abkürzung auftauchen muss, ist es zudem notwendig, eine hässliche Fallunterscheidung für die beiden Aufrufe der Abkömmlinge unterzubringen, die die Lesbarkeit nicht sonderlich erhöht.

```
<xsl:for-each select="//xs:element
                         [count(ancestor::xs:element)=1]">
    <ul>
        <xsl:element name="xsl:for-each">
            <xsl:attribute name="select"><xsl:value-of se
lect="//xs:element[@name=$Wurzel]/descendant::xs:element[1]/@
name"/></xsl:attribute>
            <li>
                <xsl:for-each select="descendant::xs:element |
                             descendant::xs:attribute">
                    <xsl:variable name="Name" select="@name"/>
                    <xsl:element name="xsl:value-of">
                        <xsl:attribute name="select">(local-
name(<xsl:if test="local-name(.)='attribute'">@</
xsl:if><xsl:value-of select="$Name"/>),': ', <xsl:if test="local-
name(.)='attribute'">@</xsl:if><xsl:value-of select="$Name"/>, '
')</xsl:attribute>
```

```
                    </xsl:element>
                    </xsl:for-each>
                </li>
                </xsl:element>
            </ul>
            </xsl:for-each>
        </body>
        </html>
        </xsl:element>
    </xsl:element>
    </xsl:template>
</xsl:stylesheet>
```

Listing 17.4: 1721 _ 01.xslt – Ausgabe der Ausgabe

In der Ausgabe erhält man tatsächlich nicht nur eine XSLT-Datei, sondern darüber hinaus Verarbeitungsanweisungen, die speziell für die vom XML Schema modellierten Daten sind. Das Dokument ist leider nicht sehr komplex, was sich auch nachher in der Testausgabe widerspiegelt, doch soll dies nicht die Raffinesse der Vorgehensweise schmälern. Mithilfe einer XSLT-Datei, die eher mit allgemeinen Strukturen arbeitete und daher die üblichen Leseherausforderungen bot, hat man eine weitere XSLT-Datei erstellt, die auf einem XML Schema basiert und die Knoten wie Elemente und Attribute deutlich benennt und daher viel einfacher zu lesen ist.

```
<xsl:stylesheet xmlns:fn="http://www.w3.org/2005/02/xpath-func
tions"
                xmlns:xdt="http://www.w3.org/2005/02/xpath-
                        datatypes"
                xmlns:xs="http://www.w3.org/2001/XMLSchema"
                xmlns:xsl="http://www.w3.org/1999/XSL/Transform"
                version="2.0">
    <xsl:output method="html" version="1.0" encoding="UTF-8"
            indent="yes" />
    <!--Startvorlage-->
    <xsl:template match="/ Erfolguebersicht">
        <html xmlns="">
            <head>
                <title>
                    <xsl:value-of select="local-name(/*)" />
```

```
          </title>
        </head>
        <body>
          <ul>
            <xsl:for-each select="Erfolg">
              <li>
                <xsl:value-of select="(local-name(Gesamt),':
                                      ', Gesamt, ' ')" />
                <xsl:value-of select="(local-name(Neukunden),': ',
                                      Neukunden, ' ')" />
                <xsl:value-of select="(local-name(@Stadt),':
                                      ', @Stadt, ' ')" />
                <xsl:value-of select="(local-name(@Monat),':
                                      ', @Monat, ' ')" />
              </li>
            </xsl:for-each>
          </ul>
        </body>
      </html>
    </xsl:template>
  </xsl:stylesheet>
```

Listing 17.5: 1721 _ 01.xslt – Erzeugtes XSLT

Mit dem nachfolgenden Dokuments lässt sich dann die erzeugte XSLT-Datei testen. Zwar erkennt man schon an der einfachen Syntax, dass vermutlich kein Fehler auftreten wird, doch die Verdrehung des Gehirns bei der Erstellung von XSLT-Dateien, die selbst wieder XSLT-Dateien verarbeiten, ist schon mit dem Wort »akrobatisch« nicht mehr ganz richtig beschrieben. Der Teufel steckt auch hier wieder einmal im Detail und erfordert Fingerspitzengefühl und Erfahrung. Nichtsdestoweniger lassen sich nun für viele Dokumente gleichen Aufbaus und gleicher Verarbeitung entsprechende XSLT-Dateien en masse erzeugen, die ihrerseits wiederum sehr einfachen Aufbaus sind.

```
<Erfolguebersicht xmlns:xsi="http://www.w3.org/2001/XMLSchema-
instance" xsi:noNamespaceSchemaLocation="821_01.xslt">
  <Erfolg Stadt="Essen, Ruhr" Monat="1">
    <Gesamt>1</Gesamt>
    <Neukunden>1</Neukunden>
  </Erfolg>
```

636

```
<Erfolg Stadt="Gelsenkirchen" Monat="1">
  <Gesamt>1</Gesamt>
  <Neukunden>1</Neukunden>
</Erfolg>
...
```

Listing 17.6: 1721 _ 01.xslt – XML-Daten

Die Ausgabe ist – wie schon vorsichtig angedeutet – sehr einfach, aber eine eingefügte Tabelle hätte den Quelltext unnötig durch die vielen HTML-Bausteine verlängert.

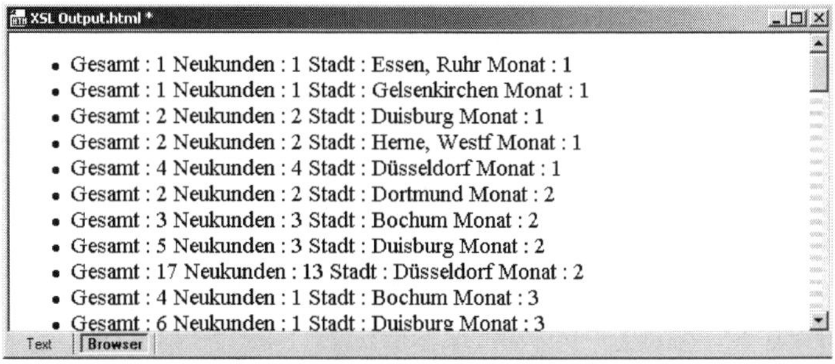

```
XSL Output.html *                                        _ □ x
    • Gesamt : 1 Neukunden : 1 Stadt : Essen, Ruhr Monat : 1
    • Gesamt : 1 Neukunden : 1 Stadt : Gelsenkirchen Monat : 1
    • Gesamt : 2 Neukunden : 2 Stadt : Duisburg Monat : 1
    • Gesamt : 2 Neukunden : 2 Stadt : Herne, Westf Monat : 1
    • Gesamt : 4 Neukunden : 4 Stadt : Düsseldorf Monat : 1
    • Gesamt : 2 Neukunden : 2 Stadt : Dortmund Monat : 2
    • Gesamt : 3 Neukunden : 3 Stadt : Bochum Monat : 2
    • Gesamt : 5 Neukunden : 3 Stadt : Duisburg Monat : 2
    • Gesamt : 17 Neukunden : 13 Stadt : Düsseldorf Monat : 2
    • Gesamt : 4 Neukunden : 1 Stadt : Bochum Monat : 3
    • Gesamt : 6 Neukunden : 1 Stadt : Duisburg Monat : 3
Text   Browser
```

Abbildung 17.2: Ausgabe in HTML

17. 2. 2. Allgemeiner Programmaufbau

Bei all diesen Konstruktionen reicht natürlich eine Entwicklungsumgebung alleine nicht aus,
um sich das gesamte Produkt vorzustellen. Dies gilt für den nächsten Abschnitt umso mehr,
in dem sogar eine Datenbank zum Einsatz kommt, in der Syntax-Päckchen abgespeichert
und dynamisch zusammengefügt werden. Man kann zwar die grundlegenden Bestandteile einer solchen Anwendung ausprogrammieren und auch in Ansätzen testen, doch das
Zusammenspiel der einzelnen Komponenten lässt sich nur mithilfe einer Programmumge-
bung testen, die die einzelnen Schritte automatisiert, die man in der Entwicklungsumgebung ausgeführt hat. Dies umschließt:

1. Laden der XML Schema-Datei und ihre Verarbeitung zu einer neuen XSLT-Datei in Form
    einer ersten Transformation

2. Verarbeiten der XML-Daten mithilfe der erzeugten XSLT-Datei

3. Anzeige, Speicherung der erzeugten Daten

Dies wäre ein sehr einfacher Programmaufbau, bei dem jedes Mal auf Basis einer sich ändernden XML Schema-Datei zunächst eine neue XSLT-Datei generiert wird. Diese würde dann jeweils ganz backofenfrisch (prozessorfrisch sozusagen) zur Verarbeitung der eigentlich interessierenden XML-Daten zum Einsatz kommen. Dies ist mit Sicherheit nicht die beste Lösung, weil sich die XML Schema-Datei mit Sicherheit nicht täglich oder bei jedem neuen Aufruf ändert und möglicherweise die doppelte Transformation mehr Zeit kostet als unbedingt nötig.

Eine Alternative bestünde darin, dass man ein ganzes Verwaltungssystem für die XML Schema-Dateien entwickelt. Neue XML Schema-Dateien bzw. Änderungen an bestehenden Dateien müssten automatisch erkannt werden, um dann dynamisch eine bereits bestehende Datei auszuwählen und die von ihr abgeleitete XSLT-Datei zu verwenden oder um zunächst eine völlig neue XSLT-Datei zu erzeugen. Dies ließe sich dann auch wieder bei Interesse datenbankgestützt oder – wenn es nicht gleich darum geht, riesige Dateistrukturen zu verwalten – auch in einer immer aktuell gehaltenen XML-Datei verwalten.

Man erkennt an diesen kurzen Überlegungen, dass die Arbeit, die innerhalb des XML-Baukastens der Anwendung ausgeführt wird, tatsächlich nur eine Art Blackbox ist. In ihm passiert etwas, das in einer Entwicklungsumgebung für XML durchaus völlig transparent ist und dort auch getestet und vor allen Dingen entwickelt und verbessert werden kann, das aber von der aufrufenden Umgebung aus völlig opak ist. Hier ist es oftmals schwierig, den Gesamtzusammenhang im Auge zu behalten, wenn man sich gedanklich mehr mit der XML-Umwandlung beschäftigt oder hauptsächlich diesen Baustein der Anwendung im Blick hat. Es ist unbedingt nötig, zwischen der Blackbox der XML-Verarbeitung, die in diesem Beispiel ja auch an mehreren Stellen Verwendung findet, und der verwaltenden, äußeren Umgebung zu unterscheiden. Es ist natürlich weder zweckmäßig, eine gesamte XML Schema-Versionierungsverwaltung mit Ein- und Auscheckmöglichkeiten sowie Benutzeranmeldung zu entwickeln, wenn es letztendlich durch hohe Prozessorgeschwindigkeit, geringe Datenmenge oder sonstigen Gründen überhaupt völlig problemlos wäre, jedes Mal eine neue XSLT-Datei aus einem XML Schema zu erzeugen und diese dann zu verwenden.

Dies alles sind jedoch Herausforderungen und Planungen, die von den Verantwortlichen der Umgebung gemeistert werden müssen und daher allgemeine Aspekte der Anwendungsentwicklung betreffen. Letztlich interessant ist im Zusammenhang mit XML nur der Umstand, dass man bei XML tatsächlich eine Blackbox besitzt, die man für sich genommen als Baustein bearbeiten kann, ohne mit der aufrufenden Umgebung in Bezug zu treten. Diese kümmert sich ausschließlich um die aufzurufenden Dateien (XML, XML Schema, XSLT/XSL-FO sowie möglicherweise auch andere Formate oder spezielle XML-Formate), den Rückgabewert (Zeichenkette, Datei) und mögliche globale Parameter der Transformation. Innerhalb einer Entwicklungsumgebung lässt sich diese Box relativ gut simulieren. Die meisten Handgriffe, die innerhalb der IDE umgesetzt werden, müssten sich in irgendeiner Art und Weise auch in der Umgebung wiederfinden und automatisiert ablaufen.

Durch diese Blackbox ist es daher auch möglich, dass wir als Berater Hilfestellung bei beliebigen XML-Projekten geben können, solange es um XML selbst geht. Es ist völlig unnötig, dass man immer die Programmiersprache der aufrufenden Umgebung beherrscht. Wenn die Anwendung eigentlich in Beta++ programmiert werden soll, ist lediglich mit entsprechendem Fachpersonal herauszufinden, ob und wie in Beta++ der XSLT-Prozessor gestartet und verwendet wird bzw. ob es auch einen XML Schema-Prozessor gibt oder wie man externe Prozessoren über Java etc. ansprechen könnte. (In diesem Fall wäre es auch wieder ein Java-Problem, was die gesamte Arbeit mit Beta++ ohnehin sehr vereinfachen würde ...) Programmierer, die ansonsten gut mit ihrer Sprache umgehen könnten, sollten in der Lage sein, mit entsprechender Schulung oder auch einem einfachen Ausgangsbeispiel XSLT in ihrer Sprache zu verwenden. Allerdings muss die Blackbox sinnvoll und sorgfältig geplant in die gesamte Architektur eingebaut werden, was insbesondere bei den Techniken, die wir in diesem Kapitel vorstellen, von größter Bedeutung ist.

Die eigentliche Entwicklung in XSLT, das Testen und Entwickeln der einzelnen Bestandteile lässt sich dann auch von Kollegen durchführen, die mit Beta++ keine Erfahrung haben, sondern vielleicht auch nur XML-Technologien beherrschen, weil nur die Schnittstellen und die Formate der Ein- und Ausgabedaten bekannt und geplant sein müssen.

Die beiden Umstände, dass der XML-Baustein als Blackbox zu verstehen ist und die Handgriffe innerhalb der Entwicklungsumgebung größtenteils durch eine aufrufende Umgebung umgesetzt werden müssen, ist auch beim nächsten umfangreichen Abschnitt zu beachten. Hier ist zunächst nur eine erste Transformation nötig, dann allerdings greift man sogar auf eine Datenbank zurück. Gerade an diesem Beispiel erkennt man, dass es möglich ist, die Blackbox wie ein Puzzlespiel zu zerlegen und dann selbst wieder für seine Verwendung (Transformation, Validierung) vorab zusammenzusetzen.

17. 3. XSLT zusammensetzen

In den vorherigen Ausführungen hatten wir bereits angemerkt, dass man durchaus kritisch betrachten muss, dass möglicherweise ein XML Schema oder – ganz allgemein – die Quelle der Transformationsdatei sich gar nicht so häufig ändert, als dass eine regelmäßige Neuerstellung der XSLT-Daten notwendig ist. Sollte dies nur in Maßen der Fall sein, dann haben wir in diesem Abschnitt eine prozessorschonende Alternative, in der wir das XSLT entweder aus Dateien oder im Rahmen einer Datenbankabfrage zusammensetzen.

17. 3. 1. Grundlagen

Im vorherigen Abschnitt drehte sich alles darum, dass das XSLT komplett neu erzeugt wurde. In diesem Abschnitt dagegen soll gezeigt werden, wie man aus vorhandenen XSLT-Päckchen neue bzw. benötigte XSLT-Dateien zusammensetzt. In Tabelle 17.1 sind beide Grundtechnologien zusammengefasst.

Kategorie	Neuerstellung	Zusammensetzen
Speicherort	Es ist kein Speicherort vorhanden. Die Daten werden auf Basis einer externen Informationsquelle neu erstellt.	Die Päckchen liegen in einzelnen Dateien oder in einer Datenbank.
Grundprinzip	XSLT generiert neues XSLT, das dann für eine Transformation zur Verfügung steht.	XSLT oder eine andere Sprache setzt neues XSLT zusammen, das dann für eine Transformation zur Verfügung steht.
Aufbau	XML Schema kann Datenstrukturen beschreiben, die dann mithilfe von allgemeinen Vorlagen umgewandelt werden. Alternativ kann es auch Zusatzinformationen geben, die die Ausgabe (Tabelle, Liste, Summenbildung etc.) steuern.	Für Textdateien stehen die einfachen Techniken der dateibasierten Auslagerung zur Verfügung. Für den Datenbank-Einsatz müssen die Päckchen zunächst gespeichert und dann bei Bedarf durch eine Abfrage zusammengesetzt werden.

Tabelle 17.1: Vergleich der Techniken von dynamischem XSLT

Es ist nicht zu verhindern, dass man für die Vorführung des Themas »dynamisches XSLT« mit jedem noch so kleinen Beispiel doch relativ viel Quelltext produzieren muss, damit überhaupt der Grundaufbau verständlich wird. Wir haben uns für diesen Abschnitt eine

Kundenliste überlegt, in der auf der einen Seite ein wiederholendes Element Kunde auftritt, die auf der anderen Seite auch zwei nur jeweils einmal auftretende Kindelemente Name und Adresse besitzt. Das Beispiel ist zudem in seiner Thematik so einfach, dass man auch ohne ständigen Blick in die Schema-Übersicht durchaus nachvollziehen kann, dass das Element Vorname höchstwahrscheinlich eher einem Element Name als einem anderen Element zuzuordnen ist.

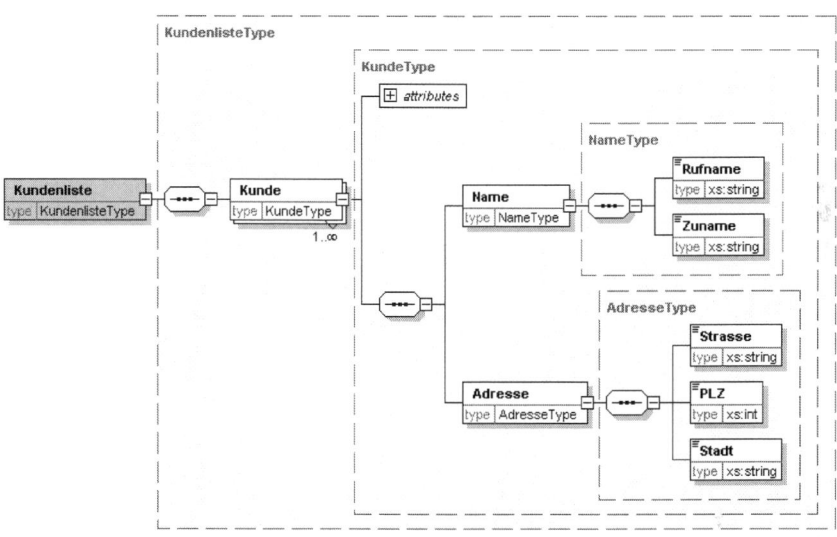

Abbildung 17.3: Modell einer Kundenliste

Einen Kunden haben wir im folgenden Quelltextausschnitt angegeben. In der Datei 831 _ 01.xslt findet man eine einfache Verarbeitung innerhalb einer einzigen Datei ohne die Bestandteile, die in diesem Abschnitt in den Anwendungsaufbau integriert werden.

```
<Kundenliste xmlns:xsi="http://www.w3.org/2001/XMLSchema-instance"
xsi:noNamespaceSchemaLocation="221_01.xsd">
  <Kunde Nr="235" Anrede="Frau" Beginn="04.10.03">
    <Name>
      <Rufname>Verena</Rufname>
      <Zuname>Fiegert</Zuname>
    </Name>
```

```
<Adresse>
  <Strasse>Universitätsstr. 40</Strasse>
  <PLZ>47051</PLZ>
  <Stadt>Duisburg</Stadt>
</Adresse>
</Kunde>
...
```

Listing 17.7: 1731 _ 01.xml – Kundenliste

Bei einer möglichen Verarbeitung kommt das Dokument wie in Abbildung 17.4 in HTML heraus.

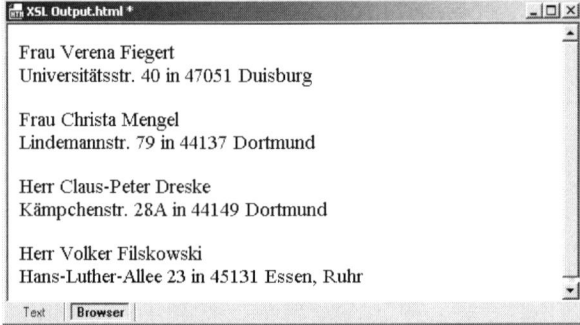

Abbildung 17.4: Ausgabe nach der Verarbeitung

Neben diesen mehr pädagogischen und präsentatorischen Gesichtspunkten ist für die Verwendung von dynamischen XSLT immer wichtig, dass man sich vollständig der Philosophie der Syntax-Päckchen hingibt. Natürlich ist es syntaktisch und technisch möglich, einen umfangreichen XML Schema-Prozessor oder einen ebenfalls umfangreichen XSLT-Generator zu entwerfen, doch hilft die Beschneidung der möglichen Syntaxstrukturen dabei, die Anwendung sicher zu entwickeln und nicht plötzlich vor einem Scherbenhaufen zu stehen. Eine solche Beschneidung der Syntax fokussiert besonders die Auswahl von einfachen Päckchen.

Der Begriff des Päckchens ist ja weitestgehend losgelöst von der Syntax. Bei XSLT ist es durchaus einsichtig oder einfach nachzuvollziehen, dass ein Päckchen eher eine einzige Vorlage als gar ein Vorlagenverbund ist. Allerdings könnte es hier Schwierigkeiten geben, wenn eine Vorlage andere Vorlagen aufruft oder eine Ausgabe über Parameter gesteuert wird und daher mal die eine oder andere Vorlage aufruft. Dieser Vorlagenverbund könnte dann auch ein einzelnes Päckchen sein, obwohl eigentlich unter einem Päckchen eine einzige Vorlage verstanden wird. Für unser Beispiel nehmen wir daher vereinfachend an, dass wir tatsächlich eine 1:1-Beziehung zwischen Päckchen und Vorlage besitzen. Sonstige Herausforderungen und interessante Programmaufbauten, die sich durch Vorlagenkombinationen wie bei der Klassenmodellierung in Programmiersprachen ergeben, wollen wir nicht betrachten.

Noch schwieriger stellt sich diese Abgrenzung für XML Schema. Hier können derart viele Päckchen erkannt werden, dass eine Vereinfachung der Syntax bzw. eine Festlegung, was als Päckchen zu verstehen ist, sehr nützlich und einfach ist. Ansonsten dreht sich nämlich innerhalb der Anwendung ein zu großer Anteil um das XML Schema, das für das Thema XSLT nun auch keine wichtigere Rolle spielen kann als die XSLT-Päckchen selbst. Es macht nur Sinn, die XSLT-Vorlagen/Päckchen mit den Strukturen in XML Schema insoweit abzustimmen, als dass die jeweilige Entwicklung quasi parallel gesehen wird und daher eine höhere Anwendungsqualität erreicht werden kann. Dies alles muss sich natürlich einer guten Modellierung unterordnen. Sollten hier in irgendeiner Weise Schwierigkeiten auftreten oder Vereinfachungen für die Anwendung dazu führen, dass ungünstige Modellierungen oder gar unschöne Syntax-Umwege für XML Schema auftreten und daher die Modellierung schwer pflegbar wird, muss man ganz andere Wege gehen. Der einfachste dieser anderen Wege wäre, das XML Schema wieder in einer umfassenden Datei zu erstellen und beispielsweise weder dateibasiert (was ohnehin oft unnütz ist) noch aus einer Datenbankabfrage heraus zu erstellen. Für unser Beispiel dagegen beschränken wir uns darauf, dass ein Päckchen in XML Schema ein globaler komplexer Typ ist. Er hat den Vorteil, dass man später immer noch Änderungen durch Ableitungen vornehmen kann und er wie die einfachen Datentypen ebenfalls als Datentyp verwendet wird. Lediglich ein globales Element ist daher auf der obersten Ebene erlaubt, das das Wurzelelement deklariert.

17. 3. 2. Dateien verbinden

Die einfachste Möglichkeit, XSLT-Quelltext dynamisch zusammenzusetzen, besteht darin, die XSLT-eigenen Techniken für dateibasierte Auslagerung und Wiederverwendung bzw. die document-Funktion zu benutzen. Neue Syntax kann also in diesem Abschnitt nicht präsentiert werden. Lediglich der allgemeine Programmaufbau muss für die Zusammensetzung optimiert werden. Was die Verwendung der document-Funktion anbetrifft, muss natürlich noch ein Zusatzschritt in der Verarbeitung ausgeführt werden, da ja der eingebundene Quelltext auch ausgeführt werden soll.

→ **Dateibasierte Auslagerung und Wiederverwendung**

Es sind zwei unterschiedliche Möglichkeiten der dateibasierten Auslagerung vorhanden:

- Bei der *Einbindung*[1] handelt es sich um einen Vorgang, der die Inhalte einer externen Datei wie bei einem Kopiervorgang über die Zwischenablage in den Quelltext einfügt. Da zudem das `xsl:include`-Element überall als Element der obersten Ebene erscheinen darf – d. h. auch zwischen `xsl:template`-Elementen –, kann man über die Position bestimmen, ob bei konkurrierenden Vorlagen die eingebundenen oder die lokal vorhandenen ausgeführt werden. Das `xsl:include`-Element tritt stets als leeres Element irgendwo auf der obersten Ebene auf. Es darf niemals innerhalb von z. B. `xsl:template`-Elementen erscheinen. Allerdings ist seine genaue Position auf der obersten Ebene tatsächlich egal. Vielmehr regelt man die Priorität der eingebundenen Vorlagen über die Positionierung.

  Die allgemeine Syntax lautet:

  ```
  <!-- Kategorie: Deklaration -->
  <xsl:include
    href = uri-reference />
  ```

- Beim *Import*[2] handelt es sich um eine Einbettung von externen Vorlagen, die stets eine geringere Priorität haben als lokal vorhandene Vorlagen. Neben dieser allgemeinen Regelung erkennt man diesen sehr speziellen Umstand auch daran, dass das `xsl:import`-Element an keiner anderen Stelle stehen darf als an erster Stelle aller Elemente der obersten Ebene. Dies bezieht sogar das `xsl:output`-Element mit ein, das ebenfalls den Importanweisungen folgen muss.

  Die allgemeine Syntax lautet:

  ```
  <!-- Kategorie: Deklaration -->
  <xsl:import
    href = uri-reference />
  ```

Normalerweise würde man beide Techniken nur dann verwenden, wenn man für eine bestimmte Datenstruktur die passende Verarbeitung bereits in einer anderen Datei umgesetzt hat und genau diese Verarbeitung erneut zum Einsatz kommen kann. Prinzipiell

---

1 Vgl. XSL Transformations (XSLT) Version 2.0, W3C Recommendation 23 January 2007, Abschnitt 3.10.2 Stylesheet Inclusion unter http://www.w3.org/TR/xslt20/#include.
2 Vgl. XSL Transformations (XSLT) Version 2.0, W3C Recommendation 23 January 2007, Abschnitt 3.10.3 Stylesheet Import unter http://www.w3.org/TR/xslt20/#import.

stellen wir an dieser Stelle nichts anderes vor, allerdings ist dies noch philosophisch angereichert, weil tatsächlich die gesamte Verarbeitung päckchenweise in verschiedenen Dateien organisiert ist.

Anstelle also nur zufällig oder geplante wiederverwendbare XSLT-Dateien einzubinden, besteht die vorliegende Datei nur aus Datei-Aufrufen. Dies ließe sich entweder so fest als Datei vorgeben, wie wir es gerade getan haben. Dann wäre es ein wenig trivial, weil das nur eine besonders ausgedehnte Nutzungsform des Einbindevorgangs wäre. Es ist jedoch eine Überlegung wert, eine solche überaus simple XSLT-Datei ebenfalls zu generieren. Man kann dann weiterhin die verschiedenen Varianten und Besonderheiten der einzelnen Verarbeitungsanweisungen in einzelnen XSLT-Dateien erledigen und auch mit einzelnen XML-Bruchstücken testen, doch die Datei, die letztendlich als erste vom Prozessor aufgerufen wird, ist diese sehr kurze Datei mit allerhand Einbindungsvorgängen.

```
<xsl:stylesheet version="1.0" xmlns:xsl="http://www.w3.org/1999/
XSL/Transform">
    <xsl:output method="html" version="1.0" encoding="ISO-8859-1"
            indent="yes"/>
    <xsl:include href="kundenliste.xslt"/>
    <xsl:include href="kunde.xslt"/>
    <xsl:include href="name.xslt"/>
    <xsl:include href="adresse.xslt"/>
</xsl:stylesheet>
```

Listing 17.8: 1732 _ 01.xslt *– Einbinden von externen Dateien*

Dabei ist die Datei bzw. die gesamte Architektur streng nach dem XML Schema organisiert. Das einzige globale Element im XML Schema deklariert das Wurzelelement Kundenliste. Im Anschluss daran folgen nur noch globale komplexe Typen, in denen verschiedene Elemente deklariert werden, die wiederum globale komplexe Typen im type-Attribut aufrufen. Dies erzwingt eine sehr einfache Struktur in der Regeldatei, aus der man für eine größere Anwendung entweder für sich selbst oder für Projektmitarbeiter Arbeitsaufträge entwickeln kann. XML-Bruchstücke, die zu globalen komplexen Typen passen, dienen als Testdaten. Die Modellierung stammt aus den globalen komplexen Typen, zu denen man passende XSLT-Vorlagen/Päckchen entwickeln kann. Alles lässt sich dann auch wiederum innerhalb einer Entwicklungsumgebung stückweise testen und nachher zusammensetzen.

```
<xs:schema xmlns:xs="http://www.w3.org/2001/XMLSchema"
        elementFormDefault="qualified">
```

```
<xs:element name="Kundenliste" type="KundenlisteType"/>
<xs:complexType name="KundenlisteType">
  <xs:sequence>
    <xs:element name="Kunde" type="KundeType"
                maxOccurs="unbounded"/>
  </xs:sequence>
</xs:complexType>
...
```

Listing 17.9: 1731 _ 01.xsd – Auszug XML Schema-Datei

Ein Blick in eine der vier benötigten XSLT-Dateien, in denen jeweils eine Vorlage enthalten ist, zeigt, dass sich für den ausgewählten XML-Abschnitt nicht nur für die Modellierung, sondern natürlich auch für die Transformation ein in sich geschlossener Bereich ergibt. Hier wird mithilfe des Ping-Pong-Spiels nach einer passenden Vorlage für das Element Kunde gesucht. Jede Vorlage schaut also im einfachsten Programmaufbau nur immer eine Ebene weiter bis zu den eigenen Kindern. Sollten diese wiederum Kinder enthalten, dann rufen sie im XML Schema einen globalen komplexen Typ auf und benötigen daher eine eigene Vorlage bzw. eine eigene Päckchen-Datei.

```
<xsl:stylesheet version="1.0" xmlns:xsl="http://www.w3.org/1999/
XSL/Transform">
  <xsl:output method="html" version="1.0" encoding="UTF-8"
              indent="yes"/>
  <!-- Vorlage für Kundenliste -->
  <xsl:template match="/Kundenliste">
    ...
        <xsl:apply-templates select="Kunde"/>
    ...
  </xsl:template>
</xsl:stylesheet>
```

Listing 17.10: kundenliste.xslt – Vorlage für Element Kundenliste

Dieses Prinzip kann in Ausnahmefällen unterbrochen werden, wobei sich dies natürlich auch wieder in der Modellierung widerspiegeln müsste. Sollte also einmal ein Element mit Kindeskindern in einer einzigen Vorlage verarbeitet werden, dann müsste dies auch in einem einzigen globalen komplexen Typ modelliert werden. Nur dann, wenn sich ungünstige Modellierungen ergeben oder man wegen solcher Vereinfachungen auf Wiederverwendungsmöglichkeiten verzichtet, ist es erforderlich, sich für oder gegen die Beibehaltung des vereinfachenden Prinzips zu entscheiden und es nicht blind fortzuführen. Dies sind allerdings alles Überlegungen, die sich im konkreten Einsatzfall ergeben und hier nicht allgemein und philosophisch diskutiert werden sollen. Es wird jedoch immer eine passende Lösung geben. Wichtig ist nur, eine gute und wohlüberlegte Planung der Software zu haben – aber das ist ja immer so.

Aus Platzgründen und weil die Inhalte der einzelnen Vorlagen nicht sonderlich raffiniert sind, sondern lediglich die XML-Daten strukturiert ausgeben und hier und da einen Absatz oder ein Leerzeichen einfügen, verzichten wir auf einen vollständigen Abdruck aller eingebundenen Vorlagen. Stattdessen zeigen wir nur alle vier Vorlagendateien in der Entwicklungsumgebung direkt nebeneinander, um einen Eindruck vom Grundaufbau zu geben.

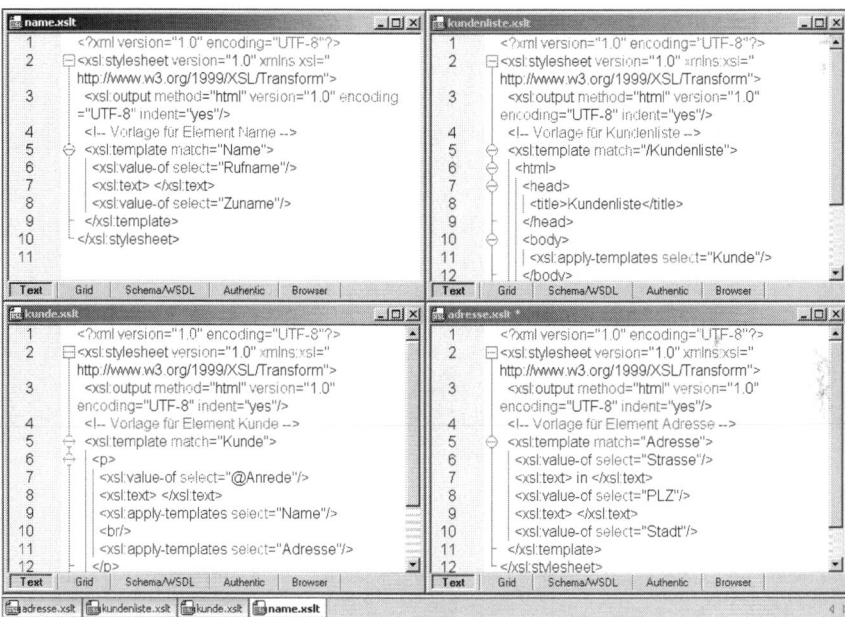

Abbildung 17.5: Individuelle Dateien für einzelne Päckchen/Vorlagen

Zum Schluss wollen wir uns noch einmal mit dem Grundaufbau einer solchen Anwendung beschäftigen. Einen einfachen Fall haben wir hier vorgeführt. Er basiert auf einer festen XSLT-Datei, in der unterschiedlich andere XSLT-Dateien verknüpft sind und dann zur Laufzeit aufgerufen werden. Lediglich die Tatsache, dass man konsequent auslagert und wiederverwendet und sich dabei die Syntax von XML Schema für die Planung der XSLT-Dateien zunutze macht, ist hier als besonders bemerkenswert hervorzuheben. Es ist allerdings noch kein besonders dynamischer Aufbau, weil die Zusammensetzung selbst statisch ist und nur die für die einzelnen XML-Daten/XML Schema-Päckchen zuständigen XSLT-Dateien/Päckchen fest verdrahtet in der Basis-XSLT-Datei vorliegen. Der dynamische Teil dieser Architektur liegt auf Seiten der XSLT-Päckchen, die losgelöst voneinander bearbeitet werden können und dann auch in diversen Basis-Dateien ihre Wirkung entfalten.

Ein dynamischer Aufbau, der auch die Basis-XSLT-Datei in die Dynamik einschließt, besteht dagegen genau aus einer Erzeugung der Basis-XSLT-Datei. Dies kann anhand von Programmerfordernissen innerhalb der aufrufenden Umgebung genauso erfolgen wie durch eine Datenbankabfrage.

- In Form einer Fallunterscheidung ließe sich in der aufrufenden Umgebung ermitteln, welcher grundsätzliche Datentyp (Berichtsarten, Dokumentvorlagenarten, Detaillierungsgrad etc.) für die Verarbeitung vorliegt, um dann anhand von entsprechenden Parametern die benötigten Päckchen zusammenzusetzen.

- Die verschiedenen Kombinationen von Vorlagen, die ja auch in unterschiedlichen Varianten der Verarbeitung gleicher Daten vorliegen können, sind strukturiert in einer Datenbank gespeichert. Eine Abfrage wählt anhand von Eingabewerten aus, welche Art von Daten vorliegt und welche Art Vorlagen/Verarbeitungsweisen benötigt werden. Diese sind dann zwar auch in der Datenbank fest gespeichert, können aber losgelöst von der Anwendung bearbeitet werden bzw. auch um zusätzliche Angaben erweitert werden, ohne dass dies die einzelnen Dateien betreffen muss. Die Dateien liegen dann im Dateisystem und werden über ihren Namen in der Datenbank referenziert. Das Ergebnis der Abfrage ist dann die XSLT-Basis-Datei.

Alle diese Architekturen sind mit beliebigen Programmiersprachen zu lösen und entfernen sich grundsätzlich vom eigentlichen Thema XSLT. Wir hoffen, dass die Hinweise bildhaft genug sind, damit Sie sich in den von Ihnen eingesetzten Programmiersprachen eine Beispielanwendung vorstellen können. Es lassen sich solche Anwendungen mit allen Sprachen realisieren. Teilweise genügt es sogar, nur Möglichkeiten der Datei- oder Zeichenkettenverarbeitung zu verwenden. Es ist lediglich wichtig, dass ein XSLT-Prozessor benutzt werden kann, aber ohne dieses Werkzeug klappt ohnehin die gesamte Technologie nicht einmal für das Hallo-Welt-Beispiel.

→ **Externe Dokumente laden**

Als Alternative kann man auch mit XSLT wiederum eine neue XSLT-Datei generieren. Dabei besteht allerdings die Erzeugung eher aus einer Zusammensetzung bereits bestehender anderer XSLT-Vorlagen. Daher haben wir die Lösung mithilfe der `document`-Funktion auch in diesem Abschnitt platziert. Zunächst benötigt man eine Datei, in der die verschiedenen benötigten Päckchen referenziert werden. Analog zu der vorherigen XSLT-Datei mit verschiedenen `xsl:include`-Anweisungen haben wir hier eine gleich aufgebaute Datei, in der die verschiedenen Dateien ebenfalls über ihre Namen referenziert werden. Ob die Elementnamen unbedingt in einer tatsächlichen Anwendung auftauchen sollten, sei dahingestellt. Sie sind möglicherweise nicht ganz ernst zu nehmen, sondern verdeutlichen die Päckchen-Philosophie.

```
<paeckchenstruktur>
  <ausgabe typ="uebersichtsliste"/>
  <paeckchen name="kundenliste.xslt"/>
  <paeckchen name="kunde.xslt"/>
  <paeckchen name="name.xslt"/>
  <paeckchen name="adresse.xslt"/>
</paeckchenstruktur>
```

Listing 17.11: 1732 _ 02.xml – Datei mit Referenzen auf Päckchen

In einer speziellen XSLT-Datei, die die Päckchenstruktur verarbeitet, soll nun eine für die eigentliche Transformation der XML-Kundendaten benötigte XSLT-Datei erstellt werden. Dabei wird weitestgehend kein neues XSLT generiert, sondern lediglich aus den bereits vorhandenen XSLT-Dateien zusammengesetzt. Es findet also ein Kombinationsvorgang statt, der mithilfe der `document`-Funktion einfach externe XSLT-Dateien öffnet und ihr `xsl:template`-Element in den Ausgabestrom schreibt.

```
<xsl:stylesheet version="1.0" xmlns:xsl="http://www.w3.org/1999/
XSL/Transform">
  <xsl:template match="/paeckchenstruktur">
    <xsl:element name="xsl:stylesheet">
      <xsl:attribute name="version">1.0</xsl:attribute>
      <xsl:element name="xsl:output">
        <xsl:attribute name="method">html</xsl:attribute>
        <xsl:attribute name="version">1.0</xsl:attribute>
```

17

```
            <xsl:attribute name="encoding">UTF-8</xsl:attribute>
            <xsl:attribute name="indent">yes</xsl:attribute>
        </xsl:element>
        <xsl:for-each select="paeckchen">
            <xsl:copy-of select="document(@name)/xsl:stylesheet/
                            child::*[local-name(.) != 'output']"/>
        </xsl:for-each>
      </xsl:element>
    </xsl:template>
</xsl:stylesheet>
```

Listing 17.12: 1732 _ 02.xslt – Zusammensetzen einer XSLT-Datei

Als Ergebnis erhält man eine XSLT-Datei, die aus mehreren nicht verbundenen Dateien zusammengesetzt wurde und nun für die eigentliche Transformation bereitsteht. Um die Struktur anzugeben, haben wir ein Bild der Grid-Ansicht aus XMLSpy® gemacht und eingefügt. Es zeigt, dass als Endergebnis tatsächlich eine ganz gewöhnliche, auch physisch greifbare Datei oder wenigstens seine Zeichenkette entstanden ist. Dies steht im Gegensatz zur Verwendung von Einbettungen, weil hier nur virtuell und im Zwischenspeicher XSLT zusammengesetzt wird, ohne dass man die Möglichkeit hätte, es abzuspeichern.

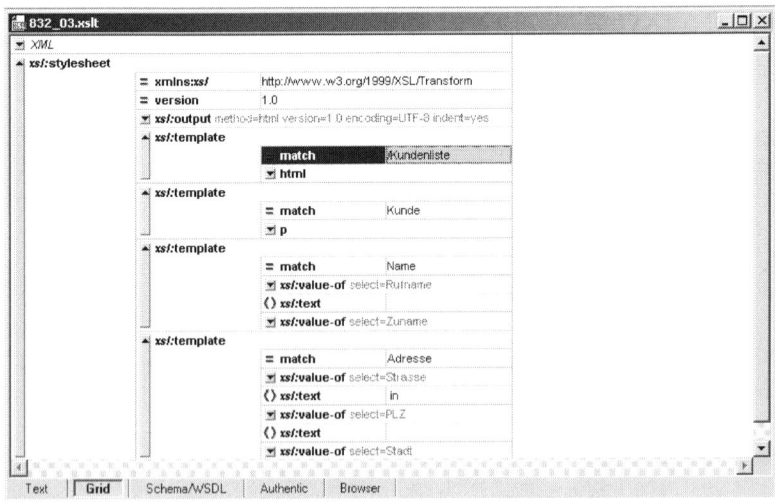

Abbildung 17.6: Struktur der erzeugten XSLT-Datei

17. 3. 3. Datenbank-Einsatz

Eine zweite Variante, fertiges XSLT zusammenzusetzen, besteht darin, eine Datenbank zu nutzen. Dies ist insoweit auf der einen Seite wenig verwunderlich, da man anstelle eines Dateisystems in vielen Fällen besser eine Datenbank nutzen sollte. Das gilt besonders für die Fälle, in denen man einzelne atomare Werte nicht in Tausenden von Textdateien einzeln speichern möchte, sondern strukturiert z. B. mit SQL zugreifen möchte. Auf der anderen Seite ist dies allerdings dennoch etwas wundersam, weil man für gewöhnlich keinen Quelltext in eine Datenbank speichert und nachher wieder für die Ausführung zusammensetzt. Bei einer Sprache, die vor ihrer Ausführung zunächst kompiliert werden muss, ist dies auch sicherlich nicht unbedingt eine raffinierte Variante, sei es aufgrund der Geschwindigkeit und des möglicherweise unerträglichen Verwaltungsaufwands, sei es auch aufgrund der Komplexität des Quelltextes. Innerhalb des Päckchen-Universums allerdings ist es besonders einfach, wie wir auch am Beispiel von XSLT zeigen. Da XSLT letztendlich nur XML-Text ist, den ein XSLT-Prozessor besser versteht als ein XML Schema-Prozessor, nutzt man eigentlich nur die Fähigkeiten der Datenbank, auch größere Textfelder oder sogar XML-Daten strukturiert zu speichern und mit ihnen die Aktivitäten auszuführen, die ohnehin mit DB-Daten ausgeführt werden: speichern, bearbeiten, suchen und nutzen.

→ Datenmodell

Wie man sich vorstellen kann, ist auf der einen Seite die Speicherung von XML-Daten von der konkreten Datenbank völlig unabhängig. Wir hätten diesen Abschnitt also genauso gut mit MS Access® oder sogar – fast schon verwerflich – mit MS Excel® zeigen können. Dies hätte aber vielleicht einen bestimmten Goût gehabt, weil es dann nicht so professionell wie eine quasi richtige Datenbank wirken würde. Damit wir nachweisen, dass eine solche Teufelei nicht nur zufällig mit irgendeinem dahergelaufenen Datenbanksystem funktioniert, haben wir uns für Oracle® entschieden. Dies hat den Vorteil, dass wir auch gleichzeitig seine XML-Fähigkeiten nutzen können, obwohl diese für das eigentliche Beispiel unerheblich sind und nur einen Zusatznutzen versprechen.

Unabhängig vom konkret verwendeten Datenbanksystem sollten Sie dieses Beispiel so lesen, dass Sie das von Ihnen normalerweise verwendete DBMS vor Augen haben. Die kleinen Unterschiede an der SQL-Syntax sollten da nicht so ins Gewicht fallen.

Im allereinfachsten Fall könnte man versuchen, sämtliche Daten in einer einzigen Tabelle zu speichern. Dies würde aber dazu führen, dass man einen derart langweiligen und gewöhnlichen Datenzustand abbildet, dass die Technik der Auslagerung in eine Datenbank später bei der Verwendung überhaupt keine Früchte bringt. Daher versuchen wir, eine Normalisierung durchzuführen, die wenigstens zu folgendem Modell führt. Es lassen sich natürlich noch weitere Auslagerungen hinsichtlich der XML Schema-Päckchen vorstellen, doch da es hier vor allen Dingen um XSLT-Quelltext und weniger um XML Schema-Quelltext geht, beenden wir den Prozess der Modellierung bei XSLT.

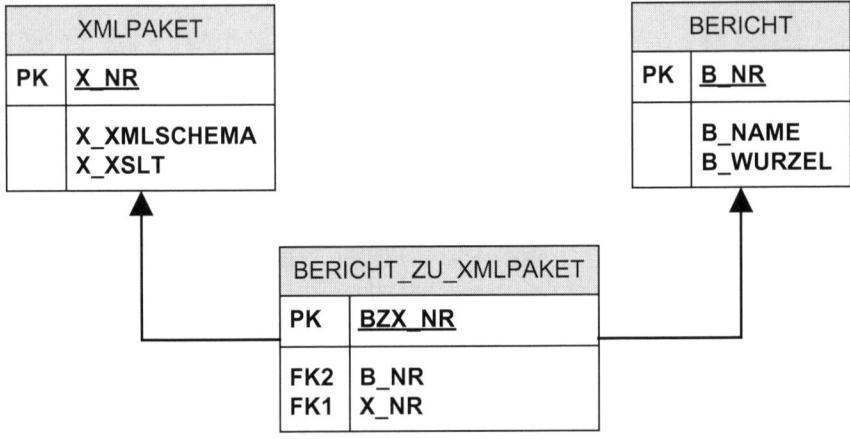

Abbildung 17.7: Datenmodell

In einer Tabelle BERICHT speichert man die verschiedenen möglichen Berichtsarten. Dies können, was für die spätere Verwendung überaus wichtig ist, verschiedene Ansichten bzw. Verarbeitungen der gleichen XML-Daten sein. Hat man also wie im aktuellen Beispiel eine XML-Datei, die eine Kundenliste enthält, so kann ein Bericht eine einfache HTML-Liste ausgeben, während der nächste Bericht eine Tabelle mit einer bestimmten Sortierung ausgibt. Aus den gleichen XML-Daten, die entweder auch in der Datenbank oder als Dateien im Dateisystem gespeichert sein können, kann man also verschiedene Präsentations-/Ergebnisformen gewinnen, wobei diese verschiedenen Ausgabearten strukturiert in der Tabelle BERICHT gespeichert werden.

Eine wichtige Einschränkung ist im Beispiel enthalten: Es können keine Parameter vorgegeben werden. Normalerweise führt dies zu einer weiteren Tabelle, in der die verschiedenen Parameter gespeichert und einem Bericht zugeordnet werden. In einem erweiterten Fall benötigt man dagegen erstens eine Tabelle PARAMETER, in der alle denkbaren Parameter mit ihrem XSLT-Quelltext, Datentyp und Namen gespeichert werden. Zweitens benötigt

man eine Beziehungs-/Zuordnungstabelle zwischen den Tabellen BERICHT und PARAME-
TER für die Zuordnung der tatsächlich möglichen Parameter für einen konkreten Bericht.

Im nachfolgenden Quelltext finden Sie das benötigte SQL, um die drei Tabellen in Minimal-
form anzulegen. Wir haben extra keine Fremdschlüssel angegeben, damit das Löschen und
Spielen mit den Tabellen in Oracle® bzw. in jedem DBMS, das auf Fremdschlüsselbezüge
achtet, einfacher wird. Wir verwenden zusätzlich den speziellen XML-Datentyp XMLType.
Er ist ein Tausendsassa in Oracle®, sowohl was die Datenbank als auch die Programmierung
mit PL/SQL anbetrifft. Dies soll ein Hinweis sein, dass man tatsächlich wohlgeformte XML-
Daten speichert und – falls vorhanden – eine entsprechende Unterstützung des verwende-
ten Systems nutzen sollte. In einfacheren Systemen genügt allerdings eine möglichst große
Zeichenkettenspalte.

```
-- Tabelle BERICHT
DROP TABLE "SCOTT"."BERICHT";
CREATE TABLE "SCOTT"."BERICHT" (
  "B_NR" NUMBER(10) NOT NULL,
  "B_NAME" VARCHAR2(50) NOT NULL,
  "B_WURZEL" "SYS"."XMLTYPE" NOT NULL,
  CONSTRAINT "B_Schluessel" PRIMARY KEY("B_NR"));


-- Tabelle XMLPAKET
DROP TABLE "SCOTT"."XMLPAKET";
CREATE TABLE "SCOTT"."XMLPAKET" (
  "X_NR" NUMBER(10) NOT NULL,
  "X_XMLSCHEMA" "SYS"."XMLTYPE" NOT NULL,
  "X_XSLT" "SYS"."XMLTYPE" NOT NULL,
  CONSTRAINT "X_Schluessel" PRIMARY KEY("X_NR"));


-- Tabelle BERICHT_ZU_XMLPAKET
DROP TABLE "SCOTT"."BERICHT_ZU_XMLPAKET";
CREATE TABLE "SCOTT"."BERICHT_ZU_XMLPAKET" (
  "BZX_NR" NUMBER(10) NOT NULL,
  "B_NR" NUMBER(10) NOT NULL,
  "X_NR" NUMBER(10) NOT NULL,
  CONSTRAINT "BZX_Schluessel" PRIMARY KEY("BZX_NR"));
```

Listing 17.13: 1733 _ 01.sql – Datenstruktur

Zusätzlich zu dieser simplen Struktur lassen sich weitere Anforderungen leicht einbauen und auch im relationalen Modell einfach umsetzen. Wenn wir im Rahmen eines Vortrags oder einer Beratung die Päckchentheorie erläutern und auch als Beispiel eine Speicherung von beliebigen XML-Daten (man kann so ziemlich alles zusammensetzen, was nicht die eigene Großmutter ist ...) vorschlagen, dann weicht die erste Skepsis meistens einer beängstigenden Begeisterung. Teilweise muss man auch hier die Kunden etwas bremsen, denn natürlich lassen sich Modelle ähnlicher Systeme wie für eine Berichtsverwaltung, ein Redaktionssystem etc. auch hier umsetzen.

Es ist also selbstredend möglich, Benutzer und ihre Berechtigungen sowie eine Versions- oder eine Veröffentlichungsverwaltung einzubinden. Dann hat man allerdings ein wunderbares CMS o.Ä., in dem zufällig an irgendeiner Stelle XSLT-Quelltext zusätzlich gespeichert wird. Dies können und wollen wir hier an dieser Stelle natürlich nicht vorführen, sondern nur darauf hinweisen, dass sich die Päckchentheorie wunderbar in andere Bereiche wie das fehlende Puzzlestück einfügt.

→ Datenerfassung

Nach der Entwicklung des Datenmodells und die für das Beispiel in der Minimalarchitektur notwendigen Tabellen müssen die Daten in der Datenbank gespeichert werden. Letztendlich ist dies der einfachste Teil, denn man muss bloß nach der Planungsphase die XML Schema-/XSLT-Quelltexte oder auch andere XML-Strukturen (schon mal SVG aus einer DB erstellt oder XForms dynamisch aufgebaut?) mithilfe von diversen INSERT-Befehlen speichern. Wir zeigen diese Befehle in sehr verkürzter Form, damit Sie sich wirklich vorstellen können, wie die benötigten Daten in die DB kommen: nämlich »einfach so«, aber das hätten wir natürlich nicht so schreiben können.

Ganz »einfach so« ist es dann natürlich doch nicht, sondern ein bisschen Überlegung gehört dazu. In die BERICHT-Tabelle speichern wir einen möglichen Bericht für die Ausgabe der Kundenaufstellung in der in diesem Kapitel schon benutzten XML-Datei. Es handelt sich um die Kundenlistenausgabe, die wir bereits verwendet haben. Neben einer Nummer, dem Namen für eine mögliche GUI-Anzeige, speichert man auch das Wurzelelement für die XML Schema-Datei in dieser Tabelle. Dies ist in unserer vereinfachten XML Schema-Welt die einzige globale Struktur, die kein komplexer Typ ist. Sie kann entweder in dieser Tabelle oder in einer eigenen Tabelle WURZEL gespeichert werden, wenn man diesen Bereich noch weiter modellieren möchte, denn für die verschiedenen Transformationen benötigt man ja zunächst immer die gleiche XML Schema-Datei.

Die nach einer Funktion aussehende Syntax XMLType() ist ein Datentyp-Konstruktor wie in XPath 2.0, mit dem man eine beliebige Zeichenkette in eine XML-Struktur umwandelt. Sollte dies nicht möglich sein, weil die Struktur nicht wohlgeformt ist, erhält man einen Fehler.

Bei allen XML-Bruchstücken ist der Namensraum angegeben, damit das Präfix bekannt ist.

```
INSERT INTO "SCOTT"."BERICHT"
  VALUES (1,
        'Kundenliste',
        XMLType('<xs:element name="Kundenliste"
                    type="KundenlisteType"
                  xmlns:xs="http://www.w3.org/2001/XMLSche
                    ma"/>'));
```

Listing 17.14: 1733 _ 02.sql – Einfügen in BERICHT

In die Tabelle XMLPAKET speichert man die XML Schema- und XSLT-Päckchen. Da wir insgesamt vier globale komplexe Typen für die Kundenliste besitzen, gibt es auch ebenso viele XSLT-Päckchen und damit auch vier einzufügende Reihen. Wir haben die Ihnen schon bekannte Syntax sehr gekürzt, denn man muss tatsächlich nur die vier bereits vorhandenen XSLT-Dateien öffnen und die darin enthaltenen Vorlagen kopieren und hier einfügen. Ähnlich verfährt man mit der einen XML Schema-Datei. Hier sucht man die für die XSLT-Päckchen notwendigen globalen komplexen Typen heraus.

```
INSERT INTO "SCOTT"."XMLPAKET"
  VALUES (1,
        XMLType('<xs:complexType name="KundenlisteType"
                    xmlns:xs="http://www.w3.org/2001/XMLSchema">
    <xs:sequence>
      <xs:element name="Kunde" type="KundeType"
              maxOccurs="unbounded"/>
    </xs:sequence>
  </xs:complexType>'),
```

655

```
XMLType(,<xsl:template match="/Kundenliste"
                xmlns:xsl="http://www.w3.org/1999/XSL/
                                    Transform">
<html>
  <head>
    <title>Kundenliste</title>
  </head>
  <body>
    <xsl:apply-templates select="Kunde"/>
  </body>
</html>
</xsl:template>'));
```

Listing 17.15: 1733 _ 02.sql – Einfügen in XMLPAKET

➔ **Zusammensetzung von XSLT**

Sind die Daten erst einmal in der Datenbank gespeichert, kann man mit ihnen wie mit allen anderen DB-Daten arbeiten. Da wir ein DBMS einsetzen, das interne Programmierung zulässt, erlauben wir uns, nicht von außen auf die DB zuzugreifen, sondern zwei Funktionen zu erstellen, die uns XSLT und XML Schema erzeugen. Der Parameter für die abgedruckte getXSLT-Funktion ist die Berichtsnummer. Dies könnte natürlich ganz herrlich über eine schicke GUI in Form einer Auswahlliste/HTML-Seite etc. ausgewählt werden. Doch wir geben den Wert gleich direkt vor.

Die Funktion für XML Schema finden Sie in den Beispieldateien zu diesem Buch. Sie ist allerdings fast genauso aufgebaut und benötigt nur das in einer eigenen Abfrage zu ermittelnde Wurzelelement.

Die Funktion macht nichts anderes, als anhand der Berichtsnummer mithilfe eines Cursors die verschiedenen XSLT-Päckchen zu ermitteln und dann innerhalb einer korrekten XSLT-Struktur – also mit Wurzelelement – zusammenzusetzen und dann als XMLType zurückzugeben. Sollte der Text für den VARCHAR2-Datentyp zu groß werden, könnte man auch einen CLOB verwenden oder eine XML-Sequenz einsetzen. Dies alles führt allerdings zu weit in die spezifische Datenbank hinein. Es ist in jedem Fall nicht unlösbar und lässt sich innerhalb der Funktion skalieren.

```
CREATE OR REPLACE FUNCTION "SCOTT".getXSLT (
berichtsnr IN "SCOTT"."BERICHT"."B_NR"%TYPE)
RETURN "SYS"."XMLTYPE"
IS
-- Zwischenspeicher Rückgabewert
v_XSLT VARCHAR2(32767);
-- Cursor für Rückgabedaten
CURSOR c_XSLT IS
 SELECT X_XSLT
   FROM "SCOTT"."XMLPAKET" xp
       INNER JOIN "SCOTT"."BERICHT_ZU_XMLPAKET" bzx
     ON xp."X_NR" = bzx."X_NR"
       INNER JOIN "SCOTT"."BERICHT" b
     ON b."B_NR" = bzx."B_NR"
   WHERE b."B_NR" = berichtsnr;
BEGIN
-- Dokumentbeginn
v_XSLT := ,<xsl:stylesheet version="1.0"
xmlns:xsl="http://www.w3.org/1999/XSL/Transform">
 <xsl:output method="html" version="1.0" encoding="UTF-8"
indent="yes"/>';
-- Auslesen des Cursors
FOR x_daten IN c_XSLT LOOP
 v_XSLT := v_XSLT || x_daten.x_xslt.getClobVal();
END LOOP;
-- Dokumentschluss
v_XSLT := v_XSLT || ,</xsl:stylesheet>';
-- Rückgabe
RETURN XMLType(v_XSLT);
END getXSLT;
```

Listing 17.16: 1733 _ 03.sql – Funktion zur Ermittlung von XSLT

Um die grundsätzliche Funktionstüchtigkeit des gerade erstellten Helfers zu nutzen, kann man sich das erzeugte XSLT für den ersten Bericht mithilfe einer einfachen Abfrage ausgeben lassen. In einer anderen Umgebung könnte man genauso gut von außen mit beliebigen Sprachen auf die Oracle®-Datenbank zugreifen und sich den erzeugten Quelltext als Ergebnismenge oder als Rückgabewert denken. Wie man sieht, kann man die erstellte Funktion allerdings auch in ganz gewöhnlichem Standard-SQL aufrufen und verwenden.

```
SET LONG 200000;
SELECT getXSLT(1)
   FROM bericht;
```

Listing 17.17: 1733 _ 05.sql – Testen der Funktion

Da wir im ganz einfachen SQL*Plus-Worksheet arbeiten, erhalten wir hier den vollständigen Quelltext. Die SET LONG-Anweisung dient nur dazu, auch wirklich den gesamten
Quelltext zu sehen. Wenn Sie nicht das Worksheet verwenden, kann es sein, dass Ihre – eigentlich bessere – Entwicklungsumgebung mit XMLType nicht umgehen kann.

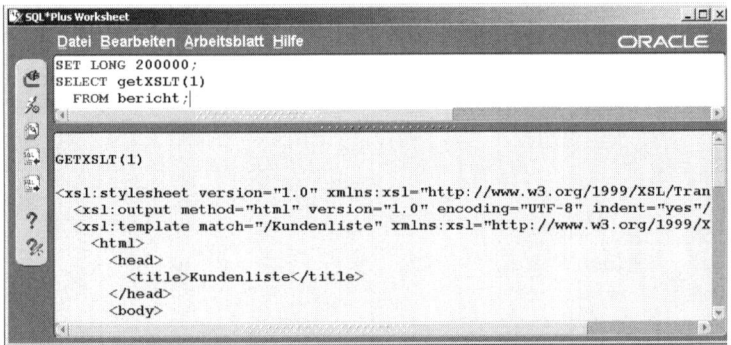

*Abbildung 17.8: Ausgabe in SQL*Plus-Worksheet*

→ **Anwendung auf XML-Daten**

Betrachtet man die gerade erwähnten Programmiertechniken, in denen XMLType zum Einsatz kam, lässt sich festhalten, dass man mit diesem speziellen Datentyp XML-Dokumente
sowohl in SQL als auch in PL/SQL in Form eines Variablendatentyps speichern kann. Zusätzlich besitzt er eine Reihe von Unterprogrammen, die direkt auf entsprechende Spalten und
Variablen angewandt werden können. Sie ermöglichen eine Untersuchung, Validierung und
Transformation der entsprechenden Daten. In diesen Einsatzbereichen wird eine spezielle Punkt-Syntax verwendet, die für andere Datentypen nicht vorhanden ist und in PL/SQL
auch neuartig erscheint. Sie beeinflusst allerdings die Arbeit von XML und SQL bzw. PL/SQL
sehr günstig und erleichtert die Arbeit mit XML insgesamt sehr.

In einer anderen Datenbank würde man den dort heimischen XML-Datentyp oder einen sehr großen Zeichenkettendatentyp einsetzen. Allerdings bietet Oracle® noch allerhand Raffinessen mehr, was die Verarbeitung und Speicherung von XML-Daten anbetrifft. Dieser spezielle Datentyp ist dabei immer im Spiel und erweist sich regelmäßig als unersetzliche Stütze.

Dass man nun XSLT-Quelltext speichern und auch wieder laden kann, ist eine Seite der Medaille. Mithilfe einer geeigneten Programmiersprache lässt sich die in der Datenbank gespeicherte Funktion nutzen, so wie es auch möglich ist, eine gleichwertige Funktion/Methode außerhalb der Datenbank zu programmieren und ebenfalls die gespeicherten XSLT-Päckchen wieder zu einer XSLT-Datei zusammenzusetzen.

In dieser Erweiterung wollen wir Ihnen zeigen, wie man nun auch wieder in der Datenbank die XSLT-Daten nutzen kann. Es wäre möglich, die XML-Daten im Dateisystem zu speichern und dann eine solche Datei zu öffnen. Es ist allerdings auch möglich, die XML-Daten gleich in der Datenbank zu speichern. Die verschiedenen Techniken, mit denen ein solches Ziel erreicht werden kann, sind sehr unterschiedlich: Zerlegung in relationale oder objektrelationale Strukturen, Speichern eines Dateilinks, Speichern als CLOB etc., Speicherung als XMLType oder auch Einsatz einer speziellen XML-Datenbank (Oracle® XDB). Um dieses Wespennest schlagen wir einen Bogen und ringen uns stattdessen vereinfachend dazu durch, die XML-Daten einfach in eine XMLType-Spalte zu speichern.

Dazu benötigt man eine Erweiterung des Datenmodells um zwei weitere Tabellen. In der einen speichert man die XML-Daten, in der anderen verwaltet man die Zuordnung zwischen Daten und Berichtsart. Auch hier verzichten wir aus Gründen der Einfachheit auf die Fremdschlüssel, damit Daten in beliebiger bzw. relational falscher Reihenfolge zu Testzwecken gelöscht werden können.

```
-- Tabelle XMLDATEN
DROP TABLE "SCOTT"."XMLDATEN";
CREATE TABLE "SCOTT"."XMLDATEN" (
  "XD_NR" NUMBER(10) NOT NULL,
  "XD_TEXT" "SYS"."XMLTYPE" NOT NULL,
  CONSTRAINT "XD_Schluessel" PRIMARY KEY("XD_NR"));


-- Tabelle XMLDATEN
DROP TABLE "SCOTT"."XMLDATEN_ZU_BERICHT";
CREATE TABLE "SCOTT"."XMLDATEN _ ZU _ BERICHT" (
  "XZB_NR" NUMBER(10) NOT NULL,
```

```
"XD_NR" NUMBER(10) NOT NULL,
"B_NR" NUMBER(10) NOT NULL,
CONSTRAINT "XZB_Schluessel" PRIMARY KEY("XZB_NR"));
```

Listing 17.18: 1733 _ 06.sql – Erweiterung des Datenmodells

Man erhält dann die in Abbildung 17.9 angegebene Struktur mit insgesamt fünf Tabellen. So könnte man die Struktur lesen: Die gleichen XML-Daten lassen sich in verschiedenen Berichten ausgeben, deren Erzeugungsalgorithmus aus einer Reihe von Päckchen zusammengesetzt wird.

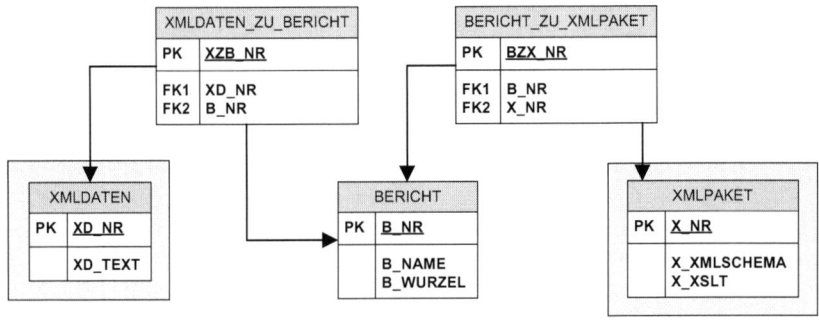

Abbildung 17.9: Erweiterung des Datenmodells

Wie schon zuvor für die XML Schema/XSLT-Daten greift man innerhalb eines primitiven INSERT-Befehls auf den Konstruktor XMLType zurück, um XML-Daten als XMLType in einer Tabelle zu speichern.

```
INSERT INTO "SCOTT"."XMLDATEN"
 VALUES (1,
        XMLType(,<Kundenliste>
  <Kunde Nr="235" Anrede="Frau" Beginn="04.10.03">
    <Name>
      <Rufname>Verena</Rufname>
      <Zuname>Fiegert</Zuname>
    </Name>
    ...
</Kundenliste>'));
```

Listing 17.19: 1733 _ 06.sql – Speichern von XML-Daten

Die Zuordnung zwischen XML-Daten und Bericht ist besonders einfach, da diese Beziehungstabelle nur Schlüsselwerte erwartet.

```
INSERT INTO "SCOTT"."XMLDATEN_ZU_BERICHT"
  VALUES (1, 1, 1);
```

Listing 17.20: 1733 _ 06.sql – Speichern von Bezügen

Ohne einen Parser starten zu müssen, können Sie eine Spalte bzw. eine Variable, deren Datentyp XMLType ist, direkt mithilfe von XSLT transformieren. Dies verkürzt eine entsprechende Anwendung erheblich und beschränkt sie nur auf die Beschaffung der Daten, die Transformation über die SQL-Funktion XMLtransform() oder die XMLType-Methode transform() und das Speichern der Ergebnisdaten in einer geeigneten Variablen. Die grundlegende Technologie, die für die Transformation bzw. für den Algorithmus der Transformation verwendet werden muss, ist dann XSLT.

```
SELECT XMLTransform(XD_TEXT, getXSLT(1)) AS HTML
  FROM XMLDATEN;
```

Listing 17.21: 1733 _ 07.sql – Transformation

Der einfache Termin in der XML-Spalte wird durch die Transformationsvorgaben in der XSLT-Spalte in einen HTML-Quelltext umgewandelt, der in der Ergebnismenge vorliegt.

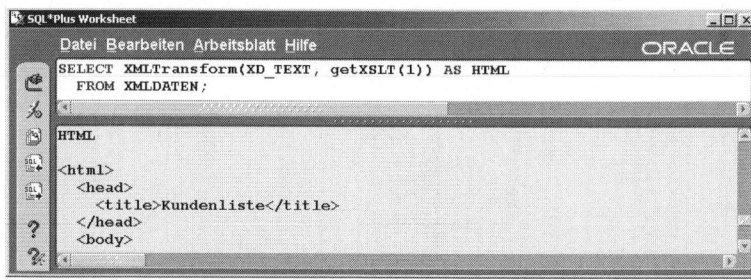

*Abbildung 17.10: Ausgabe in SQL*Plus-Worksheet*

Oben hatten wir bereits kurz diskutiert, welche Möglichkeiten sich durch erweiterte Datenmodelle noch ergeben. An dieser Stelle wollen wir zwar nicht auf Versionierung, Redaktions- und Benutzerverwaltung eingehen, doch das vorhandene Datenmodell einen Schritt weiter normalisieren. Zurzeit ist nämlich die Organisation von mehreren Ausgabearten für den gleichen Bericht noch nicht einfach umzusetzen, weil dann sich wiederholende Gruppe von XML Schema-Päckchen in der ursprünglichen XMLPAKET-Tabelle auftreten würden. Um dies zu verhindern, muss man die zwar auf den ersten Blick sehr schöne, auf den zweiten Blick allerdings nicht normalisierte gemeinsame Speicherung von XML Schema und XSLT in einer Tabelle unterbinden.

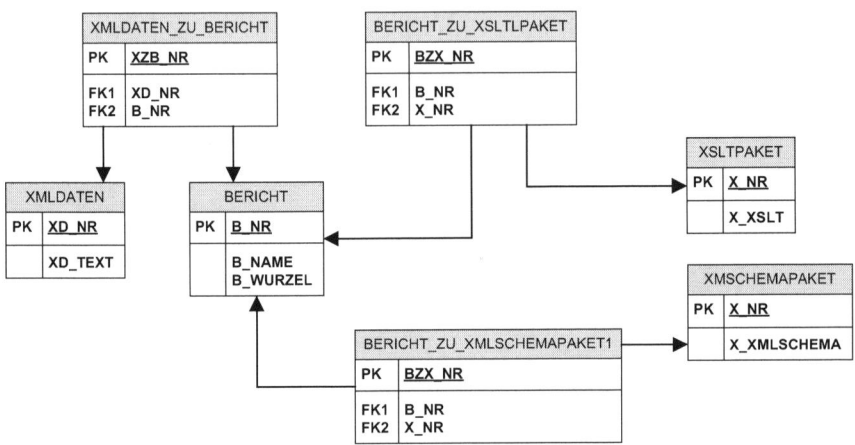

Abbildung 17.11: Getrennte Speicherung von Päckchen

Mithilfe zweier Tabellen, die getrennt voneinander XML Schema auf der einen Seite und XSLT auf der anderen Seite speichern, kann man leicht verschiedene Ausgaben der gleichen XML-Daten einrichten. Diese werden natürlich alle mit dem gleichen XML Schema validiert, benötigen aber für die verschiedenen Ausgaben unterschiedliche XSLT-Vorlagen. Zusätzlich könnte man auch noch in der XSLTPAKET-Tabelle als Fremdschüssel einen Bezug zu XMLSCHEMAPAKET erstellen, um hier auch ohne eine andere Tabelle eine 1:1-Zuordnung anzugeben.

Reguläre Ausdrücke

18. Reguläre Ausdrücke

Ganz neu in XLT 2.0 und auch in XPath 2.0 lassen sich nun auch reguläre Ausdrücke benutzen. Dies ist insoweit bemerkenswert, als dass damit für die Verarbeitung und Suche eine Technologie eingeführt wird, die in vielen anderen Sprachen schon lange üblich und auch in XML Schema für die Fassette `pattern` möglich ist.

18. 1. Einfache Ausdrücke

Es soll nicht Ziel sein, in diesem Kapitel umfassend in reguläre Ausdrücke einzuführen. Es ist ein interessantes und auch umfangreiches Werkzeug, mit denen viele Arten von Umwandlungen, Tests und Validierungen durchgeführt werden können. Allerdings ist es tatsächlich so umfangreich, dass sehr kniffelige Syntax und viel Quelltext möglich ist und sich auch sehr anspruchsvolle Ausdrücke realisieren lassen. Allerdings sollen die Leser, die möglicherweise noch nicht mit ihnen in Berührung gekommen sind, wenigstens solche einfachen Tests durchführen können, ob eine Postleitzahl tatsächlich fünfstellig ist, in einer Telefonnummer nur bestimmte Sonderzeichen auftauchen oder ob nur eine bestimmte Anzahl/Art von Zeichen vorhanden ist.

18. 1. 1. Meta-Zeichen

Zunächst gibt es einige allgemeine Zeichen, die sowohl für die allgemeine Syntax als auch schon als eigene Suchsequenzen benutzt werden können. So findet der Punkt beispielsweise jedes Zeichen. Das ist natürlich für sich genommen wenig interessant, lässt sich aber in dem in der Tabelle angegebenen Beispiel sehr gut nutzen, um die Grenzen einer Zeichenkette anzugeben und dazwischen jedes Zeichen zuzulassen.

Dagegen ist das *Flucht-Zeichen* (vielen unter *Escape-Zeichen* bekannt) trotz seiner Wichtigkeit bezüglich der verschiedenen Vereinfachungen, die wir in späteren Tabellen aufgelistet haben, wenig aufregend.

18

Wichtig sind alle drei Klammerungen, wobei hier in den Meta-Zeichen die runden und ecki-gen vorhanden sind. Mithilfe der eckigen Klammern lassen sich Bereiche angeben, die al-phanumerisch definiert werden. Solche Bereiche wie auch andere Formulierungen lassen sich mit den runden Klammern zu einer Gruppe zusammenfassen. Eine Gruppe enthält wiederum andere Gruppen, andere Zeichen oder Vereinfachungen.

Sehr wichtig ist der senkrechte Strich, der wie in XPath auch hier für *ODER* steht und für unterschiedliche Konstruktionen wie auch Gruppen, Bereiche oder einzelne Zeichen zum Einsatz kommen kann, um Alternativen zu definieren.

Gruppen, Bereiche, Vereinfachungen und Zeichen lassen sich dann wiederum mithilfe der auch in anderen Strukturen wie der DTD oder auch den allgemeinen Syntaxübersichten im XML-Bereich üblichen Häufigkeitszeichen beschreiben. So steht das Fragezeichen für kein oder ein, das Sternchen für kein oder mehr und das Plus-Zeichen für ein oder mehr Auftreten.

Zeichen	Beschreibung	Beispiel	Treffer
.	Findet jedes Zeichen	`d.e`	`dXe` `d5e`
\	Entwerter-Zeichen	`\*\d*\*`	`*1234*`
?	Kein oder ein Auftreten	`ef?c`	`ec` `efc`
*	Kein oder mehr Auftreten	`ef*c`	`ec` `efc` `efffffc`
+	Ein oder mehr Auftreten	`ef+c`	`efc` `efffffc`
|	Oder	`ef|cd`	`ef` `cd`
(	Beginn Gruppe	`e(f|c)d`	`efd` `ecd`
)	Ende Gruppe	`e(f|c)d`	`efd` `ecd`
[	Beginn Bereich	`xx[E-Z]*xx`	`xxEFCDxx`
]	Ende Bereich	`xx[E-Z]*xx`	`xxEFCDxx`

Tabelle 18.1: Meta-Zeichen

Insbesondere die verschiedenen Häufigkeitszeichen und die Möglichkeiten, Häufigkeitsbe-reiche mithilfe von geschweiften Klammern anzugeben, erlauben die sehr genaue Angabe von Häufigkeiten für einzelne Zeichen, Gruppen oder Bereiche.

- X das Zeichen X einmal

- X? leere Zeichenkette und X

- X* leere Zeichenkette und ein oder mehrere X

- X+ wenigstens ein X

- X{n,m} n bis m Zeichen X

- X{n} genau n Zeichen X

- X{n,} mindestens n Zeichen X

- X{0,m} 0 bis m Zeichen X

- X{0,0} leere Zeichenkette

18. 1. 2. Flucht-Zeichen

Es gibt eine Reihe von definierten Flucht-Zeichen, die allerdings weitestgehend aus den gerade erwähnten Meta-Zeichen wie z. B. den verschiedenen Klammern bestehen und um den Rückstrich als Entwerter erweitert werden. Neben diesen trivialen Ausdrücken existieren noch einige interessante Zeichen für Leerraum wie Wagenrücklauf, Zeilenumbruch etc. Die Verwendung ist nicht schwer, denn sie beschreiben jeweils nur ein Zeichen, das jetzt hier entwertet werden soll, um das tatsächliche Zeichen zu verwenden.

Fluchtsymbole	Entwertetes Zeichen
\n	Neue Zeile (#xA)
\r	Wagenrücklauf (#xD)
\t	Tabulator (#x9)
\\	\
|		
\.	.
\-	-
\^	^
\?	?
*	*

Fluchtsymbole	Entwertetes Zeichen
\+	+
\{	{
\}	}
\(	(
\)	)
\[	[
\]	]

Tabelle 18.2: Fluchtsymbole

18. 1. 3. Unicode-Zeichenklassen (Kategorien)

Für die vereinfachte Schreibweise von häufig auftretenden Muster-Angaben gibt es eine große Reihe an Abkürzungen, die oft aus nur einem einzigen Zeichen, ansonsten aus höchstens zwei Zeichen bestehen und durch ein Entwerter-Zeichen eingeleitet werden. Je nach Programmiersprache gibt es noch viel mehr solcher Vereinfachungen. Die in diesem Abschnitt aufgeführten Vereinfachungen stammen aus der Datentyp-Spezifikation[1] von XML Schema und sind auch in XPath gültig bzw. werden auch in der XPath-Spezifikation an verschiedenen Stellen referenziert.

Die erste Gruppe von Vereinfachungen findet einfache und allgemeine Zeichenarten. Die im Anschluss befindlichen Kategorien sind bereits sehr viel interessanter und können möglicherweise in vielen einfachen Fällen bereits als ganzer Ausdruck ohne Änderung oder mit einfachen Erweiterungen bereits nützliche Dienste leisten.

Zeichen	Beschreibung
.	Jedes Zeichen außer neue Zeile und Absatz
\s	Leerzeichen (Leerzeichen, Absatz, Tabulator, neue Zeile)
\S	Alle Zeichen außer Leerzeichen, die von \s gefunden werden
\i	Der erste Buchstabe in einem XML-Identifizierer (Buchstabe, Unterstrich, Doppelpunkt)
\I	Alle Zeichen außer denen, die durch \i gefunden werden
\c	Alle Zeichen, die in einem XML-Namen auftauchen können (Anfangszeichen, Zahlen, Punkt, Unterstrich, Doppelpunkt)
\C	Alle Zeichen außer denen, die von \c gefunden werden
\d	Zahlen
\D	Alle Zeichen außer denen, die von \d gefunden werden.

---

1   Vgl. XML Schema Part 2: Datatypes Second Edition, W3C Recommendation 28 October 2004 Abschnitt F Regular Expressions unter http://www.w3.org/TR/xmlschema-2/#regexs.

Zeichen	Beschreibung
\w	Alle Zeichen, die in einem Wort erscheinen können, ohne Interpunktion, Trennzeichen und Sonstiges
\W	Alle Zeichen außer denen, die von \w gefunden werden

Tabelle 18.3: Perl-Zeichenklassen

Speziell für Buchstaben bzw. Zeichen, die keine Zahlen sind, gibt es die nachfolgende Kategorie. Mit ihnen lässt sich sehr einfach auf verschiedene Arten von Buchstaben wie z. B. Groß- und Kleinbuchstaben oder überhaupt auf Buchstaben unterscheiden.

Eigenschaft	Bedeutung
L	Alle Buchstaben
Lu	Großbuchstaben
Ll	Kleinbuchstaben
Lt	Großschreibung von Substantiven auch in Sprachen, die diese Orthografie nicht kennen
Lm	Ändernde Zeichen wie Akzente
Lo	Sonstige

Tabelle 18.4: Kategorie »Buchstaben«

In der Kategorie »Marken« befinden sich Buchstaben und Zeichen, die mit anderen Zeichen kombiniert werden und z. B. Akzente enthalten. Insbesondere für Buchstaben mit Akzenten und ihre Auswahl und Ersetzung sind diese Kategorien zu verwenden.

Eigenschaft	Bedeutung
M	Alle Marken
Mn	Marken, die keinen Platz beanspruchen
Mc	Marken, die mit einem anderen Zeichen kombiniert werden (wie Akzente)
Me	Marken, die ein anderes Zeichen einschließen (wie Kreise)

Tabelle 18.5: Kategorie »Marken«

Genauso wie für Buchstaben gibt es eine passende Kategorie für Zahlen. Diese bietet nicht so viele Unterscheidungsmöglichkeiten wie die Kategorie für Buchstaben, doch grundsätzliche Unterscheidungen wie ein einfacher Test auf Zahlen oder – noch genauer – Dezimal-Zahlen ist immer möglich.

Eigenschaft	Bedeutung
N	Alle Zahlen
Nd	Dezimal-Ziffern
Nl	Buchstaben
No	Sonstige

Tabelle 18.6: Kategorie »Zahlen«

Speziell für Interpunktionszeichen, die ausdrücklich nicht zu den Buchstaben zählen, gibt es eine eigene Kategorie. Diese bietet nicht sehr differenzierte, sondern eher allgemeine Möglichkeiten auf beispielsweise öffnende Klammern (unabhängig ob geschweift, rund oder eckig) zu untersuchen. In Kombination mit der Kategorie für Buchstaben lassen sie sich gut für sehr genaue Untersuchungen nutzen.

Eigenschaft	Bedeutung
P	Alle Satzzeichen
Pc	Verbinder (wie Unterstrich)
Pd	Gedankenstrich
Ps	Öffnendes Zeichen (wie Klammer)
Pe	Schließendes Zeichen
Pi	Öffnendes Anführungszeichen (ähnlich Ps oder Pe)
Pf	Schließendes Anführungszeichen (ähnlich Ps oder Pe)
Po	Sonstige

Tabelle 18.7: Kategorie »Interpunktion«

Neben der Kategorie für Interpunktionszeichen gibt es noch eine weitere Kategorie für Trennzeichen, die einige der Fluchtzeichen ersetzen und möglicherweise für bessere Lesbarkeit sorgen, wenn man sie anstelle der Fluchtzeichen verwendet. Insbesondere das Zeichen, das alle Trennzeichen findet, ist nützlich und spart Quelltext.

Eigenschaft	Bedeutung
Z	Alle Trennzeichen
Zs	Leerzeichen
Zl	Zeilenvorschub
Zp	Absatz

Tabelle 18.8: Kategorie »Trennzeichen«

In der Kategorie »Symbole« befindet sich eine kleine Auswahl an Vereinfachungen für Zeichen, die keine Trenner oder Interpunktionszeichen, sondern tatsächlich Symbole sind. Hier sind insbesondere die mathematischen Symbole und Währungszeichen interessant und lassen sich gut verwenden.

Eigenschaft	Bedeutung
S	Alle Symbole
Sm	Mathematische Symbole
Sc	Währungssymbole
Sk	Ändernde Zeichen
So	Sonstige

Tabelle 18.9: Kategorie »Symbole«

In einer Kategorie »Sonstige« befinden sich einige wenige Vereinfachungen, die man möglicherweise in exotischen Anwendungsfällen einsetzen kann.

Eigenschaft	Bedeutung
C	Alle anderen
Cc	Kontrollzeichen
Cf	Formatierung
Co	Reserviert
Cn	Nicht verwendet

Tabelle 18.10: Kategorie »Sonstige«

18. 2. XPath-Unterstützung

In XPath 2.0[2] gibt es nun auch einige Funktionen, die für die Verarbeitung von regulären Ausdrücken benutzt werden können.

Die Funktion matches liefert genau dann true, wenn das Muster $pattern in der Zeichenkette $input gefunden wird. Sie liegt in zwei überladenen Varianten vor:

- fn:matches($input as xs:string?, $pattern as xs:string) as xs:boolean
  erwartet einen Eingabe- und einen Musterwert.

---

2   Vgl. XQuery 1.0 and XPath 2.0 Functions and Operators, W3C Recommendation 23 January 2007 Abschnitt 7.6 String Functions that Use Pattern Matching unter http://www.w3.org/TR/xpath-functions/#string.match.

- `fn:matches( $input as xs:string?, $pattern as xs:string, $flags as xs:string) as xs:boolean` erwartet einen Eingabe- und einen Musterwert sowie zusätzliche Einstellungen.

Beispiele:

`matches("klingeling", "kling")` entspricht `contains("klingeling", "kling")` liefert `true`.

`matches("klingeling", "^k.*g$")` liefert `true`.

`matches("klingeling", "[ling]{2}")` liefert `true`.

`matches("-123.45", "[-+]?([0-9]*\.)?[0-9]+")` liefert `true`.

`matches("999.0.0.1", "\b\d{1,3}\.\d{1,3}\.\d{1,3}\.\d{1,3}\b")` liefert `true`.

`matches("127.0.0.1", "\b\d{1,3}\.\d{1,3}\.\d{1,3}\.\d{1,3}\b")` liefert `true`.

`matches("127.0.0.1", "\b(25[0-5]|2[0-4][0-9]|[01]?[0-9][0-9]?)\.(25[0-5]|2[0-4][0-9]|[01]?[0-9][0-9]?)\.(25[0-5]|2[0-4][0-9]|[01]?[0-9][0-9]?)\.(25[0-5]|2[0-4][0-9]|[01]?[0-9][0-9]?)\b")` liefert `true`.

Die Funktion `replace` liefert den Wert des Parameters `$input` so, dass nur die Unterzeichenketten zurückgeliefert werden, die durch den regulären Ausdruck `$pattern` gefunden und dann durch den Parameter `$replacement` ersetzt werden. Sie liegt in zwei überladenen Varianten vor:

- `fn:replace( $input as xs:string?, $pattern as xs:string, $replacement as xs:string) as xs:string` erwartet eine Eingabe `$input`, einen regulären Ausdruck `$pattern` und eine Ersetzung `$replacement`

- `fn:replace( $input as xs:string?, $pattern as xs:string, $replacement as xs:string, $flags as xs:string) as xs:string` erwartet eine Eingabe `$input`, einen regulären Ausdruck `$pattern` und eine Ersetzung `$replacement` sowie zusätzliche Einstellungen

Beispiele:

`replace("klingeling", "ling", "*")` liefert `k*e*`.

`replace("klingeling", "i", "o")` liefert `klongelong`.

`replace(" Hallo     Welt    ", "^[ \t]+", "")` liefert `Hallo     Welt`.

`replace(" Hallo     Welt    ", "[ \t\r\n]", "")` liefert `HalloWelt`.

Die Funktion `tokenize` liefert eine Sequenz aus einen oder mehr `xs:string`-Zeichenketten, die aus Unterzeichenketten des ersten Parameters bestehen. Als Trennzeichen werden wiederum Unterzeichenketten verwendet, die im zweiten Parameter angegeben werden. Sie liegt in zwei überladenen Varianten vor:

- `fn:tokenize($input as xs:string?, $pattern as xs:string) as xs:string+` erwartet eine Eingabe `$input` und einen regulären Ausdruck `$pattern`

- `fn:tokenize( $input as xs:string?, $pattern as xs:string, $flags as xs:string) as xs:string+` erwartet eine Eingabe `$input` und einen regulären Ausdruck `$pattern` sowie zusätzliche Einstellungen

Beispiele:

`tokenize("klingeling", "(li)")` liefert `("k", "nge", "ng")`.

`tokenize("klin Gel Ling", "(LU)")` liefert `("kling", "Ge", "Ling")`.

Die einzelnen Funktionen verwenden Einstellungen für Änderungen am Suchverhalten, die auch in Kombination auftreten können:

- `s`: Die Angabe sorgt dafür, dass der dot-all-Modus (Perl: single-line-Modus) verwendet wird. Wenn die Einstellung nicht verwendet wird, dann findet das Meta-Zeichen Punkt (.) alle Zeichen außer dem Zeilenumbruch (`#x0A`). Im dot-all-Modus dagegen wird auch der Zeilenumbruch gefunden.

- `m`: Die Angabe sorgt dafür, dass im Mehrzeilenmodus gesucht wird. Normalerweise findet das Meta-Zeichen ^ den Beginn einer ganzen Zeichenkette, während $ das Ende einer solchen findet. Im Mehrzeilenmodus dagegen findet ^ den Start einer Zeile (also

18

den Beginn einer Zeichenkette nach einem Zeilenumbruchszeichen) und $ findet das Ende einer Zeile (also das Ende einer Zeichenkette direkt vor einem Zeilenumbruchszeichen #x0A).

- i: Diese Einstellung sorgt dafür, dass die Suche nicht auf Groß- und Kleinschreibung achtet. Ansonsten unterscheidet die Suche immer auch Groß- und Kleinbuchstaben. Dabei zählen dann Zeichen nur als gleich, wenn die Unicode-Zeichenpunkte gleich sind, während bei der eingeschalteten Einstellung eine automatische und vordefinierte Umwandlung stattfindet.

- x: Leerzeichen werden hier bei Verwendung der Einstellung nicht beachtet. Standardmäßig werden Leerzeichen in der Suche in Form ihrer Angabe berücksichtigt, doch teilt man ein langes Muster auf mehrere Zeilen auf oder strukturiert es, dann benötigt man diese Einstellung.

18. 3. XSLT-Unterstützung

In XSLT[3] gibt es auch Elemente zur Verarbeitung von regulären Ausdrücken, die unter Angabe der XPath 2.0-Funktionen angegeben werden. Diese Elemente dienen dazu, eine einfache Fallunterscheidung mithilfe von zwei Kindelementen durchzuführen, die ansonsten nur überaus schwer oder nur mit sehr viel mehr Quelltext als diese Kinder umgesetzt werden könnte. Zusätzlich lassen sich auch xsl:fallback-Kinder im ersten Element, das als Elternelement aller anderen fungiert, verwenden.

18. 3. 1. Grundlagen

Mit xsl:analyze-string lässt sich ein regulärer Ausdruck angeben, der auf verschiedene Verarbeitungen stößt. Mit dem select-Attribut gibt man den Textknoten, Attributwert oder einen anderen XPath-Ausdruck an, der die zu untersuchende Zeichenkette beschafft. Das Attribut regex erwartet einen regulären Ausdruck, der ausgewertet wird, während im Attribut flags zusätzliche Einstellungen möglich sind.

```
<!-- Kategorie: Instruktion -->
<xsl:analyze-string
  select = expression
```

---

3 Vgl. XSL Transformations (XSLT) Version 2.0, W3C Recommendation 23 January 2007Abschnitt 15 Regular Expressions unter http://www.w3.org/TR/xslt20/#regular-expressions.

```
        regex = { string }
        flags = { string }>
        <!-- Inhalt: (xsl:matching-substring?,
                      xsl:non-matching-substring?,
                      xsl:fallback*) -->
</xsl:analyze-string>
```

Innerhalb des Elements `xsl:matching-substring` stehen Anweisungen, die für alle Treffer ausgeführt werden. Dies entspricht also dem `true`-Zweig einer Fallunterscheidung, die allerdings für jeden Treffer und nicht nur für den ersten ausgeführt wird.

```
<xsl:matching-substring>
  <!-- Inhalt: sequence-constructor -->
</xsl:matching-substring>
```

Innerhalb des Elements `xsl:non-matching-substring` stehen Anweisungen, die für alle Nicht-Treffer ausgeführt werden. Dies entspricht also dem `false`-Zweig einer Fallunterscheidung, die allerdings für jeden Nicht-Treffer und nicht nur für den ersten ausgeführt wird.

```
<xsl:non-matching-substring>
  <!-- Inhalt: sequence-constructor -->
</xsl:non-matching-substring>
```

Unabhängig von diesen neuen Elementen lassen sich die XPath-Funktionen natürlich genauso in Fallunterscheidungen oder XPath-Auswahlen bzw. auch nur in einfachen Ausgaben mit `xsl:value-of` oder auch dem `select`-Attribut von Variablen, Parameteraufrufen etc. nutzen. Die Syntax der regulären Ausdrücke bleibt die gleiche, unabhängig davon, ob sie mit den XPath-Funktionen verwendet wird oder ob sie innerhalb von `xsl:analyze-string` zum Einsatz kommt. Es handelt sich allerdings um eine völlig andere Verwendung. Mit `xsl:analyze-string` kann man eine ansonsten nur schwer zu formulierende Fallunterscheidung realisieren, während die XPath-Funktionen genauso Testausdrücke oder auch Zeichenkettenverarbeitung bewirken wie andere Funktionen auch.

18

18. 3. 2. Beispiel

Um die verschiedenen Funktionen einmal an einem konkreten Beispiel darzustellen, haben wir folgende Erfolgsübersicht, in der für die einzelnen Städte pro Monat die Anzahl der gesamten und der neuen Kunden aufgestellt sind.

```
<Erfolguebersicht>
  <Erfolg Stadt="Bochum" Monat="4">
    <Gesamt>9</Gesamt>
    <Neukunden>5</Neukunden>
  </Erfolg>
  ...
  <Erfolg Stadt="Herne, Westf" Monat="10">
    <Gesamt>17</Gesamt>
    <Neukunden>1</Neukunden>
  </Erfolg>
</Erfolguebersicht>
```

Listing 18.1: 1832 _ 01.xml – Erfolgsübersicht

Mit den XPath-Funktionen lässt sich ein regulärer Ausdruck für eine Auswahl, Fallunterscheidung oder Ausgabe nutzen. Trotz der Besonderheiten, die durch die Syntax bei regulären Ausdrücken zu beachten sind, und daher der Parameter bzw. das Muster natürlich viel wichtiger ist als die entsprechende Funktion, so sind es doch letztendlich Funktionen, die Zeichenketten verarbeiten und Rückgabewerte in Form von Wahrheitswerten, Zeichenketten oder Sequenzen liefern.

Die Erfolg-Elemente werden der Reihe nach verarbeitet, sofern sie in den Monaten 7, 8 und 10 liegen. Dies zeigt die Verwendung der Funktion matches, die einen Wahrheitswert zurückliefert und daher die Auswahl von Knoten anhand eines regulären Ausdrucks erlaubt. Diese Knotenmenge wird dann weiter verarbeitet. Im ersten Test untersucht man dann, ob der Monatswert 5 oder 10 ist, was natürlich bei 5 nicht der Fall sein kann, da dieser Monat ja gar nicht abgefragt wurde. Innerhalb des Kindes xsl:matching-substring wird dann der Fall behandelt, wenn der Wert tatsächlich enthalten ist, ansonsten wird im xsl:non-matching-substring festgelegt, dass drei schöne Rauten entstehen.

```
<table border="1">
  ...
  <xsl:for-each select="//Erfolg[matches(@Monat, '7|8|10')]">
```

```
<xsl:sort data-type="number" order="descending"
        select="@Monat"/>
<tr>
...
<!-- Test bei @Monat -->
<xsl:analyze-string select="@Monat" regex="5|10">
  <xsl:matching-substring>
    <td>
      <xsl:value-of select="."/>
    </td>
  </xsl:matching-substring>
  <xsl:non-matching-substring>
    <td>###</td>
  </xsl:non-matching-substring>
</xsl:analyze-string>
```

Listing 18.2: 1832 _ 01.xslt – Test auf bestimmte Werte

Der nächste Ausdruck testet darauf, ob die Anzahl der Neukunden eine zweistellige Zahl ist. Der Treffer wird erneut ausgegeben, während der Nicht-Treffer zur Ausgabe von Rauten führt.

```
<!-- Test bei Neukunden -->
<xsl:analyze-string select="Neukunden" regex="[0-9]{2}">
  <xsl:matching-substring>
    <td>
      <xsl:value-of select="."/>
    </td>
  </xsl:matching-substring>
  <xsl:non-matching-substring>
    <td>###</td>
  </xsl:non-matching-substring>
</xsl:analyze-string>
</tr>
</xsl:for-each>
</table>
```

Listing 18.3: 1832 _ 01.xslt – Test auf Zahlen

Man erhält in der Ausgabe überall dort Rauten, wo der Monat ungleich 10 oder die Anzahl der Neukunden keine zweistellige Zahl ist.

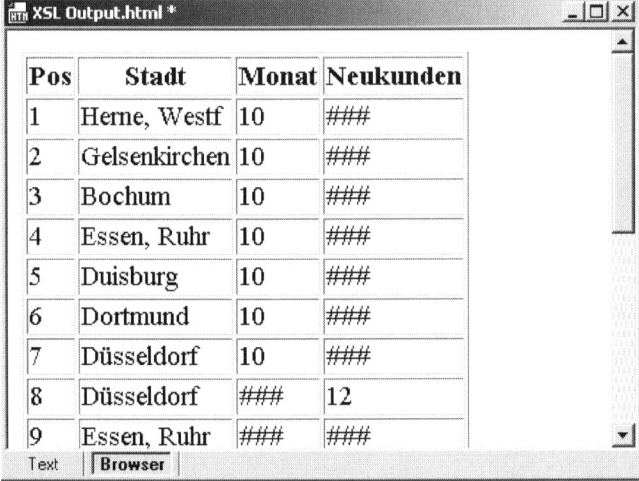

Pos	Stadt	Monat	Neukunden
1	Herne, Westf	10	###
2	Gelsenkirchen	10	###
3	Bochum	10	###
4	Essen, Ruhr	10	###
5	Duisburg	10	###
6	Dortmund	10	###
7	Düsseldorf	10	###
8	Düsseldorf	###	12
9	Essen, Ruhr	###	###

Abbildung 18.1: Ausgabe in HTML

XQuery

19. XQuery

Die XPath- und die XQuery-Syntax teilen sich nicht nur die Funktionsbibliothek, sondern auch weitere Strukturen, sodass es also eine weitere Möglichkeit gibt, XML-Daten zu befragen, wobei in diesem Fall nicht nur die XPath-Ergebnismengen entstehen, sondern darüber hinaus ganze XML-Dokumente als Antwort erstellt werden können. In diesem Zusammenhang kann XQuery auch teilweise als Ersatz für die Verarbeitung mit XSLT gesehen werden, zumal die Syntax wesentlich kompakter ist als die Erzeugung des gleichen Resultats mit XSLT. Während bei XPath 1.0 zwar ebenfalls ein großes theoretisches Fundament existiert, so ist es bei XPath 2.0 und XQuery 1.0 umso umfangreicher und aufschlussreicher. Dieses Kapitel soll die für den Programmierer praktischen Bereiche aus dem Dokument XQuery 1.0: An XML Query Language, W3C Recommendation 23 January 2007 (http://www.w3.org/TR/xquery/) darstellen und die allgemeinen Grundlagen von XQuery zeigen. Dabei wird als Beispiele eine Reihe von schon bekannten XML-Dokumenten hier wieder verwendet, um einen Vergleich zwischen XSLT und XQuery zu haben. Das Kapitel erreicht nicht die Länge der XPath-Darstellungen, was man allerdings im Wesentlichen damit erklären kann, dass XPath selbst und die Funktionsbibliothek ja bereits ausführlich präsentiert wurden und hier noch einmal zum Einsatz kommen können.

19. 1. Grundsyntax und einfache Umwandlungen

Die Syntax von XQuery ist relativ überschaubar, weil viele Gemeinsamkeiten mit XPath bestehen. Daher kann dieser Abschnitt gut in die zusätzlichen, nur in XQuery vorhandenen Konstrukte einführen. Dabei handelt es sich im Wesentlichen um die FLWOR-Ausdrücke und um die beiden verschiedenen Varianten, XML-Dokumente zu erzeugen.

19. 1. 1. Einführung

XQuery ist als Technologie schon seit einigen Jahren immer mal wieder in Magazinen und natürlich im Internet diskutiert worden, doch erst die Verabschiedung der W3C-Empfehlung und die Möglichkeit, XQuery in Entwicklungsumgebungen, Datenbanken und Programmiersprachen zu nutzen, führt zurzeit dazu, dass sich immer mehr Programmierer dieser Technik zuwenden. Sie bietet eine Reihe von Vorteilen und kann tatsächlich als Ersatz von XSLT verwendet werden, wenn es darum geht, Daten aufgrund von Bedingungen auszuwählen und das Ergebnis in einer anderen XML-Struktur wieder auszugeben. Ob man ganz auf XSLT verzichten kann, erscheint fraglich, doch wie in so vielen alternativen Lösungsansätzen kann man sicherlich durch geschickte Nutzung und den Einsatz von vielen Fallunterscheidungen einen Großteil der in diesem Buch bislang gezeigten XSLT-Beispiele mit XQuery lösen. Ob dies dem Sinn und Zweck dieser Abfragesprache entspricht, sei dahingestellt, denn der anvisierte Einsatzbereich liegt darin, Abfragen in XPath mit einer anderen Syntax so zu erweitern, dass auf Basis einer Abfrage aufbauende Umwandlungen kurz formuliert werden können. Man kann sich auch XPath gut als „SQL für XML" vorstellen, doch man erhält ja im Falle von XPath keine XML-Dokumente, sondern Knoten, Knotensätze, Zeichenketten, Zahlen und boolesche Werte zurück. Diese Ergebnismengen können nur in XSLT oder XQuery verarbeitet werden, gelangen aber nicht direkt zu einer sinnvollen Ausgabe.

Die Syntax von XQuery besteht aus einer überschaubaren Liste an Schlüsselworten, mit denen man Variablen und Bindesequenzen (Knotensätze, über die man iterieren kann) erstellen, filtern und sortieren kann sowie verschiedenen XML-Konstruktoren, mit denen Knoten wie Elemente, Attribute oder Textknoten erzeugt werden können, sowie eine umfassende Menge an Operatoren, die allerdings genauso wie die Fallunterscheidung auch in XPath so zum Einsatz kommen können.

Im Dokument XML Query (XQuery) Requirements, W3C Working Group Note 23 March 2007 (http://www.w3.org/TR/xquery-requirements/) sind anhand von selbst gestellten Anforderungen auch sehr einfach die verschiedenen Leistungsmerkmale dieser neuen Abfragesprache abzulesen. Als Einsatzbereiche[1] nennt man hier die Abfragen von XML-Dokumenten, um aus XML-Daten wieder menschenlesbare Dokumente zu generieren, die Verarbeitung von daten- und dokumentenorientierten Dokumenten, die Extraktion von Konfigurationsdaten, Filter-/Bereinigungsarbeiten von Datenströmen, Einsatz im Document Object Model, Abfragen auf native XML-Verzeichnisse, Katalogsuchen und schließlich die Einbettung von XQuery in möglichst vielen Syntax-Umgebungen. Hier erkennt man, dass die Anforderungen sich auf unterschiedliche Datenformate, Anwendungsbereiche oder die Integrationsmöglichkeiten beziehen. Dies führt zu einer sehr variantenreichen Nutzung, die schon bei kurzer Betrachtung mit den Optionen, die XSLT bietet, kollidiert. Wesentlich ist hier immer, dass XQuery sehr die Formulierung von Abfragen betont, deren Ergebniskonstruktion auch eine Umwandlung bedeutet, aber keine reinen Umwandlungen durchführen kann, wie sie von XSLT durch verschiedene Vorlagen und die Formulierung von komplexen Alternativen angeboten werden.

---

1 Vgl.: XML Query (XQuery) Requirements im Abschnitt 2 Usage Scenarios unter http://www.w3.org/TR/xquery-requirements/#d0e191.

Im gleichen Dokument stellt man die Anforderungen in Form einer Merkmalsliste dar[2]. Als allgemeine Anforderungen findet man hier für den Programmierer auf den ersten Blick als selbstverständlich erscheinende wie diejenige, dass es sich um eine deklarative Sprache handeln soll, dass eine Protokollunabhängigkeit bestehen oder ein Fehlermechanismus existieren soll.

Weitere Anforderungen kann man im Datenmodell[3] entdecken. Hier ist es für den Programmierer besonders interessant, dass XML Schema und damit schon vorhandene und eigene Datentypen in XQuery-Abfragen für Typ-Tests und Filter genutzt werden können. Als allgemeine Filter- und Abfragemöglichkeiten sind hier die Berücksichtigung von Hierarchien und Sequenzen, Filtermöglichkeiten von Texten, Einsatz von Mengenoperatoren, Sortierung, Aggregation mit entsprechenden Funktionen sowie die Behandlung von NULL-Werten.

19. 1. 2. FLWOR

Als neue Syntax führt XQuery SQL-ähnliche Schlüsselwörter für die Erstellung von Variablen, die Filterung und die Sortierung ein, die mit einem eingänglichen gemeinsamen Namen belegt wurden. Das Akronym FLWOR[4] soll sich „flower" sprechen und greift die Schlüsselwörter `for`, `let`, `order by`, `where` und `return` auf, mit deren Hilfe SQL-ähnliche Abfragen erstellt werden können, die neben den Aspekten Auswahl, Einschränkung und Sortierung auch die Ausgabe in XML und damit eine Art der Umwandlung berühren.

Mit den beiden Schlüsselwörtern `for` und `let` wird jeweils eine Tupel-Sequenz von gebundenen Variablen erstellt, die Tupel-Strom (engl. tuple sequence) genannt wird. Sie lässt sich weiter einschränken, sortieren und schließlich in XML formatiert ausgeben.

Schlüsselwort	Bedeutung
`for`	Enthält einen Ausdruck (Bindesequenz, engl. binding sequence), der einen Knotenssatz zurückliefert, über den mithilfe wenigstens einer gebundenen Variable iteriert werden kann. Dies entspricht einer ausgewählten Knotenmenge, die in XSLT mit einer `xsl:for-each`-Anweisung verarbeitet werden könnte.

2   Vgl.: XML Query (XQuery) Requirements im Abschnitt 3.2 General Requirements unter http://www.w3.org/TR/xquery-requirements/#d0e318.
3   Vgl.: XML Query (XQuery) Requirements im Abschnitt 3.3 XML Query Data Model unter http://www.w3.org/TR/xquery-requirements/#d0e471.
4   Vgl.: XQuery 1.0: An XML Query Language, W3C Recommendation 23 January 2007 im Abschnitt 3.8 FLWOR Expressions unter http://www.w3.org/TR/xquery/#id-flwor-expressions

Schlüsselwort	Bedeutung
let	Enthält wenigstens eine Variable, deren jeweiliger Wert ohne Iteration mit der Bindesequenz verbunden ist. Dies entspricht einer gewöhnlichen Variable mit einfachem Wert.
order by	Sortierung mit ascending (Standardwert) oder descending
where	Einschränkung unter Angabe eines XPath-Ausdrucks. Dies ist alternativ zur direkten Verwendung eines XPath-Prädikats zu sehen, das auch in for erscheinen kann.
return	Erstellung der Rückgabesequenz, wobei hier XML-Elemente, -Attribute oder Textknoten konstruiert werden können.

Schlüsselwörter von FLWOR

Der besondere Unterschied zwischen XPath und XQuery besteht darin, dass nicht nur eine Knotenmenge ausgewählt und diese dann zurückgeliefert wird, sondern dass dabei auch noch die Konstruktion einer Ergebnis-XML-Datei stattfindet, deren Strukturen ebenfalls im Rahmen der Abfrage angegeben werden können. In dieser Hinsicht konkurriert XQuery dann mit XSLT, welches ebenfalls in der Lage wäre, die Ausgaben der Beispiele in diesem Abschnitt zu erzeugen. Allerdings wäre die Syntax nicht so kompakt, weil XSLT ein XML-Dokument darstellt und XQuery dagegen nicht. Dies macht möglicherweise die Erarbeitung der Syntax für XSLT-Umsteiger schwieriger.

Als Beispiel für die Darstellung der FLWOR-Syntax verwendet man hier die schon bekannte Kundenliste.

```
<Kundenliste>
  <Kunde Nr="235" Anrede="Frau" Beginn="04.10.03">
    <Name>
      <Rufname>Verena</Rufname>
      <Zuname>Fiegert</Zuname>
    </Name>
    <Adresse>
      <Strasse>Universitätsstr. 40</Strasse>
      <PLZ>47051</PLZ>
      <Stadt>Duisburg</Stadt>
    </Adresse>
  </Kunde>
  ...
```

1912_01.xml: Kundenliste

Innerhalb von `for` referenziert man dann die zu verarbeitenden Elemente, welche der Reihe nach abgerufen werden sollen. In diesem Fall sind es alle `Kunde`-Elemente. Mithilfe von `let` lassen sich Variablen erstellen, wobei in diesem Fall noch keine solche Variable zum Einsatz kommt. In `where` gibt man wie in SQL eine Bedingung an, wobei in diesem Fall dann überprüft wird, dass nur weibliche Kunden aus Duisburg abgerufen werden. Schließlich ist auch noch mit `order` by eine Sortierung wie in SQL möglich, auf die hier verzichtet wird.

Neben der Angabe des Wurzelelements liefert `return` die Möglichkeit das gewünschte Ausgabeformat zu erstellen. Im einfachsten Fall kann man hier direkt XML-Vorgaben treffen. Dynamische Werte gibt man innerhalb von geschweiften Klammern an, wobei hier und auch an anderen Stellen innerhalb von XQuery wieder XPath-Ausdrücke sowie XPath-Funktionen zum Einsatz kommen.

```
<Kundenliste>{
  (: Variable für Bindesequenz:)
  for $kunde in //Kunde
  (: Filtern zur Aufnahme in Bindesequenz :)
  where $kunde/@Anrede = "Frau"
    and $kunde/Adresse/Stadt = "Duisburg"
  (: Definition der Rückgabe :)
  return
    <Kunde Anrede="{ $kunde/@Anrede }">
    { $kunde/Name }
    </Kunde>
}</Kundenliste>
```

1912_01.xql: Filterung der Kunden

Man erhält als Ergebnis eine XML-Datei (und nicht nur einen einfachen Wert oder eine bereits vorhandene Knotenmenge) mit dem Wurzelelement `Kundenliste` und wiederholt auftretenden `Kunde`-Elementen, welche das kopierte `Name`-Element enthalten. Dies zeigt sehr schön, dass eine XQuery-Abfrage neben einer Abfrage auch eine Umwandlung bedeutet, denn das erzeugte Antwort-XML ist völlig anders aufgebaut als die ursprünglichen Daten.

```
<Kundenliste>
  <Kunde Anrede="Frau">
    <Name>
```

```
    <Rufname>Verena</Rufname>
    <Zuname>Fiegert</Zuname>
  </Name>
 </Kunde>
</Kundenliste>
```

Die Bindesequenz benötigt man, um über eine Knotemenge (Sequenz) zu iterieren. Sie ist gebunden, sodass sie als Iterationsziel zum Einsatz kommen kann. In diesem Fall werden die Städtenamen mithilfe der `distinct-values()`-Funktion ohne Duplikate verwendet, über die als Menge iteriert werden soll. Mit der `let`-Anweisung hingegen erstellt man eine gewöhnliche Variable, in der nun für die gesamte Iteration die Kunden gespeichert werden. Dies kann man sich jeweils im Vergleich zu XSLT genauso wie einen temporären Baum vorstellen, wobei allerdings die in der `for`-Anweisung gebundenen Werte auch gleich für eine in `xsl:for-each` umgesetzte Reihenverarbeitung genutzt werden. Beide Formulierungen zeigen zusammen mit der `count()`-Funktion, wie das schon bekannte XPath für die Definition von Variablenwerten und für die Wertausgabe zum Einsatz kommt. Als Ergebnis erhält man eine Liste mit Stadtnamen und den dazugehörigen Kundenanzahlen.

```
<Uebersicht>{
  (: Einfache Variable :)
  let  $kunde := //Kunde
  (: Variable für Bindesequenz:)
  for $staedte in distinct-values(//Stadt)
  return
    <Stadt>
      <Name>{ $staedte } </Name>
      <Anzahl>{ count($kunde/Adresse/Stadt = $staedte) } </Anzahl>
    </Stadt>
}</Uebersicht>
```

1912_02.xql: Einsatz einer einfachen Variable

Als besonderer Clou ist auch möglich, einen gesamten FLWOR-Ausdruck zu verwenden, um ihn in einer Funktion als Eingabesequenz zu verwenden. Dies könnte bspw. bei einer Aggregatfunktion wie `avg()` der Fall sein, wo dann der Durchschnitt über die vom FLWOR-Ausdruck zurückgegebenen Werte ermittelt wird.

Schließlich lässt sich noch eine Sortierung[5] mit `order by` und den beiden Werten `ascending` und `descending` angeben, wobei wie immer die aufsteigende Sortierung standardmäßig vorgegeben ist. Eine Sortierungsanweisung enthält mindestens eine Sortierspezifikation (engl. ordering specification). Sofern noch eine Filterung angegeben wurde, sortiert diese Anweisung nach der Filterung die entstandenen Werte aus der gebundenen Variablen. Als Sortierungsmerkmal setzt der Sortieralgorithmus die Werte der Sortierspezifikationen ein. Dies führt zu folgender allgemeiner Syntax:

```
OrderByClause    ::= (("order" "by")
                    | ("stable" "order" "by")) OrderSpecList
OrderSpecList    ::= OrderSpec ("," OrderSpec)*
OrderSpec        ::= ExprSingle OrderModifier
OrderModifier    ::= ("ascending" | "descending")?
                    ("empty" ("greatest" | "least"))?
                    ("collation" URILiteral)?
```

Im nachfolgenden Beispiel erstellt man eine Variable für alle Kunden, greift dann in der Bindesequenz auf diese Variable zu, filtert ihre Werte, sodass die Kundinnen nur noch verarbeitet werden, und sortiert diese wiederum nach ihrer Stadt aufsteigend.

```
<Uebersicht>
  <Kundinnen> {
  (: Einfache Variable für alle Kunden :)
  let $kunden := //Kunde
  (: Variable für Bindesequenz für Kundinnen :)
  for $kundinnen in $kunden
  where $kundinnen/@Anrede = ‚Frau'
  order by $kundinnen/Adresse/Stadt
  return
    <Kundin>{$kundinnen/Name/Rufname,
            $kundinnen/Name/Zuname,
            $kundinnen/Adresse/Stadt}</Kundin>
  } </Kundinnen>
</Uebersicht>
```

1912_03.xql: Sortierung

---

5   Vgl.: XQuery 1.0: An XML Query Language, W3C Recommendation 23 January 2007 im Abschnitt 3.8.3 Order By and Return Clauses unter http://www.w3.org/TR/xquery/#id-orderby-return.

19

Neben den Variablen, die eine Bindesequenz darstellen (`for`) oder mit einer solchen verbunden sind (`let`) gibt es auch noch die Möglichkeit, einfache Variablen für die Speicherung von allgemeinen Werten zu erstellen[6]. Diese entsprechen dann den Variablen aus anderen Programmiersprachen. Während die XQuery-Dokumentation die Erstellung der zuvor genannten als Variablen-Bindung bezeichnet, ist die korrekte Benennung für die Erstellung von diesen neuen einfachen Variablen die Variablen-Deklaration. Als Schlüsselwort verwendet man `declare variable`, wobei wiederum ein Dollar-Zeichen den Namen angibt und auch das `as`-Schlüsselwort für die Datentypangabe verwendet wird. Als Datentypen kommen sowohl eigene als auch XML Schema-Standarddatentypen vor.

Die Deklaration an sich ist sehr einfach; die Verwendung entspricht derjenigen von anderen Variablen. Es lassen sich allerdings folgende unterschiedlichen Deklarationsmöglichkeiten unterscheiden:

- Deklaration mit Datentyp: `declare variable $x as xs:integer := 5;`

- Deklaration ohne direkte Datentypvorgabe: `declare variable $x := 5.5;`

- Wertübernahme aus aufrufender Umgebung: `declare variable $x as xs:integer external;`

- Deklaration mit Namensraum: `declare variable $rf:beginn as xs:year := 2002;`

19. 1. 3. XML-Erzeugung

XQuery kennt zwei verschiedene Varianten, mit denen XML im Ausgabestrom[7] erzeugt werden kann. Vermutlich ist dabei die XML-basierte Variante einfacher zu verwenden, weil dies näher an der schon eingeführten Erzeugung in XSLT anschließt. Man unterscheidet zum einen so genannte direkte Konstruktoren (engl. direct constructors) und berechnete Konstruktoren (engl. computed constructors).

---

6 Vgl.: XQuery 1.0: An XML Query Language, W3C Recommendation 23 January 2007 im Abschnitt 4.14 Variable Declaration unter http://www.w3.org/TR/xquery/#id-variable-declarations.
7 Vgl.: XQuery 1.0: An XML Query Language, W3C Recommendation 23 January 2007 im Abschnitt 3.7 Constructors unter http://www.w3.org/TR/xquery/#id-constructors.

→ **Direkte Erzeugung**

Ein direkter Element-Konstruktor basiert auf der bekannten Standard-XML-Syntax und entspricht damit im Wesentlichen der Ausgabe von literaler Ergebnismenge in XSLT. Das xsl:value-of-Element fehlt, sodass hier an seiner Stelle geschweifte Klammern für die Angabe von XPath-Ausdrücken verwendet werden, mit denen man Funktionen oder einfache Pfadbeschreibungen angeben kann. Innerhalb dieser eingeschlossenen Ausdrücke (engl. enclosed expressions) erzeugt man Sequenzen, indem zwischen mehrere Ausdrücke Kommata gesetzt werden. Geschweifte Klammern selbst kann man über Entitäten oder Verdoppelung angeben. Für eine geöffnete geschweifte Klammer verwendet man also entweder `"{{"` oder `&#x7b;`. Eine geschlossene erzeugt man dementsprechend mit `"}}"` oder `&#x7d;`.

Attribute erzeugt man mit den gleichen Regeln, wobei hier bei festen Werten keine geschweiften Klammern notwendig sind. Man kann sie aber wie bei Ausdrücken angeben, sodass letztendlich zwischen Element- und Attributwerten kein Unterschied besteht. Wie bei einer Attributwertvorlage in XSLT kann man gewöhnlichen statischen Text mit XPath-Ausdrücken mischen, indem nur der dynamische Teil in geschweiften Klammern angegeben wird.

Namensräume kann man in dieser Syntax wie bei einer gewöhnlichen XML-Datei über das `xmlns`-Attribut erzeugen. Gleiches gilt für Prozessoranweisungen und Kommentare. Daher ist diese Variante besonders einfach zu verwenden und intuitiv zu verstehen.

→ **Berechnete Erzeugung**

Die nachfolgende Tabelle fasst die verschiedenen berechneten Konstruktoren zusammen. Dabei stehen in den allgemeinen Syntaxangaben die Abkürzungen `QName` für den qualifizierten XML-Namen mit Namensraumpräfix, `NCName` für den unqualifizierten Namen ohne Namensraumpräfix, `ContentExpr` für Inhalt(sausdruck) und `Expr` für einen beliebigen, sinnvollen (XPath-)Ausdruck. Insbesondere der Inhalt für Elemente kann sehr umfangreich sein, da hier ja auch Verschachtelungen angelegt werden können.

Konstruktor	Syntax	Beschreibung
element	element (QName | ({ Expr })) { ContentExpr? }	Erzeugt ein Element mit dem in QName angegeben oder aus dem Expr ermittelten Namen und optionalem Inhalt.

19

Konstruktor	Syntax	Beschreibung
attribute	attribute (QName | ({ Expr })) { Expr? }	Erzeugt ein Attribut mit dem in QName angegeben oder aus dem Expr ermittelten Namen und optionalem Inhalt.
document	document { Expr }	Erzeugt ein XML-Wurzelelement und enthält den XML-Inhalt.
text	text { Expr }	Erzeugt einen Textknoten mit dem angegebenen Inhalt.
processing-instruction	processing-instruction (NC-Name | ({ Expr })) { Expr? }	Erzeugt eine Prozessoran-weisung mit dem in NCName angegebenen oder aus dem Expr ermittelten Namen und den in Expr angegebenen Inhalt.
comment	comment { Expr }	Erzeugt einen Kommentar-knoten mit dem angegebenen Inhalt.

Berechnete Konstruktoren

Die berechneten Konstruktoren können im nächsten Beispiel begutachtet werden. Elemente erstellt man über den vorangestellten Konstruktor `element`, wobei sowohl der Name als auch der Wert über einen Ausdruck in geschweiften Klammern erzeugt werden kann. Dies gilt für Attribute und ihren Konstruktor `attribute` genauso, wobei Elemente zusätzlich weitere Elemente enthalten können. Die Verschachtelung drückt dabei durch die ineinander liegenden Ebenen von geschweiften Klammern aus. Hier wie zuvor muss man wieder überlegen, ob ein Element kopieren oder nur seinen Textknoten abrufen will, was mit `text()` geschieht. Einfachen Text gibt man mit dem `text`-Konstruktor vor.

Ob die berechneten Konstruktoren die Lesbarkeit fördern, ist zunächst eine Geschmackssache. Sie erscheinen in ähnlicher Weise bspw. auch in der Kurzsyntax von RelaxNG, einer Konkurrenztechnologie zu XML Schema.

Man erhält bei diesem Beispiel eine verkürzte Form des ursprünglichen Dokuments.

```
(: Elementname als Bezeichner vorgegeben :)
element Kundenliste {
  for $kunden in //Kunde return
    element Kunde {
      (: Attributtname als Bezeichner vorgegeben,
         Wert mit XPath abgerufen :)
```

```
attribute Nr { $kunden/@Nr },
attribute Anrede { $kunden/@Anrede},
(: Wert direkt als Textknoten vorgegeben :)
attribute Typ { text{"p"} },
element Name {
  (: Name aus Ausdruck ermittelt :)
  element {local-name($kunden/Name/Rufname)}
          {$kunden/Name/Rufname/text() },
  (: Wert mit text() :)
  element Zuname { $kunden/Name/Zuname/text() }
} } }
```

1913_01.xql: Berechnete Konstruktoren für Elemente und Attribute

Das nächste Beispiel erzeugt Kommentar und Prozessoranweisungen sowie einen Namensraum als erweiterte Ausgabemöglichkeiten. Einen Namensraum deklariert man vor dem gesamten Dokument und schließt diese Deklaration mit einem Semikolon ab. Mehrere Namensräume kann man durch Kommata verbunden aneinander reihen. Das Präfix lässt sich dann einfach vor den Element- oder Attributnamen setzen. Bei der Prozessoranweisung und auch beim Kommentar können die einzelnen Angaben aus Variablenwerten oder XPath-Funktionsaufrufen zusammengesetzt werden. In diesem Beispiel sieht man zusätzlich, wie mehrere FLWOR-Ausdrücke in einem XQuery-Dokument zum Einsatz kommen, um die Variablen für die Prozessoranweisung zu formulieren.

```
(: Namensraum :)
declare namespace rf="http://www.ruhrfon.biz";
(: Prozessoranweisung :)
let $target := "xml-stylesheet",
    $content := "type=""text/xsl"" href=""211_01.xsl"""
return
 processing-instruction {$target} {$content},
 (: Kommentar :)
 comment { text{"Kundenübersicht"} },
 (: Element mit Namensraum :)
document {
element rf:Kundenliste {
 for $kunden in //Kunde return
  element Kunde {
   attribute Nr { $kunden/@Nr },
```

```
attribute Anrede { $kunden/@Anrede},
element Name {
  (: Elemente kopieren :)
  $kunden/Name/Rufname,
  $kunden/Name/Zuname
} } } }
```

1913_02.xql: Prozessoranweisung, Kommentare und Namensräume

Man erhält als Ergebnis das leicht veränderte Dokument:

```
<?xml-stylesheet type="text/xsl" href="211_01.xsl"?>
<!--Kundenübersicht-->
<rf:Kundenliste xmlns:rf="http://www.ruhrfon.biz">
  <Kunde Nr="235" Anrede="Frau">
    <Name>
      <Rufname>Verena</Rufname>
      <Zuname>Fiegert</Zuname>
    </Name>
  </Kunde>
</Kundenliste>
```

19. 1. 4. Fallunterscheidungen

In XQuery lässt sich eine Fallunterscheidung[8] nutzen, die auch in XPath 2.0 zum Einsatz kommt. Die allgemeine Syntax lautet `if ( Expr ) then ExprSingle else ExprSingle`, an der bereits die grundlegende Struktur `if-then-else` gut zu erkennen ist. Die Ausdrücke können sowohl wie in XPath bspw. zu unterschiedlichen Werten führen wie auch ganz andere Ausgabestrukturen erzeugen. Diese Möglichkeit zeigt das nächste Beispiel, in dem dieses Mal die männlichen Kunden ausgewählt werden, was dann zu einer veränderte Ausgabe von Kunden und Kundinnen führt.

```
<Kundenliste>{
  for $kunde in //Kunde
  return
  if ($kunde/@Anrede = "Herr")
```

---

8 Vgl.: XQuery 1.0: An XML Query Language, W3C Recommendation 23 January 2007 im Abschnitt 3.10 Conditional Expressions unter http://www.w3.org/TR/xquery/#id-conditionals.

```
then
  <Kunde>
   { $kunde/Name/child::* }
  </Kunde>
  else
   <Kundin>
    { $kunde/Name/child::* }
   </Kundin>
}</Kundenliste>
```

243_03.xql: Fallunterscheidung

Die in XPath auch erlaubten Ausdrücke für Mengen- und Existenztests some und every sowie Typüberprüfungen mit instance of und castable as sind auch in XQuery zulässig. Zusätzlich gibt es noch einen typeswitch-Operator, mit dem auf Datentypen in Form einer speziellen Fallunterscheidung getestet werden kann.

19. 1. 5. Eigene Funktionen

Wie auch XSLT, so erlaubt XQuery die Defintion von eigenen Funktionen[9]. Im Wesentlichen enthalten sie eigene FLWOR-Ausdrücke bzw. einen abgeschlossenen Umwandlungsalgorithmus, der beliebige Ausgaben erzeugen kann. Diese kann man dann wieder in Abhängigkeit des Datentyps für Tests und Vergleiche (Wahrheitswerte, xs:boolean), Berechnungen (Zahldatentypen) oder Ausgaben (einfache in bspw. Zeichenketten oder komplexe in XML) verwenden.

Dabei erstellt man eine solche Funktion wie in SQL über das declare-Schlüsselwort, seinen Namen, eine Parameterliste und die Angabe eines Rückgabewerts, der über as angeschlossen wird. Als Datentypen kann man entweder die XML Schema-Standarddatentypen oder sogar eigene Datentypen verwenden, die über die zu verarbeitende XML-Datei referenziert und im Rahmen der Umwandlung für die Validierung verwendet werden. Insbesondere diese Vorgehensweise erlaubt es, komplexe Datentypen für die Übergabe zu erwarten und sie auch durch die Konstruktion von XML-Strukturen zurückzuliefern. Eine Funktion muss in einem eigenen Namensraum liegen, wobei man im Regelfall wohl für die eigenen Funktionen einen gemeinsamen speziellen Namensraum verwendet. Sofern man keinen eigenen

---

9   Vgl.: XQuery 1.0: An XML Query Language, W3C Recommendation 23 January 2007 im Abschnitt 4.15 Function
     Declaration unter http://www.w3.org/TR/xquery/#FunctionDeclns.

Namensraum anlegen möchte, kann man das Standardpräfix `local` verwenden, welches sich auf http://www.w3.org/2005/xquery-local-functions bezieht.

Einen eigenen Namensraum deklariert man folgendermaßen:

```
declare namespace xlink = "http://www.w3.org/1999/xlink";
```

Im nächsten Beispiel werden zwei verschiedene Funktionen erstellt. Sie unterscheiden sich an mehreren Stellen. Die erste Funktion erwartet ein Element `Name`, d. h. hier lassen sich kein anderes Element und auch kein anderer Knotentyp aus einem Elementknoten übergeben. Sie liefert als Rückgabewert eine Zeichenkette zurück, die sich aus Zu- und Rufname zusammensetzt. Da man explizit ein `Name`-Element erwartet, kann man sich bei der Verarbeitung sicher sein, dass die benötigten und explizit angesprochenen Kinder ebenfalls vorhanden sind.

Die zweite Funktion erwartet dagegen ein beliebiges Element. Im Normalfall würde man zwar hier auch lieber erzwingen, dass es sich um ein `Kunde`-Element handelt, um Fehler zu vermeiden, doch diese Funktion soll zeigen, dass man sowohl bestimmte Knotentypen als auch bestimmte Datentypen oder auch gar nichts bei den Parametern angeben kann. Zurück liefert diese Funktion dagegen keinen Rückgabewert als primitiven Datentyp, sondern mehrere Elemente. Dies drückt sich durch exakt die gleiche Syntax aus wie bei der Verwendung von XML Schema in XSLT und wurde auch dort ausführlich erklärt.

```
(: Erwarte Element Name und erzeuge Zeichenkette:)
declare function local:NameAlsZeichenkette(
                          $kundenname as element(Name))
    as xs:string {
    for $k in $kundenname
    return fn:concat($k/Zuname, ,, ,, $k/Rufname)
};
(: Erwarte beliebiges Element und erzeuge Elemente :)
declare function local:KundeVerarbeiten($kunde)
    as element()* {
    for $k in $kunde
    return
        <Name>{ local:NameAlsZeichenkette($kunde/Name) }</Name>
};
<Uebersicht>{
  for $kunde in //Kunde
```

```
return
    local:KundeVerarbeiten($kunde )
}</Uebersicht>
```

1915_01.xql: Funktionen verwenden

Weitere Beispiele zu Funktionen befinden sich im nachfolgenden Abschnitt.

19. 2. Anwendungsfälle von XQuery

Während der vorherige Abschnitt die verschiedenen zusätzlichen Syntax-Bereiche bearbeitet hat, die weitestgehend nur in XQuery vorhanden sind und daher nicht in der Schnittmenge mit XPath enthalten sind, soll dieser Abschnitt nun noch weitere Beispiele enthalten. Sie orientieren sich sehr an einem W3C-Dokument, in dem ebenfalls typische Anwendungsfälle von XQuery thematisiert und mit Beispielen vorgeführt werden. Das Dokument heißt XML Query Use Cases, W3C Working Group Note 23 March 2007 und befindet sich unter http://www.w3.org/TR/xquery-use-cases/.

19. 2. 1. Hierarchien und flexible Dokumente

Die erste Gruppe von Anwendungsfällen bezieht sich auf die Beibehaltung von Hierarchien.[10] Damit sind vor allen Dingen dokumentenorientierte Dokumente gemeint, die gemischten Inhalt aufweisen, d. h. Elemente mit Text mischen, optionale Elemente besitzen und in denen Elemente auf unterschiedlichen Hierarchieebenen wiederholt auftreten können. Hier ist es bei Abfragen wichtig, dass identifizierte Knoten ihre Hierarchiestruktur beibehalten und quasi nur ausgeschnitten werden.

Als Beispiel kann man sich ein Werbedokument der RuhrFon GmbH vorstellen, das mit den Elementen von DocBook aufgebaut ist. Innerhalb eines `book`-Elements gibt es `chapter`-Elemente, die wiederum `section`-Elemente enthalten. In jedem Element ist es möglich, Titel und teilweise auch Untertitel anzugeben. Dies wäre die oben erwähnte Hierarchie. Dann gibt es bspw. das `title`-Element, welches den Titel enthält und auf unterschiedlichen Ebenen bzw. in unterschiedlichen Eltern-Elementen wie `book` oder `chapter` oder `section` eingesetzt werden kann.

---

10 Vgl.: XML Query Use Cases im Abschnitt 1.2 Use Case "TREE": Queries that preserve hierarchy unter http://www.w3.org/TR/xquery-use-cases/#tree.

```
<book>
<title>Die RuhrFon GmbH</title>
  <chapter id="1">
    <title>RuhrFon GmbH - Eine Welle des Erfolgs</title>
    <section id="1">
      <title>Von Anfang an eine Erfolgsgeschichte</title>
      <subtitle>Die RuhrFon GmbH im Aufwind</subtitle>
      <graphic align="center" fileref="ruhrfon_logo.gif"/>
      <para>Seit Gründung der RuhrFon GmbH ...</para>
    </section>
    <section id="2">
      <title>Gute Umsatzzahlen und niedrige Preise</title>
      <subtitle>Beeindruckende Leistung ...</subtitle>
      <para>Je mehr Kunden ...</para>
```

1921_01.xml: Dokumentenorientiertes Dokument mit Hierarchie

Im ersten Beispiel, das – wie alle anderen Beispiele auch – im erwähnten W3C-Dokument in einer Variante erscheint, zielt die Aufgabenstellung in die Richtung, dass ein Inhaltsverzeichnis erstellt werden soll. Dabei müssen die einzelnen title- und ggf. auch subtitle-Elemente aus diesen verschiedenen Eltern-Elemente geholt und in ein title-Element gesteckt werden, wobei die Hierarchie grundsätzlich erhalten bleiben soll. Dies bedeutet, dass ein Titel auf der dritten Ebene sich dann auch wieder auf der dritten Ebene befinden muss. Um diese rekursive Vorgehensweise mit XSLT abzubilden, würde man eine rekursive Vorlage erstellen, d. h. innerhalb der Vorlage, die Titel oder Untertitel verarbeitet, würde dann jeweils wiederum die gleiche Vorlage aufgerufen werden. In XQuery dagegen kann man eine solche Rekursion nicht über Vorlagen einrichten, sondern verwendet stattdessen die Möglichkeit, Funktionen zu erstellen. Diese können sich dann wiederum selbst aufrufen.

Die Funktion toc erwartet einen Element-Knoten und liefert einen oder mehrere Element-Knoten wieder zurück. Bei der Rückgabe handelt es sich dabei um die title-Elemente, die nacheinander erstellt worden sind. Die Funktion liefert ebenfalls ein title-Element zurück, wobei aber zusätzlich auch noch der Untertitel aufgerufen wird, sofern er vorhanden ist. Innerhalb der Ausgabe ruft sich die Funktion wiederum selbst auf und übergibt das gerade abgerufene Element.

```
declare function local:toc($chapter-or-section as element())
      as element()*
```

```
{
    for $chapter in $chapter-or-section/chapter
                  | $chapter-or-section/section
    return
        <title>
            { $chapter/@* ,
              $chapter/title,
              $chapter/subtitle,
              local:toc($chapter) }
        </title>
};


element toc {
    for $c in book return local:toc($c)
}
```

1921_01.xql: Hierarchie verarbeiten

Man erhält tatsächlich eine hierarchisierte Aufstellung von Titeln. Die Position ist im `id`-Attribut festgelegt, wobei dadurch auch die Struktur noch besser als über die Verschachtelung deutlich wird. Wenn man genau hinsieht, dann erkennt man, die Struktur 1/1 und 1/2 in den ersten Absätzen.

```
<toc>
  <title id="1">
    <title>RuhrFon GmbH - Eine Welle des Erfolgs</title>
    <title id="1">
      <title>Von Anfang an eine Erfolgsgeschichte</title>
      <subtitle>Die RuhrFon GmbH im Aufwind</subtitle>
    </title>
    <title id="2">
      <title>Gute Umsatzzahlen und niedrige Preise</title>
      <subtitle>Beeindruckende Leistung ...</subtitle>
    </title>
  </title>
```

Ausgabe der Hierarchie

19

Im nächsten Beispiel sucht man nach `simplelist`-Elementen, die sich innerhalb von `chapter` und `section`-Elementen befinden können. Dazu erstellt man wiederum eine Funktion, welche eine rekursive Verarbeitung von XML-Strukturen ermöglicht und so den rekursiven Vorlagen-Aufruf von XSLT nachbildet. In diesem Fall erwartet man als Übergabeparameter entweder `chapter`- oder `section`-Elemente als Liste. Die Funktion liefert ein `section`-Element mit den Attributen und dem title des gerade verarbeiteten Listenelements zurück und zählt dann in einem extra `simplelistcount`-Element die in diesem Element vorhandenen einfachen Listen. Dann ruft sie sich selbst auf, übergibt aber nur ein `section`-Element, da innerhalb von `chapter`-Elementen keine weiteren `chapter`-Elemente auftreten können.

```
declare function local:section-summary(
                    $chapter-or-section as element()*)
                    as element()* {
    for $s in $chapter-or-section
    return
        <section>
            { $s/@* }
            { $s/title }
            <simplelistcount>
                { count($s/simplelist) }
            </simplelistcount>
            { local:section-summary($s/section) }
        </section>
};
<toc> {
    for $s in book/chapter | book/section
    return local:section-summary($s)
} </toc>
```

1921_02.xql: Hierarchien beibehalten und Listen zählen

Im aktuellen Fall erhält man ein Inhaltsverzeichnis, das aus einzelnen Abschnitten mit einem `id`-Attribut und einem `title`-Element besteht, und welches zusätzlich die Anzahl der Listen enthält. Anhand der Titel kann man leicht nachvollziehen, wie die gesamte verschachtelte Struktur der XML-Eingabedaten Ebene um Ebene verarbeitet wird.

```
<toc>
    <section id="1">
```

```
<title>RuhrFon GmbH - Eine Welle des Erfolgs</title>
<simplelistcount>0</simplelistcount>
<section id="1">
  <title>Von Anfang an eine Erfolgsgeschichte</title>
  <simplelistcount>2</simplelistcount>
</section>
<section id="2">
  <title>Gute Umsatzzahlen und niedrige Preise</title>
  <simplelistcount>1</simplelistcount>
</section>
</section>
```

Ausgabe in XML

19. 2. 2. Sequenzen und Reihenfolgen

Die Verarbeitung und vor allen Dingen die Bearbeitung von Reihenfolgen ist wesentlich für XML-Dokumente. Während die Verarbeitung schon durch das `for`-Schlüsselwort ermöglicht wird und hier keine besondere Erwähnung bedarf, ist es interessant, Stellen zwischen Elementen zu lokalisieren und bspw. Teile auszuschneiden. Im einfachsten Fall setzt man hier lediglich XPath ein. XQuery bietet jedoch auch die Möglichkeit, solche Teile zu identifizieren und nur sie als Ergebnis einer Abfrage zurückzuliefern.[11]

Wenn man also keine XPath-Lösung verwenden möchte, dann kann man mithilfe von selbst geschriebenen XQuery-Funktionen zum Ziel kommen. Im ersten Beispiel der verschiedenen Anwendungsfälle im W3C-Dokument zum Thema Reihenfolgen, das eine spezielle XQuery-Lösung vorsieht, erstellt man zwei Funktionen für die Reihenfolgenbestimmung. Dies bedeutet: eine Funktion, die darauf testet, ob ein Knoten einem anderen vorhergeht, und eine andere Funktion, die darauf testet, ob ein Knoten einem anderen folgt. Inhaltlich nutzt man diese beiden Funktionen, um die Kapitel zwischen zwei anderen Kapiteln ausfindig zu machen.

Interessant ist es herauszufinden, ob ein Knoten einem anderen vorangeht oder ihm folgt. Dazu sind im hier bearbeiteten W3C-Dokument zwei einfache Funktionen zu finden, die nun auf das vorliegende Beispieldokument angewandt werden. Sie erwarten jeweils zwei Knoten, wobei der erste mit dem zweiten verglichen wird, und liefern jeweils einen boole-

---

11   Vgl.: XML Query Use Cases im Abschnitt 1.3 Use Case "SEQ" - Queries based on Sequence unter http://www.w3.org/TR/xquery-use-cases/#seq.

schen Wert als Ergebnis. Mit diesen beiden Funktionen kann man dann anstelle von einem XPath-Prädikat ein Kapitel innerhalb des Dokuments herausfinden, indem man in der `where`-Bedingung darauf prüft, welches Kapitel dem ersten folgt und dem zweiten vorangeht.

```
declare function local:precedes($a as node(),
                                $b as node()) as xs:boolean {
    $a << $b  and empty($a//node() intersect $b)
};

declare function local:follows($a as node(),
                               $b as node()) as xs:boolean {
    $a >> $b  and  empty($b//node() intersect $a)
};

<interviews> {
  let $chapters := //chapter
  for $c in $chapters/child::*
  where local:follows($c, ($chapters[@id = "1"]))
    and local:precedes($c, ($chapters[@id = "3"]))
  return $c
} </interviews>
```

1922_01.xql: Positionale Abfragen durchführen

In einer zweiten Variante erstellt man zunächst drei einzelne Variablen, um das erste Kapitel und den ersten und zweiten Absatz innerhalb dieses ersten Kapitels zu speichern. Danach erst die `simplelist`-Kinder, die zwischen dem ersten und dem zweiten Absatz liegen, indem man sie als dem einen Absatz folgend und dem anderen Absatz als vorangehend angibt.

```
document {
element simplelists  {
  let $chapters := //chapter[1],
      $i1 :=  ($chapters//para)[1],
      $i2 :=  ($chapters//para)[2]
  for $c in $chapters/section/child::*
  where $c >> $i1 and $c << $i2 except $c//node()
  return
    element {local-name($c)}  {$c/child::*}
```

```
    }
  }
```

1922_02.xql: Positionale Abfragen durchführen

19. 2. 3. Relationale Daten

Wie schon zuvor bei XSLT und XPath gezeigt, so ist die Verarbeitung von relational aufbereiteten Daten, die bspw. aus einzelnen Tabellenexporten zusammengesetzt werden, auch für
die Verarbeitung von XML-Daten eine wesentliche Aufgabe. Dieser Anwendungsfall lässt
sich auch mit XQuery lösen.[12] Ein solches Dokument findet man im nachfolgenden Beispiel.
Dort sind drei Tabellen aus der RuhrFon-Datenbank für die Entitäten Rechnung, Posten und
Tarif nicht hierarchisch untereinander, sondern wie in der Datenbank nur durch Schlüssel
und Referenzen verbunden nebeneinander gestellt. Innerhalb einer Rechnung sind Posten enthalten, die wiederum einen Tarif enthalten. Dies wird durch die Fremdschlüssel in
eigenen Attributen ausgedrückt, die einfach daran zu erkennen sind, dass bei ihnen das
Benennungsschema (erster Buchstabe der Entität ist auch der erste Buchstabe des Attri-
butnamens) unterbrochen wird.

```
<Umsatzliste>
  <Rechnungsliste>
    <Rechnung R_Nr="7" R_Datum="31.03.03" R_Summe="8.61"/>
    <Rechnung R_Nr="8" R_Datum="31.03.03" R_Summe="5.85"/>
    ...
  </Rechnungsliste>
  <Postenliste>
    <Posten P_Nr="33" R_Nr="7" P_Summe="2.28" T_Nr="2"/>
    <Posten P_Nr="34" R_Nr="7" P_Summe="0.17" T_Nr="3"/>
    <Posten P_Nr="35" R_Nr="7" P_Summe="1.44" T_Nr="4"/>
    ...
  </Postenliste>
  <Tarifliste>
    <Tarif T_Nr="1" T_Name="Frühstück" T_GueBis="30.06.03"/>
    <Tarif T_Nr="2" T_Name="Mittagspause" T_GueBis="30.06.03"/>
    <Tarif T_Nr="3" T_Name="Abendessen" T_GueBis="30.06.03"/>
    ...
```

---

12   Vgl.: XML Query Use Cases im Abschnitt 1.4 Use Case "R" - Access to Relational Data unter http://www.w3.org/
TR/xquery-use-cases/#rdb.

19

```
</Tarifliste>
</Umsatzliste>
```

1923_01.xml: Relationale Daten in XML

Nicht nur bei solchen Dokumenten, sondern auch bei allen anderen, muss man sich immer die Frage stellen, ob man die Abfrage durch einen XPath-Ausdruck realisiert, oder ob stattdessen eine XQuery-Umwandlung besser ist. Sofern es nur um die Beschaffung der Daten geht, ist es möglicherweise einfacher, verstärkt auf XPath zu setzen, ehe man dann mit den Möglichkeiten von XQuery die Ergebnismenge in XML einrichtet.

Das nächste Beispiel zeigt lediglich, wie eine einfache Abfrage auf eine solchermaßen aus der Datenbank extrahierte Tabelle wieder abgefragt wird. Dabei interessiert man sich in diesem Fall für alle Tarife mit einer Gültigkeit bis Ende Juni 2003 und einer Tarifnummer kleiner 5, die geordnet nach ihrem Namen ausgegeben werden sollen. In diesem Sinne ähneln sich SQL und XQuery sehr, was allein an der Sortierung und der Filterung liegt. In einer einfachen XPath-Formulierung hätte man den Filter gleich noch in der Bestimmung der Bindesequenz anhängen können. Die Sortierung wäre allerdings hier nicht mehr möglich gewesen – dies wäre nur in XSLT im Rahmen der Ausgabeanweisungen denkbar gewesen.

```
<Ergebnis> {
    for $t in //Tarif
    where $t/@T_GueBis = "30.06.03"
      and $t/@T_Nr <= 5
    order by $t/@T_Name
    return
        <Tarif>
            { $t/@T_Name }
            { $t/@T_GueBis }
        </Tarif>
  } </Ergebnis>
```

1923_01.xql: Einfache Abfrage auf eine Tabelle

Ein weiterer wichtiger Aufgabenbereich ist bei der Verwendung von relationalen Strukturen die Verknüpfung, weil hier auch neue Tupelmengen konstruiert werden, die dann erst in einem folgenden Schritt weiter verarbeitet/abgefragt werden. Wie bei einer Tabelle gelingt die Verknüpfung auch in XQuery über die Primär- und Fremdschlüssel, die in diesem Fall nicht in Spalten, sondern in Attributen oder Elementen untergebracht sind. Da man wieder eine hierarchisierte Liste der Rechnungen mit ihren jeweiligen Posten erstellen will, verarbeitet man zunächst alle Rechnungen und sucht dann in einer eigenen Variablen für die Posten diejenigen Posten heraus, welche sich auf die gerade in der Verarbeitung befindliche Rechnung beziehen.

```
<Ergebnis> {
    for $r in //Rechnung
    let $p := //Posten[@R_Nr = $r/@R_Nr]
    where $r/@R_Summe > 5.25
    return
        <Abrechnung>
            { $r }
            <Postenliste>{ $p }</Postenliste>
        </Abrechnung >
} </Ergebnis>
```

1923_02.xql: Verknüpfung von Eltern-Kind-Tabelle

Man erhält ein in XML typisches Dokument mit einer Verschachtelung. In dieser Art würde man es auch im Normalfall als XML-Struktur planen, um genau die Komplikationen der Verknüpfung wieder zu vermeiden.

```
<Ergebnis>
  <Abrechnung>
    <Rechnung R_Nr="7" R_Datum="31.03.03" R_Summe="8.61"/>
    <Postenliste>
      <Posten P_Nr="33" R_Nr="7" P_Summe="2.28" T_Nr="2"/>
      <Posten P_Nr="34" R_Nr="7" P_Summe="0.17" T_Nr="3"/>
      <Posten P_Nr="35" R_Nr="7" P_Summe="1.44" T_Nr="4"/>
      <Posten P_Nr="38" R_Nr="7" P_Summe="4.72" T_Nr="8"/>
    </Postenliste>
  </Abrechnung>
...
```

Ausgabe von Tarifen mit Posten

Neben der inneren Verknüpfung, in der zu einer Tupelmenge die zugehörigen, d. h. verknüpften Tupel aus einer anderen Datenmenge zugeordnet werden, gibt es auch noch die äußere Verknüpfung. Sie konzentriert sich nicht nur auf die Datensätze, die tatsächlich einen Treffer in der anderen Datenmenge aufweisen, sondern nimmt auch diejenigen Datensätze aus einer benannten Menge mit in das Ergebnis auf, die gerade keinen Treffer besitzen. Hierbei unterscheidet man in SQL zwei verschiedene Standardfälle:

- Zum einen interessiert man sich für eine Liste, in der sowohl die Datensätze mit Partner als auch diejenigen ohne Partner erscheinen. Für die Felder, die dann aus Menge A auch noch in das Ergebnis übernommen werden und die eigentlich in der inneren Verknüpfung gerade nicht übernommen werden würden, erscheinen dann NULL-Werte für die Felder aus Menge B.

- Zum anderen interessiert man sich genau für diejenigen Datensätze aus Menge A, die gerade keinen Partner in der Menge B finden und daher von der inneren Verknüpfung ansonsten gerade aussortiert würden. In SQL muss man diese Datensätze ausdrücklich identifizieren, indem man auf den Wert NULL in einem der zwangsläufig nicht gefüllten Felder der Menge B prüft.

In XQuery lassen sich natürlich beide Varianten umsetzen, wobei die zweite, in SQL eigentlich durch den zusätzlichen Filter ein wenig kompliziertere Variante durch die empty()-Funktion besonders einfach zu formulieren ist. Daher folgt eine passende Lösung im nächsten Beispiel auch als erstes. Hier untersucht man die verschiedenen Tarife und sucht diejenigen Filter heraus, welche in keinem einzigen Posten referenziert werden. Dies bedeutet, man sucht die Tarife, die im vorliegenden Datenbestand in keiner Rechnung erwähnt werden. Dazu referenziert man in einer Bindesequenz die einzelnen Tarife, verarbeitet sie der Reihe nach und filtert sie danach, ob es keine Posten mit ihrer Tarifnummer gibt. Die Tarife, deren Nummer in keinem Posten erwähnt wird, kommen in die Ergebnismenge.

```
<Ergebnis> {
    for $t in //Tarif
    where empty(//Posten[@T_Nr = $t/@T_Nr])
    return
        <Tarif>{ $t /@*}</Tarif>
} </Ergebnis>
```

1923_03.xql: Äußere Verknüpfung (1)

Die in SQL eigentlich etwas einfachere Variante, mit der man eine vollständige Liste von Tupeln aus Menge A abruft, die um ggf. auch vorhandene Partner aus Menge B ergänzt werden, gestaltet sich in XQuery ein wenig schwieriger. Während in SQL die Formulierung für dieses Problem auch für die Filterung der partnerlosen Datensätze als Basis dient, muss man in XQuery einen ganz anderen Weg gehen. In diesem Fall geht es wiederum um die Tarife, die nun um die Rechnungen ergänzt werden sollen, sofern sie in Rechnungen erscheinen. Dazu referenziert man als Bindesequenz wieder die Tarife und erstellt zwei Variablen für Posten und Rechnungen. Diese beiden Variablen zeigen auch sehr schön, wie man stufenweise Verknüpfungen zwischen mehreren Mengen erzeugt: Die Posten werden danach gefiltert, ob ihre Tarifnummer (Fremdschlüssel) die Tarifnummer der Tarife referenziert, während die Rechnung über die Rechnungsnummer in den Posten (Fremdschlüssel) referenziert werden muss. Sofern man dann ein leeres Rechnungsliste-Element erhalten möchte, wenn es keine Rechnungen für diesen Tarif gibt, dann muss man gar nichts weiter beachten, denn der Aufruf der überhaupt verfügbaren Rechnungen führt bei fehlenden Rechnungen automatisch zu einem solchen leeren Element.

```
<Ergebnis> {
    for $t in //Tarif
    let $p := //Posten[@T_Nr = $t/@T_Nr],
        $r := //Rechnung[@R_Nr = $p/@R_Nr]
    return
        <Tarif>{ $t /@* }
            <Rechnungsliste>{$r}</Rechnungsliste>
        </Tarif>
} </Ergebnis>
```

1923_04.xql: Äußere Verknüpfung (2)

Man erhält in diesem Fall also für die Tarife, die wenigstens in einer einzigen Rechnung erscheinen, genau diese Rechnung in der Rechnungsliste, und ansonsten eine leere Rechnungsliste.

```
<Ergebnis>
    <Tarif T_Nr="1" T_Name="Frühstück" T_GueBis="30.06.03">
        <Rechnungsliste/>
    </Tarif>
    <Tarif T_Nr="2" T_Name="Mittagspause" T_GueBis="30.06.03">
        <Rechnungsliste>
            <Rechnung R_Nr="7" R_Datum="31.03.03" R_Summe="8.61"/>
            ...
        </Rechnungsliste>
    </Tarif>
```

Ausgabe der äußeren Verknüpfung

Die letzte Möglichkeit, in SQL Verknüpfungen einzurichten, ist die Selbstverknüpfung. Sie ist bei Abfragen notwendig, in denen Mengen mit sich selbst verglichen werden wie bspw. bei zeitlichen Rückvergleichen oder besonderen Ausgaben wie Kumulationen. Wie auch in SQL muss man die Datenmenge, die man mit sich selbst verknüpfen möchte, zwei mal referenzieren und dabei zur Unterscheidung zwei Aliasnamen verwenden. Das Merkmal, das für die Verknüpfung dient, ist dabei nicht wie bei einer Primär-/Fremdschlüssel-Beziehung fest vorgegeben, sondern kann je nach Abfragesituation auch sinnvoll mit jedem anderen Feld gewählt werden. In diesem Beispiel sucht man die Posten heraus, die genau ein einziges Mal in der Rechnungsliste erscheinen. Dazu verknüpft man die beiden referenzierten Datenmengen über die Rechnungsnummer und filtert dann diejenigen Datensätze heraus, die genau einmal in der Bindesequenz auftretenden Datenmenge erscheinen.

```
<Ergebnis> {
    for $p1 in //Posten
    let $p2 := //Posten[ @R_Nr = $p1 / @R_Nr]
    where count($p2) = 1
    return  $p1
} </Ergebnis>
```

1923_05.xql: Selbstverknüpfung

Schließlich verarbeitet man auch relationale Datenmengen in SQL mit diversen Operatoren wie SOME/ANY oder ALL. Entsprechungen für diese Operatoren gibt es auch in XPath, sodass sie daher auch in XQuery eingesetzt werden. Da sie grundsätzlich schon für XPath vorgestellt wurden, folgt hier zum Schluss nur ein kurzes Beispiel, in dem man sehen kann, wie der Operator every auch in einer XQuery-Abfrage zum Einsatz kommt. Inhaltlich sucht man in der nachfolgenden Anweisung nach den Tarifen, die in Rechnungen erscheinen bzw. – anders formuliert – nach den Tarifen, die wenigstens einmal in irgendeiner Rechnung vorkommen.

```
<Ergebnis> {
    for $t in //Tarif
    let $p := //Posten
    where every $t-item in $t satisfies $t-item[@T_Nr = $p/@T_Nr]
    return  $t
} </Ergebnis>
```

1923_06.xql: Mengenoperatoren

19. 2. 4. Berechnungen

Mit XQuery lassen sich natürlich auch Berechnungen anstellen, die mit XPath und XSLT ebenfalls umgesetzt werden können, wobei allerdings die Formulierung in XQuery oftmals sehr viel kürzer ist. Für diese Beispiele soll noch einmal die schon bekannte Erfolgsübersicht mit den monatlich notierten Zuwächsen an Neukunden pro Stadt zum Einsatz kommen.

```xml
<Erfolguebersicht>
  <Erfolg Stadt="Düsseldorf" Monat="12">
    <Gesamt>137</Gesamt>
    <Neukunden>12</Neukunden>
  </Erfolg>
  <Erfolg Stadt="Dortmund" Monat="12">
    <Gesamt>68</Gesamt>
    <Neukunden>15</Neukunden>
  </Erfolg>
</Erfolguebersicht>
```

1924_01.xml: Erfolguebersicht

Das erste Beispiel definiert als Bindesequenz die Erfolge in den Monaten ab Juni und errechnet das Verhältnis von Neukunden und Gesamtkunden für jeden verarbeiteten Datensatz in einer Variablen. Diese kann dann noch einmal für eine Umrechnung auf prozentuale Werte und eine allgemeine Rundung auf zwei Nachkommastellen verarbeitet werden, wobei man sie zusammen mit dem Namen der Stadt und dem Monat in einer neuen Ergebniszeile ausgibt. Hier erfolgen die Berechnungen über XPath-Ausdrücke und die gemeinsame Funktionsbibliothek.

```
<Erfolg-Liste> {
  for $erfolge in /Erfolguebersicht/Erfolg[@Monat  >= 6]
  let $zuwachs := $erfolge/Neukunden div $erfolge/Gesamt
  return
      <Erfolg Stadt="{$erfolge/@Stadt}" Monat="{$erfolge/@Monat}">
        <Zuwachs>{round-half-to-even($zuwachs, 2)*100}</Zuwachs>
      </Erfolg>
} </Erfolg-Liste>
```

1924_01.xql: Berechnung von prozentualen Zuwächsen

Man erhält eine Liste, in der nicht mehr die absoluten Gesamt- und Neukundenzahlen stehen, sondern in der die prozentualen Zuwächse ausgewiesen werden.

```
<Erfolg-Liste>
  <Erfolg Stadt="Düsseldorf" Monat="3">
    <Zuwachs>21%</Zuwachs>
  </Erfolg>
  <Erfolg Stadt="Düsseldorf" Monat="3">
    <Zuwachs>75%</Zuwachs>
  </Erfolg>
```

Ausgabe in XML

Eine deutlich komplexere Berechnung erfolgt im nachfolgenden Beispiel. Es vergleicht die Zuwächse der Monate 1 bis 3 mit denen der Monate 7 bis 9, wobei jeder Monat mit jedem anderen verglichen wird. In diesem Sinne handelt es sich um ein Kreuzprodukt, das in den vorangegangenen Beispielen zu relationalen Datenabfragen ausgelassen wurde. Es lässt sich ganz einfach über eine ineinander gelegte Schleife einrichten. In zwei Bindesequenzen bindet man die genannten Erfolg-Datensätze und filtert sie jeweils nach den Monaten des ersten und dritten Quartals. Die jeweiligen Zuwächse werden wie zuvor berechnet und dann auch noch miteinander verglichen. Um einen guten Vergleich auch im Ergebnis zu haben, gibt man neben dem Stadtnamen auch die jeweiligen Nummern der verglichenen Monate aus.

```
<Erfolg-Liste> {
  for $quartal1 in /Erfolguebersicht/Erfolg
                   [@Monat >= 1 and @Monat <= 3],
      $quartal3 in /Erfolguebersicht/Erfolg
                   [@Monat >= 7 and @Monat <= 9]
  let $zuwachs1 := $quartal1/Neukunden div $quartal1/Gesamt,
      $zuwachs2 := $quartal3/Neukunden div $quartal3/Gesamt,
      $zuwachsVergleich := $zuwachs2 div $zuwachs1
  where $quartal1/@Stadt = 'Essen, Ruhr'
    and $quartal3/@Stadt = 'Essen, Ruhr'
  return
    <Erfolg Stadt="{$quartal1/@Stadt}"
    Monat1="{$quartal1/@Monat}" Monat2="{$quartal3/@Monat}">
      <Zuwachs>{round-half-to-even($zuwachsVergleich,
                                   2)*100}%</Zuwachs>
```

```
      </Erfolg>
} </Erfolg-Liste>
```

1924_02.xql: Zuwachsvergleich

Man erhält als Ergebnis einen kreuzweisen Vergleich von Monaten und den Vergleich der Zuwächse in Prozent.

```
<Erfolg-Liste>
  <Erfolg Stadt="Essen, Ruhr" Monat1="1" Monat2="7">
    <Zuwachs>26%</Zuwachs>
  </Erfolg>
  <Erfolg Stadt="Essen, Ruhr" Monat1="1" Monat2="8">
    <Zuwachs>15%</Zuwachs>
  </Erfolg>
```

Ausgabe des Kreuzprodukts und der Vergleiche

XSLT in Programmiersprachen

20. XSLT in Programmiersprachen

Mit XSLT steht eine gänzlich andere Technologie zur Verfügung, um XML-Datenströme zu transformieren. Anstatt die Transformation in einer beliebigen Programmiersprache über die standardisierten DOM-Methoden einzurichten, ruft man einen entsprechenden XSLT-Prozessor auf und übergibt den XML-Eingabestrom sowie die Transformationsdatei. Zusätzlich lassen sich noch globale Parameter an die Transformationsdatei übergeben, die dann während der Transformation ausgewertet werden.

Der Vorteil, den man durch die Verwendung von XSLT genießen kann, besteht darin, dass die gleiche Transformation aus unterschiedlichen Programmiersprachen heraus aufgerufen werden kann. Dabei ist der gesamte Algorithmus ausgelagert und kann dementsprechend wiederverwendet werden. Beim DOM hingegen muss man den Algorithmus noch einmal in einer anderen Sprache programmieren, sobald man die gleiche Transformation ausführen will. Dies lässt sich zwar über die gleichen Methoden machen, sodass wenigstens die Struktur des Algorithmus kopiert werden kann, doch man handelt sich natürlich alle anderen Nachteile ein, die mit solchen Kopiervorgängen zusammenhängen. Dazu zählt z. B. auch eine mehrfache Korrektur, wenn Änderungen am grundsätzlichen Algorithmus vorzunehmen sind oder sich die Eingabedatenstrukturen ändern.

Die einzige, wirklich bedeutsame Voraussetzung, die bei der Verwendung von XSLT zu beachten ist, besteht darin, dass die Transformation erst nach dem Abschluss aller Datenbeschaffungsvorgänge und nach der Erstellung einer endgültigen XML-Struktur durchgeführt werden kann. Bei der Verwendung von DOM ist man hier etwas flexibler und kann auch Zwischenstadien transformieren oder während der Verarbeitung andere Anweisungen ausführen als die Transformation, um zusätzliche Daten für einen nächsten Transformationsschritt zu beschaffen.

Eigentlich geht es in XSLT ja um XSLT. Allerdings werden Sie im nächsten Kapitel einige Architekturen kennen lernen, in denen einfaches XSLT nicht mehr das Allheilmittel ist, sondern mit einer anderen Programmiersprache kombiniert werden muss. Zusätzlich muss man natürlich feststellen, dass mit XSLT alleine weder ein Blumentopf zu gewinnen ist noch XML-Daten verarbeitet werden können. Im Seminar geben wir als Antwort auf die Frage, wie denn all die schöne Syntax nun auch in einer »richtigen« Anwendung und nicht nur in der Entwicklungsumgebung funktioniert, immer an, dass in jeder Programmiersprache nur zehn Zeilen programmiert werden müssten und man diese Informationen in jedem Buch und natürlich im Internet finden kann. Letztendlich benötigt man nur ein Beispiel in der Sprache, die man ohnehin benutzt, in dem man quasi nur noch seine eigenen XML- und XSLT-Dateien eintragen muss.

Diese 10-Zeilen-Theorie wollen wir nun an einigen Programmiersprachen vorführen, die hoffentlich häufig unter den Lesern bekannt sind. Ziel ist es, möglichst knappe Beispiele zu erstellen. Zum einen, um nur zehn Zeilen zu schreiben, zum anderen auch, weil man tatsächlich nicht so viel Programm um die Verwendung eines XSLT-Prozessors erstellen kann, da ja der Hauptteil ohnehin in der XSLT-Datei liegt.

20. 1. PHP 5

20. 1. 1. Übersicht über die Bibliothek

In der neu in PHP 5 vorhandenen Klasse XSLTProcessor sind folgende Methoden vorhanden.

- XSLTProcessor->_ _ construct(): Erstellt einen neuen XSLT-Prozessor.

```
class XSLTProcessor {
_ _ construct ( (void); )
}
```

- XSLTProcessor->getParameter(): Lädt den Wert eines Parameters.

```
class XSLTProcessor {
string getParameter ( string namespaceURI,
string localName )
}
```

- XSLTProcessor->hasExsltSupport(): Findet heraus, ob PHP die Erweiterung EXSLT unterstützt.

```
class XSLTProcessor {
bool hasExsltSupport ( void )
}
```

- `XSLTProcessor->importStylesheet()`: Lädt eine XSLT-Datei.

```
class XSLTProcessor {
void importStylesheet ( DOMDocument stylesheet )
}
```

- `XSLTProcessor->registerPHPFunctions()`: Erlaubt die Erweiterung von XSLT mit PHP-Funktionen.

```
class XSLTProcessor {
void registerPHPFunctions ( void )
}
```

- `XSLTProcessor->removeParameter()`: Löscht einen Parameter unter Angabe des Parameternamens und einem Namensraum.

```
class XSLTProcessor {
bool removeParameter ( string namespaceURI,
string localName )
}
```

- `XSLTProcessor->setParameter()`: Setzt einen Parameter anhand seines Namens, eines Namensraums und eines Wertes.

```
class XSLTProcessor {
bool setParameter ( string namespace,
mixed name [, string value] )
}
```

- `XSLTProcessor->transformToDoc()`: Transformiert zu DOMDocument.

```
class XSLTProcessor {
DOMDocument transformToDoc ( DOMNode doc )
}
```

- `XSLTProcessor->transformToURI()`: Transformiert zu URI.

```
class XSLTProcessor {
int transformToURI ( DOMDocument doc, string uri )
}
```

719

20

- `XSLTProcessor->transformToXML()`: Transformiert zu XML.

```
class XSLTProcessor {
    string transformToXML ( DOMDocument doc )
}
```

20. 1. 2. Beispiel

→ **Standardfall**

Das folgende Programm startet und löst den Prozessor und lädt jeweils eine XML- und eine XSLT-Datei. Das Transformationsergebnis wird dann in eine Variable gespeichert und ausgegeben.

```php
<?php
// Dateien
$xslt_datei = ,transformation.xslt';
$xml_datei = ,daten.xml';
// Zielvariable
$html;
// Ausführen des Prozessors
$xsl = new XSLTProcessor();
$xsl->importStyleSheet(DOMDocument::load($xslt_datei));
$html = $xsl->transformToXML(DOMDocument::load($xml_datei));
// Ausgabe
echo $html;
?>
```

Listing 20.1: 2012_01.php – Allgemeine Verwendung des Prozessors

→ **Parameter**

Der in der XSLT-Datei vorhandene Parameter kann ebenfalls von außerhalb gesetzt werden.

```php
...
// Ausführen des Prozessors
$xsl = new XSLTProcessor();
```

```
$xsl->importStyleSheet(DOMDocument::load($xslt_datei));
// Parameter setzen
$xsl->setParameter('', 'Farbe', 'blue');
$html = $xsl->transformToXML(DOMDocument::load($xml_datei));
// Ausgabe
echo $html;
// Parameter löschen
$xsl->removeParameter('', 'Farbe');
$html = $xsl->transformToXML(DOMDocument::load($xml_datei));
...
```

Listing 20.2: 2012_02.php – Übergabe eines Parameters

→ **PHP-Funktionen in XSLT**

Zusätzlich besteht die Möglichkeit, in PHP vorhandene oder auch selbst programmierte Funktionen in XSLT zu verwenden. Dazu benötigt man einige Änderungen in der XSLT-Datei, darunter natürlich der Funktionsaufruf. Daher ändert sich der Dateiaufruf. Zusätzlich muss man die Funktionen registrieren. Es wird nicht eine spezielle Funktion registriert, sondern einfach alle global vorhandenen Funktionen. Wenn dazu selbst programmierte gehören, sind diese genauso wie die ohnehin verfügbaren registriert.

```
<?php
// Dateien
$xslt_datei = 'transformation_php.xslt';
$xml_datei = 'daten.xml';
// Zielvariable
$html;
// Ausführen des Prozessors
$xsl = new XSLTProcessor();
$xsl->registerPhpFunctions();
$xsl->importStyleSheet(DOMDocument::load($xslt_datei));
$html = $xsl->transformToXML(DOMDocument::load($xml_datei));
// Ausgabe
echo $html;
?>
```

Listing 20.3: 2012_03.php – Funktionen anmelden

In der XSLT-Datei benötigt man für die Funktion `function` einen passenden Namensraum. Sie erwartet dann den Namen der Funktion als Zeichenkette sowie einen Wert in Form eines XPath-Ausdrucks bzw. eine Zeichenkette. Mehrere Parameter werden einfach in Folge formuliert. Schwierigkeiten können sich ergeben, wenn man einen Textknoten übergeben möchte, ihn allerdings nicht übergibt. Daher verwenden wir zusätzlich die `string`-Funktion, um den Textknoten des Elements auszulesen.

```
<xsl:stylesheet version="1.0"
              xmlns:xsl="http://www.w3.org/1999/XSL/Transform"
              xmlns:php="http://php.net/xsl">
  ...
  <!-- Vorlage für Posten -->
  <xsl:template name="Posten">
    ...
    <xsl:value-of select="php:function('strToUpper',
                                        string(Tarif))"
                  disable-output-escaping="yes"/>
    <xsl:text> | </xsl:text>
    <xsl:value-of select="Einzeln"/>
  </p>
  ...
</xsl:template>
```

Listing 20.4: transformation_php.xslt – PHP-Funktionen in XSLT

→ **XQuery**

Die Verwendung von XPath ist in verschiedenen Methoden relativ und absolut in PHP möglich. Für XQuery gibt es noch keine fertige Standard-Lösung, aber eine Implementierung, die man unter der Adresse http://phpxmlclasses.sourceforge.net/ class_xquery_lite. html finden kann. Diese Adresse listet eine ganze Reihe an interessanten XML-Verarbeitungsmöglichkeiten auf. Die Klasse ist auf das absolut Notwendige reduziert. Man benötigt im Wesentlichen nur als Zeichenkette die Abfrage, übergibt diese der `evaluate_ xqueryl()`-Methode und erhält ebenso wieder eine Zeichenkette mit dem Ergebnis zurück. Die `init()`-Methode sorgt dafür, dass der Objektzustand bei einer zweiten Abfrage wieder zurückgesetzt wird.

```
$xq=new XqueryLite();
$xq->init();
$result=$xq->evaluate_xquery1($query);
```

20. 2. Oracle und PL/SQL

20. 2. 1. Übersicht über die Bibliothek

➜ **Datentypen**

Die Datentypen, die im DBMS _ XSLPROCESSOR-Paket verwendet werden, stammen teilweise aus dem DBMS _ XMLDOM-Paket. Dies betrifft insbesondere die Strukturen, die von
den Methoden als Eingabewerte erwartet werden oder die sie für die weitere Verarbeitung
zurückliefern. Auch wenn die Datentypen nicht vom XSLT-Paket definiert werden, so haben
wir sie in die folgende Liste aufgenommen, da sie für das Verständnis der Methoden notwendig sind:

- Processor: **Prozessor**

- Stylesheet: **XSLT-Struktur bzw. Datei**

- DOMDocument: **DOM-Baum bzw. DOM-Struktur**

- DOMNode: **Ein einzelner Knoten**

- DOMNodeList: **Eine Menge von Knoten (Knotensatz)**

- DOMDocumentFragment: **Ein Fragment eines DOM-Baums bzw. einer DOM-Struktur**

➜ **Unterprogramme**

- newProcessor(): **Erzeugt einen neuen Prozessor.**

- FUNCTION newProcessor RETURN Processor;

- `processXSL()`: Führt die Transformation eines XML-Dokuments durch. Folgende Parameter kommen dabei zum Einsatz: `p` (Prozessor), `ss` (XSLT-Stylesheet), `xmldoc` (XML-Dokument), `url` (URL zur Angabe der XML-Daten), `clb` (CLOB mit XML-Daten), `dir` (Verzeichnis für die Ergebnisdatei), `fileName` (Ausgabedatei), `clb` (ein IN/OUT-Parameter), `CLOB` (für die Speicherung der Daten), `buf` (ein IN/OUT-Parameter: Puffer zur Speicherung der Ergebnisdaten) und `xmldf` (XML-Fragmentdokument der Verarbeitung).

```
FUNCTION processXSL (p Processor, ss Stylesheet, xmldoc
DOMDocument) RETURN DOMDocumentFragment;
FUNCTION processXSL (p Processor, ss Stylesheet,
url VARCHAR2) RETURN DOMDocumentFragment;
FUNCTION processXSL (p Processor, ss Stylesheet,
clb CLOB) RETURN DOMDocumentFragment;
PROCEDURE processXSL (p Processor, ss Stylesheet,
xmldoc DOMDocument, dir VARCHAR2, fileName VARCHAR2);
PROCEDURE processXSL (p Processor, ss Stylesheet,
url VARCHAR2, dir VARCHAR2, fileName VARCHAR2);
PROCEDURE processXSL (p Processor, ss Stylesheet,
xmldoc DOMDocument, cl IN OUT CLOB);
FUNCTION processXSL (p Processor, ss Stylesheet,
xmldf DOMDocumentFragment) RETURN DOMDocumentFragment;
PROCEDURE processXSL (p Processor, ss Stylesheet,
xmldf DOMDocumentFragment, dir VARCHAR2,
fileName VARCHAR2);
PROCEDURE processXSL (p Processor, ss Stylesheet,
xmldf DOMDocumentFragment, buf IN OUT VARCHAR2);
PROCEDURE processXSL (p Processor, ss Stylesheet,
xmldf DOMDocumentFragment, cl IN OUT CLOB);
```

- `showWarnings()`: Schaltet Warnungen ein und aus.

```
PROCEDURE showWarnings( p Processor,
                        yes BOOLEAN);
```

- `setErrorLog()`: Gibt die Datei an, in der Fehlermeldungen zu speichern sind.

```
PROCEDURE setErrorLog( p Processor,
                       fileName VARCHAR2);
```

- `newStylesheet()`: Erzeugt ein neues Stylesheet für die vorhandenen Daten. Folgende Parameter kommen zum Einsatz: `xmldoc` (DOM-Dokument für die Erzeugung), `inp` (Eingabe-URL für die Erzeugung) und `ref` (Referenz-URL).

```
FUNCTION newStylesheet (xmldoc DOMDocument,
ref VARCHAR2) RETURN Stylesheet;
FUNCTION newStylesheet (inp VARCHAR2, ref VARCHAR2)
RETURN Stylesheet;
```

- `transformNode()`: Transformiert einen Knoten in einem DOM-Baum unter Verwendung der übergebenen Transformationsdatei.

```
FUNCTION transformNode( n DOMNode,
                        ss Stylesheet)
                        RETURN DOMDocumentFragment;
```

- `selectNodes()`: Wählt einen oder mehrere Knoten aus einem DOM-Baum aus, wobei das übergebene Muster benutzt wird.

```
FUNCTION selectNodes( n DOMNode,
                      pattern VARCHAR2)
                      RETURN DOMNodeList;
```

- `selectSingleNodes()`: Wählt den ersten Knoten aus dem Baum aus, der dem angegebenen Muster entspricht.

```
FUNCTION selectSingleNodes( n DOMNode,
                            pattern VARCHAR2)
                            RETURN DOMNode;
```

- `valueOf()`: Liefert den Wert des ersten Knotens aus, der dem übergebenen Muster entspricht.

```
PROCEDURE valueOf( n DOMNode,
                   pattern VARCHAR2,
                   val OUT VARCHAR2);
```

- `setParam()`: Gibt den Wert eines Parameters auf der obersten Ebene einer Transformationsdatei an.

```
PROCEDURE setParam( ss Stylesheet,
                    name VARCHAR2,
                    value VARCHAR2);
```

- `removeParam()`: Löscht den Wert eines Parameters auf der obersten Ebene einer Transformationsdatei.

```
PROCEDURE removeParam( ss Stylesheet,
                       name VARCHAR2);
```

- `resetParams()`: Setzt den Wert eines Parameters auf der obersten Ebene einer Transformationsdatei zurück.

```
PROCEDURE resetParams( ss Stylesheet);
```

- `freeStylesheet()`: Löscht bzw. löst eine Transformationsdatei.

```
PROCEDURE freestylesheet( ss Stylesheet);
```

- `freeProcessor()`: Löscht bzw. löst einen Prozessor.

```
PROCEDURE freeProccessor( p Processor);
```

20. 2. 2. Beispiel

➜ **Standard-Vorgehen**

Das folgende Programm startet und löscht den Parser und führt die Transformation durch. Wichtig sind insbesondere die unterschiedlichen Datentypen, die für die Übergabe an die einzelnen Unterprogramme notwendig sind und die auch von ihnen wieder zurückgeliefert werden. Ansonsten besteht das Programm aus einem Starten und Beenden des Parsers sowie aus der eigentlichen Transformation, die über eine Übergabe der XML-Datei und der XSLT-Datei realisiert wird.

Dieses Beispiel greift auf eine Datei zu, die im Dateisystem des Betriebssystems liegt. Es ist ebenfalls kein Problem, mithilfe einer der verschiedenen überladenen Funktionen `pro-cessXML()` einen `CLOB` oder einen DOM-Dokument-Baum zu verarbeiten, der aus einem `XMLType` erzeugt worden ist.

PL/SQL ist leider das Beispiel mit dem längsten Quelltext, der darüber hinaus auch sehr kompliziert ist. Bei der Verwendung des `XMLType`-Datentyps lässt sich die Transformation mit einer SQL-Funktion oder auch Datentyp-Methode innerhalb einer einzigen Zeile erledigen. Das schafft nicht einmal PHP. Aber die Verwendung des »richtigen« Prozessors erfordert allerhand Quelltext.

Dazu zählen zunächst einmal ausreichend Variablen in verschiedenen Datentypen für die Unterbringung der Dateien und Ressourcen.

```
DECLARE
  -- Verzeichnis
  dir          VARCHAR2(100) := 'C:\Ausgabe';
  -- XML-Datei (extern)
  xmlfile      VARCHAR2(100) := 'daten.xml';
  -- XSLT-Datei (extern)
  xslfile      VARCHAR2(100) := 'transformation.xslt';
  -- Ergebnisdatei (extern)
  resfile      VARCHAR2(100) := 'daten_plsql.html';
  -- Fehlerdatei (extern)
  errfile      VARCHAR2(100) := 'fehler_plsql.txt';
  -- Parser
  p            xmlparser.Parser;                -- Parser
  xmldoc       xmldom.DOMDocument;              -- DOM-Dokument
  xmldocnode   xmldom.DOMNode;                  -- DOM-Knoten
  proc         xslprocessor.Processor;          -- XSLT-Prozessor
  ss           xslprocessor.Stylesheet;         -- XSLT-Datei
  xsldoc       xmldom.DOMDocument;              -- XSLT-DOM-Dokument
  docfrag      xmldom.DOMDocumentFragment;      -- DOM-Fragment
  docfragnode  xmldom.DOMNode;                  -- DOM-Fragment-Knoten
  xslelem      xmldom.DOMElement;               -- DOM-Element
```

Listing 20.5: 2022_01.sql – Variablenvorbereitung

Danach kann man im Anweisungsabschnitt den Prozessor erzeugen und die Dateien laden. Leider muss man hier erst DOM-Dokumente aus XML und XSLT erhalten, bevor man sie zusammenfügen kann. Allerdings ist das Öffnen und Schreiben von externen Dateien besonders einfach gelöst.

```
BEGIN
  -- Erzeuge Parser
  p := xmlparser.newParser;
  -- Eigenschaften des Parsers
  -- Fehlerdatei
  xmlparser.setErrorLog(p, dir || '/' || errfile);
```

```
-- Leerzeichenbewahrung
xmlparser.setPreserveWhiteSpace(p, TRUE);
-- Transformation XML->DOM
xmlparser.parse(p, dir || '/' || xmlfile);
-- DOM-Dokument erhalten
xmldoc := xmlparser.getDocument(p);
-- Transformation XML->HTML
xmlparser.parse(p, dir || '/' || xslfile);
-- DOM-Dokument von XSLT-Datei erhalten
xsldoc := xmlparser.getDocument(p);
-- Angabe der XSLT-Datei
ss := xslprocessor.newStylesheet(xsldoc, dir || '/' ||
                                 xslfile);
-- Transformation von XML mit XSLT -> HTML
proc := xslprocessor.newProcessor;
xslprocessor.showWarnings(proc, true);
xslprocessor.setErrorLog(proc, dir || '/' || errfile);
docfrag := xslprocessor.processXSL(proc, ss, xmldoc);
docfragnode := xmldom.makeNode(docfrag);
-- Dateierstellung
xmldom.writeToFile(docfragnode, dir || '/' || resfile);
```

Listing 20.6: 2022_01.sql – Ausführen der Transformation

Schließlich lassen sich die einzelnen Ressourcen wieder löschen und alle Zustände deaktivieren.

```
-- XML-Dateien lösen
xmldom.freeDocument(xmldoc);
xmldom.freeDocument(xsldoc);
-- XSL-Datei und Prozessor entfernen
xslprocessor.freeProcessor(proc);
xslprocessor.freeStylesheet(ss);
-- Parser entfernen
xmlparser.freeParser(p);
END;
```

Listing 20.7: 2022_01.sql – Leeren des Speichers

→ Parameter-Einsatz

Das Programm zur Ausführung wird leicht geändert, um den Wert eines Parameters vorzugeben. Wichtig ist hier, dass für die Wertvorgabe ein XPath-Ausdruck erwartet wird. Das heißt, man muss unterscheiden, ob man eine Zeichenkette vorgibt oder einen Lokalisierungspfad. Daher müssen extra Anführungszeichen zum Einsatz kommen, die die Zeichenkette umschließen.

```
-- Angabe der XSLT-Datei
ss := xslprocessor.newStylesheet(xsldoc, dir || '/' || xslfile);
xslprocessor.setParam(ss, 'Farbe', ,''blue''');
```

Listing 20.8: 2022_02.xslt – Verwenden eines Parameters

20. 3. C#.NET

20. 3. 1. Übersicht über die Bibliothek

Es gibt drei relevante Namensräume, in denen eine Vielzahl von Klassen untergebracht ist, die für die XML-Verarbeitung mithilfe von XPath und XSLT notwendig sind. Für die Verarbeitung mithilfe des DOM gibt es dann eigene Möglichkeiten.

Namensraum `System.Xml` bietet allgemeine Klassen zur XML-Verarbeitung. Hier sind nur einfache bzw. häufig einsetzbare Klassen erwähnt, da ihre Anzahl sehr umfangreich ist.

- `XmlAttribute`: ein einzelnes Attribut

- `XmlAttributeCollection`: Attributsammlung

- `XmlCDataSection`: CDATA-Bereich

- `XmlCharacterData`: Textknoten

- `XmlComment`: Kommentarknoten

- `XmlConvert`: Datentypkonvertierung, nutzbar für XML Schema

- `XmlDeclaration`: <?xml version='1.0' ...?>

- `XmlDocument`: ein XML-Dokument

- `XmlDocumentFragment`: XML-Struktur als Teilbaum/Dokumentfragment

- `XmlDocumentType`: DTD-Deklaration

- `XmlElement`: ein Element

- `XmlEntity`: <!ENTITY ... >

- `XmlEntityReference`: Entitätsreferenz

- `XmlException`: Informationen über die letzte Ausnahme

- `XmlNode`: einzelner Knoten

- `XmlNodeChangedEventArgs`: Enthält Ereignis-Daten für geänderte, eingefügte, gelöschte Knoten

- `XmlNodeList`: Knotenliste

- `XmlNodeReader`: Lesemöglichkeit für Knoten (nur lesend, vorwärts gerichtet)

- `XmlNotation`: <!NOTATION ... >

- `XmlParserContext`: Allgemeine Parser-Informationen

- `XmlProcessingInstruction`: Prozessoranweisung

- `XmlQualifiedName`: Qualifizierter Name

- `XmlReader`: Lesemöglichkeit von XML-Daten (nur lesend, vorwärts gerichtet)

- `XmlText`: Textinhalt von Elementen oder Attributen

- `XmlTextReader`: Lesemöglichkeit von XML-Daten (nur lesend, vorwärts gerichtet)

- `XmlTextWriter`: Schreibmöglichkeit von XML-Daten (nur schreibend, vorwärts gerichtet)

- `XmlValidatingReader`: Lesemöglichkeit mit Validierung in DTD, XML Schema, XDR

- `XmlWhitespace`: Leerzeichen in XML-Daten

- `XmlWriter`: Schreibmöglichkeit von XML-Daten (nur schreibend, vorwärts gerichtet)

Namensraum `System.Xml.Xsl` enthält Klassen zur Verarbeitung von XSLT bzw. zur Steuerung des XSLT-Prozessors.

- `XsltArgumentList`: Speichert eine Liste von globalen Stylesheet-Parametern oder externen Objekten.

- `XsltCompileException`: Enthält die Ausnahme, die durch einen XSLT-Fehler im Prozessor beim Ladevorgang ausgelöst wird.

- `XsltContext`: Enthält den Kontextknoten, um XPath-Ausdrücke (Funktionen, Parameter, Namensräume) auszuführen.

- `XsltException`: Enthält die Ausnahme, die durch einen XSLT-Fehler im Prozessor bei der Verarbeitung ausgelöst wird.

- `XslCompiledTransform`: Aufforderung, die eigentliche Transformation durchzuführen

Namensraum `System.Xml.XPath` enthält Klassen zur Verarbeitung von XPath-Ausdrücken.

- `XPathDocument`: Bietet einen Zwischenspeicher für ein lesbares XML-Dokument, das mit XSLT verarbeitet wird.

- `XPathException`: Enthält die Ausnahme, die durch einen Fehler im Prozessor bei der XPath-Verarbeitung ausgelöst wird.

- `XPathExpression`: Kapselt die Verarbeitung eines XPath-Ausdrucks.

- `XPathNavigator`: Liefert Daten wie durch einen Cursor mithilfe eines XPath-Ausdrucks.

- `XPathNodeIterator`: Bietet Datenverarbeitung durch eine Reihe von ausgewählten Knoten.

20. 3. 2. Beispiel

Zunächst wird das grundlegende Zusammenspiel der verschiedenen benötigten Objekte gezeigt. Danach folgt ein Beispiel, bei dem ein globaler Stylesheet-Parameter aufgerufen wird.

→ Standardfall

Es müssen folgende Namensräume eingebunden werden:

- `Xml` aus dem Namensraum `System`

- `Xml.Xsl` und `Xml.XPath` aus dem Namensraum `Xml`

Die Klasse `XPathDocument` verwaltet die Pfadangabe der XML-Datei. Die Klasse `Xsl-Transform` enthält die Pfadangabe der XSLT-Datei. Die Klasse `XmlTextWriter` schreibt die resultierende HTML-Datei, bei Instanziierung muss dann der `XmlTextWriter` wieder geschlossen werden.

```
using System ;
using System.IO ;
using System.Xml ;
using System.Xml.Xsl ;
using System.Xml.XPath ;

public class XmlTransformation
{
  public static void Main(string[] args)
  {
    string XmlPfad;
```

```
    string XslPfad;
    Console.WriteLine("Bitte geben Sie den XmlPfad ein");
    XmlPfad = Console.ReadLine();
    Console.WriteLine("Bitte geben Sie den XslPfad ein");
    XslPfad = Console.ReadLine();
    Transformation(XmlPfad, XslPfad);
}


public static void Transformation(string XmlPfad, string XslPfad)
{
  try
    {
      //Laden der XML-Datei
      XPathDocument myXPathDoc = new XPathDocument(XmlPfad);
      XslCompiledTransform myXslTrans =
                                      new XslCompiledTransform() ;
      //Laden der XSL-Datei
      myXslTrans.Load(XslPfad) ;
      //Erstellen der result.html
      XmlTextWriter myWriter = new XmlTextWriter
                              ("c:\\result.html", null);
      //Transformation der aktuellen XML-Datei
      myXslTrans.Transform(myXPathDoc,null, myWriter);
      myWriter.Close() ;
    }
  catch(Exception e)
    {
      Console.WriteLine("Exception: {0}", e.ToString());
    }
}


public static void PrintUsage()
{
  Console.WriteLine
  ("Usage: XmlTransformUtil.exe <xml path> <xsl path>");
}
}
```

Listing 20.9: 2032_01.cs – Standardfall

→ Parameter

Auch Parameter lassen sich leicht aus der aufrufenden Umgebung übergeben. Dazu gibt
es die Klasse `XsltArgumentList`, die mit solchen Methoden wie `AddParam` (Parameter
anfügen), `GetParam` (Parameter lesen), `RemoveParam` (Parameter löschen) oder `Clear`
(alle Parameter löschen) die Parameter-Verwaltung implementiert.

```
public static void Transformation(string XmlPfad, string XslPfad)
{
  try
    {
      //Laden der XML-Datei
      XPathDocument myXPathDoc = new XPathDocument(XmlPfad) ;
      XslCompiledTransform myXslTrans = new XslCompiledTransform();
      //Laden der XSL-Datei
      myXslTrans.Load(XslPfad);
      //Argumente können übergeben werden
      XsltArgumentList args = new XsltArgumentList();
      args.AddParam("Farbe", "", "blue");
      //Erstellen der result.html
      XmlTextWriter myWriter = new XmlTextWriter
                            ("c:\\result.html", null);
      //Transformation der aktuellen XML-Datei
      myXslTrans.Transform(myXPathDoc, args, myWriter);
      myWriter.Close() ;
    }
  catch(Exception e)
    {
      Console.WriteLine("Exception: {0}", e.ToString());
    }
}
```

Listing 20.10: 2032_02.cs – Übergabe von Parametern

20. 4. MS SQL Server und T-SQL

Während die Techniken XML Schema, XPath und XQuery zentrale Bestandteile in den XML-
Fähigkeiten des MS SQL Servers darstellen, ohne deren Kenntnis man nur wenig ergiebigen

Quelltext produzieren kann, so ist XSLT durchaus nicht zentral. Zwar gibt es XSLT-Implementierungen in der Datenbank, aber diese sind nicht direkt in T-SQL verwendbar. Bspw. gibt es keine `transform()`-Methode für den `xml`-Datentyp wie dies in PL/SQL bei Oracle der Fall ist, um XML-Spalten und –Variablen sofort mit einem passenden XSLT-Stylesheet umzuwandeln. Dieser Abschnitt soll lediglich einen Weg aufzeigen, wie man doch eine ähnliche Funktionalität in T-SQL implementieren und nutzen kann.

Als Beispieldaten werden für diesen Abschnitt die Tabellen der AdventureWorks-Beispieldatenbank verwendet. So können Sie die Beispiele nachvollziehen, unsere Beispieltabellen aufspielen zu müssen.

20. 4. 1. XSLT-Einsatz

Dazu erstellt man ganz einfach eine gespeicherte .NET-Funktion, die als T-SQL-Funktion dem Klienten angeboten wird. Eine einfache Lösung zeigt das nachfolgende Skript, welches eine `Transform()`-Methode in .NET erstellt, die XML und XSLT als Zeichenketten erwartet und das umgewandelte Ergebnis wiederum als solche zurückliefert. Eine erweiterte Funktion würde noch die Möglichkeit anbieten, Parameter für das XSLT-Stylesheet zu seiner erweiterten Steuerung wie bspw. Filterung entgegenzunehmen. Da aus T-SQL keine Arrays o.ä. übergeben werden können, wäre hier vermutlich eine wiederum einfache XML-Datei für die Parameterliste denkbar, die in T-SQL leicht erstellt und in .NET wieder ausgelesen werden kann. Die Methode zeigt für XSLT-Neulinge auch schon die Besonderheit, die bei dieser Technik (und der PDF-/Druck-Variante XSL-FO) so bemerkenswert ist: Das ewig gleiche Programm kann ganz unterschiedliche XML- und XSLT-Dateien miteinander verarbeiten, weil ja die Transformationsanweisungen zur Erzeugung von XML, HTML oder Text (CSV, SQL oder sonstiger Text) in den XSLT-Anweisungen enthalten sind.

```
namespace Transform {
  public class MyTransformingClass {
  public static string Transform(string inputXML,
                                 string inputXSLT) {
    System.Xml.XmlReader xslt = System.Xml.XmlReader.Create(
                  new System.IO.StringReader(inputXSLT));
    XslCompiledTransform proc = new XslCompiledTransform();
    XmlDocument xml = new XmlDocument();
    xml.LoadXml(inputXML);
    proc.Load(xslt);
    XsltArgumentList args = new XsltArgumentList();
```

```
StringBuilder res = new StringBuilder();
XmlWriter writer = XmlWriter.Create(res,
                new XmlWriterSettings());
proc.Transform(xml, args, writer);
return res.ToString();
} } }
```

XSLTIntegration/Class1.cs: Einsatz von XSLT

Um aus der öffentlichen und statischen Methode eine T-SQL-Funktion zu machen bzw. eine im Server gespeicherte .NET-Funktion, erstellt man eine DLL, die mit der CREATE AS-SEMBLY-Anweisung geladen wird. Ein ähnliches Beispiel folgt in diesem Buch, wenn man für Webservices eine Prozedur erstellt, welche eine selbst geschriebene Webservice-Beschreibung (WSDL-Datei) zurückliefert und dies auch in .NET geschieht. Eine nur geladene DLL erzeugt noch keine in T-SQL verwendbare Funktion oder Prozedur. Stattdessen ist noch erforderlich, eine umhüllende Funktion/Prozedur in T-SQL zu erstellen, welche die Parameter in passender Reihenfolge und Datentypstruktur entgegen nimmt und dann die .NET-Methode referenziert.

```
--Anlegen der Assembly
CREATE ASSEMBLY AdventureWorks.dbo.myTransformation
  FROM 'C:\Transform.dll'
GO
--Anlegen der Funkion zum Transformieren
CREATE FUNCTION AdventureWorks.dbo.Transform (
  @InputXML  nvarchar(max),
  @InputXSLT  nvarchar(max) )
RETURNS nvarchar(max)
AS EXTERNAL NAME myTransformation.[Transform.MyTransformingClass].
Transform
```

Listing 20.11:2041_01.sql: Übertragen der DLL

Wenngleich – wie schon oben erwähnt – noch weitere Fähigkeiten im XSLT-Umfeld wünschenswert wären, ist diese Hilfsfunktion bereits überaus nützlich. Sie ermöglicht es, eine XSLT-Umwandlung direkt innerhalb eines T-SQL-Programms oder einer reinen SQL-Anweisung auszuführen. Alles, was man dazu benötigt, sind die XML-Daten, wie sie in einer Spalte/Variable oder einer Datei gespeichert sind und die man in eine Variable mit xml oder `nvarchar(max)` als Datentyp überführen kann. Dies gilt sowohl für XML als auch für XSLT, wobei man in einer sehr fortgeschrittenen Variante ja auch das XSLT in einer passenden Tabelle speichern könnte. In diesem Fall befindet sich ein sehr einfaches XSLT-Skript direkt in einer Variablen, die zusammen mit XML-Daten, welche aus einer `FOR XML`-Abfrage stammen, an die Funktion `transform()` übergeben werden. Als spektakuläres Ergebnis erhält man das erzeugte HTML zurück – ganz einfach in einer SQL-Anweisung.

```
DECLARE @productXML xml, @productXSLT nvarchar(max)
-- Füllen der @productXML mit Daten
SET @productXML = (
 SELECT Name, ProductNumber, ListPrice
  FROM Production.Product
   FOR XML PATH(,Product'), ROOT(,Product-List'))
-- Füllen der @productXSLT mit Daten
SET @productXSLT=
,<?xml version="1.0" encoding="ISO-8859-1"?>
<xsl:stylesheet version="2.0"
    xmlns:xsl="http://www.w3.org/1999/XSL/Transform">
  <xsl:output method="xml" version="1.0" encoding="ISO-8859-1"
            indent="yes"/>
  <xsl:template match="/">
    <html><head><title>Transform X</title></head>
      <body>
        <ul>
          <xsl:for-each select="//Product">
            <li>
              <xsl:value-of select="Name"/>
            </li>
          </xsl:for-each>
        </ul>
      </body></html></xsl:template>
</xsl:stylesheet>'
--Aufrufen der Funktion zur Transformation
SELECT AdventureWorks.dbo.Transform(
    CAST(@productXML AS nvarchar(max)),
    @productXSLT) AS HTML
```

Listing 20.12: 2041_02.sql: Umwandlung mit XSLT

20. 4. 2. XQuery

Die Funktion `sql:column()` ermöglicht es, auf relationale Spalten aus XQuery-Ausdrü-
cken heraus zuzugreifen. Damit kann man gleichzeitig in einer XQuery-Abfrage auf XML-
Spalten/Variablen wie auch auf relationale Spalten zugreifen, um bspw. ein gemeinsames
Dokument zu erstellen. In der nachfolgenden Abfrage erstellt man eine XML-Variable mit
Produktinformationen Sie gilt für die nächsten Beispiele gemeinsam. Das Ergebnis dieser
Abfrage zerlegt man dann relational, als würde man wieder direkt auf eine Tabelle wie
`Product` zugreifen, um nun aber dennoch eine XQuery-Anweisung auf diese relationalen
Spalten auszuführen. Dadurch lässt sich dann wiederum ein XML-Dokument als Ergebnis
konstruieren.

```sql
-- XML-Variable erstellen
DECLARE @productXML xml, @idoc int
-- XML abrufen
SET @productXML = (
SELECT ProductNumber AS "P-Nr",
       Name          AS "Name",
       ...
  FROM Production.Product
FOR XML PATH('Product'), ROOT('Product-List'))
-- Standardzerlegung für alle Zeilen
EXEC sp_xml_preparedocument @idoc OUTPUT, @productXML
SELECT @productXML.query('
element ProductInfo {
  element ProductId { sql:column("ProductNumber") },
  element ProductName { sql:column("Name") },
  ...
} ') as Result
FROM OPENXML(@idoc, '/Product-List/Product',2)
  WITH (ProductNumber nvarchar(25) 'P-Nr',
        Name          nvarchar(50) 'Name',
        ...)
```

Listing 20.13: 2042_01.sql: Relationale Spalten adressieren

Man erhält als Ergebnis für jede aus der XML-Struktur relational umgewandelte Zeile wiederum ein XML-Dokument zurück.

```
<ProductInfo>
  <ProductId>BK-R19B-48</ProductId>
  <ProductName>Road-750 Black, 48</ProductName>
  <ProductStandardCost>343.6496</ProductStandardCost>
  <ProductListPrice>539.99</ProductListPrice>
  <ProductSize>48</ProductSize>
  <ProductColor>Black</ProductColor>
</ProductInfo>
```

Die Funktion `sql:variable()` bietet die Möglichkeit, auf vorab deklarierte T-SQL-variablen zuzugreifen, wobei lediglich der Name der Variable inklusive @-Zeichen als Zeichenkette übergeben werden muss. Dies eignet sich dann für dynamische Filter bspw. in XPath-Ausdrücken. Das nachfolgende Beispiel zeigt den Standardfall, in dem innerhalb der `where`-Klausel eines XQuery-Ausdrucks ein Filter in XPath-Notation verwendet wird. Um nun aus der zuvor erstellten XML-Variable nur noch die schwarzen Produkte abzurufen, kann man innerhalb des XPath-Ausdrucks auf die zuvor erstellte Variable `@Color` zugreifen.

```
DECLARE     @Color [varchar](20)
SET @Color='Black'
SELECT @productXML.query('<Product-List> {
  for $A in /Product-List/Product
    where $A [Details/Color = sql:variable("@Color")]
    return $A}
</Product-List>')
```

Listing 20.14: 2042_02.sql: T-SQL-Variable adressieren

Auch wenn die Funktionen von XPath 1.0 schon vorgestellt wurden, soll noch einmal kurz darauf hingewiesen werden, dass diese Funktionen und die Funktionen von XPath 2.0 und XQuery 2.0 ebenfalls im MS SQL Server genutzt werden können. Durch sie steht ein unglaublicher Sprachreichtum zur Verfügung, der neben Zeichenkettenbearbeitung, Berechnungen sowie XML-Bearbeitungen und –Manipulationen eigentlich immer eine Lösung bieten sollte. Für die sicherlich besonders häufig gebrauchten Aggregatfunktionen zeigt das nächste Beispiel, wie einfach diese Funktion in einer XQuery-Abfrage eingefügt werden können und diverse Berechnungen durchführen. Interessant ist insbesondere, wie einfach eine „Unterabfrage", die hier nur nicht so heißen braucht, da die Korrelation gar nicht sichtbar ist, ausgeführt werden kann, um die Produkte mit dem kleinsten/größten Preis ausfindig zu machen. Es ist lediglich eine Aggregatfunktion auf der rechten Seite eines Filters notwendig, welche den benötigten Wert abruft.

```
SELECT @productXML.query(,<Aggregate>
  <Mittelwert>{avg(/Product-List/Product/Prices/Standard)
              }</Mittelwert>
  <Summe>{sum(/Product-List/Product/Prices/Standard)}</Summe>
  <Anzahl>Produkte:{count(/Product-List/Product)}</Anzahl>
  <Produkteliste-Minimum>{
   for $products in /Product-List/Product
   where $products/Prices/Standard = min(//Standard)
   return $products }</Produkteliste-Minimum>
  <Produktliste-Maximum>{
   for $products in /Product-List/Product
   where $products/Prices/Standard = max(//Standard)
   return $products}</Produktliste-Maximum></Aggregate>
')
```

Listing 20.15: 2042_02.sql: Aggregatfunktionen

Man erhält ein relativ langes XML-Dokument, da eine große Anzahl an Produkten einen Preis von 0 besitzt und daher diese Liste innerhalb der XML-Struktur sehr umfangreich ist.

```
<Aggregate>
  <Mittelwert>258.602961309524</Mittelwert>
  <Summe>130335.8925</Summe>
  <Anzahl>Produkte:504</Anzahl>
  <Produkteliste-Minimum>
    <Product>
      <P-Nr>RC-0291</P-Nr>
      <Name>Rear Derailleur Cage</Name>
      <Prices>
        <Standard>0.0000</Standard>
        <List>0.0000</List>
        ...
```

20. 5. Java und JAXP

20. 5. 1. Übersicht über die Bibliothek

Mit der JAXP-Bibliothek (Java API for XML Processing) gibt es eine umfassende Bibliothek zur Verarbeitung von XML mit verschiedenen Techniken. Dazu zählen die Verwendung einer ereignisorientierten Verarbeitungsweise mit Simple API for XML Parsing (SAX) oder einer dokumentorientierten Verarbeitung mit dem Document Object Model (DOM) genauso wie eine streamorientierte Verfahrensweise über Streaming API for XML (StAX). Über JAXB (Java API for XML Schema Binding) kann man sogar XML Schema und Klassen aneinander binden und so eine objektorientierte Sicht auf die die XML-Daten erhalten. Hier fokussieren wir allerdings ausschließlich den Einsatz von XSLT. Sie finden Informationen zu diesem Projekt unter http://jaxp.java.net/.

Die folgenden Pakete sind in JAXP enthalten:

- `javax.xml.parsers`: Allgemeine JAXP APIs mit Schnittstelle für verschiedene SAX- und DOM-Parser.

- `org.w3c.dom`: Enthält die Document-Klasse und damit die Abbildung des DOM-Baums und seinen Komponenten.

- `org.xml.sax`: Enthält Klassen und Methoden als Schnittstelle für SAX-Prozessoren.

- `javax.xml.transform`: Enthält die XSLT-API zur Verwendung von verschiedenen Prozessoren, um XSLT-Transformationen auf XML-Daten anzuwenden

- `javax.xml.stream`: Enthält die API zur streamorientierten Verarbeitung mit StAX

In der hier interessierenden XSLT-API sind die folgenden Pakete enthalten. Man kann die Transformation auf so unterschiedlichen Quellen wie einem DOM-Baum oder auch einem Datenstrom ausführen.

- `javax.xml.transform`: Enthält die Klassen `TransformerFactory` und `Transformer`. Die Fabrik erstellt ein Objekt, das den XSLT-Prozessor im Programm repräsentiert und welches dementsprechend eine transform()-Methode enthält, mit der man eine XML-Datei als Quelle in einen Ergebnisbaum überführt.

- `javax.xml.transform.dom`: Enthält Klassen, um DOM-Eingaben zu transformieren.

- `javax.xml.transform.sax`: Enthält Klassen, um SAX-Eingaben zu transformieren.

- `javax.xml.transform.stream`: Enthält Klassen, um streamorientierte Eingaben zu transformieren.

Die Klasse `TransformerFactory` enthält u.a. die folgenden Methoden:

- `static TransformerFactory newInstance()`: Erstellt eine neue Instanz der Klasse.

- `static TransformerFactory newInstance(String factoryClassName, ClassLoader classLoader)`: Erstellt eine neue Instanz der Klasse und erlaubt dabei, den voll qualifizierten Klassennamen der zu verwendenden Implementierung (XSLT-Prozessor) anzugeben. Zusätzlich kann auch der zu verwendende `ClassLoader` angegeben werden, sofern nicht der des aktuellen Threads benutzt werden soll. Beispiele für Klassennamen von XSLT-Implementierungen: `org.apache.xalan.processor.TransformerFactoryImpl`, `net.sf.saxon.TransformerFactoryImpl` oder `org.apache.xerces.jaxp.SAXParserFactoryImpl`.

- `abstract Transformer newTransformer(Source source)`: Liefert ein `Transformer`-Objekt auf Basis der XML-Eingabedaten.

- `abstract Object getAttribute(String name)`: Liefert den Wert eines mit seinem Namen angegebenen Attributs. Da dies eine allgemeine API ist, kann sie mit verschiedenen konkreten Implementierungen (XSLT-Prozessoren) arbeiten, die unterschiedliche Einstellungen/Attribute besitzen können.

- `abstract void setAttribute(String name, Object value)`: Setzt den Wert für ein über seinen Namen angegebenes Attribut.

Die Klasse `Transformer` enthält u.a. die folgenden Methoden zur Durchführung und Steuerung der eigentlichen XSLT-Transformation:

- `abstract void transform(Source xmlSource, Result outputTarget)`: Führt die eigentliche Transformation durch, nachdem optional globale XSLT-Parameter und weitere gesetzte Eigenschaften für die Transformation gesetzt sind.

- `abstract Object getParameter(String name)`: Ruft den Wert eines globalen Parameters ab.

- abstract void setParameter(String name, Object value): Setzt den Wert eines globalen Parameters.

- abstract void clearParameters(): Löscht alle gesetzten Parameter.

20. 5. 2. Beispiel

→ **Standardfall**

In beiden Beispielen nutzen wir die Dateien *daten.xml* und *transformation.xslt*, in der ein globaler Parameter namens Farbe mit dem Vorgabewert red enthalten ist. Zunächst zeigen wir hier, wie Sie die Transformation über Java durchführen. Danach folgt ein Beispiel, in dem der Parameter gesetzt wird.

Die folgenden Importe sind notwendig.

```
import javax.xml.parsers.*;
import org.w3c.dom.Document;
import javax.xml.transform.*;
import javax.xml.transform.dom.DOMSource;
import javax.xml.transform.stream.*;
import java.io.*;
```

Listing 20.16: XSLTTest.java: Pakete importieren

In diesem Beispiel besitzt man zwei Dateipfade, die zu einer XML- und einer XSLT-Datei führen. Die XML-Datei wandelt man in ein DOM-Dokument um, während die XSLT-Datei als StreamSource-Objekt verwendet wird. Das Transformator-Objekt erhält man über die statische newTransformer()-Methode der Transformatorfabrik, welche selbst wiederum über die statische newInstance()-Methode der TransformatorFactory-Klasse erzeugt wird.

Die zentrale Methode transform(Source xmlSource, Result outputTarget) erwartet Objekte vom Typ der Schnittstellen Source (implementierende Klassen sind DOM-Source, JAXBSource, SAXSource, StAXSource und StreamSource) sowie Result (implementierende Klassen sind DOMResult, JAXBResult, SAAJResult, SAXResult, StAXResult und StreamResult). Die verschiedenen implementierenden Klassen zeigen,

743

20

wie vielseitig die Eingaben und Ausgaben sein können und aus welchen unterschiedlichen Situationen heraus die XSLT-Transformation genutzt werden kann.

```
private static void transformation (String xmlPfad,
                                    String xsltPfad){
  DocumentBuilderFactory fabrik =
                     DocumentBuilderFactory.newInstance();
  try {
    // Dateien
    File xmlDatei = new File(xmlPfad);
    File xsltDatei = new File(xsltPfad);
    // Eingabedaten einlesen
    DocumentBuilder xmlDOM = fabrik.newDocumentBuilder();
    dokument = xmlDOM.parse(xmlDatei);
    // XSLT-Transformator erstellen
    TransformerFactory tFabrik = TransformerFactory.newInstance();
    StreamSource xsltQuelle = new StreamSource(xsltDatei);
    Transformer transformator = tFabrik.newTransformer(xsltQuelle);
    // Umwandlung durchführen
    DOMSource quelle = new DOMSource(dokument);
    StreamResult ergebnis = new StreamResult(System.out);
    transformator.transform(quelle, ergebnis);
  } catch (TransformerConfigurationException e) {
    System.out.println("\n Transformer Factory-Fehler: ");
    System.out.println(e.getMessage());
  } catch (TransformerException e) {
    System.out.println("\n Fehler bei Transformation: ");
    System.out.println(e.getMessage());
  } catch (Exception e) {
    e.printStackTrace();
  }
}
```

Listing 20.17: XSLTTest.java: Dateien öffnen und Transformation durchführen

→ **Einsatz von Parametern**

In der XSLT-Datei ist ein globaler Parameter enthalten. Da dieser einen Standardwert besitzt, muss man den Wert nicht unbedingt bei der Transformation in Java angeben. Er kann jedoch überschrieben werden, was in diesem Beispiel hier geschieht.

```
<xsl:param name="Farbe" select="'red'"/>
...
<xsl:template name="Posten">
    <xsl:param name="Kategorie"/>
    <p style="color: {$Farbe}">
...
```

Listing 20.18: transformation.xslt: Definition und Verwendung eines globalen Parameters

Der Parameter wird beim Aufruf der Beispielmethode einfach als Zeichenkette übergeben und gelangt dann über die setParameter()-Methode an den Prozessor und damit an das Stylesheet.

```
private static void
    transformationMitParam (String xmlPfad, String xsltPfad,
                            String param) {
    ...
    // XSLT-Transformator erstellen
    TransformerFactory tFabrik = TransformerFactory.newInstance();
    StreamSource xsltQuelle = new StreamSource(xsltDatei);
    Transformer transformator = tFabrik.newTransformer(xsltQuelle);
    transformator.setParameter("Farbe", param);
    // Umwandlung durchführen
    ...
```

Listing 20.19: XSLTTest.java: Parameter einsetzen

Index

Index

Symbols

Escape-Zeichen siehe Flucht-Zeichen 667
.NET im MS SQL Server 735

A

Abfragen 589
Abgekürzte Syntax 137, 140, 404
Abgeleitete Datentypen 489
Achsen 129, 404
  Richtungen 129
  Typen 129
  Verwendung 137
Adressierungen in XPath 77
Aggregatfunktionen 254, 516
Ähnliche Elemente 421
Algorithmenvarianten 452
Allgemeinen Vorlagen 389, 393
Allgemeine Verarbeitung 402
Allgemeine Vorlagen 75
alternative Auswahl von Vorlagen 97
Alternativen zu XSLT 29
Altova 22
analyze-string 676
ancestor 132
ancestor-or-self 135
Angleichung von Zeitzonen 541
Anmelden von Parametern 240
Anwendungsaufbau 641
apply-imports 362
apply-templates 67, 100, 231
Array-Strukturen 571

Arten-Test 142, 403
Assoziative Arrays 571
Atomarer Datentyp 118
Atomarer Wert 118
Attribut-Achse 139
Attributdeklaration 501
attribute 108, 136, 267, 271, 305, 324
attribute() 143, 404, 694
Attribute 106, 267, 271, 501
attributes Accessor 125
attribute-set 271
Attribute vs. Elemente 429
Attributgruppen 271
Attributknoten 117, 121, 143, 402, 404
Attributorientierte Dokumente 305
Attribut-Test 507
Attributwerte zusammensetzen 108
Attributwertvorlage 106, 467
Auffinden eines Attributs anhand
    seines Namens 507
Auffinden eines Attributs ohne Angabe
    von Namen und Datentyp 507
Auffinden eines Elements
    anhand seines Datentyps 506
Auffinden eines Elements
    anhand seines Namens 506
Aufrufende Umgebung 240
Aufzählung 495
Ausgabemethode 281
Ausgabeoptionen 280
Ausgabestrom 44

Ausgabetaugliche Bezeichner 413
Ausgabetaugliche Namen 400, 409
Ausgelagerte Funktionen 446
Ausgeschlossene Obergrenze 496
Ausgeschlossene Untergrenze 496
Auslagerung und Wiederverwendung 621
Auslagerung und Wiederverwendung
      gelingt in der Document Type
      Definition 557
Äußere Verknüpfungen 602
Auswahlliste 318
Auswahl mit choose 171
Auswahl mit if 164
Auswahl von Elementen 159
avg() 740

B

base-uri Accessor 124
Basis-XSLT-Datei 648
Baum 118
Behandlung wie ein Zieldatentyp 504
Benannte Vorlagen 85, 439
Benennungsregel 409
Benutzerdefinierte Datentypen 490
Berechnete Konstruktoren 694
Berechnungen in XQuery 711
Bereichsvariable 186
Bezeichner 394, 408
Bindesequenz 687
Blätter im Dokumentbaum 77

C

call-template 85, 231
Cascading Stylesheets 32
Cast 504
Castable 504
castable as 466
character map 283
character-map 283

child 131
choose 171
C#.NET 729
comment 266
comment() 142, 366, 403, 694
copy-of 274
count() 740
CREATE ASSEMBLY 736
CSS 32, 263
CSV 329, 334, 337, 393

D

Dateiaufrufe 566
Datei-Aufrufe 645
Dateibasierte Auslagerung
      und Wiederverwendung 643
Datenbank 651
Datenbankdatentypen 333
Datenmodell 118
Datenmodell für XSLT-Datenbank 652
Datenmodellierung 41
Datentypen 332, 462, 487, 503
Datentypen von XPath 119
Datentypumwandlung 504
Datenumwandlung 446
Dauern 542
DB-Datenmodellierung 329
DB-Modellierung 329
DDL erzeugen 329
decimal-format 285
deep-equal 592
descendant 131
descendant-or-self 135
Dezimalformat 285
Dezimaltrennzeichen 285
Differenzmenge 608
direkt sichtbar 76
DML erzeugen 334
document 292, 565, 643, 649

document() 694
document-node() 143, 404
Document Object Model 35
Document Type Definition 43
document-uri Accessor 126
Dokument 118
Dokumentknoten 118, 143, 404
Dokumentrichtung 116, 405
DOM 35, 741
DTD 488, 557
Dynamischer Dateiname 569
Dynamisches XSLT 619
Dynamisches XSLT
        und Datenbank-Einsatz 651

E
Einbinden von XML Schema 483
Einbindung 644
Einfache Datentypen 489
Eingabefeld 318
Eingabesequenz 186
Eingabestrom 44
eingebauten Vorlagen 366
Eingebettete Vorlagen überschreiben 355
Eingeschlossene Obergrenze 496
Eingeschlossene Untergrenze 496
Einheit 118, 218, 407
Einsatzkosten 31
Einschränkung der vorhandenen
        Strukturen 626
element 266, 305, 324
element() 142, 404, 693
element-available 379
Elementdeklaration 500
Elemente 266
Elementknoten 117, 121, 142, 402, 404
Elementorientiert 393
Element-Test 505
Eltern-Achse 132

Elterneltern-Achse 132
Elterneltern-und-ich-Achse 135
Eltern-Kind-Beziehung 393
Eltern-Kind-Strukturen 413, 420
encoding 61
Entitäten 557
Ergebnisbaum-Fragment 254
Erkennen von Strukturen 626
Erweiterbare Elemente 421
Erweiterung mit zusätzlichen
        Eigenschaften 626
Erzeugung von Text 328
Erzeugung von XSLT aus XML Schema 629
Escape-Zeichen 667
every 177, 612
exactly-one 612
expanded-QName 411
Externe Entitäten 562

F
fallback 380
Fallunterscheidungen 157, 165, 169, 696
Fallunterscheidung in XPath 401
Fassetten 491
Fehlermeldungsverwaltung 377
Flexibilität 430
Flexible Dokumentstrukturen 306
Fluchtsymbol 669
Flucht-Zeichen 667, 669
FLWOR 688
fn 117
    expanded-QName 411
    in-scope-prefixes 412
    local-name 413
    local-name-from-QName 411
    name 412
    namespace-uri 413
    namespace-uri-for-prefix 412
    namespace-uri-from-QName 412

resolve-QName 411
Folgende Geschwister-Achse 133
following 134
following-sibling 133
for 476, 687
for-each 180
format-number 285
Fragment 118
Frames erzeugen 300
Frameset 300
Fremdschlüssel 599
function-available 379
Funktion 440
Funktionen
  XQuery 697
Funktionen für die Bearbeitung
    von Entitäten 563
Funktionsbibliothek 406

G
Generische Programmierung 467
Geschwister 421
Geschwister-Achsen 139
Gleiche Elemente 421
Gleichheit von Knoten 592
Globale Attribute 500
Globale Elemente 500
Globale komplexe Typen 628
Globale Parameter 240
Globale Variablen 250
Grundstruktur einer XML-Anwendung 41
Gruppentrennzeichen 286

H
Herstellerunabhängigkeit 31
Hierarchien 699
Hierarchien in XQuery 699
Hierarchietiefe 429
HTML 263

Liste 88
Tabellen 99
HTML-Formulare erzeugen 312

I
Ich-Achse 136
if 164
import 358
Import 358, 621, 644
Importbaum 360
import-schema 369, 484
include 353, 644
indent 61
Individuelle Verarbeitung 393
Innere Verknüpfung 596
in-scope-prefixes 412
Instance Of 503
Instanz 118
Instanzdokument 48
Interne Entitäten 560
Interpunktionszeichen 672

J
Java 741
JAXP 741
Jokerzeichen 403

K
Kalender 288, 550
Kalkül 590
Kardinalitätsfunktionen 533
Kind-Achse 131, 138
Kind-Ebenen 427
Kinder 395
Kindeskinder 429
Kindeskinder-Achse 131
Kindeskinder-und-ich-Achse 135
Kindknoten 117
Knoten 118, 125, 142, 403

Typologie 125
Knotenarten 402
Knotenfunktionen 526
Knotenkardinalität 612
Knotentests 140
Knotentypen 120
Kombinationen von Vorlagen 648
Kommentar 265, 403
Kommentare 122
Kommentarknoten 142, 403
Komplexe Datentypen 498
Komplexität 30
Konkreten Verarbeitung 390
Konkrete Vorlagen 389
Kontextfunktionen 546
Kontextknoten 141
Kontrollstrukturen 157
Kontrollstrukturen in XPath 407
Kopieren 274
Kreativer Umgang 624
Kreuzprodukt 713

L

Länge 493
Länge von XPath-Ausdrücken 91
Leerzeichen 496
Lernkosten 31
Lesbarkeit 391
let 688
Listenelemente 416
Literale Ergebnismenge 62, 66
local-name 413
local-name-from-QName 411
Logik 590
Lokale Parameter 234
Lokale Variablen 245
Lokalisierung 128
Lokalisierungspfad 141
Lokalisierungsschritte 141

M

Marken 671
match 67
matches 673
matching-substring 678
Mathematische Funktionen 513
Matrjoschka-Design 630
max() 740
Maximale Anzahl der Dezimalstellen 497
Maximale Anzahl
    der Nachkommastellen 497
Maximale Länge 494
Mehrere Dokumente erzeugen 294
Mehrere Vorlagen 84
Mehrfache Verarbeitung 100
Mehrstufige Gleichheit 592
Mengen 607
Mengenoperatoren 710
Mengentests 612
message 375
Metavokabular 429
method 61, 281
Methode 440
min() 740
Minimale Länge 494
Minus-Zeichen 286
Missbrauchte Vorlagen 442
mode 73, 100, 166
Modellierung 43, 624
Modellierung 41
Modellierungshinweise 421
Modellierung und Transformation
    zusammenführen 483
Modus 102, 166
Modus-Bezeichner 73
Importierte Vorlagen
    zusätzlich anwenden 363
Muster 495

N

Nachfahren-Achsen 139
Nachfolger-Achse 134
Nachrichten 375
name 412
Namensraum 486
  XQuery 695
Namensräume 117, 417
Namensraumknoten 117, 122, 403
Namensraumpräfix 65
namespace 136
namespaces Accessor 125
namespace-uri 413
namespace-uri-for-prefix 412
namespace-uri-from-QName 412
NaN 286
Natürliche Verknüpfung 600
next-match 362
nilled Accessor 125
node() 142, 366, 403
node-name Accessor 124
non-matching-substring 678
Nullwert 286
Numerische Arrays 571

O

ODER-Auswahl 93
one-or-more 612
Operator 589
Operatoren 143, 589
Optimierung der Verarbeitung 387
option 318
Oracle 659
order by 688
otherwise 171
output 61, 280

P

Päckchen 626, 642

param 231, 236
Parameter 231, 234, 720, 729, 732, 745
  Anmeldung 240
  Datentypangabe 235
  Global 240
  Lokal 234
Parameterdeklaration 236
Parameterliste 440
parent 132
parent Accessor 124
Perl-Zeichenklasse 670
PHP 5 718
PHP-Funktionen in XSLT 721
Ping-Pong-Spiel 71, 179, 390, 439, 598, 646
PL/SQL 658, 723
Prädikat 141, 143
Präzedenz 355, 360
preceding 134
preceding-sibling 133
Priorität 355, 360
Prioritätsregeln 355
processing-instruction() 366, 694
Programmaufbau 638
Promillezeichen 286
Prozentzeichen 286
Prozessoranweisung 49, 60, 403
Prozessoranweisungen 122
Prüfen auf Datentyp-Instanz 503

Q

QName 119, 411
Quantitative Tests 177
Quasi-Tabellen 598

R

Reguläre Ausdrücke 406, 495, 667
Regulärer Ausdruck
  Fluchtsymbole 669
  Perl-Zeichenklassen 670

Unicode-Zeichenklassen 671
Reihenfolge 422
Reihenfolgebeziehung 422
Rekursion 450, 476
Relationale Daten in XQuery 705
Relationalen Daten 596
replace 674
resolve-QName 411
Restliste 604
result-document 294
return 688
rocessing-instruction 305
Routine 440
Rückgabeausdruck 186
Rückgabewert einer Vorlage 440
Rundung 513

S
Sammlung 422
SAX 34
Schema-basierten Algorithmen 487
Schematisierte Namenskombinationen 417
Schleifen in XPath 2.0 186
Schlüssel 599
Schnittmenge 608
Selbst beschreibend 409
Selbstdokumentation 454, 458, 491
Selbstverknüpfung 605
select 67, 73
Selektor 33
self 136
Sequenz 118, 407
Sequenzen in XQuery 703
Sequenzfunktionen 528
Simple API for XML 34
some 177, 612
sort 164
Sortierung 691
Sprachangabe 288, 550

sql
  column() 738
  variable() 739
SQL 312, 329, 393, 491, 516, 589, 653
Standards 623
Standardverhalten 380
Standardwert 235
Statischer Dateiname 566
Stelligkeit 472
string-value Accessor 124
Strukturen 393
Strukturen kopieren 274
stylesheet 61, 63
Stylesheet 59
Stylesheet-Funktionen 439, 471
sum() 740
Syntax-Päckchen 626
Systeminformationen 546

T
Technische Unterstützung 32
Teilbäume kopieren 274
template 61, 100
Template 59
Temporärer Baum 254
test 164
Testen von Datentypen 466
Testen, Zuweisungen und Umwandeln von
Datentypen 487
Testfunktionen 378
text 67, 76
text() 142, 403, 694
Text 328, 341
Textausgabe 76, 341
Textberichte 347
Textdekoration 341
Textknoten 67, 76, 121, 142, 402, 403
tokenize 675
transform 63

Transformation 44
Transformationsdokument 48
Treat 504
T-SQL 734
Typ 119
typed-value Accessor 124

U

Übergabe von vielen Werten 571
Überladung 460, 469
Überladung von Vorlagen 453
Überschreiben
  Eingebettete Vorlage 355
  Vorhandene Vorlagen 357
Überschreibung 361, 621
Überschreibung umgehen 361
Übersetzung 283
Übungsdateien 22
Umwandlungsmöglichkeit 504
Unabhängigkeit der Daten von ihrer Verarbeitung 408
Unendlichkeitssymbol 286
Unicode-Zeichenklasse 671
Unicode-Zeichenklassen 670
unparsed-entity-public-id 563
unparsed-entity-public-id Accessor 126
unparsed-entity-system-id Accessor 126
unparsed-entity-uri 563
Unterabfragen 612
Unterzeichenkettenwerten 522
use-attribute-sets 271, 277
use-character-maps 283

V

ValueExpr 608
value-of 67
Variablen 234, 244
  Datentypangabe 246
  Global 250

Lokal 245
Sichtbarkeit 250
Temporäre Bäume 254
XQuery 692
Variantenauswahl über Parameter 457
Variantenauswahl über Vorlagennamen 453
Variantenparameter 459
Variantenprogrammierung 454, 457
Verarbeitung mehrerer Dokumente 291
Vereinigungsmenge 608
Vergleich 590
Verknüpfungen 596
Verknüpfungspartner 602
Verkürzte Syntax für Transformationen 69
Versionen derselben Struktur 430
Vielgestaltigkeit 453
Vorfahren-Achse 134
Vorfahren-Achsen 139
Vorherige Geschwister-Achse 133
Vorlage 59
Vorlagenaufruf mit Wertübermittlung 231
Vorlagenbasierte Organisation
            von Strukturen 620
Vorlagenmodi 363
Vorlagen-Modi 99, 166
Vorlagennamen als Parameterwert 467
Vorlagen-Regeln 71
Vorlagenstrukturen 388
Vorlagentypen 387
Vorlagen-Typen 70
Vorlagenverbund 643

W

W3C 32, 35, 43, 115, 311
Wenige Transformationsdokumente 430
Wertedominanz 602
Wertübergabe 231
when 172

where 688
WHERE-Klausel 589
wiederholt auftretende Elemente 80
Wiederholte Verarbeitung 100
Wiederholungen 179
Wiederholungen mit for-each 180
Wiederverwendbare
        Komponenten 408, 439
Wiederverwendbarkeit 30
with-param 85, 231, 236
Wurzelknoten 117, 121, 402

X

xdt 117
XML 266, 305
XML-Erzeugung 266, 305
XML-Instanzdokument 48
XML-Listen 571
xmlns 65
XML Schema 43, 311, 321, 368, 483, 557,
625, 627, 632, 643
  DB-Datenmodellierung 329
  Günstige Modellierung 94
  Wichtigkeit 96
XMLSpy 22
XML-Standards 625
xml-stylesheet 60
XMLType 655
XPath 115, 401, 589, 673
  Abgekürzte Syntax 140
  Adressierung 77
  Bedeutung für die Transformation 91
  Fallunterscheidungen 175, 696
  Knotenauswahl 157
  Nachbearbeitung von XSLT 92
  ODER-Auswahl 93
  Operatoren 143, 589
  Reguläre Ausdrücke 673
  Temporäre Bäume 254

Wiederholungen 186
XPath 2.0 175, 186
XPath-Fallunterscheidung 477
XQuery 115, 146
  Ausführliche Darstellung 685
  Berechnete Konstruktoren 694
  Berechnete XML-Erzeugung 693
  Direkte XML-Erzeugung 693
  Eigene Funktionen 697
  Fallunterscheidungen 696
  FLOWR 688
  Namensraum 695
  Sortierung 691
  Variablen 692
xs 117
  apply-templates 100
  attribute 502
  complexType 498
  element 500
  enumeration 495
  fractionDigits 497
  length 493
  maxExclusive 496
  maxInclusive 497
  maxLength 494
  minExclusive 496
  minInclusive 497
  minLength 494
  pattern 495
  simpleType 490
  template 100
  totalDigits 497
  whiteSpace 496
xsi 117
xsl
  apply-imports 362
  apply-templates 67, 231, 395
  attribute 108, 267, 309, 324
  attribute-set 271

call-template 85, 231
character-map 283
choose 171
comment 266
copy-of 274
date-format 550
decimal-format 285
element 266, 309, 324
for-each 180
function 471
if 164
import 358, 562
import-schema 369, 483, 484
include 353, 562, 644
next-match 362
otherwise 171
output 61, 280
param 231, 236, 441
result-document 294
stylesheet 63
template 441
text 67, 76
transform 63
value-of 67
when 172
with-param 85, 231, 236, 442
xsl-Namensraum 60
XSLT 38, 717
  Einbinden 353
  importieren 358
  Reguläre Ausdrücke 676
XSLT-Dateien einbinden 353
XSLT-Dateien importieren 358
XSLT dynamisch erzeugen 629
XSLT-Generator 642
XSLT-Päckchen 627, 640, 655
XSLT-Vorlagenbibliotheken 408
XSLT zusammensetzen 640

Z
Zahlen 671
Zeichenformatierungen 279
Zeichenkettenauswahl 518
Zeichenkettenverarbeitung 411
Zeitdauern 542
Zeitextraktion 536
Zeitformat 285
Zeitformatierung 287, 536, 549
Zeitzonen 541
zero-or-one 612
Zielnamensraum des XML Schemas 486
Zugangswege 124
Zuordnung XML Schema und XSLT 84
Zusammensetzung von XSLT 656
Zusätzliches Anwenden von Vorlagen 363

~ Die ~

Empfehlung

des Hauses

XML: Standards und Technologien

Skulschus
Wiederstein

Themen

- Einführung in XML: Definition, Architektur, Einsatzbereiche
- Modellierung mit der Document Type Definition (DTD) und XML Schema
- Filtern und lokalisieren mit XPath
- Abfragen und umwandeln mit XQuery
- Abfragen, umwandeln, darstellen und verarbeiten mit XSLT
- Druckformate darstellen mit XSL-FO
- (Objekt)relationale Datenbanken und XML – MS SQL Server und Oracle
- Architektur und Techniken von Webservices: Definition, Einsatz, SOAP und WSDL

416 Seiten, € 39,95
ISBN: 978-3-939701-21-7

Inhalt

XML (eXtensible Markup Language) ist seit mehreren Jahren als Technologie für die Abbildung, den Transport und die Speicherung von strukturierten Daten etabliert und stellt in immer mehr IT-Prozessen und Anwendungen einen wesentlichen Baustein dar. Dieses Buch erklärt die gängigen Standards und Technologien, die im Bereich XML eingesetzt werden, liefert dabei zu jedem Thema viele Syntax-Beispiele und gibt Hinweise zum richtigen Einsatz. Sie lernen die beiden Standards DTD und XML Schema für die Modellierung und Validierung von XML-Daten kennen. Mit Pfadausdrücken in XPath sehen Sie, wie Sie Knoten lokalisieren und XML-Strukturen filtern, während Sie mit XQuery ganz neue XML-Dokumente auf Basis von SQL-ähnlichen Abfragen erzeugen. Die tatsächliche Umwandlung von XML sehen Sie anhand von XSLT für HTML, XML und Text und anhand von XSL-FO für Druckformate wie PDF. Serviceorientierte Architekturen werden mit Webservices aufgebaut, die ebenfalls in diesem Buch mit einer allgemeinen Beschreibung und den beiden wesentlichen Standards SOAP und WSDL eingeführt werden.

XSL-FO

Skulschus
Kozik
Wiederstein

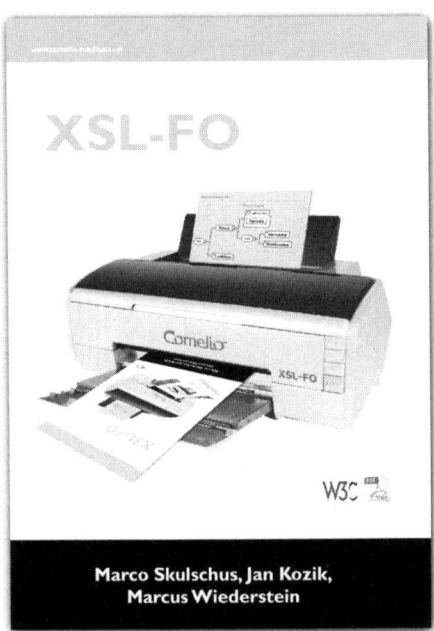

Marco Skulschus, Jan Kozik,
Marcus Wiederstein

Themen

- Seitenvorlagen, Seitenverlaufs- vorlagen und Dokumentaufbau Blöcke und Gebiete, Tabellen und Listen
- Zeichen- und Absatzformatie- rung, Grafik und Farbe
- Bucherstellung, Inhaltsverzeichnis, Verweise und Links, lebende Ko- lumnentitel, Seiten- und Absatz- kontrolle
- Wieder verwendbare Kompo- nenten
- Einsatz in .NET und Java

300 Seiten, € 24,95
ISBN: 978-3-939701-17-0

Inhalt

XSL-FO (eXtensible Stylesheet Language / Formatting Objects) ist eine W3C-Syntax, die speziell für die Transformation von XML-Dokumenten in PDF- und andere Druck-Formate geschaffen wurde. Dabei stellen die Formatierungsobjekte eine Zwischenschicht dar, in der die XML-Daten zunächst umgewandelt werden, bevor sie mit einem geeigneten Prozessor in ihr Zielformat gebracht werden. Dieses Buch enthält alles, was man zum Einsatz von XSL-FO benötigt: eine Darstellung des Standards, sehr viele Beispieldateien, Schemazeichnungen zum besseren Verständnis und Referenzen. XSL-FO-Prozessoren sind kostenlos und – je nach Anforderung – kostenpflichtig erhältlich. Dieses Buch setzt den Open Source-Prozessor Apache FOP ein und zeigt seine Verwendung in Java und .NET. XSL-FO entfaltet mit den beiden anderen Standards XSLT und XPath seine wahre Größe, da so die Möglichkeit besteht, komplexe Transformationen und Algorithmen zur Umwandlung zu erzeugen, die ebenfalls in XSLT eingebettet sind und anstelle von typischen HTML-Ausgaben nun PDF erzeugen können.